6th Edition

Richard L. Daft

# 리더십

## 이론과 실무

## The Leader SHIP EXPERIENCE

정진철 • 최승준 | 옮김

CENGAGE Learning 한 경 사

Andover • Melbourne • Mexico City • Stamford, CT • Toronto • Hong Kong • New Delhi • Seoul • Singapore • Tokyo

CENGAGE Learning

The Leadership Experience

6th Edition

Richard L. Daft


ISBN: 9781435462854



ISBN-13: 978-89-6844-140-0

Cengage Learning Korea Ltd.
14F, YTN Newsquare, 76 Sangamsan-ro
Mapo-gu, Seoul, 03926, Korea
Tel: (82) 2 330 7000
Fax: (82) 2 330 7001

Cengage Learning is a leading provider of customized learning solutions with office locations around the globe, including Singapore, the United Kingdom, Australia, Mexico, Brazil, and Japan. Locate your local office at: www.cengage.com/global

Cengage Learning products are represented in Canada by Nelson Education, Ltd.

For product information, visit www.cengageasia.com

Printed in Korea
1 2 3 4 20 19 18 17

# 저자 머리말

최근 리더들은 조직 경영과 관련하여 수많은 도전과제에 직면하고 있다. 과거의 경영환경을 불확실성의 시대였다면 지금은 혼란과 비가시성의 특징이 더욱 높아지고 있다. 10년 전에 발생한 주택담보대출(서브프라임 모기지) 사건이나 월스트리트 금융기관들의 어려움, 장기간 고도성장을 해 온 기업들의 위기상황, 불황과 비윤리적 경영 활동으로 인한 스캔들 등 수많은 사건들이 기업경영 환경의 전망을 어렵게 만들고 있어 어떻게 대처해야 할지 많은 리더들은 혼란에 빠져있다. 그럼에도 불구하고 리더는 이러한 위기를 극복해야 하고 혼란스러운 경영환경에 효과적으로 대응해야 하는 중요한 책무를 지고 있다.

이 책은 혼란스러운 경영환경과 경영위기를 리더들이 어떻게 효과적으로 대응할 수 있는지에 대한 리더십의 이론과 실무적인 내용을 설명하고 있다. 또한 수많은 사례와 실제 경영자들의 행동을 통해 리더십의 본질과 행동양식을 학습하게끔 도움을 주고 있다. 리더십은 그 실체가 가시적이지 않다. 그럼에도 성공한 리더들의 행동 양식을 학습하게 됨으로써 우리는 리더십의 본질을 이해할 수 있다. 그래서 이 책(원저)의 제목을 「**리더십의 경험**Leadership Experience」이라고 하였다. 즉 이론과 실무적인 리더십 경험을 간접적이나마 이해하게 되고 이를 통해 리더십을 제고할 수 있다. 이 책은 기업에 근무하는 관리자를 포함하여 공공조직 혹은 비영리조직에 근무하는 사람들 가운데 리더의 실체를 파악하는 데 도움을 주는 경험 학습 교재라고 할 수 있다.

이 책은 조직의 창조성과 혁신성의 필요성 증대, e-비즈니스의 확대, 가상 팀의 운영, 글로벌화, 현존의 변혁 등과 관련된 복합된 리더십의 의미성을 설명하고 있다. 또한 전통적인 리더십 이론이나 연구를 세밀하게 검토하고, 더 나아가 리더십 비전, 조직문화와 가치 형성, 용기 있는 리더십과 도덕적 리더십과 같은 의미 있는 새로운 관점을 포함하고 있다. 또한 이 책은 학생들의 리더십 잠재성을 발전시키고 새롭게 도전할 수 있도록 동기 부여시키는 방안을 제시하고 있다는데 큰 의미가 있다.

그 동안 이 책은 여섯 번 개정되었다. 하지만 이 책은 4차산업혁명과 같이 패러다임이 전환하는 혼란스럽고 변화가 심한 상황에 적합한 리더십 개념과 이론에 중점을 두고 있다. 각 장마다 리더들이 직면하고 있는 현안의 이슈들을 꼼꼼하게 개정하고 업데이트 하였다. 이 책이 추가적으로 강조하고 있는 내용들은 다음과 같다.

- 리더십의 자기 인지의 중요성
- 쇼셜 미디어를 활용한 리더십
- 리더십의 글로벌 마인드
- 필수적 팀 역량
- 개인 숙련의 구성 요소
- 팀 과업과 사회정서적 역할
- 정서와 성과의 영향력
- 갈등과 협력의 균형성
- 정서 전이
- 리더십 용기 스킬
- 사고의 다양성
- 상사관리와 부하관리
- 마키아벨리 리더십 스타일
- 권력의 원천으로서 팔로워
- 비전의 공유창출
- 리더십 코칭
- 전략실행의 단계
- 인간행동에 영향 미치는 긍정적/부정적 동기
- 가치와 성과 기반의 고성과 문화 창출
- 일보전진의 원칙
- 몰입과 정신적 휴식을 통한 창의성 제고
- 심리적 임파워먼트와 직무설계
- 변화행동에 필수적인 전이
- 솔직한 의사소통
- 긍정적 정서 유인을 동반한 변화 모색

- 스토리텔링을 통한 영향력
- 센스 기버자 리더

위에서 제시하고 있는 내용뿐 아니라. 긍정혁명이론, 제휴 리더십, 리더십 강점의 발견, 기업가적 리더십, 다양성 인력의 주도, 정서지능 향상, 조하리 창의 구조적 틀, 비언어 의사소통, 팀워크의 딜레마, 규범 형성을 위한 팀 리더의 역할, 리더의 준거기준의 틀, 열린 혁신, 윤리적 조직문화 구축 등도 이 책에서 다루어지고 있다. 뿐만 아니라 이 책에서는 다양한 현안의 이슈와 관련된 사례들을 제시하고 있다.

이 책의 전체적인 구성 체계는 다섯 가지로 분류되어 있다. 우선적으로 리더와 관리자의 차이에 대한 근본 개념 이해, 방향설정, 조직과 구성원 간의 정렬, 관계성 구축, 변화 창출 등을 기초로 하여 다음과 같이 세부적으로 분류하고 있다. 또한 이 책은 리더십의 미시적이고 거시적인 영역을 모두 포함하고 있으며, 전통적 사고에서부터 최근의 경향에 이르기까지 다양한 관점에서 학술적이면서도 현실 세계에서 통용되는 리더십의 세계를 담고 있다.

1. 리더십의 이해
2. 리더십의 연구 관점
3. 개인적 관점의 리더십
4. 관계성 구축자로서 리더
5. 사회적 건축가로서 리더

Richard L. Daft

# 역자 머리말

대학교 1학년 때 경영학 원론을 강의하시던 교수님이 첫 시간에 던진 질문은 경영학이 예술art인가 아니면 과학science인가였다. 아직도 그 오묘한 차이를 알 지 못하지만 리더십은 과학적 지식을 바탕으로 하면서 예술적 사고를 함양하고 있는 복합된 학문이라는 생각이 든다. 이 책에서도 리더십이 과학인가 아니면 예술인가의 의문점을 던지고 있는데, 리더십이 과학적으로 검증하고 규명하여 이를 학습을 통해서 육성될 수 있는 것인지, 아니면 예술적 감각처럼 타고 난 측면이 강해야 하는지가 중요한 화두인 듯하다. 하지만 본 역자는 리더십의 다양함과 오묘함 관점에서 볼 때 리더십의 예술성을 강조하기도 하고, 그런 가하면 과학적으로 증명된 방식을 모방하고 새롭게 적용해봄으로써 리더십이 함양될 수도 있다고 생각한다.

최근 같은 대학의 법대교수가 나에게 "리더십을 간단히 설명하면 어떤 것인가요?"라고 물었다. 그때 나는 리더십은 사람들이 달성할 수 있는 일의 정도를 조금 넘어선 목표를 바탕으로 비전과 목표점을 제시하고, 효과적으로 설득하고 성과의 맛을 볼 수 있게 함으로써 구성원들이 그 영향력을 느끼게 하는 것이라고 설명했다. 그 동안 리더십의 이론 강의와 직장에서의 실무 경험을 바탕으로 표현한 나만의 리더십에 대한 정의를 내렸던 것이다.

하지만 아직도 "리더십이란 무엇일까?"에 대한 궁금증은 끊이지 않는다. 리더십을 학습하고 리더십의 어떤 점을 경험하고 배양시키면 탁월한 리더가 될 수 있을까? 아! 나는 저렇게 위대한 사람의 모습에 도전할 용기가 없을까? 리더십의 이론을 설명하면서도 정작 나 자신은 스스로 큰 리더의 꿈과 용기는 갖지 못하고 있다. 그렇다보니 리더는 용기가 필요하고 이를 실행할 수 있는 사람이라고 볼 수 있고, 리더가 되기 위해서는 새로운 변화를 모색하고 이를 달성할 수 있는 용기와 실행력이 필요하다고 생각한다.

리더십은 영향력이며 설득이라고 생각한다. 우리는 일생을 살면서 수많은 사람들로부터 영향받고 또한 영향을 미치고 있지 않은가? 책 속의 등장 인물을 통해서도 영향받을 수 있고, 잠시 스쳐가는 보행자의 모습에서도 영향받을 수 있다. 부모나 선배 혹은 후배, 선생님 아니면 친한 친구 등 수많은 것이 영향을 주게 된다. 결국 리더십은 다양한 관점에서 설명할 수 있지만 간략하게 표현하면 이렇게 미치는 영향력이라고 표현할 수 있다. 본 대표 역자는 우선적으로 같이 이 책을 번역하게 된 동료이자 나에게 많은 부분의 영향력을 준 사람 중 한 사람인 최승준 교수의 이야기를 하고자 한다. 최승준 교수는 나와 현대경제연구원에서 동료로 지내면서 많은 시간을 같이 해 왔다. 그는 이 책에서 설명하는 서번트 리더의 전형적인 모습을 보여줘 왔다. 헤르만 헤세의 「동방순례」의 주인공이자 서번트 리더로 평가되는 레오는 책 속의 조직에서 없어서는 안 되는 인물로 묘사되고 있다. 바로 최승준 교수가 그런 사람인 것이다. 그런데 그가 이 순간에 건강상 어려움을 겪고 있어 참으로 아쉽다. 나는 많은 인간적 혜택을 입었으면서도 그에게 해 준 것이 없어 이 책의 서문으로서나마 건강의 완쾌를 기원하는 말을 하고 싶다. 남을 위해 평생을 봉사한 사람에게 그가 믿는 하나님의 큰 은혜가 그에게 주어졌으면 한다.

책의 번역을 또 하나의 창작이라고 한다. 우리 역자들은 이 책을 번역하면서 저자인 대프트Daft 교수의 다양한 전문 학식과 정보 지식을 최대한 보존하고, 번역으로 인한 언어의 전환 과정에서 발생되는 음운론적인 의미의 오역을 최소화하기 위해 노력했다. 그래서 각 장별로 체계화된 프레임워크를 유지하면서 각 문단별 포괄적인 의미를 살리기 위한 번역에 치중하였다. 그러다보니 부분적으로 원문 내용과 약간은 의미 표현상 차이를 보이는 편역이 이루어지기도 하였다. 또한 이 책은 실무 측면을 고려하는 번역에 집중하였다. 왜냐하면 리더십은 이론적으로 아무리 설명되어도 현실적 적용이 어려우면 의미가 없기 때문이다. 그래서 이 책은 이론을 쉽게 이해하고 실무와 실제 생활에 적용할 수 있도록 내용을 구성하고 있다.

책을 번역하는 일이 어쩌면 책을 쓰는 것만큼이나 어렵다. 책을 쓰는 일은 내가 그 내용의 심도를 조절할 수 있지만, 번역은 그 표현 언어가 다른 만큼 그 심도를 파악하고 조절하기가 어렵다. 이 책의 저자인 리처드 대프트 교수는 인사조직 분야의 대가이다. 이 책뿐만 아니라 「조직행동론」, 그리고 「조직이론과 설계」는 특히 명저로 미국의 명문대학을 포함한 많은 대학들에서 교재로 활용되고 있다. 또한 이 책은 조직행동론의 프레임워크를 반영하여 조직 내에서 구성원들의 행동을 리더와 부하직원의 관점에서 저술하고 있다. 또한 각 장별로 적절한 사례를 들어가면서 설명에 대한 이해력을 높이고 있다. 이론과 실무 사례를 접목시켜 실제로 리더십이 조직 내에서 어떻게 작동되고 있는지를 효과적으로 서술하고 있다. 이런 이유 때문에 이 책은 조직행동론과 리더십의 합작품이라고 볼 수 있다. 다만 아쉬운 점은 이 책에 등장하는 리더들이 대부분 미국기업의 리더들이라는 점이다. 그렇다보니 수업을 가르치면서 이들에 대한 사전 정보가 없는 상태에서 이 책에 등장하는 리더들의 리더십을 효과적으로 이해하기 어려운 점이 아쉽다. 아마도 언젠가는 우리나라의 많은 리더들이 리더십 교재에 등장하고 이들의 리더십이 학생들에게 귀감이 되는 날을 기대한다.

대표 역자 정진철

# 차례

저자 머리말 3

역자 머리말 6

## 1부 리더십의 기초 17

### 1장 리더십의 개념적 본질 18

리더의 필요성 19

리더십의 정의 22

환경의 새로운 변화와 리더의 당면 과제 23

안정추구자에서 변화관리자로 24

통제자에서 촉진자로 25

경쟁자에서 연대자로로 26

다양성 기피자에서 다양성 촉진자로 27

영웅적 리더에서 평범한 리더로 27

관리와 리더십의 구별 29

방향성 제시 30

조직 정렬 31

관계성 구축 32

개인의 리더십 자질 개발 32

성과 창출 33

리더십 이론의 진화 34

주요 리더십 접근법 34

리더십 이론의 발전 35

리더십의 개발 38

리더의 치명적 약점 38

리더의 올바른 행동 39

예술과 과학 차원의 리더십 함양 41

책의 구성 42

학습 핵심 43

토론 주제 44

분석사례: Sales Engineering Division 44

미주 45

## 2부 리더십 연구 관점 49

### 2장 리더십 이론의 변화 50

특성 접근법 52

낙관주의와 자신감 54

정직과 도덕성 55

추진력 56

강점의 발견 58
강점의 개념 58
강점과 역할의 매칭 59
행동 접근법 61
전제적 리더십과 민주적 리더십 61
오하이오 주립대학 연구 63
미시간 주립대학 연구 65
리더십 격자이론 66
리더십 행동이론의 평가 66
개별화 리더십 이론 69
수직쌍방연계 69
리더-부하 교환관계 70
파트너십 구축 71
창업가 리더십 72

학습 핵심 73
토론 주제 74
분석사례: Transition to Leadership 75
미주 76

3장 상황적합 리더십 78
상황적합 접근법 80
피들러의 상황적합 모형 83
리더십 스타일 83
상황 84
피들러의 상황적합 이론 85
허쉬와 블랜차드 상황적합 모형 88
리더 스타일 88
구성원 성숙도 89
경로-목표 이론 92
리더의 행동 93
상황 요인 95
보상의 사용 95
브룸-야고 상황적합 모형 97
리더 의사결정 스타일 97
상황 요인: 의사결정 상황의 진단 질문 97
의사결정 스타일 선택 99
리더십 대체이론 104

학습 핵심 106
토론 주제 106
분석사례: 알비스사 107
미주 108

3부 개인 차원의 리더십 111

4장 리더와 개인 112
리더십 성공의 비밀 114
자각의 중요성 114
리더의 맹점 114
퍼스낼리티와 리더십 115
Big 5 퍼스낼리티 모델 116
퍼스낼리티 특성과 리더 행동 120
가치와 태도 123
수단 가치와 최종 가치 123
태도와 리더십 126

사회적 지각과 귀인이론 128
지각 왜곡 129
귀인이론 130
인지 차이 132
사고 유형 및 두뇌 우위성 133
문제 해결 스타일: MBTI 136
퍼스낼리티의 유형 차이에 대한 관리 방안 138
학습 핵심 139
토론 주제 140
분석사례: 인터내셔널 뱅크 141
미주 142

5장 리더십 마인드와 정서 144
이성과 감성의 리더십 146
정신모형 147
기본 전제 149
정신모형의 변화와 확장 152
리더의 정신모형 개발 154
독립적 사고 154
열린 마음 157
시스템적 사고 158
개인적 숙련 160
정서지능 162
정서의 개념 163
왜 정서가 중요한가? 164
정서지능의 구성요소 166
온정 경영과 두려움 경영 169
조직에서의 두려움 170
학습 핵심 173
토론 주제 173
분석사례: The New Boss 174
미주 175

6장 용기와 도덕적 리더십 178
현대 사회와 도덕적 리더십 180
기업 내 윤리적 분위기 181
리더의 역할: 윤리적 색채 강화 182
도덕적 리더의 역할 185
도덕적 리더의 단계 187
서번트 리더십 190
권위형 리더 191
참여형 리더 192
스튜어드십 리더 192
서번트 리더 193
리더십과 용기 196
용기의 개념 197
용기와 도덕적 리더십 200
용기 찾기 201
학습 핵심 205
토론 주제 205
분석사례: 남과 여, 나룻배 주인과 은둔자에 관한 스토리 206
미주 207

## 7장 팔로워십 209

팔로워십의 본질 210

상사 관리와 부하 관리 211

새로운 과제: 상사 관리 212

리더가 팔로워에게 원하는 것 213

팔로워 유형 214

팔로워의 상사 관리 전략 218

상사의 이해 218

상사를 위한 관리 전술 219

상사 관리를 위한 권력과 용기 223

팔로워의 권력 원천 223

상사관리의 필수적 용기 224

팔로워가 리더에게 원하는 것 227

명료한 방향성 제시 228

성장의 기회 제공 228

빈번하고 구체적이며 신속한 피드백 제공 231

조직의 강요로부터 보호 233

학습 핵심 234

토론 주제 234

분석사례: General Product Britain 235

미주 236

# 4부 관계 구축자로서의 리더 239

## 8장 동기부여와 임파워먼트 240

리더십과 동기부여 242

내적 보상과 외적 보상 243

긍정적 동기와 부정적 동기 245

욕구기준의 동기부여 이론 247

욕구 단계 이론 247

2요인 이론 248

후천적 욕구 이론 251

기타 동기부여 이론 252

강화이론 252

기대이론 254

공정성이론 256

고차원 욕구 충족과 임파워먼트 프로그램 257

임파워먼트의 심리적 모델 258

임파워먼트형 직무설계 261

임파워먼트 응용 프로그램 263

업무열의를 통한 업무 의미감 부여 264

새로운 차원의 동기부여 방안 266

목표를 향한 일보전진의 원칙 266

성장의 일터 구축 267

학습 핵심 268

토론 주제 269

분석사례: Montego Bay 269

미주 271

## 9장 리더십 의사소통 273

### 의사소통 방법 275

관리 차원의 의사소통 277

소통의 챔피언 차원의 의사소통 277

### 전략적 대화 이끌기 279

열린 의사소통의 분위기 창출 280

질문하기 282

경청 283

대화 284

진솔한 소통 288

스토리의 위력 289

### 설득과 영향력의 의사소통 290

### 적절한 의사소통 경로의 선택 292

경로 풍부성의 양극단 292

전자 의사소통 경로의 효과적 사용 294

### 비언어 의사소통 296

### 최근 소통의 방법 296

소셜 미디어 리더십 297

위기상황에서의 소통 298

학습 핵심 299

토론 주제 300

분석사례: The Saddle Creek Deli 300

미주 302

## 10장 팀 리더십 304

### 팀의 가치 306

팀의 개념 306

팀의 유형과 특성 307

팀의 유형 308

### 팀 구성원의 딜레마 310

### 고성과 팀 관리 방법 311

### 팀 운영의 프로세스 314

팀 발전 단계 314

팀 응집력과 효과성 316

### 팀원의 공헌 요소 317

팀 필수 역량 318

### 팀 갈등의 해결 319

갈등의 유형 319

갈등과 협조의 균형 320

갈등의 원인 321

갈등 해결의 유형 321

기타 해결방법 322

학습핵심 324

토론 주제 324

분석사례: VSC사 325

미주 327

## 11장 다양성 경영과 리더십 329

### 다양성 경영 331

다양성 경영의 개념 및 현황 332

다양성에 대한 태도 변화 333

조직 다양성의 가치 334

### 소수인 당면 과제 335

편견, 상동적 태도, 차별 335

유리천장 337

### 여성 리더십 341

여성과 리더십 341

여성특유의 리더십 342

글로벌 다양성 344

사회문화 환경 344

사회적 가치 시스템 345

문화 지능 역량 강화 347

리더십 시사점 349

포용의 리더 349

다양성 인식 단계 350

포용 리더의 다양성 관리 특징 352

학습 핵심 354

토론 주제 354

분석사례: 노턴 인더스트리 355

미주 356

## 12장 리더십 권력과 영향력 359

네 가지 유형의 영향력 리더십 361

변혁적 리더십 361

카리스마 리더십 363

제휴 리더십 365

마키아벨리 리더십 368

권력, 영향력, 리더십 372

하드 권력과 소프트 권력 372

권력 사용과 구성원 반응 374

정치적 활동을 통한 권력 증대 375

리더의 준거의 틀 376

리더 영향력 제고를 위한 정치적 전술 378

권력과 윤리 381

학습 핵심 383

토론 주제 384

분석사례: 웨이트 제약회사 385

미주 387

# 5부 조직 차원의 리더십 389

## 13장 비전 창출과 전략적 방향 390

리더의 역할: 미래의 예견 392

비전과 행동 자극하기 392

전략적 리더십 393

리더십 비전 397

비전의 기능 400

비전의 공통 주제 402

리더의 비전 창출 6단계 403

미션과 전략 406

미션 406

전략 최고경영자로서 리더 411

비전 달성 방법 411

전략의 실행 414

학습 핵심 416

토론 주제 417

분석사례: Visionary Leader 418

미주 419

## 14장 조직문화와 가치 422

조직문화 425

문화란 무엇인가 425

조직문화의 중요성 427

문화 강도, 적응성, 그리고 성과 429

적응문화 430

고성과문화 431

조직문화 리더십 436

의례의식 437

스토리 438

심벌 438

슬로건과 공식문서 439

선발과 사회화 439

일상 행동 440

조직문화의 경쟁가치 모델 441

적응문화 443

성취문화 443

혈연문화 444

관료문화 446

윤리가치와 리더 447

가치기준 리더십 448

개인 윤리 449

영성 가치 450

학습 핵심 452

토론 주제 453

분석 사례: 포레스트 인터내셔널사의 리사 벤바이데즈 453

미주 455

**15장 변화관리 리더십** 458

조직의 변화와 소멸 460

조직변화의 프레임워크 461

긍정혁명 이론의 활용 466

긍정혁명 리더십의 네 가지 요소 467

일상에 긍정혁명 이론의 적용 469

변화를 위한 창의성 470

창조 조직 만들기 471

창조인재관리 476

변화의 실행 483

변화에 대한 지원 484

변화의 실행 수단 485

학습 핵심 487

토론 주제 488

분석사례: Riverside Pediatric Associates 489

미주 490

찾아보기 493

PART 1

# 리더십의 기초

1장 리더십의 개념적 본질

## Chapter 1

# 리더십의 개념적 본질

### 학습목표

이 장을 공부하면

- 자신과 다른 사람들에게 적용되는 리더십의 본질과 의미를 이해할 수 있다.
- 조직 및 리더와 관련된 여섯 가지 변화 흐름을 이해할 수 있다.
- 리더십의 주요 패러다임을 이해할 수 있다.
- 전통적 관리와 현대적 리더십의 개념 차이를 이해할 수 있다.
- 리더십의 세부 구성요소를 이해할 수 있다.
- 리더십 이론의 역사적 변천과 최근의 리더십 실무적인 내용을 이해할 수 있다.

링컨Abraham Lincoln 대통령은 정치인 초년 시절에 유창한 언변을 이용하여 정치적 상대방을 조롱하고 화나게 자극시킨 경험이 있었다. 그런데 링컨은 대통령이 되고 난 이후 이때의 행동을 반성하고 그 정치인에게 사과와 용서를 청하게 되었다. 그는 이후 당시의 교훈을 통해 자신의 정서가 타인에게 어떤 영향을 미치고 공감대 형성의 중요성을 인식할 수 있었고, 인간과 리더로서 자신이 보유한 능력을 올바르게 활용할 수 있어야 한다고 마음깊이 새겼다고 한다. 이러한 생각과 마음가짐을 통해 링컨 대통령은 자신의 목적과 이기심에 매몰되지 않고 국민이 원하는 것이 무엇인지를 중시할 수 있어 미국 역사상 가장 위대한 대통령이 될 수 있었다. 즉 대통령으로서 그리고 인간 링컨으로서 겸손해질 수 있었으며, 상대방의 지위 고하를 막론하고 인간관계의 조그마한 잘못된 행동을 뉘우치는 과정을 통해 위대한 리더가 될 수 있는 덕목을 갖출 수 있었던 것이다.

링컨 대통령의 리더십은 스티븐 스필버그 감독이 만든 영화 '링컨'을 통해 잘 묘사되었는데, 실제의 링컨보다 더 링컨답게 표현되었다고 한다. 이 영화는 탁월한 리더십을 소개한 영화로 2억 5천만 달러의 영화흥행 실적을 달성하고 12개 부문에 아카데미상 후보에 노미네이트되었다. 영화 속에서 볼 수 있는 링컨의 리더십은 난관에 부딪쳤을 때 이를 해결해가는 능력, 자신과 견해가 다른 사람들을 설득해가는 포용력, 자신의 감정을 통제하는 능력, 앞이 보이지 않는 상황에서도 미래를 제시하는 비전 제시 역량 등을 강조하고 있으며, 이러한 리더십은 진정성 있는 탁월한 리더십으로 인정되고 있다.[1]

## 리더의 필요성

그 누가 알았으랴? 리더십이 실종된 순간적인 실수가 엄청난 국난의 위기를 가져올 줄이야. 해가 저물기 전까지 인천에서 출발한 배는 목적지인 제주에까지 별 문제 없이 잘 항해하고 있었다. 이 배는 화물을 과적한 상태였지만, 그 동안 별 문제가 없었기에 선장과 승무원들은 안이한 태도로 그날도 목적지를 향해 운행하고 있었다. 수많은 승객들 역시 배 여행에 모두 즐겁게 시간을 보내고 있었다. 또한 이 여객선에는 고교생 수학여행단이 포함되어 있었는데 그들은 목적지인 제주도에서 즐길 일을 떠올리고 고교생활의 꿈을 만드는 여행길의 즐거움으로 한껏 부풀어 있었을 것이다. 최소한 여객선이 뒤집어지고 이 배의 리더이자 선장이 침몰직전에 배를 버리고 사라지기 전까지 이 배는 평온 그 자체였다.

세상은 평온한 듯 보이지만 위기는 아무도 예측하지 못한 가운데 갑자기 찾아온다. 쓰나미 혹은 토네이도라고 할까? 경보되지 않은 쓰나미와 토네이도에 직면하면 쉽게 피할 사람은 아무도 없을 것이다. 잔잔하게 항해해온 여객선의 선체가 갑자기 기우뚱하고 순식간에 바다 위에 90도 각도로 누워버렸다. 배는 침몰해도 바로 밑으로 가라앉지 않기 때문에 일정 시간 동안 주변 구조대에 구조 요청하고 신속하게 승객을 구조하면 큰 인명피해는 막을 수 있었을 것이다. 그런데 갑자기 발생한 위기로 모든 사람이 당황했고 허둥지둥했다. 누군가 이 상황을 진두지휘하면서 평소에 익혀 왔던 위기상황 매뉴얼을 들고 하나씩 대처했다면 희생을 최소화, 아니 인명 피해가 없었을 수도 있었다. 그런데 상황은 그렇지 않았다. 위기의 상황을 조정하고 지휘할 리더가 자신의 책임과 역할을 내팽겨치고 자신만 살고자 몰래 배에서 탈출하고 있었던 것이다. 그 순간만큼은 리더로서의 역할과 책임은 아랑곳하지 않았고 단지 자신의 안위가 우선이었을 것이다. 아! 그 결과 탑승인원 476명 중 295명이 사망하고 9명이 실종된 세월호 침몰이라는 참담한 사건을 만들어냈던 것이다. 선장의 리더십이 있었더라면, 아니 선장이 아니면 그 누군가라도 선장의 책임을 대행했더라면 하는 아쉬움이 남는다. 우리에게 리더는 없는가? 리더십은 종말된 것인가?

우리는 링컨의 리더십을 익히 들어 알고 있다. 미국의 남북이 분열되어 혼란과 불안이 증폭된 상황에서 링컨은 대통령으로서 일관된 방향성을 제시하고 미국을 이끌어갈 수 있는 정신적 지주 역할을 하였다. 그런데 최근 우리 사회에서는 이러한 리더가 부재한다고 한다. 1964년 미국 연방대법관인 포터 스튜어트Porter Stewart는 "공정성이 진정한 정의이다"라고 하고, "눈으로 보면 무엇이 옳은 것인지 알면서도 그렇게 행동하지 못하는 경우가 많다"[2]는 명언을 남긴 바 있다. 즉 우리 사회에 불안과 불신, 그리고 부패와 비윤리가 난무하고 있다면 이를 올바르게 이끌 수 있는 진정한 리더가 나타나 바로 잡아야 하지 않겠는가? 우리는 이러한 진정한 리더를 필요로 하고 있다.

우리가 필요로 하는 유능한 리더의 정체성은 무엇인가? 그 동안 학자들은 리더십에 대해 수많은 개념 정리를 하고 있는데, 특히 제임스 맥그리거 번스James McGregor Burns는 리더십과 관련하여 "지구 역사상 가장 명백한 실체이면서도 명확하게 정의내리지 못하는 것들 중 하나이다"라고 언급한 바 있다.[3] 그만큼 리더십은 개념을 내리기 어렵고 난해한 실체라고 할 수 있다. 그래서 리더십을 로맨틱한 신화와 같은 존재로 치부하는 경우도 있다.[4]

조직의 위기 상황을 타파하기 위해 외부에서 리더를 새로 받아들이는 경우가 있는데, 항상 성공하는 것은 아니다. 이름난 CEO를 영입하여 조직을 발전시키려고 하지만 상황이 나빠지는 경우도 있다. HP는 1999년 칼리 피오리나Carly Fiorina의 과감한 아이디어와 카리스마적 특성을 높이 평가하여 CEO로 영입하였다. 그녀의 CEO 선임은 신문 1면 톱기사로 다루어졌고 HP의 명성만큼이나 그녀의 지명도가 세간의 이목을 끌었다. 하지만 불행히도 그녀의 경영전략은 많은 문제를 일으켰고 예상치 못했던 손실, 해고, 핵심 인재들의 이직이 발생하면서 회사 주가는 급락했다. 2005년초 피오리나가 퇴임하자 공교롭게도 HP의 상황은 호전되었다. 한 때 미국 공화당의 여성 대선 후보로 활동하였지만 그녀의 리더십에 대해 다양하게 해석되고 있다. 분명한 것은 현실적으로 리더에 관한 과장된 기대가 있다는 사실이다. 특히 상황이

**IN THE LEAD** Carly Fiorina, HP

2008년 4월 28일자 '월스트리트 저널'은 한때 실리콘밸리의 여제(女帝)로 불렸던 칼리 피오리나 전 HP 최고경영자가 '백악관 경영'을 노리고 있다고 보도했다. 과거 공화당 선거 캠프에서 경제참모 겸 후원금 모금 총책을 담당하는 피오리나가 존 매케인(John McCain) 상원의원의 유력한 러닝메이트로 거론되고 있다는 것이다. 그녀가 2005년 2월, HP에서 갑자기 쫓겨났을 때 공식적으로는 전격 사임이었지만 실제로는 해고였다. 그것은 도전과 변화, 성취의 아이콘이었던 피오리나의 철저한 패배였다. 세상 인심이란 게 성취에는 관대하지만 실패에는 인색한 법. 그녀는 점점 사람들의 머릿속에서 잊혀졌고 그녀의 소식을 알고 싶어 하는 사람도 없었다.

그녀가 CEO로 재직했던 5년은 사람들 머릿속에 재앙의 기간으로 인식되었다. 그녀는 대대적인 합병과 대규모 해고, 그리고 헤아릴 수 없을 정도로 많은 체제개편 등을 통해 HP를 지옥으로 몰고 갔다. 하지만 그러한 조치들은 모두 허사로 끝났다. HP의 주가와 실적은 여전히 바닥을 기는 듯했다. 그러나 요즘 구조조정 성과가 서서히 드러나며 수익이 향상되고 있어 명예회복 분위기도 일어난다고 한다.

출처: 신동아 통권 587호, 2008.8.1.

어려운 시기에 사람들은 위험과 불확실성을 해소할 능력이 있는 영웅적 리더를 원하게 된다. 리더십에 관한 감상적 관점은 최근 많은 변화를 보이고 있어, 카리스마와 같은 개인 특성보다는 조직이나 사회에 대한 실질적인 강한 영향력을 리더십의 필수적 특징으로 받아들인다.

## 리더십의 정의

리더십의 개념은 계속 진화하고 있다. 이 책의 1장은 진화하는 리더십의 실체를 밝히고, 리더십의 구현 요소들을 세부적으로 살펴보는 데 목표를 두고 있다. 일반적으로 조직을 구성원 간의 상호 관계를 통해 조직목표를 공유하고 실질적 변화와 성과를 추구하는 구성체로 설명한다면, **리더십**leadership은 **조직 목표 달성을 위한 리더와 구성원 간의 영향력 행사 과정**이다.[5]

〈도표 1-1〉은 리더십 구성 요소를 제시하고 있는데, **영향력**influence, **의도**intention, **개인적 책임과 정직**personal responsibility and integrity, **변화**change, **공유목표**shared purpose, **추종자 혹은 팔로워**follower 등이 있다. 첫째, **영향력**은 다른 사람에게 능동적으로 영향 미치는 것으로서 리더로부터 추종자에 대한 일방향이 아니고 쌍방 간에 미치는 영향력 행사의 정도를 의미한다. 결국 리더십은 추종자가 리더에게 미치는 영향력도 포함하는데, 결국 리더십은 일방적인 관계가 아닌 상호 관계로 설명할 수 있다. 보통 상급자가 하급자에게 영향을 미치지만 반대로 하급자도 상급자에게 영향을 미칠 수 있으며, 이러

**도표 1-1 ● 리더십의 구성 요소**

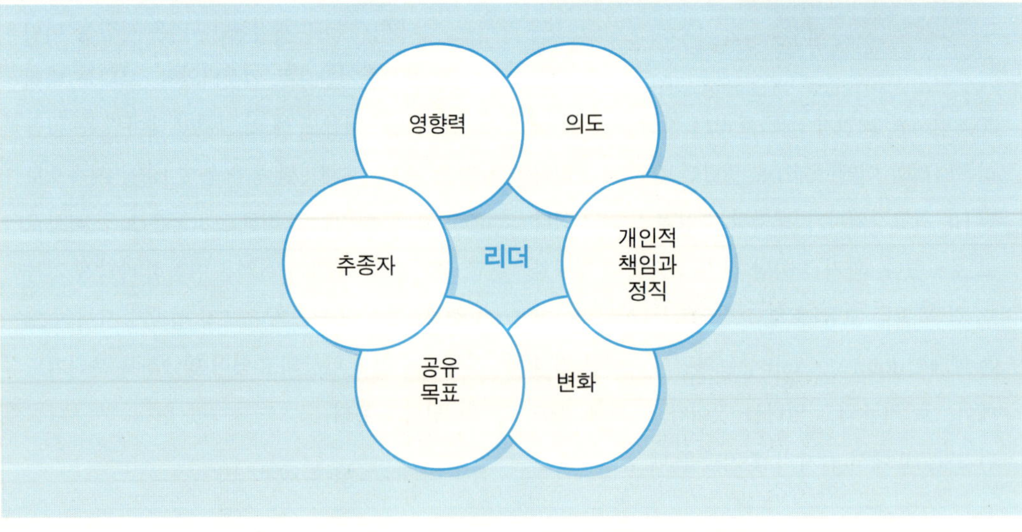

한 관계가 원만하게 작동하면서 의미 있는 변화를 추구하게 된다. 창조적 변화는 리더의 일방적 지시에 의한 것이 아니라 리더와 구성원의 목표 공유에 의한 것이다. 리더십의 두 번째 구성요소는 **변화 지향**이라 할 수 있는데, 리더와 구성원의 관계는 현재를 유지하는 것보다 미래를 발전적으로 변화시키는 데 있다. 셋째, 변화는 단순히 리더에 의해서 이루어지는 것만은 아니고, 리더와 추종자 간에 **공유하는 목표**가 잘 정립되어 있을 때 가능하다. 공유목표는 모두가 원하는 미래의 모습을 뜻하며 리더와 구성원을 동기부여한다. 리더십에서 중요한 것은 공통된 비전을 갖고 서로 영향을 주고받는다는 사실이며, 그 영향력의 궁극적인 목표는 바람직한 미래를 만드는 것이다.

리더십은 사람들 간의 상호작용에서 일어나기 때문에, 필연적으로 리더를 추종하는 구성원들과의 관계에서 리더십이 형성된다. 과학자, 음악가, 운동선수, 목수 등 전문성을 가진 사람들은 자기 분야에서 리더가 될 수 있지만 구성원이 없다면 리더로 정의될 수 없다. 따라서 **추종자들은 리더십 프로세스의 중요한 부분이며 리더십에서 추구하는 변화의 대상이자 목적**이 되기도 한다. 결국 리더와 추종자는 의도된 목표를 달성하기 위해 서로에게 관여하며 이러한 과정에서 새로운 변화를 이루고 각자는 바람직한 미래의 모습을 만들기 의해 책임의식을 지게 된다.

리더와 추종자를 설명하는 맥락은 서로 다를 것이라고 맹목적으로 믿는 경향이 있지만, 현실적으로 **유능한 리더의 조건**이나 **유능한 추종자**의 조건은 동일하다.[6] 유능한 추종자는 스스로 열정과 에너지를 가지고 리더처럼 임무를 수행하며, 자신의 개인적 이익과는 상관없이 일에 몰두하며 자신의 신념에 대한 의욕을 갖고 있다. 또한 이들은 리더 입장에 맹목적으로 찬성하며 무조건 리더를 따르는 사람이 아니다. 유능한 리더와 유능한 추종자의 태도는 동일하며 단지 역할이 다를 뿐이다. 가장 이상적인 리더십 상황은 **추종자와 리더가 함께 몰입하고 공동 책임을 부담하면서 리더십을 공유하는 것이다.**

## 환경의 새로운 변화와 리더의 당면 과제

소셜 미디어, 글로벌화, 모방일 상거래, 지역정치 분쟁 등 우리들의 주변 환경은 항상 새롭게 변화하고 있다. 뿐만 아니라 예측이 불가능할 정도의 첨단 스마트 기술의 개발, 조직의 아웃소싱과 조직분위기 변화, 자원결핍 문제들도 현저한 변화를 보이고 있다.[7] 최근 창조리더십센터의 설문에 의하면 응답을 한 리더들 84%는 유능한 리더의 개념이 최근 21세기 이후 상당히 바뀌었다고 한다.[8] 소셜 미디어와 모바일의 첨단기술 등은 우리의 세상을 하루하루 바꿔나가고 있으며 소셜 연계성social connectedness과 이동성mobility은 리더에게 핵심 업무가 되고 있다.

지금의 세계는 수백 년 전 산업혁명 시대나 근대사회가 경험하지 못한 엄청난 변화의 소용돌이를 겪고 있다. 급속한 환경 변화는 조직에 근본적인 변화를 가져와 리더의 새로운 도전을 요구한다. 이러한 변화는 전통적인 리더십 패러다임에서 새로운 패러다임으로의 전환을 필요로 하기 때문에 우선적으로 패러다임의 변화를 이해할 필요가 있다. 리더십이 당면한 패러다임의 변화를 설명하면 〈도표 1-2〉와 같다.[9] **패러다임**paradigm이란 세상을 이해하고 생각하고 지각하는 근본적인 방식을 나타내는 공유하는 마인드세트라고 정의할 수 있다.

## 안정추구자에서 변화관리자로

예전에는 안정적으로 조직을 유지하는 것만으로도 리더는 성공한 것으로 평가하였다. 그러나 오늘날은 불확실성이 심화되면서 리더가 안정성만을 고집한다면 효과적으로 조직을 운영했다고 평가되지 못할 것이다. 급격한 변화와 위험관리가 필요한 상황은 도처에서 찾아볼 수 있다. 미국은 9.11 테러 발생시 정부의 위험관리시스템

**도표 1-2 ● 리더십의 새로운 실체**

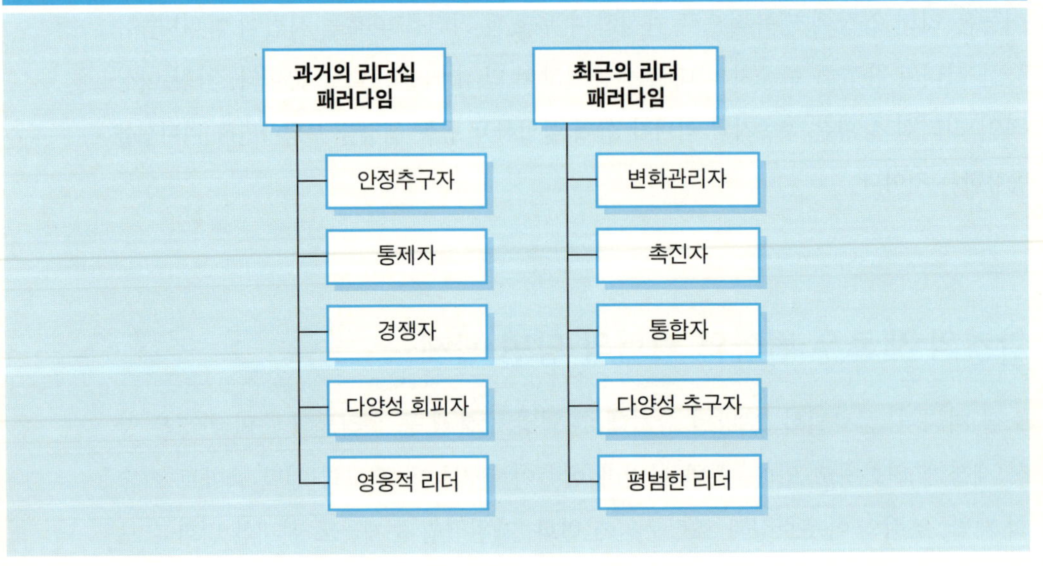

이 작동되지 않았으며 그런 위기 상황하에 미국 경제와 안보의 심장부인 월드트레이드센터와 국방부가 공격당한 경우나, 재즈의 본고장인 뉴올리언즈의 시가지가 허리케인 카트리나로 인해 침수되고 많은 시민들이 위기에 처해있음에도 연방정부의 위기관리 리더십은 불통이었다.

급격한 변화 속에서 리더가 조직의 안정성 유지에만 치중하여 변화와 거리를 둔다면 결국 치열한 경쟁에서 승리하기 어려울 것이다. 지금과 같이 일상적으로 위기상황에 직면하는 현실에서 리더십의 새로운 패러다임은 카오스(과학적 혼돈)이론과 같이 예측 불가능하고 불확실한 사건들이 일상적으로 끊임없이 발생하고 있다는 점을 기본 전제로 하고 있다.

따라서 오늘날 리더는 **변화와 위기의 필연성을 인정하고, 이를 동기부여와 자기혁신의 계기로 인식해야 한다.** 소극적인 태도로 위축되기보다는 효과적인 위기관리 기술을 배양하여 더 나은 방향으로 발전할 수 있는 조직으로 만들어야 한다.

## 통제자에서 촉진자로

강력한 권한을 가진 리더들은 조직을 효과적으로 운영하기 위해 엄격한 통제가 필요하다고 믿어왔다. 이들은 엄격한 위계질서, 잘 짜인 직무 그리고 구체적이고 빈틈없는 업무절차를 중시하며, 권한은 상층부에 집중시키고 하부 실무진에는 권한을 부여하지 않는다.

하지만 오늘날의 조직 권한 체계는 과거와 사뭇 다르다. 이제는 통제 중심의 리더십이나 규제를 위한 조직구조는 구성원들에게 동기를 주지 못하고, 높은 성과를 내지 못할 뿐 아니라 혁신 의욕을 저하시킨다. 그래서 현대의 리더들은 **권력을 독점하기보다는 공유하고, 조직 내 모든 사람의 몰입과 참여를 통해 브레인 파워**brain power**를 증대시키려 한다.**

이러한 변화의 이유는 오늘날 경제의 핵심요인이 땅이나 건물, 기계와 같은 유형 자산에서 무형 자산으로 급속히 바뀌고 있기 때문이다. 50년 전 미국에서는 금융권을 제외한 기업 자산의 73%는 유형 자산이었으나 2002년에 이르러 그 비율이 53%까지 떨어졌고 현재는 그 비중이 더욱 감소하고 있다. 인간의 지식과 지적 자산이 생산의 핵심을 점유하고 구성원들의 권한은 점차 증대되고 있다. 미국을 포함한 많은 국가에서 교육 훈련과 기술 역량의 중요성은 계속 강조되고 있으며, 인력에게 조직 운영에 대한 참여와 학습 기회를 주지 않는 조직은 경쟁시장에서 외면받게 된다.

**IN THE LEAD Vineet Nayar, HCL Technologies**

인도의 IT 서비스기업인 HCL의 CEO 출신이며 '직원이 우선이고 고객은 그 다음이다(Employees First, Customers Second)'의 주장을 한 비닛 나야르는 변화를 추구하는 대표적인 리더이다. 그는 리더십을 "사람들이 능력을 발휘하고 자신만의 지혜를 발견하도록 도우며 스스로 업무에 전적으로 참여하며 변화의 책임을 다하도록 하는 것이다"라고 정의내리고 있다.

그는 기업을 운영하는데 무엇보다 신뢰가 우선해야 하며, 회사의 중요한 재무정보는 구성원들 간에 모두 공유할 수 있어야 한다고 강조하고 있다. 그리고 실제로 온라인 포럼을 통해 구성원이 질문을 하면 이에 응대하는 과정을 통해 문제점과 한계점 등을 모든 사람들에게 인지시키고, 구성원들로 하여금 이 문제를 자발적으로 해결하는 전기를 제공할 수 있었다. 이러한 변화를 추구하는 온라인 포럼으로 인해 기업의 운영 중심점이 점차 상위권에서 하부직원들로 이동할 수 있었고 문제를 해결하는 당사자가 종업원 스스로가 될 수 있었다. CEO는 종업원들을 통제하기보다는 문제를 해결할 수 있도록 지원하고 봉사하는 역할에 치중하면 되었다.

직원을 우선하는 정책과 기업철학을 통해 HCL의 매출이 2005년 이 기업을 인수한 이후 3년만에 3.6배 증가하였으며 순이익이 91% 이상 상승하였다. 그리고 세계경제가 침체된 2008~2009년 사이에 이 회사는 빠르게 성장하는 대표적인 기업으로 손꼽혔다. 또한 지속적인 경제불황으로 인해 1억 달러의 비용감축을 필요로 하는 상황에서도 경영자들은 대량감원을 하지 않고 비용절감을 위한 종업원의 방안을 수용하였다.[10]

전통적인 명령과 통제 시스템하에서는 구성원들에게 주어진 업무시간 동안 열심히 일하는 것만을 강조할 뿐 적극적 사고에 기반을 둔 역할에 대해서는 그리 중요하게 생각하지 않았다. 하지만 지금은 성공적인 기업 경영을 위해 리더들이 고려해야 할 점은 구성원들의 지적능력을 효과적으로 활용해야 한다는 것이다. 따라서 **구성원들의 지적능력을 활용할 수 있는 환경의 창출 능력**이 리더들에게 매우 중요하다.

[IN THE LEAD] 사례는 인도 HCL 테크놀로지의 CEO였던 나야르Nayar가 종업원들에게 과감한 임파워먼트를 이루고 변화를 추구한 경우이다.

## 경쟁자에서 연대자로로

첨단의 소셜 미디어는 모든 것을 바꾸고 있다. 조직 내 그리고 조직 간의 경계를 모두 허물고 있으며, 지금과 같이 초연결망의 네트워크 시대에서 연대collaboration는 경쟁보다도 더욱 중요한 점으로 강조되고 있다.[11] 즉 과거에는 경쟁업체를 압도함으로써 승리할 수 있었지만 지금은 경쟁업체와 연대하여 승리를 가져올 수 있다. 유능한 리더가 되기 위해서는 수많은 영역에서 심지어는 경쟁관계에 있는 조직에서 아이디어와 자원 등을 창출할 수 있어야 하고 이를 더욱 촉진시킬 수 있어야 한다. 물론 아직까지 많은 기업들이 내부경쟁과 공격성을 강조하고 있지만 대부분의 성공한 유능한 리더들은 팀워크, 통합과 화합 등을 강조하고 있다. 그래서 자율운영팀이나 수평적 통합을 촉진시켜 조직 내의 지식과 정보를 흡수하고 발전시키는 방식이 최근 점증하고 있는 추세이다.

위대한 리더십은 경쟁을 강조하기보다 서로 다른 네트워크 간의 연대를 중요하게 여긴다. 우선 리더 본인이 연대의 마음가짐을 갖추고 나서 이후 팀워크 환경과 연대와 상호 후원을 촉진시키는 커뮤니티를 만들어야 한다.[12]

## 다양성 기피자에서 다양성 촉진자로

대개 조직은 획일성, 분화, 전문화를 기반으로 하며 생산, 회계, 재무 등의 기능식으로 분리하여 운영해왔다. 동일 부서에 속한 인력들은 유사한 업무와 기능을 수행하며 다른 업무를 수행하는 타부서와 차별화된다. 그리고 유사한 업무를 수행하는 부서원들 간에는 의사소통이 원활해지고 서로를 잘 이해할 수 있다. 그러나 이와 같은 동질적이고 정형화된 사고는 현재의 글로벌화되고 다양화된 현실에서 큰 문제를 야기하고 있다.

오늘날의 세상은 다양성을 강조하는 분위기로 신속하게 변해가고 있으며, 기업은 다양한 분야의 인재를 필요로 하고 있다. 따라서 다양성을 강조하는 시대적 요구에 부응하지 못하는 리더들은 많은 어려움에 직면하게 되었다.

뿐만 아니라 다양성 경영을 추구하는 조직은 우수한 인재를 유인할 수 있고 글로벌 기업으로 확장할 수 있는 마인트 세트를 갖추게 된다. 닛산자동차의 카를로스 곤 사장은 닛산이 성공할 수 있는 원동력은 경쟁업체에 비해 다양한 경험과 역량을 갖춘 인재들 때문이라고 말하고 있다.[13]

## 영웅적 리더에서 평범한 리더로

리더의 표상이 신속하게 변화하고 있다. 영웅적인 리더의 모습은 점차 열심히 일하는 리더의 모습으로 급격하게 그 초점이 변하고 있다. 그리고 이러한 새로운 리더는

## Great by Choice(위대한 기업의 선택): Uncertainty, Chaos, and Luck – Why Some Thrive Despite Them All



*by Jim Collins and Morten T. Hansen*

이 책은 〈Good to Great〉를 통해 잘 알려진 짐 콜린스가 캘리포니아 주립 버클리 대학 교수인 한센(Hansen)과 함께 쓴 책이다. 이 책의 부제는 길긴 하지만 이 책의 내용을 함축적으로 나타내고 있다. 즉 오랜 세월에 걸쳐 불확실성과 혼돈 그리고 운이 존재하는 경쟁사회에서 많은 기업들이 사라져가고 있는데 생존하는 기업에는 특별한 경영자의 선택이 있다는 점을 보여주고 있다. 2010년 짐 콜린스는 〈How the Mighty Fall〉이라는 책을 통해 잘 나가던 기업들이 왜 몰락하는지를 보여주는데, 이들 기업들이 몰락한 이유에 대해서 다음과 같이 답했다. "건강했던 사람들이 충분한 수면을 취하지 않고, 음식을 아무렇게 먹으며, 운동을 소홀히 하기 시작하면 아무리 건강한 사람도 건강이 무너진다. 양질의 수면과 식생활, 그리고 적당한 운동은 여전히 건강을 지키는 원칙"이듯이 기업들도 지속적인 노력을 기울여야만 건강을 유지할 수 있다.

지난 1980년부터 2002년 동안 투자수익율이 업종지수보다 10배 이상의 성과를 낸 기업들은 혁신, 비전, 창의, 열망, 영웅, 대담, 카리스마 등을 강조하기보다는 꾸준하게 규율을 실천하고 정진함으로써 성공했다고 한다. 이를 20마일 진군(20-Mile March)이라고 정의내리고 있는데, 주변환경에 관계없이 매일매일 정해진 목표를 향해 꾸준히 정진해나가는 것을 말한다. 즉 매일 매일 페이스를 유지하면서 지속적으로 20마일을 나간다는 의미이다. 1911년 인류 최초로 남극탐험에 나섰던 아문센과 스콧을 비교해 보면, 날씨와 관계없이 꾸준히 정진한 아문센 진영과 달리 날씨에 따라 탐험을 진행하다 실패한 스콧의 사례에서도 지속적인 노력이 중요함을 알 수 있다.*

이 책은 세 가지의 특징을 강조하고 있다.

- 광적인 규율(fanatic discipline): 앞서 언급한 바와 같이 20마일 진군과 같이 지속적이고 꾸준한 정진을 이루는 강한 규율을 의미한다. 이러한 규율을 이루기 위해서는 야망도 있어야 하지만 뒤로 물러설 수 있는 자기통제도 있어야 한다.
- 실증적 창의성(empirical creativity): 이 책의 전반적인 내용은 잽을 날리고 공격하는 접근법(fire bullets, then cannonballs)을 강조하고 있다. 10배 이상의 성과를 내는 기업은 우선적으로 먼저 소총공격을 해 본 이후 상황을 파악하고 이후 집중 포화를 날린다고 한다. 또한 집중포화를 한 이후 대성공을 이루기 위해서는 지속적인 20마일 진군을 수행해야 함을 강조하고 있다.
- 생산적 편집증(productive paranoia): 사우스웨스트 항공사를 창업한 전 CEO인 허브 캘러허는 눈에 띄게 할 필요까지는 없지만 항상 다음의 불황을 대비한다고 한다. 10배 이상의 성과를 내는 이 책의 사례 기업들은 호황기에도 생산적으로 편집증을 유지하고 폭풍이 오기 전을 대비한다고 한다. 그래서 항상 완충지대를 구축해두고 예견하지 못한 상황을 흡수할 수 있어야 함을 강조하고 있다.

* http://egloos.zum.com/swprocess/v/2826334에서 일부 내용 가져옴

자신을 내세우기보다는 다른 사람을 육성시키고 지원하는 역할에 중점을 둔다. 지금은 화려하고 요란하지 않으면서 조용히 탁월한 성과를 달성하는 평범한 리더가 중요하게 인정받고 있다.[14] 축구선수 박지성은 자신의 실적을 우선하기보다 팀의 승리를 위해 다른 선수가 성과를 낼 수 있도록 연결과 지원 역할을 한다. 그 결과, 그는 평범하지만 위대한 리더가 되어 있었다. 링컨 대통령은 자신의 이기심을 위한

정치를 하지 않고 미국민들이 관심 있어 하는 일에 그의 능력을 최대로 봉사하였다. 1950년대 어느 서부영화에서 주인공으로 나오는 진 오트리Gen Autry는 카우보이 10대 강령을 이야기하였는데 이 강령은 지금도 리더들에게 주는 시사점이 높다. 이 카우보이 강령은 다음과 같다.

1. 불공정한 이익을 취하지 말 것
2. 말을 번복하지 말고 신뢰를 저버리지 말 것
3. 진실만을 말할 것
4. 어린애와 노약자에게 우호적인 것
5. 인종과 종교의 편견을 내세우지 말 것
6. 어려운 사람에게 온정을 베풀 것
7. 열심히 일하고 성실할 것
8. 항상 마음과 정신을 정결히 할 것
9. 여성을 보호하고 부모를 존경하고 법과 질서를 수호할 것
10. 국가에 충성할 것

경영분야 베스트셀러인 「Good To Great」와 「How the Mighty Fall」의 저자인 짐 콜린스Jim Collins는 Level 5 리더십을 강조하면서,[15] 이러한 리더들은 가식적이지 않으며 겸손을 보인다고 한다. 이러한 리더십을 가진 사람들은 자신의 성공보다는 팀과 조직의 성공을 우선시한다.

Level 5 리더들은 자만심을 보이지 않고 조직을 위해 최선의 것이 무엇인지를 찾아 실행한다. 뿐만 아니라 수행한 성과가 결과적으로 실패하거나 잘못되면 자신이 그 책임을 지고, 성공하면 동료나 팀원들에게 성공의 영광을 돌리는 특성을 보인다.

## 관리와 리더십의 구별

**관리**management는 조직이 보유하고 있는 자원에 대한 계획planning, 조직organizing, 충원staffing, 지시directing 그리고 통제controlling를 통하여 가장 효과적이고 효율적으로 조직 목표를 성취하는 방법이다. 그렇다면 **관리와 리더십을 구별**하는 것은 무엇일까? 많은 연구에서 두 개념의 차이를 다루어 왔으나, 최근 리더십의 역할이 강조되면서 관리의 개념은 부정적인 것으로 비춰지고 있다. 그러나 관리자나 리더는 본질적으로 서

로 다른 것이 아니며, 대부분의 관리자들은 이미 좋은 리더로서 필요한 능력과 자질을 갖고 있다. 사실 관리와 리더십은 둘 다 조직에 필수적인 것이며 고성과 창출을 위해 효과적으로 잘 융합되어야 한다.[16] 하지만 분명한 점은 리더십이 관리로 대체될 수 없으며 또한 관리가 리더십을 대신하기 어렵다는 사실이다.

〈도표 1-3〉은 관리와 리더십을 다섯 가지 관점에서 구별하고 있는데, 그 내용은 방향성 제시direction, 조직 정렬alignment, 관계성 구축relationship, 개인의 리더십 자질 개발personal quality, 성과 창출outcome의 관점에서 비교되고 있다.[17]

## 방향성 제시

리더와 관리자들은 조직을 위해 방향을 제시하지만 이들 간에는 차이가 있다. 관리는 특정 목표를 달성하기 위해 상세한 계획과 일정을 수립하는 데 중점을 두며, 이때 계획달성

**도표 1-3 ● 관리와 리더십의 구별**

| | 관리 | 리더십 |
|---|---|---|
| **방향성 제시** | • 계획과 예산 수립에 중점<br>• 안정적 결과를 위해 리스크를 극소화<br>• 직원들의 통제에 중점 | • 비전과 전략의 창출<br>• 기회의 극대화<br>• 수평적 통합에 중점 |
| **조직 정렬** | • 조직의 구성과 충원<br>• 지시와 통제<br>• 부서간 경계 구분 | • 조직문화와 가치공유<br>• 인재 육성과 인력개발 지원<br>• 부서 간 벽 제거 |
| **관계성 구축** | • 목표 중시: 생산, 제품판매, 서비스<br>• 공식적 직위 권한에 기초<br>• 보스의 역할 | • 사람 중시: 동료에 대한 동기부여와 후원<br>• 리더의 개인적 특성에 기초<br>• 코치, 중재자, 서번트의 역할 |
| **리더십 자질 개발** | • 위계질서<br>• 전문가적 사고<br>• 지시<br>• 인화 강조<br>• 조직 관점 | • 단합정신<br>• 열린 마음<br>• 경청<br>• 용기<br>• 개인 관점 |
| **성과 창출** | • 안정성이 유지되는 효율적 문화 창조 | • 변화와 정직한 문화 창조 |

출처: Based on John P. Kotter, *A Force for Change: How Leadership Differs from Management* (New York: The Free Press, 1990) and ideas in Kevin Cashman, "Lead with Energy," *Leadership Excellence* (December 2010), p. 7; Henry Mintzberg, Managing (San Francisco: Berrett-Koehler, 2009); and Mike Maddock, "The One Talent That Makes Good Leaders Great," *Forbes* (September 26, 2012), www.forbes.com/sites/mikemaddock/2012/09/26/the-one-talent-that-makes-good-leaders-great/ (accessed March 7, 2013).

에 필요한 자원을 할당한다. 하지만 리더는 **미래를 위한 비전을 제시하고 비전달성에 필요한 변화를 위해 앞날을 내다보며 전략을 개발**한다. 또한 관리는 매우 현실적인 방법으로 단기성과에 치중하는 반면, 리더는 항상 가장 이상적인 면에 중점을 두고 먼 미래의 결과에 관심을 기울인다.

비전vision은 야망이 구체화된 것이며 조직이나 팀의 바람직한 미래상이다. 모토로라의 목표처럼 "세계 초일류 기업이 되자"라는 매우 원대한 내용이 될 수도 있고, 스웨덴 조립가구회사인 이케아IKEA와 같이 "적은 예산으로 소비자들이 원하는 가구를 제공하자"와 같은 현실적 목표를 설정하는 경우도 있다. 구성원들이 공감하기 위해서 목표는 일관성 있어야 하고 상호 간 연결고리에 의해 공유될 수 있어야 한다. 포춘Fortune 선정 미국 100대 우량 기업이 보여주는 특성 중 하나는 강력한 비전을 제시하는 리더를 강조하는 것이다.

## 조직 정렬

관리란 수립된 계획을 실행하기 위한 조직 체계를 만들며, 구성원들을 효과적으로 배치시키는 일을 말한다. 또한 계획의 실행 여부를 확인하고 인력을 통제할 수 있는 정책, 운영 과정, 시스템을 개발하는 것이다. 반면 리더는 가고자 하는 미래로 구성원들을 이끌어갈 수 있는 핵심가치와 공유문화를 개발하고 비전을 확산시키는 중추적 역할을 한다.

관리는 소관부서와 조직 계층을 구성하여 인력을 전문분야와 기능을 중심으로 분화시키는 조직화를 의미하기도 한다. 리더는 이러한 경계를 무너뜨리고 구성원, 즉 부하직원들로 하여금 서로 무엇을 하는지 알게 하고 쉽게 조화될 수 있게 하며, 성과창출을 위한 팀워크와 단합심을 느끼게 한다. 리더들은 단순히 특정 목표 달성을 위해 직원들을 지시, 통제하기보다는 **회사가 무엇을 해야 하며, 왜 해야 하는지에 대한 보다 근본적인 생각을 가지고서 구성원들을 한 방향으로 정렬시킨다**. 리더들은 구성원들로 하여금 마음과 능력을 펼쳐 보일 수 있도록 장려하고 그들 스스로의 행동에 대해 책임감을 느끼게 만든다. 예를 들어, 교수가 학생들에게 프로젝트를 수행하는데 지나치게 구체적인 방법을 알려주면 학생들은 이러한 교수의 하향식 방향 제시와 통제에 의존하게 될 것이다. 따라서 관리가 문제에 대한 해답과 해결방법을 전달하는 의사소통 과정이라면, 리더십은 문제를 발굴하고 서로 경청하며, 자신 외의 다른 사람을 이끌어들이는 능력이라고 할 수 있다.

## 관계성 구축

관리 관점에서 관계는 어떻게 생산이 적절히 이루어지고 고객들에게 제품이나 서비스가 적절히 제공되고 있는지와 관련하여 만들어진다. 반면 리더십은 성과의 결과적인 측면보다는 구성원들을 독려하고 동기부여시키는 데 중점을 둔다. 또한 리더십은 개인적 영향력에 기반을 두는 데 비해, 관리는 지위나 공식적 권한에 의존한다. 공식적 직위 권력은 문서화, 공식화된 계약관계에서 나오며, 이러한 관계를 기반으로 상급자, 하급자의 역할이 정해지고 목표 달성에 필요한 행동을 취하게 된다. 이와 반대로 리더십은 영향력을 발휘하지만 강제성을 띠지는 않는다. 구성원들은 대부분의 상황에서 스스로 결정을 내리도록 권한을 부여받으며, 리더들은 단지 독려하고 도전하도록 분위기를 조성하며, 목표를 향해 구성원들을 몰아붙이기보다는 후원한다. 그래서 리더십의 역할은 **구성원들에게 에너지를 부여하여 자발적으로 움직이게 하고, 상벌로 통제하기보다는 구성원이 스스로 직무나 조직에 몰입하도록 동기부여** 한다.[18] 조직에서 공식적 직위 권력은 관리의 원동력이지만, 리더십의 원동력은 리더 개개인의 특성으로부터 나온다. 리더십에 공식적 지위나 권력이 필수적이지는 않으며 공식적 직위 권력을 갖고 있는 사람들이 반드시 리더십을 보유하고 있지는 않다. 영향력 원천의 차이는 관리와 리더십을 구별하는 주요 요인 중 하나이다. 관리자가 자신의 공식적 지위를 강조하는 것과 구성원들이 진정으로 그를 선택하고 따르는 것은 별개의 문제이다. 보통 부하직원들이 상사를 따르고 존중할지 여부는 단순히 상급자의 직위 권한에서 오는 것이 아니라 리더로서 갖고 있는 개인적 특성을 구성원들이 어떻게 생각하는가에 따라 결정된다.

## 개인의 리더십 자질 개발

리더십은 개인의 내면적 특성이기 때문에 육안으로 확인하기는 쉽지 않지만 그 영향은 강력하다. 개인적 내면 특성으로 **열정**, **성실**, **용기**, **겸손** 등을 들 수 있는데, 유능한 리더십은 일에 대한 참된 열정과 다른 사람에 대한 진실한 관심으로부터 나오며, 자신이 하는 일을 사랑하고 다른 사람과 공유하는 사람이 훌륭한 리더이다. 효과적 관리를 위해서는 인간관계에 감정이 개입하지 않도록 일부러 거리감을 두지만, 리더십은 다른 사람들과 친밀한 관계를 형성하는 데서 진가가 드러난다.

관리는 정답을 제공하여 문제를 해결하는 데 초점을 두지만, 리더십은 실수와 잘못될 가능성이 있음에도 불구하고 구성원들이 위험을 무릅쓰고 타인의 의견을 경청하면서 배우고 신뢰하도록 만든다. 관리 관점에서는 감성적 인간관계 형성이 무의미하지만 리더십에서는 필수적인 요소가 된다.

리더십 역량을 개발한다는 것은 쉽지 않으며 이러한 역량을 갖추려면 리더는 우선 스스로 자신을 이해하는 과정을 겪어야 한다.[19] 리더십 분야의 전문가들은 유능한 리더의 가장 두드러진 특성은 자신이 누구며 자신을 어떻게 나타내는지를 안다는 것이고, 리더는 자신의 신념에 맞춰 행동한다고 강조한다. 선행 연구에 의하면 사람들은 자신들이 의지하고 믿을 수 있는 사람을 따르게 된다고 한다. 진정으로 유능한 리더는 개개인의 마음속에 있는 강력한 힘을 끌어내는 능력을 갖고 있다. 이러한 리더들은 새로운 아이디어를 받아들이는 데도 개방적이며 진솔하다. 또한 이들은 다른 사람들과 거리감을 두지 않고, 개인적 차원의 관계를 형성하려는 경향이 높으며, 충고나 지시보다는 다른 사람들이 필요로 하고 원하는 것을 경청하고 식별해낸다.

## 성과 창출

관리와 리더십 사이의 다른 점은 창출된 성과가 다르다는 점이다. 〈도표 1-3〉이 보여주듯이 관리는 안정성에 중점을 두고 예측 가능한 효율성 중시 문화를 통해 지시를 강조한다. 훌륭한 관리자는 단기 성과를 지속적으로 이루어내도록 조직을 이끌며 다양한 주주들의 기대를 충족시키려고 한다. 훌륭한 리더는 혁신을 일으키고 정직성 중시 문화를 바탕으로 급진적인 변화를 추구하지만, 개방적이고 긍정적인 결과에 집중하게 만들어 장기 성과를 중시하게 만든다. 바람직한 리더십은 차별하거나 관행을 따르는 방식을 지양하기 때문에 때로는 단기적으로 이익을 창출하지 못하는 경우도 있다.

리더십은 현재의 상태에 만족하지 않고 새롭게 도전하게 한다. 전통적인 관행이나 패턴은 새롭게 변화되고 가치있는 변화를 유도할 수 있는데 이러한 변화를 통해 신규 고객을 얻고 시장을 확대할 수 있다. 이와 같이 선제적으로 미래를 향해 조직을 움직이게 하려면 훌륭한 리더십이 반드시 필요하다.

## 리더십 이론의 진화

리더십 이론은 지난 오랜 세월동안 그 패러다임이 계속 변화되어 왔다. 리더십은 보편적으로 사회를 반영하여 변화되어 왔다. 이들 리더십 이론을 분류하면 크게 여섯 가지 차원으로 구별할 수 있다.[20]

### 주요 리더십 접근법

**위인이론** 위인이론great man theories은 리더십의 가장 초창기 이론으로서 남성적 특질을 바탕으로 하면서, 강력한 지도력과 영향력 등은 개발되고 육성되기보다는 타고난 것으로 간주한다. 그래서 사회적으로 가장 위대한 리더는 태생적인 특성과 특질 그리고 능력을 바탕으로 다른 사람들을 규합하고 영향력을 행사하게 된다.

**특성이론** 특성이론trait theories은 리더가 보유하는 다양한 특성을 규명하는 데 초점을 둔다. 1920년대 초부터 리더와 비리더를 구별할 수 있는 지능이나 개성이 무엇인지를 명확하게 파악해왔는데, 이와 같은 리더십 특성을 규명하게 됨으로써 누가 리더인지를 예견할 수 있기 때문이다. 비록 특성이론이 리더만의 독특한 특성을 완전하게 찾아내지는 못했지만, 지금도 특성이론의 접근방법은 많은 연구자들의 관심을 끌고 있다.

**행동이론** 1950년대 초 리더십의 특성을 찾아내는 데 실패한 연구자들은 리더란 어떤 존재인지 관찰하게 되었다. 다양한 관리활동, 역할, 책임 등 업무를 통해 리더들이 실제 무엇을 수행하는지에 중점을 두고 리더십의 본질을 찾으려 하였다. 행동이론behavior theories은 이러한 관점을 반영하고 있는데, 리더들이 업무를 효율적으로 달성하기 위해 어떻게 행동하는지를 지속적으로 진행시켜 왔다. 또한 행동 이론 연구자들은 리더가 부하직원들에게 어떻게 행동하며, 리더의 어떤 행동 스타일이 구성원들에게 영향을 미치는지 조사했다. 행동이론과 특성이론에 대해서는 2장에서 구체적으로 다루게 될 것이다.

**상황적합이론** 이후 연구자들은 효과적인 리더십 행동에 환경 맥락과 다양한 상황들이 어떻게 연결되어 성과를 달성하는지 연구하기 시작했다. 이러한 시도가 후에 상황적합이론contingency theories이 되었고, 이 이론에 따라 리더들은 상황에 적합한 리더십 행동을 맞추어야 했다. 상황적합이론에서 다루게 되는 주된 상황변수로는 구성원 특성, 작업환경 특성, 직무의 성격 그리고 외부 환경이 있다. 상황적합이론은 때때로 상황이론으로도 일컬어지고, 리더십이 집단이나 조직의 상황변수와 긴밀히 관련되어 있다는 것을 강조한다. 이 이론들에 대해서는 3장에서 주로 설명하고 있다.

**영향이론** 영향이론influence theories은 리더와 구성원 사이의 영향력 행사 과정을 연구하는 이론으로 연구의 주요 주제는 카리스마 리더십이다(12장). 직위나 공식적 권한에 기반을 두지 않고 리더의 카리스마적 개성에 의하여 리더십이 어떤 영향을 받는지를 연구하는 것이다. 이것은 리더십 비전과 조직문화와도 관련이 있는데, 리더들은 비전이나 미래상을 제시하고 조직문화와 가치를 공유하며 구성원들이 변화하도록 영향을 미친다는 것이다(13, 14장).

**관계이론** 1970년대 후반 이후, 리더십에 관한 개념들은 관계 측면에 초점을 맞췄다. 즉 리더들과 구성원들이 어떻게 상호작용하고 서로 영향을 주는가를 구체적으로 다루기 시작했다. 관계이론relational theories에 근거할 때, 리더는 부하직원들과 차원이 다른 존재가 아니고, 비전을 달성하기 위해 구성원들이 참여하는 과정에 개입하는 역할을 하게 된다. 효과적인 리더십을 위해서 대인관계는 필수적이며,[21] 변혁적 리더십(12장)과 서번트 리더십(6장)을 강조하고 있다.

## 리더십 이론의 발전

〈도표 1-4〉는 초기의 위인이론부터 오늘날의 관계이론까지 리더십 이론의 발전 추세를 보여주고 있다.

**첫째, 리더십 1기**는 대부분 산업화가 이루어지고, 관료제가 활성화되기 이전에 이루어졌다. 당시 대부분의 조직들은 규모가 작고 개인기업 형태로 개인의 능력이나 재능보다는 친지나 주변의 추천으로 인력을 고용하였다. 소규모의 단순 조직으로서 안정적 환경에서 업무가 진행되고, 소수 계층만이 조직과 경영의 큰 그림을 이해하면서 조직의 활동을 통제하고 통합시켰다. 리더십은 위인이론의 특성과 유사하게 리더가 보유한 개별 특성을 강조하였다. 당시 리더십 연구에서 리더는 조직의 큰 그림을 그려나가는 상징적 인물로서 조직 내 모든 부분들을 하나로 적합하게 만드는 영웅의 모습으로 묘사되었다.

**둘째, 리더십 2기**는 조직계층을 중시하고 관료제가 강조되는 시점과 연관된다. 이 시기는 안정적 환경하에 조직규모가 커짐에 따라 점차 효율적으로 성과를 창출할 수 있는 규칙과 기준을 필요로 하였다. 권한의 계급화를 통해 직원들을 효율적으로 통제할 수 있게 되었고, 업무처리 기준은 전통적 주먹구구식에서 체계적 절차에 근거하여 이루어질 수 있었다. 이 시점에서 '합리적 관리자rational manager'를 중시하였지만, 이들 관리자는 권위적으로 직원들을 지시하고 통제하였다. 대부분 관리자들은 '노동자들이 스스로 생각하지 않으며 지시가 있을 때 규칙과 절차를 지키며 업무를 수행하는 것'으로 생각하였다. 그리고 이들 관리자들은 궁극적인 방향을 설정하기보다는 세부적이고 구체적인 업무 진행을 강조하는데, 이러한 리더십은 경영환경이 안정적일 때 적합하다. 행동이론과 상황적합이론은 환경을 분석하고 추진 계획을 수립, 실행한다는 점에서 오늘날에도 이러한 관점의 리더십 이론이 적용되는 경향이 있다.

**셋째, 리더십 3기**에 관리자의 조직관리 방식에 큰 변동이 일어난다. 경영환경이 불안정해지고, 합리성과 이성적인 관리 방식이 더 이상 효과를 거두지 못했기 때문이다. 1970년대 초 OPEC 석유파동을 시작으로, 1980년대와 1990년대 초에는 글로벌 경쟁이 심화되었고 관리자들은 혼돈의 경영환경을 경험하게 되었다. 뿐만 아니라 일본이 팀 리더십과 뛰어난 관리능력으로 세계시장을 지배하기 시작했는데, 이러한 환경변화가 리더들에게 혼돈의 시대로 여기게 하였다. 당시 리더들은 팀 접근법을 시도했고 리엔지니어링, 품질관리 프로그램, 임파워먼트 기법들이 성과향상과 구성원들의 동기부여 및 몰입을 높이는 방안으로 인식되었다.

이 시기는 팀 리더와 변화리더의 시기로 조직구조와 조직문화의 변화 필요성 때문에 영향력이 중요하게 고려되었다. 새로운 지식근로자가 등장하였고 수평적 통합의 개념이 강조되기도 했다. 리더를 모든 일에 책임을 갖는 강력한 하나의 인물로 보지 않고 팀 구성원 모두에게 리더십이 공유되었고, 전문성과 지식을 보유하고 있는 사람들이 리더의 역할을 나누어 수행하였다.[22]

**넷째, 리더십 4기**는 디지털, 모바일과 소셜 미디어 시대와 관련 있다. 모든 것이 변화했고, 신속하게 바뀌어나갔다. 전통적 관리방식은 더 이상 의미를 가질 수 없게 되었고, **민첩하게 대응하는 리더**agile leader의 필요성이 강조되었다. 또한 리더들은 **관**

**도표 1-4 ● 리더십 패러다임의 발전**

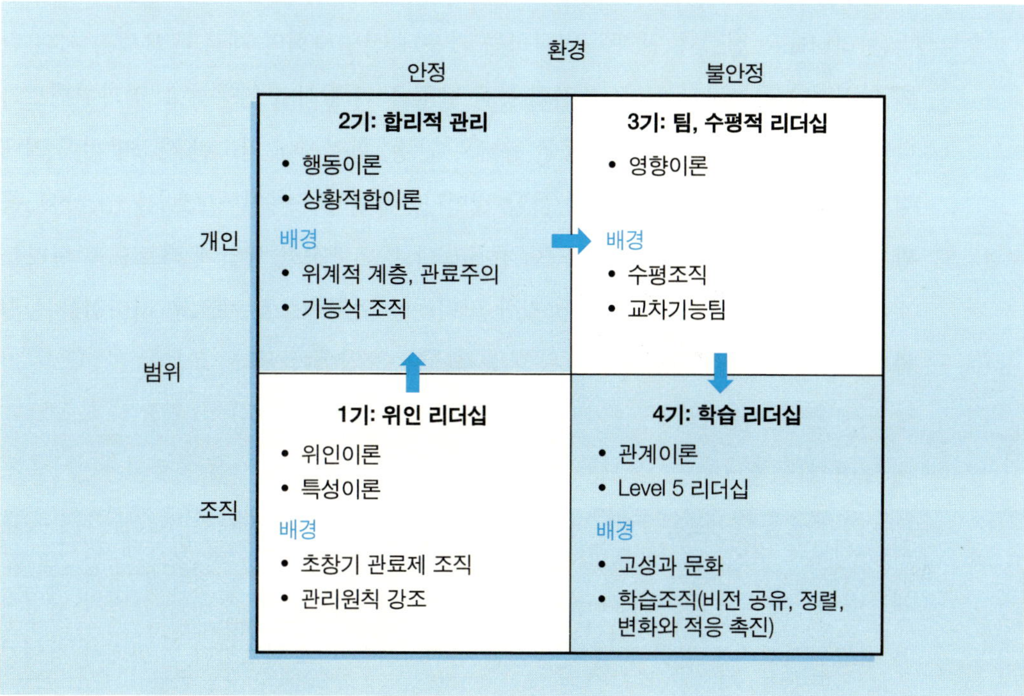




계와 네트워크를 강조하고 힘과 통제가 아닌 비전과 가치를 통해 다른 사람들에게 영향을 주게 되었다. 이 시기의 리더들은 자신이나 조직에 대해 스스로 학습하고 끊임없이 탐구하며 변화해야 생존할 수 있는 것으로 생각하였다. 또한 리더는 구성원들이 자발적으로 성장하고 발전할 수 있도록 후원하는데, 이때의 리더십은 합리적 리더십이나 팀 리더십의 관점을 모두 뛰어넘는 포괄적인 관점에서 논의되었다.

**시사점** 이상에서 초기 위인이론에서 시작하여, 합리적 관리이론, 팀 리더십을 거쳐 민첩한 리더십 이론에 이르기까지 리더십 이론의 전 과정을 살펴보았다. 여기서 확인할 수 있었던 점은 리더십이 당시 환경적 맥락이나 상황과 별개의 것이 아니라는 점이다. 오늘날의 경영자들도 경영환경이 안정된 상황에서 혼돈의 상황으로 변화함에 따라 어려움을 겪고 있고 이러한 상황에 필요한 새로운 업무능력과 역량을 필요로 한다. 3기 리더십 이론은 다양성, 팀 리더십, 임파워먼트 그리고 수평적 관계를 강조하며, 최근 신속하게 4기의 리더십으로 전환되고 있다. 새로운 4기의 리더십은 변화관리를 강조하고 고성과와 지속적인 환경 대응을 위한 비전과 가치를 발굴하는 데 초점을 둔다.

## 리더십의 개발

많은 리더들은 현실과 원칙이 변화하는 가운데 산업사회와 새로운 21세기 시대 간의 연결성을 강조하고 있다. 조직의 목표 달성을 위해 서로 협동하고, 임파워먼트와 다양성을 이루려는 시도는 그 동안 통제와 안정, 획일성에 익숙한 사고방식이 지배적인 환경에서는 쉽게 성공하지 못할 것이다. 왜냐하면 과거에 조직을 성공하도록 만들었던 방법과 실행 방식들을 포기하고 새로운 환경적 상황에 따르도록 한다는 것은 어려운 일이기 때문이다. 하지만 리더들은 의도적으로 새로운 리더십을 실천하고 새로운 리더십 패러다임의 원칙을 적용할 수 있어야 한다.

### 리더의 치명적 약점

최근 새로운 리더십 기술 습득을 위한 다양한 시도가 이루어지고 있는데, 미국 노스캐롤라이나의 그린즈버러Greensboro에 있는 창조리더십센터는 실패한 21명의 경영자와 최고위직까지 도달한 20명의 성공한 경영자들을 비교해보았다.[23] 실패한 경영자들은 기대만큼 승진했지만 결국 해고되거나 조기퇴직 압력을 받았다. 그들은 모두 똑똑했고 열심히 일했으며 회계나 기술의 전문분야에서 뛰어난 능력을 가지고 있었다. 하지만 성공 집단과 실패 집단 간의 차이점은 인적기술 활용 능력에 있었다. 자

**도표 1-5 ● 최고경영진에 오르지 못하게 된 다섯 가지 주요 이유**

| 1. 성과 달성의 문제 | 2. 관계성의 문제 | 3. 변화의 어려움 | 4. 팀 구축과 팀 주도의 어려움 | 5. 일천한 경영 경험 |
|---|---|---|---|---|
| 많은 시간을 자신을 부각시키는 데 소비하고 정치적인 활동에 중점을 두게 됨으로써 진정한 사업목표를 달성하지 못함. 또한 우선순위를 중시하지 못했거나 약속을 이행하지 못한 문제점을 들 수 있음 | 동료나 고객 등과의 관계성에 있어 둔감하고 조작적이며 신뢰성 있는 모습을 보여주지 못한 경우를 들 수 있음 | 과거의 행동을 변화시키기 위한 행동에 충실하지 못한 경우로서, 실수에서 새롭게 배우거나 자신의 행동에 대한 피드백 내용을 간과한 경우로서 새로운 환경 변화에 적극적으로 대응하기 위한 새로운 경영 스타일을 제시하지 못한 경우임 | 적절한 인력을 활용하여 과업을 성공적으로 달성하지 못하고, 인재를 파악하거나 채용하지 못하는 경우임 | 효과적으로 업무 수행을 이루지 못한 경우나 외부와 효과적으로 통합시키지 못한 경영의 미숙함을 보이는 경우를 들 수 있음. 또한 부서장에서 경영진의 반열에 오르고서도 경영 전반의 큰 그림을 보지 못하는 경우로서 경영상의 부족함을 보이는 경우임 |

출처: Based on Yi Zhang, Jean Brittain Leslie, and Kelly M. Hannum, "Trouble Ahead: Derailment Is Alive and Well," *Thunderbird International Business Review* 55, no. 1 (January–February 2013), pp. 95–102.

료에 의하면 실패한 집단의 25%만이 좋은 대인관계를 맺었던 반면 최고위직에 도달한 집단은 75%는 사람을 다루는 기술을 잘 알고 있었다. 〈도표 1-5〉의 내용을 보면 최고경영진에 오르지 못한 관리자의 다섯 가지 이유를 제시하고 있는데 일반적으로 인간관계적 스킬과 관련된 내용이 많다. 보편적으로 경영자로서 실패한 이유는 사업목표를 달성하지 못했기 때문인데 그 이유는 너무나 자신을 부각시키는데 노력했기 때문이다. 또한 지나치게 야망적이고 이기적인 면을 강조하고 약속한 바를 이행하지 못한 점도 있다. 진실성이 결여되고 상황에 무감각하였으며 실패에서 배우지 못했고 피드백을 간과하였다. 하지만 무엇보다 심각한 점은 기술적 역량의 결핍보다는 인간적인 측면의 실수로 인한 리더십 실패로 인한 문제가 있었다는 점이다.

## 리더의 올바른 행동

최상의 리더로서 올바른 행동은 구성원들에게 관심을 가지고서 이들이 최상이 될 수 있는 점을 지속적으로 추구하게 하는 리더의 행동이다.[24] 구글은 기업의 우수 기술력 갖춘 인재들을 다스리기 위해 소프트 스킬을 경영자가 갖출 수 있도록 육성시키고 있다. 다음의 [IN THE LEAD]는 구글Google의 경영자라면 갖추어야 할 올바른 행동에 대한 기준을 나타내고 있다. 이들 행동을 리더가 갖추게 됨으로써 결국 경영진으로서 낙마하지 않고 리더로서 치명적인 약점을 보이지 않게 된다. 또한 오늘날의 성공적인 리더는 의도적으로 안정을 추구하기보다는 변화를 중시하고, 통제보다 임파워먼트에 주력하며, 경쟁을 통하기보다는 통합을 중시하고, 획일성보다는 다양성을 추구하고, 자기 이기심보다는 도덕성을 강조하는 행태를 보인다.

임원코칭executive coaching의 중요성이 증대되고 이와 관련된 교육시장이 확대되고 있다. 즉, 임원코칭을 통하여 경영 컨설턴트들은 회사 운영과 전략 수립 및 실행을 외부 시각에서 바라볼 수 있도록 임원들을 지원하고, 임원들이 내부적으로 상황을 명확하게 직시할 수 있도록 지원하고 있다. 임원코칭을 통해 임원은 효과적 리더십 발휘를 막는 장애요인을 제거하는 훈련을 받고, 정서적인 대인관계를 형성하는 방법을 배우게 된다. 결론적으로 리더십은 선천적으로 형성될 수도 있지만 리더십 교육 및 훈련을 통해 발전될 수도 있다는 것이다.

## IN THE LEAD Google

2013년 구글은 미국 포춘 잡지가 선정하는 '종업원들이 일하고 싶은 직장'에 연속하여 최상급의 평가를 받았다. 이러한 구글의 평가는 우연히 이루어진 것이 아니고 그 동안 구글이 직원들을 지극정성으로 대우하고 대접해왔기 때문에 가능한 것이었다. 구글의 인사부서는 종업원들의 행복과 웰빙의 정도를 모니터하고 종업원의 발전을 강화하고 있다.

구글에서 유능한 리더는 종업원들의 이직율을 줄이고 높은 성과를 발생시키는 리더를 말한다. 구글의 유능한 리더들의 특징을 조사해보면 무엇보다 감성적이면서 인간적인 소프트 스킬이 필수적이다. 다음은 구글에서 성공한 리더의 행동 조건으로 여덟 가지를 제시하고 있는데 기술적 역량은 이들 중 가장 중요하지 않다는 것을 알 수 있다.[25]

1. 좋은 코치가 되라: 부하직원의 좋고 나쁜 점에 대한 균형성을 잘 잡고 건설적인 피드백을 줄 수 있어야 한다. 또한 주기적으로 면담을 하여 개인의 역량에 적합한 과업과 문제해결 방식을 제공해줄 수 있어야 한다.
2. 팀에 권한을 부여하고 시시콜콜 잔소리를 하지 마라: 조언이 가능한 범위라면 직원이 자율적으로 일할 수 있도록 하고 스스로 특정한 사안이나 문제를 가지고서 고민하고 끙끙될 수 있는 그러한 문제를 제공할 수 있어야 한다.
3. 부하직원의 출세와 행복에 관심사를 주어라: 부하직원들은 기계가 아니고 그들 역시 똑같은 사람이다. 그리고 이들에게도 직장을 나가면 가정이 있고 자신만의 삶이 있다. 이들을 배려하고 신입사원들이 안심하고 정착할 수 있도록 도와줄 수 있어야 한다.
4. 생산성과 성과물을 중시해라: 팀의 달성 목표를 명확히 하고 이를 위해 구성원들이 어떤 일을 해야 하는지에 초점을 맞춰라. 그리고 팀이 이 일을 우선 수행하도록 방해적인 것들은 치워버려라.
5. 부하직원들의 좋은 대화 파트너가 되고 이들의 말에 귀를 기울여라: 대화는 쌍방향으로 이루어져야 하며 서로 공유될 수 있어야 한다. 이를 위해 팀원들이 모두 참여하는 미팅을 갖고 서로 팀의 목표를 구체화하고 공유할 수 있어야 한다. 그러면서 구성원들이 이야기하는 솔직한 질문이나 관심사 등을 청취할 수 있어야 한다.
6. 부하직원들의 경력개발을 지원하라: 직원들은 미래의 경력에 지대한 관심을 가지고 있으며 유능한 리더라면 이들의 발전적 방향을 경력개발 차원에서 지속적으로 지원해야 한다.
7. 명확한 미래와 전략을 팀에 보여줄 수 있어야 한다: 팀이 어려움이 생기거나 혼란스러운 상황에서도 모두가 명확하게 진전할 수 있는 방향성을 가지고 있어야 한다. 즉 명확한 목표와 전략을 가지고 이에 집중할 수 있어야 한다. 또한 팀의 발전적 미래와 진행과정을 정하는 데 구성원들을 포함시킬 수 있어야 한다.
8. 팀에 도움이 되는 자신만의 전문기술이 있어야 한다: 필요하다면 팔을 걷어붙이고 팀원들과 함께 일할 수 있어야 하며 업무의 중요한 부분을 이해할 수 있어야 한다.[26]

## 예술과 과학 차원의 리더십 함양

마지막으로 리더십은 예술인가 과학인가의 논쟁을 설명하고자 한다. 리더십에 대한 학습을 하면서 분명한 점은 과거에 통용되던 리더십이 지금에 와서는 적용되지 않는 경우가 많다는 것이다. 현실적인 상황에 의해 리더십의 실효성이 변화되고 새로운 리더십 형태로 진화되고 있다. 이 책을 통해 리더십이 예술이 될 수도 있고 과학이 될 수도 있다는 점을 인식하게 된다. 리더십은 이론대로 이루어지지 않기 때문에 예술로 볼 수 있다. 리더십을 이론적으로 학습하더라도 바람직한 리더십 역량이나 특질이 자동적으로 형성되지는 않는다. 수없이 훈련하고 경험하고 개발해야만 이러한 역량을 습득할 수 있다. 그래서 리더십은 예술적 특징이 있다는 것이다. 또한 리더십은 과학적으로 설명될 수도 있다. 체계적인 리더십 지식이 조직목표 달성에 유용하게 활용될 수 있기 때문에 체계적으로 리더십의 실체를 과학적으로 분석하며 리더십을 함양해갈 수 있기 때문이다.

리더십에 관한 학문적 지식이나 연구 결과 등은 조직 실무에 그대로 적용될 수도 있고 개인의 삶이나 가정생활에도 적용될 수 있다. 뿐만 아니라 공공기관이나 병원, 비영리조직 등 다양한 형태의 조직에도 적용이 가능하다. 리더십 연구를 통해 리더로서 어떻게 행동하는 것이 좋은 결과를 갖고 오게 하는지를 알게 한다. 난관과

**도표 1-6 ● 리더가 되기 위한 학습과정**

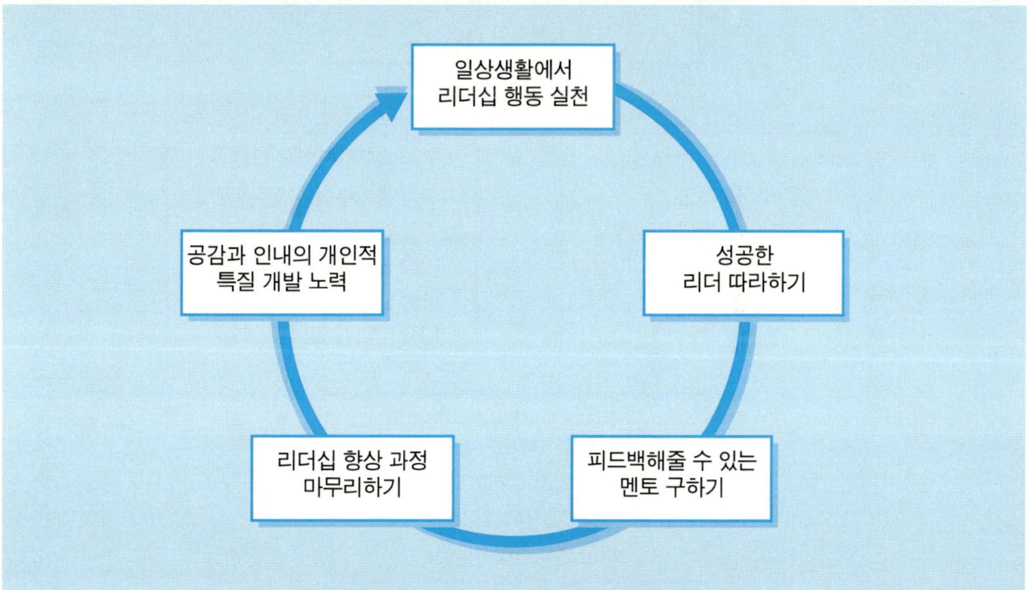

도전적 상황이 리더를 만드는 것처럼 리더십 학습을 통해 자신이 알지 못했던 자신의 능력을 발견할 수도 있다. 앞서 설명한 것처럼 리더십은 일상생활에도 적용이 가능하다. 많은 학생들이 리더가 어떤 일을 하는지를 명확하게 알지 못해 리더가 되는 일이 무엇을 뜻하는지 인식하지 못하는 경우가 있다. 따라서 이 책은 리더십의 다양한 측면을 예술과 과학적 관점에서 리더십을 다루고 있으며 이 내용의 학습을 통해 학습자 여러분이 미래의 리더가 될 수 있는 기본적 사고가 형성될 수 있도록 지식을 제공하는 기능을 하게 될 것이다.

## 책의 구성

이 책의 전반적인 체계는 〈도표 1-2〉에 요약된 리더십 패러다임의 변화와 〈도표 1-3〉에 요약된 관리와 리더십의 차이에 기초하고 있다. 〈도표 1-7〉은 이 책의 전반

**도표 1-7 ● 이 책의 구성 체계**

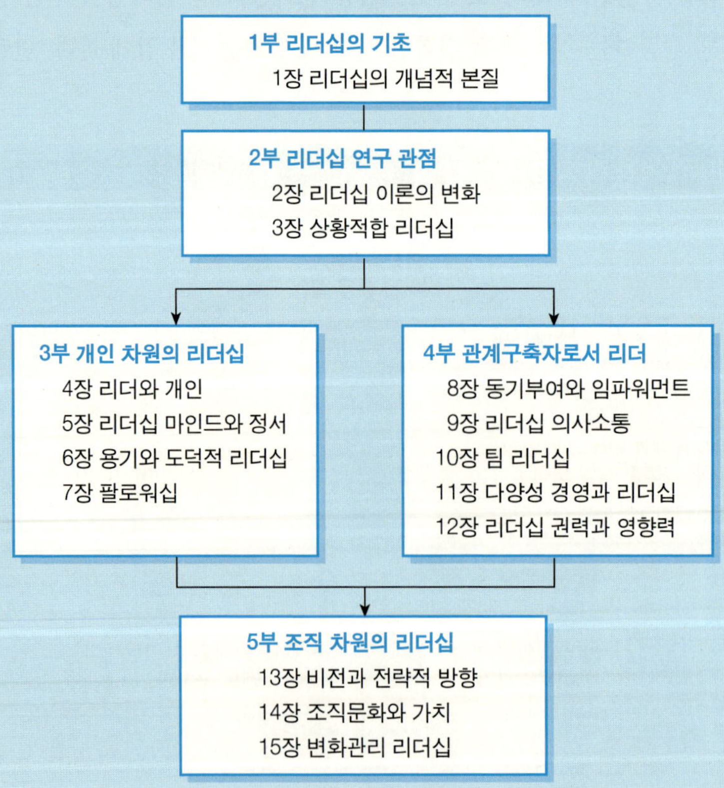

적인 구성 체계를 보여주고 있는데, 1부에서는 리더십의 기본 개념을 소개하고 새로운 리더십 패러다임을 설명하고 있다. 2부에서는 안정된 경영환경 시대에 효과적이던 합리성 리더십 초창기 연구들에 대해 살펴보고, 위인이론, 특성이론, 행동이론, 상황적합이론을 구체적으로 다루고 있다.

3부 이후로는 리더십 패러다임이 전환되는 과정을 다루고 있다. 혼란스럽고 예측이 불가능한 경영환경으로 인해 새로운 리더십 접근을 필요로 하는데, 3부는 새로운 시대에 효과적인 리더십이 되기 위한 개인적 차원의 리더십 측면과 리더십의 주요 특성에 중점을 두었다. 구체적으로는 자기성찰과 자기이해, 리더십 마인드의 개발, 도덕적 리더십과 격려, 구성원의 역할 등을 다루고 있다. 4부는 동기부여와 임파워먼트를 통해 효과적인 대인관계를 형성하는 리더십 테크닉을 다루고 있다. 리더로서 소통하면서 팀을 이끌고, 다양성을 활용한 영향력에 대한 리더십의 내용을 살펴보게 된다. 5부는 더 나은 미래를 기획할 수 있는 설계사로서 리더십을 설명하고 있다. 이 부분에서는 비전 창조, 전략 방향설정, 비전달성을 위한 문화와 가치의 정렬, 그리고 변화주도에 관련된 내용을 다룬다.

결과적으로 이 책의 모든 내용을 통해, 학습자들은 현대의 리더십에 관한 기초적인 내용을 학습하게 되고 미래의 새로운 리더십 특성과 기술 등을 알게 될 것이다.

## 학습 핵심

- 1장에서는 리더십과 어떻게 리더로 성장할 수 있는지에 관한 기본 개념을 설명하고 있다. 리더십은 목표를 서로 공유하며 변화를 도모하기 위한 리더와 구성원 간의 영향력 관계라고 할 수 있다. 즉, 리더십은 사람들에게 영향을 미치고 변화시키며 공유된 목표를 갖고 개인적 책임을 지게 만드는 일이다. 우리는 훌륭한 리더에 대해 많이 알고 있으면서도, 어떻게 리더십이 형성되고 어떻게 리더가 세상을 변화시키는지에 대해서는 잘 알지 못한다. 뿐만 아니라 리더십은 특별한 경우에만 적용되는 것이 아니라, 강의실이나 이웃 간, 지역사회, 자원봉사조직에도 발휘될 수 있다.
- 리더십 개념과 본질은 시간이 지나면서 진화하고 있다. 위인이론, 특성이론, 행동이론, 상황적합이론, 영향이론, 관계이론 등 여러 가지 이론들이 제시되고, 각각의 이론들은 아직도 리더십 이론으로서 활용 가치가 있다.
- 오늘날에는 새로운 리더십 패러다임이 제시되고 있는데, 이는 안정에서 변화와 위기관리, 획일성에서 다양성, 자기중심적

관점에서 높은 윤리목표 등으로 전환된 새로운 리더십 내용을 담고 있다.

- 소프트 리더십 역량은 강한 느낌의 하드 리더십 역량을 보완하게 되는데, 이들 두 가지 리더십은 조직을 효과적으로 발전시키는 데 필수적이다. 아무리 관리 기술이 훌륭하더라도 리더십과 관리는 본질적으로 다른 개념이다. 관리자들은 안정성을 유지하고 효율성을 높이려는 데 반해, 리더십은 미래의 비전창출, 조직문화와 가치 형성을 위한 사회적 틀 설계, 구성원 동기부여, 개인 역량 발전 및 정직한 문화 창출 등에 관심을 갖는다. 물론 이러한 리더십은 최상의 성과 창출을 위한 관리 방식과 혼합되어 활용된다. 즉, 오늘날과 같이 혼돈된 환경에서는 관리와 리더십이 모두 필요하다. 또한 리더십은 만들어져 있는 것이 아니라 만들어가는 것인데, 태생적인 자질이라기보다는 학습되고 개발될 수 있다는 점에 중점을 두어야 한다.

## 토론 주제

1. 신문이나 잡지에서 영웅으로서 리더의 사례와 Level 5 리더의 특징을 가진 경우를 각각 찾아보고, 이들 리더십의 차이를 설명하라.
2. 각자가 갖고 있는 리더로서의 강점과 약점을 파악하라.
3. 리더십을 구성하고 설명하는 요인 중 가장 공감할 수 있는 것은 무엇이며 혹은 공감하기 어려운 점이 있다면 무엇인가?
4. 경쟁에서 화합으로 전환되는 패러다임이 리더로서의 역할을 더욱 어렵게 만들고 있다고 생각하는가? 아니면 더 수월하게 만들고 있는가? 그 이유는 무엇인지 설명하라.
5. 아는 사람들 중에 최고의 리더를 꼽는다면 누구를 추천하겠는가? 어떻게 그 리더는 리더십의 역량을 습득했는가?
6. 뛰어난 관리자와 탁월한 리더의 모습을 동시에 갖는다는 것은 어려운 일인가? 양면을 다 갖춘 리더의 예로는 누구를 들 수 있는지 설명하라.
7. '영웅적 역할에서 평범한 역할'로 리더십의 특징이 변화하고 있다고 한다. 이에 동의하는가?
8. 리더십은 관리 자체보다는 사람 문제에 더 관심을 기울인다고 한다. 어떻게 생각하는가?
9. 훌륭한 리더와 훌륭한 관리자의 역량은 무엇이라고 생각하는가?
10. 왜 리더십을 예술과 과학의 양 측면으로 살펴볼 수 있다고 생각하는가?

## 분석사례: Sales Engineering Division

가공설비 제조업체인 DGL(DGL International)사는 존 테릴(John Terrill)을 새로 엔지니어링 사업부의 본부장으로 영입하고, 영입 첫날 사업부 상황의 심각성을 알려주었다. 엔지니어링 사업부는 20명의 엔지니어들로 구성되어 있는데 급여 수준과 평균 학력이 가장 높지만, 생산성이 제일 낮은 부서로 알려져 있다. 회사가 테릴 본부장에게 요구하는 것은 어떻게 해서든지 변화시키라는 것이었다. 부서장으로 취임한 이후 테릴은 엔지니어들과 회합을 하는 자리에서, 복지 문제에 관심을 표명하면서 최우선 과제, 낮은 생산성, 높은 이직률 등 사업부의 문제점에 대해 질문을 던졌다.

질문이 끝나자마자 직원들은 불평을 털어놓았다. 그들의 불만을 종합하면 자신들은 엔지니어로서의 역할을 위해 채용되었는데 일상적 보고서 작성에 거의 대부분의 시간을 보내고 그나마 경영진은 이 보고서를 읽지도 않는다는 것이다. 또한 세세한 계산에 매달리게 되어 고객을 위해 어떤 제품을 개발해야 하는지에 관해서는 신경을 쓸 여력이 없다는 것이었다.

2시간 정도의 미팅을 마치고 난 후 테릴은 자신의 부서 운영에 대한 새로운 비전을 제시하였는데, 그 핵심은 고객을 위한 업무와 자율경영체제 확립이었다. 그리고 매일 일상활동 보고서를 본부에 보내지 말고 자신의 사무실로 가져오라고 명령했다. 3주가 지난 이후 테릴의 책상에 직원들의 보고서가 쌓이게 되고 월말에는 쌓아둔 서류가 거의 1m에 다다르게 되었다. 그런데 경영진에서는 어느 누구도 보고서 제출을 요청하지 않았고, 어떤 경영자는 테릴의 사무실에 들어와 서류뭉치들에 대해 묻고는 보고서라고 하자 별 관심없이 나가버린 경우도 있었다.

한 달이 지난 이후 테릴은 비서에게 그 서류뭉치들을 모두 쇼핑카트에 싣게 하고 이를 사장실로 옮겼다. 엄청난 분량의 서류들을 보자 사장과 경영진은 당황해하며 웬 서류들인가 궁금해 했고 테릴은 그들에게 그동안 엔지니어링 사업부가 생산성이 떨어진 근본적인 원인이라고 답했다. 관행적으로 직원들에게 일일 보고서를 쓰게 한 것이 기술 개발의 잠재역량을 낙후하게 만드는 주원인이라고 설명하였다. 그 자리에서 테릴은 경영진에게 엔지니어링 사업부가 업무에 효과적으로 시간을 활용할 수 있도록 서류작성을 간소화시키고 간략한 보고서가 실무에 적용되어 엔지니어링 사업부의 업무를 실질적으로 향상시킬 수 있게 해달라고 제안하였다.

## 질문

1. 테릴의 리더십은 〈도표 1-1〉에서 설명하는 리더십의 정의에 적합하다고 생각하는가?
2. 〈도표 1-4〉의 리더십 발전 단계의 관점에서 보면 테릴 본부장의 리더십은 어느 단계에 있다고 보는가?
3. 이 상황에 적용할 수 있는 리더십 접근법은 무엇이라고 생각하는가?

## 미주

1. Nancy F. Koehn, "Lincoln's School of Management," *The New York Times* (January 26, 2013); Catherine L. Moreton, "10 Qualities That Make Abraham Lincoln a Great Leader," *HR and Employment Law White Papers, Business and Legal Resources* (June 25, 2008), https://hr.blr.com/whitepapers/Staffing-Training/Leadership/10-Qualities-that-Made-Abraham-Lincoln-a-Great-Lea (accessed March 4, 2013); and Hitendra Wadhwa, "Lessons in Leadership: How Lincoln Became America's Greatest President," *Inc.com* (February 12, 2012), http://www.inc.com/hitendra-wadhwa/lessons-in-leadership-how-abraham-lincoln-became-americas-greatest-president.html (accessed March 4, 2013). The Howard Schultz quote is from Koehn.

2. Thanks to Doug Moran, "Great Leadership," *Leadership Excellence* (September 2011), p. 18, for this analogy.

3. Gary Cohen, "Defining Leadership," *Leadership Excellence* (August 2009), pp. 16–17; Warren Bennis and Burt Nanus, *Leaders: The Strategies for Taking Charge* (New York: Harper & Row, 1985), p. 4; and James MacGregor Burns, *Leadership* (New York: Harper & Row, 1978), p. 2.

4. J. Meindl, S. Ehrlich, and J. Dukerich, "The Romance of Leadership," *Administrative Science Quarterly* 30 (1985), pp. 78–102; and Mitchell C. Bligh, Jeffrey C. Kohles, and Rajnandini Pillai, "Romancing Leadership: Past, Present, Future," *The Leadership*

*Quarterly* 22 (2011), pp. 1058–1077.

5. Joseph C. Rost, *Leadership for the Twenty-First Century* (Westport, CT: Praeger, 1993), p. 102; and Joseph C. Rost and Richard A. Barker, "Leadership Education in Colleges: Toward a 21st Century Paradigm," *The Journal of Leadership Studies* 7, no. 1 (2000), pp. 3–12.

6. Robert E. Kelley, "In Praise of Followers," *Harvard Business Review* (November–December 1988), pp. 142–148.

7. These changes and challenges are based in part on Thomas W. Malnight and Tracey S. Keys, "The Great Power Shift: 10 Trends Business Leaders Need to Watch in 2013," as reported in "The World in 2013: Global Trends for 2013; A Top Ten for Business Leaders," Cassandra blog, *The Economist* (November 26, 2012), http://www.economist.com/blogs/theworldin2013/2012/11/global-trends-2013 (accessed March 5, 2013). The complete Global Trends 2013 report is available for purchase at http://www.globaltrends.com/reports/gt-2013.

8. Center for Creative Leadership survey reported in Andre Martin, "What Is Effective Leadership Today? A New Study Finds Collaboration Prized over Heroics," *Chief Executive* (July–August 2006), p. 24.

9. This discussion is based on Dominic Barton, Andrew Grant, and Michelle Horn, "Leading in the 21st Century," *McKinsey Quarterly*, no. 3 (2012), pp. 30–47; Olivia Parr Rud, "Book Highlight—Adaptability: A Key to Business Intelligence Success," *Global Business and Organizational Excellence* (January–February 2010), pp. 76–85; Ken Shelton, "Reinventing Leadership," *Leadership Excellence* (July 2012), p. 9; Fahri Karakas, "The Twenty-First Century Leader: Social Artist, Spiritual Visionary, and Cultural Innovator," *Global Business and Organizational Excellence* (March/April 2007), pp. 44–50; Daniel C. Kielson, "Leadership: Creating a New Reality," *The Journal of Leadership Studies* 3, no. 4 (1996), pp. 104–116; and Mark A. Abramson, "Leadership for the Future: New Behaviors, New Roles, and New Attitudes," *The Public Manager* (Spring 1997).

10. J. P. Donlon, "What, Put Your Customers Second? Are You Kidding?" (CEO Chronicles), *Chief Executive* (November–December 2010), pp. 14–16; "HCL Technologies CEO, Vineet Nayar, Gets 'Leader in the Digital Age' Award at CeBIT 2011," *Entertainment Close-Up* (March 11, 2011); and Stephen Denning, "Masterclass: The Reinvention of Management," *Strategy & Leadership* 39, no. 2 (2011), pp. 9–17.

11. Herminia Ibarra and Morten T. Hansen, "Are You a Collaborative Leader?" *Harvard Business Review* (July–August 2011), pp. 69–74.

12. Ibarra and Hansen, "Are You a Collaborative Leader?"; and Sally Helgesen, "Leading in 24/7: What Is Required?" *Leader to Leader* (Summer 2012), pp. 38–43.

13. Barton et al. "Leading in the 21st Century."

14. See James Collins, *Good to Great: Why Some Companies Make the Leap ... and Others Don't* (New York: HarperCollins, 2001); Charles A. O'Reilly III and Jeffrey Pfeffer, *Hidden Value: How Great Companies Achieve Extraordinary Results with Ordinary People* (Boston: Harvard Business School Press, 2000); Rakesh Khurana, *Searching for a Corporate Savior: The Irrational Quest for Charismatic CEOs* (Princeton, NJ: Princeton University Press, 2002); Joseph Badaracco, *Leading Quietly* (Boston: Harvard Business School Press, 2002); Jason Jennings, *Think Big, Act Small: How America's Best Performing Companies Keep the Startup Spirit Alive* (New York: Portfolio/Penguin, 2005); Ryan Underwood, "The CEO Next Door," *Fast Company* (September 2005), pp. 64–66; and Linda Tischler, "The CEO's New Clothes," *Fast Company* (September 2005), pp. 27–28.

15. Jim Collins, "Level 5 Leadership: The Triumph of Humility and Fierce Resolve," *Harvard Business Review* (January 2001), pp. 67–76; Collins, "Good to Great," *Fast Company* (October 2001), pp. 90–104; Edward Prewitt, "The Utility of Humility," *CIO* (December 1, 2002), pp. 104–110; A. J. Vogl, "Onward and Upward" (an interview with Jim Collins), *Across the Board* (September–October 2001), pp. 29–34; and Stefan Stern, "A New Leadership Blueprint," *Management Today* (September 30, 2010), http://www.managementtoday.co.uk/features/1032244/a-new-blueprint-leaders/ (accessed March 13, 2013).

16. Gary Yukl and Richard Lepsinger, "Why Integrating the Leading and Managing Roles Is Essential for Organizational Effectiveness," *Organizational Dynamics* 34, no. 4 (2005), pp. 361–375; Henry Mintzberg, *Managing* (San Francisco: Berrett-Koehler, 2009); Andrew Saunders, "Rebuilding Management's Good Name," *Management Today* (May 2011), pp. 44–46; John Kotter, "Change Leadership: How Can You Accelerate Results? *Leadership Excellence* (January 2013), pp. 6–7; and Alan Murray, "What Is the Difference Between Management and Leadership?" *The Wall Street Journal* (2009), http://guides.wsj.com/management/developing-a-leadership-style/what-is-the-difference-between-management-and-leadership/ (accessed June 28, 2009).

17. This section is based on John P. Kotter, *A Force for Change: How Leadership Differs from Management* (New York: The Free Press, 1990), pp. 3–18; John P. Kotter, "What Leaders Really Do," *Harvard Business Review* (December 2001), pp. 85–96; and ideas in Kevin Cashman, "Lead with Energy: Apply the Resilience Principle," *Leadership Excellence* (December 2010), p. 7; Henry Mintzberg, *Managing* (San Francisco: Berrett-Koehler, 2009); and Mike Maddock, "The One Talent That Makes Good Leaders Great," *Forbes* (September 26, 2012), http://www.forbes.com/sites/mikemaddock/2012/09/26/the-one-talent-that-makes-good-leaders-great/ (accessed March 7, 2013).

18. Warren Bennis, *Why Leaders Can't Lead* (San Francisco: Jossey Bass, 1989).

19. Abraham Zaleznik, "Managers and Leaders: Are They Different?" *Harvard Business Review* (March–April 1992), pp. 126–135; David Rooke and William R. Torbert, "7 Transformations of Leadership," *Harvard Business Review* (April 2005), pp. 67–76; and Rooke and Torbert, *Action Inquiry: The Secret of Timely and Transforming Leadership* (San Francisco: Berrett-Koehler, 2004).

20. Jim Boneau and Gregg Thompson, "Leadership 4.0: It's a Brave New Approach," *Leadership Excellence* (January 2013), p. 6.

21. Based on Susan R. Komives, Nance Lucas, and Timothy R. McMahon, *Exploring Leadership: For College Students Who Want to Make a Difference* (San Francisco: Jossey-Bass Publishers, 1998); and Shann R. Ferch and Matthew M. Mitchell, "Intentional Forgiveness in Relational Leadership: A Technique for Enhancing Effective Leadership," *The Journal of Leadership Studies* 7, no. 4 (2001), pp. 70–83.

22. Craig L. Pearce, "The Future of Leadership: Combining Vertical and Shared Leadership to Transform Knowledge Work," *Academy of Management Executive* 18, no. 1 (2004), pp. 47–57.

23. Yi Zhang et al., "Trouble Ahead: Derailment Is Alive and Well"; and Morgan W. McCall Jr. and Michael M. Lombardo, "Off the Track: Why and How Successful Executives Get Derailed" (Technical Report No. 21), (Greensboro, NC: Center for Creative Leadership, January 1983).

24. Ram Charan and Geoffrey Colvin, "Why CEOs Fail," *Fortune* (June 21, 1999), pp. 68–78.

25. This example is based on Farhad Manjoo, "The Happiness Machine: How Google Became Such a Great Place to Work," *Slate Magazine*, http://www.slate.com/articles/technology/technology/2013/01/google_people_operations_the_secrets_of_the_world_s_most_scientific_human.html (accessed March 8, 2013).

26. List of Google's Rules from Adam Bryant, "Google's Quest to Build a Better Boss," *The New York Times* (March 12, 2011).

PART 2

# 리더십 연구 관점

2장 리더십 이론의 변화

3장 상황적합 리더십

Chapter 2

# 리더십 이론의 변화

## 학습목표

이 장을 공부하면

- 리더 역할 수행에 필요한 강점을 형성케 하는 개인적 특성을 이해할 수 있다.
- 유능한 리더의 성격과 특성을 파악할 수 있다.
- 전제적 리더와 민주적 리더의 차이를 이해할 수 있다.
- 인간중심 리더와 과업중심 리더의 차이를 이해할 수 있다.
- 리더의 역할을 운영, 연대, 자문의 세 가지로 구별하는데 자신의 강점과 가장 적합한 역할을 연결시켜볼 수 있다.
- 리더와 추종자 관계를 이해하는데 개인화 리더십 이론이 어떤 영향을 미치는지에 대해 알 수 있다.
- 창업가 리더십의 주요 특징을 이해할 수 있다.

버지니아 로메티Virginia Rometty는 2012년 임명된 IBM의 최초 여성 CEO이며, 이 위치에 오르기까지 30년의 세월이 걸렸다. 그녀가 유리천장의 벽을 뚫고 여성 CEO의 반열에 오를 수 있었던 이유는 여성으로서의 재능, 집중력, 야망, 공감, 탁월한 경청, 그리고 자신감 등이 있었기 때문이다. 특히 자신감이 없었더라면 아마도 CEO 결정을 위한 면접에서 성공하지 못했을 것이다. 로메티에게 CEO로서 독특한 특성이 있는 것처럼 리더에게는 나름대로 독특한 특성이 있으며 이는 리더십의 중요한 구성요인이 된다.[1]

로메티의 자신감 특성은 높은 서열의 경영자들이라면 모두 가지고 있을 수 있는 특성이다. 그 동안 초기 리더십 연구들에서 리더의 특성을 다양하게 제시하였고, 많은 경영자들은 이러한 특성을 모방하려고 많은 노력을 기울였을 것이다. 하지만 모든 경영자들이 동일한 리더십 특성을 보유하는 것은 아니다. 유능하고 성공한 2명의 경영자가 있다고 하자. 이들 간에는 유사점이 있더라도 모든 특성이 같지는 않고, 경우에 따라 특성이 아주 다른 경우도 있다. 이와 같이 개인에 따라 리더로서 독특한 유형의 특성이 있고, 또 이들 특성들은 다른 사람이 모방하고 학습하기 어려울 수 있다. 일반적으로 인간의 특성이나 기질은 쉽게 학습을 통해 모방되지 않는다. 하지만 로메티의 경우와 같이 자신이 부족한 자신감의 특성을 행동적으로 노력하고 훈련하여 유능한 리더로서의 조건을 만들어갈 수 있다. 결과적으로 리더의 특성과 자질은 쉽게 학습되긴 어렵지만, 리더의 스타일로 적합한 행동적 요소들을 규명하고 이러한 행동을 모방하고 학습하여 유사한 리더로서의 자격을 갖출 수 있다고 연구자들은 주장하고 있다.

2장에서는 리더십 이론 가운데 특성이론과 행동이론의 진화 과정을 살펴본다. 그리고 리더십 강점으로 어떤 점이 활용되고 적용될 수 있는지를 검토하고 있다. 또한 행동 관점의 이론들을 살펴보면서, 개인화된 리더십individualized leadership의 내용을 소개하고 리더와 팔로워 개개인과의 관계, 혹은 리더와 구성원 집단의 관계 등을 설명하도록 하겠다. 2장에서 다루는 리더십 특성과 행동은 리더십 이론의 기초가 되고 리더를 성공 혹은 실패하게 만드는 핵심적 역학요인이 된다.

## 특성 접근법

리더십 연구가 수행된 초기에는 리더 개인의 특성에 기초하여 성공적인 리더십을 이해하려고 했다. **특성**traits이란 지적 능력과 정직, 자신감 등과 같은 리더 개인의 성격을 의미한다. 리더는 위대한 업적을 이룬 사람이라 할 수 있고 이 때문에 위대한 사람이 보여주는 리더십 특성에 기초한 **위인접근법**Great Man approach이 초기 리더십 연구의 주류를 이루었다. 특성이론trait Approach의 기초는 리더의 특성을 보유한 인물이 그렇지 않은 사람과는 자연스럽게 구별된다고 전제하고 있는데, 연구결과를 보면 이러한 특성이 높다고 해서 사회적으로 성공한다고 강력하게 주장하기는 어렵다는 점을 알 수 있다.[2] 또한 일부 연구는 리더십 특성이 반드시 유전형질의 재능과 관련된 것은 아니라는 반론을 제기하기도 한다.

1940년대와 1950년대 심리학 분야가 발전하면서 리더십의 특성 이론가들은 재능 및 심리검사를 통해 리더의 개별 특성을 유형화하였다. 초기 연구를 보면 개인 특성은 창조성과 자신감으로, 신체 특성은 나이와 활력, 역량 특성은 언변과 지식, 사회 특성은 대중성과 사회성, 업무 특성은 난관극복의 인내력과 남을 앞서려는 욕구 등으로 구체화시켰다.[3]

1948년의 리더 특성 연구로 유명한 스토그딜Stogdill은 리더십의 특성이론에 관련된 100여 개의 논문을 분석하여[4] 효과적인 리더십 특성이 있으며 이러한 특성에 일반 지능, 주도적 태도, 대인기술, 자신감, 책임감, 성실, 도덕성 등이 있다는 것을 밝혀냈다. 특히 이 연구를 통해 스토그딜은 리더 특성의 상대적 중요성이 상황에 따라 달라질 수 있음을 밝혔다. 예를 들어 리더가 주도적인 태도를 갖고 있다고 하더라도 모든 상황에서 효력이 발휘되는 것이 아니라 어떤 상황에서는 리더를 성공으로 이끌지만 다른 상황에서는 성공이 보장되지 않는다는 것이다. 이러한 연구의 결론은 특정한 리더십 특성을 보유하고 있다고 해서 자동으로 성공을 가져다주지는 않는다는 사실이다.

스토그딜의 연구결과를 통해 리더십 개인 특성을 중심으로 전개되던 리더십 연구 방향은 리더의 행동과 직면한 상황을 동시에 고려하는 방향으로 전환되었다. 그리고 스토그딜의 연구 결과에 따라 많은 학자들이 리더십 특성 규명을 위한 연구보다 리더십 행동과 상황을 파악하려고 노력하게 되었다. 하지만 스토크딜의 리더십 문헌연구 결과는 유능한 리더에게 독특한 특성이 분명히 존재하고 있음을 명확하게 하였다. 스토그딜은 자신이 경솔하게 리더십 특성의 존재성을 과소평가한 과오를

# Take the Lead : Motivate, Inspire, and Bring Out the Best in Yourself and Everyone around You



*by Bestsy Myers*

리더들 가운데 어떤 리더는 부하직원들을 동기를 부여시키고 열정을 불러일으키게 하는 반면 다른 리더의 경우는 그렇지 못한 경우를 볼 수 있다. 오바마 대통령과 클린턴 전임 대통령의 보좌관을 역임한 베스티시 마이어스(Bestsy Myers)는 〈Take the Lead〉의 리더십 관련 책을 통해 리더가 동기부여와 열정을 불러일으키는 독특한 특성이 있으며 이는 리더의 중요한 특성임을 알려주고 있다.

미국의 2명의 유명한 대통령을 지근에서 보좌한 경험을 가지고 있는 필자는 다른 사람에게 밀접하게 다가갈 수 있고 열의를 가져올 수 있는 일이 결코 마술과 같이 불가사의한 일만은 아니라고 주장한다. 훌륭한 리더십은 얼마나 다른 사람과 연계성을 잘 가질 수 있는가에 있다고 한다. 그리고 이 책은 훌륭한 리더로서의 갖추고 있는 일곱 가지 특성을 제시하고 있는데, 진정성, 연결성, 존중, 명료성, 연대감, 학습, 용기 등이 그것이다. 이들 일곱 가지 특성 가운데 세 가지를 구체적으로 설명하면 다음과 같다.

### 1. 진정성으로 사람을 주도한다.

사람들은 본연적으로 진정성 있는 사람에게 끌린다고 한다. 그리고 진정성 있는 리더는 자신을 내세우지 않고 다른 사람을 폄하하지도 않는다. 또한 자신이 수행하는 일에 대해 자부심을 가지고 다른 사람들에게 열정을 부여한다. 결국 진정성 있는 자아인지를 하는 리더 그리고 상대방의 마음과 행동을 배려하는 리더의 특성이 핵심적인 리더십 특성이라 할 수 있다.

### 2. 존중하는 마음으로 경청하는 태도로 사람을 주도한다.

대만의 타이페이 주지사인 Hsi-Wei Chou는 자신을 향해 종이를 흔들면서 무엇인가를 말하려고 하는 군중을 경호원이 몸으로 막고 있는 모습을 보았다. 지사는 즉시 경호원의 행동을 막고 그 사람이 하고자 하는 말을 하도록 하였다. 그리고 사람이 어떤 의도의 말을 하고자 할 때 그 말을 존중하는 태도로 대해야 한다고 일침하였다. 또 지사는 그 사람이 옳든 그르든 간에 정부와 지사를 향한 의견은 존중받아야 한다고 말했다.

### 3. 학습의 열정이 있고 또 이를 타인과 공유한다.

2009년 1월16일 승객 150명과 승무원 5명이 탄 비행기가 뉴욕 라가디아 공항을 이륙한지 얼마 되지 않아 새가 엔진에 빨려들어 양쪽 엔진이 멈추자 조종사 체슬리 슐렌버거 선장은 바로 인근에 있는 허드슨 강으로 비행기를 불시착을 시켰고, 수상 경비대의 즉각적인 구조로 단 1명의 사망자도 없이 전원 무사히 구조되었다. 그런데 이 선장은 5살의 나이에 조종사가 되고 싶었고 자신이 선택한 이 직업의 최고가 되기 위해 평생을 노력했다고 한다. 비행기 조종사로서 안전을 도모하고 최고가 되겠다는 평생의 열정이 없었더라면 아마도 이 사건이 있었을 때 그렇게 침착하게 일을 마무리하지 못했을 것이다.

### 리더가 되고자 하는 사람들에게 주는 시사점

이 책은 단순히 리더십의 비밀 병기를 알려주는데 그치지 않고 누구나 더 나은 리더가 될 수 있는 특질이 있다는 점을 알려주고 있다. 진정성 있는 리더십은 마술과 같은 것이 아니고 자신에게 지속적으로 노력을 기울일 수 있는 데서 비롯된다.

| 도표 2-1 ● 리더의 개인적 특성 | |
|---|---|
| 개인 특성 | 에너지, 열정, 체력 |
| 두뇌와 능력 특성 | 지능과 인지능력, 지식, 판단과 결단력 |
| 인성적 특성 | 낙관주의, 자신감, 정직과 도덕성, 몰입, 카리스마, 주도적 태도, 독립성 |
| 사회적 특성 | 사회성, 대인 능력, 협동심, 협업능력, 순발력, 외교적 수완 |
| 업무 특성 | 추진력, 앞서 나아가려는 열망, 목표추구의 책임감, 인내력, 공정심 |
| 사회적 배경 | 교육, 유연성 |

출처: *Bass and Stogdill's Handbook of Leadership: Theory, Research, and Management Applications*, 3rd ed. (New York: The Free Press, 1990), pp. 80–81; S. A. Kirkpatrick and E. A. Locke, "Leadership: Do Traits Matter?" *Academy of Management Executive* 5, no. 2 (1991), pp. 48–60; and James M. Kouzes and Barry Z. Posner, *The Leadership Challenge: How to Get Extraordinary Things Done in Organizations* (San Francisco: Jossey-Bass, 1990).

인정하게 되었다. 리더십 개인 특성에 대한 관심은 이후에도 지속되어 리더 특성을 규명하려는 연구는 1970년대까지 이어졌다.

21세기에 들어온 최근에도 리더십 특성에 관한 연구의 중요성이 강조되어 지금도 많은 연구자들이 리더십에 영향을 미치는 리더십 특성을 밝히려는 연구를 시도하고 있다. 〈도표 2-1〉은 오랜 세월동안 리더십 특성과 관련된 연구에서 제시된 대표 특성과 세부 내용을 제시하고 있다.[5] 이 가운데 특히 강조되는 것은 낙관주의, 자신감, 정직과 도덕성 등 리더십의 인성적 특성이다.

## 낙관주의와 자신감

최근 연구에 의하면 긍정적이고 낙관적인 사고방식이 리더십의 핵심 요소라고 한다.[6] **낙관주의**optimism는 매사에 사물의 긍정적인 면을 보려고 노력하는 경향을 말하며 모든 것이 잘 될 것이라고 기대하는 태도이다. 낙관적 사고와 긍정적 태도가 최상층에 오른 경영자들의 공통된 특징이라는 사실이 많은 조사결과를 통해 밝혀졌다.

낙관주의 성향을 가진 사람들이 성공할 가능성이 높은 이유는 이들이 미래를 위한 희망을 다른 사람들에게 주입하고, 힘든 상황에서 기회를 찾아내는 능력을 지녔기 때문이다. 리더는 주어진 상황이 힘들고 상황의 시계 판단이 어렵더라도 이를 극복할 수 있는 낙관적 사고를 할 수 있고, 미래 비전을 바탕으로 구성원들의 구심점 역할을 할 수 있는 능력이 있어야 한다. 사방을 분간할 수 없는 막막한 상황에서도 리더라면 희망의 가능성을 보려는 낙관적 태도가 필요하다.[7]

낙관적 사고와 관련된 특성으로 자신감을 들 수 있다. **자신감**self-confidence은 자신이 내리는 판단과 의사결정에 대한 확신을 뜻하며, 거만이나 주제넘은 태도를 의미하지는 않는다. 리더는 스스로 자신감을 키울 줄 알고 의사결정, 아이디어, 역량에 관한 자신의 판단에 확신을 줄 수 있어야 한다. 긍정적인 자아상을 갖고 있는 리더는 자신감을 고취시키고, 존경심을 불러일으키고, 적극적인 도전 능력을 부하들에게 분명하게 보여줘야 한다. 리더가 보여주는 자신감은 궁극적으로 구성원들의 업무 관련 동기부여 및 몰입으로 이어지며, 이러한 자신감은 자기효능감self-efficacy을 가져온다. 자기효능감이란 특정한 업무를 수행해낼 수 있다는 강한 자신감과 신념을 말한다.[8]

결국 적극적이고 활동적인 리더가 되기 위해서는 자신감과 낙관적 사고가 필요하다. 리더가 비관적이고 쉽게 무너지며 스스로를 믿지 않는다면 그런 리더를 신뢰하고 따를 구성원은 없을 것이다. 정보가 충분하지 않을 때에도 판단 및 의사결정해야 하는 경우가 있는데 이런 상황에서 긍정적인 생각을 바탕으로 매사에 도전의식을 갖고 일을 추진하는 리더의 태도가 큰 도움이 된다. 결국 자신감과 긍정적, 낙관적 사고는 리더 스스로 모든 일에 적극적으로 도전하게 한다.[9]

## 정직과 도덕성

긍정적, 낙관적 측면 이외에, 최근 리더에게 중요하게 강조되는 특성은 정직성과 도덕성이다. 분식회계 파문으로 결국 파산한 에너지 회사 엔론Enron의 CEO 제프리 스킬링Jeffrey Skilling은 분식회계의 비도덕성을 심각하게 고려하지 못하여 결국 임직원을 포함하여 수많은 이해관계자들에게 엄청난 피해를 입히고 사회적 물의를 일으켰다. 그는 강한 자신감과 낙관적 사고의 인성 특성을 갖고 있었지만 이에 상응하는 윤리관은 확고하지 않았다. 윤리적 행동은 도덕이나 신념을 배경으로 하며, 옳고 그름의 가치관에 따라 실천하는 것을 뜻하는데 이렇게 행동하는 리더를 윤리적 리더라고 일컫는다.

또 폰지사기로 유명한 매도프Madoff를 들 수 있다. 그는 역사상 가장 대담한 금융사기를 배후에서 조정하였고 지금은 증권위조와 배임 등의 11개 죄목으로 감옥에 있다. 하지만 그는 리더로서 강한 신념과 낙관주의적 생각을 보여주었지만, 정직성과 도덕성을 갖추지 못해 많은 사람들에게 엄청난 정신적 물질적 피해를 주게 되었다. 또한 자신과 가족은 비도덕적인 행동을 통해 부와 권력을 가지면서 다른 많은

사람들에게 피해를 주는 비행을 여러 경우에서 발견할 수 있다.[10]

유능한 리더는 윤리적인 리더를 말하며, 윤리적 리더는 고객, 부하, 주주, 그리고 일반인들을 정직하게 대한다. **정직**honesty이란 진실하고 의혹이 없는 태도를 말하며, 리더가 부하들에게 개방적이고 포용하는 것도 포함된다. **도덕성**integrity이란 윤리적 원칙을 굳게 지키며 행동하려는 전반적인 상태를 말한다. 리더들이 매일의 일상적 행동에서 모범을 보일 때 부하들로부터 존경과 충성을 받게 되며, 이러한 미덕은 리더와 구성원 간 신뢰를 형성하는 원천이 된다.

최근에는 이러한 신뢰의 미덕이 점차 퇴색하고 있다. 조직 내 신뢰는 무형자산으로서 경쟁우위의 원천이 되는데 이러한 무형자산이 점차 소멸되고 퇴색되고 있다. 리더는 건설적인 신뢰 관계를 재구축하기 위해 스스로의 윤리성과 도덕성을 보여줄 필요가 있다. 사람들은 권력과 영향력을 갖게 되면 이러한 힘을 의도적으로 드러내고 싶어 하는데 이런 상황에서 도덕적 해이가 발생한다. 반면 성공한 리더들은 자신이 말한 대로 행동하는 일관성을 보여주며, 언행이 일치하기 때문에 발언에 대한 신뢰감이 생긴다. 관리자 1,500명을 대상으로 한 연구에서도 정직과 도덕성이 리더에게 가장 중요한 덕목으로 조사되었다.[11] 그리고 이 조사는 구성원들이 리더를 추종하고자 할 때 그 리더가 신뢰할만한 사람인가를 우선 본다고 한다.

## 추진력

성공적인 리더십의 또 다른 필수요소로 **추진력**drive을 들 수 있다. 새로운 프로젝트를 진행할 때 리더가 끈기와 솔선수범 그리고 적극적 에너지로 추진하지 않는다면 목표 과업을 쉽게 달성할 수 없다. 강한 추진력은 강력한 에너지와 밀접한 관계가 있다. 리더들의 일상은 매우 바쁜데, 일정을 효과적으로 소화해내기 위해서는 강한 에너지와 체력이 있어야 하며 이를 어떻게 관리할 것인가도 중요한 문제가 된다. GE의 제프리 이멜트Jeff Immelt 회장은 새로운 프로젝트를 추진하려는 리더에게는 적극적이고 강한 추진력이 필수적 덕목임을 강조하였다.

업무 추진과 관련하여 리더는 야망과 도전정신을 갖추어야 한다. 무엇인가 달성하려는 열의가 없으면 결코 이루어지지 않는다. [IN THE LEAD]의 사례에서 다루고 있는 것처럼, 일주일에 100시간을 일한다고 유능한 리더라고 말할 수는 없다. 하지만 성공한 리더가 되기 위해서는 추진력과 에너지를 보여주어야 한다.

강한 추진력은 에너지가 있어야 가능한데, 그 이유는 사업 운영상 페이스를 조

**IN THE LEAD** Marissa Mayer, Yahoo

머리사 마이어는 미국의 사업가로, 야후의 최고경영자이며 포춘 500 기업 중 최연소 CEO이기도 하다. 그녀는 야후 입사 전에는 오랫동안 구글의 대변인이자 집행부의 일원이었다. 마이어는 야후의 신임 CEO로서 강인한 도전적인 목표를 가지고 있고 열정적이고 야망이 있는 존재로 알려지고 있다. 그녀와 구글에서 같이 일한 경험이 있는 사람들에게 그녀는 하루도 쉬지 않고 열정적으로 일하는 일벌레로 인식되어 있다. 물론 지나치게 과장된 점도 있지만 분명한 점은 일에 대한 그녀의 열정은 못 말릴 정도이다. 일주일에 100시간 정도를 일하고 때에 따라서는 날밤을 새기도 한다. 야후의 CEO가 된 이후 마이어는 첫 아이를 낳았고 출산한지 2주 후 업무에 복귀할 정도였다.

그녀는 고등학교 시절부터 과성취자로 알려져왔다. 그리고 구글의 경영자가 되어서도 스스로 심리적 안전지대를 피하고 과감한 도전을 하고 리스크를 회피하지 않았다. 처음 경영자가 되어 당시 직원들의 재택근무를 허용하지 않는 정책을 추진하면서 많은 비난의 화살을 받기도 하였으나 이에 대해 굽히지 않고 추진하는 저력을 보이기도 했다. 그녀가 생각하기에 지금의 야후는 위기상황이고 서로 얼굴을 맞대고 문제를 해결해가며 창의적인 생각을 도출할 수 있어야 한다고 판단했다. 일부 사원들은 그녀가 유연성을 강조하기 때문에 이 정책이 그렇게 오래 가지 않을 것으로 말하기도 하였다. 하지만 그녀는 끝가지 이를 관철시켰고 자신을 회사의 성공을 위해 희생할 수 있을 정도로 강도 있는 근무기준을 유지하였다.[12]

절하면서 열정적으로 많은 시간을 업무에 쏟아부을 수 있어야 하기 때문이다. GE 회장 제프리 이멜트의 표현처럼 "CEO들은 하루 24시간 일한다"고 할 수 있을 정도이다. 실제로 그 역시 일주일에 100시간 정도를 업무에 할애하는데, 강한 정신력과 에너지가 없이 이 같은 일은 불가능하다. 물론 성공한 모든 리더가 주당 100시간씩 일하는 것은 아니다. 추진력과 자신감, 낙관주의, 정직 등의 특성은 리더의 중요한 기준이 될 수 있는데, 이와 관련된 구체적인 내용은 4장에서 다룰 것이다. 또한 훌륭한 리더의 조건이 단순히 특정한 특질을 보유하는 것에 있는 것만은 아니고 이들 특질을 바탕으로 한 자신의 강점과 역량을 파악할 수 있어야 한다는 데 있다.

## 강점의 발견

사람들은 리더라면 새로운 도전을 추진하고 문제를 해결하는 유능한 리더가 되기 위한 일련의 행동과 업무능력, 그리고 자질 등을 모두 갖추고 있는 것으로 생각한다. 그런데 모든 것을 갖춘 리더complete leader에 대한 환상 때문에 리더와 팔로워 그리고 조직은 모두 혼란을 갖게 된다.[13] 상호의존interdependence은 유능한 리더의 필수 조건이 되기 때문에 모든 것을 갖춘 리더의 존재를 강조할 수 없기 때문이다. 조사에 의하면 리더의 60%는 자신의 능력을 넘어서는 위기와 도전에 직면한다고 한다.[14] 그래서 최상의 리더가 되려면 자신의 약한 점을 보완해줄 수 있으면서 타인을 신뢰하고 잘 연대하면서 자신의 강점을 인식하고 견지해갈 수 있어야 한다.

많은 리더는 자신만의 강점을 가지고 있으나 이를 알지 못하고 자신에게 적용시키지 못하는 경우가 있다. 그 이유는 자신이 리더로서 모든 점에 탁월해야 한다는 생각에 사로잡혀 있기 때문이다. 벤자민 프랭크린Banjamin Franklin은 이러한 점을 '음지에 있는 시계sundials in the shade'라고 표현하고 있다.[15] 자신의 강점을 어떻게 활용할 것인지를 잘 알고 있는 리더만이 성공적인 리더십을 발휘할 수 있을 것이다.

### 강점의 개념

**강점**strenght은 지식과 업무능력skill을 통해 강화되고 후원되는 본연의 재능에서 비롯된다.[16] 재능talent이라는 것은 인간 본연의 자질이면서 자연스럽게 반복되는 사고, 생각, 행동의 패턴으로 설명될 수 있다. 그러니까 사람에 따라 어떤 사람은 자연스럽게 외향적이고 조심스러운 반면에 다른 사람은 사고가 잘 정돈된 유형을 보이기도 한다. 그리고 이러한 재능이 일단 인지되면 학습과 실천을 통해 개발되고 발전되고 강점으로서 전환될 수 있다. 그런데 이러한 재능이 만약 강화되지 않고 개발되지 않으면 그저 단순히 그 사람의 잠재성으로만 남게 된다.

리더십과 관련하여 강조할 사항은 자신의 약점을 보지 말고 강점에 집중하라는 조언을 줄 수 있다. 자신의 강점을 극대화하면서 자신의 삶을 발전시킬 수 있어야 하며, 자신의 약점을 고친다고 해서 삶이 향상되는 것은 아니다. 그래서 자신의 강점을 바탕으로 생활하고 업무에 임할 때 더욱 동기 부여되고 자신감이 생기고 만족도가 높아진다. 따라서 강점에 집중하고 강점을 개발시켜나감으로써 추가적인 업무 노력의 의지도 생기고 유능감을 높이고 긍정적인 공헌을 생각할 수 있다.

**IN THE LEAD** Warren Buffett, Berkshire Hathaway

워렌 버펫은 자신의 일을 열정적으로 하면서 일을 즐기는 억만장자이다. 그는 버크셔 해서웨이의 회장이며 2013년 기준으로 세상에서 4번 째로 부자 서열에 랭크된 입지전적인 인물이다. 하지만 그는 돈이 자신을 지금의 나로 만들었다기보다는 일에 대한 열정이 그러했다고 말하곤 한다.

그는 매년 자신의 고향인 네브라스카 주의 오마하市에서 전 세계의 대학생들 160명 정도를 초청하는 행사를 한다. 그런데 그가 주로 받는 질문은 어떻게 투자하는 일이 자신의 업무와 맞는지를 알 수 있었느냐는 것이다. 이에 대해 우선적으로 하는 그의 답을 보면, 자신의 본능이 이러한 자본배분을 위해 만들어진 것 같다고 한다. 즉 자신은 자본을 배분하고 투자하는 일을 어떻게 해야 하는지를 본능적으로 한다는 점이다. 그렇지만 만약 자신이 미국과 같이 자본주의가 잘 갖춰진 곳에서 태어나지 않고 수단이나 캄보디아와 같이 풍부한 자본이 넘치는 곳이 아닌 곳에서 태어났다면 아마도 그의 본능적 재능을 활용하지 못했을 것이라고도 답하고 있다. 그래서 그는 모든 사람들에게 자신의 본연적 사고구조에 어떤 일을 하는 것이 적합한지를 찾아야 한다고 조언하고 있다.

그렇다면 그는 자신의 본능이 어떻게 투자하는 일에 적합한지를 알았을까? 그 핵심은 자신이 좋아하는 일을 추구하면서 알게 된다는 점이다. 자신이 진정으로 즐기는 일이나 경력을 찾게 되면 자신의 멘탈 구조의 본연적 강점으로 발전된다고 말하고 있다.[17]

그렇다면 어떻게 리더는 자신의 자질과 행동을 강점으로 전환시킬 수 있는가? [IN THE LEAD]에서 알 수 있듯이 워렌 버펫Warrne Buffet은 관심있는 일을 찾고 자신의 능력에 적합한 일을 하게 됨으로써 자신의 강점이 개발될 수 있다.

## 강점과 역할의 매칭

최근 연구 결과에 의하면 리더의 강점은 수행업무의 역할과 연계된다고 한다.[18] 〈도표 2-2〉에서 보여주듯이 리더십 역할에는 세 가지 유형이 있을 수 있다. 그리고 이들 간에 공통적인 핵심역량이 존재하며 또한 각 역할마다 개인별 특성, 행동, 스킬 등이 차이를 보인다고 한다.

첫째, **운영의 역할**operational role은 전통적인 수직적 관리방식의 역할과 유사한데,

도표 2-2 ● 세 가지 유형의 리더십 역할

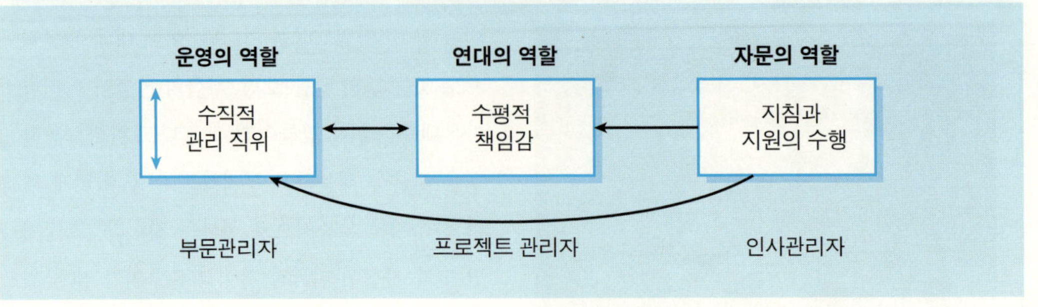




이 역할을 수행 책임자는 성과결과를 달성하기 위해 인력과 자원을 직접적으로 통제하는 역할을 중점을 둔다. 이러한 운영담당 관리자는 전통적인 조직의 부문장general manager 직책으로서, 목표 설정과 계획 수립의 역할을 하는데, 이는 수직적 위계와 직위권력을 통해 이러한 역할을 달성한다. 또한 이들 부문장의 역할은 결과 달성에 주안점을 두고 있으며, 높은 자신감을 필요로 하고 공격적인 성향을 보이며 새로운 목표를 달성하기 위해 앞으로 돌진하는 유형을 보인다. 결국 유능한 운영관리자가 되기 위해서는 분석적이면서 지식이 충만해야 하지만 보통 이들은 다른 사람들이 자신의 업무에 열정을 가질 수 있도록 비전으로 연계시키는 능력이 미흡한 편이다.

둘째, **연대의 역할**collaborative role은 수평적 역할을 강조하고 있는데, 최근 많이 보편화되고 있는 수평조직의 형태가 필요로 하는 프로젝트 관리자, 메트릭스 관리자, 혹은 팀 리더 등에게 요구되는 역할이다. 최근 그 중요성이 강조되고 있는 이 역할은 전통적인 운영관리자들이 주로 활용하는 직위권력은 의미가 높지 않다. 경우에 따라 이들 관리자들은 전면에 나서지 않으면서도 다른 사람들이 업무를 효과적으로 수행하고 해결할 수 있도록 막후에서 그 영향력을 발휘한다. 이러한 역할을 수행하는 관리자는 네트워킹 능력이 탁월하면서 관계성을 구축하고 개인적인 영향력을 통해 합의점을 이끌어낸다. 또한 이들은 연대의 역할을 수행하는데 관련된 불확실성과 모호성에 대해 적극적으로 도전하고 우연성을 발휘하고, 선제적이면서 끈질긴 성향을 보인다.

**자문의 역할**advisory role은 다른 사람을 후원하고 지도하는 일을 담당하는 일이다. 자문의 리더십 역할은 예를 들면 법무팀, 재무팀, 인사팀 등의 리더를 말한다. 이들 리더들이 수행하는 역할은 특정 사업의 목표 달성의 역할보다는 전반적인 조직역량을 개발하는 일과 연관성 있다. 자문의 리더십을 발휘하기 위해서는 인간적 스킬이 있어야 하며, 의사소통과 지식, 설득 등을 통해 다른 사람에게 영향력을 줄 수 있는 능력을 갖춰야 한다. 또한 이러한 리더 역할 수행자들은 윤리적 풍토를 조성하고 다른 사람에게 신뢰를 전달할 수 있어야 하고 개인적으로 도덕성과 진정성을 갖추고 있어야 한다.

경영컨설팅 기업인 헤이그룹Hay Group은 조직들이 필요로 하는 새로운 형태의 리더 역할을 제시하고 있는데, 이들 리더 역할을 적절히 수행하기 위해서는 어떤 강점이 적합한지를 살펴볼 수 있어야 한다. 또한 성공적인 리더가 되기 위해서는 리더의 강점이 가장 효과적이 될 수 있는 역할과 잘 연계될 수 있어야 한다.

## 행동 접근법

앞에서 언급한 바와 같이 강점은 단순히 개인의 자질이나 특성이라기보다는 행동 패턴이라 볼 수 있는데, 행동 접근법behavior approach은 리더십의 위인이론이 중시하는 리더의 개별 특성보다는 성공적인 리더가 구현하는 행동에 중점을 두고 있다. 특성과 달리 인간 행동은 후천적으로 학습될 수 있기 때문에 성공적인 리더의 행동은 모방될 수 있으며, 리더십 개발이 가능하다는 점에서 이론적 의미가 있다.

### 전제적 리더십과 민주적 리더십

행동이론 초기의 연구자들은 전제적 리더십autocratic leadership과 민주적 리더십democratic leadership의 행동을 주목하였다. **전제적**autocratic 리더십은 권위를 중시하고 이러한 권위는 직위가 갖고 있는 권한, 상벌을 줄 수 있는 권한, 강압적 태도 등에서 나오는 반면에 **민주적**democratic 리더십은 구성원에게 권한을 위임하여 참여를 유도하고 업무달성에 구성원의 지식과 의견을 활용, 존중하는 특징을 갖는다.

이들 리더십에 대한 최초의 연구는 아이오와대학의 교수 커트 레윈Kurt Lewin 연구팀에 의해 이루어졌다.[19] 연구팀은 초등학생들을 민주적 혹은 전제적 스타일로 교육시키는 실험을 시도했다. 이후 대상 학생들이 성장하여 어떤 행동을 보이고 어떤 경력을 갖게 되었는지를 살펴본 결과, 의미있는 결론을 도출할 수 있었다. 전제적 교사에게 교육받은 학생들은 간혹 적대적인 행동을 보이는 반면, 민주적 교사에게 교육받은 학생들은 긍정적인 정서를 보이는 것으로 조사되었다. 뿐만 아니라 민주적 리더에게서 학습이 이루어진 학생들은 향후 직장생활에서 리더가 없더라도 높은 성과를 내는 것으로 밝혀졌다. 그 이유는 민주적 리더가 참여를 유도하고 합의에 의한 결정majority rule decision making을 주로 활용하기 때문에 이 방식에 익숙한 구성원들은 리더가 없더라도 높은 성과를 내게 되는 것이다. 민주적 리더십의 실험을 통해 왜 구성원의 임파워먼트가 이슈가 되는지를 알 수 있게 한다.

초기 행동이론 연구가 리더십 스타일을 전제적 혹은 민주적 리더십으로 이원화한 것에 비해 이후 탄넨바움Tannenbaum과 슈미트Schmidt는 구성원의 참여 정도에 따라 차원을 다변화하였다. 이들의 연구는 상사 중심 리더십과 구성원 중심 리더십을 양극단 측면으로 구별하고 일곱 가지 유형의 리더십 행동을 설명하였다.[20] 그 내용은 〈도표 2-3〉과 같다.

탄넨바움과 슈미트는 조직이 처한 상황에 따라 상사 중심 혹은 부하 중심의 어떤 리더십이 적합한지를 설명하고 리더에게 각 상황에 적합한 행동을 제시하였다. 예를 들면, 신속히 의사결정해야 하거나 구성원들의 의사결정 학습에 시간이 많이 소요되는 경우, 리더는 전제적 리더십 행동 스타일을 구사하는 것이 바람직하다. 반면 손쉽게 구성원들이 의사결정 역량을 습득할 수 있다면 민주적 리더십 스타일이 바람직하다. 또한 상사와 구성원 사이에 업무능력 차이가 크면 클수록 전제적 리더십이 바람직한데, 이는 구성원 역량을 리더의 전문성 수준까지 끌어올리기 어렵기 때문이다.[21]

**도표 2-3 ● 리더십 유형과 연속선**

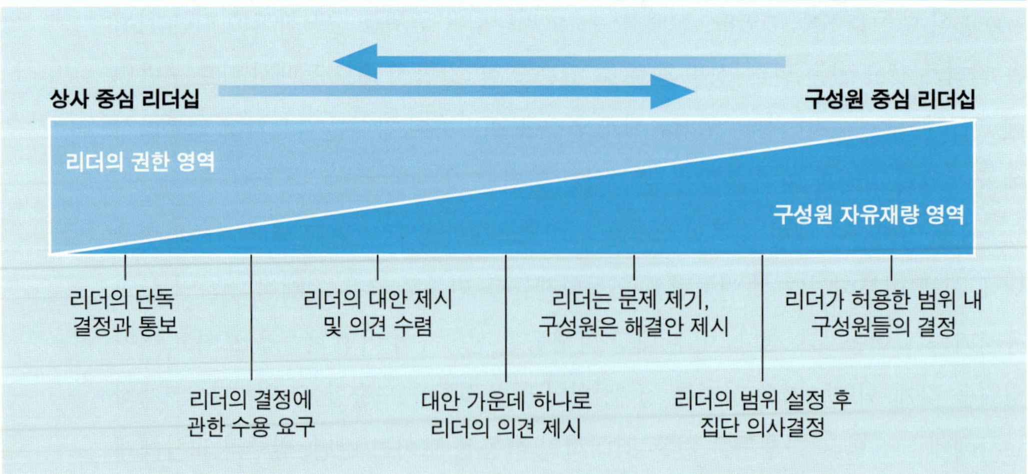


출처: *Harvard Business Review*. An exhibit from Robert Tannenbaum and Warren Schmidt, "How to Choose a Leadership Pattern" (May–June 1973). Copyright 1973 by the president and Fellows of Harvard College.

**IN THE LEAD Stephen McDonnell, Applegate Farms**

지금까지 애플게이트 팜스(Applegate Farms) 기업 역사에서 CEO가 사무실에 앉아있었던 적은 많지 않다. 20년 전 맥도넬(MaDonnel) 회장은 골치 아픈 회사였던 JMS(Jungtown Mountain Smokehouse)사를 매입하고 나서 6개월 동안 주로 일선 현장에 나가있었다. 맥도넬은 조직에서 문제가 발생하면 최고경영자가 판단하여 문제를 해결하는 것보다 특정 팀이나 집단으로 하여금 진단하고 해결하는 편이 훨씬 수월하다고 생각하였다. 사실 그는 실적과 목표 달성에 집착하는 고집불통 리더로 알려져 있었지만, 문제를 유연하게 해결할 수 있는 최상의 방법은 구성원들에게 적절한 정보를 주고 해결 권한을 위임하여 대안을 모색하는 것이라고 판단하고 실행에 옮겼다. 맥도넬은 현장경영을 하는 것이 조직을 발전시키는 최상의 방안이라 믿고, 특별한 전략회의가 있거나 신제품을 시식하는 수요일에만 사무실로 출근하였다. 결국 애플게이트 팜스는 민주적 리더십의 시스템을 갖추게 되어 매년 3,500만 달러 이상의 수익을 내며 성장하고 있다.

[IN THE LEAD]의 애플게이트 팜스Applegate Farms의 CEO인 스티븐 맥도넬Stephen McDonnel 회장은 전형적인 민주적 리더라 할 수 있다. 전제적 리더십과 민주적 리더십에 관한 아이오와 주립대학 연구팀의 결과는, 리더십 행동이 구성원 성과와 직무만족에 결정적인 영향을 준다는 사실을 밝히고 있다. 리더가 보유하는 특성보다 리더의 행동이 리더십을 설명하는 데 중요한 관점이라는 것이다. 스티븐 맥도넬 회장의 경우에도 자신의 특성과 달리 상황에 따라 행동 유형을 변화시킨 점을 볼 수 있다. 맥도넬은 "상황을 정확히 인식하는 능력을 갖추고 있지는 않지만, 상황에 적절히 행동하는 편"이다. 결론적으로 모든 리더가 민주적 스타일을 갖출 수는 없지만 자신의 특성이나 성향과 맞지 않더라도 상황에 적절하게 행동을 하게 되면 리더십의 성과를 달성할 수 있다.

## 오하이오 주립대학 연구

**리더십이 개인 특성보다는 행동에 의해 설명될 수 있다고 전제**하며 연구가 지속적으로 진행되던 중 오하이오 주립대학Ohio State University 연구팀에 의해 새로운 리더십 행동 연구가 이루어졌다. 연구팀은 리더행동의 특정한 측면을 조사하여 리더행동기술서(LBDQ)Leader behavior description questionnaire를 개발하고, 구성원들에게 상사가 어떤 행동 유형을 보이는지 작성하게 하였다.[22] 그 결과, 리더 행동은 크게 배려consideration와 구조주도initiating structure의 범주로 구별할 수 있었다.

첫째, **배려**consideration 행동은 리더가 구성원들을 보살피면서 그들의 생각과 감정을 존중하고 상호 간 신뢰 구축에 중점을 둔다. 그리고 구성원들의 의견을 주의 깊게 경청하고 중요한 의사결정에 대해 그들의 의견을 구한다.

둘째, **구조주도**initiating structure 행동은 업무 지향적인 리더 행동을 말하며 목표 달성을 위해 구성원들을 일일이 챙기는 스타일이다. 목표 달성을 위해 구체적으로 업무를 세세하게 지시하고 명확한 업무 일정을 계획하고 엄격한 규칙을 기준으로 일을 진행하는 스타일이다.

배려 행동과 구조주도 행동을 모두 갖고 있는 리더도 있겠지만 이론적으로는 이들 리더 행동은 서로 별개의 차원이다. 즉 리더 행동은 각각 높은 수준과 낮은 수준으로 구별할 수 있는데, 이를 조합하여 분류하면 네 가지 유형으로 구별할 수 있다. 즉, 배려 행동과 구조주도 행동이 모두 강한 경우, 배려 행동은 강하지만 구조주도 행동이 약한 경우, 반대로 구조주도 행동은 강하지만 배려 행동은 약한 경우, 그리고 배려 행동과 구조주도 행동 모두 약한 경우로 구별할 수 있다. 모든 리더들은 이들 네 가지 경우 가운데 하나에 해당된다.[23] [IN THE LEAD] 사례는 미국 해병대의 두 리더가 서로 다른 리더행동을 보여주고 있다.

[IN THE LEAD]에서 나타나듯이, 마티스 소장은 전형적인 업무 지향적 리더로

**IN THE LEAD** **Col. Joe D. Dowday and Maj. Gen. James Mattis, US. Marine Corps.**

이라크전쟁 발발후 몇 주 지나지 않아 다우데이(Dowday) 대령은 혁혁한 전공을 세우고도 직속 상관인 마티스(Mattis) 소장에 의해 보직에서 해임당하였다. 그 이유는 마티스 소장이 신속하게 작전을 수행하고 어느 정도의 위험이 있어도 이를 밀어붙이는 스타일인 반면, 다우데이 대령은 작전의 위험성이 어느 정도의 선을 넘어서면 부하들을 보호하기 위해 신중하게 작전을 수행하는 스타일이기 때문이었다. 이들 두 리더는 서로 스타일이 다르긴 하지만 둘 다 부하들에게 존경받는 리더상이다. 개인적 취향의 문제일 수 있지만, 어느 선임상사는 둘 가운데 한 사람을 선택하라면 누구를 택하겠는가라는 질문에 대해 큰 틀에서는 마티스 소장의 리더십 스타일이 바람직하다고 생각하지만 최종적인 선택의 기로에 있으면 다우데이 대령을 따르겠다고 대답하였다.[24]

서 구조주도형 리더행동을 보여주는 반면 다우데이 대령은 배려형 행동을 근간으로 하는 인간중심적 리더라고 할 수 있다. 마티스는 항상 목표와 임무달성을 가장 중요시하며, 다우데이는 반대로 임무달성도 중요하지만 최우선 관심은 해병전우의 안전 그 자체에 둔다.

후속 연구에 따르면, 이러한 두 가지 리더 유형은 서로 상관관계가 있고 부하들에게도 각각 다른 측면에서 영향력을 미치는 것으로 나타난다. 배려형 리더는 구조형 리더에 비해 구성원의 직무만족도가 높은 편이다.[25] 즉, 부하들의 불만 정도나 이직률에 의해 리더 성공여부를 파악한다면, 배려형 리더의 부하들은 불만이나 자발적 이직이 낮다. 그러나 성과척도의 기준을 부서실적이나 생산성에 둔다면 구조주도형 리더의 부하들이 더 높은 성과를 낸다. 연구에서 밝혀진 것처럼 가장 높은 성과는 상사가 배려형과 구조주도형 리더십 행동을 모두 보여주는 경우에서 얻어졌고, 반대로 배려형과 구조주도형 행동이 모두 낮은 경우 부하들의 성과는 낮은 수준에 머물렀다.[26]

## 미시간 주립대학 연구

효과적인 리더와 그렇지 못한 리더의 행동을 구분하는 대표적인 연구로 미시간 주립대학University of Michigan 연구가 있다.[27] 미시간 주립대학 연구팀은 다양한 직업의 직장인들을 설문조사한 결과, 리더의 효과성이 구성원들의 생산성에 의해 결정된다는 사실을 밝혀냈다.[28] 오랜 연구 끝에 연구팀은 리더에게 두 가지 유형의 행동이 있음을 발견했는데,[29] 첫째는 **구성원 중심적 리더**employee-centered leader이다. 이런 리더는 구성원들을 인간적으로 대하고 후원하며 상호작용을 하면서 갈등을 완화시킨다. 이러한 리더 스타일은 오하이오 주립대학 연구진이 제시한 배려형 리더와 일맥상통하며, 직장에서의 상사와 부하 간 긍정적인 상호작용이 생산성 향상에 매우 중요한 역할을 하게 된다.

둘째, 구성원 중심적 리더와 상반되는 유형으로 **직무중심의 리더**job-centered leader를 들 수 있다. 이런 리더는 업무를 계획된 일정대로 추진하면서 자신의 임무를 수행하며, 리더십의 주된 기능은 사전에 설정된 목표를 달성하는 것과 목표 수행 과정을 용이하게 하는 환경을 창출하는 것이다. 이러한 리더는 오하이오 주립대학 연구의 구조주도형 리더 스타일과 유사하다. 그런데 두 가지 유형으로 분류된 구성원중심 리더와 직무중심의 리더는 완전히 상반된 개념으로 서로 독립된 리더 스타일이며,

오하이오 주립대학 연구와는 달리 미시간 주립대학 연구에서는 상반된 리더 유형이 동시에 나타나는 경우는 고려하지 않는다. 다만 행동 유형에 따라 리더가 직무중심형 또는 구성원중심형 중에서 어디에 속하는지만 결정될 뿐이다.

또한 미시간 주립대학 연구에서 의미 있는 점은 동료의 역할을 강조하는 것인데, 목표 달성, 업무 활성화, 후원 등이 리더의 전유물이 아니고 구성원에 의해서도 달성될 수 있다고 본다. 즉 함께 일하는 동료를 통해 리더 행동이 만들어지고 이로 인해 성과 향상이 가능하다는 것이다.[30] 이외 미시간 주립대학의 연구에서는 리더십 영향력을 강조하는데, 리더와 부하 간 상호작용이 이루어지는 상황요인들이 달리 작용하게 되는데, 이와 관련된 자세한 사항은 3장에서 다뤄질 것이다.

## 리더십 격자이론

텍사스 주립대학University of Texas의 교수 블레이크Blake와 머튼Mouton은 **리더십 격자**Leadership Grid의 2차원 리더십 이론을 제안하였다.[31] 이 이론은 오하이오 주립대학와 미시간 주립대학의 연구를 기초로 하는데, 인간 중심 리더행동과 생산 중심 리더행동을 기준으로 각각을 9단계로 세분화하였다. 리더십 격자이론의 세부적 내용은 〈도표 2-4〉와 같으며 다섯 가지 유형이 있다. 이를 구체적으로 살펴보면 다음과 같다.

첫째, 팀관리형(9.9)team management은 가장 효과적인 리더십 형태라고 할 수 있는데 모든 구성원들이 서로 열심히 업무를 수행하기 때문이다. 둘째, 컨트리 클럽형(1.9)country club management은 성과보다는 인력 간 사교를 강조할 때 나타난다. 셋째, 과업형(9.1)authority-compliance management은 업무 효율성을 강조하는 리더십 형태이다. 넷째, 중간형(5.5)middle of the road management은 인간과 생산 각각을 어느 정도 고려하는 리더십 형태이다. 다섯째, 무관심형(1.1)impoverished management은 리더십이 없는 경우를 말하며 이러한 경우 조직은 성과를 만들어내기 어렵다.

## 리더십 행동이론의 평가

리더 행동을 연구한 오하이오 주립대학, 미시간 주립대학, 그리고 텍사스 주립대학의 연구들은 모두 유사한 맥락에서 접근하고 있다. 주로 업무를 중시하는가 아니면 구성원을 중시하는가를 기준으로 유형을 분류하고 있지만, 연구자들마다 그 표현이 다를 뿐이다(도표 2-5 참고). 그러므로 리더십 행동이론은 모두 리더의 주요 관심사

**도표 2-4 ● 리더십 격자이론**

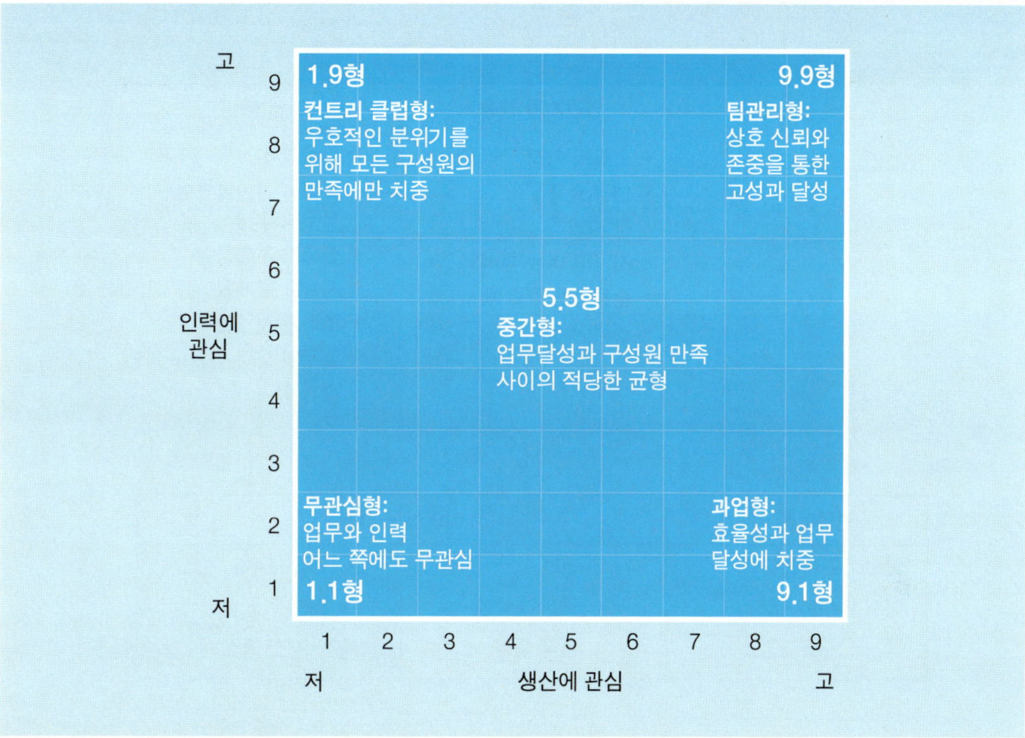


출처: The Leadership Grid figure from *Leadership Dilemma—Grid Solutions* by Robert R. Blake and Anne Adams McCanse (formerly the Managerial Grid by Robert R. Blake and Jane S. Mouton). Houston: Gulf Publishing Company, p. 29. Copyright 1991 by Scientific Methods, Inc. Reproduced by permission of the owners.

가 구성원인가 아니면 업무인가로 분류하며, 두 기준에 모두 관심이 많고 적절한 경우를 최고의 리더 행동으로 간주한다. 그러나 이러한 결론에 대해서는 다음과 같은 세 가지 의문점이 제기된다.

첫째, 왜 행동이론들은 공통적으로 리더행동의 두 가지 측면만을 기준으로 하고 있는 것일까? 그 이유는 각 연구진들의 연구 방법이 주로 실무적인 현장 조사에 의존했기 때문일 것이다. 실제로 지난 50년 동안의 리더십 연구를 살펴보면 거의 대부분 업무중심형 리더와 부하중심형 리더의 틀을 벗어나지 못하고 있다.[32] 결국 리더십 행동 이론가들은 인간중심 혹은 업무중심의 리더로 이분화하고 있는가에 의문점을 제시하면서도 대부분의 연구에서 이들 두 가지 유형으로 분류하고 통념적으로 따르고 있다.

둘째, 과연 구성원 중심과 과업 중심형 리더 특성을 한 사람이 동시에 나타낼 수 있을까? 리더십 격자이론은 이것이 가능하다고 전제하고 있으며, 실제로 최고의 리

**도표 2-5 ● 리더 행동에 관한 연구 정리**

**리더 행동의 예시**

**인간지향 행동**

- 성취의 인정
- 인간 존중
- 긍정적
- 시간적 여유 부여와 장려
- 수용과 공감의 제시
- 신뢰 제시

**과업 중심**

- 과업 중심
- 명확한 과업목표와 직무책임 제시
- 성과기대 설정
- 자원활용 계획
- 조화 유지 활동
- 업무의 질과 향상도 확인
- 성과 평가

| 연구이론 | 리더십 스타일 | |
|---|---|---|
| 오하이오 주립대학 | 배려 | 구조주도 |
| 미시간 주립대학 | 구성원 중심 | 직무 중심 |
| 텍사스 주립대학 | 인력 중심 | 생산 중심 |

출처: Based on Marilyn R. Zuckerman and Lewis J. Hatala, *Incredibly American: Releasing the Heart of Quality* (Milwaukee, WI: American Society for Quality, 1992), pp. 141–142; and Mark O'Connell, Gary Yukl, and Thomas Taber, "Leader Behavior and LMX: A Constructive Replication," Journal of Managerial Psychology 27, no. 2 (2012), pp. 143–154.

더가 되기 위해서는 이러한 두 가지 유형의 리더 특성을 갖추고 있어야 한다. 예를 들면 애플Apple의 총괄부회장인 에디 큐Eddy Cue는 이러한 두 가지 차원을 모두 가지고 있는 리더이다. 큐 부회장은 직접 업무를 챙기면서 목표를 달성하는 진두 지휘를 하면서도 또한 부하직원들을 세심하게 배려하는 인간적인 모습을 보인다. 이를 보면 관리격자 이론이 강조하고 있는 것처럼 분명히 상반된 두 가지 유형을 모두 갖추고 있는 리더는 존재한다.[33]

셋째, 리더들이 과업과 구성원 중심의 두 가지 측면을 모두 보유한 이상적 리더로 육성될 수 있을까의 의문을 가질 수 있다. 미시간 주립대학 연구나 오하이오 주립대학 연구 모두 유능하고 효과적인 리더는 다른 이상적인 리더로부터 영향을 받아 그와 유사한 리더로 변화될 수 있다는 점을 전제하고 있어 현재는 그와 같은 리더가 아니더라도 학습을 통해 변화될 수 있다는 점을 시사한다.

물론 관리격자이론에서 주장하는 팀관리형 리더만이 가장 효과적인 리더십 유형이 아닐 수 있지만 여러가지 상황에서 이러한 유형의 리더가 가장 성공적인 리더라고 말할 수 있는 최소한의 후보는 될 수 있다. 하지만 다음 3장에서는 가장 효과적인 리더를 설명하기 위한 다른 차원의 리더십 이론을 제시하고 있으며 보다 구체적으로 상황과 연계하여 유능한 리더십을 설명하고 있다.

## 개별화 리더십 이론

지금까지 학습한 특성과 행동에 기초한 리더십은 구성원 모두에게 일률적으로 적용되는 스타일이라 할 수 있다. 하지만 현실적으로 리더십은 모든 구성원들에게 일괄 적용되기보다는 개별적으로 차별화된 리더십이 적용되기도 한다. 다시 말해서 리더와 구성원 간에 각각 독특한 관계가 형성될 수 있는데 이러한 특유의 관계성을 고려한 리더십을 개별화 리더십이라고 할 수 있다.[34] **개별화 리더십**individualized leadership 접근법은 리더와 구성원 개개인 간 독특한 관계를 말하는데, 이런 관계성에 리더와 부하들이 각각 어떻게 행동해야 하는지를 살펴보는 것이 핵심이다. 이 연구방법은 리더와 구성원 개개인과의 쌍방dyad관계, 즉 상호작용 관계에 중점을 두고 있어 리더에 의한 일방적인 관계가 아닌 쌍방의 교환관계를 강조하고 있다.[35]

개별화 리더십 이론이 40년 전에 처음 소개된 이후에도 지속적으로 이론적 발전이 이루어졌는데, 그 발전 단계는 〈도표 2-6〉과 같다.

### 수직쌍방연계

**수직쌍방연계 모델**vertical dyad linkage model은 리더와 구성원 간 관계를 리더와 구성원 집단의 관계가 아니라, 리더와 각 개인 간 관계를 기초로 하고 있다. 다시 말해서 리더는 부하 개개인과의 쌍방관계의 중요성을 강조하며 한 사람의 리더와 부하 개개인 간에 각각 다른 유형의 관계를 형성하게 된다. 즉, 어떤 부하는 리더에 대해 높은 신뢰를 보이며 상호 관계를 긍정적으로 생각하는데 다른 부하는 같은 리더에 대해 다르게 인식할 수도 있다는 것이다.

동일한 리더에 대해 각 구성원들이 느끼는 상황이 다른 점은 내집단in-group과 외집단out-group으로 설명할 수 있다. 즉, 리더가 여러 부하들 가운데 특정집단에 대해서는 친밀한 관계를 유지하며 함께 하는 시간이 상대적으로 많고 특별한 신뢰를 보이

도표 2-6 ● 개별화 리더십의 발전 단계

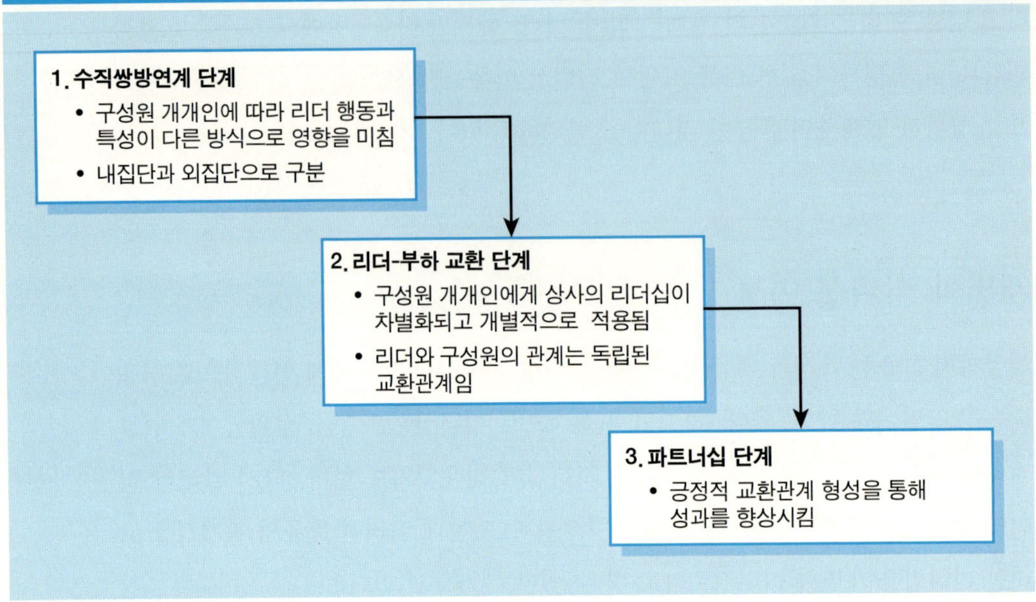


출처: Based on Fred Danereau, "A Dyadic Approach to Leadership: Creating and Nurturing This Approach Under Fire," Leadership Quarterly 6, no. 4 (1995), pp. 479–490, and George B. Graen and Mary Uhl-Bien, "Relationship-Based Approach to Leadership: Development of Leader–Member Exchange (LMX) Theory of Leadership over 25 Years: Applying a Multi-Level, Multi-Domain Approach," Leadership Quarterly 6, no. 2 (1995), pp. 219–247.

고 혜택을 주는 경우가 있다. 이런 관계를 맺고 있는 집단의 부하들은 리더를 긍정적이고 바람직한 리더로 평가하는데, 이런 관계를 내집단 관계라고 말할 수 있다. 〈도표 2-7〉은 리더와 구성원 관계가 내집단인가 아니면 외집단인가에 따라 달리 나타나는 리더 행동을 보여주고 있다. 보통 내집단에 속한다고 인식하는 부하들은 리더로부터 높은 신뢰와 특권을 부여받고 있다고 생각하여 리더를 우호적으로 평가하며 리더가 추진하는 성과 도출과정에서 중요한 기능을 담당할 뿐 아니라 내집단에 속한다고 생각하는 부하들은 부여받은 특권에 대한 보답으로 충성심과 높은 생산성을 보이게 된다. 반면 외집단에 속한다고 생각하는 구성원들은 리더와 접촉 빈도가 낮으며, 리더는 이들 부하들에게 공식적인 권한만을 적용하고 원칙적으로 부하들을 관리하려는 경향이 강하게 나타난다.

## 리더-부하 교환관계

개별화 리더십 발전의 2번째 단계는 **리더-부하 교환관계(LMX)**Leader-Member Exchange로, 리더와 부하의 교환관계 과정이 시간 흐름에 따라 어떻게 진행되며 어떤 결과를 초

**도표 2-7 ● 내집단과 외집단에 대한 리더의 차별적 행동**

| 내집단 | 외집단 |
|---|---|
| • 목표설정 및 달성 과정에서 상당한 재량권 부여<br>• 업무달성에 관련된 부하의 제안 경청<br>• 부하들의 실수를 발전의 기회로 간주<br>• 흥미로운 업무에 관한 자율 선택권 부여<br>• 부하들의 의견에 관한 충분한 고려<br>• 성과 달성에 대한 칭찬과 보상 | • 업무달성에 관한 세부적인 지시<br>• 부하들의 의견이나 제안에 무관심<br>• 업무실수를 용납하지 않고 처벌<br>• 일상적인 업무 중심의 철저한 통제<br>• 리더의 견해 강요<br>• 고성과를 격려하는 긍정적 동기부여보다는 저성과를 벌하는 부정적 동기부여에 초점 |

출처: Based on Jean François Manzoni and Jean-Louis Barsoux, "The Set-Up-to-Fail Syndrome," *Harvard Business Review* (March–April 1988), pp. 110–113; and Mark O'Donnell, Gary Yukl, and Thomas Taber, "Leader Behavior and LMX: A Constructive Replication," *Journal of Management Psychology* 27, no. 2 (2012), pp. 143–154.

래하게 되는지를 규명한 이론이다. 교환관계 과정은 주로 리더와 부하 간 의사소통 빈도, 가치의 수용, 구성원들의 특성, 직무만족, 성과, 업무 분위기, 몰입 등에 따라 달라진다. 연구결과는 리더와 부하가 서로 유사한 배경을 가진 경우 내집단 경향이 강하게 나타나는데, 그 이유는 공통된 관심사를 갖고 가치관이나 업무수행 방식 등이 유사하면 서로 호감을 갖게 되고 이런 교환관계는 내집단 분위기를 형성한다는 것이다. 전반적으로 연구결과를 통해 LMX의 질은 내집단과의 관계에서 확연하게 높다는 사실을 알 수 있었다.

리더-부하 교환관계의 결과를 분석한 연구를 보면, 보편적으로 내집단 구성원들이 성과와 직무만족도가 높은 것으로 나타났다.[36] 리더의 입장에서도 내집단과의 관계 향상을 통해 성과를 도출하려고 하고, 구성원 역시 교환관계를 향상시킴으로써 일상적 업무보다는 도전적이고 의미있는 업무를 리더로부터 배정받게 된다. 결국 리더와 구성원 모두 리더-부하 교환관계의 향상을 통해 쌍방 간 혜택을 가져올 수 있기 때문에 질적인 수준 제고에 관심을 기울인다.

## 파트너십 구축

파트너십 구축partnership building 단계의 연구 초점은 과연 리더는 수많은 부하직원들과 긍정적인 관계를 발전시켜 나갈 수 있는가이다. 초기 리더-부하 교환관계 이론을 비판한 연구자들은 교환관계이론이 리더와 구성원의 내집단 관계에만 초점을 두고 있어, 외집단에 속한 구성원들의 경우 직장생활에 대한 한계를 느끼고 불만이 형성될 수 있다는 점을 지적해 왔다.[37] 그래서 이런 구성원들은 조직에 저항하게 되고 결국 역기능 행동을 하게 된다는 것이다. 실제 조사 결과, 리더는 구성원과의 첫대면 이후 약 5일 정도 지나면 내집단과 외집단을 구분하는 것으로 나타났다.[38] 결국 이와 같은 주장을 근거로 할 때 과연 LMX 이론과 같이 내집단만 강조하면 외집단과의 관계성은 어떻게 설명하고 어떤 관계성을 가져야 하는지 명확하게 할 필요가 있다.

LMX 이론의 이러한 문제점과 연구의 한계를 극복하기 위해 연구자들은 리더와 구성원간 긍정적인 파트너관계 형성 방안에 대해 관심을 갖게 되었다. 리더는 부하들과 파트너십을 만들기 위해 구성원들과 개별적으로 접촉하게 되는데 어떤 부하는 구조주도적 행동을 중요하게 생각하는 반면 어떤 부하는 온정적이고 민주적인 리더를 원할 것이다. 그래서 리더는 모든 구성원에게 천편일률적으로 대응하지 않고 필요에 따라 차별화할 필요가 있다.

LMX 이론에서 리더는 구성원과의 관계를 향상시키기 위해 노력하게 되고 이에 효과적으로 대응하는 구성원들은 성과 향상의 결실을 얻고 이러한 관계가 성숙되면서 선순환이 이루어진다. 리더는 고성과를 위해 구성원들을 지원하고, 구성원들은 리더의 결정에 반응을 보이면서 영향력이 행사된다. 결국 파트너십 구축의 이론이 강조하고자 하는 점은 리더는 개별적으로 구성원들과 긍정적 관계를 형성함으로써 진정한 의미의 성과와 생산성 향상을 기대할 수 있다는 점이다.

## 창업가 리더십

최근 창업가 혹은 기업가 정신이 강조되고 있다. 기업가정신entrepreneurship이란 리스크가 있음에도 불구하고 성공적으로 새로운 기회를 사업 모델화하고 이를 유지시키는 리더십 능력을 의미한다.[39] 변화와 혁신이 강조되는 요즘의 상황은 이런 기업가정신 혹은 창업가 리더십을 필요로 하고 있다.

창업가 리더는 여러 사업 영역에서 찾아볼 수 있는데, 우리나라의 경우는 산업의 불모지에서 자동차, 반도체, 조선 등 국가의 경쟁력 기반 형성에 핵심적 역할을 한 현대 정주영 회장이나 삼성 이병철 회장 등을 들 수 있다. 이들 리더의 공통된 특징은 위기를 극복하기 위해 독특한 문제 해결 방식을 적용하여 사업의 새로운 기회를 창출한 것이다. 물론 새로운 기회 창출에는 위험이 있는데, 이러한 위험을 극복하고 사업에 성공하게 되면 큰 이득을 볼 수 있게 된다.

창업가 리더는 신사업뿐만 아니라 기존 산업에서도 그 진가가 발휘된다. 기존의 제품이나 업무수행 방법을 새로운 방식으로 재편하여 새로운 기회를 모색하는 경우이다. 예를 들면 신제품 개발 방식이나 물류 방식에서 새로운 기회를 모색하는 것도 여기에 해당된다. 결국 창업가 리더들은 기존 방식에 안주하지 않고 독특한 혁신적인 방안을 모색하며, 높은 수준의 목표를 달성하기 위해 지속적으로 노력하는 경향을 보인다.[40]

또한 창업가 리더는 끈기있고 독립성향이 강한 특징을 보인다. 새로운 사업기회 모색과 사업 추진에서 적극적인 태도를 보이고 구성원들이 창의성을 발휘하고 높은 수익성에 집중할 수 있도록 영향력을 행사한다. 또한 적극적으로 혁신을 모색하여 현재 상태를 유지하는 것보다는 새로운 변화 창출에 노력을 기울이며, 발전과 향상을 위해 위험을 감수하고서라도 사업을 추진하는 경향을 보인다.

## 학습 핵심

- 2장의 핵심은 리더십 이론과 연구를 통해 리더십 특성과 행동을 이해하는 것이다. 효과적인 리더십 특성으로 낙관주의, 자신감, 정직성과 추진력 등을 설명하고 있는데, 리더에게 가장 중요한 것은 자신의 강점을 파악하고 상호 관계를 잘 활용하는 것이다. 하지만 연구를 통해 유능하고 성공적인 리더십의 특성들이 파악되었더라도, 특성만으로 유능한 리더십을 설명하는 데는 한계가 있다.
- 본연적 특질이나 행동 패턴을 강점으로 발전할 수 있다. 유능한 리더가 되기 위해서는 자신의 강점을 파악해야 하며 상호 의존성을 잘 이해하고 있어야 한다.
- 연구에 따르면 서로 다른 리더십 강점은 그에 적합한 리더십 역할과 연계되어야 한다고 한다. 이 책에서는 리더의 세 가지 역할을 강조하고 있는데 운영의 역할, 연대의 역할, 자문의 역할을 들 수 있다.
- 리더십의 행동이론은 전제주의-민주주의 리더십, 배려형-구조주도형 리더십, 구성원중심-직무중심 리더십, 인간중심-생산중심 리더십 등으로 구별하고 있다. 리더십 행동 유형은 모두 인간과 업무의 측면으로 구별되며, 어떤 리더가 구성원 욕구를 충족시킬 수 있는가 하는 것이 이론의 본질이라고 볼 수 있다. 그러나 특정 리더가 인간중심 또는 과업중심 행동 경향을 보일 수 있다거나 한 사람의 리더가 두 가지 유형을 동시에 보유할 수 있다는 주장에 대해서는 연구자들의 의견이 일치하지 않는다. 오늘날에는 인간중심과 과업중심 행동 경향의 균형을 맞춘 경우를 최상의 리더로 인식하고 있다.

- 리더십 쌍방연계 모델은 리더와 구성원 간의 쌍방관계를 강조하는데, 구성원들은 리더와 각각 상이한 유형의 관계를 형성하고 리더는 개별 구성원들이 팀 성과에 공헌하도록 긍정적인 관계를 개발해야 한다. 리더와 구성원 간 교환관계 모델은 상호 교환관계를 향상시킴으로써 리더와 구성원은 물론이고 부서와 조직이 모두 긍정적인 성과를 거둘 수 있다. 그래서 리더는 배려형이든 구조주도형이든 리더십을 개별적으로 활용하는 개별화 리더십을 시도해야 한다.
- 2장은 리더십 이론의 발전 역사를 따라 리더십 개념을 체계적으로 살펴보고 있다. 아무리 특정한 개인 특성이나 능력이 리더십 성공 가능성을 높인다고 하더라도, 그 자체만으로는 리더십 효과가 보장되지 않으며, 오히려 리더의 실질적 행동이 중요하다. 구성원들이 판단하는 리더의 행동 유형이 어떤가에 따라 성과에 미치는 영향이 달라지며, 상반된 리더 행동을 균형있게 조합하면 높은 성과를 가져올 수 있다는 주장도 있다. 리더십이 성과에 미치는 영향을 이해하기 위해서는 리더와 구성원 간 관계에서 나타나는 특정 행동이 중요하게 고려되어야 한다.
- 창업가 리더십은 최근과 같은 불확실성 속에서 중요하게 다루어지는데 그 이유는 이러한 리더십이 혁신과 변화의 주된 원동력이 되기 때문이다. 창업가 리더는 현재의 조직 상태를 변화시켜 새로운 사업기회를 모색하고 이상적인 해결안을 실현하기 위해 위험을 뛰어넘어 적극적으로 추진하는 리더십 유형이다.

## 토론 주제

1. 왜 리더는 자신의 강점을 알고 있어야 하는가? 그리고 자신의 강점을 아는 만큼 자신의 약점도 파악하기 위해 동일한 노력을 기울여야 한다고 생각하는가?
2. 리더로서 갖추어야 할 특성에는 어떤 것이 있다고 생각하는가? 이들 중 어떤 특성이 특히 중요하다고 생각하는가?
3. 리더의 낙관적 사고와 태도가 중요하다고 한다. 그런데 경우에 따라 리더의 낙관적 사고는 미래 유발될 수 있는 문제를 경시하기 때문에 부하들은 스트레스를 받거나 혹은 비현실적인 목표 달성에 노력해야 하는 경우가 있다고 한다. 이러한 견해에 대해 어떻게 생각하는가?
4. 리더십의 특성이론과 행동이론의 차이에 대해 설명하라.
5. 리더십 스타일 가운데, 구조주도형과 배려형이 있다. 어떤 리더십 스타일이 더욱 바람직하다고 생각하는가?
6. 수직쌍방연계모델에 따르면 팔로워는 개별적으로 리더와 연계성을 가진다고 한다. 그렇다면 인간 중심적 혹은 업무 중심적 행동을 보이는 리더에게 어떤 조언을 해줄 수 있는가?
7. 리더는 부하들에게 개별화된 리더십을 발휘할 필요가 있다고 생각하는가? 이들 리더십의 장단점을 설명하라.

8. 리더가 존재하지 않을 때 왜 민주적 리더십이 전제적 리더십보다 더 큰 효과를 발휘한다고 생각하는가?
9. 자신이 속한 조직은 창업가 리더십을 중요하게 생각하는가?
10. 〈도표 2-1〉의 항목 중 리더의 운영 역할을 수행하는 가장 의미 있는 특질 세 가지를 선택하라. 그러고 나서 연대의 리더 역할과 관계성 있는 특질을 세 가지 찾아보라.

## 분석사례: Transition to Leadership

마이클 콜린스는 크레이튼 자동차부품사의 남부지역 본부장이다. 이 회사는 자동차 부품 판매와 서비스를 제공하는 조직이다. 콜린스 본부장은 본부장으로 임명된 직후 새로운 변화의 흐름의 변신 시점을 맞이하게 되었다. 그는 자동차공학 학위자이며 부품생산부서에서 디자인과 플랜트 부서장으로 오랜 경험이 있는데, 작금의 상황은 부품산업 간의 강한 연대가 이루어지고 신제품개발과 혁신이 요구하고 있음을 그는 잘 알고 있었다.

이와 같이 변신의 시점 초기에 콜린스 본부장은 지역 지사장들을 만나 현재 사업 현황 등에 대한 견해를 청취하고 회사의 장단기 목표 달성 정도를 집계하고 각 매장이나 지사 직원들의 능력 등과 관련하여 강점과 약점을 파악하였다. 이와 같이 지사장들과의 미팅은 자칫 관료적이고 위계적인 전통적 경영자의 모습을 탈피하고자 외부에서 이루어졌고 직원들이 솔직한 의견 개진을 할 수 있도록 배려하였다. 그리고 미팅의 주제는 업무절차, 제품과 서비스, 종업원을 포함하여 이사회 구성원, 또한 공급업체와 고객 등에 관한 포괄적인 내용을 다루었다.

지역을 방문한 미팅은 공식적인 미팅뿐 아니라 현장종업원들과의 비공식 미팅을 포함하고 있었다. 이들 현장종업원들에게는 업무와 관련하여 긍정적인 내용뿐 아니라 부정적인 면까지도 이야기해달라고 부탁하였다. 또한 업무시간, 회사에 대한 신뢰도, 향상이 필요한 분야, 조직문화에 대한 솔직한 의견 등도 포함하였다. 그들 의견을 보면 단순히 업무적인 내용을 벗어나 있었고, 회사에 대해 강한 애착과 고객들에 대한 책임의식을 가지고 있다는 점을 알게 되었다.

하지만 내가 현장 방문한 시간에 대해 후회하게 되었다. 또한 사전에 방문일정을 알려주었기 때문에 솔직한 의견보다 자신들 의견을 듣기 좋게 하기 위한 의견으로 포장할 충분한 시간적 여유가 있지 않았나 의심도 하게 되었다. 또한 다음 예정된 미팅을 가야 하기 때문에 대화 시간이 쫓기고 오늘의 미팅에 충분한 시간과 내용을 갖지 못했다. 하지만 다행스러운 점은 고객만족을 파악하기 위한 마케팅 인력들과의 미팅이라고 할 수 있다. 고객 불평, 지역 고객의 인구통계적 특성, 높은 매출 고객 등에 대한 집계를 하면서 고객을 유인할 수 있는 방법이나 추가적으로 매출을 확대시킬 수 있는 방안 등에 대해 알 수 있었다. 시장조사를 통해 시장을 네 가지로 구별할 수 있었다(30대 이하, 60대 이상, 히스패닉, 여성).

본부장은 지역의 서비스, 판매와 마케팅 활동에 대한 질문을 던졌는데 각각 세분화된 시장별로 어떻게 접근하고 접촉하고 있는지가 궁금했다. 광고, 웹사이트, 우편물광고(DM), 쿠폰 캠페인, 마케팅 전략 등이 이들 각각의 세분화 시장에 어떻게 연결시키고 있는지도 파악해보았다. 예를 들면 히스패닉을 겨냥하여 스페인 판매 서비스 전문가 교육은 어떻게 이루어지고 있는지 등에 대해서도 관건이었다. 그리고 젊은층, 노인층, 미취업자, 싱글맘, 등에 대한 특별한 판촉 전략을 수행하는지에 대해서도 관심을 기울였다.

본부장은 미팅을 마무리하면서 새로운 마케팅 기회의 요인이 있을 것으로 판단하게 되어 즐거운 마음이 들었다. 스스로 아이디어 창출자로 판단하고 있었고 또 주변에 유사한 사람들과 같이 하기를 좋아했다. 의견을 개진하고 상대로부터 의견에 대한 피드백을 받고 하는데, 내가 좋아하는 리더십 모델은 높은 도전적 과제를 제시하고 새로운 비전을 제시하고 지역의 목표 달성을 위한 새로운 판매서비스 기준을 설정을 기대하는 것이다.

## 질문

1. 마이클 콜린스 본부장의 리더십 특질은 무엇인가? 이 특질은 강점으로 볼 수 있는가? 아니면 약점이 되는가? 설명하라.
2. 지역 본부장으로서 지역을 주도하는 방식이 어떻다고 생각하는가? 본부장의 인간 중심적 혹은 업무 지향적 리더십의 특징이 있다고 생각하는가? 있다면 그 이유는 무엇인가?
3. 콜린스 본부장이 마케팅 부서원들이나 매장 직원들과 관계를 맺는 방식에 개인화된 리더십이 유용한가? 판단해보라.

## 미주


1. Jessi Hempel, "IBM's New CEO Looks Ahead," *Fortune* (October 8, 2012), pp. 116–123; and Claire Cain Miller and Quentin Hardy, "For Incoming I.B.M. Chief, Self-Confidence Is Rewarded," *The New York Times* (October 27, 2011), http://www.nytimes.com/2011/10/28/business/for-incoming-ibm-chief-self-confidence-rewarded.html (accessed October 28, 2011).

2. G. A. Yukl, *Leadership in Organizations* (Upper Saddle River, NJ: Prentice Hall, 1981); and S. C. Kohs and K. W. Irle, "Prophesying Army Promotion," *Journal of Applied Psychology* 4 (1920), pp. 73–87.

3. Yukl, *Leadership in Organizations*, p. 254.

4. R. M. Stogdill, "Personal Factors Associated with Leadership: A Survey of the Literature," *Journal of Psychology* 25 (1948), pp. 35–71.

5. Edwin Locke and Associates, *The Essence of Leadership* (New York: Lexington Books, 1991).

6. A summary of various studies and surveys is reported in Del Jones, "Optimism Puts Rose-Colored Tint in Glasses of Top Execs," *USA Today* (December 15, 2005).

7. See Elaine Fox, "The Essence of Optimism," *Scientific American Mind* (January–February 2013), pp. 22–27.

8. Arthur Bandura, "Self-efficacy," in V. S. Ramachaudran, ed., *Encyclopedia of Human Behavior*, vol. 4 (New York: Academic Press, 1994), pp. 71–81; and Elizabeth A. McDaniel and Holly DiBella-McCarthy, "Reflective Leaders Become Causal Agents of Change," *Journal of Management Development* 31, no. 7 (2012), pp. 663–671.

9. Shelley A. Kirkpatrick and Edwin A. Locke, "Leadership: Do Traits Matter?" *Academy of Management Executive* 5, no. 2 (1991), pp. 48–60.

10. Larry Neumeister and Tom Hays, "Madoff Sent to Jail as Furious Victims Applaud," *The Huffington Post* (March 12, 2009), http://www.huffingtonpost.com/2009/03/12/madoff-arrives-in-court-f_n_174194.html (accessed May 30, 2013); and Julie Creswell and Landon Thomas Jr., "The Talented Mr. Madoff," *The New York Times* (January 25, 2009), p. BU1.

11. James M. Kouzes and Barry Z. Posner, *Credibility: How Leaders Gain and Lose It, Why People Demand It* (San Francisco: Jossey-Bass, 1993), p. 14.

12. Patricia Sellers, "Marissa Mayer: Ready to Rumble at Yahoo," *Fortune* (October 29, 2012),pp. 118–128; and Julianne Pepitone, "Marissa Mayer: Yahoos Can No Longer Work from Home," *CNN Money* (February 25, 2013), http://money.cnn.com/2013/02/25/technology/yahoo-work-from-home/index.html (accessed March 11, 2013).

13. Deborah Ancona, Thomas W. Malone, Wanda J. Orlikowski, and Peter M. Senge, "In Praise of the Incomplete Leader," *Harvard Business Review* (February 2007), pp. 92–100.

14. Center for Creative Leadership survey results, reported in "The Demise of the Heroic Leader," *Leader to Leader* (Fall 2006), pp. 55–56.

15. Buckingham and Clifton, *Now, Discover Your Strengths*, p. 12.

16. Ibid. Buckingham and Clifton, *Now, Discover Your Strengths*, p. 12.

17. Luisa Kroll, "Inside the 2013 Billionaires List: Facts and Figures," *Forbes* (March 4, 2013), http://www.forbes.com/sites/luisakroll/2013/03/04/inside-the-2013-billionaires-list-facts-and-figures/ (accessed March 12, 2013); Bill George, "The Master Gives It Back," segment in "Special Report: America's Best Leaders," *U.S. News and World Report* (October 30, 2006), pp. 50–87; and Richard L. Daft,

*The Executive and the Elephant: A Leader's Guild to Building Inner Excellence* (San Francisco: Jossey-Bass, 2010), p. 149.

18. This discussion is based on Ron Garonzik, Geoff Nethersell, and Scott Spreier, "Navigating through the New Leadership Landscape," *Leader to Leader* (Winter 2006), pp. 30–39; "Towards a More Perfect Match: Building Successful Leaders by Effectively Aligning People and Roles," Hay Group Working Paper (2004); and "Making Sure the 'Suit' Fits," Hay Group Research Brief (2004). Available from 116 Huntington Avenue, Boston, MA, 02116: Hay Group, The McClelland Center, or at http://www.haygroup.com.

19. K. Lewin, "Field Theory and Experiment in Social Psychology: Concepts and Methods," *American Journal of Sociology* 44 (1939), pp. 868–896; K. Lewin and R. Lippett, "An Experimental Approach to the Study of Autocracy and Democracy: A Preliminary Note," *Sociometry* 1 (1938), pp. 292–300; and K. Lewin, R. Lippett, and R. K. White, "Patterns of Aggressive Behavior in Experimentally Created Social Climates," *Journal of Social Psychology* 10 (1939), pp. 271–301.

20. R. Tannenbaum and W. H. Schmidt, "How to Choose a Leadership Pattern," *Harvard Business Review* 36 (1958), pp. 95–101.

21. F. A. Heller and G. A. Yukl, "Participation, Managerial Decision-Making and Situational Variables," *Organizational Behavior and Human Performance* 4 (1969), pp. 227–241.

22. J. K. Hemphill and A. E. Coons, "Development of the Leader Behavior Description Questionnaire," in R. M. Stogdill and A. E. Coons, eds., *Leader Behavior: Its Description and Measurement* (Columbus: Ohio State University, Bureau of Business Research, 1957).

23. P. C. Nystrom, "Managers and the High-High Leader Myth," *Academy of Management Journal* 21 (1978), pp. 325–331; and L. L. Larson, J. G. Hunt, and Richard N. Osborn, "The Great High-High Leader Behavior Myth: A Lesson from Occam's Razor," *Academy of Management Journal* 19 (1976), pp. 628–641.

24. Christopher Cooper, "Speed Trap: How a Marine Lost His Command in Race to Baghdad," *The Wall Street Journal* (April 5, 2004), pp. A1, A15.

25. E. W. Skinner, "Relationships between Leadership Behavior Patterns and Organizational-Situational Variables," *Personnel Psychology* 22 (1969), pp. 489–494; E. A. Fleishman and E. F. Harris, "Patterns of Leadership Behavior Related to Employee Grievances and Turnover," *Personnel Psychology* 15 (1962), pp. 43–56; and Ronald F. Piccolo, Joyce E. Bono, Kathrin Heinitz, Jens Rowold, Emily Duehr, and Timothy A. Judge, "The Relative Impact of Complementary Leader Behaviors: Which Matter Most?" *The Leadership Quaterly* 23 (2012), pp. 567–581.

26. A. W. Halpin and B. J. Winer, "A Factorial Study of the Leader Behavior Descriptions," in R. M. Stogdill and A. E. Coons, eds., *Leader Behavior: Its Descriptions and Measurement* (Columbus: Ohio State University, Bureau of Business Research, 1957); and J. K. Hemphill, "Leadership Behavior Associated with the Administrative Reputations of College Departments," *Journal of Educational Psychology* 46 (1955), pp. 385–401.

27. R. Likert, "From Production- and Employee-Centeredness to Systems 1–4," *Journal of Management* 5 (1979), pp. 147–156.

28. J. Taylor and D. Bowers, *The Survey of Organizations: A Machine Scored Standardized Questionnaire Instrument* (Ann Arbor: Institute for Social Research, University of Michigan, 1972).

29. D. G. Bowers and S. E. Seashore, "Predicting Organizational Effectiveness with a Four-Factor Theory of Leadership," *Administrative Science Quarterly* 11 (1966), pp. 238–263.

30. Ibid.

31. Robert Blake and Jane S. Mouton, *The Managerial Grid III* (Houston: Gulf Publishing Company, 1985).

32. Gary Yukl, "Effective Leadership Behavior: What We Know and What Questions Need More Attention," *Academy of Management Perspectives* 26 (November 2012), pp. 66–80; and Gary Yukl, Angela Gordon, and Tom Taber, "A Hierarchical Taxonomy of Leadership Behavior: Integrating a Half Century of Behavior Research," *Journal of Leadership and Organizational Studies* 9, no. 1 (2002), pp. 15–32.

33. Jessica E. Lessin, "Eddy Cue: Apple's Rising Mr. Fix-It," *The Wall Street Journal* (November 28, 2012), p. B1.

34. Francis J. Yammarino and Fred Dansereau, "Individualized Leadership," *Journal of Leadership and Organizational Studies* 9, no. 1 (2002), pp. 90–99; Gary Yukl, Mark O'Donnell, and Thomas Taber, "Influence of Leader Behaviors on the Leader-Member Exchange Relationship," *Journal of Managerial Psychology* 24, no. 4 (2009), pp. 289–299; and M. O'Donnell, G. Yukl, and T. Taber, "Leader Behavior and LMX: A Constructive Replication," *Journal of Management Psychology* 27, no. 2 (2012), pp. 143–154.

35. This discussion is based on Fred Dansereau, "A Dyadic Approach to Leadership: Creating and Nurturing This Approach under Fire," *Leadership Quarterly* 6, no. 4 (1995), pp. 479–490; and George B. Graen and Mary Uhl-Bien, "Relationship-Based Approach to Leadership: Development of Leader–Member Exchange (LMX) Theory of Leadership over 25 Years: Applying a Multi-Level Multi-Domain Approach," *Leadership Quarterly* 6, no. 2 (1995), pp. 219–247.

36. See A. J. Kinicki and R. P. Vecchio, "Influences on the Quality of Supervisor-Subordinate Relations: The Role of Time Pressure, Organizational Commitment, and Locus of Control," *Journal of Organizational Behavior* (January 1994), pp. 75–82; R. C. Liden, S. J. Wayne, and D. Stilwell, "A Longitudinal Study on the Early Development of Leader–Member Exchanges," *Journal of Applied Psychology* (August 1993), pp. 662–674; Yammarino and Dansereau, "Individualized Leadership"; Jean-François Manzoni and Jean-Louis Barsoux, "The Set-Up-to-Fail Syndrome," *Harvard Business Review* 76 (March–April 1998), pp. 101–113; Yukl et al., "Influence of Leader Behaviors on the Leader-Member Exchange Relationship"; and O'Donnell et al., "Leader Behavior and LMX: A Constructive Replication."

37. W. E. McClane, "Implications of Member Role Differentiation: Analysis of a Key Concept in the LMX Model of Leadership," *Group and Organization Studies* 16 (1991), pp. 102–113; and Gary Yukl, *Leadership in Organizations*, 2nd ed. (Upper Saddle River, NJ: Prentice Hall, 1989).

38. Manzoni and Barsoux, "The Set-Up-to-Fail Syndrome."

39. Donald F. Kuratko and Richard M. Hodgetts, *Entrepreneurship: A Contemporary Approach*, 4th ed. (Fort Worth, TX: Dryden Press, 1998), p. 30.

40. Kristina L. Guo, "Core Competencies of the Entrepreneurial Leader in Health Care Organizations," *Health Care Manager* 28 (January–March 2009), pp. 19–29; and Gary A. Knight, "Cross-Cultural Reliability and Validity of a Scale to Measure Firm Entrepreneurial Orientation," *Journal of Business Venturing* 12 (1997), pp. 213–225.

Chapter 3

# 상황적합 리더십

## 학습목표

이 장을 공부하면

- 리더십이 어떻게 구성원이나 상황에 연동되어 설명될 수 있는지를 이해할 수 있다.
- 피들러의 상황적합 리더십을 이해할 수 있다.
- 허쉬와 블랜차드의 상황적합 리더십 이론을 이해할 수 있다.
- 경로-목표 상황적합 리더십 이론을 이해할 수 있다.
- 브룸-야고 리더십 이론을 이해할 수 있다.
- 리더십 대체이론을 이해할 수 있다.

팀 쿡Tim Cook은 애플Apple의 현재 최고경영자이다. 잘 알고 있는 것처럼 그의 선임자는 스티브 잡스이며 잡스가 사망한 이후 쿡은 애플을 경영하고 있다. 그런데 쿡의 경영 스타일은 선임자인 잡스와 상당히 차이를 보인다. 잡스는 매우 창조적인 인물로 알려져 왔고 새로운 도전과 목적을 달성하기 위해 강한 리더십, 그리고 어떨 때는 오만할 정도의 강한 추진력을 가지고 있고 분석적이라기보다는 돌직구적인 성향을 가지고 있었다.[1] 그리고 그는 이러한 리더십 스타일을 바탕으로 성공한 경영자가 될 수 있었다. 하지만 잡스의 후임자인 쿡은 그와 상반된 리더십과 퍼스낼리티를 갖추고 있다. 조용하면서 순수하고 평범하며 사려가 깊은 경영자이다. 또한 데이터에 의존하고 분석적이고 세밀함을 추구하는 경영 방식을 택하고 있다. 그렇지만 쿡 역시 선임자인 잡스와 마찬가지로 성공한 경영자로 알려지고 있고 유능한 리더십의 상징이 되고 있다. 그렇다면 상반된 리더십 스타일 모두 유능한 리더십이라 할 수 있는가?

스티브 잡스와 팀 쿡의 리더십 스타일을 통해 성공한 리더의 스타일이 획일적이지 않고 특정한 리더십만이 효과적이다라고 말할 수 없다는 점을 시사하고 있다. 효과적인 리더십 스타일이라도 B의 상황에서는 효과성이 높지 않을 수 있다. 이는 상황과 리더십 스타일이 조화를 이룰 수 있을 때 그 효과성이 높아질 수 있음을 알려주고 있다.

상황에 따라 리더십 스타일의 효과성이 달라진다는 논리는 상황적합 접근법contingency approach에 의해서 설명될 수 있다. 리더, 팔로워, 그리고 상황의 세 가지 요소가 서로 조합을 이루어지면서 리더십 효과성이 높아질 수 있다는 상황적합적 리더십의 논리를 3장에서는 구체적으로 설명하고자 한다.

리더가 유능하여 탁월한 리더십을 발휘하더라도 그 효과성은 주어진 상황과 여건에 따라 영향받게 된다. 그래서 리더십과 연관된 상황요소들이 얼마나 적절하게 균형을 맞추는가에 따라 리더십 효과가 결정될 수 있다는 점을 주목할 필요가 있다. 3장은 상황적합적인 관점에서 리더십을 설명하고, 제 이론들을 통하여 어떻게 상황적합적 리더십이 의미가 있는지를 파악하고자 한다.

## 상황적합 접근법

오래전부터 리더십 연구자들은 가장 보편적인 리더십 특성이나 행동을 찾아내려고 노력해왔지만 이에 대한 정답을 찾지 못하게 되자 새로운 상황적합 접근법에 기초를 두는 리더십 이론으로 전환하였다. 새로운 리더십 이론은 성공적인 리더십이 단순히 특성이나 행동에 의해 결정되는 것이 아니고, **리더십이 발휘되는 상황에 따라 달라진다고 주장**하고 이를 규명하는 데 초점을 두었다.

2장의 리더 특성과 행동 접근법은 상황적합 리더십과 차이가 있는데, 이 내용을 요약하면 〈도표 3-1〉과 같다. 도표에서 볼 수 있듯이, 기존의 리더 특성과 행동 접근법들과 달리 상황적합 이론들은 성과를 유발하는 요인으로 리더(리더 스타일, 특성, 행동, 직위), 구성원(욕구, 성숙도, 훈련, 응집력), 상황(과업, 조직구조, 시스템, 환경) 등으로 구별하고, 이들이 상호적합 관계를 이룸으로써 리더십 성과가 가능하다는 점을 강조하고 있다. 상황적합에서 적합contingency이란 하나의 요소가 다른 요소에 관련되어 상호의존한다는 의미로써, 상황적합 이론의 기본 전제는 **'유일한 최고의 리더십 스타일'은 존재하지 않으며** 다양한 상황에 적절하게 조화를 이룰 수 있어 높은 성과를 내는 리더십이 그 상황에서는 최고의 리더십 스타일이라는 것이다.

상황적합적 요소contingencies들은 〈도표 3-1〉에서 볼 수 있듯이 상황과 팔로워 등

**도표 3-1 ● 보편적인 리더십과 상황적합 리더십의 차이**

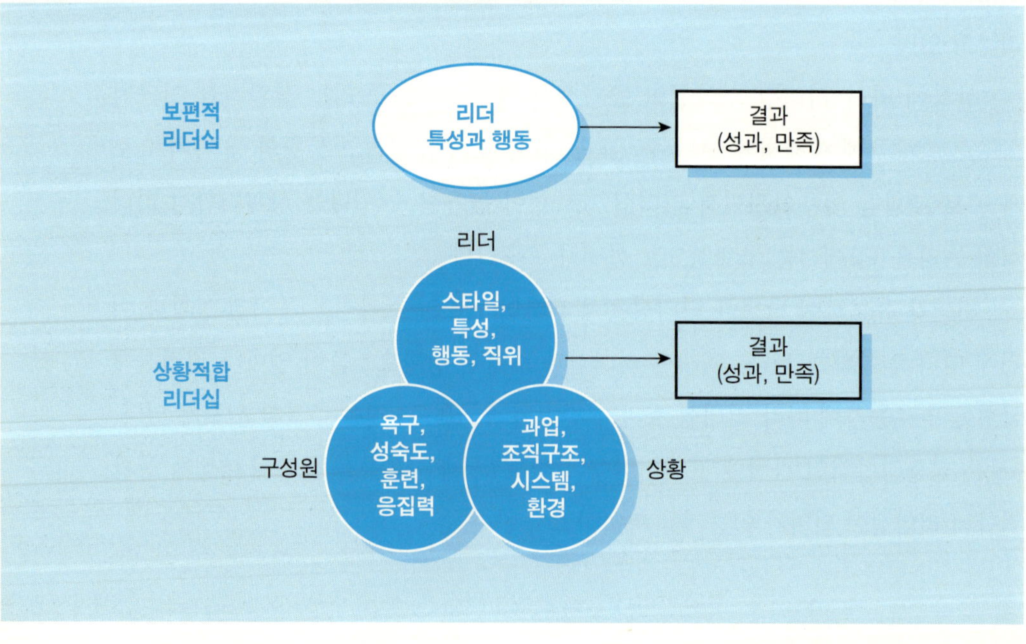

## Shackleton's Way : Leadership Lesson from the Great Antarctic Explorer



*by Marggot Morrell & Stephanie Capparell*

출처: Google Image

"위험천만한 여행을 떠날 사람을 구합니다. 보수는 쥐꼬리만하고 얼어죽을 만큼 추우며 수개월동안 칠흑 같은 어둠과 싸워야 하고 항상 위험이 도사리고 있으며 안전하게 귀환할 수 있을지 보장할 수 없습니다. 하지만 만약 성공할 경우는 명예와 환대를 얻게 될 것입니다."

이 글은 1914년 어니스트 섀클턴 경이 런던의 어떤 신문에 남극 횡단탐험을 떠나기 전에 동참할 27명의 선원들을 모집하기 위한 광고문이다. 하지만 섀클턴은 이 광고의 글이 정말로 현실이 될지는 꿈에도 생각하지 못했다. 섀클턴 선장이 남극 근처에 도달했을 때 남극의 겨울은 영하 30도까지 떨어지고 그들이 타고 간 배 'Endurance'호는 얼음에 갇혔다가 강풍에 휘말려 결국 좌초하고 말았다. 이들은 고향에서 1,200마일이 떨어진 곳에 극한 추위와 공포 속에서 있어야만 했고 가지고 간 식량이 떨어지자 개와 물개와 팽귄 등을 잡아먹으면서 버텨야만 했다. 죽음의 공포 속에서 즐거움이란 있을 수 없었지만 그들은 자신들만의 즐거움을 찾아가면서 버텨야 했다. 길고 긴 남극의 겨울이 지나고 난 후 이들은 3척의 구명보트에 몸을 싣고 조심스럽게 남극을 빠져나와야만 했다. 하지만 수많은 어려움과 고초 끝에 결국 배가 좌초된 지 2년 만에 그들은 구조될 수 있었다.

**교훈**

섀클턴 선장이 이와 같은 극한 상황에서 생존할 수 있는 교훈과 팁을 제시하고 있는데 그 내용은 다음과 같다.

1. 낙관적인 생각을 갖게 하라(step up immediately): 이들 선원들의 배가 좌초되고 표류하는 동안 섀클턴 선장은 선원들에게 두려움을 솔직히 인정하고 이들 극복할 수 있는 낙관적인 생각을 갖도록 격려하였다. 낙관적인 생각이야 말로 진정한 도덕의 용기라고 말하면서 선원들 스스로 생존할 수 있음을 믿게 하였다.
2. 항상 공정성을 중시했다(keep fairness in mind always): 섀클턴 선장은 모든 선원들을 공정하게 존중하였고 선원들은 자신의 업무를 충실히 수행하였다.
3. 모든 사람이 성공에 공헌하도록 한다(let every-one contribute to success): 배가 좌초되고 살아남기 위해서는 모두가 이전에 경험하지 못한 새로운 일들을 해내어야 했다. 그리고 선원들 모두가 생존을 위해 자신이 맡은 일들을 빈틈없이 수행해내지 않으면 결코 그들은 살아남을 수 없었다. 섀클턴 선장은 살아남기 위해 무엇보다 선원들의 용기를 잃지 않도록 해야 했고 유머를 사용하기도 했다.

을 들 수 있다. 기존의 연구결과를 보면 과업, 구조, 상황맥락 등의 환경 상황변수들은 리더십의 스타일을 설명하는데 중요한 변수들이다. 뿐만 아니라 팔로워와 관련된 변수들 역시 핵심적인 상황적합적 요소들로 제시되고 있는데, 구체적으로 팔로위의 욕구, 성숙도, 또는 응집력 등은 최상의 리더십을 결정하는데 중요한 요소가 된다.

**상황적합 리더십 접근법**contingency approaches에 기초를 두는 리더십 이론은 **피들러**Fiedler와 그의 연구진이 개발한 이론을 포함하여, **허쉬**Hersey와 **블랜차드**Blanchard **이론**, **경로-목표**path-goal **이론**, **브룸**Vroom과 **야고**Jago의 **의사결정참여 모형**, 그리고 **대체**substitute **이론** 등을 들 수 있다. 이들 리더십 이론은 각각 리더십 스타일, 환경, 구성원 특성 등을 다른 변수들을 제시하고 있으나 이들 각 요인들이 조화를 이루어 높은 성과를 달성할 수 있다는 점을 부각하고 있다.

여러가지 상황과 관련된 리더십 행동은 크게 두 가지로 분류되는데, 2장에서 언급한 바와 같이 업무중심의 리더행동과 구성원중심의 리더행동이다. 그리고 이 두 가지 리더십 유형은 각각 그 정도에 따라 세분화되며, 이를 조합하면 모두 네 가지 리더십으로 구분할 수 있다.

〈도표 3-2〉는 이들 네 가지 유형의 리더십 행동을 나타내고 있는데, 과업과 구성원의 관계를 양축으로 하여 높은 과업 지향적 행동 – 높은 관계 지향적 행동, 높은 과업 지향적 행동 – 낮은 관계 지향적 행동, 낮은 과업 지향적 행동 – 높은 관계

**도표 3-2 ● 리더십 행동과 유형**

| 과업행동 \ 관계행동 | 낮음 ← 관계행동 | → 높음 |
|---|---|---|
| 높음 | **높은 과업 지향 - 낮은 관계 지향**<br>• 권위형<br>• 단기적 활동계획<br>• 명확한 업무, 목표와 기대치<br>• 업무와 성과에 대한 철저한 감독 | **높은 과업 지향 - 높은 관계 지향**<br>• 성과를 향상시키는 코치형<br>• 과업과 관계행동의 조화 |
| 낮음 | **낮은 과업 지향 - 낮은 관계 지향**<br>• 권한위임형<br>• 과업이나 관계 모두 무관심 | **낮은 과업 지향 - 높은 관계 지향**<br>• 참여 및 후원형<br>• 참여적 분위기 조성과 후원<br>• 업무능력과 자신감 향상<br>• 의사결정과 문제해결에 대한 자문 |

출처: Based on Gary Yukl, Angela Gordon, and Tom Taber, "A Hierarchical Taxonomy of Leadership Behavior: Integrating a Half Century of Behavior Research," Journal of Leadership and Organization Studies 9, no. 1 (2002), pp. 15–32 and Gary Yukl, "Effective Leadership Behavior: What We Know and What Questions Need More Attention," Academy of Management Perspectives (November 2012), pp. 66–81.

지향적 행동, 낮은 과업 지향적 행동 – 낮은 관계 지향적 행동의 네 가지 유형으로 구별한다.[2] 높은 과업 지향적 행동은 업무 세부활동과 역할기대를 명확하게 제시하고, 치밀하게 업무와 성과를 감독하는 점을 강조하고 있다. 반면 높은 관계 지향적 행동은 구성원들에게 자신감을 불러일으키고, 업무능력을 발전시키며, 업무 컨설팅으로 지원하고, 문제 해결에 필요한 권한을 위임하는 특징을 보인다.

대부분의 리더들은 과업 지향 혹은 관계 지향의 어느 특정한 리더십 스타일에 강력하게 내세우고 싶어 하지만, 전문가들 견해에 따르면 장기적으로 성공적인 리더십은 어느 한쪽 유형에 치우치기보다는 과업 지향과 관계 지향의 균형성을 이루는 것이 바람직하다고 한다.

허쉬와 블랜차드 상황적합 리더십 이론이나 피들러의 이론 등은 모두 관계 지향 혹은 과업 지향의 리더십 스타일 형태를 제시하고 있지만 반면에 각각 다른 유형의 상황적 요소들을 제시하고 있다.

## 피들러의 상황적합 모형

조직상황과 리더십 스타일을 접목시키려는 초창기 시도로, 피들러와 그의 연구진은 상황적합 모형을 완성할 수 있었다.[3] **피들러의 상황적합 모형**Fiedler's contingerncy model은 상황의 호의적인 상태와 리더십 스타일을 관련시켜 그 적합성에 따라 리더십 효과성이 달라짐을 강조한다. 모형의 내용을 설명하면 다음과 같다.

### 리더십 스타일

피들러가 제시하는 리더십 스타일은 관계 지향과 과업 지향으로 구별된다. 관계 지향 리더십은 2장에서 설명한 배려형 리더십 스타일과 유사하며, 구성원들로부터 존경받고 구성원 의견을 경청하는 리더를 말한다. 반면 과업 지향 리더는 과업성과를 중시하는 구조주도형 리더로서, 과업 방향을 명확히 하며 높은 성과 달성을 최우선으로 한다.

리더십 스타일은 LPCLeast Preferred Coworker(자신이 가장 선호하지 않는 동료) 점수를 활용하여 측정된다. 이를 측정하는 방법은 설문 대상자로 하여금 자신이 선호하지 않는 동료를 머리에 상기시키고, 이 동료에 대해 16개 항목의 설문 내용 응답에 따라 LPC 점수를 산정해볼 수 있다. 각 설문항목 당 8점 척도로 구별하여(즉 1점부터 8점까지) 체크하게 되는데 모두 8점으로 우호적으로 체크하면 128점까지 나올 수 있다.

이때 64점을 기준으로 하여 이보다 높은 점수라면 자신을 관계 지향 리더로 평가할 수 있다. 왜냐하면 자신과 일하기 어려운 동료라고 생각되는 사람에게도 64점 이상의 호의적인 점수를 주고 있기 때문이다. 반대로 64점보다 낮은 경우는 과업 지향 리더로 볼 수 있다. 이와 같이 LPC 점수를 이용하여 리더십 스타일을 관계 지향 리더 혹은 과업 지향 리더로 구별할 수 있다.

## 상황

피들러 모형은 상황 요인을 세 가지로 구별하고 있는데, 그 내용은 다음과 같다.

**리더-구성원 관계**leader-member relationship **리더를 믿고 따르는 구성원들의 태도와 집단 분위기**를 말한다. 즉, 구성원들이 리더를 신뢰, 존경, 신임하는 경우 리더-구성원 관계는 좋다고 말할 수 있고, 리더를 불신하고 존경하지 않는 경우 리더-구성원 관계는 나쁜 것으로 판단한다.

**과업구조**task structure **업무의 목표와 수행 절차 등이 얼마나 엄격하고 정확하게 설정되었는가**를 말한다. 엄격하고 철저하게 과업목표와 절차가 설정되고 실행된다면 구성원의 자율성보다는 리더의 철저한 지시와 감독이 강조된다고 볼 수 있다. 이처럼 철두철미하게 리더가 지시하는 과업구조라면 구조화된 상황이라고 볼 수 있다.

**직위권력**position power 부서의 책임자로서 **리더가 갖는 공식적 권한**을 말한다. 직위권력은 당사자에게 조직에서 공식적으로 부여한 조직 운영권으로서 구성원들의 업무를 지시하고 평가하고 그에 해당하는 상벌을 가할 수 있는 공식적 권한을 말한다.

위와 같은 세 가지 요인을 조합하면 총 여덟 가지 상황으로 구별할 수 있다. 그리고 이들 여덟 가지 상황은 〈도표 3-3〉에서 볼 수 있듯이 세 가지 상황으로 대분류된다. 즉 매우 호의적인 상황과 매우 비호의적인 상황에서는 과업 지향적 리더십 스타일이 적합함을 알 수 있다. 하지만 중간 정도의 적당한 호의적인 상황에서 리더는 관계 지향적인 리더십 스타일이 바람직하다.

**도표 3-3 ● 피들러의 리더십 스타일과 상황의 연계성**

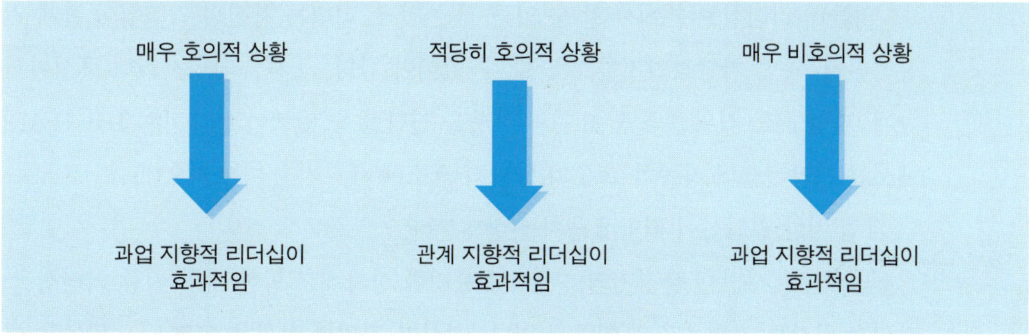


출처: Based on Fred E. Fiedler, "The Effects of Leadership Training and Experience: A Contingency Model Interpretation," *Administrative Science Quarterly* 17 (1972), p. 455.

## 피들러의 상황적합 이론

피들러는 리더십 스타일, 상황 호의성, 그리고 집단 과업성과의 관계를 연구했는데 〈도표 3-3〉에서 알 수 있듯이 과업 지향 리더는 극단적으로 호의적이거나 비호의적인 상황에 적합한 리더십이며, 관계적인 리더는 중간 정도의 상황에서 그 효과성을 발휘하는 것으로 나타났다.

이와 같은 결과를 볼 때 **과업 지향 리더는 상황이 호의적일 때 리더십 효과성이 높다**. 그 이유는 명백한 과업이 제시되며 리더에게 직위권력이 부여된 상황에서는 누군가 업무 추진에 대한 책임을 져야 하고 구성원들은 리더의 지시에 철저하게 따르기만 하면 된다. 또한 상황이 매우 불리한 경우에도 과업 지향 리더가 필요하다. 왜냐하면 리더-구성원의 관계가 약하기 때문에 강력한 과업 지향 리더가 필요하고 명확한 방향 제시와 과업 지시를 해주는 리더가 필요하다. 실제로 시카고 대학University of Chicago 연구진은 조직이 새로운 국면전환turnaround의 변화상황에 직면해 있을 때는 과업 지향 리더가 효과적이라는 사실을 밝혀냈다. 예를 들어, 조직의 자금사정이 급박하고 단기성과를 신속하게 도출해야 하는 상황에서는 강력한 추진력을 가진 리더십과 효율성이 강조되어야 하는데, 이런 상황에서 의사소통이나 팀워크 등을 요구하는 관계 지향 리더십은 효과를 발휘하기 어렵다는 것이다.

**관계 지향 리더는 상황이 적당히 호의적인 상황에서 효과적인 리더십 스타일이다**. 이런 상황에서는 리더와 구성원 간의 관계를 강화할 수 있는 리더의 인간관계 역량이 중요하며, 리더는 적절하게 권한을 행사하고 직무감독을 수행한다. 또한 이러한 상황에 직면하여 원만한 대인관계 능력을 가진 리더는 관계를 향상시키고, 적절한 과업구조와 지위권력을 설정하는 등 긍정적인 집단 분위기를 조성하게 된다.

피들러 리더십 이론에서 알 수 있는 것은 첫째, 리더는 자신의 리더십이 관계 지향적인지, 과업 지향적인지를 판단할 수 있어야 한다. 둘째, 리더는 리더-구성원의 관계, 과업구조, 직위권력 등 요인의 상황을 진단할 수 있어야 한다. [IN THE LEAD]에서는 크라이슬러 자동차 그룹의 상황적 요소에 세르지오 마르치오네Sergio Marchionne의 과업 지향 리더십이 적합했는지를 살펴본다.

세르지오 사장은 불경기의 상황, 즉 불리한 상황에 적합한 과업 지향 리더십 스타일을 구사하고 있음을 보여주고 있다. 회사가 직면한 상황을 보면 구성원들은 대부분 책임이 미약하고 리더-구성원 관계는 좋지 못하며 과업구조는 매우 비구조적

**IN THE LEAD Sergio Marchionne, Chrysler Group LLC**

미국의 3대 자동차 회사 중 가장 규모가 작은 크라이슬러 자동차 그룹의 운명은 몇 년 전 이태리의 피아트 자동차를 회생시킨 신임 경영자에게 달려 있게 되었다. 세르지오 마르치오네 CEO는 전형적인 과업 지향 리더로 알려져 왔다. 그는 과거의 크라이슬러 사장들이 디트로이트의 본사건물 가장 높은 층에 집무실을 두어 왔던 것과는 달리 엔지니어 사업부가 있는 4층에서 업무를 보았다. 이는 실무 과업 지향 리더십을 보이겠다는 의지를 나타낸 것이라고 볼 수 있다.

마르치오네 사장은 다른 자동차 회사가 그러하듯이 좋지 않은 기업의 상황에 직면하였다. GM과 같이 크라이슬러는 미국 연방정부의 구제금융을 통해 회생한 상태였으며 그 즈음에 신임 사장으로 부임하였던 것이다. 하지만 매출은 점점 하락하고 크라이슬러의 이미지는 퇴색되고 직원들의 사기와 동기는 땅에 떨어진 상태였다. 뿐만 아니라 원가비용은 높아져가고 있어 경영상의 문제가 심각한 상황이었다. 이와 같이 경영위기 상황에서 마르치오네 사장은 과거 파아트 자동차에서 그러했듯이 그의 과업 지향적 리더십 스타일을 구사하였다. 그는 일주일 동안 거의 쉬지 않았고 회사의 고위경영진들과 정기적으로 만나 구체적인 업무지시를 제시하였다. 또한 이러한 그의 경영 스타일을 따르지 않는 경우 경영진을 가차없이 해고하였다.

크라이슬러 그룹이 회생되고 위상을 찾기까지는 GM 자동차 회사보다 시간이 더 걸렸다. 하지만 마르치오네의 과업 지향적 리더십은 효과를 보았으며 점차 매출이 향상되고 경영상의 어려움들도 점차 해소가 될 수 있었다. 또한 그의 리더십 스타일은 회사에 에너지를 형성할 수 있게 해주었고 종업원들에게 미래의 희망과 동기부여의 기회를 제공할 수 있었다.[4]

이었다. 세르지오 사장은 강력한 직위권한을 가지고 있었지만 당시의 회사 상황이 리더의 권한이 잘 먹혀들지 않는 불리한 현황을 보였고, 이러한 상황에서 세르지오의 과업 지향 리더십 스타일은 효과를 보았다. 시카고 대학의 연구 결과에 따르면 구조조정 상황의 CEO들은 (즉, 기업이 부채부담이 높고 신속히 성과를 가시화해야 하는 경우) 분석적이고 효율성 위주, 높은 기준에 보다 중점을 두는 경우가 많았다고 한다. 즉 이런 상황에서 유능한 CEO라면 관계지향적이고 소통을 잘하고 팀워크를 장려하는 방식보다는 완곡한 유형의 리더십을 선호한다는 점이다.[5]

피들러의 상황적합 이론의 평가 및 시사점은 다음과 같다.

첫째, 리더십 스타일과 상황을 연결지어 효과적인 리더십을 구현했다는 긍정적 평가를 받고 있으며, 많은 후속연구를 통해 **피들러 연구 모형은 타당성**이 입증되고 있다.[6]

둘째, LPC 점수에 의한 **리더십 스타일 측정 방법이 너무 단순하다**는 비판을 받기도 한다.[7] 또한 상황 변화에 따른 리더십 스타일의 효과성에 대한 진단이 명확하지 않다는 점이 지적되고 있다. 세르지오 사장의 사례에서 만약 주변 상황이 호의적으로 변한다면 어떻게 될까? 피들러의 이론에서는 유리한 상황에서도 과업 지향적 리더가 효과를 발휘할 수 있다고 하는데, 세르지오의 과업 지향 리더십이 상황 변화에 상관없이 효과가 있다는 의미인지 불분명하다. 즉, 상황이 변화하면 리더십 효과성을 높이기 위해 관계 지향 리더십으로 전환해야 하는 것인지 아니면 과업 지향 리더십을 고수해야 하는지를 분명하게 알 수 없다.

셋째, 피들러 모형과 일부 후속연구들은 **LPC 점수가 중간 정도인 리더에 대한 평가를 명확하게 하지 못했다는 비판**이 있다.[8] LPC 점수가 중간 정도인 경우는 관계 지향과 과업 지향을 적절히 균형을 이루고 있는 리더 스타일이며 LPC 점수가 높거나 낮은 경우보다 여러 가지 상황에서 더 효과적일 수 있다는 점이다.

이러한 평가에 따라 후속연구들은 피들러의 이론을 발전시키기 위해 다양한 상황 요인을 제시하고 각각의 모델을 구체화시켰다.[9] 상황적합의 접근법을 적용한 다양한 리더십 이론들로는 허쉬와 블랜차드의 이론 등 다양한 이론을 들 수 있다.

## 허쉬와 블랜차드 상황적합 모형

허쉬Hersey와 블랜차드Blanchard는 2장에서 다룬 관리격자 리더십 이론을 확장시킨 **상황적합 모형**situational theory이다. 이 이론은 구성원의 성숙도를 상황의 핵심 요소로 보고, 이러한 성숙도 수준에 따라 유효한 리더십이 달라질 수 있다는 점을 부각시키고 있다. 구성원들은 업무 능력이나 자신감, 업무 의지 관점에서 성숙도 수준이 결정되며, 리더십이 효과적으로 발휘되기 위해서는 이들 **구성원들의 성숙도 수준에 따라 리더 행동이나 스타일이 달리 적용**되어야 한다.[10] 그러면 허쉬와 블랜차드가 제시하는 리더 스타일과 상황 요소로서 성숙도 수준을 설명하면 다음과 같다.

### 리더 스타일

허쉬와 블랜차드는 네 가지 유형의 리더 스타일을 제시하고 있다. 리더 스타일은 구성원 중심과 과업 중심의 조합에 의해 네 가지로 구별되며, 이들의 가장 적절한 리더십 스타일은 구성원들의 성숙도 정도에 따라 달라진다. 〈도표 3-4〉는 리더 스타일과 구성원 성숙도와의 결합 상태를 설명하고 있다. 도표의 상단부는 리더 스타일을 나타내고 하단부는 구성원의 성숙도를 나타낸다.

리더의 네 가지 유형은 다음과 같다.

- **지시 스타일(S1)**directing style: 과업에 치중하여 구성원의 개인적 상황에 대해서는 별 관심을 갖지 않는 권위주의 리더십 스타일이다. 주로 과업이 얼마만큼 진척되고 있는지와 관련하여 관심을 기울이는 과업 중심 리더라고 볼 수 있다.
- **코칭 스타일(S2)**coaching style: 과업과 구성원 모두의 관점을 고려하는 리더십 스타일로 리더는 구성원에게 자신의 생각과 판단을 전달하고 질문을 통해 과업에 대해 명확하게 진행해가는 리더 스타일이다.
- **후원 스타일(S3)**supporting style: 사람 사이의 관계를 중요하게 생각하며 과업만을 생각하는 리더가 아니다. 이러한 리더는 구성원들과 아이디어를 공유하고 서로 격려하며 참여를 유도하는 스타일이다.
- **위임 스타일(S4)**entrusting style: 과업이나 관계 모두 별로 크게 신경쓰지 않는 리더 스타일이다. 이런 리더는 의사결정과 실행에 대한 책임을 구성원들에게 맡기고 위임하기 때문에 구성원의 자율적 판단과 결정을 존중하는 편이다.

**도표 3-4 ● 허쉬와 블랜차드의 상황적합 이론**

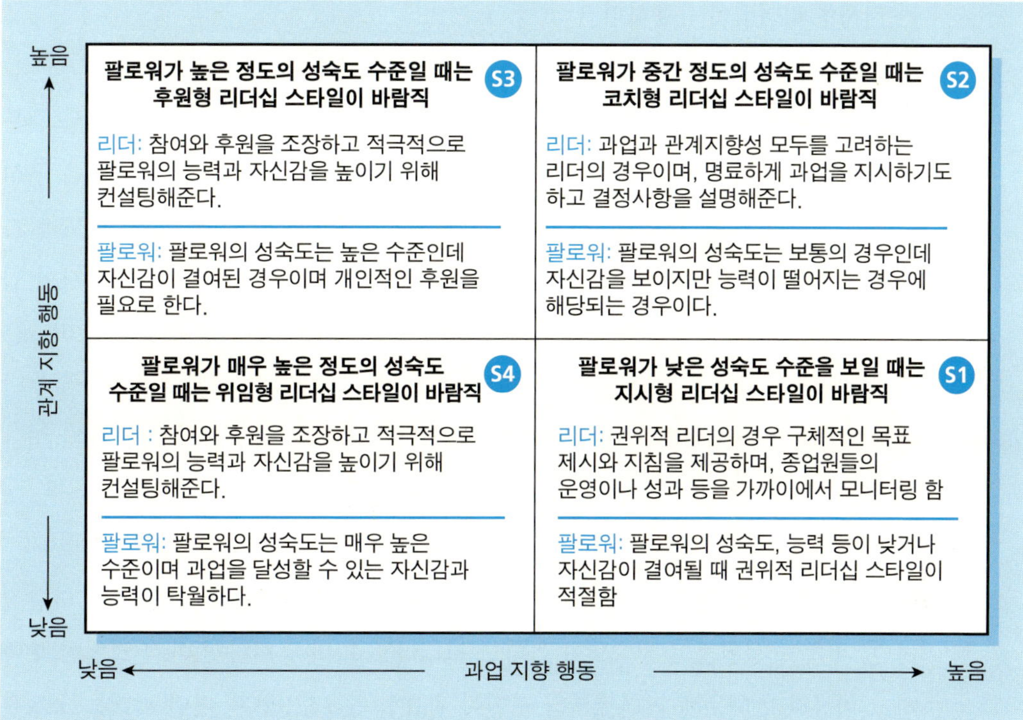


출처: Based on Gary Yukl, Angela Gordon, and Tom Taber, "A Hierarchical Taxonomy of Leadership Behavior: Integrating a Half Century of Behavior Research," *Journal of Leadership and Organizational Studies* 9, no 1 (2002), pp. 15–32; and Paul Hersey, Kenneth Blanchard and Dewey Johnson, *Management of Organizational Behavior: Utilizing Human Resources*, 7th Ed (Upper Saddle River, NJ: Prentice Hall, 1996).

## 구성원 성숙도

구성원의 성숙도는 네 가지로 구별되는데, 도표에서 볼 수 있듯이 S1은 성숙도가 가장 낮은 경우이고, S4는 성숙도가 가장 높은 경우이다. 허쉬와 블랜차드 모형의 핵심은 리더가 구성원들의 교육 수준과 업무 능력, 자신감 등을 기초로 성숙도를 진단한 후 가장 적절한 리더 스타일을 행사하는 것이다.

**낮은 성숙도** 만약 구성원들의 성숙도가 낮다고 판단하면 리더는 구성원들에게 구체적으로 언제, 어떻게, 무엇을 해야 하는지를 명확하게 지시하는 '시어머니' 스타일의 리더 행동을 하는 것이 바람직하다. 예를 들면, 필 하간스Phil Hagans는 미국 텍사스 휴스턴 북동지역의 맥도날드 매장 관리자로서 사회초년병들을 직원으로 채용하고 있다. 그는 직원들에게 옷 입는 방법부터 그릇 세척하는 것에 이르기까지 일일이 지시하는 지시형 리더 스타일을 보인다.[11] 이와 같이 종업원이 낮은 성숙도 수준일 때는 지시형 리더십이 유용하다.

**중간 정도의 성숙도** 구성원들의 성숙도가 교육 수준, 자신감 등의 기준에서 충분하지 않다고 생각되면 코치형 리더 스타일이 바람직하다. 이런 리더 스타일은 구성원들에게 방향을 지시하기는 하지만 스스로 문제를 명확하게 인식할 수 있도록 자극하는 역할만 한다. 샌드버그Sandberg는 페이스북Facebook의 관리자인데, 이 회사의 입사자들은 보통 갓 대학을 졸업하고 경험이 부족한 사회 초년병들이다. 샌드버그는 직원들에게 자신의 결정을 알려주기 위해 논리적으로 자료를 제시하며 그들로부터 아이디어를 얻기 위한 노력을 기울인다. 또한 샌드버그는 자신을 스스로 멘토 역할과 상사 역할을 동시에 하는 인물로 평하고 있다.[12]

**높은 성숙도** 구성원들의 성숙도가 높은 경우에는 후원형 리더십 스타일이 바람직하다. 비록 구성원들의 성숙도가 높다고 하더라도 리더에 비하면 아직 경험이 부족하고 미흡하기 때문에 리더로부터 조언이 필요한 경우도 많다. 이런 리더는 구성원들에게 구체적인 방법을 지시하기보다는 최상의 성과를 내기 위해 창의적이고 도전적인 방안을 모색할 수 있도록 격려한다.[13]

**매우 높은 성숙도** 구성원들이 매우 높은 성숙도를 보이는 경우에는 신뢰의 위임형 리더십이 적절하다. 이 경우 리더는 구성원들에게 일반적인 목표만을 제시하고 충분한 권한을 위임하는데, 구성원들은 변호사나 회계사 등 전문가일 가능성이 높다. 또한 상대적으로 나이가 들었다면 성숙도 역시 높다고 볼 수 있는데, 일반적으로 연장자들은 경험이 많고 긍정적인 태도를 보이기 때문이다.

허쉬와 블랜차드의 상황적합 이론을 요약하면 다음과 같다. 구성원들의 과업행동에서 책임감이 미흡하고 성숙도가 낮은 경우, 리더들은 지시형 스타일을 적용하는 것이 효과적이다. 성숙도가 중간에서 약간 높은 정도인 경우에는 코치 스타일과 후원형 리더십을 구사하는 것이 바람직하며, 구성원들의 성숙도가 높은 경우에는 위임형이 효과적이다.

허쉬와 블랜차드의 상황적합 이론은 구성원들의 성숙도라는 특성에만 초점을 두고 있기 때문에 피들러의 이론보다 이해하기 쉽다. 이 이론은 리더가 구성원들의 성숙도 수준을 판단하고 이 상황에 어떤 리더십 스타일을 적용하는 것이 바람직한지를 결정해야 한다는 점을 강조하고 있다. 이러한 결론이 암시하는 바는 리더가 한 가지 유형의 리더십만 보유하고 적용하기보다는 구성원의 다양한 성향에 적절하게 대응하는 것이 바람직하다는 것이다. 그래서 구성원들의 성숙도가 낮다고 생각되면 일일이 지시하고 어떻게 해야 할지 제시하는 리더십이 바람직하고, 성숙도가 높다고 생각되면 궁극적 목표만 제시하고 충분한 권한을 제공하면 된다.

더욱 자세히 설명하면 다음과 같다. 지금의 일터는 다양한 세대가 같이 공존하고 협력하고 업무를 수행하는 양상이다. 다양성이 존재하고 다양한 세대가 같이 일하는 경우 연령별 차이와 종업원 성숙도 차이가 많이 나게 된다. 서로 취향도 다르고 업무 스타일도 다르다. 결국 리더는 이런 다양한 스타일을 체계적으로 관리할 필요가 있다. 애런 브라운Aaron Brown은 팀장의 역할을 맡고 있는데 그의 팀 구성원의 연

**IN THE LEAD** **Janette Sadik-Khan, New-York City Transportation Commissioner**

자넷 세딕 칸은 2007년 뉴욕시장인 마이클 블럼버그의 요청에 의해 뉴욕시 교통위원회 위원장의 역할을 수행하였다. 자넷은 교통체증에 시달리는 뉴욕시에 250마일 이상의 자전차 도로를 만드는가하면 보행거리를 더 넓히는 획기적인 방법을 택해 전 세계적으로 호평을 받았다. 하지만 밀어붙이는 그의 리더십 스타일은 시위원들과 갈등을 가져왔고 뿐만 아니라 다른 시 간부들과도 불화를 빚었다.

뉴욕타임즈에서도 언급한 바 있지만 그녀의 리더십 스타일은 지시형이다. 하지만 업무적으로 상대하는 팔로워들은 보통 높은 정도 혹은 그 이상의 성숙도 수준을 보유하고 있는 것으로 간주되기 때문에 그녀의 지시형 리더십 스타일은 조화를 이루지 못하고 있었다. 처음에는 그녀의 리더십 스타일이 효과적인 것처럼 보였지만 점차 주변의 사람이나 부하직원들과 갈등을 빚고 그로 인해 험악한 업무 환경이 형성되곤 했다. 이 때문에 블럼버그 시장이나 그녀 자신조차도 주변사람들과 조화와 연대를 이루지 않고 경청을 하지 않은 면이 있음을 인정하였다. 그 때문에 뉴욕시는 미래의 변화를 성공적으로 달성하기 어렵게 보였다. 어느 교통국 위원은 그녀의 리더십 스타일에 대해 너무 자신이 옳다고 확신한다고 평가하기도 했다. 또한 덧붙이기를 인생을 해결해가는데는 그녀와 같이 확실성을 가지는 것이 좋지만 공적인 업무를 처리하는데는 적절하지 않는다고 말하고 있다.[14]

령대를 보면 20대에서 60대에 이르며 업무경력도 3년에서 30년에 이를 정도로 다양성을 보이고 있다.[15] 또한 팀원들은 연령의 다양성만큼 태도, 기대치, 업무수행 방식이 다양하게 차이를 보인다. 따라서 팀장으로서 브라운은 이와 같이 다양한 차이로부터 높은 성과를 도출해내야 하는 점이 지상과제라고 할 수 있다.

허쉬와 블랜차드의 적합성 모형은 팔로워의 성숙도라고 하는 단일 요인에만 초점을 두고 있는데, 리더들은 부하의 성숙도 수준을 판단하고 이에 적합한 리더십 스타일을 구사할 수 있어야 한다. 만약 부하의 성숙도 수준과 적절하지 않은 리더십 스타일을 구사하는 경우 [IN THE LEAD] 사례에서 볼 수 있듯이 종업원의 사기와 동기가 저하되고 성과가 낮아진다. 자넷 세닉 칸 위원장은 뉴욕시를 확실히 개선시키고 변화시키고자 하는 명료한 목표의식이 있었지만 소통시민들의 성숙도 수준을 충분히 고려하지 못했고 이러한 점에 충분히 몰입하지 못했다. 결국 허쉬와 블랜차드의 상황적합 모델에서 시사하는 바와 같이 팔로워의 성숙도 수준에 적합한 리더십 스타일을 보이는 것이 바람직하다는 논리적 근거에 따라 자넷 위원장은 자신의 목표를 성취하기 위해 덜 공격적이면서 구성원들과 소통하고 타협적인 태도를 취하는 것이 바람직한 것이었다.

## 경로-목표 이론

**경로-목표 이론**path-goal theory 역시 리더십 상황적합 이론이다. 이 이론에 따르면 **리더의 책임은 구성원과 조직 목표를 달성하기 위해 구성원들의 동기부여를 강화하는 것이**다.[16] 〈도표 3-5〉에서 볼 수 있듯이 리더는 구성원들에게 두 가지 경로를 통해 동기부여한다. 첫째는 **구성원들이 보상받을 수 있는 경로**를 분명히 하는 것이고, 둘째는 **구성원들에게 제공되는 보상을 강화하여 가치와 욕구를 높이는 것**이다. 보상 경로를 명확하게 한다는 것은 리더가 구성원들에게 성공적인 업무 수행의 결과가 보상으로 연결될 수 있음을 이해시킨다는 의미이다. 그리고 보상을 강화한다는 것은 리더가 구성원들에게 보상의 중요성을 인식시킨다는 것이다. 여기서 보상이란 업무 그 자체에서 느끼는 내재적 보상과 급여 등 금전적인 외재적 보상을 모두 포함한다. 결국 리더의 업무는 구성원들에게 목표 달성을 통해 급여 등의 보상을 증대시키고, 보상받을 수 있는 경로를 명확히 하여 보상 획득 과정을 하고 이로 인해 구성원들이 동기부여될 수 있도록 하는 데 있다.[17]

**도표 3-5 ● 경로-목표 모형과 리더 역할**

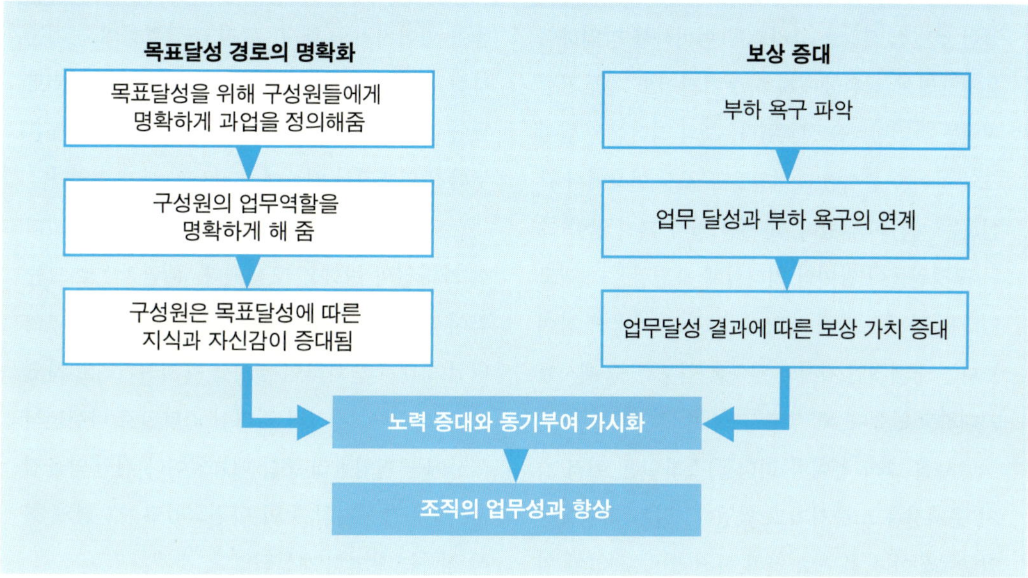


Reprinted from *Organizational Dynamics*, 13 (Winter 1985), Bernard M. Bass, "Leadership: Good, Better, Best", pp. 26–40, Copyright 1985, with permission from Elsevier.

특별히 이 모형을 상황이론이라고 하는 이유는 리더 스타일, 구성원의 상황, 구성원 욕구에 연계된 보상 등 세 가지 요소를 바탕으로 리더십 이론을 설명하고 있기 때문이다.[18] 다만 피들러의 이론에서의 리더는 상황변화의 수용을 전제로 하고 있지만, 경로-목표 이론은 상황에 맞게 행동의 변화를 한다는 점이다.

## 리더의 행동

경로-목표 이론에서 리더의 행동은 네 가지로 구별된다.[19]

- **후원적 리더십**supportive leadership: 리더는 주로 구성원들의 욕구 충족과 복지에 관심을 보이고 구성원들을 친화적 태도로 공정하게 대하며 필요시 과업수행을 지원한다. 이는 배려형 리더와 인간중심 리더의 특징과 유사하다.
- **지시적 리더십**directive leadership: 구성원들이 해야 할 일을 정확하게 지시하며, 업무계획, 달성할 목표 설정, 행동 규칙 준수 등을 강조한다. 이는 구조주도형 리더나 과업 지향 리더와 유사하다.
- **참여적 리더십**participative leadership: 특정한 사안에 대해 구성원들과 상의하고 구성원들의 의견과 제안을 강조한다. 의사결정 참여를 중요하게 생각하며 작업현장에

**IN THE LEAD** Alan Robbins, Plastic Lumber Co.

앨런 로빈스 사장은 플라스틱 럼버사를 창업하여 운영하면서 직원들에게 사장이면서도 친구처럼 지내는 관리방식을 선호했다. 그의 리더십은 팀워크와 참여를 중시했고 직원들과 공장 현장에서 같이하는 시간이 많았다. 하지만 얼마 되지 않아 그는 구성원들이 참여의 리더십에 불편함을 느끼고 있다는 사실을 알게 되었다. 그들은 자발적 참여보다는 구체적인 지시와 명확한 업무 기준 제시를 기대하고 있었다.

사실 그의 참여형 리더십 스타일은 여러 가지 문제점을 노출시키고 있었다. 일부 직원들은 약물복용이나 음주로 인해 사전 연락도 없이 자주 결근 혹은 지각하였고, 심지어는 공장에서 싸움이 벌어지기도 했다. 그리고 직원들의 눈에는 자신들의 의사결정 참여가 리더의 권위 실추로 보였고, 반면 정말 열심히 일하고 싶은 직원들은 무너진 위계질서 때문에 혼란을 느끼고 있었다.

로빈스 사장은 이러한 상황에 직면하여 리더십 스타일의 변화를 모색했다. 본질적으로 그는 참여적 리더십을 강조해왔지만 이제는 지시적 리더십 형태로 변화하여 질서를 유지시키려고 하였다. 이와 같이 지시적 리더십 스타일로 바뀌면서 회사에는 인력관리 종합 매뉴얼이나 직원 약물검사, 업무 행동지침 등이 마련되었고, 그 결과 회사 성과는 확연히 개선되었다.[20]

서 구성원들과 같이 하는 경우가 많은 리더이다. 허쉬와 블랜차드 리더십 이론의 설득형 혹은 참여형 리더 스타일과 유사하다.

- **성취지향적 리더십**achievement leadership: 도전적 목표를 설정하고 목표를 달성할 수 있도록 장려한다. 높은 성과를 달성하는 방법을 가르쳐주고 구성원들을 격려하는 리더십이다.

이러한 네 가지 유형의 리더십은 초기의 리더십 이론인 특성 이론이 주장하는 내용과 달리 상황에 연동하여 수용할 수 있는 리더의 행동을 의미한다. 이와 같은 사실은 [IN THE LEAD] 사례에서 볼 수 있다. 플라스틱 럼버Plastic Lumber Co.를 창업한 앨런 로빈스Alan Robbins 사장은 참여적 리더에서 지시적 리더로 변화하여 효과를 얻었다. 로빈스 사장은 처음에는 그의 참여적 리더십 스타일을 직원들이 좋아할 것으로 믿었으나, 지시적 리더십으로 스타일을 변화시킨 이후 구성원들의 직무만족도가 훨씬 높아졌다. 참여를 조장하는 리더십도 중요하지만 명확한 지침과 절차를 제시함으로써 구성원들은 더욱 업무에 집중할 수 있었고 그로 인해 성과 향상이 가능했던 것이다. 결국 로빈스 사장은 참여적 리더십이 바람직한 리더십 스타일이라고 생각하지만 상황에 따라 달리할 필요가 있다는 점을 인식하게 되었다.

## 상황 요인

경로-목표 이론에서 중요한 두 가지 상황 요인은 구성원의 개인 특성과 업무 환경이다. 첫째, 구성원의 개인 특성은 허쉬와 블랜차드 모형의 상황 요인에서 말하는 구성원의 성숙도 수준을 말한다. 구성원들의 개인 특성을 기초로 하여 리더 행동을 차별화할 필요가 있는데, 예를 들어 구성원들의 업무 능력이 부족하면 리더는 성과를 높이기 위해 추가적인 교육이나 훈련을 제공한다. 또한 구성원이 이기적이고 자기중심적이라면 리더는 그들을 동기부여하기 위해 금전보상에 기초한 동기부여 유인책을 사용할 수 있다. 또한 전문적인 기술을 가지고 있는 구성원들을 효과적으로 관리하기 위해서는 참여적 리더십이 바람직하며, 명확한 지시와 강한 권위를 필요로 하는 종업원에게는 지시적인 리더가 적합하다.

두 번째로 업무 환경을 들 수 있는데, 이러한 환경에는 과업구조와 공식적 권한체계, 그리고 작업집단이 포함된다. 과업구조는 피들러 이론의 과업구조 개념과 유사하며, 공식적 권한체계는 조직으로부터 합법적으로 부여받은 리더의 권한으로 구성원들의 행동을 제약하는 정책과 규칙의 정도를 의미한다. 작업집단의 특징은 구성원들의 교육수준이나 구성원 간 관계의 친밀도를 포함한다.

## 보상의 사용

앞서 설명한 바와 같이, 리더의 책임은 구성원에게 보상경로를 명확히 해주는 것이며, 직무만족과 성과를 높이는 보상 정도나 유형을 증대시키는 일이다. 어떤 상황에서는 리더는 부하들로 하여금 과업수행에 필요한 스킬과 자신감을 얻고 유용한 보상을 받을 수 있도록 도와주는 일을 해야 할 때가 있다. 그런가 하면, 리더는 부하의 특정한 욕구를 충족시키기 위한 새로운 보상체계를 개발할 수도 있다.

〈도표 3-6〉은 경로-목표 이론에서 리더 행동과 상황이 어떻게 연계되는지를 보여준다. 상황과 리더 행동의 연관관계를 설명하면 다음과 같다.

- 구성원들이 업무에 자신감을 갖지 못하는 상황에서는 후원의 리더십을 보여줄 필요가 있다. 이때 리더는 용기를 북돋우며 사회적으로 후원함으로써 구성원들이 성공적으로 업무를 달성하여 보상을 얻을 수 있게 한다.
- 업무내용이 명료하지 못하고 성공적인 업무달성이 어려운 경우, 지시적 리더십이 바람직하다. 이때 리더는 꼼꼼하게 업무를 지시하고 업무 추진 방법을 구체

**도표 3-6 ● 경로-목표 상황 요인과 리더 행동**

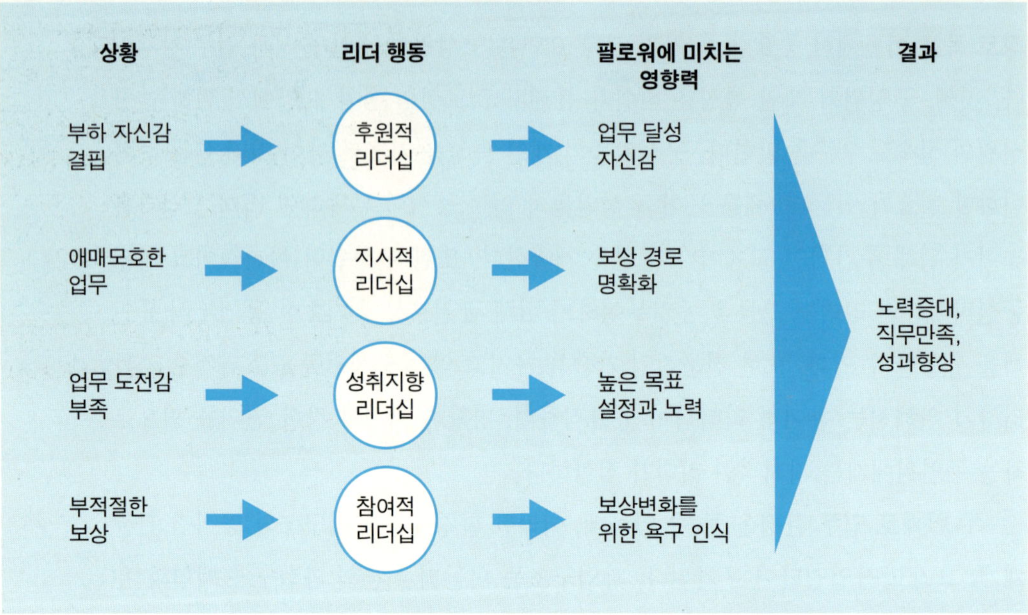




적으로 알려줌으로써 구성원이 성공적으로 업무를 수행하도록 하고 이를 통해 보상을 얻을 수 있게 한다.

- 구성원이 과업으로부터 성취감을 얻지 못하는 상황에서는 높은 목표 설정을 유도하는 성취지향적 리더십을 발휘할 필요가 있다. 이러한 리더십을 통해 보상에 이르는 경로를 명확하게 할 수 있다.
- 부적절한 보상이 지급되고 있을 때 참여적 리더십을 통해 자신이 달성한 성과에 맞는 보상을 줄 수 있게 한다. 즉 구성원과의 적극적인 대화를 통해 구성원들의 욕구를 파악함으로써 리더는 그들의 과업달성에 적절한 보상을 제공할 수 있게 된다.

이와 같은 네 가지 상황 요인과 리더 행동을 잘 연계시키면 구성원들의 노력을 증대시킬 수 있는데, 그 논리의 배경에는 구성원들의 욕구에 적합한 보상을 제공하는 경로가 상황에 따라 명확하게 제시되기 때문이다. 결론적으로 경로-목표 이론은 매우 복잡하지만, 많은 후속연구들이 이론에 대해 긍정적인 평가를 하고 있다.[21] 경로-목표 이론 모형에 의해 구성원의 성과를 정확하게 예측하기는 어렵지만 이 이론에서 제시하는 네 가지 유형의 리더 행동과 상황 요인들을 적절히 연결시켜 구성원들을 동기부여하는 방안을 제시하고 있다는 점은 시사하는 바가 크다.

## 브룸-야고 상황적합 모형

**브룸-야고 상황적합 모형**Vroom-Jago contingency model은 지금까지 학습한 상황적합 모형들과 유사한 원리에 기초를 두고 있지만 세부적인 내용은 상당한 차이가 있다. 이 모형은 참여 리더십의 정도를 다양하게 구분하고 이들이 의사결정의 질적인 측면과 책임에 어떻게 영향을 미치는지에 초점을 맞추고 있다.

우선 이 모형은 리더가 어떤 문제에 봉착했다는 상황에서 출발한다. 그리고 해결을 위한 결정을 혼자하거나 구성원들과 함께할 수 있다. 그런데 이 모델이 유용되는 이유는 구성원들을 어느 정도까지 결정과정에 참여시켜야 하는지를 정확히 보여주기 때문이다.[22] 구체적으로 이 모형을 구성하는 요소는 리더 의사결정 스타일, 상황 분석을 위한 진단 질문 그리고 일련의 의사결정 규칙decision rules의 세 가지이며, 이들 세 가지 구성요인의 연결고리를 통해 적절한 리더십을 판단할 수 있기 때문이다.

### 리더 의사결정 스타일

이 모형은 구성원들이 의사결정에 참여하는 수준을 다섯 가지로 구분하여, 리더 혼자 결정하는 매우 전제적 리더십에서부터 리더가 구성원들에게 결정을 위임하는 민주적 리더십을 포함하는데 그 내용은 〈도표 3-7〉과 같다.[23] 도표에서 보여주듯이 다섯 가지 유형의 리더십은 (1) 혼자서 의사 결정하는 지시형decide, (2) 구성원 개인에게 문제를 제시하고 그 의견을 듣고 의사결정하는 개별 상담형consult individually, (3) 구성원 집단에게 문제를 제시하고 의견과 아이디어를 모집하는 집단 상담형consult group, (4) 구성원들과 집단으로 문제를 공유하고 집단이 의사결정을 내리도록 리더가 촉진자의 역할을 수행하는 촉진형facilitator, (5) 문제 판단 후 제한된 범위에서 의사결정을 허용하는 위임형delegate으로 구별할 수 있다. 이들 다섯 가지 유형의 리더십은 〈도표 3-7〉에 구체적으로 설명되어 있고 각각의 리더십 스타일을 주어진 상황에 따라 선택한다는 점에서 이 모형을 상황적합 이론이라고 일컫는다.

### 상황 요인: 의사결정 상황의 진단 질문

리더들은 앞에서 설명한 다섯 가지 유형의 리더십을 어떤 시점에서 어떻게 사용하는 것이 바람직할까? 리더십 참여의 적절한 정도는 의사결정에서 요구하는 질적인 수준, 리더나 구성원들의 전문성 수준, 구성원들의 결정에 대한 몰입도 정도 등에

**도표 3-7 ● 다섯 가지 유형의 리더십 스타일**

| 지시형 | 개별 상담형 | 집단 상담형 | 촉진형 | 위임형 |
|---|---|---|---|---|
| 리더 단독으로 의사결정하고 그 결정을 조직에 발표하거나 맡긴다. 문제 해결과 연된된 정보를 수집하는데 자신의 전문성을 사용하는 리더십이다. | 구성원 개개인에게 별도로 문제를 알리고 결정을 위한 의견을 묻는 리더십이다. | 구성원 모두에게 회의를 통해 문제를 집단적으로 모색하고 결정하는 리더십이다. | 집단 회의에서 문제를 제시하고 리더는 문제의 본질과 해결 범위 등을 제시하는 촉진자 역할만 수행한다. 리더는 자신의 의견이 구성원들의 의견보다 비중이 높아지지 않도록 유의해야 한다. | 리더는 집단 구성원들에게 일정 범위 내에서 결정하도록 허용한다. 집단 구성원들은 문제의 확인과 진단, 그리고 대안을 개발한다. 리더는 특별한 경우가 아니면 집단 결정 과정에 개입하지 않고, 다만 배후에서 지원하고 격려하는 리더십이다. |



따라 달라진다. 리더들은 다음과 같은 일곱 가지 진단 질문에 답함으로써 적절한 수준의 참여를 결정할 수 있다.

1. **의사결정의 중요성**decision significance: 이 결정이 얼마나 조직에 중요한 사안인가? 만약 이 결정이 조직이나 해당 프로젝트의 성공을 위해 매우 중요하고 수준 높은 결정을 필요로 한다면 리더는 적극적으로 이 결정을 주도해야 한다.
2. **구성원 몰입의 중요성**importance of commitment: 이 결정 실행 과정에서 구성원들의 지지나 몰입이 얼마나 중요한가? 만약 성공적인 실행이 이루어지기 위해 구성원들의 높은 몰입이 요구된다면 리더는 구성원들을 의사결정 프로세스에 참여시켜야 한다.
3. **리더의 전문성**leader expertise: 문제 사안과 관련하여 리더의 전문성 수준은 어느 정도인가? 만약 리더가 충분한 정도의 정보, 지식이나 전문성을 가지고 있지 않다면 리더들은 구성원들을 의사결정에 참여시켜야 한다.
4. **몰입 가능성**likelihood of commitment: 만약 리더가 단독으로 의사결정을 내린 경우 구성원들이 이러한 결정에 어느 정도 몰입하게 되는가? 만약 구성원들이 리더가 무엇을 결정하든 별로 관심을 갖지 않는다면 의사결정 프로세스에 구성원들을 참

여시키는 것은 별로 중요하지 않다.

5. **팀 후원도**group support for goals: 지금 내려야 하는 결정과 관련하여 팀이나 조직의 목표를 구성원들이 얼마나 지지하고 있는가? 만약 구성원들이 조직 목표에 대한 지지도가 낮다면 리더는 의사결정에 구성원들을 포함시킬 필요가 없다.
6. **목표 전문성**goal expertise: 팀 구성원들이 문제 사안과 관련하여 높은 수준의 전문성을 가지고 있다면 의사결정에 대한 대부분의 책임은 구성원들에게 위임하도록 한다.
7. **팀 역량**team competence: 팀으로 협력하는데 구성원들이 얼마나 능력 있고 어느 정도 몰입하는가? 문제 해결을 위해 협력이 필요할 때, 구성원들의 능력과 몰입의 정도가 높다면, 의사결정은 구성원들에게 위임하는 것이 좋다.

이상과 같은 진단 질문들은 리더가 의사결정에 구성원들을 어느 정도 참여시켜야 할지 결정할 때 참고할 수 있는 중요한 상황 요인으로 볼 수 있다.

## 의사결정 스타일 선택

브룸-야고의 리더십 모형은 위의 일곱 가지 상황 요인들이 구성원을 의사결정 과정에 어느 정도 참여시킬 것인지를 결정한다고 보고 이러한 질문에 적절한 리더십 스타일을 찾는 경로의 규칙을 추가로 제시하였다. 리더십 참여의 수준을 결정하는 외적 기준으로 시간 제약time constraints이나 구성원 개발follower development에 대한 관심 정도가 그것이다. 즉, 리더는 의사결정 스타일을 결정할 때 시간의 중요성과 구성원들의 개발을 상대적으로 중요하게 고려한다. 그래서 2개의 의사결정 매트릭스가 만들어지는데, 그 첫째는 **시간기준 모형**time-based model으로 예를 들면, 만약 위기상황에서 급박하게 의사결정을 내려야 하는 경우 시간 기준은 매우 중요하게 고려되어야 한다. 둘째는 구성원능력 **개발기준 모형**development-based model으로 만약 구성원들의 의사결정 역량, 사고력 개발 기회에 비해 시간, 효율성이 덜 중요하다면 이런 모형을 사용하는 것이 바람직하다. 결국 의사결정이 급박한지 아니면 구성원의 발전에 중점을 둘 것인지에 따라 접근하는 방식을 달리하고 있다.

판금과 도장을 전문으로 하는 소형 자동차공업사의 예를 들어 이 내용들을 살펴보도록 하자. 이 공업사의 기계가 고장 나서 당장 공장 가동이 중단되어 다급하게 기계를 구입해야 하는 의사결정 상황에서는 리더가 시간기준 모형을 적용하는 것이 바람직하다. 반면 지금 사용하는 기계설비가 향후 3개월 시점에 완전 마모될 것으로 예상되어 시간 여유를 갖고 어떤 기계를 구입하는 것이 가장 바람직한가의 의사결정을 내린다면 구성원 역량 발전을 고려하는 것이 좋기 때문에 이런 경우 개발기준 모형에 적용하는 것이 바람직하다.

〈도표 3-8〉과 〈도표 3-9〉는 시간기준 모형과 구성원 능력 개발기준 모형에 관

**도표 3-8 ● 시간기준 모형**

<table>
<tr><th></th><th>1. 결정의 중요성</th><th>2. 몰입의 중요성</th><th>3. 리더 전문성</th><th>4. 몰입 가능성</th><th>5. 팀 후원도</th><th>6. 목표 전문성</th><th>7. 팀역량</th><th></th></tr>
<tr><td rowspan="22">문제의 진술</td><td rowspan="18">높음</td><td rowspan="13">높음</td><td rowspan="5">높음</td><td>높음</td><td>-</td><td>-</td><td>-</td><td>지시형</td></tr>
<tr><td rowspan="4">낮음</td><td rowspan="3">높음</td><td rowspan="2">높음</td><td>높음</td><td>위임형</td></tr>
<tr><td>낮음</td><td rowspan="3">집단 상담형</td></tr>
<tr><td>낮음</td><td>-</td></tr>
<tr><td>낮음</td><td>-</td><td>-</td></tr>
<tr><td rowspan="8">낮음</td><td rowspan="4">높음</td><td rowspan="3">높음</td><td rowspan="2">높음</td><td>높음</td><td>촉진형</td></tr>
<tr><td>낮음</td><td rowspan="3">개별 상담형</td></tr>
<tr><td>낮음</td><td>-</td></tr>
<tr><td>낮음</td><td>-</td><td>-</td></tr>
<tr><td rowspan="4">낮음</td><td rowspan="3">높음</td><td rowspan="2">높음</td><td>높음</td><td>촉진형</td></tr>
<tr><td>낮음</td><td rowspan="3">집단 상담형</td></tr>
<tr><td>낮음</td><td>-</td></tr>
<tr><td>낮음</td><td>-</td><td>-</td></tr>
<tr><td rowspan="5">낮음</td><td>높음</td><td>-</td><td>-</td><td>-</td><td>-</td><td>지시형</td></tr>
<tr><td rowspan="4">낮음</td><td rowspan="4">-</td><td rowspan="3">높음</td><td rowspan="2">높음</td><td>높음</td><td>촉진형</td></tr>
<tr><td>낮음</td><td rowspan="3">개별 상담형</td></tr>
<tr><td>낮음</td><td>-</td></tr>
<tr><td>낮음</td><td>-</td><td>-</td></tr>
<tr><td rowspan="4">낮음</td><td rowspan="3">높음</td><td rowspan="3">-</td><td>높음</td><td></td><td>-</td><td>-</td><td>지시형</td></tr>
<tr><td rowspan="2">낮음</td><td rowspan="2">-</td><td rowspan="2">-</td><td>높음</td><td>위임형</td></tr>
<tr><td>낮음</td><td>촉진형</td></tr>
<tr><td>낮음</td><td>-</td><td>-</td><td>-</td><td>-</td><td>-</td><td>지시형</td></tr>
</table>

**도표 3-9 ● 종업원 능력 개발기준 모형**

<table>
<tr><th></th><th>1. 결정의 중요성</th><th>2. 몰입의 중요성</th><th>3. 리더 전문성</th><th>4. 몰입 가능성</th><th>5. 팀 후원도</th><th>6. 목표 전문성</th><th>7. 팀역량</th><th></th></tr>
<tr><td rowspan="15">문제의 진술</td><td rowspan="12">높음</td><td rowspan="8">높음</td><td rowspan="8">-</td><td rowspan="4">높음</td><td rowspan="3">높음</td><td rowspan="2">높음</td><td>높음</td><td>위임형</td></tr>
<tr><td>낮음</td><td>촉진형</td></tr>
<tr><td>낮음</td><td>-</td><td rowspan="2">집단 상담형</td></tr>
<tr><td>낮음</td><td>-</td><td>-</td></tr>
<tr><td rowspan="4">낮음</td><td rowspan="3">높음</td><td rowspan="2">높음</td><td>높음</td><td>위임형</td></tr>
<tr><td>낮음</td><td rowspan="2">촉진형</td></tr>
<tr><td>낮음</td><td></td></tr>
<tr><td>낮음</td><td>-</td><td>-</td><td>집단 상담형</td></tr>
<tr><td rowspan="4">낮음</td><td rowspan="4">-</td><td rowspan="4">-</td><td rowspan="3">높음</td><td rowspan="2">높음</td><td>높음</td><td>위임형</td></tr>
<tr><td>낮음</td><td>촉진형</td></tr>
<tr><td>낮음</td><td>-</td><td rowspan="2">집단 상담형</td></tr>
<tr><td>낮음</td><td>-</td><td>-</td></tr>
<tr><td rowspan="3">낮음</td><td rowspan="2">높음</td><td rowspan="2">-</td><td>높음</td><td>-</td><td>-</td><td>-</td><td>지시형</td></tr>
<tr><td>낮음</td><td>-</td><td>-</td><td>-</td><td>위임형</td></tr>
<tr><td>낮음</td><td>-</td><td>-</td><td>-</td><td>-</td><td>-</td><td>지시형</td></tr>
</table>

출처: Victor H. Vroom, "Leadership and the Decision-Making Process," *Organizational Dynamics* 28, no. 4 (Spring 2000), pp. 82–94. This is Vroom's adaptation of Tannenbaum and Schmidt's Taxonomy.

련된 매트릭스를 설명하고 있다. 이러한 모형은 앞서 설명한 진단 질문과 병행하여 리더가 의사결정 리더십 스타일을 판단할 수 있게 한다. 앞서 예로 든 자동차공업사의 경우 시간기준 모형을 사용해야 하는 경우는 〈도표 3-8〉의 기준을 따르면 된다. 먼저 리더는 도표의 왼편에 있는 문제점 진술에서 시작하여 오른쪽으로 하나씩 진단 질문에 맞추어 그 정도가 높은지(H) 아니면 낮은지(L)를 따라가다 보면 적절한 의사결정 참여 스타일이 결정된다. 이러한 시간기준 모형은 시간과 효율성이 가장 중요한 기준이 되지만, 만약 리더에게 의사결정의 시간적 여유가 있고 구성원 능력 개발을 도모해야 하는 경우에는 〈도표 3-9〉의 매트릭스를 이용하면 된다.

전제적 리더십 스타일은 보통 위임형이나 촉진형 리더십 스타일보다 의사결정하는 시간이 짧다. 하지만 많은 경우에 시간이나 효율성의 문제는 구성원 개발의 기회를 마련하는 것보다는 중요하게 고려되지 않는다. 또한 오늘날은 조직의 성공을 이루기 위해서 지식공유나 다양한 참여를 필요로 하는 경우가 많기 때문에 리더들은 특별히 시간이 중요한 관건이 되지 않는다면 구성원 개발에 좀 더 비중을 두게 된다.

리더들은 도표를 이용하여 브룸-야고의 모형을 쉽게 적용할 수 있는데 후속 연구자들은 2개의 매트릭스로 분리되어 있는 모형을 통합하여 컴퓨터상에서 진단할 수 있게 하였다. 이 연구 모형의 문제점이 지적되기도 하지만,[24] 의사결정하는데 유용하게 적용될 수 있고 연구자들에 의해 긍정적으로 평가되고 있다.[25] 따라서 리더들은 적절한 시점에 수준 높은 의사결정을 내리기 위해 이 모형 사용법을 학습해야 한다.

[IN THE LEAD] 사례에서 위트락Whitlock 제조업체는 시간절약기준 모형 혹은 종업원 개발 모형 중 한가지의 의사결정 방식을 사용할 수 있다. 물론 상황이 급박하여 리더 입장에서 신속하게 결정을 내리고 대처할 수도 있고 그렇지만 팀원들도 동등하게 고려하고자 하는 리더의 의향도 있다. 이 경우에서 와인스타인Weinstein은 가장 적절한 리더 의사결정 스타일을 보였다고 생각하는가? 와인스타인은 다른 팀 구성원들의 생각까지도 고려한 점으로 보아 종업원 능력개발을 강조하고 시간을 충분히 소요한 경우에는 시간은 크게 고려하지 않은 경우가 될 수 있다. 결론적으로 이 제조업체는 팀 구성원들의 능력개발을 고려한 것으로 판단된다. 〈도표 3-9〉는 팀 구성원들의 능력개발모형을 검토한 것으로서 좌측에서 우측으로 제시된 일곱 가지 질문을 따라 살펴보면 첫째, 이 결정이 회사에 매우 중요하다고 생각하는가? 그 답은 당연히 중요한 문제이기 때문에 '높다'이다. 의사결정의 질은 매우 중요하다고 볼 수 있기 때문인데 그 때 상황은 자칫 잘못하면 회사가 풍비박산 날 위기에 처했기 때문이다. 둘째, 종업원이 의사결정에 참여하고 몰입하는 것이 얼마나 중요한가? 이 답 역시 '높다'라고 볼 수 있다. 왜냐하면 팀 구성원들은 와인스타인의 결정을 후원하고 실행하고 있기 때문이다. 하지만 세 번째의 리더의 전문성 질문에 대해서는 종업원 능력개발모형에서는 별로 고려하고 있지 않다. 넷째, 리더가 단독으로 의사결정을 내린 경우 구성원은 이 결정에 얼마나 몰입하고 헌신할 것인가의 질문에 이 경우 '높음'이 될 것이다. 다섯째, 목표에 대한 집단의 지원 혹은 후원의 정도에 대해서

**IN THE LEAD Art Weinstein, Whitlock Manufacturing**

위트락(Whittlock) 제조업체는 대형 자동차회사의 플래그십 스포츠카 엔진 개발 계약을 체결하고 이 프로젝트 관리자로 아트 와인스타인(Art Weinstein)을 임명하였다. 와인스타인과 그의 엔지니어 팀들은 자신들의 프로젝트에 대단한 자부심을 갖는데 그 이유는 이 엔진이 일본식 디자인이 결합된 것으로 그동안 자동차 잡지에서 좋은 평가를 받아 회사의 명성이 한층 업그레이드 되고 있었기 때문이다.

하지만 호사다마라고 할까? 잘 풀릴 것 같은 프로젝트와 회사 명성이 최근 고객에게 출하한 엔진에 말썽이 생겨 좋았던 기쁨이 사그라질 판이었다. 첫 번째 달에 출시한 자동차 고객 14대에서 엔진발작 문제가 발생한 것이었다. 그래서 급하게 문제를 해결하고자 회사는 제품생산을 유보하고 현재까지의 자동차 구매자들에게 자동차 운행을 중단해주기를 요청하는 상황에 이르렀다. 한마디로 모든 사람들에게 이 상황은 재앙 그 자체였다. 만약 이 엔진결함 문제가 신속하게 풀리지 않으면 이 회사는 계약과 관련하여 소송에 휘말릴 상황이었다. 더군다나 위트락사가 맺어진 대형자동차 회사들과의 네트워크 관계는 영원히 사라질 위기에 처하게 되었다.

자동차 엔진 전문가로서 와인스타인은 현장에서 정착된 엔진의 결함을 조사하는데 2주 이상을 소요했고 또한 세밀하게 이 차의 운행을 시도해보고 어떤 점이 문제인지를 파악하려고 노력했다. 밀도 있는 조사를 시행한 후 와인스타인은 원인을 파악하고 최상의 해결 방안을 모색하고자 했다. 하지만 치밀한 성격의 와인스타인은 이 문제와 관련하여 다른 팀원들과도 다양하게 접촉하고 싶어 했다. 그리고 그들의 의견도 참고하고 자신의 지식을 적극적으로 반영하고 싶어 했다. 결국 와인스타인는 최종 해결방안을 결정하기 전에 전문 컨설턴트에게 자문하기로 했다.

와인스타인과 팀 구성원들은 장장 여러 시간 동안 문제 해결을 위해 세밀하게 검토하고 그들이 가지고 있는 정보와 지식을 서로 공유하였다. 이와 같이 집단회합을 마친 이후 와인스타인은 결정을 내렸다. 그리고 다시 엔진문제를 고칠 수 있는 방안을 검토해보고 최종 결정을 그 다음 날 구성원들을 다시 소집하여 통보하였다.[26]

도 당연히 '높음'이며 여섯째, 팀 구성원들이 문제 사안에 대해 높은 수준의 전문성을 가지고 있는가에 대해 '낮음'으로 표기할 수 있다. 왜냐하면 최종적으로 외부 컨설팅 업체에게 자문을 의뢰할 상황이 있었기 때문이다. 결국 이와 같이 팀 구성원 능력개발모형이 제시하는 질문을 따르다보면 이 사례의 경우에서 리더십 스타일은 집단상담형이 된다. 따라서 브룸-야고의 모델에 의하면 와인스타인의 리더십 스타일은 집단상담형에 해당된다.

만약 경우의 수를 달리하여, 와인스타인이 종업원들을 의사결정에 개입하거나 참여시키지 않은 패턴을 보이고 좀 더 효율적인 시간관리에 중점을 두었다고 가정해보자. 이 경우는 시간절약 모형에 해당되는데 〈도표 3-8〉의 모델을 적용할 수 있다. 앞서 설명한 경우와 유사하게 각 질문에 따라 답을 내려 보고 판단해보면 결국 와인스타인의 리더십 스타일을 판단할 수 있을 것이다. 이 경우 앞서 살펴본 종업원 육성모델의 경우에서 제시한 리더십 스타일과 시간절약모형에서 밝혀진 리더십 스타일과 어떤 차이를 보이는가?

## 리더십 대체이론

지금까지 살펴본 리더십 상황이론은 보통 리더 스타일, 구성원들의 속성, 그리고 상황의 특징에 의해 설명되고 있다. 하지만 설명되는 리더십 대체이론은 **상황 요인이 리더들이 발휘하는 행동의 중요성을 희석시키거나 불필요하게 하는 데** 착안하고 있다.[27] 즉 리더십 대체이론은 과업 지향의 리더십이나 인간중심의 리더십이 중요하지 않거나 불필요한 상황이 존재할 수 있음을 강조하고 있다.

〈도표 3-10〉은 리더십을 대체하거나 희석시키는 상황 변수들을 제시하고 있다. 이 이론은 상황변수로 대체 요인과 무력화 요인 두 가지를 들고 있다. 여기서 리더십 **대체 요인**substitute은 리더십 스타일을 불필요하게 만드는데, 예를 들어, 매우 높은 수준의 교육을 받거나 전문성이 높은 구성원의 경우, 이미 자신이 어떤 일을 해야 하는지 잘 알고 있기 때문에 어떤 리더십 스타일도 별로 중요하지 않게 된다. 이는 구성원의 상황이 리더의 행동을 불필요하게 만드는 경우이다.

**무력화 요인**neutralizer은 리더십 스타일이 잘 작동하지 않게 하고, 리더의 행동을 차단시키는 역할을 하는데, 리더가 구성원들과 거리적으로 멀리 떨어져 있다면 아무리 탁월한 리더십 스타일도 그 효과가 줄어들게 된다. 실제, 복사전문 체인인 킨코스Kinko's는 전국적으로 영업점이 넓게 분산되어 있고 지역책임자는 각 영업책임자들이나 구성원들과 지리적 거리 때문에 쉽게 상호작용하기 어렵다. 결국 이 경우는 지리적인 상황이 리더십을 무력화시키게 된다.

〈도표 3-10〉은 상황 변수로써 리더십을 대체 혹은 무력화시키는 구성원들의 특성, 과업, 조직 자체 등을 포함하고 있다. 예를 들어 연구자들은 전문성이 높기 때문에 그들에게 리더십 스타일은 상대적으로 덜 강조된다. 또 구조화된 과업은 과업 지향적 리더십 스타일을 대체하고, 내적으로 만족스런 과업은 구성원 중심의 리더십 스타일을 대체하게 된다.

**도표 3-10 ● 리더십 대체 요인과 무력화 요인**

| 변수 | 세부 변수 내용 | 과업 지향 리더십 | 구성원 중심 리더십 |
|---|---|---|---|
| 조직 특성 | 집단응집력 | 대체 | 대체 |
| | 공식화 | 대체 | 비효과 |
| | 비유연성 | 무력화 | 비효과 |
| | 낮은 지위권한 | 무력화 | 무력화 |
| 과업 특성 | 구조화된 과업 | 대체 | 비효과 |
| | 자동 피드백 | 대체 | 비효과 |
| | 내적 만족 | 비효과 | 대체 |
| 구성원 특성 | 전문성 | 대체 | 대체 |
| | 훈련/경험 | 대체 | 비효과 |
| | 저가치보상 | 무력화 | 무력화 |



과업이 매우 일상적이고 구조화되어 있다면 리더는 구성원들에게 직무에서 얻기 어려운 개인적 배려를 해주어야 하지만, 직무에서 만족을 느끼는 사람은 배려가 별로 필요하지 않게 된다. 조직 특성도 마찬가지인데, 집단응집력은 어떤 리더 스타일이라도 대체하게 된다. 예를 들어 비행관제탑 근무자와 비행조종사와의 관계는 상호 간에 밀착성이 강하고 응집력이 높다. 이와 같이 응집력이 높은 경우 공식적인 리더십 역할이 불필요하며 결국 응집력이 리더십을 대체하게 되는 것이다. 또한 정교하게 잘 작성된 규칙이나 규정 등도 리더십의 필요성을 약화시키게 된다. 앞서 다룬 것처럼 리더와 구성원 간의 물리적 거리도 리더십의 기능을 대체하고 무력화시킨다.

구성원의 특정 상황은 리더십을 무력화시킬 수 있다. 예를 들어 은행에서 대고객업무 담당 직원들은 과업 지향 리더의 기능을 필요로 하지 않는다. 왜냐하면 수행하고 있는 업무 자체가 극도로 구조화되고 유연성이 없기 때문에 그런 상황에서 리더가 과업 지향 리더십을 발휘한다면 그 효과는 하락할 수밖에 없다.

최근 연구에서 상황의 무력화 요인이 리더 행동보다 구성원 만족도와 같은 결과 변수에 더 영향을 미친다는 점이 밝혀졌다. 연구 결과는 리더십을 대체할 수 있는 상황 요인의 중요성을 강조하며, 리더십을 보완하는 역할도 있다는 점을 부각시킨다. 예를 들어 자동차부품공장의 현장주임이 매우 기능적 수준의 업무까지 관여하며 하급자들을 훈련시키고 있었다면, 현장주임이 언젠가 중간관리자로 승진하여 공장 현장을 떠나더라도 이 부서는 더 이상 현장주임의 역할을 필요로 하지 않을 것이다. 왜냐하면 이미 부서 구성원들이 충분한 역량과 기술을 배양했을 것이기 때문이다. 결국 구성원들의 능력과 훈련 정도는 리더십을 대체할 수 있게 된다.

리더십 공백을 채우는 대체 요인의 능력은 조직에 매우 큰 도움이 될 수 있다. 그래서 대체 리더십 이론에서 기본적으로 전제하는 것은 과업이나 부서, 조직 등이 제공하지 않는 차원의 후원을 판단해서 제공할 필요가 있다는 것이다.

## 학습 핵심

- 3장에서 가장 중요한 것은 상황 변수들이 리더십 성과에 절대적인 영향을 준다는 점이다. 상황적합 이론 접근법은 리더와 조직의 관계를 체계화하며 지속적으로 발전해 왔다. 상황이론은 리더십 스타일, 구성원 특성, 환경 요인들이 상호 간 어떻게 영향을 미치는지를 중점적으로 설명하고 있는데, 피들러의 상황적합 이론, 허쉬와 블랜차드의 상황 이론, 경로-목표 이론, 브룸-야고 모형, 대체 리더십 모형 등이 있다. 이들 모형은 각기 다른 상황 요인을 제시하고 있으며 어떻게 이 상황 요인들이 리더십 행동과 적절하게 연계되는지에 대해 설명하고 있다.
- 상황적합 이론들은 각각 다양한 상황적 요인들을 설명하고 있다. 피들러 이론은 상황이 호의적인 경우와 유리한 경우를 구분하여 과업 지향적 리더와 관계 지향적 리더의 효과에 대해 설명하고 있다. 허쉬와 블랜차드의 이론은 구성원들의 성숙도 수준에 맞추어 리더십 스타일의 적정성을 강조하고 있다. 경로-목표 이론은 기대되는 보상에 따라 적절한 리더십 스타일을 강조하고, 브룸-야고 모형에서는 결정의 질적인 요건, 몰입 요건, 혹은 리더의 지식과 전문성을 기준으로 하는 상황 요인에 근거하여 리더십 스타일이 결정된다는 점을 강조하고 있다. 마지막으로 리더십 대체이론에서 대체 요인이나 무력화 요인들은 리더십의 역할과 기능을 대신할 수 있음을 시사하고 있다.
- 과업과 구성원, 조직의 특징을 잘 구별하여보면 리더는 성공적 결과를 증대시킬 수 있는 리더십 스타일을 결정할 수 있다. 성공적 리더십은 리더십 행동에서 유연성의 정도나 진단 역량의 개발에 달려 있다.

## 토론 주제

1. 〈도표 3-3〉의 피들러 이론에서와 같이, 실제 리더에게 가장 호의적이거나 중간 정도 유리한, 또는 불리한 상황이 얼마나 발생하는지 생각해보라.

2. 리더십 스타일은 고정되고 변하지 않는다고 생각하는가? 아니면 탄력적으로 상황에 맞추어 적합하게 바뀔 수 있다고 생각하는가?
3. 로펌회사에서 변호사들을 관리하는 리더를 생각해보라. 이때 과업, 구성원, 조직 특성들이 유효한 리더십을 대체할 수 있다고 생각하는가?
4. 피들러의 상황적합 이론과 경로-목표 이론의 차이를 설명하라. 유사한가 아니면 전혀 다르다고 생각하는가?
5. 만약 자신이 영업팀의 팀장이라면 직원들의 성숙도를 판단해볼 수 있을 것이다. 그렇다면 팀원들의 성숙도 정도에 따라 맞추어 리더십 스타일을 변화시킬 수 있겠는가?
6. 과거 학창 시절의 교사들을 떠올리고, 후원적 리더십, 지시적 리더십, 참여형 리더십 스타일을 가진 교사들을 분류해보라. 어떤 리더십 스타일이 가장 효과적이었는가? 경로-목표 이론과도 연결시켜 생각해보자.
7. 리더는 결정을 내리기 위해 가장 효율적인 방식에 근거한 참여 스타일을 결정해야만 하는가? 리더는 경우에 따라 다른 이유 때문에 구성원들을 참여시켜야 하는 경우가 있는가?
8. 집단 응집력, 조직 공식화, 문제적 거리의 친환경적 특성을 고려할 때 이들 상황 요인이 과업 지향 혹은 인간 중심의 리더십을 대체하거나 무력화시킬 것인가?

## 분석사례: 알비스사

케빈 맥카시(Kevin McCathy)는 사무용품을 제조하는 알비스(Alvis Corporation)사의 생산담당 부서장이다. 그는 경영잡지에서 참여적 리더십의 효과성에 대한 글을 읽은 후 그의 부서에서 구성원들을 의사결정에 참여시키면 효과를 볼 수 있을 것으로 생각했다. 사실 이 회사의 구성원들은 노조에 가입되지 않았으며, 케빈은 참여 경영 차원의 두 가지 시도를 해보기로 마음먹었다.

첫 번째 결정은 휴가 일정과 관련된 것이다. 회사의 하계휴가는 2주인데 직원 2명 이상이 동시에 휴가를 사용하지 못하게 하였다. 이 결정은 케빈 단독으로 내렸으며, 구성원들에게 각자가 선호하는 휴가 날짜를 물어보고 다른 사람의 휴가와 겹치지 않도록 조정하였다. 그는 휴가를 가더라도 조업은 정상적으로 진행되게 하는 데 중점을 두었고 만약 휴가 일정이 겹치면 생산성이 높은 구성원에게 우선권을 주었다.

두 번째 결정 사항은 생산 기준과 관련된 것이다. 지난 몇 년 동안 매출은 꾸준히 신장되었고 회사는 최근 생산성 향상을 위해 새로운 기계 설비를 도입하였다. 새로운 기계의 도입으로 생산부서는 동일한 인원으로 2배 이상의 생산성 향상을 가져왔다. 회사는 일정 기준을 초과하는 생산이 이루어지는 경우 그에 맞게 성과급을 부여하고 있었다. 그런데 최고경영진은 구성원들이 초과 노력을 기울이지 않으면서도 초과 생산이 벌어지는 상황을 조정하여, 높은 생산성으로 인해 발생한 이익을 신규 기술이나 설비를 구입하는 비용으로 활용하기 원했다.

케빈은 업무 종료 한 시간 전에 구성원 15

명을 소집하여 회의를 열었다. 그는 자신이 판단한 두 가지 결정 사항에 대한 내용을 설명하고 좋은 아이디어를 내도록 하였다. 케빈은 자신이 회의석상에 있으면 구성원들이 불편할지도 모른다고 생각하여 자신은 다른 부서의 미팅에 참석하였다. 그는 품질관리 부서장과 만나 새로 기계를 들여와 생산품이 양적으로는 많아졌지만 품질 부분에서 문제가 있는 상황에 대해서도 논의하였다.

얼마의 시간이 지난 후 부서로 다시 돌아온 케빈 부서장은 자신들끼리 회의를 마친 부서원들의 의견을 듣게 되었다. 먼저, 성과급에 대한 그들의 의견은 조정 기준을 이전과 동일하게 유지해주기를 원했으며, 경영진들의 생각과는 달리 불공정하다고 생각하지 않았다. 왜냐하면 자신들의 기본급 체계가 지난 몇 년 동안 물가 상승률보다 낮았기 때문에 성과급을 높임으로써 실질 임금을 보존할 수 있다고 주장했다.

또한 휴가 문제와 관련해서는 해결 방안을 찾지 못하는 상황에 직면하였다. 휴가 일정을 조정해보니 여러 구성원이 동시에 휴가를 원했고, 우선순위에 대해서도 연장자 우선, 생산성 우선 등 여러 주장이 엇갈려 의견 조정이 어렵게 되었다. 결국 구성원들은 논쟁 끝에 자신들이 해결할 수 없는 사안에 대해 부서장이 해결안을 제시해주기를 요청하게 되었다.[28]

## 질문

1. 사례에서 제시하고 있는 내용들을 앞서 학습한 허쉬와 블랜차드 모델과 브룸-야고 모형을 이용하여 분석해보라. 이 모형들은 어떤 리더십 혹은 의사결정 스타일이 더 적절하다고 제안하고 있는가?
2. 케빈의 리더십 스타일을 실험적 시도(회의) 이전과 이후로 분리하여 참여 경영 차원에서 분석해보라.
3. 만약 자신이 케빈이라면 어떻게 하겠는가? 그 이유는 무엇인가?

## 미주


1. Al Gore, "Tim Cook" segment in "The World's 100 Most Influential People," *Time* (April 18, 2012), http://www.time.com/time/specials/packages/article/0,28804,2111975_2111976_2112101,00.html (accessed March 13, 2012); Nick Wingfield, "Apple's No. 2 Has Low Profile, High Impact," *The Wall Street Journal* (October 16, 2006), p. B1; and Jon Katzenbach, "The Steve Jobs Way," *Strategy + Business* (Summer 2012), www.strategy-guxiness.com/article/00109?gko=d331b (accessed June 11, 2012).

2. Gary Yukl, Angela Gordon, and Tom Taber, "A Hierarchical Taxonomy of Leadership Behavior: Integrating a Half Century of Behavior Research," *Journal of Leadership and Organization Studies* 9, no. 1 (2002), pp. 15–32; and Gary Yukl, "Effective Leadership Behavior: What We Know and What Questions Need More Attention," *Academy of Management Perspectives* (November 2012), pp. 66–81.

3. Fred E. Fiedler, "Assumed Similarity Measures as Predictors of Team Effectiveness," *Journal of Abnormal and Social Psychology* 49 (1954), pp. 381–388; F. E. Fiedler, *Leader Attitudes and Group Effectiveness* (Urbana, IL: University of Illinois Press, 1958); and F. E. Fiedler, *A Theory of Leadership Effectiveness* (New York: McGraw-Hill, 1967).

4. Neal E. Boudette, "Fiat CEO Sets New Tone at Chrysler," *The Wall Street Journal* (June 21, 2009), http://online.wsj.com/article/SB124537403628329989.html (accessed September 14, 2012); and Jeff Bennett and Neal E. Boudette, "Boss Sweats Details of Chrysler Revival," *The Wall Street Journal* (January 31, 2011), p. A1; and Kate Linebaugh and Jeff Bennett, "Marchionne Upends Chrysler's Ways," *The Wall Street Journal* (January 12, 2010), http://online.wsj.com/article/SB10001424052748703652104574652364158366106.html (accessed September 14, 2012).

5. Reported in George Anders, "Theory & Practice: Tough CEOs Often Most Successful, a Study Finds," *The Wall Street Journal* (November 19, 2007), p. B3.

6. M. J. Strube and J. E. Garcia, "A Meta-Analytic Investigation of Fiedler's Contingency Model of Leadership Effectiveness," *Psychological Bulletin* 90 (1981), pp. 307–321; and L. H. Peters, D. D. Hartke, and J. T. Pohlmann, "Fiedler's Contingency Theory of Leadership: An Application of the Meta-Analysis Procedures of Schmidt and Hunter," *Psychological Bulletin* 97 (1985), pp. 274–285.

7. R. Singh, "Leadership Style and Reward Allocation: Does Least Preferred Coworker Scale Measure Tasks and Relation Orientation?" *Organizational Behavior and Human Performance* 27 (1983), pp. 178–197; D. Hosking, "A Critical Evaluation of Fiedler's Contingency Hypotheses," *Progress in Applied Psychology* 1 (1981), pp. 103–154; Gary Yukl, "Leader LPC Scores: Attitude Dimensions and Behavioral Correlates," *Journal of Social Psychology* 80 (1970), pp. 207–212; G. Graen, K. M. Alvares, J. B. Orris, and J. A. Martella, "Contingency Model of Leadership Effectiveness: Antecedent and Evidential Results," *Psychological Bulletin* 74 (1970), pp. 285–296; and R. P. Vecchio, "Assessing the Validity of Fiedler's Contingency Model of Leadership Effectiveness: A Closer Look at Strube and Garcia," *Psychological Bulletin* 93 (1983), pp. 404–408.

8. J. K. Kennedy, Jr., "Middle LPC Leaders and the Contingency Model of Leadership Effectiveness," *Organizational Behavior and Human Performance* 30 (1982), pp. 1–14; and S. C. Shiflett, "The Contingency Model of Leadership Effectiveness: Some Implications of Its Statistical and Methodological Properties," *Behavioral Science* 18, no. 6 (1973), pp. 429–440.

9. Roya Ayman, M. M. Chemers, and F. Fiedler, "The Contingency Model of Leadership Effectiveness: Its Levels of Analysis," *Leadership Quarterly* 6, no. 2 (1995), pp. 147–167.

10. Paul Hersey and Kenneth H. Blanchard, *Management of Organizational Behavior: Utilizing Human Resources*, 4th ed. (Upper Saddle River, NJ: Prentice Hall, 1982).

11. Jonathan Kaufman, "A McDonald's Owner Becomes a Role Model for Black Teenagers," *The Wall Street Journal* (August 23, 1995), pp. A1, A6.

12. Carol Hymowitz, "New Face at Facebook Hopes to Map Out a Road to Growth," *The Wall Street Journal* (April 14, 2008), p. B1.

13. Cheryl Dahle, "Xtreme Teams," *Fast Company* (November 1999), pp. 310–326.

14. Michael M. Grynbaum, "For City's Transportation Chief, Kudos and Criticism," *The New York Times* (March 4, 2011), www.nytimes.com/2011/03/06/nyregion/06sadik-khan.html?pagewanted=all&_r=0 (accessed March 4, 2011).

15. Carol Hymowitz, "Managers Find Ways to Get Generations to Close Culture Gap," (In the Lead column), *The Wall Street Journal* (July 9, 2007), p. B1.

16. Robert J. House, "A Path–Goal Theory of Leadership Effectiveness," *Administrative Science Quarterly* 16 (1971), pp. 321–338.

17. *Ibid.*

18. M. G. Evans, "Leadership," in S. Kerr, ed., *Organizational Behavior* (Columbus, OH: Grid, 1974), pp. 230–233.

19. Robert J. House and Terrence R. Mitchell, "Path–Goal Theory of Leadership," *Journal of Contemporary Business* (Autumn 1974), pp. 81–97.

20. Timothy Aeppel, "Personnel Disorders Sap a Factory Owner of His Early Idealism," *The Wall Street Journal* (January 14, 1998), pp. A1–A14.

21. Charles Greene, "Questions of Causation in the Path–Goal Theory of Leadership," *Academy of Management Journal* 22 (March 1979), pp. 22–41; and C. A. Schriesheim and Mary Ann von Glinow, "The Path–Goal Theory of Leadership: A Theoretical and Empirical Analysis," *Academy of Management Journal* 20 (1977), pp. 398–405.

22. V. H. Vroom and Arthur G. Jago, *The New Leadership: Managing Participation in Organizations* (Upper Saddle River, NJ: Prentice Hall, 1988).

23. The following discussion is based heavily on Victor H. Vroom, "Leadership and the Decision-Making Process," *Organizational Dynamics* 28, no. 4 (Spring 2000), pp. 82–94.

24. R. H. G. Field, "A Test of the Vroom–Yetton Normative Model of Leadership," *Journal of Applied Psychology* (October 1982), pp. 523–532; and R. H. G. Field, "A Critique of the Vroom–Yetton Contingency Model of Leadership Behavior," *Academy of Management Review* 4 (1979), pp. 249–251.

25. Vroom, "Leadership and the Decision-Making Process"; Jennifer T. Ettling and Arthur G. Jago, "Participation Under Conditions of Conflict: More on the Validity of the Vroom–Yetton Model," *Journal of Management Studies* 25 (1988), pp. 73–83; Madeline E. Heilman, Harvey A. Hornstein, Jack H. Cage, and Judith K. Herschlag, "Reactions to Prescribed Leader Behavior as a Function of Role Perspective: The Case of the Vroom–Yetton Model," *Journal of Applied Psychology* (February 1984), pp. 50–60; and Arthur G. Jago and Victor H. Vroom, "Some Differences in the Incidence and Evaluation of Participative Leader Behavior," *Journal of Applied Psychology* (December 1982), pp. 776–783.

26. Based on a decision problem presented in Victor H. Vroom, "Leadership and the Decision-Making Process," *Organizational Dynamics* 28, no. 4 (Spring, 2000), pp. 82–94.

27. S. Kerr and J. M. Jermier, "Substitutes for Leadership: Their Meaning and Measurement," *Organizational Behavior and Human Performance* 22 (1978), pp. 375–403; and Jon P. Howell and Peter W. Dorfman, "Leadership and Substitutes for Leadership among Professional and Nonprofessional Workers," *Journal of Applied Behavioral Science* 22 (1986), pp. 29–46.

28. Reprinted with permission from Gary Yukl, *Leadership in Organizations*, 7th ed. (Upper Saddle River, NJ: Prentice Hall, 2010), pp. 119–120.

PART 3

# 개인 차원의 리더십

4장 리더와 개인

5장 리더십 마인드와 정서

6장 용기와 도덕적 리더십

7장 팔로워십

Chapter 4

# 리더와 개인

## 학습목표

이 장을 공부하면

- 자각의 중요성을 이해하고, 자신의 맹점을 어떻게 파악할 수 있는지를 학습할 수 있다.
- 주요 성격 이론과 리더십의 관계를 파악할 수 있다.
- 수단 가치와 최종 가치의 구분, 가치관이 생각과 행동에 미치는 영향을 이해할 수 있다.
- 태도의 개념 정의, 태도가 리더의 행동에 미치는 영향을 파악할 수 있다.
- 귀인이론과 지각과정이 리더-구성원 관계에 미치는 영향을 이해할 수 있다.
- 인지 유형의 개인차를 인식할 수 있다.
- 다양한 성격 특성 활용을 이해할 수 있다.

시놉스키Steven Sinofsky는 마이크로소프트Mirosoft의 윈도우 개발 부문의 총책임자이다. 그는 소프트웨어 개발의 총체적 책임을 지고 여러 가지 당면한 위기를 슬기롭게 극복하고 새로운 도전을 역량있게 해결해가는 능력 있는 리더로 인정된다. 하지만 그는 우수한 능력과 머리를 가지고 있음에도 대인관계에서 불편함을 보이거나 상대를 거슬리게 하기도 한다. 실제로 CEO인 스티븐 볼러Steven Baller나 다른 경영자들과 자주 부딪치곤 하였는데, 2012년 윈도우 8이 출시된 직후 시놉스키는 회사를 그만두었다. 마이크로소프트의 차기 후계자로서 충분한 역량을 가지고 있지만 일부 경영자들은 그가 수장이 되는 것에 대해 크게 반발하였다. 결국 리더로서 역량과 경력도 중요하지만 리더로서 개인의 성향과 업무 스타일 등도 고려되어야 한다.[1]

시놉스키는 능력있는 경영자이다. 회사의 상징적 인물이기도 하고 윈도우 운영체계의 총괄을 맡은 소프트웨어 개발의 수장이었기에 그의 퇴직은 큰 충격을 주었다. 윈도우 8이 출시된 지 얼마 되지 않은 시점에서 그가 그만두게 된 배경은 그의 괴팍한 성격과 CEO와의 갈등이라고 한다. 다른 부서나 경영자들과의 좋지 않은 관계는 결국 경영자로서 위치를 고수하기 어렵게 만들었다. 실제로 회사 내부 컨퍼런스 발표를 위해 많은 임직원이 그 시간을 기다리고 있었음에도 시놉스키는 컨퍼런스에 늦게 도착하여 준비하지 못했다고 하며 발표 없이 몇 가지 질문을 받고 답하는 수순으로 그 행사를 마무리 한 적이 있었다. 수많은 사람들이 허탈해했으며 특히 어떤 경영자는 이러한 그의 행동을 보고 "사람들이 그를 마음속으로 따르지 않을 것이다" 라고 표현하기도 했다.[2]

리더들은 각각 다른 경영방식이나 퍼스낼리티가 있을 수 있다. 또한 각각의 상이한 퍼스낼리티와 특성, 태도, 가치관으로 인해 문제 해결 방식을 다른 각도에서 찾음으로써 리더십 효과가 나타나는 경로 역시 달라질 수 있다. 따라서 조직관리에 있어 사람들의 상이한 가치관과 퍼스낼리티를 어떻게 활용하는가에 따라 구성원들 사이의 갈등을 줄일 수 있고 개인과 조직의 성과를 향상시킬 수 있다.

2장에서는 성공적인 리더의 특성에 관해 학습하였고, 3장에서는 환경 요인에 대해 살펴보았는데 이를 통해 효과적인 리더십은 조직구성원 및 조직과의 상호작용에 달려있음을 알 수 있었다. 이번 4장에서는 리더십 능력과 성공에 영향을 미치는 리더 개인의 퍼스낼리티에 대해서 구체적으로 살펴보고자 한다.

## 리더십 성공의 비밀

리더가 성공하는 데 중요한 요소가 무엇일까? 스탠포드 경영대학원 자문위원 75명을 대상으로 설문한 결과 리더 개인의 자각이 중요하다고 한다.[3] **자각**self-awareness이란 자신의 본성, 즉 퍼스낼리티나 정서, 가치관, 태도, 지각, 그리고 타인에게 영향 미치는 자신을 스스로 인지하는 정도를 말한다.

### 자각의 중요성

많은 리더십 전문가들은 성공하는 리더십의 핵심 요인으로 자신이 누구이며 어떤 점을 중요하게 생각하는지에 대해 스스로 알고 있어야 한다는 점을 뽑고 있다.[4] 리더가 자신에 대해 충분히 알고 있고 인지하고 있다면 다른 사람이 자신에게 무엇을 기대하고 있는지도 이해할 수 있기 때문이다.

실제로 어느 경영자에 대한 사례이다. 그가 처음으로 경영자의 위치에 오르면서 스스로 자신이 대견하고 다른 사람들에게 친절하고 호감을 주는 스타일로 인식하고 있었다. 그런데 자신과 친한 관계에 있는 지인으로부터 자신이 전혀 인지하지 못하는 맹점이 있다는 점을 알게 되었다. 그 친구는 다른 사람들이 그를 자기주도적이고 상대방을 위협하는 리더로 인식하고 있다고 충고해주었다. 자신이 이해하는 자신과 다른 사람이 자신을 보는 정도의 차이가 존재하고 있었으며 이러한 맹점을 어떻게 줄이는가를 심각하게 고민하게 되었고 리더에게 자성self-reflection이 매우 중요함을 알게 되었다.[5]

### 리더의 맹점

많은 리더들은 **맹점**blind spots을 가지고 있다. 즉 자신이 지각하지 못하고 있거나 어떤 점이 문제인지를 파악하지 못하는 점을 맹점이라고 하는데, 다른 사람이 보는 자신과 자신이 보는 자신이 다른 경우 맹점이 생긴다.[6] 그리고 이러한 맹점이 크면 클수록 리더로서 성공하기 어렵다. 즉 공격적이고 다른 사람과 대립하는 행동, 혼자 독자적으로 움직이는 스타일은 모두 맹점을 보여주는 중요한 특징이다. 나중에 SAP이라고 하는 회사로 알려진 초기 석세스 팩터스Success Factors 소프트웨어 개발회사의 창업자인 라르스 달가드Lars Dalgaard는 리더십 코치를 통해 다른 사람들이 자신이 생각하는 바와 전혀 다르게 약간 거칠고 얼간이 같은 스타일로 보고 있다는 사실을 알게 된 이후 충격을 받았다고 한다. 전혀 자신을 파악하지 못하고 잘못 이해하고 있었던 것이다. 그 이후 달가드는 다른 사람과의 관계에 정서적으로 대하고 종업원들을 배려하는 노력을 지속적으로 기울여왔다. 자신의 맹점을 파악하고 자각을 하게 됨으로써 리더로서 성공 요인을 찾은 것이다.[7]

스탠포드 대학의 로버트 서튼Robert Sutton 교수는 리더의 얼간이jerk 스타일이 동료들뿐 아니라 회사의 성과에도 부정적 영향 미친다고 경고하고 있다. 그는 전형적인 얼간이 스타일을 보이는 사람과 간혹 그런 특징적 요소를 가지고 있는 사람을 구별하고 있는데, 전형적인 얼간이 스타일 리더는 다른 사람을 괴롭히고 인격적으로 모독을 주고 정서적으로 피해를 끼치곤 하여 회사에서 영향력이 높은 직위에 있지 못한다고 강조하고 있다.[8] 그런가하면 전형적인 얼간이 스타일을 보이지 않는 리더라고 해도 맹점을 갖고 있다. 또한 리더가 중간관리자 시절에는 성공적인 리더십 스타일을 보이다가도 높은 지위에 오르게 되면 자신의 맹점을 보지 못하는 경우도 있다. 우리가 잘 아는 GE의 잭 웰치 전임 회장도 이와 유사한 경우이다. 그는 회사에는 이익을 가져왔지만 거침없고 오만한 리더십 행동은 그를 달리 평가하게 만들고 있다. GE의 임원 중 누군가는 잭 웰치 스스로가 자신의 맹점이 무엇인지 파악해하고 자성할 수 있었어야 한다고 지적하기도 하였다.[9] 그런가하면 리더들이 가지고 있는 맹점 중의 하나로 지나친 호의성too nice을 들 수 있다. 모든 사람을 만족시키고 즐겁게 하려는 리더 스타일은 자신을 피폐하게 하고 잘못된 결정을 이끌 수 있다.[10]

## 퍼스낼리티와 리더십

**퍼스낼리티**personality란 보통 성격이라고 일컬어지지만 단순히 성격만을 의미하는 것은 아니다. 퍼스낼리티는 광범위한 개인의 특성과 성향을 포괄적으로 나타내는 의미로 직장생활이나 삶을 형성하는 기초적인 형질이 된다. 조직에서 구성원 개개인의 퍼스낼리티를 이해하는 리더라면 분명히 성공하는 리더가 될 것이며, 자신의 퍼스낼리티를 정확하게 인지하고 있는 사람은 성공적인 조직 생활을 영위할 수 있을 것이다.

**IN THE LEAD** Rick Williams and John Addison, Primerica Inc.

프리메리카 보험(Primerica)은 보험재무관리를 수행하는 최고의 회사 중 하나이다. 그런데 이 금융회사의 성공 신화는 다름 아닌 2명의 공동 경영자에 의해서 이루어지고 있다. 사실 일반적으로 2명의 공동 경영이 성공하는 경우가 드물다. 그 이유는 보통 사람의 성향은 다를 수밖에 없고 각각의 경영자가 서로 다른 자신의 관점을 강조하고 자신의 이익을 우선하려든다면 어쩔 수 없이 회사는 의사결정이 혼란스럽게 이루어질 수밖에 없기 때문이다.

그런데 프리메리카 보험은 2000년 이후로 지속적으로 쌍두마차의 경영자가 운영하는 회사가 잘 굴러가고 있었다. 릭 윌리엄스(Rick Williams)와 존 애디슨(John Addison)은 공동경영자로서 서로 각각 다른 성향을 가지고 있었으나 서로 보완해주는 역할을 하고 있었다. 애디슨은 릭에 대해 그는 자신이 남에게 주목받는 것을 별로 좋아하는 스타일이 아니다. 나는 사람들이 나를 주목해주고 사람들 앞에 내가 나설 수 있는 것을 선호하는 편이다 라고 말한 바 있었다. 실제로 회사에서 2년마다 있는 컨퍼런스에서 릭은 자신이 대중들과 투자자들 앞에서 공개적으로 스포트라이트를 받으면서 서야 하는 자리에서 오래 머물지 않고 빨리 자신의 좌석으로 돌아가는 모습을 볼 수 있었다. 반면에 애디슨은 자신의 차례에서 당당하게 무대에 나가 자신을 내세우고 미소를 머금으면서 환호에 대응하는 모습을 보여주었다. 대중들에게 나서는 모습에서도 이들 2명의 경영자는 서로 다른 스타일을 보인 것이다.

릭은 애디슨이 다른 사람들에게 주목받는 것을 이상하게 생각하지 않았다. 차라리 자신은 배후에서 묵묵히 일하는 편이 더 편안하다고 말하기도 한다. 그의 스타일은 조용하면서 분석적이고 적시에 정확한 결정을 내리는 유형이지만 애디슨과 같이 외향적이고 친화적이면서 직관적이며 동기부여형의 스타일이 자신의 부족한 부분을 채워주고 있어 파트너로서 좋아했다. 그리고 릭은 애디슨이 자신의 업무 유형을 하지 못하는 것처럼 나 역시 애디슨의 업무 스타일을 내가 할 수 없다고 말하고 있다. 결국 자신이 못하는 일을 상대가 해주어 서로가 잘 보완해주면서 문제를 해결하게 되어 결국 좋은 경영 방식을 만들어가고 있다는 점을 강조하고 있다.[11]

## Big 5 퍼스낼리티 모델

대부분의 사람들은 퍼스낼리티를 성격 특성으로 이해연구자들은 성공한 리더들의 특성 파악에 많은 노력을 기울여 왔다. 오랜 세월을 통해 성공 리더들의 특성을 다섯 가지로 구별하였고, 이론으로 모델화한 것이 **Big 5 퍼스낼리티**Big 5-Personality dimensions이다.[12] 이 이론은 인간의 퍼스낼리티를 다섯 가지 측면, 외향성, 친화성, 성실성, 정서적 안정성, 경험에 대한 열린 태도로 분류한다. 이들 각각에 대해 사람들마다 정도의 차이는 있지만 보통 강약에 따른 3단계로 구별한다.

**외향성** **외향성**extraversion이란 다른 사람들과 **사회생활을 하면서 적극적으로 자신을 내세우며 사회성이 강한 정도**를 의미한다. 처음 만나는 사람에게도 편안하게 분위기를 주도하는 성격이며 모든 면에서 적극적인 성격이다. 이런 성향을 가진 사람은 주도적인 성향dominance이 강해 다른 사람을 적극적으로 통제하려 하기도 하고 자신감이 넘치며 권력을 추구하고 야망이 있으며 공격적이다.

적극적이고 주도적 특성과 외향성이 성공 리더의 기본 요건이 되지만 필수불가결한 조건은 아니다. 왜냐하면 성공한 최고경영자들 가운데는 외향적이지 않은 사람도 많기 때문이다. 컴퓨터 산업의 선두주자인 마이크로소프트의 빌 게이츠Bill Gates, 금융의 귀재인 워렌 버핏Warren Buffett, 사라 리Sara Lee의 CEO 브렌다 반스Brenda Barnes, 플렌티오브피쉬Plenty of Fish의 마커스 프렌드Markus Friend 등은 내향적 성격으로 최고경영자의 위치에 있는 예라고 할 수 있다. 실제 성공한 최고경영자 10명 가운데 4명은 내향적 성향을 가지고 있다고 한다. 결국 외향성은 경영자의 중요한 성향이지만 너무 주도성이 강하게 되면 리더로서 부정적이게 된다. 결국 여러 가지 특성이 조화를 이루는 것이 중요하다고 볼 수 있다.

빌 게이츠

워렌 버핏

브렌다 반스

출처: google.com/images

**친화성** **친화성**agreeableness은 **다른 사람들에게 협력적이고 관대하며, 인정이 많고 이해심과 신뢰로 친교 관계를 맺는 속성**이다. 친화성이 높은 리더들은 온화하여 쉽게 다가갈 수 있으며, 그렇지 않은 리더들은 차갑고 거리감을 느끼게 하며 정서적인 감정이 없어 보인다.

출처: google.com/images

리 레이먼드

VS

렉스 틸러슨

이러한 친화성은 요즘과 같이 조직 내 협력을 강조하는 상황에서 중요하게 인식되고 있다. 과거의 관리자들은 부하를 위협적으로 압도하는성향이 강했지만, 현재의 성공한 리더는 '터프가이'의 속성보다는 신뢰를 얻고 애정을 표하는 방법을 잘 아는 사람들이다.[13]

최근 금융위기를 겪으면서 리더의 친화성은 더욱 강조되고 있다. 골드만 삭스Goldman Sachs의 CEO 로이드 C. 블랭크페인Lloyd C. Blankfein은 관리자의 의사소통, 팀워크, 협동 추진, 파트너십 창출 등의 능력이 조직 운영의 필수적 요소라고 강조하였다. 그는 매일 전 직원에게 음성메일을 보내고 사내 이곳저곳을 돌아다니며 궁금한 점에 대해 서로 묻고 대답하며 교감을 가지려고 노력한다. 또한 CEO들은 주주나 언론에 자신의 부드럽고 친근한 이미지를 부각시키기 원하지만, 단순히 노력한다고 되는 것은 아니다. 엑슨 모빌Exxon Mobile의 전임 CEO 리 레이먼드Lee Raymond는 많은 돈을 투자하여 자신의 친근감을 부각시키려 하였지만 주주들이나 언론이 갖고 있던 완고하고 자기중심적 인물이라는 인식을 바꾸지 못했다. 반면 그의 후계자인 렉스 틸러슨Rex Tillerson은 언론으로부터 친근함, 유머감각 등에 대해 긍정적인 평가를 받고 있다.[14]

직장에서의 성공 비밀은 바로 호감likability을 갖게 하는 것이라는 말이 있다. 사람들은 동료거나 상하급자거나 상관없이 상대방에 대해 호감을 갖게 되면 그 사람을 좋아하게 되고 좋은 관계를 맺기 위해 노력하게 된다. 결국 리더들은 친화성을 강화시켜 자신의 긍정적인 모습을 보이도록 노력해야 한다.[15]

**성실성** 성실성conscientiousness은 **책임감과 인내심을 가진 성취지향적 태도**를 말한다. 성실한 사람은 몇 가지 목표에 초점을 맞추고 목표 달성을 위한 올바른 방법을 택하는 반면 그렇지 않은 사람들은 쉽게 목표가 흐트러지고 매사에 충동적이다. 기업가 가운데 성실성을 가진 사람은 쉽게 만날 수 있다. 마크 에코 엔터프라이즈Marc Ecko Enterprise사의 창업주 마크 에코Marc Ecko는 중학교 3학년(미국에서는 8학년)때 티셔츠 판매 사업을 시작했으며 대학 진학 이후에도 계속 이 사업을 추진하여 결국 큰 사업가로 성공할 수 있었다. 자신이 가진 꿈을 실현시키기 위해 지속적으로 성실하게 노력한 결과라 할 수 있다. 초창기에는 사업 운영이 매우 힘들었으나 지금은 1,500명의 직원에 15억 달러 매출을 올리는 큰 기업으로 성장하였다.

마크 에코

출처: google.com/images

**정서적 안정성** 정서적 안정성emotional stability은 **덤벙대지 않으며 확고한 자신감을 가진 차분한 성향**을 말한다. 정서적으로 안정된 사람은 스트레스를 잘 조절하고 위기에 직면해도 이에 잘 대응하며 실수와 실패가 적다. 반면 정서적 안정성이 부족한 리더는 자주 긴장하고 걱정이 많으며 의기소침한 경우가 많다. 일반적으로 이런 리더는 자신감이 없고 스트레스를 받으면 감정이 쉽게 폭발한다. 예를 들면 월트 디즈니Walt Disney Company사의 CEO 밥 아이거Bob Iger는 정서적 안정성을 통해 그간 분란으로 골치를 앓던 월트 디즈니를 평화롭고 이익을 내는 회사로 탈바꿈시켰다.

밥 아이거와 같이 정서적으로 안정된 리더가 아닌 리더가 운영하는 기업은 긴장과 불안에 쌓여있기 십상이다. 정서적으로 불안정한 리더들은 보통 자신감이 저하되어 있고 스트레스나 비난을 받으면 감정 폭발로 이어지곤 한다. 이와 관련된 세부 내용은 5장에서 다루게 될 **정서지능**emotional intelligence에서 살펴보기로 하겠다.

**경험에 대한 열린 태도** 경험에 대한 열린 태도openness to experience는 **매사에 관심이 많고 상상력과 창조적인 아이디어를 좋아하는 성향**이다. 호기심도 많아서 여행이나 영화, 독서, 외부 활동을 통해 새로운 경험을 계속 추구한다. 반면 이런 성향이 낮은 사람들은 관심 분야가 좁고 자신이 믿을 수 있는 방법만을 고집한다. 최근 조직의 변화와 혁신이 강조되는 상황에서 이처럼 경험에 대한 개방성이 높은 리더들이 새로운 변화를 유연하게 수용하는 경향이 높고, 개방성이 낮은 리더들은 변화에 부담을 갖는 경우가 많다. 이와 관련하여, 19세기에 활동했던 3명의 리더, 존 퀸시 아담스John

존 퀸시 아담스

프레드릭 더글러스

제인 아담스

출처: google.com/images

Quincy Adams(미국 6대 대통령), 프레데릭 더글러스Frederick Douglass(미국 노예폐지 운동가), 제인 아담스Jane Adams(미국 최초 노벨평화상 수상자)들을 연구해보니, 이들 리더는 성장기 초반에 여행 경험이 많았으며 새롭고 이질적인 문화의 경험이 개방적 태도 형성에 큰 역할을 하였다고 한다.[16]

퍼스낼리티에 관한 수많은 연구가 있었지만 Big 5 퍼스낼리티와 성공적 리더십의 연관성을 연구한 논문은 많지 않다. 퍼스낼리티와 성공적 리더십에 관한 지난 70년간의 자료를 살펴보면 Big 5 퍼스낼리티 가운데 네 가지 성향은 성공적 리더십과 연관성이 높은 것으로 나타났다.[17] 즉, 외향성, 친화성, 성실성, 정서적 안정성이 높은 사람들은 리더로 성공할 가능성이 높다. 또한 심리학자들이 미국의 위대한 대통령들을 대상으로 리더십 성향을 분석한 결과에 따르면, 링컨이나 제퍼슨처럼 경험에 대한 열린 태도를 갖춘 대통령들이 위대한 대통령으로 평가받는 경우가 많다고 한다. 하지만 경험에 대한 열린 태도가 성공적인 리더가 되기 위한 필수 조건인가에 대해서는 의문의 여지가 있다. 미국 대통령 중에는 다른 특성보다는 외향성과 성실성이 두드러진 특성으로 나타나고 있는 경우가 있기 때문이다. Big 5 퍼스낼리티에 대한 일반적 결론은 실제로 다섯 가지 특성 모두에 높은 점수를 얻은 리더는 거의 없다는 점이다.

## 퍼스낼리티 특성과 리더 행동

리더십 행동에 영향을 미치는 일반적인 퍼스낼리티 특성은 통제 주도권과 권위주의 등을 들 수 있다.

**통제 주도권** 사람들마다 자신의 삶에 대해 각기 다른 관점을 갖고 있다. 어떤 사람은 운명과 자신에게 일어나는 일들이 모두 자신에게 달려있다고 보는가 하면, 다른 사람은 운명이 운이나 기회 등 외부적 요인에 의해 결정된다고 생각하기도 한다. **통제 주도권**locus of control은 **자신의 삶이 자기 스스로에 의해 결정된다고 보거나 아니면 외부 환경에 의해 결정된다고 보는 관점**을 뜻한다.[18] 자신에게 벌어지는 일들이 자신에 의해 결정된다고 믿는 사람을 내재론자internal로, 반면 외부 환경 요인에 의해 자신에게 벌어지는 일들이 결정된다고 믿는 사람을 외재론자external로 일컫는다. [IN THE LEAD]의 사례는 페이스북Facebook의 공동창업자인 크리스 휴즈Chris Hughes의 내재론 성향을 다루고 있다.

크리스 휴즈는 강한 내재론자의 속성을 보이고 있다. 통제 주도권에 관한 수많은 연구에 따르면 내재론자와 외재론자 사이에는 행동의 차이가 많음을 알 수 있다.[19] **내재론자들은 보통 자신의 행동을 잘 통제하고 사회적, 정치적 활동에 적극적으로 참여하며, 많은 정보를 능동적으로 수집하고 활용**한다. 또한 이들은 복잡한 정보나 문제 등을 잘 통제하며 외재론자들보다 성취지향적이다. 뿐만 아니라 다른 사람들에게 영향력을 미치는 경우가 많고 리더십의 기회를 적극적으로 잡으려고 한다.

**IN THE LEAD** Chris Hughes, Facebook and MyBarackObama.com

크리스 휴즈는 노스캐롤라이나의 시골에서 연로한 부모의 외동아들로 태어났다. 아버지는 종이 판매업자였고 어머니는 공립학교 교사였다. 그가 고등학교에 진학하게 되었을 때 한적한 시골에서 학교를 졸업하고 평범하게 사는 것보다는 뭔가 다른 특별한 삶을 살고 싶은 욕구가 강했다. 그러나 그의 가정은 휴즈의 진학 계획을 후원하기에는 부족한 상황이었다. 그는 부모에게 알리지 않고 동부의 명문 기숙고등학교에 장학금 지원제도 등을 알아보고 나서 이 학교로 진학하여 장학금으로 학비를 해결하고 이후 하버드대학교에 입학하게 되었다. 대학 1학년 때 그는 동기인 마크 주커버그(Mark Zuckerberg)와 더스틴 모스코비츠(Dustin Moskovitz)를 만나 페이스북(Facebook)을 창업하기에 이르렀고 2008년 미국 대통령 선거에서는 오바마(Obama) 후보의 선거캠프에 참여하여 개인 사이트 Mybarackobama.com을 개설하여 오바마 후보의 선거를 측면 지원하였다. 이로 인해 그는 '대통령을 만든 젊은이'로 평가받아 잡지 패스트컴퍼니(FastCompany)의 표지에 등장하게 되었다.[20]

반면 **외재적인 성향을 가진 리더들은 구조화된 업무 형태를 선호하고, 지시적인 경향이 강하다.** 이들은 내재적 성향을 가진 리더들보다 주어진 업무를 충실히 수행하는 것은 익숙하지만 진취적이고 창조적인 업무에는 미흡한 측면을 보인다. 외재론자들은 감시 감독하에서 주어진 일을 잘 수행하는 데는 익숙하지만 변화무쌍한 리더십 역할에는 적합하지 않다.

**권위주의** 어떤 조직이든 권력과 지위에는 다소 차이가 나기 마련인데 권력과 사회적 지위의 차이가 있다고 믿는 정도에 따라 **권위주의**authoritarianism에 대한 생각이 달라진다.[21] 권위주의 성향을 많이 갖고 있는 사람들은 보편적으로 평상적인 규정이나 가치를 준수하고 설정된 권위를 준수하고, 주어진 기준에서 사람을 평가하며, 개인적 감정 표현을 용납하지 않는 경향을 보인다. 리더의 권위주의 정도는 리더의 권력 사용이나 공유 정도를 결정하게 되는데, **극도로 권위적인 리더는 공식적 권한에 의존하고 부하들과 권한을 공유하려 하지 않으며, 전통적인 관리 방식을 선호**한다.

하지만 새로운 리더십 패러다임은 이와 같이 권위주의가 강한 경우를 긍정적으로 평가하지 않는 경향이 있는데, 그 이유는 이런 리더와 일하는 부하들은 창의적이고 진취적인 노력을 기울이지 않게 되기 때문이다.

강한 권위주의 성향은 1장에서 학습한 관리 방식에서 전통적이고 합리적인 접근법에 해당되지만, 새로운 리더십 패러다임은 리더의 이러한 성향을 별로 강조하지 않는다. 리더들은 자신의 권위주의적 성향을 파악하는 것도 필요하지만 부하직원들의 권위주의 성향을 판단해보고 리더의 권위에 어떻게 대응하는지에 대해서도 알아야 할 필요가 있다. 리더와 구성원 사이에 권위주의 성향의 차이가 있을 때 효과적인 리더십은 달성되기 어렵다.

권위주의와 유사한 리더십 성향으로 독단주의dogmatism를 들 수 있다. 독단주의는 다른 사람의 생각이나 견해를 수용하는 정도를 말하는데, 매우 독단적인 사람은 폐쇄적이고 다른 사람의 생각을 수용하려고 하지 않는다. 그리고 독단주의적 리더들은 제한된 정보를 갖고 신속하게 결정을 내리고 자신의 의견이나 결정과 다른 견해는 수용하지 않는 경향을 보인다. 반면 효과적인 리더들은 일반적으로 독단주의 수준이 낮고 개방적이며 다른 사람의 견해를 적극적으로 수용하는 편이다. 결국 사람의 성격 특성이나 퍼스낼리티가 어떻게 행동에 영향을 미치는지 이해하는 리더는 매우 큰 자산을 보유하고 있는 셈이다. 사람들 사이의 개인차를 이해하는 리더는 자신의 행동뿐만 아니라 부하들의 행동에서도 의미있는 정보를 찾아낼 수 있다.

## 가치와 태도

사람들은 퍼스낼리티뿐만 아니라 가치와 태도에서도 개인차가 있다. 이러한 차이는 다른 사람들에게 상당한 영향을 미치게 된다. 가치관에서 사람들 간에는 차이가 있는데, 가치관은 수단 가치와 최종 가치로 구별된다.

### 수단 가치와 최종 가치

사람은 누구나 자신만의 가치관을 갖는다. **가치**value란 특정 대상에 대해 자신이 중요하게 생각하는 것을 말하는데, 여기서 특정한 것이란 인물이 될 수도 있고 특정 물건이 될 수도 있으며, 이러한 가치는 보통 쉽게 바뀌지 않는 것으로 태도, 지각, 행동에 영향을 미친다.[22] 그리고 이러한 가치관은 자신의 행동 방식에 영향을 미치는데, 예를 들어 정직과 솔직함을 중요하게 생각하는 사람은 거짓말을 자주하는 상사를 존경하거나 따르지 않고 최대의 성과를 제공하지 않는다.[23]

가치는 수단 가치와 최종 가치로 구별된다.[24] 사회학자인 밀튼 로키치Milton Rokeach는 각각 18개 항목의 수단 가치와 최종 가치를 구별했는데, **최종 가치**end value란 자신이 궁극적으로 **추구하고자 하는 중요한 목표나 결과**를 의미한다. 예를 들어 사람에 따라 안전을 중요한 최종 가치로 생각하여 편안한 삶, 건강한 신체 등을 추구하는 사람이 있는가 하면 어떤 사람은 사회적 인정, 쾌락, 즐거운 삶을 추구하기도 한다. 반면 **수단 가치**instrumental value란 **목표 달성에 적합하다고 생각되는 행동 유형에 대한 신념**을 말한다. 정직, 용기 또는 다른 사람을 돕고 배려하는 봉사나 후원 등이 이런 수단 가치에 해당된다.

대부분의 사람이 수단 가치와 최종 가치를 다 갖고 있지만 그 정도에는 차이가 있다. 수단 가치와 최종 가치 가운데 어느 부분을 더 중요하게 생각하는가에 따라 그 사람의 가치관을 판단할 수 있다. 〈도표 4-1〉은 리더와 리더가 아닌 사람이 각각 중요하게 생각하는 가치관이 차이 있음을 보여주고 있다.[25] 그리고 성공적인 리더가 되기 위해서는 가치관의 차이를 규명하고 이해해야 하고 이런 리더는 소통을 잘 할 수 있다.

이러한 가치관은 문화가 다른 국가 간에 차이가 있다. 예를 들어 미국은 독립심의 가치를 중요하게 생각하고 학교나 종교기관 등에서 가치관을 형성시킨다. 그런가 하면 다른 문화권의 나라에서는 독립심이 그다지 중요하지 않고 서로 밀착된 공동체 형성을 더욱 중요하게 생각하기도 한다. 그런가 하면 가족이 가치관 형성에 영향을 미치는 경우도 있다. 물론 가치관은 타고난 것이라기보다는 학습에 의해서 형성되는 경우가 많으며, 어떤 리더는 자신의 가치관 형성에 가장 큰 영향을 미친 사람을 부모로 인정한다. 예를 들어 타임 워너 케이블Time Warner Cable사의 미시시피 본부장인 빌 파머Bill Farmer는 자신이 지역사회에 공헌할 수 있게 한 원동력은 어머니로부터 나온 것이라고 말한다. 파머는 미시시피 잭슨 주립대학교Jackson State University의 학습 지원 센터에서 게스트 리더guest reader로 자원봉사하고 다양한 비영리조직의 이사로 활동중이며 지역사회 환경에 긍정적인 활동을 하기 위해 만들어진 상공회의소에도 적극적으로 참여하고 있다.[26]

가치관은 또한 초년시절에 형성되는 경우가 많은데 세월이 지나면서 가치관은 변화하기도 하며, 이러한 가치관은 리더십 행동의 여러 측면에 영향을 미친다.[27] 첫째, **가치는 리더가 다른 사람들과 관계를 형성하는 과정에 영향을 미친다.** 순종과 공손

**도표 4-1 ● 리더와 비리더의 가치관 랭킹**

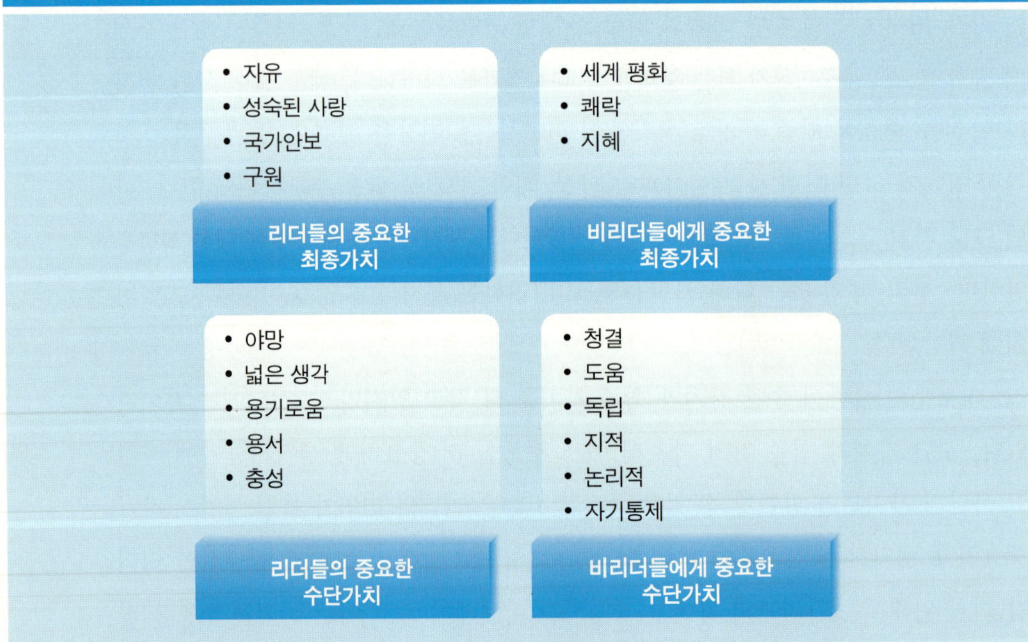


출처: *Harvard Business Review*. An exhibit from Robert Tannenbaum and Warren Schmidt, "How to Choose a Leadership Pattern" (May–June 1973). Copyright 1973 by the president and Fellows of Harvard College.

함을 가치 있게 생각하는 리더는 독립적이고 창의적이며, 다소 반항적 모습을 보이기도 하는 부하들을 이해하지 못한다. 둘째, **가치관의 차이는 다양한 부하들을 이해하며 업무를 수행하거나 경쟁적 직무 환경을 파악하는 데 도움**이 된다. 셋째, 개인의 가치관은 리더가 **기회와 위험을 인식하는 데 영향**을 미치며, 부하에 관련된 의사결정에도 영향을 준다. 넷째, 가치는 리더의 선택과 행동에 영향을 끼친다. 용기에 큰 비중을 두는 리더는 자신이 옳다고 생각하는 행동을 취하게 된다. 다섯째, 가치는 리더가 권력을 확보하고 사용하는 과정을 결정하며, 갈등 관리와 의사결정 방식에 영향을 미친다.

[IN THE LEAD]의 사례에서 보여주는 클라크 제독은 부하직원을 아끼고 용기를

**IN THE LEAD Vernon E. Clark : 2000~2005 재임 해군참모청장**

클라크 제독은 미국 해군에서 37년간 봉직하였고 2005년 7월 퇴역한 장성이다. 그는 미국 역대 해군참모총장 가운데 2번째로 오래 참모총장직을 수행하였다. 해군 참모총장으로서의 직책은 전쟁과 관련하여 대통령에게 조언을 제시하는 역할을 수행해야 한다.

그가 2000년 처음 참모총장으로 취임하였을 때 해군 수병의 수가 점점 줄어가는 상황이었다. 그로서 국가를 수호하는 훌륭한 해군 장병을 양성하고 유지하는 일이 가장 우선의 업무라고 생각했다. 그래서 그의 모든 주안점은 어떻게 하면 전방에 있는 장병을 보호할 수 있는가에 가치를 부여하는데 결정 기준을 두고 있었다. 그리고 해군본부에서 장병들의 훈련과 교육에 대한 예산 감축을 제안해 왔을 때 클라크 제독은 반대의 의사를 명확히 하였다. 오히려 교육훈련비를 더욱 증대시켰고 수병들에 대한 급여를 높여주고 해군훈련센터 12곳을 창설하였다. 또한 클라크 참모총장은 모든 계급의 수병들에게 건설적인 피드백을 줄 수 있도록 평정 시스템을 개선하였다. 일반수병과 장교와의 경계를 크게 두지 않았고 당사자가 원하지 않는 업무나 장소에 배치하지 않는 업무 배치를 할 수 있도록 개정하기도 하였다. 무슨 일을 즉시 수행하는 것보다 올바르게 수행하는 일이 옳다고 생각해서 클라크 참모총장은 모든 사람들로 하여금 도전정신을 강화하고 질문을 하게 하고 갈등의 문제를 표현하기를 진작시켰다.

그의 이와 같은 가치관에 기초를 둔 결정과 실행은 미국 해군 수병의 비율이 어느 때보다 높은 비율로 증대되었고 우수한 해군병사를 유지할 수 있음으로써 미국의 안보에 긍정적인 영향을 미친 유능한 장군으로서 명성을 올릴 수 있었다.[28]

부여해주는 데 높은 가치를 두고 있는 리더이다. 그는 사람들이 유행처럼 선호하는 일보다 옳다고 믿는 일에 더 주안점을 두고 행동하는 리더의 특성을 보여 주었다. 이와 같이 자신의 가치를 분명하게 하고 이러한 가치에 기반을 두는 행동을 하는 리더는 유능한 리더로 평가되는 경우가 많다. 또한 기업 사회에서도 리더로서 기업의 가치관을 윤리적 관점에서 분명히 제시하는 리더는 유능한 리더가 될 수 있을 것이다.

또한 리더가 보유한 가치관은 선택과 행동에 영향을 미친다. 용기를 내어 자신이 믿는 바를 중요하게 생각하는 리더는 남들이 일반적으로 택하는 방안이 아니더라도 올바른 결정을 내리는 경향이 강하다. 또한 가치관은 권력을 획득하고 사용하는 방법을 결정하게 되며, 갈등 관리 방식, 의사결정 방식에 영향을 미친다. 경쟁과 야망에 가치를 부여하는 사람은 화합과 관용을 중시하는 사람과 차이를 보이게 된다. 따라서 윤리적 가치를 가진 리더는 도덕적으로 옳고 그름을 판단할 수 있는 결정을 내린다. 결론적으로 인정받는 유능한 리더가 되기 위해서는 자신의 가치를 명확히 하고, 어떻게 가치가 자신의 행동 지침이 될 수 있고 조직에 영향을 미치게 되는지를 알고 있어야 한다. 게다가 오늘날의 많은 조직들은 자신의 조직이 중시하는 가치관을 명료하게 제시하는 일이 조직운영의 핵심적인 일이 되고 있다.

### 태도와 리더십

가치관은 리더 스스로는 물론이고 부하들의 태도에도 영향을 미친다. **태도**attitude는 심리 변수로 특정 대상에 대한 평가를 말하는데, 2장에서도 언급한 바와 같이 사람의 **긍정적이고 낙천적인 견해와 태도는 성공적인 리더십의 요인**이 된다.

행동과학자들은 태도를 세 가지 요소로 세분하여 설명하고 있다. 첫 번째 요인은 인지cognition로 사람이 갖고 있는 아이디어와 지식을 말하며 보통 사고thought라고 일컫는다. 두 번째 요인은 대상이나 사람에 대해 느끼는 정서affect를 말한다. 세 번째 요인은 행동behavior으로 특정 방식의 행동 의도나 경향을 말한다. 이 세 가지 요인으로 구성되는 태도는 가치관보다는 쉽게 변화시킬 수 있지만, 태도는 기본적으로 개인의 가치관에 영향을 받고 개인이 살아온 배경과 인생 경험이 그 바탕을 이룬다. 보통 열정적으로 타인을 돕고 관용하는 가치관을 갖는 리더는 부하를 대하는 태도가 개인의 야망과 능력을 중시하는 리더와는 확연하게 다르다.

부하들과의 관계를 형성하는데 리더 자신 및 타인의 태도가 상당한 영향을 미친다.[29] 리더십 스타일은 타인에 대한 태도를 어떻게 전제하는가에 따라 달라진다.

LEADER'S BOOKSHELF 리더십 서재

## What Got You Here Won't Get You There

© photogl/Shutterstock.com

*by Marshall Goldsmith & Mark Reiter*

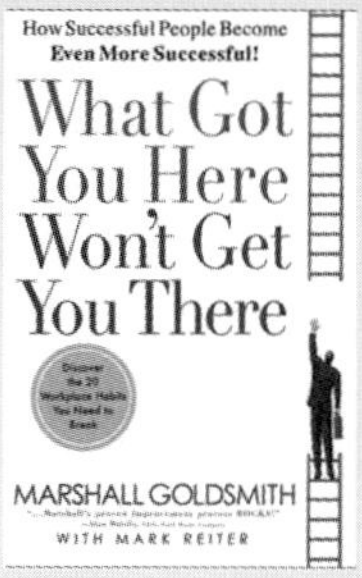

출처: google.com/images

임원코칭 전문가로 널리 알려진 마샬 골드스미스(Marshall Goldsmith)는 성공이 사람으로 하여금 자신의 모든 일이 잘 돌아가고 있다고 믿게 만든다고 말한다. 그래서 사람들은 대인관계에서 실수를 인식하지도, 인정하지도 않음으로써 자신의 지속적인 경력개발이나 발전적인 활동에 게으르게 된다. 이 책이 한국에서 「일 잘하는 당신이 성공을 못하는 20가지 비밀」이라고 번역된 것처럼, 저자들은 리더의 발전을 저해하고 조직에 역기능을 가져올 수 있는 리더의 20가지 행동에 대해 설명하고 있다. 그 내용들을 살펴보면 다음과 같다.

1. 과도한 승부욕
2. 지나친 의견 추가
3. 쓸데없는 비평
4. 파괴적인 말
5. 부정적 표현
6. 잘난 척하기
7. 격한 감정
8. 반대 의견
9. 정보 독점
10. 인색한 칭찬
11. 남의 공 가로채기
12. 변명
13. 핑계
14. 편애
15. 사과하지 않기
16. 경청하지 않기
17. 감사하지 않기
18. 엉뚱한 화풀이
19. 책임전가
20. 자기미화

출처: 책과 http://blog.naver.com/gnlworld/80116632798의 내용을 참고한 것임.

즉 인간의 본성이 근본적으로 정직하거나 진실된다고 생각하거나 인간이 성장하고 발전하는 정도의 태도에 따라 리더십 스타일이 결정될 수 있다.

자신의 자아 개념에 근거하여 타인에 대한 전제를 구별한 더글러스 맥그리거Douglas McGregor는 인간 본성을 서로 다른 두 가지 전제로 구별한 X-Y 이론을 제시한다.[30] 〈도표 4-2〉는 X 이론theory X과 Y 이론theory Y의 차이점을 설명하고 있다. 만약 인간을 **X 이론적으로 본다면 사람을 게으르고 일하기 싫어하며 책임을 회피하는 존재로 전제**하게 된다. 그렇게 되면 상대방에 대해 강제로 통제해야 하고, 명령받거나 처벌 가능성이 없으면 업무에 전력을 기울이지 않는 존재로 인식하게 된다. 또한 명령받는 것을 좋아하고 그다지 야심도 많지 않고 자신의 안전만을 생각하는 것으로 인식하게 된다. 이러한 X 이론적 생각을 하는 리더들은 2장에서 언급한 업무 중심적 경향이 강한 리더이며 따라서 구성원보다는 생산성과 성과에 주력하게 된다. 반면 Y 이론적 리더는 사람들이 본질적으로 일을 싫어하지 않고 스스로 목표를 설정하고

**도표 4-2 ● X 이론과 Y 이론의 인간관**

| X 이론의 가정 | Y 이론의 가정 |
|---|---|
| • 원래 사람은 일을 싫어하고, 가능하면 회피하려고 함<br>• 사람들은 일을 싫어하므로 조직 목표를 달성하려면 강제로 지시하고 벌을 줘야 함<br>• 보통 사람들은 지시 받기 좋아하고 책임을 회피하며 별로 야망도 없고 시키는 일만 하려고 함 | • 신체적, 정신적 업무 노력은 당연하고, 본연적으로 일을 싫어하지 않음<br>• 조직목표 달성을 위해서는 단순히 구성원을 통제하기보다는 스스로 몰입하여 자신을 통제하게 해야 함<br>• 적절한 조건만 주어지면 사람은 스스로 학습하고 주어진 일을 책임지려 함<br>• 문제 해결을 위한 창의력과 상상력은 누구에게나 있음<br>• 정상 작업 조건에서 평균적으로 사람들의 지적 잠재성은 충분히 있으나 일부만 활용되고 있음 |

출처: Based on Douglas McGregor, *The Human Side of Enterprise* (New York: McGraw-Hill, 1960), pp. 33–48.

업무를 수행하려고 적극적인 노력을 기울인다고 생각한다. 이런 생각을 하는 리더들은 보통 인간 중심적이고 관계 지향적인 특성을 보인다. 물론 이런 리더들 가운데도 업무나 생산성을 지향하는 사람이 있기는 하지만 분명한 점은 **Y 이론적인 리더들은 부하들에게 접근하여 생각과 사고를 배려하는 경향이 높다**는 것이다.[31]

## 사회적 지각과 귀인이론

사물이나 특정 대상을 자신의 인지 과정을 통해 인식하는 과정을 **지각**perception이라고 한다. 지각은 **외부의 자극이나 정보를 선택, 구성, 해석하는 일련의 과정**을 말하는데, 지각은 가치관이나 태도에 의해 영향을 받거나 그 반대가 되기도 한다. 관리자를 오만하고 무감각한 전형으로 생각하는 사람은 자신의 상사도 그러한 유형이라고 인식하고, 환경이 다른 회사로 전직해서도 이런 지각을 동일하게 반복하는 경우가 많은 것은 지각의 예라고 할 수 있다. 또한 리더 스스로 경력 성공과 야망을 중요시하면 부하의 실수가 자신의 경력에 문제가 된다고 쉽게 판단하는 반면 관용과 후원을 중요한 가치로 다루는 리더는 부하가 실수하더라도 더 발전하고 잘할 수 있도록 기회를 주게 된다. 이러한 경향을 보더라도 사람이 오랜 세월 형성해온 가치관은 자신의 판단이나 행동을 결정하는 기반이 된다는 점을 알 수 있다.

태도, 퍼스낼리티, 가치관, 관심사, 경험 등은 개인차individual difference가 있으며, 이러한 개인차로 인해 동일한 사건에 대해 사람들마다 달리 보고 달리 판단하게 된다.

미국 회사원 대상 연구에서 관리자의 92%가 스스로 구성원 관리를 매우 잘하고 있다고 평가하지만, 구성원의 67%만 이 사실에 동의하는 것으로 나타났다. 같은 사실에 대해 관리자와 구성원의 생각이 다른 것이다. 또한 여성 인력의 40%는 자신들이 여성이기 때문에 직장에서 높은 서열에 진급하지 못하는 승진장벽(유리천장glass ceiling)의 한계가 있다고 생각하지만 남성 인력의 10%만 이런 생각을 갖고 있다.[32]

### 지각 왜곡

리더들의 판단과 지각이 항상 올바를 수는 없다. 사업 아이디어나, 대인 판단의 경우에도 오류를 범하는 경우가 있다. 이러한 경우를 **지각 왜곡**perceptual distortion이라고 하는데, 이는 지각의 일련 과정에서 오류와 잘못된 판단으로 인해 전체적인 지각이 다른 방향으로 변질되는 경우를 말한다. 지각 왜곡 혹은 지각 오류의 일반적인 예는 상동적 태도, 후광효과, 투사, 지각 방어 등을 들 수 있다.

**상동적 태도** **상동적 태도**stereotyping는 특정인에 대해 그 사람 개인의 면면을 보기보다는 그 사람의 태생적 속성, 즉 성별, 인종, 연령, 장애 여부, 출신 등에 기초하여 사람을 판단하는 지각상의 오류를 의미한다. 예를 들어 아무리 유능한 직원이라도 그가 특정 지역이나 국가 출신이라는 사실 때문에 편견을 갖는 경우를 말한다. 물론 상동적 태도 역시 긍정적인 면과 부정적인 면이 있는데 부정적인 경우, 직장에서 유능한 직원이 자신의 특징 성향 때문에 부정적으로 인식되어 결국 승진 등 경력에 제약을 받아 회사나 개인 모두에게 부정적인 영향을 미치게 된다.

**후광효과** **후광효과**halo effect는 사람이 갖고 있는 일부분에 대한 호의적, 비호의적 느낌이 다른 부분의 평가에까지 영향을 미치는 지각 오류를 말한다. A라고 하는 사람은 수학을 잘하는 학생이므로 과학 역시 잘할 것으로 쉽게 예단하는 경우를 예로 들 수 있고, 이러한 판단은 잘못될 가능성이 높다. 또한 직장에서도 성실하게 보이고 인상이 좋다고 해서 실제는 그렇지 않은데도 업무 능력이 있을 것으로 판단하는 경우도 후광효과에 해당된다.

**투사** 사람은 자신이 처해 있는 상황이나 관점을 다른 사람에게도 똑같이 적용하는 경우가 있다. 이를 **투사**projection라고 하는데, 심리학적으로 투사는 자신이 수용하기 어려운 감정들로부터 벗어나기 위해 자신을 방어하는 기제로서 사용하곤 하는데, 즉 다른 사람에게 잘못된 점을 전가함으로써 자신의 죄책감으로부터 벗어나려는 경우를 말하기도 한다. 리더 중에는 자신의 능력이 탁월하다고 판단하면 직원들도 일을 충분히 잘해낼 것으로 생각하는 경우가 있는데 이는 자신의 능력을 직원의 능력으로 투사하는 경우이다.

**지각 방어** 사람들은 자신에게 불쾌하거나 위협을 주는 자극이나 상황으로부터 벗어나고 싶어 하고 이에 대한 인식을 거부하려 하는데 이를 **지각 방어**perceptual defense라고 한다. 보통 이런 경우 사람들은 지각의 사각 지대blind spot를 만들어 부정적 감각이나 지각이 자신을 힘들게 하지 않으려고 한다. 예를 들어 직원 간 갈등이 발생하는 것을 매우 싫어하는 관리자가 있다고 가정하자. 그런데 그 이유를 보면 성장 과정에서 부모와의 갈등을 많이 경험하고 부모들이 항상 자신을 갈등 상황에 연결시킨 부정적 경험이 있었기 때문이다. 그래서 직원 간 갈등이나 부조화가 발생하면 의도적으로 방관하게 된다. 그러다 갈등이 심화되어 큰 문제로 터져버리면 현실적인 상황을 정확하게 판단하지 못하여 당황하게 되는데, 자기 스스로 상황이 그렇게 악화된 것을 의도적으로 인식하지 않았기 때문이다. 결국 지각 방어의 오류가 문제를 확대시킨 것이다.

## 귀인이론

사람들은 특정 사건이나 사안에 대해 어떤 결론에 다다르게 된다. 그런데 상황의 원인이 무엇인가에 따라 결과에 대한 해석이나 결론이 달라질 수 있다. **귀인이론**attribution theory은 **사건이나 행동의 원인을 어떻게 찾는가에 따라 판단이 달라질 수 있다는 이론**이다. 예를 들어, 직원들은 회사 실적의 원인을 최고경영자에게 두는 경우가 많지만 실제 사업의 흥망은 상당히 다양한 원인에 의해 결정된다. 어디에 흥망의 원인을 두는가에 따라 판단 결과는 달라지며, 특정인에 대한 평가에서도 마찬가지다. 부하를 평가할 때도 능력에 기준을 둘 것인지 아니면 상황으로 원인을 돌릴 것인지에 따라 부하에 대한 최종 평가 결과가 달라진다.

사람에게는 보통 두 가지 귀인 유형이 있다. 내적 귀인internal attribution은 **행동 수행자의 특성에 기초하는 경우**이다. 학생이 보고서 과제의 마감일을 넘겼을 때 그 학생의 능력 탓으로 돌리면 이는 내적 귀인이 된다. 반면 외적 귀인external attribution은 행동

수행자의 특성보다는 **상황에 원인을 돌리는 경우**인데, 학생이 보고서 과제의 마감일을 지키지 못했을 때, 취업 시즌이고 다른 일 등으로 바빠서 그랬을 것으로 생각하는 경우이다.

귀인이론은 조직행동에서 매우 중요한 역할을 한다. 부하의 잘못된 실적을 내적 귀인으로 결론내리면 상사는 부하를 질책하고 능력 향상을 위한 교육 훈련을 강화하게 된다. 반면 상황에서 원인을 찾는 외적 귀인을 하면 그런 상황이 발생하지 않도록 차단하는 노력을 하게 된다.

사회학자들은 귀인이 발생하는 과정을 〈도표 4-3〉과 같이 세 가지 요인에 의해서 설명하고 있다.

1. **독특성**distinctiveness: 판단하고자 하는 대상의 독특성에 기준을 두는 것인데, 예를 들어 직원이 기한 내 보고서를 내지 못했는데 그 직원이 다른 업무에서도 동일하게 기한을 넘겼는가를 보는 것이다. 만약 그 직원이 다른 일에도 동일하게 그랬다면, 독특성이 낮다고 보고 내적 귀인을 하게 된다.
2. **일관성**consistency: 특정인의 행동이 과거에는 어떠했는지에 따라 달라질 수 있다.

**도표 4-3 ● 내적 귀인과 외적 귀인의 결정 요인**

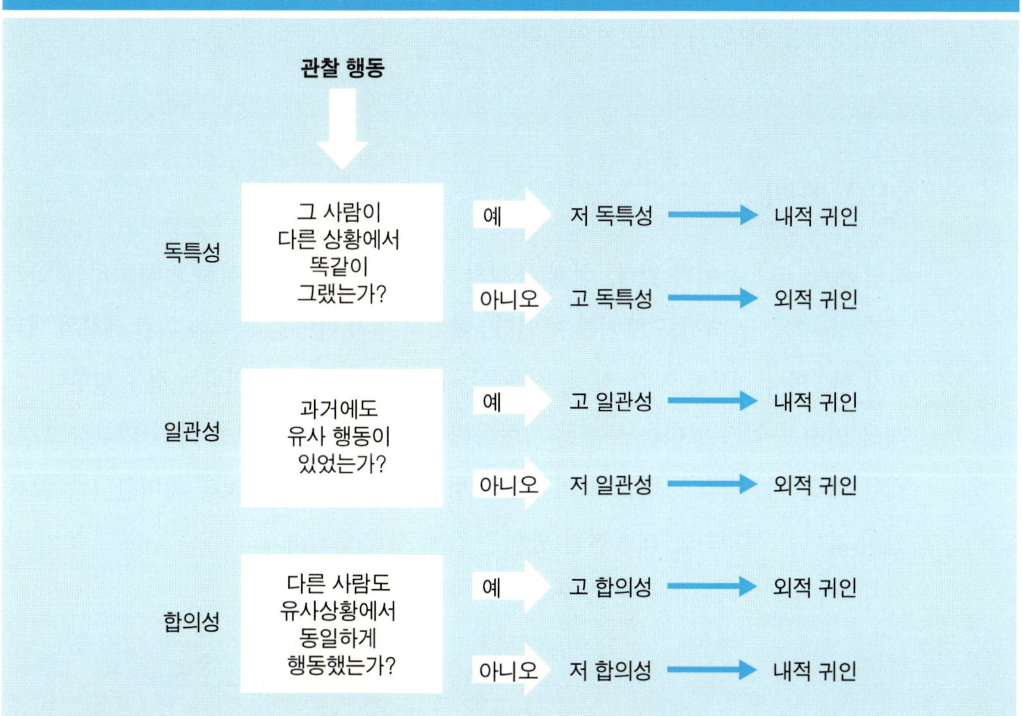

과거의 행동이 지금과 같이 일관성 있었는지 여부에 따르는 것이다. 만약 과거에도 일관성 있게 잘못된 행동을 해왔다면 그 사람 행동에서 문제를 지적할 수 있는 내적 귀인을 하게 된다.

3. **합의성**consensus: 다른 사람은 그러한 일에 어떻게 행동하는지에 따라 귀인이 달라진다. 직원이 보고서를 내지 못했는데, 다른 직원들도 동일하게 그랬다면 합의성이 높다고 보고 외적 귀인을 하게 된다.

지각 과정을 결정하는 세 가지 법칙 외에도, 귀인상의 오류를 볼 수 있다.

첫 번째는 **근본적 귀인 오류**fundamental attribution error이다. 사람에 따라 **타인을 평가할 때는 외적 요인을 간과하고 자신을 평가할 때는 내적 요인을 간과하는 경우**이다. 타인이 잘못하면 상황이 불가피했음에도 그 사람의 능력 탓으로 돌리고, 자신이 잘못하면 자신의 능력이 아닌 상황 탓을 하는 지각 오류를 말한다.

두 번째는 **자기 본위적 편향**self-serving bias을 들 수 있다. **'잘되면 내 탓, 잘못되면 조상 탓'**에 해당되는 경우로, 사람들은 성공 결과에 대해서는 내적 요인을 강조하고, 실패 결과에 대해서는 외적 요인을 강조한다. 그래서 결과가 발생했을 때 리더와 부하 간 서로 다른 해석을 하게 되고 결국 의사소통의 문제가 생긴다. [IN THE LEAD]의 사례는 케빈 켈리Kevin Kelly 사장이 어떻게 자기본위적 편향의 오류를 극복하고 리더십 성공을 이루었는지를 보여준다.

## 인지 차이

사람은 누구나 차이가 있다. 신체 특성의 차이뿐만 아니라 생각하고 사고하는 **인지적 특성**cognitive style에서도 차이를 보인다. 여기서 **인지 차이**cognitive difference**란 세상의 여러 가지 현상이나 정보를 지각, 해석, 사용하는데 사람마다 차이가 있다는 점을 말한다.** 그래서 인지 차이가 있다는 사실은 사람마다 특정사건이나 정보를 달리 해석하고, 문제를 해결하는 방식이 다르고 의사결정 방식도 차이가 나는 것을 의미한다.[33] 보통 인지 차이를 설명하는 대표적인 방법은 좌뇌 사고 유형left-brain thinking pattern과 우뇌 사고 유형right-brain thinking pattern으로 구별할 수 있다.

**IN THE LEAD** Kevin Kelly, Emerald Packing

EMERALD PACKAGING INCORPORATED

출처: empack.com

케빈 켈리(Kevin Kelly)는 캘리포니아에 소재한 음식물 포장에 쓰이는 비닐봉지 회사의 CEO다. 그런데 켈리는 자신이 매출 성장과 이익을 내는 데 주도적인 역할을 하였고 자신이 최고라고 생각하고 있었다. 회사가 실적 부진과 경영 위기에 당면했을 때도 회사를 살리려고 하는 자신의 아이디어를 회사의 관리자들이 수용하지 않았기 때문이라고 생각했다. 그리고 그는 자신을 제외하고 모두 다 변화해야 한다고 생각하고 있었다.

그런데 시간이 지나면서 리더십이 잘못되어 있다는 평가가 나오기 시작했다. 그래서 그는 방법을 달리하고 정말로 관리자들이 잘못해서 그런 것인가에 대해서도 생각을 바꾸기 시작했다. 회사가 지난 몇 년간 급속한 성장을 하면서 전 직원이 실적 부담에 따른 스트레스를 받고 있다고 인식하여 지친 직원들을 회복시키기 위해 켈리는 새로운 관리자를 채용하였다. 그런데 상황은 더 악화되고 신임 관리자는 갈팡질팡하여 경영의 초점이 흐려지기 시작했다. 결국 다시 위기에 직면하면서 켈리는 그제야 바로 자신이 문제이며 회사 위기의 큰 원인이 자신에게 있음을 알게 되었다.

켈리는 자신을 개조시키는 노력을 시작하게 되었고, 전문가의 도움을 받아가며 자신의 인간관계 역량을 높이기 위한 훈련을 시작했다. 정기적으로 고참 관리자들이나 신입사원들과도 미팅을 갖고 회사에 팀제를 도입하기도 하였다. 회사 직원들, 관리자들의 능력, 회사의 문제 해결 방향 등 지금까지 본인 위주의 판단과 귀인 과정을 달리하면서 회사는 변모하기 시작했고 서로 갈등을 일으키는 집단들을 응집력 있는 팀으로 통합시키는 데도 성공하였다.[34]

## 사고 유형 및 두뇌 우위성

인지 심리학자들은 오랜 세월동안 뇌가 2개의 반구로 형성되어 있으며 그 중 좌뇌는 신체의 오른쪽 움직임을 통제하고 우뇌는 왼쪽을 통제한다고 주장해왔다. 1960년대와 1970년대 과학자들은 이러한 뇌의 구조가 인간의 사고 유형에 영향을 미친다고 주장했고, 좌뇌와 우뇌의 사고 유형에 대한 차이를 강조해 왔다.

좌뇌는 논리적이고 분석적인 사고를 담당하고 문제 해결에 선형적linear 접근을 하는 반면 우뇌는 창조적, 직관적이고 가치 기준의 사고 과정과 연관이 있다. 과거 JC페니JC Penny 백화점 광고에서는 쇼핑센터에서 의류 구매를 자극하는 것은 우뇌 활동이고, 반면 좌뇌에서는 논리적 분석이 작동하여 돈을 절약해야 한다고 자극한다는 점을 소재로 다룬 적이 있다. 그런가 하면, 말하고 쓰기에 능숙한 사람은 주로 좌뇌를 쓰고, 시각적 이미지를 활용하여 정보를 해석하는 능력이 탁월한 사람은 주로 우뇌를 사용하는 경우이다. 좌뇌와 우뇌의 사고 유형에 대한 주장이 실제 심리학에서 명확하게 증명되고 있지는 않지만 이들 개념은 인간의 인지 차이를 설명하는 중요한 척도가 되고 있다. 그리고 정도의 차이는 있지만 **인간은 좌뇌와 우뇌를 모두 사용한다.**

최근에는 **전뇌 개념**whole brain concept이 확대되고 있는데,[35] 이 개념을 개발한 네드 허만Ned Herrmann은 1970년대 GE의 MDIManagement Development Institute 인재육성 담당 관리자로 재직시 연구를 통해서, 우뇌와 좌뇌의 선호도preference뿐만 아니라 개념과 경험적 사고의 4개 영역, 즉 **뇌의 구조를 4개 영역의 상이한 사고 스타일로 구분하였다.** 사람은 하나의 뇌만을 사용할 수도 있고 2개 이상을 사용하거나 경우에 따라서는 4개 모두를 사용하기도 한다고 한다. 어떤 뇌를 사용하고 있는지를 측정하기 위해서는 허만 뇌 우위성 도구(HBDI)Herrmann Brain Dominance Instrument를 활용할 수 있다. 이러한 전뇌 모형은 개인의 정신적 선호mental preference를 살펴보는 데 유용하며 사람의 의사소통 유형, 행동이나 리더십 등에 영향을 미친다.

**A형 두뇌(좌상뇌)** **A형 두뇌**quadrant A는 **논리적 사고와 사실 분석, 그리고 숫자 처리 등과 관련** 있다. A유형 사람들은 이성적이고 현실적이며 비판적 사고를 하며 숫자 다루기를 좋아한다. 또한 이들은 일하는 방법이나 논리적 절차 다루는 방법에 치중한다. A형 두뇌 리더들은 직설적이고 권위적이며, 업무에 초점을 두고 활동적이며 구체적 사실과 정보 처리를 선호한다. 반면 주관적인 의견과 느낌은 사실에 비해 그다지 중요하게 생각하지 않는다. A형 두뇌는 보통 '뇌의 과학자' 역할로 표현된다.[36]

**B형 두뇌(좌하변연계)** **B형 두뇌**quadrant B는 **계획적이고 체계화된 사실을 조심스럽게 구체적으로 개관하는 스타일**이다. 이런 유형의 사람은 체계적으로 구조화되고 신뢰성 있고 깔끔한 편이다. 또한 보수적이고 위험을 회피하고 안정성을 추구하기 때문에

규칙과 절차를 준수하고 상황은 중요하게 생각하지 않는다. B형 두뇌는 '뇌의 관리자' 역할로 표현된다.[37]

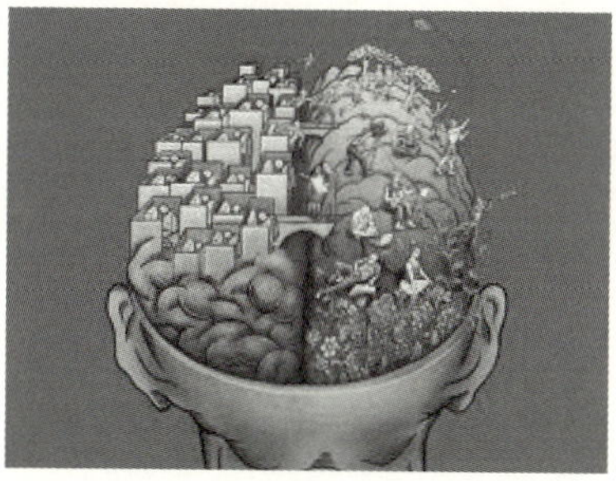

출처: lucy6.blogspot.com

**C형 두뇌(우하변연계)** C형 두뇌quadrant C는 **상호 관계나 직관, 감성적 사고 과정과 연관성**이 많다. 이 유형의 사람들은 타인과의 관계에 민감하고 상호 작용을 즐기고 다른 사람을 가르치려 든다. 감정적이고 표현력이 풍부하며 외향적이고 다른 사람을 도와주는 보완적인 존재라고 할 수 있다. 이런 유형의 리더는 사교적이고 신뢰를 받으며 감정이입에 능하다. 따라서 업무나 절차보다는 감정에 더 관심이 많고 구성원들의 발전과 교육을 강조한다.C형 두뇌는 '뇌의 선생님'으로 표현된다.[38]

**D형 두뇌(우상뇌)** D형 두뇌quadrant D는 **사실을 개념화하고 종합하는 능력에 관련 있으며 세밀하게 나무를 보기보다는 전체적으로 숲을 조망하는 유형**이다. 이런 사람들은 비전과 상상력을 선호하고 사색을 즐기고 규칙을 깨더라도 위험을 감수하며, 충동적이고 호기심이 많고 실험을 즐기고 놀기를 좋아한다. 이런 유형의 리더는 대범하고 재치가 많고 모험심이 높으며, 변화와 위험을 선호하며 구성원들에게 자유와 유연성을 보장한다. D형 두뇌는 '뇌의 예술가'라 할 수 있다.[39]

〈도표 4-4〉는 지금까지 살펴본 뇌의 네 가지 유형을 나타내고 있다. 어떤 유형이 특별히 더 우월하고 바람직하다고 말하기는 어렵고, 각 유형들은 긍정적 측면과 부정적 측면을 모두 가지고 있다. 분명한 점은 하나의 뇌 유형을 선호하는 사람이더라도 다른 유형의 뇌와 연결고리가 있다는 사실이다.[40] 허만은 실험을 통해 사람들은 전뇌를 사용하여 학습할 수 있으며, 최고경영자들은 보통 이러한 네 가지 유형의 뇌가 균형을 이루고 있다는 사실을 알아냈다.

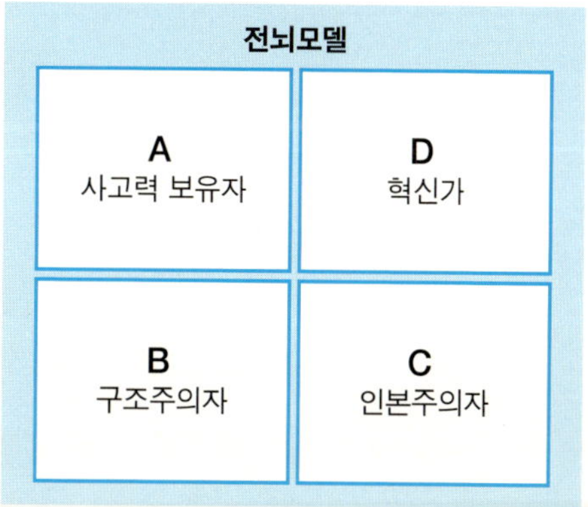


출처: virtual.co.nz/index.php/Products/HerrmannsThinkingPreferences

일반적으로 사람들은 최소 두 가지 유형의 뇌를 사용하며 3개까지도 중점적으로 활용할 수 있다고 한다.

사람들마다 인지 차이가 있다는 사실을 인정하는 것만으로도 리더의 조건으로서 충분하다. 리더십 성공을 위해서는 리더와 부하 간 인지 차이가 있고 또한 부하 간에도 인지 차이가

**도표 4-4 ● 전뇌모델**

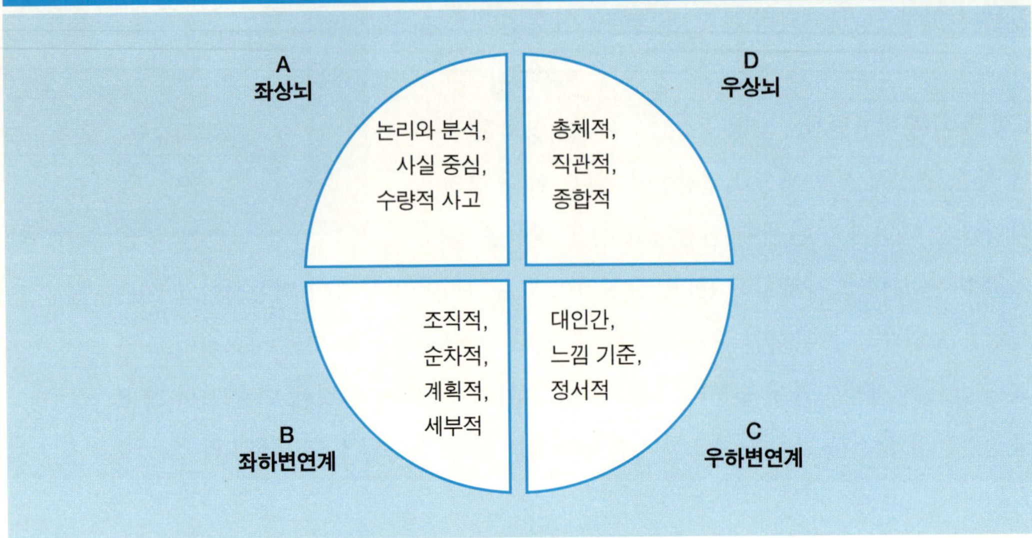


출처: Ned Herrmann, *The Whole Brain Business Book* (New York: McGraw-Hill, 1996) p. 15.

있음을 알게 된다면 이를 구별하여 인력관리를 할 수 있을 것이다. 어떤 사람은 분석적인 업무를, 어떤 사람은 관계성을 선호하는 등 각각 다른 사고 유형을 보인다는 사실을 인식하게 되면 효과적으로 사람을 관리할 수 있다. 어떤 사람은 교수에서 사업가로 변신하여 많은 시행착오를 겪으면서 사람들마다 인지의 차이가 있음을 깨닫게 되었다. 그는 자신이 교수로 있을 때 사용했던 것보다 사장이 되고나서 C형의 뇌를 많이 사용하고 있으며 뇌 유형의 균형을 이룰 필요가 있음을 알게 되었다. 이와 유사하게 리더들은 구성원들과 효과적으로 의사소통하고 잠재 능력을 극대화시키기 위해서는 리더 자신의 스타일과 행동을 변화시켜야 한다. 또 경영자들은 조직목표 달성을 위해 개성적 인지 스타일을 갖춘 다양한 유형의 사람들을 채용할 필요가 있다.

## 문제 해결 스타일: MBTI

인지의 차이를 다룬 또 다른 연구는 심리학자 칼 융Carl Jung에 의해서 이루어졌다. 융은 인간의 문제 해결과 의사결정을 위한 정보 수집과 평가 방법의 선호도에 따라 인간 행동을 분류하고 있다.[41] 일반적으로 잘 알려진 평가지표 **MBTI**Myers-Briggs Type Indicator는 사람들이 어느 특정 영역에서 어떤 차이가 있는지를 인식하도록 한다.[42] 실제로 이 지표는 미국 포춘 100대 기업의 90% 정도가 인력을 선발하거나 승진시킬 때 사용하는 것으로 알려져 있다.

MBTI는 네 가지 속성을 조합한 16가지 성격 유형으로 구별된다. 여기서 네 가지 속성은 외향성과 내향성, 감각형과 직관형, 사고형과 감정형, 판단형과 인식형이다.

1. **내향성 대 외향성**introversion vs. extraversion: 이것은 인식과 판단이 주로 외부 세계로 향하는지 혹은 자신의 내부로 향하는지에 관한 것이다. 외향성(E)은 다른 사람으로부터 에너지를 얻고 다른 사람들과 상호 관계를 형성하는 반면, 내향성(I)은 자신의 생각과 감정에 입각하여 에너지를 얻는 형태를 말한다.
2. **감각형 대 직관형**sensing vs. intuition: 이것은 사람들이 정보를 흡수하는 방법을 나타낸다. 감각(S)을 선호하는 사람들은 자신의 오감을 통해서 정보를 얻지만, 직관(I)을 선호하는 사람들은 자신의 생각에 의존하여 정보를 수집한다.
3. **사고형 대 감정형**thinking vs. feeling: 이것은 사람들이 의사결정할 때 정서를 고려하는 정도에 의해 분류한 것이다. 감정형(F)은 옳고 그름과 자신의 가치관을 소중하게 생각하며, 사고형(T)은 의사결정에서 논리적, 객관적인 측면을 강조한다.
4. **판단형 대 인식형**judging vs. perceiving: 이것은 의사결정의 신속성과 불확실성에 대한 개인의 태도에 의해 구별한 것이다. 판단형을 선호하는 사람들은 확실한 마무리를 좋아하고 목표 설정과 마감 시한을 선호하며, 현재 확보된 자료를 기반으로 신속하게 의사결정하는 경향을 보인다. 반면 인식형의 사람들은 맺고 끊는 것이 불분명하고 마감시한을 선호하지 않으며 최종 의사결정하기 전에 여러 번 생각을 바꾸곤 한다. 그리고 의사결정을 하기 전에 가능한 모든 자료와 정보를 수집하는 유형이다.

지금까지 학습한 선호 유형을 조합하면 총 16개의 MBTI 유형으로 분류할 수 있다. 하지만 앞에서 학습한 전뇌 모형처럼 MBTI 유형도 불변의 성향은 아니며, 변화될 수도 있다. 사람들은 훈련이나 삶의 경험에 의해 각성하면서 자신의 선호를 변화시킨다. 리더들은 MBTI 테스트를 통해 자신의 유형과 구성원들의 선호 유형을 파악할 수 있다. 각 선호 유형은 제각각 긍정적인 면과 부정적인 면이 있어서, 선호 유형을 알게 되면 긍정적인 면은 강화시키고 부정적인 면은 줄여 나갈 수 있어야 한다. 이러한 변화는 교육과 훈련을 통해 가능하며, 많은 기업 교육 현장에서 MBTI 테스트가 수행된다.

그리고 MBTI 평가를 통해 효과적인 리더십을 성취할 수 있다.[43] 많은 연구 결과에서 MBTI의 특정 유형이 효과적인 리더십에 적합하다는 결론에 이르지 못했으며, 다만 16가지 유형이 모두 리더로서 효과적인 기능을 할 수 있다고 한다. 네 가지 유형의 전뇌모형처럼 리더들은 부하, 상황과 균형을 이루기 위해 노력할 수 있다. 한편 연구 결과에서 흥미로운 점이 발견되었는데, 리더에게 외향성이 중요한 특성이라고 흔히 생각하지만 실제 리더들은 외향성과 내향성이 뒤섞인 사람들로 구성되어 있다. 일부 연구 결과에서는 가장 효과적인 리더 유형으로 사고형과 판단형을 들고 있지만, 그렇다고 해서 다른 유형들은 비효과적이라고 단정할 수 없다. 따라서 MBTI 유형과 성공적인 리더십의 관계에 대한 지속적인 연구가 필요하다.

## 퍼스낼리티의 유형 차이에 대한 관리 방안

이 장에서 설명하듯이 리더들은 각각 차이가 있는 구성원들에게 개별적으로 잘 대응해야 한다. 특히 퍼스낼리티 차이는 리더로서의 삶을 보람되게도 하지만 반대로 지치게 만들기도 한다. 또한 사람들의 개인차는 혁신적인 환경을 만들기도 하지만 스트레스와 갈등, 부정적 사고를 유발하기도 한다.

다음은 리더들이 사람들 간의 개인차와 퍼스낼리티의 차이 이해를 바탕으로 고려할 수 있는 인력관리 방안들이다.[44]

- **자신의 퍼스낼리티를 이해하고 다른 사람을 어떻게 대할 것인지를 알아야 한다.** 제한된 지식으로 상대를 판단하지 말고 모든 사람들이 퍼스낼리티의 차이가 있음을 인식하고 있어야 한다. 또한 목표에 초점을 맞추고 어떻게 이를 성취할 것인지, 어떻게 각기 다른 퍼스낼리티를 유지시킬 것인지를 생각해야 한다.
- **모든 사람의 개성을 존중해야 한다.** 사람들은 자신이 누구건 다른 사람들에게 받아들여지고 인정받기 원한다. 자신과 퍼스낼리티가 다른 사람을 대할 때에도 전문성을 유지하고 자신의 비이성적인 면을 잘 관리해야 한다. 특히 퍼스낼리티적 측면이 다르다고 해서 타인을 놀리거나 희롱해서는 안 된다.
- **각자의 장점을 인정해야 한다.** 모든 사람은 자신의 독특한 재능을 인정받고 싶어하기 때문에, 사람들의 유용한 퍼스낼리티 특징을 인정하고 활용할 수 있어야 한다.

- **이해하도록 최대로 노력하라.** 자신과 확연하게 다른 퍼스낼리티를 가진 사람에게 효과적으로 대응하기 위해서는 왜 상대방이 내 생각과 다른지를 이해하려고 노력해야 한다. 왜 저 사람이 그런 질문을 했는지, 상대방의 의견이 조직이나 개인에게 도움을 주는지에 대한 추가적인 설명을 요구하거나 질문을 다시 해볼 필요가 있다.
- **퍼스낼리티가 달라도 사람들은 집단과 적응하고 싶어한다는 점을 숙지해야 한다.** 퍼스낼리티가 다르더라도 사람들은 자신의 환경에서 규범에서 벗어나지 않는 행동 유형을 취하고 싶어 한다. 그래서 리더들은 긍정적인 상호작용과 고성과에 중점을 두는 규범을 창출할 수 있어야 하며 이를 통해 개인차 있는 인력들에 대한 효과적 관리를 모색할 수 있다.

조직에서 구성원 간의 퍼스낼리티 차이는 당연한 것이다. 하지만 이에 관련하여 적절한 방법을 이용하여 조직을 긍정적이고 생산적인 환경으로 만드는 것은 리더의 역할이라 할 수 있다.

## 학습 핵심

- 4장에서는 자기 인지 혹은 자기 각성의 중요성을 설명하고 있다. 리더와 리더십에 영향을 미치는 개인 간 차이는 항상 존재하며, 사람들은 다양한 측면에서 개인차가 존재한다. 또한 가치관이나 의사결정 유형, 사고와 태도 방식에서도 차이가 있기 마련이다. 이러한 개인차를 잘 이해하면 리더십이 성공할 수 있다.
- Big 5 퍼스낼리티 이론은 사람들의 특성을 다섯 가지 유형으로 분류하고 있다. 외향성, 친화성, 성실성, 정서적 안정성, 경험에 대한 열린 태도 등의 다섯 가지인데, 각각의 차원에 대해 점수가 높은 경우 효과적인 리더십으로 연결된다. 낮은 점수이면서도 효과적인 리더십에 이르는 특이한 경우도 있다. 성공적인 리더십과 밀접하게 관련된 개인차는 통제 주도권과 권위주의 성향을 들 수 있다.
- 가치관은 사람들이 특정 대상에 대해 선호의식을 갖게 하는 본질적 신념이라고 할 수 있다. 가치관은 수단 가치와 최종 가치로 구별되고 태도 형성에 영향력을 미치며 리더 자신의 가치관이나 부하들에 대한 태도는 리더의 추후 행동에 영향을 미친다. 또한 인간에 대한 기본 가정은 맥그리거의 X 이론적 관점과 Y 이론적 관점으로 구별해볼 수 있다.
- 퍼스낼리티, 가치, 태도 등의 차이로 인해 지각의 차이가 생긴다. 지각이란 주어진 정보를 수집, 구성, 해석하는 일련의 절차

를 말하며, 경우에 따라 지각의 오류가 발생하기도 한다. 지각의 오류 혹은 왜곡에는 상동적 태도, 투사, 후광효과, 지각 방어 등이 있다. 귀인이론이란 어떤 현상의 원인을 내적 혹은 외적으로 돌리는 과정을 설명하는 이론이다.

- 인지 스타일에서도 개인차가 존재한다. 전뇌모델은 우뇌와 좌뇌 사고, 그리고 개념적 혹은 경험적 사고에 대한 개인 간 선호가 다르다고 설명한다. 또한 사람은 사고 스타일에 차이가 있으며, 한 가지 사고 유형에 의존하기보다는 전뇌를 사용할 수 있도록 학습될 수 있다. 또한 인지 스타일의 차이를 파악하기 위해 MBTI 테스트를 활용할 수 있다.
- 마지막으로 4장은 리더가 다양한 퍼스낼리티 유형을 효과적으로 활용해야 하는지에 대한 지침을 제시하고 있다. 자신의 퍼스낼리티를 이해하고, 타인을 존중으로 대하고, 각자의 독특한 능력을 인정하고, 소통의 단절을 피하고, 긍정적인 환경을 조성함으로써 리더는 다양한 유형의 종업원들이 생산성을 높일 수 있게 하고 목표 지향적이 될 수 있게 한다.

## 토론 주제

1. 자기 인지 혹은 자기 각성이 유능한 리더의 조건이 되는가?
2. 리더로서 외향성이 효과적이라고 하지만, 내향성 역시 긍정적인 특성으로 인식되는 이유는 무엇인가?
3. 조사 결과, CEO의 79% 정도가 매우 낙천적이라고 한다. 하지만 재무담당 최고경영자의 경우에는 낙천적 성향을 가질 확률이 그보다 훨씬 낮다고 한다. 그 이유는 무엇인가?
4. 자신과 다른 퍼스낼리티의 사람을 존중하는 마음으로 대하는 것이 바람직하다고 한다. 하지만 무례하고 감각이 무딘 부하들에게는 리더가 어떻게 대하는 것이 좋은가?
5. 미국 정치지도자들에게 강한 성향으로 나타난 '경험에 대한 열린 태도'가 기업 경영자들에게는 그렇지 않다고 한다. 왜 그러한가?
6. 조직에서 인력을 선발하거나 승진을 결정할 때 퍼스낼리티 테스트 결과를 활용하는 경우가 있는데, 그 장단점을 설명하라.
7. 전뇌모델에 따른 선호도를 이해하는 것이 좀 더 나은 리더로 발전하는 데 도움이 된다고 생각하는가? 왜 그렇게 생각하는지 설명하라.
8. 조직에 긍정적인 기능을 하기 위해 리더들은 뇌 우위성을 어떻게 이용할 수 있겠는가?
9. MBTI 속성 가운데 사고형(T)과 판단형(J)이 성공적인 리더십에 중요하다고 한다. 왜 그런가?
10. 미국에서 리먼 브라더스 은행 파산 등으로 재무위기가 발생했었는데, 이런 위기를 통해 경영자들이 너무 낙천적이면 바람직하지 않은 것으로 평가되기도 한다. 이러한 견해에 대해 어떻게 생각하는가? 또한 리더들은 조직에 위협을 가져오는 관리자들의 낙천주의를 어떻게 방지할 수 있겠는가?

## 분석사례: 인터내셔널 뱅크

뉴욕의 대형은행인 인터내셔널 뱅크(International Bank)의 은행장과 이사회 임원들은 새로운 직무의 적임자를 선발하기 위해 3명의 최종 후보를 검토하고 있었다. 후보자가 맡아야 할 일은 최근 위기를 가져왔던 남미의 대출 업무를 총괄하는 것으로 매우 중요한 업무라고 할 수 있다. 이 은행은 멕시코 화폐 페소가 붕괴되었을 때 큰 위기에 처했었고, 이사회는 직접 대출 업무를 관장하기 위한 적임자를 선발하고 있는 것이다. 이 자리에 채용되는 사람이 할 일은 은행 미래를 위해 매우 중요한 것이기 때문에, 꼼꼼하게 이력서를 살펴본 다음 이사회 임원들은 최종적으로 3인의 후보자를 걸러낸 상태이다. 이들 3인의 후보자들은 모두 특출한 능력을 지니고 있었고 이 업무를 충분히 처리할 수 있는 사람들이라 볼 수 있다. 그렇지만 이들 3인 가운데 최적임자를 선발하기 위해 이사회는 경영 컨설팅 회사에 후보자들에 대해 좀더 심도있는 검토와 퍼스낼리티 검사 등을 의뢰하였다. 컨설팅 회사는 최종 후보자들에 대한 검토 의견서를 제출하였는데, 보고서 내용을 요약 정리하면 다음과 같다.

**A 후보자:** 이 후보자는 비교적 자아 개념이 약하고 미지에 대한 두려움을 보이고 있다. 내향적이면서 공개적, 의식적으로 권력 사용을 꺼려하는 편이다. 다른 사람에 대한 A 후보자의 신념은 모든 사람들이 본질적으로 순수하고 친절하며 올바른 일을 하고 있다고 믿으며, 또한 다른 사람들의 행동은 논리와 합리성에 의해 변화시킬 수 있을 것이라고 믿고 있다. 어떤 사람의 단점이 지적되었을 때 이 후보자는 그 사람이 단점을 극복하도록 도와주려 하는 성향을 보이기도 한다. 특히 이 후보자는 모든 구성원들은 행복하고 만족하며 조직목표 달성을 위해 적극적이라고 생각한다.

**B 후보자:** 이 후보자는 권력과 성취에 대한 강한 추진력을 갖고 있는 외향성의 소유자이다. 그는 새로운 경험을 좋아하고 충동적이며 모험심이 강하다. 자기 확신에 차 있고 자신의 능력을 믿지만 다른 사람의 동기나 능력에 대해서는 의심스러워한다. 이 후보자는 일반적으로 사람들은 일을 좋아하지 않고 책임을 회피하려 한다고 생각하고, 그렇기 때문에 다른 사람을 잘 신뢰하지 않지만 시간이 지나면 신뢰의 끈끈한 관계를 맺는 능력이 있다. 대체적으로 이 후보자는 대부분의 사람들은 통제하고 위협적으로 명령해야 일을 잘 수행하고 결국 이를 통해 조직이 발전한다고 믿고 있다.

**C 후보자:** 이 후보자 역시 외향성이 강하지만 경쟁심도 강하다. 그녀는 많은 외향 성향의 사람들이 보여주는 것처럼 모든 일을 완벽하게 주도하려는 욕구가 강한 편이다. 또한 매우 양심적이면서 목표 지향적이고, 목표를 성취하는데 필요하다고 생각하는 일은 무엇이나 해내는 성격이다. 그리고 다른 사람에 대해서도 긍정적인 태도를 가지고 대부분의 사람들은 회사를 위해 최선을 다하고 있다고 믿고 있다. 하지만 사람들과 끈끈한 인간관계를 만드는 능력은 부족하다. 단지 그녀의 외향적인 퍼스낼리티가 사람들과 피상적인 관계를 만들어가지만 다른 사람을 불신하고 자신의 감정을 잘 표현하지 않고 끈끈한 관계로 발전시키려 하지 않는다.

## 질문

1. 이와 같은 컨설팅 회사의 보고서 내용을 가지고 이사회는 어떤 후보자를 선발하겠는가? 자신의 판단을 논리적으로 설명해보라.
2. 이사회의 선발위원회에서 후보자들에 대한 판단이 서로 일치하지 않는다면, 적임자를 선발하기 위해 필요한 추가적인 정보는 무엇이어야 한다고 생각하는가?
3. 퍼스낼리티 평가 결과에 어느 정도 비중을 두어야 한다고 생각하는가? 적임자를 선발하는 데 퍼스낼리티 테스트가 유용하다고 보는가? 논의해보라.

## 미주


1. Nick Wingfield, "Ex-Windows Chief Seen as Smart but Abrasive," *The New York Times* (November 14, 2012), p. B1.

2. Ibid.

3. Reported in William W. George, Peter Sims, Andrew N. MacLean, David Mayer, and Diana Mayer, "Discovering Your Authentic Leadership," *Harvard Business Review* (February 2007), pp. 129–138.

4. Bill George, "Leadership Skills: It Starts with Self-Awareness," *Leadership Excellence* (June 2011), p. 13; Tricia Bisoux, "What Makes Leaders Great" (interviews with leadership experts), *BizEd* (September–October 2005), pp. 40–45; Warren Bennis, *Why Leaders Can't Lead* (San Francisco: Jossey-Bass, 1989); Daniel Goleman, "What Makes a Leader?" *Harvard Business Review* (November–December 1998), p. 93ff; and Richard E. Boyatzis, *The Competent Manager: A Model for Effective Performance* (New York: Wiley, 1982).

5. Camille Sweeney and Josh Gosfield, *The Art of Doing: How Superachievers Do What They Do and How They Do It So Well* (New York: Plume/Penguin, 2013), as reported in Sweeney and Gosfield, "Secret Ingredient for Success," *The New York Times* (January 20, 2013), p. SR4.

6. Steven Snyder, "Leadership Struggle: It's an Art to Be Mastered," *Leadership Excellence* (January 2013), p. 11; and Ira Chaleff, "Avoid Fatal Crashes: Leaders and Their Blind Spots," *Leadership Excellence* (May 2012), p. 13.

7. Sue Shellenbarger, "To Combat an Office Tyrant, Look at the Roots," *The Wall Street Journal* (April 28, 2010); and Ed Frauenheim, "Pulling No Punches," *Workforce Management* (October 6, 2008), p. 1.

8. Robert I. Sutton, *The No Asshole Rule: Building a Civilized Workplace and Surviving One That Isn't* (New York: Warner Business Books, 2007)

9. Marshall Goldsmith, "People Skills: These Matter Most at the Top Level," *Leadership Excellences* (June 2007), p. 9.

10. Alex Lickerman, "The Good Guy Contract," *Psychology Today* (March–April 2010), pp. 42–43.

11. Todd Henneman, "For Some Companies, Two Heads Are Better than One," *Workforce* (November 16, 2011), http://www.workforce.com/apps/pbcs.dll/article?AID=/20111116/NEWS02/111119975&template= (accessed November 23, 2011); and "Banking and Finance Companies: A.M. Best Affirms Ratings of Primerica, Inc. and Its Subsidiaries," *Investment Weekly News* (July 7, 2012), p. 129.

12. J. M. Digman, "Personality Structure: Emergence of the Five-Factor Model," *Annual Review of Psychology* 41 (1990), pp. 417–440; M. R. Barrick and M. K. Mount, "Autonomy as a Moderator of the Relationships between the Big Five Personality Dimensions and Job Performance," *Journal of Applied Psychology* (February 1993), pp. 111–118; J. S. Wiggins and A. L. Pincus, "Personality: Structure and Assessment," *Annual Review of Psychology* 43 (1992), pp. 473–504; and Carl Zimmer, "Looking for Personality in Animals, of All People," *The New York Times* (March 1, 2005), p. F1.

13. Anthony J. Mayo and Nitin Nohria, "Double-Edged Sword," *People Management* (October 27, 2005), pp. 36–38; Carol Hymowitz, "Rewarding Competitors over Collaborators No Longer Makes Sense" (In the Lead column), *The Wall Street Journal* (February 13, 2006), p. B1; and Joseph Nocera, "In Business, Tough Guys Finish Last," *The New York Times* (June 18, 2005), p. C1.

14. Diane Brady, "Charm Offensive," *BusinessWeek* (June 26, 2006), pp. 76–80.

15. Adam Bryant, "Lessons Learned at Goldman," (an interview with Lloyd C. Blankfein), *The New York Times* (September 13, 2009), p. BU2; and Diane Brady, "Charm Offensive," *BusinessWeek* (June 26, 2006), pp. 76–80.

16. James B. Hunt, "Travel Experience in the Formation of Leadership: John Quincy Adams, Frederick Douglass, and Jane Addams," *The Journal of Leadership Studies* 7, no. 1 (2000), pp. 92–106.

17. R. T. Hogan, G. J. Curphy, and J. Hogan, "What We Know About Leadership: Effectiveness and Personality," *American Psychologist* 49, no. 6 (1994), pp. 493–504.

18. "Theories of Emeritus Professor Julian Rotter Still Relevant to Field of Clinical Psychology" *U.S. Fed News Service, Including US State News* (August 12, 2012) (retrieved from http://search.proquest.com.proxy.library.vanderbilt.edu/docview/1032581459?accountid=14816); P. E. Spector, "Behavior in Organizations as a Function of Employee's Locus of Control," *Psychological Bulletin* (May 1982), pp. 482–497; and H. M. Lefcourt, "Durability and Impact of the Locus of Control Construct," *Psychological Bulletin* 112 (1992), pp. 411–414.

19. Spector, "Behavior in Organizations as a Function of Employee's Locus of Control"; Lefcourt, "Durability and Impact of the Locus of Control Construct"; and J. B. Miner, *Industrial-Organizational Psychology* (New York: McGraw-Hill, 1992), p. 151.

20. Ellen McGirt, "Boy Wonder," *Fast Company* (April 2009), pp. 58–65, 96–97.

21. T. W. Adorno, E. Frenkel-Brunswick, D. J. Levinson, and R. N. Sanford, *The Authoritarian Personality* (New York: Harper & Row, 1950).

22. E. C. Ravlin and B. M. Meglino, "Effects of Values on Perception and Decision Making: A Study of Alternative Work Value Measures," *Journal of Applied Psychology* 72 (1987), pp. 666–673.

23. Robert C. Benfari, *Understanding and Changing Your Management Style* (San Francisco: Jossey-Bass, 1999), p. 172.

24. Milton Rokeach, *The Nature of Human Values* (New York: The Free Press, 1973); and M. Rokeach, *Understanding Human Values* (New York: The Free Press, 1979).

25. Edward F. Murphy Jr., Jane Whitney Gibson, and Regina A. Greenwood, "Analyzing Generational Values among Managers and Non-Managers for Sustainable Organizational Effectiveness," *SAM Advanced Management Journal* (Winter 2010), pp. 33–55.

26. Lynne Jeter, "Early Lessons Helped Form Leadership Skills," *The Mississippi Business Journal* (March 13, 2006), p. 23.

27. Based on G. W. England and R. Lee, "The Relationship between Managerial Values and Managerial Success in the United States, Japan, India, and Australia," *Journal of Applied Psychology* 59 (1974), pp. 411–419.

28. Example from Michael Lee Stallard, "Great Leaders Connect: Using Their Vision, Values, and Voice," *Leadership Excellence* (August 2012), p. 19.

29. Based on Richard L. Hughes, Robert C. Ginnett, and Gordon J. Curphy, *Leadership: Enhancing the Lessons of Experience* (Boston: Irwin McGraw-Hill, 1999), pp. 182–184.

30. Douglas McGregor, *The Human Side of Enterprise* (New York: McGraw-Hill, 1960).

31. J. Hall and S. M. Donnell, "Managerial Achievement: The Personal Side of Behavioral Theory," *Human Relations* 32 (1979), pp. 77–101.

32. Andrea Coombes, "Managers Rate Themselves High but Workers Prove Tough Critics," *The Wall Street Journal* (September 26, 2006), p. B8; and Jaclyne Badal, "Surveying the Field: Cracking the Glass Ceiling" (sidebar in Theory & Practice column), *The Wall Street Journal* (June 19, 2006), p. B3.

33. Dorothy Leonard and Susaan Straus, "Putting Your Company's Whole Brain to Work," *Harvard Business Review* (July–August 1997), pp. 111–121.

34. Kevin Kelly, "Branching Out," *Fortune Small Business* (December 2005 –January 2006), p. 39; and Kevin Kelly, "Take a Real Vacation," *Fortune Small Business* (July–August 2006), p. 28.

35. This discussion is based on Ned Herrmann, *The Whole Brain Business Book* (New York: McGraw-Hill, 1996).

36. This analogy is based on Peter Gloor, "To Become a Better Manager Stop Being a Manager," *Ivey Business Journal* (March–April 2011), http://www.iveybusinessjournal.com/topics/the-organization/to-become-a-better-manager-stop-being-a-manager (accessed March 20, 2013).

37. Ibid.

38. Ibid.

39. Ibid.

40. Herrmann, *The Whole Brain Business Book*, p. 103.

41. Carl Jung, *Psychological Types* (London: Routledge and Kegan Paul, 1923).

42. Otto Kroeger and Janet M. Thuesen, *Type Talk* (New York: Delacorte Press, 1988); Kroeger and Thuesen, *Type Talk at Work* (New York: Dell, 1992); "Conference Proceedings," *The Myers-Briggs Type Indicator and Leadership: An International Research Conference* (January 12–14, 1994); and S. K. Hirsch, *MBTI™ Team Member's Guide* (Palo Alto, CA: Consulting Psychologists Press, 1992).

43. Based on Mary H. McCaulley, "Research on the MBTI™ and Leadership: Taking the Critical First Step," *Keynote Address, The Myers-Briggs Type Indicator and Leadership: An International Research Conference* (January 12–14, 1994).

44. These techniques are based on Jamie Walters and Sarah Fenson, "Building Rapport with Different Personalities," Inc.com (March 2000), http://www.inc.com/articles/2000/03/17713.html; Tim Millett, "Learning to Work with Different Personality Types," http://ezinearticles.com/?Learning-To-Work-With-Different-Personality-Types&id=725606; and Carol Ritberter, "Understanding Personality: The Secret to Managing People," http://www.dreammanifesto.com/understanding-personality-the-secret-of-managing-people.html (accessed April 17, 2008).

Chapter 5

# 리더십 마인드와 정서

## 학습목표

이 장을 공부하면

- 행동과 인간관계를 이끄는 정신모형을 이해할 수 있다.
- 독립적 사고를 이해할 수 있다.
- 새로운 사고 유형 및 다양한 관점을 이해할 수 있다.
- 시스템적 사고와 개인적 숙련을 이해할 수 있다.
- 정서지능을 이해할 수 있다.
- 두려움 혹은 온정을 통한 동기부여를 모색할 수 있다.

참 스쿨Charm school은 여성들에게 미용과 예법, 교양 등을 가르치는데, 미 육군에서 그것도 장성General 진급자들을 대상으로 참 스쿨의 교육과정을 운영한다면 의아하게 생각하는 사람들이 많을 것이다. 군대에서 신병들을 대상으로 교육시킨다는 이야기는 들었어도 장군들을 대상으로 인성 교육을 시킨다면 일상적인 상황으로 받아들이지는 않을 것이다. 그렇지만 실제 미 육군은 장성들에게 이러한 교육을 수행하고 있는데 그 이유는 군 장성이라고 하더라도 자신의 엉뚱한 행동과 생각을 개선시키기 위함이다. 즉 이 교육을 통해 신임 장군들의 마음속에 있는 어리석은 사고를 깨닫게 하고 스스로 극복하는 법을 터득시키고 있다. 궁극적으로 미 육군은 장성들에게 참 스쿨의 과정을 통해 내적인 마인드를 강화시키고 또한 부하들을 진정으로 배려하는 마음을 강화시키고자 한다. 뿐만 아니라 윤리적인 교육이나 도덕적 용기를 갖도록 하는 교육 등도 강조하고 있는데, 계급과 신분에 관계없이 정신 교육은 필수적인 듯하다.[1]

기업에서는 이와 같은 정신교육은 없지만 다양한 교육훈련을 통해 경영자들은 신뢰와 배려, 존경을 바탕으로 하는 업무관계 형성 방법 및 노하우를 배우기도 한다.

결국 사람의 마음을 다스리는 교육 등이 중요하다고 생각하는데, 사람을 다스리는 일은 마음과 정서가 통하면 가능하다. 사람은 자신의 정서를 벗어나 행동하기 어렵고, 리더가 구성원들과 정서적으로 통하지 않으면서 조직의 비전과 미션, 가치, 문화 등을 공유하기 어렵다. 저명한 리더십 전문가인 워렌 베니스Warren Bennis는 **"구성원들의 마음과 정서를 움직이는 리더"**를 강조하고 있는데, 이러한 리더는 조직을 이끌어가는 올바른 리더 역할을 수행할 수 있다.[2] 5장과 6장에서는 사람의 마음과 정신 속에 잠재된 힘을 자극하여 높은 성과를 내는 유능한 리더가 될 가능성을 살펴보고자 한다.

google.com/images, bloggersandmarkets.com

## 이성과 감성의 리더십

수용 능력capacity과 역량competence의 개념은 다르다. 역량은 보통 그 한계가 있지만 수용 능력은 잠재력처럼 한계를 정하기 어려우며, 인간의 정신과 마음을 통해 확장시킬 수 있다. 미 육군 훈련 교본에 "Be, Know, Do"의 표현이 있는데, Be(품성), Know(능력), Do(실행력) 가운데 품성을 가장 강조한다. 따라서 훌륭한 군 지휘자를 양성하기 위해 우선 가치와 열정, 도덕성에 기초한 품성이 먼저 갖춰져야 하는데, 이와 같은 품성은 역량이라기보다 수용 능력이라 할 수 있다.

리더십 수용 능력을 높이는 일은 단순히 학습 능력을 향상시키는 것과는 다르다. 계획하고 조직화하고 통제하는 능력 등은 학습과 훈련을 통해 향상시킬 수 있지만, 사람에게 영향력을 주는 리더십은 지적이며 정서적이며 정신적인 능력과 이해력을 필요로 한다. 우리는 많은 문헌을 통해 전인whole person의 의미를 알고 있다. 전인은 영(마음), 혼(정신), 육(신체)을 통해 작동되는데, 사람의 폐활량이 정기적인 운동을 통해 높일 수 있는 것처럼, 인간의 마음, 정서, 정신적 수용 능력도 의식적인 노력과 반복적 활용에 의해 증진될 수 있다.

다른 사람들과 효과적으로 업무를 수행하기 위해서 우선 자신의 사고, 신념과 감정 등을 이용해 다른 사람에게 호소할 수 있어야 한다. 운동선수가 상대를 이기고 좋은 성과를 내기 위해서는 상당한 머리싸움을 해야 한다. 또한 이때 사고와 정서가 큰 힘을 발휘하게 된다. 그런데 안타깝게도 실제 리더십을 발휘해야 하는 사람들이 남을 이끌어가면서 중요한 정서적인 면을 간과하는 경우가 많다.

구성원들을 효과적으로 리드하기 위해서는 머리와 마음이 함께 하는 전인의 리더whole leader가 되어야 한다.[3] 리더는 첫째, 목표설정이나 전략 수립, 생산 일정이나 조직구조 설정 등과 같은 조직운영 이슈들을 원만하게 처리하기 위한 머리가 있어야 한다. 머리는 현상학적인 분석을 통해 어려운 현안 등을 해결하는데 활용된다. 또한 환경이 불확실하고 급격한 변화가 이루어질 때 리더의 머리는 중요한 역할을 한다. 둘째, 머리뿐만 아니라 리더는 따뜻한 마음을 갖추고 있어야 한다. 구성원들을 이해하고 후원하고 육성시키는데 무엇보다 필요한 것은 마음이다. 따라서 성공의 리더십을 위해서는 머리와 마음이 모두 필요하다. 즉 머리와 몸이 함께하는 리더십을 발휘

미 육군 훈련교본, "Be, Know, Do"

함으로써 일상적으로 조직의 변화를 이룰 수 있고 변화에 대한 의미와 목적의식을 가질 수 있으며, 구조조정과 해고가 이루어지는 상황에서도 종업원들이 그 필요성을 공감할 수 있다.

많은 문헌연구를 통해 우리는 전인이란 몸과 마음, 정신과 감성 등 모두를 잘 활용할 수 있는 사람으로 잘 알고 있다.[4] 4장에서는 이미 인간의 가치관과 태도, 그리고 퍼스낼리티의 유형에 따라 생각하고 결정하고 문제 해결하는 점이 다르다는 점을 학습한 바 있다. 이번 장에서는 이와 관련된 리더십의 마인드와 정서에 대해 살펴보도록 하겠다.

## 정신모형

리더에게 **정신모형**mental model이란 **자신의 행동이나 생각, 그리고 다른 사람들과의 관계 형성에 영향을 미치는 내적 세계의 사고**이다. 정신모형이란 세상이 어떻게 작동되며 내가 어떤 행동을 기대하는지를 알게 해주는 인지 시스템이다.[5] 여기서 시스템이란 부분의 합, 즉 전체를 형성하기 위해 상호작용하는 개체들의 종합을 의미한다. 결국 정신모형은 우리의 사고와 행동을 결정하는 핵심 열쇠가 된다.

정신모형의 시스템을 이해하기 위해서 전기회로electric circuit 시스템을 생각해볼 수 있다(도표 5-1 참고). 전구에 전열이 들어오기 위해서는 전구 그 자체도 있어야 하

**도표 5-1 ● 시스템의 구성요소**

지만 연결선과 동력을 만드는 배터리 등도 같이 갖춰진 시스템이 구축되어야 한다. 즉 이들 시스템의 각 구성요소들이 적절하게 조합을 이루고 작동할 수 있을 때 전기회로에 전열이 흐를 수 있는 것이다. 여기서 정신모형은 이와 같은 시스템 구조에서 전구에 전열이 흐를 수 있는지의 '그림picture'을 연상시킨다. 기업이나 기타 조직은 시스템으로 구성되어 있다. 이러한 시스템에서 리더의 명확한 정신모형은 전체 조직의 그림을 그리게 하는 역할을 하며, 조직의 성과를 달성하는데 각각의 시스템 요소들이 어떻게 서로 기능해야 하는지를 판단하게끔 한다.

리더는 상황에 따라 차별적으로 대처하도록 하는 다양한 정신모형을 가질 수 있다. 다음은 미국 아비스Avis 렌트카 회사의 전 CEO였던 로버트 타운센드Robert Townsend가 서로 다른 정신모형을 구사한 경우이다. 타운센드는 회사의 주요 간부들에게 "만약 성공한 리더가 되기 위해서라면 직원들을 배려하는 관리자의 모습을 포기해야 할 수도 있고, 친화적인 관계를 이루기 위해서 그들을 후원하고 보충해줄 수 있어야 한다"라고 한다.[6] 이는 리더가 갖추어야 할 두 가지 정신모형을 표현하고 있는데, 첫 번째는 리더의 통제의식에 대한 정신모형을 말하며, 둘째는 구성원들이 최고가 될 수 있도록 지원하는 데 초점을 맞춘 정신모형을 의미한다. 〈도표 5-2〉는 구글의 최고경영자들이 기업의 위기상황에서 중시하는 구글 리더의 정신모형이다. 구글은 위험 감수와 실패의 용인 등을 혁신의 원천으로 삼고 있으며 지나친 통제와 구조화는 회사를 큰 위기로 몰 수 있다는 점을 강조하고 있다.

구글의 리더들은 조직 목표와 개인 가치관을 일치하는 정신모형을 갖고 있으려고 한다. 하지만 개인의 가치관, 태도, 신념, 편견 등이 자신의 정신모형에 주도적으로 영향을 미치기 때문에 회사가 중시하는 정신모형에 개인의 가치관을 동일시 하기는 수월하지 않다. 리더 자신의 정신모형을 형성하는 데 리더 자신이 무엇을 우선적으로 전제하는가가 매우 중요한 기능을 하지만 리더는 종종 조직을 건강하게 만

**도표 5-2 ● 구글 경영자의 정신모형**

- 불편함을 유지해라.
- 성공과 실패는 공존한다.
- 관리가 꼭 필요한 것은 아니다.
- 관례는 무시하라.
- 신속하게 이동하여 목표를 파악해보라.

출처: Based on Adam Lashinsky, "Chaos by Design," *Fortune* (October 2, 2006), pp. 86–98.

들기 위해서는 자신의 전제를 전환하거나 확대시킬 수 있어야 한다.

리더는 자신의 경험을 어떻게 해석하고 사람들과 상황에 맞춰 어떻게 대응할 것인지를 결정하는 정신모형을 갖고 있다. 예를 들어, 고성과 조직을 보는 견해는 리더마다 차이가 있다. 구성원들과 정보와 권한을 공유하여 주인의식을 갖게 하면 조직이 성공할 수 있다는 정신모형을 가지는 리더는 직원들에게 권한을 위임하고, 통제보다는 자율성을 보장하려고 할 것이다.[7] 반면에 조직 성공을 위해서 구성원들에게 권력과 통제를 가하여 적극적으로 역량을 높여야 한다는 정신모형을 갖는다면 강제성을 가지고 규범을 강력하게 적용하려 할 것이다. 결국 정신모형은 리더십의 방향을 결정하는 기초가 된다고 볼 수 있다. 예를 들어, 구글Google은 조직 관리를 위한 경영진의 정신모형을 규정하고 있는데, 이러한 정신모형은 구글 구성원들의 행동 철학과 지침이 되고 있다. 구글의 정신모형은 주로 창의성과 리스크 감수, 적극적 혁신과 변화 추구 등에 초점을 맞추고 있으며, 통제하고 일일이 간섭하면 조직에 바람직하지 않다는 생각을 전제하고 있다.[8]

그런데 개개인의 가치관이나 태도, 신념, 편견 등은 정신모형에 영향을 주게 된다. 또한 경영자들 개인의 기본 전제assumption가 정신모형 형성에 중요한 역할을 하므로 리더들은 건강한 조직healthy organization을 만들기 위해서라면 자신의 정신모형을 변화시킬 필요도 있다.[9]

## 기본 전제

앞에서 리더가 부하들을 X론적인 관점과 Y론적인 관점으로 전제하고 구별한다고 설명한 바 있다. 즉 부하들을 X론적으로 가정하는 리더는 부하들을 일일이 통제하고 지시하는 리더십을 구사하고, Y론적으로 전제하는 리더들은 자율적이고 민주적인 리더십을 행하려고 노력할 것이다. 이는 리더의 기본 전제가 자신의 행동을 변화시킨다는 사실을 보여주고 있다.

리더의 기본 전제는 자신의 정신모형에서 비롯된다. 부하들을 믿을 수 없다고 생각하는 리더와 그렇지 않은 리더는 확연히 다른 행동 방식을 보일 것이다. 그래서 잘못된 전제는 자신이 옳다고 생각하기 때문에 자칫 잘못된 행동으로 이어진다. 예를 들어 미국이 이라크를 공격할 때 기본 전제는 이라크의 대량 살상용 무기였으며 이를 전제로 이라크 공격을 감행하였으나 사실은 이를 증명하지 못해 미국 정부는 전쟁의 정당성 확보에 상당한 어려움을 겪었다. 당시 미국 행정부의 리더들은 확고히 이런 전제를 고수하였기 때문에 일부 군사전문가들의 반대 의견을 일축하고 과감하게 전쟁에 돌입했던 것이다.

미국 자동차산업의 경영자들 역시 유사한 경우이다. 오랜 세월 미국 자동차 회사들은 전 세계 자동차 시장을 점유해왔고 비약적인 발전을 이루어왔다. 하지만 소비자들이 변했고 세상이 바뀌었음에도 미국 자동차회사들은 기존 방식을 변화시키고 않고 전통적인 방법으로 계속 성과를 낼 것으로 전제하였기 때문에 새로운 환경 변화에 직면하여 어려움을 겪고, 결국 미국 오바마 행정부로부터 CEO 교체 압력을 받기에 이르렀다. 리더의 정신모형에 기초한 기본 전제가 경영 행동에 어떤 영향을 미치는지 알 수 있다.

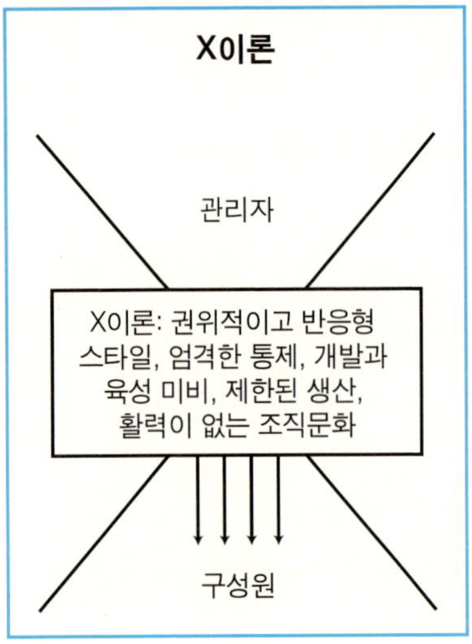


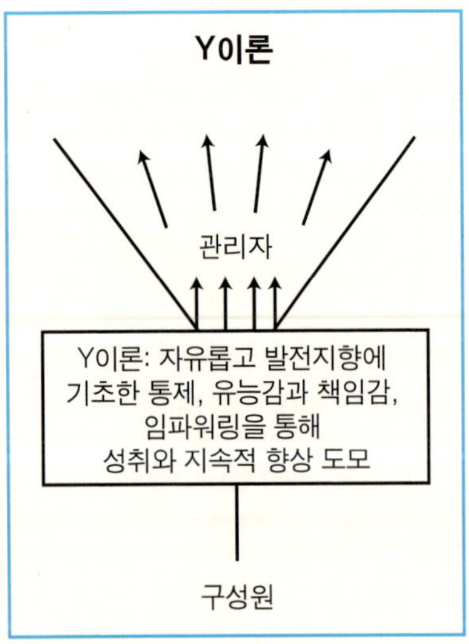


출처: vectorstudy.com

X 이론과 Y 이론

[IN THE LEAD]의 사례에서 볼 수 있듯이 GM의 전 CEO 릭 왜고너Rick Wagoner의 회사에 대한 열정은 인정할 만하다. 하지만 그의 정신모형에 기초한 전제가 회사를 파산 직전까지 몰고 갔다는 평가를 받게 되었고 새로운 이사회 의장 헨더슨Henderson과 새 경영진은 경영과 관련된 정신모형의 타당성을 검토하였다. GM은 이 시기에 AT&T의 유능한 경영자인 휘태커Whitacre*를 CEO로 영입하였는데, 휘태커는 지역 수준의 통신회사였던 사우스웨스턴 벨Southwestern Bell을 AT&T라는 대형 통신회사로 변모시킨 입지전적인 인물로 GM의 회생을 위해 전격 투입되었다. 새로운 경영진은 지금까지의 GM 경영 방식과 정신모형 구조를 변화시킬 의도를 갖고서 적극적으로 개선해갔다.

GM의 사례에서 알 수 있듯이 경영자가 기본적인 경영 전제를 완전한 불변의 진리로 고착시키면 문제가 발생하기 때문에 탄력적으로 생각해야 한다. 경영자가 자신의 기본 전제를 많이 알면 알수록 이런 전제가 행동과 결정을 얼마나 주도하는지를 이해하게 된

* 역자주: 휘태커 회장은 GM이 정부로부터 400억 달러의 구제 금융을 받은 이후 2분기 연속 흑자를 기록하고, 2010년 9월 CEO에서 물러나는 자신의 계획을 밝혔다.

## IN THE LEAD General Motors

출처: gm-volt.com

출처: usdemocrazy.net

GM을 아는 사람들은 모두 회사의 전임 CEO 릭 왜고너(Rick Wagoner)가 얼마나 GM을 사랑하고 온정을 갖고 있었는지 알고 있다. 왜고너 회장은 항상 일찍 출근하여 회사 상황을 점검했는데 마치 성직자가 하루 일과를 일찍 시작하는 것과 같은 상태에 비유할 수 있다. 그런데 GM이 경영자의 이런 노력에도 불구하고 파산 위기에 직면하게 된 것은 바로 GM 경영자들이 GM이 아직도 전 세계 자동차산업의 왕이라 생각했다는 점이다.

GM은 사실 왜고너 회장이 취임했을 때부터 문제가 내재되어 있었다. 회사는 1960년대 이후 이미 자동차 시장 점유율이 떨어지기 시작했으며 1980년대부터는 지속적으로 돌파구를 탐색해왔다. 그런데 한 가지 문제점은 GM의 기업문화가 화합과 일관성을 중시하기 때문에 회장이나 경영진들이 이러한 사고방식을 탈피하기 힘들었다는 것이다. 왜고너의 임기 9년째에는 회사 주가가 70달러에서 4달러로 곤두박질쳤고 수천 명을 해고하는 상황에서도 전통적인 회사의 정신은 그대로 유지되고 있었다. GM은 너무 많은 브랜드와 차종을 갖고 있었고 이들 모두 비용 유발 요인이 되고 있음에도 올즈모빌(Oldsmobile) 브랜드 하나만 단종하기로 결정했다. 2006년 닛산-르노(Nissan-Renault) 자동차와 파트너십을 맺어야 할 상황에서 독자 경영을 하기로 결정한 것도 GM이 스스로 경영 위기를 모면할 수 있을 것이라고 착각했기 때문이다. 뿐만 아니라 회사의 높은 인건비 구조와 복리후생 프로그램을 개선시킬 생각도 없었다. 왜고너의 경영 스타일이나 사고방식은 1970년대나 1980년대에 비해 크게 달라지지 않았으며, 다만 2009년 경질되기 직전 회사를 변화시키지 못한 점을 후회한다고 발언하였다.

왜고너 회장 이후 새로 경영을 책임지게 된 프리츠 헨더슨(Fritz Henderson) 이사회 의장 역시 GM맨이라고 할 수 있었지만 이미 회사의 경영권은 정부가 가지고 있었고 모든 이사회 임원이 새로 교체되어 새로운 변화를 모색하기 위한 경영진이 출범하게 되었다. 새로운 경영진과 이사회는 회사의 변혁을 모색하고 지금까지의 기업문화를 바꿀 생각을 가지고 있다.[10]

다. 게다가 리더들은 장기간 유지되어온 기본 전제가 현실적 상황에 잘 부합하는지를 평가할 수 있어야 한다. 기본 전제에 의문을 품는다는 것은 경영자로 하여금 새로운 정신모형을 이해하고, 새로운 정신모형으로 전환하는 데 도움을 주게 된다.

## 정신모형의 변화와 확장

최고경영자의 정신모형은 기업 성패를 결정하는 중요 요인이 된다. 하버드 대학교의 연구 조사에 따르면, 21세기 최고경영자들은 환경 맥락 지능contextual intelligence의 특징을 모두 가지고 있다고 한다. 환경 맥락 지능이란 **사회적, 정치적, 기술적, 경제적 환경 맥락을 인지하는 능력과 조직이 환경 맥락에 최적화되도록 만드는 능력**을 말한다.[11] 따라서 리더는 변화 환경을 명확하게 인지하게 되면 이에 걸맞는 새로운 정신모형을 구축할 수 있어야 한다.[12]

경영자들에게 지금과 같은 불확실 환경과 유동적 경제 상황이 미치는 영향력은 지대하다. 한 예로 2008년과 2009년 주식시장의 폭락을 들 수 있다. 애널리스트들은 보고서를 통해 기업의 수익성 저하 현상이 확산되고 있음을 지적하였다. 2006년 포춘Fortune의 기사를 통해 제프 콜빈Geoff Colvin은 재앙 수준의 무질서한 경영 환경이 지속될 것이라고 표현한 바 있는데 바로 현실 상황과 정확하게 일치한다. 이러한 **무질서 상황에 대응하기 위해서는 대부분 경영자들의 정신모형을 바꿔야 한다**. 하지만 아직도 수많은 경영자들이 자신들의 전통적인 방식과 기본 전제를 무시하지 못하고 기존의 방식을 고수하는 경향이 있다. [IN THE LEAD] 사례의 왜고너 회장처럼 정신모형이 갖고 있는 제한된 틀 속에 사로잡혀 있는 경영자들이 의외로 많이 있다.[13]

웨스턴 오스트레일리아 대학University of Western Australia의 심리학과 교수인 스테판 레반도프스키Stephan Lewandowsky는 사람의 정신모형이 얼마나 생각과 사고를 지배하는지를 보여주는 실험을 하였다. 그는 오스트리아, 독일, 미국의 국민 860명을 대상으로 하는 실험에서, 미국의 이라크 공격 관련 자료들을 보여주었다. 그 자료들은 언론에서 보도되었지만 나중에 정정된 내용, 어떤 것들은 연구를 위해 완전히 조작된 내용들까지 포함되어 있었다. 실험 참여자들 가운데 미국의 이라크 공격에 대한 정당성을 믿는 사람들은 비록 정정된 보도 내용이 있음에도 불구하고 정당성을 계속 믿으려 한다는 사실을 알 수 있었다. 이 실험 결과는 사람의 정신모형에 정보가 입력되면 이후 다른 상황이 발생해도 별로 이를 변화시키려 하지 않는다는 점을 밝히고 있다. 다시 말해서 사람들은 자신이 믿고 싶은 대로 믿으려 한다는 사실이다.[14]

리더가 과거의 정신모형에 집착하고 새로운 변화의 물결에 적극적으로 대응하지 못할 때 위기가 현실이 된다. 블랙베리 스마트폰BalckBerry Smartphone의 시장점유율이 심각하게 하락하고 있음에도 리서치인모션Reserach in Motion의 경영자는 과거의 기록과 인식에 사로잡혀 자신의 정신모형을 바꾸려 하지 않았다. 하지만 이러한 정신모형을 변화시켜 성공한 사례는 애플Apple의 스티브 잡스 회장이다. 잡스 회장은 생전에 새로운 변화를 모색시키기 위해 정신모형을 재구성한 인물로 인정되고 있다. 연구에 의하면 애플이 그렇게 성공할 수 있었던 내면에는 잡스 회장은 자신뿐 아니라 종업원들의 정신모형을 완전히 다른 각도에서 새롭게 창출시킨 성과가 있었기 때문이라고 한다. 예를 들면 아이폰iPhone 이전에 앱스토어App Store와 같은 것을 어느 누구도 생각하지도 못한 새로운 구상을 실현시킨 점을 들 수 있는데 이 모두 정신모형을 재구성한 결과로부터 가능한 일이다.

하지만 대부분의 리더들은 자신의 생각이나 전제 등을 쉽게 바꾸려하지 않는다. 그 이유는 기존의 생각들은 바로 과거의 성공을 가져왔던 사실에 근거하고 있기 때문이다. 다시 말해서 과거에 성공해 본 경험이 생각을 만들고 생각의 전제를 형성시킨 것이며 쉽게 이를 바꾸기 어렵다는 말이다. 한 가지 접근 방법은 있다. 즉 리더들이 기존의 생각을 바꿔지 않지만 상황의 모호성과 복잡성을 고려하여 새로운 상황과 가능성을 탐색해보려고 한다.[15] 이를 **전체적 마인드세트**global mindsets라고 하는데 경영자들이 개인이나 집단, 그리고 시스템 등을 다른 상황의 맥락에서 재검토해보는 능력을 말한다.[16] 즉 전체적 마인드세트를 지닌 경영자들은 제한된 틀 내에서 편협적인 생각에 사로잡히기보다는 다른 관점에서 생각해보고 인지하게 된다. 경영자들이 이러한 전반적 마인드세트를 향상시키기 위해서는 타 문화권의 사람들과의 연계성을 높이는 것이다. 제너럴 밀General Mills의 CEO인 켄 파웰Ken Powell은 자신이 경력 초창기에 해외에서 근무했던 경험이 자신으로 하여금 편협된 안전지대의 생각에서 벗어날 수 있게 해주었고 그 때문에 성공한 리더가 될 수 있었다고 한다.[17]

헐리우드 영화제작사 경영자들은 자신들의 정신모형을 확장시켜 해외시장을 확대할 수 있는 성공을 거두었다고 한다. 월트디즈니의 전 최고경영자였던 마크 조러디Mark Zoradi는 모든 제작업자들에게 제작비가 1억 5천 달러에서 2억 달러가 초과하는 대형 영화의 경우 해외에서 호평을 전제로 하지 않는다면 제작을 하용하지 않았다.[18]

물론 정신모형을 바꾸는 일은 불편을 초래하고 잘못된 방향으로 가게 만든다고 생각할 수도 있다. 하지만 리더들은 새로운 환경에 적합한 정신모형으로 전환하거나 심지어는 완전히 새롭게 해야 하는 경우도 있다.[19] 정신모형을 바꾸는 첫 단계는 자신의 기본 전제를 인지하고 자신의 정신모형이 정서나 행동에 어떻게 영향을 미치는지 이해하는 일이다. 성공적인 리더들은 항상 자신의 정신모형을 지속적으로 점검하고 새로운 미래 변화에 적합한 정신모형을 구축하려고 한다.[20] 어제의 상황에 맞는 방식이 오늘 상황에 적합한 방식이 될 수 없기 때문에 리더들은 항상 자신의 정신모형을 최신으로 유지해야 한다. [리더십 서재]의 하워드 가드너Howard Gardner의 저서 「Changing Minds」는 리더가 정신모형을 바꾸는 방법을 제시하고 있다.

## 리더의 정신모형 개발

리더는 어떻게 새로운 정신모형으로 확장시킬 수 있을까? 리더 자신의 정신모형을 검토하고, 리더십 성공을 가로막는 함정을 극복하기 위해서는 다음 네 가지 훈련disciplines에 대한 검토가 필요하다.

### 독립적 사고

독립적 사고independent thinking란 **자신의 신념과 사고에 따라 자료나 상황을 전제하고 해석하는 방식에 의문을 품고, 기존의 일반적인 방식에 안주하지 않는 사고방식**을 말한다. 유능한 리더는 다른 사람들이 만든 일반적인 방식을 따르기보다는 조직을 위해 최상의 방식이 될 것으로 믿는 방법을 추구하는 경향이 있다. 독립적 사고는 기존 사고방식에 의문을 갖고 모든 것을 새로운 관점에서 비판적으로 보면서 다른 사람이 일방적으로 규정한 내용을 맹목적으로 따르지 않는 것이다. 일부 리더들은 임시변통으로 잠시 다른 방식을 선호하기도 하지만 이런 방식은 새롭고 급변하는 상황에 성공적으로 정착하기 어렵다.

오늘날의 조직 환경은 지속적으로 변화한다. 지금 상황에 통용되는 방식이라고 해서 다음 상황에서 적용될 수 있다는 보장이 없는 것이다. 이런 현실에서 정신의 게으름mental laziness으로 인해 다른 사람의 방안을 그대로 수용하게 되면 조직과 구성원들에게 큰 해를 가할 수도 있다. 리더라면 다양한 관점에서 상황과 문제, 해결안 등을 포괄적으로 고려하는 비판적 사고critical thinking를 하고 난 후 모든 정보를 통합하여 최종 해결 방안을 제시할 수 있어야 한다. 리더가 비판적 사고를 한다는 것은

## Changing Minds: The Art and Science of Changing Our Own and Other People's Minds



*by Howard Gardner*

출처: Google Image

심리학자인 하워드 가드너(Howard Gardner)는 10살이 넘으면 사람들은 새로운 가능성을 열어두기보다는 기존 사고의 틀에 파묻히는 경우가 많다고 주장한다. 그 이유는 무엇일까? 시간이 지나면서 사람들은 공식적, 비공식적으로 지식을 쌓아가며 점차 생각이 굳어지고 신선한 사고로 전환시키기 어렵게 된다. 하지만 가드너는 만약 리더들이 특정한 심리 변화 방법을 사용한다면 사고방식의 영속적 변화가 가능하다고 말한다.

**다른 관점에서 보게 하라.**

수십 년간의 심리 연구와 관찰을 통해 가드너는 사람의 마음을 움직이는 몇 가지 지렛대를 제시한다. 그는 리더들에게 이 지렛대들을 각각 다른 상황에서 다르게 조합하여 사용하라고 조언한다. 저서에서 가드너가 제시하는 주요 지침은 다음과 같다.

① 시간을 갖고 다양한 관점에서 변화에 접근하라. 사람들의 사고방식을 전환시키기 위해 리더는 다양한 접근 방법을 이용하여 다양한 방식으로 반복적인 메시지를 전달해야 한다. 가드너는 이를 표상의 재구성(representational redescription)이라 부르는데, 이는 사람들 모두 동일한 사고 변화를 이루기 위해 다양한 방식을 모색한다는 의미이다. 메시지를 전달할 때 똑같은 방식이 아닌 다양한 방식을 활용하면 수신자들은 색다른 경험을 하게 된다. 예를 들어, 업무 시간에 메시지를 전달하는 방식만을 쓰지 않고, 일과 후 커피를 마시면서 리더가 메시지를 전달할 때 더 효과적일 수 있다. 그 이유는 평상시의 기본 전제나 저항이 줄어들기 때문이다.

② 이성에만 의존하지 말라. 조사와 통계 자료에 근거한 논리적 접근은 그 주장을 뒷받침하겠지만, 유능한 리더라면 사람의 감성을 자극할 수 있어야 한다. 가드너는 이를 공감(resonance)이라고 말하고, 이야기와 상상력, 실제 사건 등은 변화시키는데 매우 효과적인 방법이 된다고 하였다. 저자는 이와 관련하여 영국의 수상이었던 마가렛 대처(Margaret Thatcher)를 예로 들고 있다. 대처 수상은 국민들에게 다시 한번 대영제국이 대외 영향력을 가질 수 있도록 효과적으로 사고를 변화시켰는데, 국민들이 공감하는 메시지를 전달할 수 있었기 때문에 가능했다. 가난한 식품점집의 딸로 태어난 대처는 자신의 능력으로 학교를 졸업하고, 정치 입문하기 전에 집안을 일으켰다.

③ 저항의 의미를 과소평가하지말라. 유전자 식품 회사로 유명한 몬산토(Monsanto)의 CEO 로버트 샤피로(Robert Shapiro)는 유전자 변형된 식품의 유용성에 대해 과신하여 많은 사람들이 유전자식품을 환영할 것으로 착각했다. 결론적으로 그의 생각은 틀렸고, CEO의 이해 부족으로 당면하게 될 저항에 효과적으로 대처하지 못해 회사는 심각한 타격을 입었다.

**영속적인 변화는 자발적인 변화에서 비롯된다.**

일부 사람들은 비밀리에 통제하는 것이 변화를 일으키는 신속한 방법으로 생각하는 경향이 있다. 가드너는 단기적으로는 이와 같은 기만이 효과적일 수도 있지만, 사람들이 자발적으로 변화하지 않으면 변화는 정착되지 않는다는 점을 강조했다. 단순한 조작은 한순간 불꽃놀이에 불과하다. 영구적 변화를 원한다면 자신의 변화 캠페인을 공개적, 도덕적으로 추구해야 할 것이다.

모든 전제를 재검토하고 다양한 견해를 적극적으로 경청하면서 열린 마음으로 모든 대안들을 균형을 갖고 다룬다는 의미이다.

독립적 사고의 개념은 정서적으로 각성하고 독립적으로 사고하는 경우를 말한다. 그리고 이러한 독립적 사고는 리더의 **마음챙김**mindfulness의 부분으로 설명되는데,[21] 마음챙김이란 새로운 정보에 지속적으로 관심 기울이고 새로운 정신적 범주를 창출할 준비가 되어 있어 변화와 흐름에 능동적으로 전환하는 마음상태를 말한다.[22] 이러한 마음챙김은 독립적 사고를 포함하고 리더의 호기심과 지속적 학습을 필요로 한다. 마음챙김의 반대어는 마음놓음mindlessness을 들 수 있다. 마음놓음은 외부적 상황이 만든 기존의 규칙에 맹목적으로 수용하는 경우를 말한다. 마음놓음이 새로운 정보와 생각에 타의적이라면 마음챙김은 새로운 아이디어와 접근을 받아들이기 위해 항상 마음을 열어놓고 있는 상태를 말한다.

리더가 독립적 사고를 하거나 마음챙김을 해야 하는 이유는 리더에게는 너무나 수많은 정보가 제공되고 단 하루도 인터넷이나 블로그, 웹메일 등으로부터 자유롭지 못하고 이러한 정보들이 리더의 생각과 사고를 혼돈스럽게 하기 때문이다. 자동조정 장치를 설치했다 하여 자동차가 모든 것이 순조롭게 작동할지는 의문이다.[23] 또한 지금의 세상에서 기업활동은 하루가 다르게 변화되고 새로운 도전에 직면하기 때문에 바로 어제의 상황이 오늘과 같을 수 없다. 따라서 정신적 게으름에 빠지거나 무작정 다른 사람의 의견을 수용하게 되면 문제가 발생하게 된다. 창업가인 코드 캠벨Kord Cambell은 자신의 인터넷 창업기업을 인수할 의향을 제시한 대기업과 12일 간 의향이 단절되는 상황이 발생했다. 그는 하루의 바쁜 일정 속에서 충분히 이를 검토할 시간적 여유가 없는 가운데 그저 창업기업의 인수가 잘되고 있는 것으로 안심하고 있었던 것이다. 과연 올바른 판단이었을까?[24]

훌륭한 리더는 주어진 문제 상황이나 현상, 그리고 의문점 등에 대해 다각적으로 사고하고 가능한 모든 정보를 활용하여 문제 해결에 노력을 기울인다. 이와 같이 리더가 비판적으로 생각을 하게 될 때 모든 전제조건에 의문점을 갖고 적극적으로 다양한 견해를 추구해보며 모든 대안에 대해 균형감 있는 고려를 할 수 있게 된다.[25]

독립적이고 비판적으로 사고한다는 것은 쉬운 일만은 아니며, 많은 사람들은 그저 단기적으로 편안한 마음에서 정신의 게으름을 갖게 되는 안락함을 추구하고 싶어 할 것이다. 그래서 이분법적인 흑백의 논리를 벗어나지 않고 생각의 표준적 사고에 기초하여 쉽게 판단 내리는데 익숙할 것이다. 영국의 석유업체인 BP 대표이사였던 토니 헤이워드는 BP의 안전기준은 세계 최고라고 자랑하였고 실제 직원들 대상으로 하는 안전교육 등에 소홀하였다. 또한 실제 걸프만의 딥워터 허라이즌Deepwater Horizon 기름 유출사고가 발생했을 때 사고가 확대될 가능성을 일축하는 치명적인 오류를 범했던 것이다. 좀 더 비판적으로 생각해보고 문제의 심각성을 다양하게 검토해보았다면 아마도 5개월에 걸쳐 걸프만에서 오일이 유출되고 최악의 배상금을 지불해야 하는 상황에 몰리지 않았을 것이다. 이 폭팔 사고로 인해 11명의 작업원이 사망하였고 결국 미국 루이지에나 주와 플로리다 주에서의 오일시추작업을 철수할 수밖에 없었다.[26]

훌륭한 리더들은 부하들에게도 마음의 중심을 잡고 독립적 사고를 수행할 수 있도록 자극한다. 카리스마 리더와 변혁적 리더transformation leader 개념을 강조한 버나드 배스Bernard Bass는 지적 자극intellectual stimulation의 중요성을 강조했는데, 이는 리더가 구성원에게 신선한 지적 자극을 해줄 수 있을 때 바람직한 변혁적 리더십이 형성될 수 있다는 논리이다.[27] 부하들은 항상 자신에게 새롭게 호기심을 갖게 하고 새로운 생각에 눈뜨게 해주는 리더에게 존경심을 갖게 된다.

## 열린 마음

독립적 사고의 한 가지 방법은 통념적으로 옳다고 고정된 생각의 유형, 경직된 사고의 틀을 깨뜨릴 수 있어야 하며, 리더는 항상 **자신의 생각을 혁신할 수 있도록 사고의 틀을 유연하게 하는 열린 마음**을 갖는 것이 중요하다.

생각이나 행동을 스스로 제한하는 것을 파이크 증후군Pike Syndrome이라고 한다. 실험 결과로 밝혀진 이 현상은 다음과 같은 내용이다. 파이크Pike라는 물고기들을 수족관에 넣어두고 수족관 가운데를 유리로 막아두면 처음에 이 물고기들은 반대쪽으로 가려고 계속 시도하지만 유리벽에 막혀 번번이 실패하게 된다. 계속 실패를 경험하고 생각이 굳어지기 시작한 이 물고기들은 이후 이 유리벽을 제거한 다음에도 반대 방향으로 가려고 하지 않는다. 이미 행동반경을 제한해 버렸기 때문이다. 이 실험은 경직화된 사고와 통념이 행동에 미치는 결과를 보여주고 있는데, 사람들도 과거의 경험을 통해 특정한 상황이나 지식이 형성되고 나면 **과거의 경험이 옳다고 판단해버리고 다른 관점에서의 새로운 시도를 하**

출처: communicatebetter.blogspot.com

**지 않으려는 경향**이 생긴다.[28]

리더들은 자신의 제한된 생각을 열어두어야 한다는 사실을 잊어버리곤 한다. 선입견과 통속적인 의견 등을 비판적으로 다루고 항상 새로운 생각을 열어두는 것을 보통 초심이라고 한다. 일반적으로 전문가들은 자신의 생각을 고수하고 새로운 아이디어 등을 거절하는 경향이 있는 반면 초보자들은 세상을 배우려는 자세에서 적극적으로 세상의 아이디어를 얻으려고 노력한다.

리사 드레이크맨

열린 마음에 관련된 좋은 예는 프린스턴 대학에서 종교학을 가르치다가 이후 생명공학회사의 CEO가 된 리사 드레이크맨Lisa Drakeman의 사례이다. 그녀는 리더가 된다는 것이 항상 새로운 생각을 갖고 참신한 시도를 할 수 있을 때 가능하다고 강조한다. 그녀는 권한을 위임하는 방법을 깨닫고 학교 선생과 같이 지시하려는 관점에서 벗어나 직원들과 생각이나 의견을 공유하려고 하였다. 항상 그녀가 중요하게 고려한 것은 "가장 기본적인 문제를 알려고 노력하라"는 것이다.

성공한 리더들은 열린 마음을 갖고 있다. 그리고 그것을 기반으로 항상 신선한 호기심을 자극시킬 수 있는 환경을 만들어낸다. 열린 마음을 갖게 되면 과거 경험의 한계를 이해하고 다양한 관점을 포용하려고 노력하며, 쟁점이 되는 기본 전제와 모순, 의문점 등에 대해 균형 잡힌 태도로 새로운 시각을 형성하곤 한다. 글로벌 경영 컨설팅 업체 맥킨지McKinsey & Co.사의 라자 굽타Raja Gupta 회장은 회사 임원들과의 미팅을 마무리할 때 항상 시집의 한 구절을 읽어주곤 하는데, 굽타는 시와 문학은 인간이 문제를 단순하게 해결하지 못하는 상황에 직면해 있을 때나 완벽한 답을 찾지 못할 때 사고를 밝혀주는 등불 역할을 한다고 말한다.

## 시스템적 사고

사고는 전체를 보는 경우도 있고 전체 가운데 일부분만 보는 경우도 있다. 간혹 시스템 전체를 보는 것보다는 각 부분들을 분리하여 문제를 해결하는 것이 바람직하게 보이는 경우가 있지만, 전체를 간과하게 되면 더 큰 문제를 유발하는 난처한 상황에 처하는 경우가 많다.[29] 일반적으로 각 부분들의 합이 전체를 구성하지 못한다고 한다. 조직에서도 전체 조직 시스템을 변화시키는 것이 각 부분들을 하나씩 변화시키는 것보다 더 효과적일 수 있다. 이와 관련하여 **시스템적 사고**system thinking를 해야 할 필요성은 다음 사례에서 알 수 있다. 어느 한 도시에서 교통 체증을 줄이기 위해 지역 단위의 도시화 사업을 추진했지만, 문제가 되는 교통 체증은 줄어들지 않았다. 실제로 도시화 사업이 진행되면서 인구가 더욱 도시로 집중되었고 결국 교통 체증은 가중되는 상황에 이르렀다. 이는 시스템적 사고를 하지 않고 부분만 보았기 때문일 것이다.[30]

지역 사회, 조직 또는 자동차 등은 다양한 부분이나 개체들로 구성된 관계를 형성한다. 전체적으로 시스템을 이루면서 각 개체들은 시스템을 구성하고 서로 상호관계를 맺는다. 시스템적 사고는 리더로 하여금 조직 전체의 성과를 달성하는 네트워크 관계 등에 초점을 두게 한다. 시스템적 사고는 상호 연관관계를 꿰뚫어볼 수 있는 정신적 훈련mental discipline이라 할 수 있다.

조직 시스템은 복잡성 때문에 전체로 보는 것이 중요한데, 시스템의 복잡성은 리더를 압도하거나 자신감을 떨어뜨릴 수 있다. 리더가 복잡한 시스템의 상황을 명쾌하게 정리하려면 큰 그림을 보는 초점을 가져야 하며, 예전에 제록스Xerox 캐나다 지사장을 지낸 데이비드 맥카무스David McCamus가 개발한 주변적 시야peripheral vision를 유념할 필요가 있다. 주변적 시야란 조직을 미시적으로 현미경을 통해 부분을 보는 것이 아니라 **광각렌즈를 통해 전체적으로 볼 수 있는 능력**을 말하며, 이렇게 보게 되면 리더의 결정과 행동이 시스템 전체에 영향을 미칠 수 있게 된다.[31]

시스템적 사고가 중요한 것은 인과성causality 때문이다. 조직 학습 이론과 「The Fifth Discipline」의 저자로 유명한 피터 센게Peter Senge에 따르면, 현실은 일직선이 아닌 원으로 구성되어 있다고 한다. 〈도표 5-3〉은 소매업자의 이익을 증가시키는 영향력의 원을 나타내고 있는데, 왼쪽 원은 제품 광고를 공격적으로 하기 위해 광고 예산을 증대하였고, 이러한 광고 예산은 매출을 증대시키고 수익을 높인다는 점을 보여주고 있다.

오른쪽 원은 다른 인과성을 보여주고 있다. 매출과 이익이 증대하게 되면서 운영부서는 더욱 많은 재고물량을 비축하고 물류창고를 더 만들어야 하는 상황을 야기시킨다. 그렇지만 새로운 물류창고를 만드는데 운영부서가 신경쓰다 보면 물량을 비축하는 업무가 지연된다. 따라서 지연을 막기 위해 새로운 인력을 채용하게 되고 이는 비용 증가를 가져와 이익 창출에 부정적인 영향을 미친다. 이와 같은 인과성의 관계를 어느 한 면이 아닌 전체적인 시스템 관점에서 종합적인 결론을 내려야 할 것이다. 이와 같은 시스템적 사고를 하지 않고서 최고경영자가 부분만 보고 의사결정

**도표 5-3 ● 시스템 사고와 인과성 원**

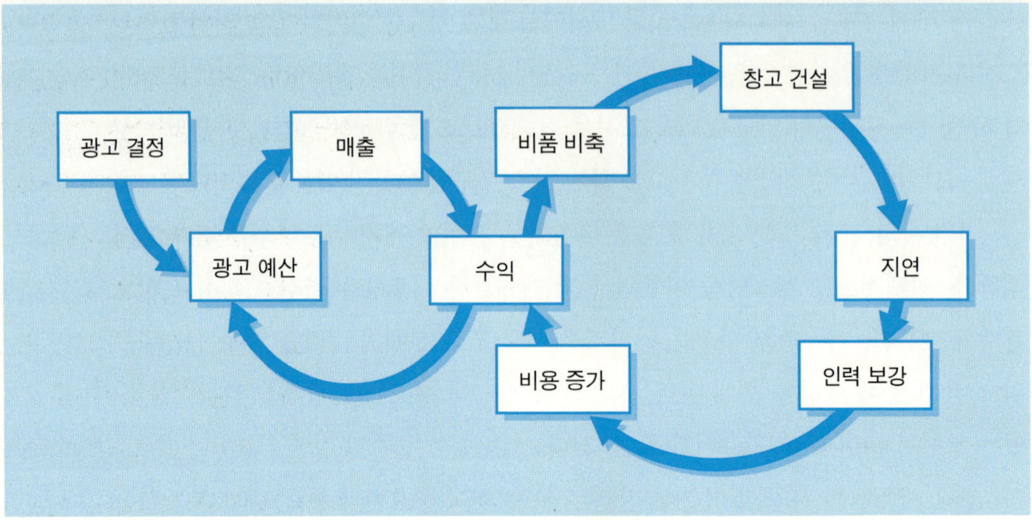


출처: Based on concepts presented in Peter M. Senge, *The Fifth Discipline: The Art and Practice of the Learning Organization* (New York: Doubleday/Currency, 1990).

을 내리면 광고의 결정이 수익에 긍정적인 영향을 미친다는 점만을 보게 되고, 이로 인해 발생될 수 있는 비용증가 현상을 간과할 수 있다.

이런 경우와 관련하여, 시스템적 사고를 하는 리더라면 아마 전체적인 시스템의 인과성을 고려할 것이다. 또한 시스템의 인과성을 이해하지 못하는 리더는 왜 광고 예산을 늘리고 매출이 높아짐에도 수익이 늘지 않는지에 대한 명확한 원인을 찾지 못하게 된다. 전체의 원을 보고 판단할 수 있어야 하지, 부분적인 면의 인과성만을 고려하게 되면 왜 이런 결과가 발생하는지를 파악할 수 없는 경영의 허점이 생길 수 있다. 결론적으로 표현하면 리더는 시스템적 사고를 거친 의사결정의 중요성을 인식할 수 있어야 한다.

## 개인적 숙련

피터 생게Senge는 개인적 숙련을 강조하고 있는데, **개인적 숙련**personal mastery이란 리더십을 촉진시키고 원하는 결과를 얻을 수 있도록 자신을 숙련시키는 경우라고 한다.[32] 그리고 자신을 숙련시킨다는 점은 마음의 명료함, 목표의 명료함, 그리고 목표 성취의 구조화라고 하는 세 가지 특징을 구체화하는 데 있다.

첫째, **마음의 명료함**clarity of mind이다. 이는 당면하고 있는 현실을 똑바로 접근하고 몰입한다는 점이다. 마음의 명료함을 가지게 됨으로써 리더 자신을 제한하고 속이는 정신모형을 파악하려고 지속적으로 노력하고 있으며, 업무수행의 가정과 기준에 기꺼이 도전하려고 하게 된다. 그래서 이런 특질을 갖는 리더는 자신과 타인이 현실의 실체를 부정하고 있는 점을 철저히 넘어설 수 있게 된다. 개인적 숙련이 이루어진 리더는 진실에 호소하고 지속적으로 정신모형의 열린 태도를 취하고 일 처리 방식과 기본전제를 변화시킨다. 또한 이들 리더는 진실에 초점을 두고 현실적 통념을 깨트린다. 진실을 추구할수록 자신을 깊게 이해하게 되고 수행하는 업무를 시스템적인 관점에서 파악할 수 있게 된다. 결국 마음의 명료함은 리더로 하여금 현실의 실체를 직시하고 추구하는 목표를 달성할 수 있는 기회를 가능하게 한다. 결론적으로 마음의 명료함을 가진 리더는 현실을 직시하고 이러한 진실을 추구할수록 자신들을 깊게 이해하고 수행업무를 시스템 관점에서 파악할 수 있게 된다.

둘째, **목표의 명료함**의 특질을 갖는다. 개인적 숙련에 몰입하는 리더는 무엇이 소중한 것인지를 명확하게 알고 있기 때문에 목표가 명료해진다. 목표가 명료한 리더라면 자신의 목표에 초점을 두고 자신과 조직을 동기부여시키는 비전과 꿈을 그리고 이를 바탕을 두고 미래를 향해 발전해갈 수 있다. 결국 목표가 명료한 리더는 개인적 비전을 명확히 하고 있다는 점이다.

셋째, 보통 현재의 상황과 자신의 비전 간에는 격차기 있을 수 있다. 이상적인 미래의 당찬 비전을 가지고 있으나 현실적으로 이를 실현시킬 수 있는 방안이 없으면 사람을 당황시키고 좌절시킨다. 예를 들어 혁신적인 아이디어를 바탕으로 신사업을 창업할 의지를 갖고 있어도 이를 실현시킬 수 있는 창업자금이 지원되지 못하면 좌절감을 느낄 수밖에 없을 것이다. 하지만 이러한 현실에 의한 격차의식이 사람에게 더욱 창조적인 에너지가 될 수 있다. **목표 성취의 구조화**는 개인적 숙련의 특질이며 이러한 특질을 강화시킬 수 있는 리더는 현실과 비전 간의 격차를 솔직히 인정하고 있는 그대로를 수용할 때 미래를 위한 창조성과 해결의 실마리를 찾게 된다. 또한 성공하는 리더는 비전을 현실로 끌어들이는데 능숙한데, 이는 현재 활동들을 미래 비전을 달성하는 과정으로 구성할 수 있었기 때문이다. 반면에 실패하는 리더는 현실에 기준을 두고 미래의 꿈과 이상적 비전을 지향하지 않는데 그렇게 되면 비전은 미래의 방향성의 영향을 하지 못하고 항상 현실의 소용돌이속에서 헤메게 된다. 따라서 개인적 숙련을 갖춘 리더라면 꿈과 현실을 모두 함유할 수 있으면서 미래를 향해 추구해갈 수 있어야 한다.

지금까지 언급한 내용들은 모두 서로 연관성이 있다. 우리는 지금까지 정신모형을 설명하면서, 독립적 사고, 열린 마음, 시스템적 사고, 그리고 개인적 숙련을 강조하였다. 그런데 독립적 사고와 열린 마음은 시스템적 사고를 향상시키고 개인적 숙련을 이룰 수 있게 하며 리더로 하여금 자신의 정신모형을 전환시키거나 확대시킬 수 있게 한다. 이와 같이 정신모형을 포함한 마음의 네 가지 요소들이 모두 연결되어 있기 때문에 한 가지 요소만이라도 발전시키려고 노력하는 리더는 자신의 마음을 다스릴 수 있고 효과적인 방향으로 발전해 갈 수 있을 것이다.

## 정서지능

지금까지 많은 사람들은 조직 생활이나 개인 인생에서 IQ라고 알려진 인지 지능cognitive intelligence만을 중요하게 생각하였다. 학교나 조직에서 IQ 검사를 시행하고 그 결과를 통해 입학이나 채용결정이 되곤 했다. 보편적으로 연구결과에 의하면 보통의 사람들보다 리더들은 IQ와 같은 인지능력이 높은 것으로 조사되고 있고, 이러한 인지능력은 유능한 리더십과 연관성이 매우 높다.[33] 하지만 최근에는 새로운 **정서지능(EQ)**emotional intelligence의 중요성을 더욱 강조하고 있다. 리더가 갖추어야 할 필수 요건에 정서지능이 포함되고 있으며 정서지능이 높은 리더는 의사결정이나 대인관계에서 탁월한 측면을 보이고 있다.[34] 또한 연구결과에 따르면, 유능한 리더들 가운데 2/3는 정서적 역량이 높고 1/3 정도는 기술적 역량이 더 높은 것으로 조사되고 있다.[35]

정서지능이란 **자신과 타인에 대한 지각과 이해력 측면에서 탁월한 인지 능력을 갖추고 있는 경우**를 말하며, 정서지능이 높은 사람은 자신과 타인 관리에 유능한 것으로 알려져 있다.[36] 정서 이해와 역량이 뛰어나면 삶이나 조직 생활에서 성공하게 되며, 또한 직원들의 직무 만족도와 사기가 높아지고 결국 조직 유효성을 높이는 견인 역할을 한다.[37]

정서지능을 활용하여 인사문제를 결정하는 경우가 있다. 실제로 미 공군에서는 신병 선발에서 정서지능 결과를 활용하는데, 정서지능이 높은 사람이 동료나 부하들에게서 호의적인 평가를 받기 때문이다. 렌셀러폴리테크닉대학교Rensselaer Polytechnic Institute의 창업가 대상 연구 자료를 보면, 성공한 창업가들은 그렇지 않은 사람들에 비해 자신의 정서를 더 잘 전달하며, 타인의 정서를 파악할 줄 아는 사람들이 경제적으로 성공할 가능성이 더 높은 것으로 나타났다. 또 다른 리더십 필수 요건은 자신의 정서와 타인의 정서를 연결하는 능력인데, 정서가 업무 환경과 성과에 얼마나 영향을 미치는지 판단할 수 있어야 한다.

뿐만 아니라 직장에서 업무 생활은 가정에서 발생하는 정서적 문제와 연관성 없을 것으로 보이지만 사실은 그렇지 않다. 인간의 정서는 많은 부분과 연계되어 있고 정서관리를 잘 할 수 있는 리더 혹은 다른 종업원들의 정서를 잘 헤아릴 수 있는 리더가 성공적인 리더가 될 가능성이 높다.

## 정서의 개념

정서의 개념이 기업 경영에 사용되기 시작한 것은 비교적 최근의 일이다. 그런데 정서는 〈도표 5-4〉가 보여주듯이 분노, 슬픔, 두려움, 즐거움, 사랑, 시기, 불쾌, 부끄러움 등의 감정을 포함한다.[38] 리더는 조직을 위해서 자신의 정서뿐만 아니라 다른 사람의 느낌도 파악할 필요가 있다. 연구에 의하면 행복감이 넘치는 직장은 성공 가능성이 더 높다고 알려져 있다. 그런데 일부 리더들은 직원들이 직장에서 개개인의 정서는 중요하지 않은 것으로 생각하는 경향을 갖는다. 리더십의 핵심요소는 타인과 얼마나 정서적 연결성을 가지고, 어떻게 정서가 업무와 성과에 영향을 미치는지 이해하는 데 있다.

**도표 5-4 ● 긍정적 정서와 부정적 정서**

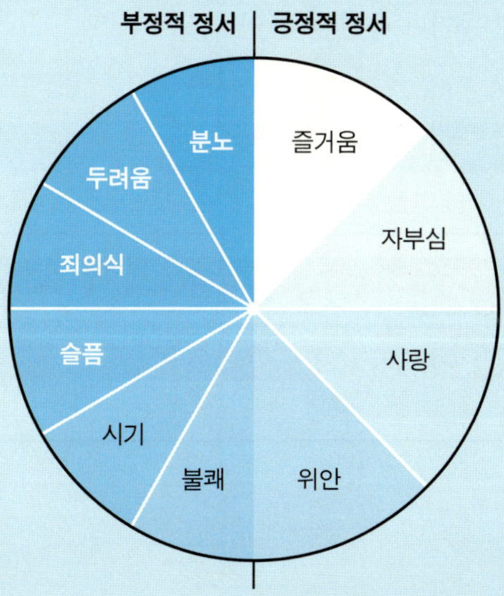

### 왜 정서가 중요한가?

헨셀러폴리텍대학교Renssleaer Polytechnic Institute의 창업보고서에 의하면, 자신의 정서를 보다 적극적으로 표현하는 사람이나 다른 사람과 정서를 잘 조화를 이룰 수 있는 사람은 〈도표 5-5〉에서 볼 수 있듯이 경제적으로 성공하며 수익을 창출한다고 한다.[39] 그 이유는 자신의 정서를 최대한 활용하고 촉진시키는 리더는 부하직원의 만족과 사기를 높이고 보다 나은 목표를 향해 동기부여시키고 결국 전체 조직의 성과를 높이기 때문이다.

**정서 전이** 어느 특정인의 정서는 다른 주변 사람에게 전염되고 전이된다. 특히 리더의 정서는 부하직원들이나 부서 분위기에 많은 영향을 주게 되는데,[40] 리더의 긍정적인 정서, 즉 즐겁거나 열정적이거나 혹은 미소를 짓거나 하는 모든 정서적인 요소들은 다른 사람들에게 그대로 영향을 준다. 반면에 리더의 부정적 정서는 구성원들에게 부정적으로 전달되어 그들의 정서를 부정적인 방향으로 다운시키게 된다. 이를 심리적으로 정서전이emotional contagion이라고 하는데, 리더가 구성원들을 동기부여 시키고 영감을 부여하는 역할모델이 되기 위해서는 정서의 균형성을 유지하고 통제를 할 수 있어야 한다. 어느 조직에서나 리더가 낙천적이고 희망적인 모습을 보여주면 조직은 희망과 열정이 이루어질 수 있으며, 반대로 리더의 신경질적인 반응이나 화를 내는 상황의 반복은 조직을 경직되게 하는 요인이 된다. 또한 다른 사람의 감정을 이해하고 이입시키는 능력을 지닌 리더로부터 구성원들은 한마음과 팀워크를 느끼게 되고 동기가 촉진될 수 있다.

**도표 5-5 ● 정서지능과 수익 능력**

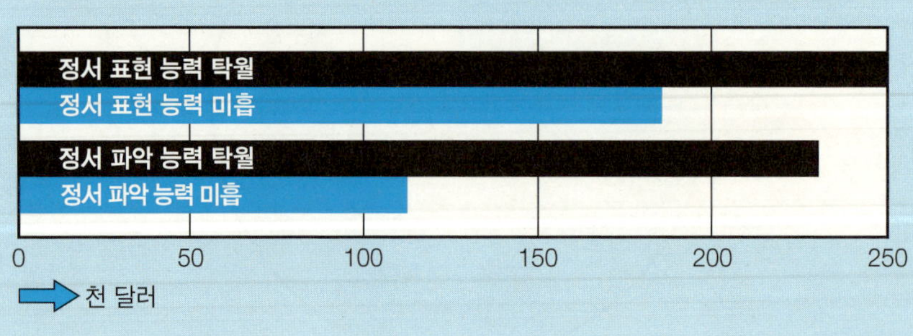


출처: Rensselaer Polytechnic Institute, Lally School of Management and Technology, as reported in *BusinessWeek Frontier* (February 5, 2001), p. F4.

**성과에 미치는 정서의 영향** 팀과 집단성과를 조사한 연구에 의하면 리더의 긍정적 정서는 팀 성과에 긍정적으로 영향 미친다고 한다. 즉 열정적이고 낙관적이며 긍정적 정서를 보이는 팀 리더하의 구성원들은 이와 유사한 정서나 분위기를 갖고 결국 팀 성과도 높아지며 창의성과 의사결정의 질에 긍정적 영향 미친다.[41] 하지만 반대의 경우로 팀 리더의 부정적 정서는 팀의 분위기를 경직시키고 최상의 노력을 기울이려고 하는 의향을 저해하게 하는 요인이 되고 의욕의 상실을 가져오게 한다.

〈도표 5-6〉는 긍정 리더십과 성과의 관계를 설명하고 있는데, 조직이 우울한 분위기와 구성원들의 사기가 저하된 환경에 처해 있는 경우 대부분의 시간을 정서의 개선을 위한 노력에 많은 시간을 소비하기 때문에 성과 향상을 기대하기 어렵다. 구성원들이 동기부여되고 적극적 노력을 기울이는 열정적인 환경이 받쳐질 수 있을 때 조직의 성과는 가능하기 때문에 이러한 성과를 높이기 위한 리더의 긍정적 리더십은 매우 중요하다. 이와 같은 리더의 긍정적 정서는 구성원들의 슬픔이나 분노, 불안과 두려움 등을 줄이거나 제거하는 역할을 하기 때문에 리더의 긍정성으로 인해 구성원들이 최대의 노력을 경주할 수 있는 여력을 갖추게 한다.[42]

경영전문기관인 갤럽이 조사한 바에 의하면, 리더들 가운데 특히 일선관리자들은 종업원들과 직접 대면하기 때문에 종업원들의 느낌이나 정서 등에 대해 민감하게 반응해한다고 한다.[43] 이와 같은 관련성을 조사하는 학문적 연구가 증대되고 있는 가운데 리더의 높은 정서지능을 강조하고 리더의 정서와 성과의 관련성을 검증하기 위한 연구가 많아지고 있다. 또한 리더는 자신의 정서를 통제하고 규제할 수

**도표 5-6 ● 긍정적 리더십과 성과**

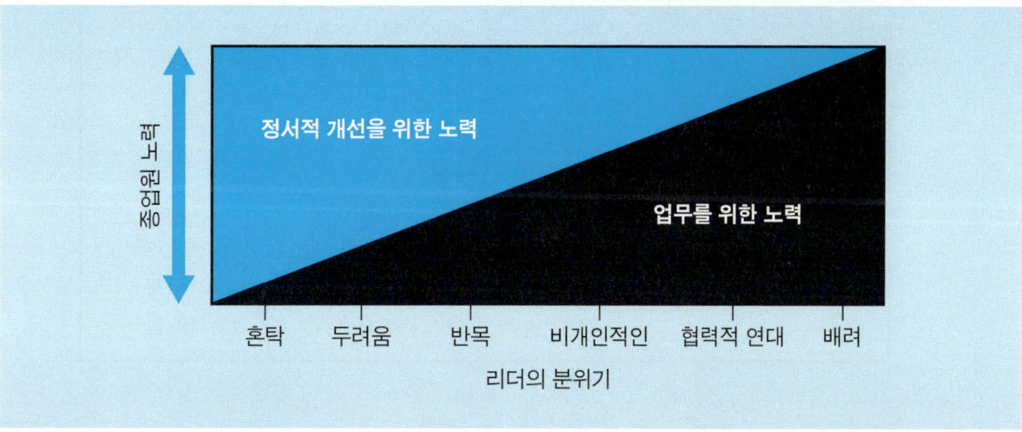


출처: Rensselaer Polytechnic Institute, Lally School of Management and Technology, as reported in *BusinessWeek Frontier* (February 5, 2001), p. F4.

있어야 하며 구성원들의 정서를 긍정적인 방향으로 이끌어낼 수 있고 희망적인 상황으로 연결할 수 있어야 한다.

## 정서지능의 구성요소

역사학자 도리스 컨스 굿윈Doris Kearns Goodwin은 미국 16대 링컨 대통령의 탁월한 리더십을 그의 카리스마나 정치적 역량에 바탕을 두기보다는 정서지능 때문이라고 평한 바 있다.[44] 이와 같은 정서지능의 역량을 구성하는 요소는 크게 네 가지로 분류할 수 있으며, 그 내용은 〈도표 5-7〉과 같다.[45] 이 구성 요소들은 학습되고 개발될 수 있기 때문에 누구나 이들 역량을 강화할 수 있다.

**자기 인지** 자기 인지self-awareness는 정서지능 구성 요소 가운데 가장 기초가 되는 요소이며, **자신의 정서를 얼마나 잘 이해하고 자신의 삶과 업무에 정서가 어떻게 영향을 미칠 것인가를 파악하는 정도**를 말한다. 자기 인지에 능한 사람은 자신의 감정을 신뢰하게 되고 어려운 상황이 발생할 때 자신감을 갖고 대응하게 된다. 왜냐하면 해결해야 할 문제의 답을 외부에서 찾기 어려우면 자신이 갖고 있는 정보에 의존해야 하며 자기 인지가 강한 사람은 자신 있게 답을 찾아갈 수 있다.

**도표 5-7 ● 정서지능의 구성요소**

| | 자신 | 타인 |
|---|---|---|
| 인지 | **자기 인지**<br>• 정서 인지<br>• 정확한 자기 평가<br>• 자기 확신 | **사회적 인지**<br>• 감정이입<br>• 조직 인지<br>• 서비스 지향성 |
| 행동 | **자기 관리**<br>• 정서 자율 통제<br>• 신뢰성<br>• 적응성<br>• 낙관주의<br>• 성취지향성<br>• 진취성 | **관계 경영**<br>• 타인 발전<br>• 영감 리더십<br>• 영향<br>• 의사소통<br>• 변화 촉매<br>• 갈등 관리<br>• 유대감 형성<br>• 팀워크와 협력 |

출처: Adapted from Richard E. Boyatzis and Daniel Goleman, *The Emotional Competence Inventory–University Edition* (Boston, MA: The Hay Group, 2001).

또한 자기 인지의 구성요소는 긍정적인 관점에서 자신감을 수반하고 이를 통해 자신의 강점과 한계점을 정확하게 판단할 수 있는 점을 포함하고 있다.

**자기 관리** 두 번째 정서지능의 요소는 자기 관리self-management인데, **비생산적이고 잘못된 정서와 욕구를 통제할 수 있는 정도**를 말한다. 1960년대에 흥미 있는 실험이 이루어졌는데, 4살과 5살 유아들에게 그들이 좋아하는 마시멜로 1개를 책상 위에 두고 만약 몇 분 동안 먹지 않고 참으면 나중에 마시멜로 2개를 주겠다고 약속하였다. 그런데 맛있는 마시멜로의 욕구를 참지 못한 몇 명은 그 자리에서 먹은 반면, 다른 몇 명은 나름대로 다양한 방법을 사용하면서 그 욕구를 참아냈다. 그런데 20년이 지난 후 마시멜로의 욕구를 참아냈던 유아들은 그렇지 않았던 유아들보다 스트레스를 훨씬 능숙하게 관리하고 어려운 도전적 업무를 감당해내는 성인으로 자란 것을 발견하였다. 또한 이들은 더 자신감이 많고 신뢰성이 높으며 자기 의존적이고 목표 달성에 적극적이었다.[46]

자기관리를 잘한다는 점은 정서적 자기통제를 잘한다는 것과 동일하지만 그 외의 특질들도 들 수 있다. 첫째, 신뢰성trustworthiness으로 다른 사람들에게 정직하고 진실하게 지속적으로 자신을 보여주는 특징을 말한다. 둘째, 성실성conscientiousness을 들 수 있는데 자신이 책임 맡은 일을 중요하게 생각하고 잘 관리하는 경우이다. 셋째, 적응성adaptability을 말하는데 변화 상황에 잘 적응하고 장애요인을 잘 극복하는 경우를 말한다. 그 외에도 낙관주의, 성취지향성과 적극성 등이 자기관리의 중요 특성으로 구별될 수 있다. 미국 펜실베니아 주립대학교 심리학과 마틴 셀리그만Martin Seligman 교수는 영업사원 채용을 하고자 하는 메트라이프MetLife 보험사에게 낙관주의적 성향의 영업사원을 추천한 바 있다. 실제로 이 보험사는 향후 분석해보니, 영업의 적성 점수가 높지만 낙관적이지 않은 영업사원과 영업 관련 적성 점수는 조금 낮아도 낙관적인 영업사원이 더 높은 실적을 올린 사실을 확인할 수 있었다.[47]

**사회적 인지** 사회적 인지social awareness는 **자기 이외의 다른 사람들을 이해하는 능력**을 말한다. 사회적 인지를 하는 리더들은 **감정이입**empathy을 통해 다른 사람의 관점을 나의 관점으로 대입하곤 한다. 사회적 인지의 관점에서 본 유능한 리더는 다른 사람들을 안전지대comport zone에서 벗어나게 하고, 구성원들에게 발생될 수 있는 두려움과 좌절 등을 잘 이해한다. 뿐만 아니라 이들은 다른 사람들의 감성을 다치게 하지 않으면서 그들을 포용하고 배려할 수 있는 전문적 친밀감professional intimacy을 잘 적용한다.[48] 사회적 인지가 강한 리더는 다양한 견해를 이해하고 다른 유형의 사람이 보이는 정서와 효과적으로 작용한다. 사회적 인지는 서비스 지향성을 포함하는데, 서비스 지향성은 구성원, 고객 등의 욕구를 인지하고 봉사하는 능력을 말한다.

**관계 경영** 관계 경영relationship management이란 **다른 사람들과 긍정적인 관계를 맺는 능력**을 말한다. 정서지능이 높은 리더들은 타인에 대해 감성적이고 친밀하고, 긍정적인 방법으로 영향을 미친다.[49] 이들은 변화를 촉진시키고 사람들을 발전적인 방향으로 인도하여 팀워크와 협력 관계를 구축하고 갈등을 줄이게 한다. 이런 리더는 조직 내 · 외에 인적 네트워크를 형성하고 유지하는 데 탁월한 능력을 보인다.

짐 맥너니Jim McNerney는 자신의 관계 경영 능력을 이용하여 보잉Boeing사에 활력을 불어넣어 활성화시켰다. 맥너니는 자신의 비전과 도덕성을 기반으로 사람들을 경청하고, 영감과 동기를 부여하여 탄탄한 팀을 구축하는 인물로 알려져 있다. 그는 CEO로서 자신의 처음 6개월을 구성원들과 대화하는 데 활용하면서 보잉사의 강점과 도전적 과제를 이해시켰고 협력과 팀워크의 필요성을 강조해 왔다.

이와 같은 정서지능의 네 가지 구성 요소들은 정서지능의 기반이 되며 리더들은 이러한 정서지능을 활용하여 효과적으로 팀과 조직을 이끌 수 있다. 연구 결과에 의하면, 각각의 요소들은 우수한 리더의 조건이 되기도 하는데, 최상의 리더들은 이런 리더 스타일이 통합된 리더십을 보이고 상황에 따라서는 구성 요소를 적절히 사용하기도 한다. 자신과 타인의 감성 이해를 통해 리더는 구성원들에게 어떤 효과가 있는지 인식할 수 있고 긍정적인 성과를 창출하기 위한 방법을 모색할 수 있다. [IN THE LEAD]의 사례는 듀크 대학Duke University의 농구팀 블루 데블스Blue Devils의 감독이 정서지능을 활용하여 어떻게 팀원들을 최고의 선수로 만들 수 있었는지를 다루고 있다.

마이크 감독은 대학 농구팀을 이끌면서 전통적인 명령과 통제의 방식에서 벗어나 상호작용하는 방식을 활용한다. 리더십과 의사결정이 특정인에게 독점되지 않고 모든 선수들에게 달려있게 되며 개인의 성적

**IN THE LEAD** Mike Krzyewski, Duke University Blue Devils

출처: gettyimages.com

출처: keyposters.com

마이크 크르지에브스키는 자신을 명령과 통제 방식의 농구팀 감독으로 생각하지 않고 이끌어간다. 그의 리더십은 오직 단 하나, 팀원들과의 개인적 관계에 전적으로 달려있다고 믿는다.

그는 기준을 철저하게 고수하는 매우 엄격한 감독이지만 정서적으로 접근하는 상호작용 스타일 때문에 '여자 같은 코치'라는 평을 받고 있다. 예를 들어 신입선수를 선발할 때도 "우리는 관계를 중시하고 강조할 것이니 잘 조화를 이루어달라고 요청한다. 관계를 중시하는 그의 리더십은 과거 웨스트포인트(West Point) 사관학교 농구팀의 감독을 맡아 군인들의 협동심과 유대감을 겪게 되면서 형성되었다고 한다. 감독으로서 그는 개인 성과보다 팀워크와 공동체 의식을 중시하였고 감각으로 느낄 것을 선수들에게 요구했다. 선수 개개인이 어떻게 상호작용하는가를 가장 중요하게 고려하면서 선수들 간의 강한 긍정적 관계를 형성시켰다. 그는 농구팀 운영을 마치 기업, 군대, 자원봉사 단체 등을 이끌어가는 것과 같은 맥락에서 인식한다.

보다는 팀워크와 협동 의식이 강조된다. 요즘의 경영 환경을 보더라도 기술이나 물적 자원보다도 구성원 및 고객들과의 관계가 더욱 중시되고 있으며 리더의 정서지능 비중이 커지고 있다. 모든 리더는 조직의 정서적 분위기에 관심을 기울여야 하는데, 최근 일련의 사건이나 과제들을 보더라도 개인이나 조직에 감성을 주입시키는 것이 얼마나 중요한지 알 수 있다.

## 온정 경영과 두려움 경영

과거 관리자라고 하면 구성원들을 두렵게 하여 효과적으로 통제하는 사람으로 인식되었고 그런 관리자가 유능한 관리자로 받아들여졌다. 암묵적으로 경영자들은 조직의 분위기를 무겁고 불편하게 만드는 것이 조직을 관리하는 데 긍정적인 효과가 있다고 생각해왔다.[50] 즉 두려움을 주는 것이 조직의 효과적인 관리 방안이라고 생각한 것이다. 하지만 상황이 달라졌다. 조직에서 인재의 역량이 무엇보다 중요해지고 있고 이들의 능력과 지식, 열정을 최대한 활용할 수 있도록 참여, 몰입시킬 수 있는 리더십이 요구되고 있다. 이렇게 하기 위해서는 리더가 직원들을 온정으로 감싸고 정서적으로 가깝게 다가갈 수 있어야 한다. 그렇지 않으면 유능한 직원들은 자신들의 역량을 극대화하지 않고 쉽게 다른 회사로 전직하는 경우가 많을 것이다. 연구 결과에서도 구성원들에게 긍정적인 정서를 제공하고 온정으로 대하는 리더와 함께 근무하는 직원들의 성과가 높은 것으로 나타났다.[51]

더글러스 코넌트

하지만 두려움과 공포감을 불러일으켜 직원들을 관리하는 두려움 경영fear management은 한계가 있다. 공포감을 느끼는 직원들은 업무에 시행착오를 범하지 않고 실수를 두려워하고 그렇기 때문에 단순히 항상 하던 일에만 안전하게 매진하게 된다. 그러다보니 성장과 발전은 어렵고 혁신과 변화도 기대하기 어렵다. 따라서 리더는 부하들에게 온정과 배려를 통해 조직의 공통된 목적을 추진하도록 유도해야 한다. 캠벨 스프Campbel Soup의 CEO 더글러스 코넌트Douglas Conant는 **구성원들을 존중하고 개인적으로 인간관계를 형성함으로써 회사의 전략과 계획에 몰입하도록 온정을 베푸는 것**이 진정한 리더십이라고 설명한 바 있다.

## 조직에서의 두려움

두려움은 여러 가지 원인으로부터 발생한다. 실패에 대한 두려움, 변화에 대한 두려움, 상사에 대한 두려움 등 다양하다. 이들 두려움은 사람들로 하여금 새로운 일에 도전하지 못하게 하고 항상 현상 유지에만 매달리게 한다. 또한 무기력을 유발하고 자신감 결여를 초래한다. 또한 적극적으로 몰입하려는 의사도 줄어들고 상상력과 열정, 동기부여 등이 줄어들게 된다.

**두려움의 영향** 구성원들이 두려움을 가지게 되어 얻을 수 있는 효과는 무엇일까?

두려움은 구성원들로 하여금 자신의 일터에 좋은 감정을 가질 수 없게 하며, 무기력감의 분위기를 확대시킨다. 이로 인해 구성원들은 자산감, 몰입도, 열정과 상상력, 그리고 동기부여 등이 줄어들게 되는데 이것만 보더라도 두려움이 조직에 얼마나 역기능을 가져오는지 이해할 수 있다.[52] 두려움이 가져오는 가장 보편적인 문제점은 만약 두려움에 처해있다고 하면, 새로운 일에 열정을 가지고서 도전해보기 어렵다는 점이다. 결국 이런 조직에서 창의성과 혁신, 그리고 새로운 시도는 이루어질 수 없으며 두려움은 신뢰와 의사소통을 막히게 한다.

두려움이 많게 되면 소신있는 표현을 하지 못한다. 자신이 어떤 말을 하게 되고 그 말로 인해 반향repercussion을 두려워하면 어떤 표현을 하는 것을 삼가하게 될 것이고 소신있는 말을 하지 못하게 된다. 심지어는 종업원 중에는 상사와 리더의 생각이 다른 의견을 제시하여 이로 인해 생기는 역기능을 생각하게 되면 자신의 생각 표현을 자제하고 이렇게 되면 경우에 따라 조직의 발전적인 이야기는 차단되고 소통이 단절되는 부정적인 상황이 생긴다. 따라서 관리자는 종업원들이 소신있게 자신의 의견을 표현할 수 있는 분위기를 제공할 때 피드백에 대한 두려움을 줄일 수 있어야 한다.

**두려움과 리더의 관계** 리더는 조직에서 두려움의 수준을 조절한다. 〈도표 5-8〉은 두려움에 근거한 리더십 혹은 온정에 근거한 리더십이 무엇으로 대표되는지를 보여주고 있다.[53] 즉 온정에 기초한 리더십은 개방성과 진전성, 다양한 견해의 존중, 그리고 대인관계의 중요성 등을 강조하는 특징을 보인다. 반면에 두려움에 기초한 리더십은 자기보존에 급급하고 안정성만을 추구하며 타인에게 탓을 돌리고 매사에 조심스러운 행보를 보이고 구성원들 간에 감성적인 거리감은 높은 편이다. 종업원과

**도표 5-8 ● 온정경영과 두려움 경영의 표식**

| 두려움 경영의 표식 | 온정 경영의 표식 |
|---|---|
| 조심스러움과 비밀 | 개방과 진정성 |
| 비난과 공격 | 다양한 견해의 이해 |
| 과도한 통제 | 타인에 대한 기대 |
| 무관심과 거리감 | 몰입과 사려분별 |
| 암묵적 저항 | 대인 간 연계 |
| | 미래의 관점 유지 |

출처: Daniel Holden, "Team Development: A Search for Elegance," *Industrial Management* (September-October 2007), pp. 20–25. Copyright © by Institute of Industrial Engineers.

직속상사와의 관계는 구성원들이 업무상 느끼는 두려움을 결정하는 주요 요인이다. 그렇지만 과거의 위계적인 문화는 리더는 위압적으로 부하직원들에게 명령하고 종업원은 이를 강압적으로 수용해야 하는 문화였으며 이런 상황에서 리더는 온정적이라기보다는 두려움을 자극하는 리더로 인식되는 경우가 많았다. 새로운 경쟁력이 요구되는 최근의 현실에서 리더는 이와 같은 두려움의 리더십 수준을 줄이고 서로 협의하고 상호존중하는 온정의 수준을 높여감으로써 구성원의 자신의 생각과 마음을 쉽게 표현할 수 있고 창의적인 생각과 아이디어를 창출할 수 있을 것이다.

조직 구성원들은 조직생활이 단순히 월급을 받기 위한 수단으로만 연결하지 않는다. 직장에서 구성원들을 온정으로 대하는 리더를 통해 조직은 그 자체의 의미보다도 더 높은 성과를 달성하게 된다. 그 이유는 구성원들의 욕구가 단순히 생계수단을 위한 목적만이 있는 것이 아니고, 조직에서 일에 대한 의미와 상사 혹은 동료들과의 호의적인 관계성이 더욱 중요하기 때문이다. 구체적으로 인간은 자신을 이해해주고 자신의 장점을 부각시켜주고 자신의 온정적 이미지를 부각시켜주거나 자신에게 공감으로 진실을 이야기해주는 사람에 대해 호의를 갖고 우호적 관계가 형성된다. 뿐만 아니라 이들 상호 간에 정서적으로 연계되어 고객 등에 대한 문제를 해결할 수 있는 정서적인 무형적 자산이 형성될 수 있게 된다. 조직생활에서 리더의 두려움 혹은 온정을 통한 리더십 혹은 경영방식의 구사는 구성원으로 하여금 차별적인 영향력을 주게 된다. 리더와 온정 혹은 두려움의 관계성인지를 판단하기 위한 간단한 방법이 있다. 종업원 입장에서 자신이 단순히 돈을 벌기 위해 이 일을 수행하고 있다고 생각하는 경우 이는 인간의 저차원적인 욕구를 충족하기 위한 미봉적인 차원에서 동기 부여되는 정도이다. 이 경우 종업원은 자신이 부여받은 정도에만 국한하여 업무를 부분적으로 수행하고 싶어 한다. 하지만 리더가 종업원 자신에게 관심과 배려를 제공하고 일에 대한 자부심과 의미성을 갖게 한다면 이는 구성원으로 하여금 조직이나 지역사회에 대해 최대한의 노력을 기울이고자 하는 의욕이 충만되고 동기가 부여된다. 이러한 차별적인 영향력을 통해 리더의 두려움 혹은 온정에 기준한 경영방식이 어떤 결과를 가져오는지를 판단할 수 있게 한다.

리더십이 합리적 관리방식보다 긍정적 정서를 유발할 수 있을 때 효과성이 높다는 사실은 여러 각도에서 강조되고 있다. 창의성을 자극하고 신뢰를 가져오는 온정을 높이고 몰입을 장려하고 무한의 에너지를 추구할 수 있는 리더십은 두려움에 의한 관리방식보다 온정에 의한 경영방식이라고 할 수 있다.

## 학습 핵심

- 리더들은 지적 능력뿐만 아니라 정서적 역량을 활용하여 급격한 환경 변화로부터 조직을 보호하고, 구성원들로 하여금 열정을 갖고 동기부여되도록 역할을 수행해야 한다. 또한 리더들은 스스로의 마음을 통제하여 자신의 무한한 잠재 능력을 확대시켜 나갈 수 있어야 하며 지속적으로 인지 기능도 향상시켜야 한다.
- 리더는 정신모형이 어떻게 사고방식에 영향을 미치는지 판단하고 정신모형의 맹점을 이해해야 한다. 자신의 정신모형을 바꾸기 위한 첫 단계는 자신의 기본 전제를 점검하는 것이다. 리더 마인드를 개발하는 네 가지 방안은 독립적 사고, 개방 마인드, 시스템적 사고, 개인적 숙련이다.
- 리더는 정서지능이 미치는 영향력을 파악하고 있어야 한다. 정서지능의 네 가지 구성 요소는 자기 인지, 자기 관리, 사회적 인지, 관계 경영을 들 수 있다. 정서지능이 높은 리더는 직원 발전에 긍정적인 영향을 미칠 뿐 아니라 구성원들에게 목적의식을 심어주고 팀 정신을 고양시킨다. 개인 차원뿐만 아니라 팀 차원의 정서지능도 중요하며, 리더는 팀의 정서지능을 높이기 위한 방안을 적극적으로 모색해야 한다.
- 리더는 정서와 정서지능의 중요성을 이해해야 한다. 정서는 구성원들의 성과에 직접적인 영향을 미치기 때문에 정서의 이해는 필수적이다.
- 전통적인 구성원 동기부여 방식은 두려움을 주며 통제하는 방식이었다. 하지만 이런 방식은 업무에 동기를 부여하기도 하지만 구성원으로 하여금 회피 행동을 하게 하는 원인이 되기도 한다. 두려움은 신뢰와 의사소통을 감소시켜 중요한 문제나 이슈를 인지하지 못하게 한다. 리더는 두려움을 수반하는 경영 방식이나 온정에 기반을 둔 경영 방식 가운데 선택할 수 있다. 온정에 기반을 둔 리더십 방식은 직원들에게 존재감을 느끼게 하고 활력을 불어넣는 긍정적인 측면이 많은 것으로 알려져 있다.

## 토론 주제

1. 유능한 리더가 되기 위해 정서지능을 발전시키기 위한 방안에는 어떤 것이 있는가?
2. 사람들이 마음을 바꾸면 자신의 능력 이상의 역할을 해낼 수 있다고 생각하는가? 예를 든다면 어떤 것들이 있는가?
3. 왜 사람들은 마음속의 기본 전제를 바꾸기 어려운가? 그리고 리더들에게 스스로의 정신모형 인지가 필요한 구체적 이유는 무엇인가?
4. 정신모형과 열린 마음의 차이는 무엇인가?
5. 개인적 숙련의 의미는 무엇이며, 이것이 왜 리더에게 중요한가?
6. 유능한 리더에게 필수적인 정서지능의 네 가지 구성 요소는 무엇인가?
7. 두려움이나 온정은 구성원들의 업무 수행에 동기를 부여하는 요인이 되는가? 대학생들에게 효과적인 동기부여 방식은 무엇인가? 신제품 개발팀에서는 어떤가?

8. 직장이나 학교에서 리더나 교수로부터 온정 또는 두려움의 관리 방식을 경험한 적이 있는가? 이를 경험했다면 그 상황에서 어떤 반응을 보였는가?

9. 리더가 팀의 정서지능 개발에 시간을 투자하는 것이 적절하다고 생각하는가?

## 분석사례: The New Boss

샘 놀란(Sam Nolan)은 개인용 소파 위에서 컴퓨터 카드 게임을 거의 1시간 이상 계속하고 있었고, 그의 아내는 영화를 보고 있고 밖에 나가 여가를 즐길 생각은 이미 포기한지 오래였다. 샘은 이 같은 숫자놀이 게임에 빠져 업무에 지장을 초래했고 그 정도가 점점 심해져갔다.

샘은 미국 동부의 코네티컷주에 있는 대형 제약회사인 센추리 메디컬(Century Medical)사의 정보 담당 관리자로 이 회사에 재임한 지난 4년 동안 회사의 IT관련 시스템 통합 작업 등 회사발전을 위한 대형 프로젝트를 주도하며 비약적으로 회사를 발전시켰다. 그가 성공적으로 달성한 주요 프로젝트에는 인력관리부서 업무 활성화를 위한 복리후생 전산망과 웹(Web) 기반 자재 구매 시스템이 있다. 이 시스템들이 도입된 것은 아직 수개월이 지나지 않았지만 매년 거의 200만 달러의 비용 절감을 가져올 것으로 예측되고 있다. 뿐만 아니라 웹 기반 자재 구매 시스템으로 인해 자재 요청과 배치에 엄청난 시간을 절약할 수 있게 되었다. 이 시스템 덕분에 자재 구매 담당 관리자는 주요 이해관계자들과의 협력적 관계 형성이 훨씬 더 수월해졌고 더 좋은 조건으로 자재 공급업자들과 거래할 수 있게 되었다.

샘은 사내 인물들과 신뢰 관계를 형성하는 데 많은 시간을 들였고 회사의 IT시스템이 업무 프로세스에서 얼마나 시간과 돈을 절약하는지 보여주려고 노력해 왔다. 뿐만 아니라 팀 활동업무를 후원하고 정보를 공개하여 공유하고 업무의 자율 통제에 이 시스템이 얼마나 도움이 되는지를 보여주었다. 샘은 회사의 장기근속자인 61살의 에설 무어(Ethel Moore)의 경우를 떠올리고 은근히 기분이 좋아졌는데, 그 이유는 회사에 처음 IT 인트라넷을 도입했을 때 그녀는 매우 당혹해 했지만 지금은 이 시스템의 적극적 후원자 중 한 사람이 되었기 때문이다. 사실 그녀는 샘에게 회사의 e-사내공모(job posting) 시스템의 필요성을 각인시킨 사람이었다. 직무공모 제도는 특정 직위에 새로운 인력이 필요한 경우 이 직위에 가장 적합한 인물을 사내에서 모집하는 제도로, 전산을 통해 업무를 추진한다면 매우 큰 효과를 볼 수 있었다. 이 제도의 필요성을 인식한 샘은 즉각 그의 상사에게 시스템 추진을 기안하였고 회사의 부사장인 산드라 아이비(Sandra Ivy)와 경영진은 적극적으로 이 아이디어를 수용하였다.

하지만 부사장인 아이비가 사임한 이후 모든 것이 바뀌기 시작했다. 아이비의 후임자인 톰 카(Tom Carr)는 회사의 e-사내공모 프로젝트에 별 관심이 없어 보였다. 처음 미팅을 하는 동안 톰은 공개적으로 이 프로젝트 추진은 시간과 돈 낭비라고 언급할 정도였다. 관련 팀에서 이미 상당히 업무가 진척되었다며 그 효과성에 대해 설명해도 톰은 사내공모를 통해 모집된 후보들을 인정하지 않았다. 그는 원래 방식대로 모든 업무를 사람 중심으로 돌려놓으라고 지시했다. 톰은 사람을 통해 일이 진행되어야지 컴퓨터에 너무 의존하는 것은 좋지 않다는 견해를 갖고 있었고, 사내공모제와 관련해서도 이미 재직 중인 인물을 새로운 부서에 배정하는 것은 어렵다는 생각을 갖고 있었다. 한마디로 톰 부사장은 컴퓨터 기술의 가치에 대해 전혀 이해하지 않는 느낌이었다. 그는 에설이 웹 기반 시스템의 유용성에 대해 언급할 때 매우 심기가 불편해했고 자신이 회사 인트라넷에 접속한 적 없다는 사실을 자랑스럽게 이야기했으며 인터넷에 맹종할 필요가 없다는 견해를 보이기도 했다. 에설 등이 아무리 필요성을 역설해도 톰은 기술이 정보 시스템 부서와 관련된 것이지 자신의 업무는 사람 중심이라고 강조할 뿐이었다.

샘은 미팅이 끝난 후 모든 것이 답답해졌고 이제 모든 프로젝트가 부사장의 농담처럼 불필요한 것으로 끝나지 않을까 걱정되었다. 완고하고 편협한 사고의 부사장 때문에 여러 가지 좌절감을 느끼는 가운데 갑자기 불안한 생각이 들기 시작했다. 정말 인사부서는 사람 중심 업무 부서이며 e-사내공모 시스템과 같은 첨단 시스템은 필요 없는 것일까?

### 질문

1. 이 사례에서 2개의 상이한 정신모형이 제시되고 있는데 이를 설명하라.
2. 샘의 마인드 세트를 형성하는 기본 전제는 무엇인가? 그렇다면 톰의 경우는 어떠한가?
3. 톰 부사장을 새로운 정신모형으로 전환시키는 것이 가능하다고 생각하는가? 만약 자신이 샘이라면 어떻게 할 것인가?

## 미주

1. Thomas E Ricks, "Charmed Forces: Army's 'Baby Generals' Take a Crash Course in Sensitivity Training," *The Wall Street Journal* (January 19, 1998), p. A1.

2. Warren Bennis, quoted in Tricia Bisoux, "What Makes Great Leaders," *BizEd* (September–October 2005), pp. 40–45.

3. Stacey Philpot, "Whole Leadership," *Leadership Excellence* (July 2010), p. 6.

4. This basic idea is found in a number of sources, among them Jack Hawley, *Reawakening the Spirit in Work* (San Francisco: Berrett-Koehler, 1993); Aristotle, *The Nicomachean Ethics*, trans. by the Brothers of the English Dominican Province, rev. by Daniel J. Sullivan (Chicago: Encyclopedia Britannica, 1952); Alasdair MacIntyre, *After Virtue: A Study in Moral Theory* (Notre Dame, IN: University of Notre Dame Press, 1984); and Stephen Covey, *The Seven Habits of Highly Effective People: Powerful Lessons in Personal Change* (New York: Fireside Books/Simon & Schuster, 1990).

5. W. B. Rouse and N. M. Morris, "On Looking Into the Black Box: Prospects and Limits in the Search for Mental Models," *Psychological Bulletin* 100 (1986), pp. 349–363; Beng-Chong Lim and Katherine J. Klein, "Team Mental Models and Team Performance: A Field Study of the Effects of Team Mental Model Similarity and Accuracy," *Journal of Organizational Behavior* 27 (2006), pp. 403–418; Vanessa Urch Druskat and Anthony T. Pescosolido, "The Content of Effective Teamwork Mental Models in Self-Managing Teams: Ownership, Learning, and Heedful Interrelating," *Human Relations* 55, no. 3 (2002), pp. 283–314; and Peter M. Senge, *The Fifth Discipline: The Art and Practice of the Learning Organization* (New York: Doubleday, 1990).

6. From Robert Townsend, *Up the Organization*, quoted in "Everything You Wanted to Know about Leadership, from the Man Who Broke All the Rules," *The Conference Board Review* (September–October 2007), pp. 37–41.

7. Druskat and Pescosolido, "The Content of Effective Teamwork Mental Models."

8. Adam Lashinsky, "Chaos by Design," *Fortune* (October 2, 2006), pp. 86–98.

9. The following discussion is based partly on Robert C. Benfari, *Understanding and Changing Your Management Style* (San Francisco: Jossey-Bass, 1999), pp. 66–93.

10. Micheline Maynard, "The Steady Optimist Who Oversaw G. M.'s Decline," *The New York Times* (March 30, 2009), http://www.nytimes.com/2009/03/30/business/30wagoner.html?emc=etal (accessed March 31, 2009); Bill Vlasic, "Abrupt Transition for G.M. with Wagoner's Dismissal," *International Herald Tribune* (April 2, 2009), p. 19; John D. Stoll, "Shake-Up at GM: Wagoner, with Knack for Survival, Hits Dead End," *The Wall Street Journal Asia* (March 31, 2009), p. 15; Alex Taylor III, "GM and Me," *Fortune* (December 8, 2008), pp. 92–100; Bill Vlasic, "A G. M. Vow to Get Leaner Now Includes Its Top Ranks," *The New York Times* (July 11, 2009), p. B1;

and Jeremy Smerd, "Outsider Thinking for GM HR," *Workforce Management* (August 17, 2009), p. 1.

11. Anthony J. Mayo and Nitin Nohria, *In Their Time: The Greatest Business Leaders of the 20th Century* (Boston: Harvard Business School Press, 2005).

12. Prasad Kajpa, "Steve Jobs and the Art of Mental Model Innovation," *Ivey Business Journal* (May–June 2012), http://www.iveybusinessjournal.com/topics/leadership/steve-jobs-and-the-art-of-mental-model-innovation (accessed March 26, 2013); David J. Glew, Stephen C. Harper, and Jonathan D. Rowe, "Is Your Organization a Target?" *Industrial Management* (November–December 2010), pp. 15–20; Geoffrey Colvin, "The Most Valuable Quality in a Manager," *Fortune* (December 29, 1997), pp. 279–280; and Marlene Piturro, "Mindshift," *Management Review* (May 1999), pp. 46–51.

13 Gary Hamel, "Why . . . It's Better to Question Answers Than to Answer Questions," *Across the Board* (November-December 2000), pp. 42–46; and Jane C. Linder and Susan Cantrell, "It's All in the Mind (set)," *Across the Board* (May-June 2002), pp. 39–42.

14. Reported in Sharon Begley, "People Believe a 'Fact' That Fits Their Views, Even If It's Clearly False" (Science Journal column), *The Wall Street Journal* (February 4, 2005), p. A8.

15. This section is based on Schon Beechler and Dennis Baltzley, "Creating a Global Mindset," *Chief Learning Officer* (May 29, 2008), http://clomedia.com/articles/view/creating_a_global_mindset/1 (accessed June 26, 2012); Mansour Javidan and Jennie L. Walker, "A Whole New Global Mindset for Leadership," *People & Strategy* 35, no. 2 (2012), pp. 36–41; and Stephen L. Cohen, "Effective Global Leadership Requires a Global Mindset," *Industrial and Commercial Training* 42, no. 1 (2010), pp. 3–10.

16. Definition based on Mansour Javidan and Mary B. Teagarden, "Conceptualizing and Measuring Global Mindset," *Advanced in Global Leadership* 6 (2011), pp. 13–39; and Beechler and Baltzley, "Creating a Global Mindset."

17. Ken Powell, interviewed by Beth Kowitt, "Move Beyond Your Comfort Zone," *Fortune* (May 4, 2009), p. 48.

18. Quoted in Schuker, "Plot Change."

19. Anil K. Gupta and Vijay Govindarajan, "Cultivating a Global Mindset," *Academy of Management Executive* 16, no. 1 (2002), pp. 116–126.

20. Hamel, "Why ... It's Better to Question Answers Than to Answer Questions"; Geoffrey Colvin, "Managing in Chaos," *Fortune* (October 2, 2006), pp. 76–82.

21. Daniel Levinthal and Claus Rerup, "Crossing an Apparent Chasm: Bridging Mindful and Less-Mindful Perspectives on Organizational Learning," *Organization Science* 17, no. 4 (August 2006), pp. 502–513; and Ellen Langer and John Sviokla, "An Evaluation of Charisma from the Mindfulness Perspective," unpublished manuscript, Harvard University. Part of this discussion is also drawn from Richard L. Daft and Robert H. Lengel, *Fusion Leadership: Unlocking the Subtle Forces That Change People and Organizations* (San Francisco: Berrett-Koehler, 1998).

22. Based on Michael Chaskalson, *The Mindful Workplace* (Chichester, West Sussex: Wiley-Blackwell, 2011); Ellen J. Langer, "Minding Matters: The Consequences of Mindlessness-Mindfulness," in *Advances in Experimental Social Psychology*, vol. 22, L. Berkowitz, ed. (San Diego: Academic Press, 1989), pp. 137–173; and Levinthal and Rerup, "Crossing an Apparent Chasm."

23. Bauback Yeganeh, "Mindful Leader," *Leadership Excellence* (March 2012), p. 7.

24. Matt Richtel, "Hooked on Gadgets, and Paying a Mental Price," *The New York Times* (June 6, 2010), http://www.nytimes.com/2010/06/07/technology/07brain.html?pagewanted=all&_r=0 (accessed June 7, 2010).

25. T. K. Das, "Educating Tomorrow's Managers: The Role of Critical Thinking," *The International Journal of Organizational Analysis* 2, no. 4 (October 1994), pp. 333–360.

26. Russell Gold and Neil King Jr. "The Gulf Oil Spill: Red Flags Were Ignored Aboard Doomed Rig," *The Wall Street Journal* (May 13, 2010), p. A6.

27. Bernard M. Bass, *Leadership and Performance Beyond Expectations* (New York: The Free Press, 1985); and B. M. Bass, *New Paradigm Leadership: An Inquiry into Transformational Leadership* (Alexandria, VA: U.S. Army Research Institute for the Behavioral and Social Sciences, 1996).

28. The Pike Syndrome has been discussed in multiple sources.

29. This section is based on Peter M. Senge, *The Fifth Discipline: The Art and Practice of the Learning Organization* (New York: Doubleday, 1990); John D. Sterman, "Systems Dynamics Modeling: Tools for Learning in a Complex World," *California Management Review* 43, no. 4 (Summer, 2001), pp. 8–25; Andrea Gabor, "Seeing Your Company as a System," *Strategy Business* (Summer 2010), http://www.strategy-business.com/article/10210?gko=20cca (accessed June 20, 2012); and Ron Zemke, "Systems Thinking," *Training* (February 2001), pp. 40–46.

30. This example is cited in Sterman, "Systems Dynamics Modeling."

31. Peter M. Senge, Charlotte Roberts, Richard B. Ross, Bryan J. Smith, and Art Kleiner, *The Fifth Discipline Fieldbook* (New York: Currency/Doubleday, 1994), p. 87.

32. Peter Senge, *The Fifth Discipline*; and David Allen, *Getting Things Done: The Art of Stress-Free Productivity* (New York: Viking Penguin, 2001).

33. Timothy A. Judge, Amy E. Colbert, and Remus Ilies, "Intelligence and Leadership: A Quantitative Review and Test of Theoretical Propositions," *Journal of Applied Psychology* (June 2004), pp. 542–552.

34. Sigal G. Barsade and Donald E. Gibson, "Why Does Affect Matter in Organizations?" *Academy of Management Perspectives* 21, no. 1 (February 2007), pp. 36–59; Daniel Goleman, *Emotional Intelligence: Why It Can Matter More Than IQ* (New York: Bantam Books, 1995); John D. Mayer and David Caruso, "The Effective Leader: Understanding and Applying Emotional Intelligence," *Ivey Business Journal* (November–December 2002); Pamela Kruger, "A Leader's Journey," *Fast Company* (June 1999), pp. 116–129; and Hendrie Weisinger, *Emotional Intelligence at Work* (San Francisco: Jossey-Bass, 1998).

35. Study by Daniel Goleman, co-chairman of the Consortium for Research on Emotional Intelligence in Organizations, reported in Diann Daniel, "Soft Skills for CIOs and Aspiring CIOs: Four Ways

to Boost Your Emotional Intelligence," *CIO* (June 25, 2007), http://www.cio.com (accessed October 18, 2007).

36. Based on Goleman, *Emotional Intelligence*; Goleman, "Leadership That Gets Results," *Harvard Business Review* (March–April 2000), pp. 79–90; J. D. Mayer, D. R. Caruso, and P. Salovey, "Emotional Intelligence Meets Traditional Standards for an Intelligence," *Intelligence* 27, no. 4 (1999), pp. 266–298; Neal M. Ashkanasy and Catherine S. Daus, "Emotion in the Workplace: The New Challenge for Managers," *Academy of Management Executive* 16, no. 1 (2002), pp. 76–86; and Weisinger, *Emotional Intelligence at Work*.

37. Studies reported in Stephen Xavier, "Are You at the Top of Your Game? Checklist for Effective Leaders," *Journal of Business Strategy* 26, no. 3 (2005), pp. 35–42; and Joyce E. Bono and Remus Ilies, "Charisma, Positive Emotions, and Mood Contagion," *The Leadership Quarterly* 17 (2006), pp. 317–334.

38. This section is based largely on Goleman, *Emotional Intelligence: Why It Can Matter More Than IQ*, pp. 289–290.

39. Rensselaer Polytechnic Institute, Lally School of Management and Technology, as reported in *BusinessWeek Frontier* (February 5, 2001), p. F4.

40. This discussion is based on V. Vijayalakshmi and Sanghamitra Bhattacharyya, "Emotional Contagion and Its Relevance to Individual Behavior and Organizational Processes: A Position Paper," *Journal of Business Psychology* 27 (2012), pp. 363–374; E. Hatfield, J. T. Cacioppo, and R. L. Rapson, *Emotional Contagion* (New York: Cambridge University Press, 1994); Barsade and Gibson, "Why Does Affect Matter in Organizations?"; and Bono and Ilies, "Charisma, Positive Emotions, and Mood Contagion."

41. See studies reported in Barsade and Gibson, "Why Does Affect Matter in Organizations?"; Bono and Ilies, "Charisma, Positive Emotions, and Mood Contagion; and "Why Mood Matters," *Management Today* (November 1, 2008), p. 46.

42. Barbara L. Fredrickson, "What Good Are Positive Emotions?" *Review of General Psychology* 2, no. 3 (1998), pp. 300–319; Barsade and Gibson, "Why Does Affect Matter"; and "Why Mood Matters."

43. Jerry Krueger and Emily Killham, "At Work, Feeling Good Matters," *Gallup Management Journal* (December 8, 2005).

44. Diane Coutu, "Leadership Lessons from Abraham Lincoln," *Harvard Business Review* (April 2009), pp. 43–47.

45. Daniel Goleman, "Emotional Mastery: Seek to Excel in Four Dimensions," *Leadership Excellence* (June 2011), pp. 12–13; and Goleman, "Leadership that Gets Results."

46. Dave Marcum, Steve Smith, and Mahan Khalsa, "The Marshmallow Conundrum," *Across the Board* (March–April 2004), pp. 26–30.

47. Alan Farnham, "Are You Smart Enough to Keep Your Job?" *Fortune* (January 15, 1996), pp. 34–47.

48. Peter J. Frost, "Handling the Hurt: A Critical Skill for Leaders," *Ivey Management Journal* (January–February 2004).

49. Rolf W. Habbel, "The Human[e] Factor: Nurturing a Leadership Culture," *Strategy & Business* 26 (First Quarter 2002), pp. 83–89; and Melvin Smith and Diana Bilimoria, "Heart of Leadership: Engage with Emotional Intelligence," *Leadership Excellence* (March 2012), p. 5.

50. This discussion is based in part on Kathleen D. Ryan and Daniel K. Oestreich, *Driving Fear out of the Workplace: How to Overcome the Invisible Barriers to Quality, Productivity, and Innovation* (San Francisco: Jossey-Bass, 1991); and Scott A. Snook, "Love and Fear and the Modern Boss," *Harvard Business Review* (January 2008), pp. 16–17.

51. S. Lyubomirsky, L. King, and E. Diener, "The Benefits of Frequent Positive Affect: Does Happiness Lead to Success?" *Psychological Bulletin* 131, no. 6 (2005), pp. 803–855; R. Cropanzano and T. A. Wright, "When a 'Happy' Worker Is Really a 'Productive' Worker: A Review and Further Refinement of the Happy-Productive Worker Theory," *Consulting Psychology Journal: Practice and Research* 53, no. 3 (2001), pp. 182–199; and Barsade and Gibson, "Why Does Affect Matter in Organizations?"

52. This section is based on Ryan and Oestreich, *Driving Fear out of the Workplace*; and Therese R. Welter, "Reducing Employee Fear: Get Workers and Managers to Speak Their Minds," *Small Business Report* (April 1991), pp. 15–18.

53. Daniel Holden, "Team Development: A Search for Elegance," *Industrial Management* (September–October 2007), pp. 20–25.

Chapter 6

# 용기와 도덕적 리더십

## 학습목표

이 장을 공부하면

- 사람을 배려하고 윤리를 강조하는 리더십이 왜 중요한지를 이해할 수 있다.
- 조직 내 윤리적 색채를 강화시키는 리더십의 실체를 이해하고, 윤리적 리더와 비윤리적 리더를 구별할 수 있다.
- 자신의 도덕적 개발 단계를 파악하고 성숙된 도덕 수준을 강화하기 위한 방안을 찾아볼 수 있다.
- 윤리적 조직 문화를 정착시키는 메커니즘을 이해하고 활용할 수 있다.
- 스튜어드 리더십과 서번트 리더십의 원칙을 이해할 수 있다.
- 도덕적 용기를 이해할 수 있다.

말랄라 유사프자이Malala Yousafzai는 파키스탄의 여성 인권 운동가이다. 그녀는 2009년 11세의 나이에 이슬람 원리주의 무장 세력 탈레반의 지배하에 있었는데 이후 파키스탄 정부군의 대규모 군사작전에 의해 이 지역에서 탈레반이 추방되었다. 즈음해서 그녀는 BBC 방송의 우르두어로 된 블로그에 탈레반의 여학교 파괴 활동을 비판하고 여성에 대한 교육 필요성과 평화를 호소하여 유럽과 미국에서 주목을 받았다. 뉴욕 타임지와 미디어에서는 그녀를 인터뷰하여 용기 있는 행동을 보도하기도 하였다. 하지만 이로 인해 탈레반으로부터 생명의 위협을 받아 왔는데 탈레반은 그녀의 행동이 서방의 가치를 확산시키는 것으로 치부하였다. 이후 2012년 10월 9일 중학교에서 귀가하기 위해 스쿨버스를 타려다 여러 남자에 의해 총격을 받았고 총탄은 목과 머리를 관통하여 2명의 여학생들과 함께 크게 부상당하는 참상을 겪었다. 여러 차례의 수술을 받았고 영국에서 6개월간의 투병생활을 하고 난 후 그녀는 다시 학교로 돌아올 수 있었고 이후 탈레반은 지속적으로 그녀를 협박하였지만 이미 그녀는 용기와 도덕의 리더십을 보이고 있는 여성 인권 운동가로 거듭나고 있었다.[1*]

말랄라 유사프자이는 어린 시절에도 영향력 있는 리더가 되기 위해서 자신을 명확하게 알고 자신이 견지하는 것이 무엇인지를 알고 있어야 하며 행동을 위한 용기가 있어야 한다고 믿고 있었다. 리더는 자신이 믿는 점을 자신 있게 밀고 나가며 이에 몰두할 수 있어야 한다. 자신의 이익보다는 대의와 큰 목표에 중점을 두고 헌신하는 행동의 양심은 리더의 필수조건이다. 그녀는 이렇게 말하고 있다. "교실 바닥에 앉아야 하더라도 상관없어요. 제가 원하는 것은 교육뿐이에요. 저는 아무것도 두렵지 않아요."[2] 그녀의 스토리는 리더는 어떤 사람이 되어야 하는지를 보여주고 있다.

6장은 용기와 도덕의 리더십을 다루고 있다. 우리는 이전 장에서 마인드와 정서를 학습하였는데 이들은 성공적인 리더십에 필요한 3대 요소의 일부이다. 마지막 한 가지는 정신spirits이라고 할 수 있는데, 정신은 자신의 내면세계를 돌아보고, 옳고 그름을 판단하고, 정말 중요한 것이 무엇인지 알 수 있고, 세상에서 가치있고 옳은

---

* 이 내용은 인터넷의 블로그(http://hopergy.tistory.com/1348)를 반영하였음

일을 할 수 있도록 지탱해주는 능력이라 할 수 있다. 6장은 이와 같은 용기와 도덕에 기반을 둔 정신을 강조하고자 하는데, 요즘 기업에서 일어나는 비도덕 혹은 용기와 관련시킬 수 있다. 또한 윤리적인 문제로 기업의 리더들이 당면하는 딜레마의 이슈와 리더에게 조직의 윤리적 색채를 창출하는 것이 중요하다는 점을 설명하고자 한다. 뿐만 아니라 리더의 윤리적 행동을 강화시키기 위한 개인차원의 도덕의 발전단계 등을 다루고, 또한 청지기적인 책무성을 강조한 스튜어드십과 봉사와 희생을 감수하는 서번트 리더십 등을 살펴보고자 한다. 마지막으로 윤리적이고 도덕적인 리더가 되기 위한 용기 차원을 다루고자 한다.

우선 오늘날 많은 기업들에게서 벌어지고 있는 일을 살펴보고, 최근 리더가 직면하고 있는 딜레마와 조직의 윤리적인 색채를 만드는 것이 중요한 책무라는 점을 설명하고자 한다. 다음으로 우리는 리더가 어떻게 도덕적인 방법으로 행동하는지를 검토할 수 있는 개인의 도덕차원 모델을 살펴보겠다. 마지막으로 스튜어드십과 서번트 리더십의 중요성을 다루고 용기가 무엇을 의미하는지 그리고 리더는 도덕적 리더십을 발전시키기 위해서 어떻게 용기를 개발해야 하는지를 살펴보고자 한다.

## 현대 사회와 도덕적 리더십

정치, 사회, 경제 분야를 막론하고 현대 사회는 비도덕적인 추문으로 얼룩져 있다. 전 미국 오바마 대통령의 핵심 참모였던 일리노이 주지사 로브 블로고예비치Rob Blagojevich는 과거 상원의원 인선과 관련 포괄적 뇌물죄로 사임하였고, 러시아 정보통신부 장관도 잘못된 선택으로 인해 문제에 빠져 있다. 이들뿐만 아니라 영국, 브라질, 한국 등에서도 신문지상에 오르내리는 비도덕적 행위가 만연해 있고 이로 인해 도덕적이고 올바른 행동에 대한 필요성이 강조되고 있다.

로브 블로고예비치

한 때 세상을 주도하던 명성 있는 기업들 가운데 최근 비리와 스캔들 등으로 세간의 비난을 받았던 기업들이 있다. 리먼 브라더스, AIG, 베어 스턴스 등과 같은 기업들은 이러한 비리로 인해 기업의 명성은 추락하였고 탐욕과 사기, 거만과 도덕적 양심 부족한 대명사로 지적되고 있다. 뿐만 아니라 리더들 가운데 유능하고 성과를 창출하는 리더라고 하더라도 개인의

사생활적인 면에 있어 바람직하지 못한 행동으로 인해 비판받고 있는 경우도 있다. 예를 들면 전자제품유통업체 베스트바이Best Buy의 브라이언Brian Dunn이나 후렛팩커드Hewlett-Packard의 마크 허드Mark Hurd 사장들은 여성직원과의 불미스러운 행동으로 인해 구설수에 오르고 결국 사임하였다. 또한 야후Yahoo의 스콧 톰슨Scott Thompson은 컴퓨터 공학 학위를 이력서에 잘못 기재한 점 때문에 대표의 자리에서 내려와야만 했다.[3] 이외에도 경영자의 권한을 이용하여 내부거래를 하여 부당이득을 취한 경우에도 문제가 되어 자리를 내놓아야 하는 경우도 있다. 이 모든 경우들이 부정과 정당하지 못한 행동에 비롯되며 그 경우 자신의 능력과 성과업적이 높음에도 불구하고 리더의 위치를 지속하지 못하는 위기에 직면하게 된다.[4]

## 기업 내 윤리적 분위기

비윤리적 행동은 조직의 모든 계층에서 발생할 수 있지만 경영진이 주로 관심의 대상이 되는데 그 이유는 조직의 모든 기준을 경영자들이 정하기 때문이다. 그런데 문제는 미국의 100대 기업 가운데 대략 40% 정도가 비윤리적 문제에 연관되어 있다는 추론이 있기 때문이다. 그런데 연구 결과를 보면 회사의 비윤리적 행동이 유발되는 이유는 경영자들이 윤리적 행동의 규범과 기준을 명확하게 정하지 못했기 때문이라고 한다.

비윤리적이고 비도덕적인 행동은 조직에 상당한 영향을 미친다. 우선 직원들이 경영진을 불신하고 조직에 몰입하지 않아 사기와 성과가 추락하게 되며, 소비자들도 그 회사를 신뢰하지 않고, 구매의향이 줄어든다. 엔론Enron의 분식회계 감사를 소홀히 하고 엔론의 청문회가 열리고 있는 도중에 분식회계 사실을 감추기 위해 증빙자료를 소각하는 등 비윤리적 행위를 한 회계법인 아서 앤더슨Arthur Andersen에 대한 비난과 해체가 대표적인 사례이다. 투자자들도 그 회사에 대해 등을 돌리고 더 이상 투자하지 않게 되었다.

어느 계층의 리더이든 담당하는 부서의 윤리적 분위기 창출에 큰 책임을 져야 하고 다른 사람의 행동 모델이 되어야 한다.[5] 하지만 리더의 역할 수행에는 여러 가지 주변 여건이 제약을 가한다. 원가 절감, 이익 증대, 파트너나 판매업자들의 요구 등 다양한 상황이 리더의 마음을 흔든다. 주택시장의 붐이나 디지털 닷컴 기업들의 붐이 일어나면 모두 지속적으로 발전할 것으로 생각하고 무슨 수를 쓰든 주가를 높이려고 노력하게 된다. 닷컴 버블 때도 경영자들은 자신들이 스톡옵션을 받기 때문

버나드 에버스

에 어떠한 경우에도 기업 실적을 상향 조정하고 기업 가치가 높게 평가되도록 노력했다.[6]

리더는 조직이 성공한 것처럼 보이기를 원한다. 월드컴World Com사의 전직 CEO 버나드 에버스Bernard Ebbers는 회사에 문제가 없는 것처럼 보이도록 시장에서 자사 주식을 매입하고 회사의 재무제표를 조작하도록 지시하기도 했다. 하지만 리더에게 중요한 점은 외부의 어떤 압력이 있더라도 올바른 행동을 해야 한다는 것이고, 모든 인생이 굴곡을 갖는 것처럼 회사가 어려움을 극복하면 새로운 지평선을 볼 수 있다는 확신을 가질 필요가 있다.

## 리더의 역할: 윤리적 색채 강화

리더는 행동을 통해 자신의 비윤리적인 조짐을 보이게 되는데, 가령 리더가 이기적인 탐욕을 보이고, 직원들이 이를 수용하면 비윤리적 행동이 가시화된다. 베어 스턴스의 최고경영진 중 한 사람은 거만하고 개인적 성공을 위해 수단 방법을 가리지 않는 모습을 보였다. 일반적으로 비윤리적인 리더들은 윤리적인 리더들과 차이를 보이는데, 조직을 위해 바람직한 일을 추진하기보다는 자신의 개인적 성공에 더 집중한다. 높은 보수와 잘 꾸며진 사무실 등 자신의 이익만 중요하게 생각한다는 뜻이다. 예를 들어 AIG의 최고경영진은 회사의 재정 악화로 인해 미국 정부로부터 긴급자금 850억 달러를 구제금융 받았음에도, 그 돈으로 캘리포니아의 비치 리조트를 구입하는 비도덕성을 보이기도 하였다.

비윤리적인 리더들은 직원, 파트너, 고객, 판매업자, 주주들에 대해서도 정직하지 못한 모습을 보인다. 얼마 전 일간지 USA 투데이USA Today의 조사에 따르면, CEO의 82%가 골프 점수를 속인 적 있다고 한다.[7] 물론 이것은 조그마한 일에 불과하지만 이런 사소한 일들이 모여 결국 비도덕성이 형성된다. 또한 비윤리적인 리더들은 회사에 중요한 것이 무엇인지보다 자신의 개인적 이익을 위해 자신에게 아첨하는 부하직원들에게 호의를 베풀거나 승진시키는 등 바람직하지 못한 행동을 하는 경우가 많다.

비윤리적인 리더와 윤리적인 리더는 부하직원들을 대하는 행동을 통해서도 차이를 보인다. 비윤리적인 리더들은 부하들을 목적 달성에 필요한 수단 정도로 생각하여 진심으로 부하들을 배려하지 않고 부하들에게 할당된 혜택이 있으면 가로채기도 한다. 그래서 비윤리적 리더는 자신의 욕구와 목표만을 추구하는 데 비해 윤리적 리더들은 부하들을 위해 봉사하고 후원한다.

결국 윤리적 리더의 중요한 역할은 조직의 윤리적 분위기를 창출하거나 윤리적 색채를 강화하는 일이다. 뿐만 아니라 리더는 윤리적 행동의 귀감이 되고 구성원들의 행동모델이 되어야 한다. 구성원들은 리더의 행동을 통해 리더가 무엇을 추구하는지를 판단하게 되는 일종의 시그널을 받게 된다. 예를 들면 리더가 부정적인 행동이나 이기적인 행동을 관행처럼 한다면 부하직원들은 이들 행동을 해도 되는 것으로 받아들여 결국 조직이 부정과 비리의 분위기가 형성된다. 관련 연구 결과들에 의하면 조직이 비리가 많고 부정이 판치는 경우는 대부분 최고경영자가 그러한 행동을 보여주었고 구성원들은 암묵적으로 그런 행동이 용인되는 것으로 생각하고 슬그머니 부정의 행동을 취한다고 한다.

윤리적 리더는 자기 자신의 이익이나 공명심을 높이는 일을 우선으로 하지 않고 종업원, 고객, 그리고 공익을 우선으로 하지 않는다. 그렇다면 윤리적 리더와 비윤리적 리더를 구별하면 〈도표 6-1〉과 같다. 도표에서 볼 수 있듯이 윤리적 리더는 종업원들, 사업파트너, 고객, 협력업체, 주주 등에게 솔직한 행동을 한다. 이들은 또한 공평성과 공정성을 우선으로 추구하고 다른 사람과의 약속이나 명예를 중요하게 생각하지만 비윤리적인 리더는 기만과 사기를 자행한다. 또한 윤리적인 리더들은 성공한 실적에 대해서는 다른 사람들과 공유하고 무엇인가 잘못된 경우에는 이에 대한 책임을 갖지만 비윤리적인 리더들은 그 반대가 된다. 성과는 취하고 책임을 져야 할 문제가 생기면 이를 종업원들의 탓으로 돌리는 경우가 많다. 윤리적 리더들은 부하

**도표 6-1 ● 윤리적 리더와 비윤리적 리더의 비교**

| 윤리적 리더 | | 비윤리적 리더 | |
|---|---|---|---|
| 겸손함 | 공동의 선에 주된 관심 | 거만하고 이기적 편향 | 극도의 자기이익 추구 |
| 정직과 원칙을 우선 | 적극적이고 열정적임 | 기만과 사기의 자행 | 약속 위반 |
| 공정성 추구 | 책임감 제고 | 불공정한 거래 | 타인에게 잘못을 전가 |
| 개개인에 대한 배려 | 타인의 육성에 관심 | 타인의 명예 손상 | 종업원의 개발에 무심 |
| 타인에 대한 봉사 | 올바름을 추구 | 후원과 도움에 무관심 | 비리 처리에 미온적인 태도 |

출처: Based on Donald G. Zauderer, "Integrity: An Essential Executive Quality," Business Forum (Fall 1992), pp. 12–16.

직원들의 잠재성을 개발하고 의사결정력을 높일 수 있도록 도와주는 반면 비윤리적인 리더들은 직원들을 자신의 성과를 내기 위한 수단의 정도로 활용한다.

마지막으로 윤리적인 조직을 만들기 위해 중요한 점은 리더 혹은 종업원이라도 비리와 부정이 발견되면 이에 대한 명확한 의견을 말할 수 있어야 한다. 만약 리더가 회사에서 부정적인 관행을 알고서도 이를 묵인하면 구성원들은 그와 같은 부정적인 행동을 암묵적으로 회사가 용인하는 것으로 오판하게 된다. 그리고 윤리적 기준에 무관하게 자유롭게 행동하게 됨으로써 조직 내 윤리적 색채는 사라지고 자기중심적이고 잘못된 관행이 일반화되게 된다. 2001년에 미국 펜실베이니아 주립대학Pennsylvania State University에 일어난 일을 살펴보면 이런 상황을 짐작할 수 있다. 당시 미식축구 수업시간을 보조하는 대학원조교는 우연히 학교의 미식축구 수비 코치가 개인용 사물함이 있는 곳에서 남학생을 성희롱이 의심되는 상황을 보고 이를 감독에게 보고하였다. 하지만 이러한 사실이 학교 본부 상급자들에게 보고가 되었어도 이에 대한 후속조치가 이루어지지 않았다. 결국 이러한 비행성에 대해 무관심으로 대응하게 된 결과 10년이 지난 얼마 후 이 수비 코치는 성희롱과 관련된 큰 범죄로 법원에 송치되는 상황이 생겨났다. 결국 조그마한 일을 경고하고 이를 조치했더라면 나중에 더욱 큰 범죄나 잘못된 행동을 미연에 방지할 수 있었을 것이다. 이러한 교훈을 보더라도 회사에서 잘못된 관행에 대해서는 사전에 조치할 수 있게 되면 주변의 사람들에게 부정적인 행동에 대한 경각심을 높일 수 있게 된다.

리더는 회사 내에서 발생하는 부정적인 행위에 대해 어떻게 대응해야 할까? 물론 대부분의 관리자들은 조직을 보호하고 싶은 본연적인 경향이 강하다. 그리고 사람은 내가 원하지 않는 것을 보는 것보다는 내가 원하는 것을 보고 싶은 경우가 있는데 올바른 리더라면 이러한 미연의 오류를 잘 고려하야 할 것이다. 다시 말해서 참다운 리더라면 내가 원하는 것만을 보아서는 안 되며 올바르지 못한 점에 대해서 정확하게 볼 수 있도록, 즉 확증편향confirmation bias에서 벗어날 수 있어야 한다. 물론 여러 이유에서 리더는 정말 올바른 것을 고수하는 것이 쉽지 않다는 점은 분명하다. 하지만 리더는 정직하고 도덕적인 조직환경과 문화를 기반으로 하는 윤리적 색채를 창출해야 하는 중요한 책임이 있다.

## 도덕적 리더의 역할

리더가 가치의 중요성을 인식하지 못하고 경제적 이익과 성과만을 생각한다면 우리 사회는 커다란 어려움에 직면하게 될 것이다. 리더나 경영자의 성공 척도가 얼마나 이익을 내고 있는가에만 초점을 맞춘다면 더불어 사는 세상의 모습은 사라지게 되고 황폐한 환경만 남게 될 것이다.[8] 물론 그렇다고 해서 리더에게 경제적 이익을 무시하라는 것은 아니다. 이러한 점을 염두에 두고 전반적으로 조직이 추구하는 가치를 고려해야 한다는 것이다. 인간 존엄성, 품질 향상, 고귀한 목적을 추구하는 기업의 본질적 가치를 제고할 수 있어야 도덕적 리더의 요건이 갖추어질 것이다.[9] 최근 여러 가지 상황과 관련하여 포드자동차의 창업자 헨리 포드Henry Ford의 경영철학을 상기할 필요가 있다. **"우리의 기업 목적은 이익을 내는 것이 아니라, 어떻게 하면 사회의 복지를 향상시킬 수 있는가에 있다."**[10]

성공과 수익을 추구하는 것이 기업의 현실이기는 하지만 리더는 윤리적 기준에 근거하여 행동하고, 조직 내 윤리적 가치관을 설정하고 구성원들이 이 가치관을 따르도록 설득해야 한다. 조직에서 가장 중요한 윤리적 의사결정은 리더 자신이 말이나 행동에서 윤리적 가치관에 얼마나 몰입하는가이다.[11] 왜냐하면 구성원들은 항상 자신들의 리더가 어떤 행동을 하는지 바라보고 그대로 따라 하기 때문이다.

〈도표 6-2〉는 윤리적 리더가 되기 위해 추구해야 할 행동 지침들을 나타내고 있다. 그런데 여기서 중요한 점은 조직구성원으로 하여금 이러한 행동 지침과 유사하게 행동할 수 있도록 윤리 시스템을 구축하는 것이다. 예를 들어 직원들이 비윤리적 행위에 대해 언제든지 서슴없이 회사에 알릴 수 있는 제도를 만들고, 윤리 강령의 제정, 윤리적 행동에 대한 보상, 비윤리적 행위에 대한 징벌 등을 제도화하는 것을 말한다.

항공기 제조사 보잉Boeing은 윤리적 스캔들을 겪은 이후 윤리 경영에 적극적인 노력을 기울였다. 우선 짐 맥너니Jim McNerney 회장은 조직에 윤리적인 모습을 강화시켰는데, 구체적으로는 전 세계 모든 임직원들에게 윤리 교육을 받게 했고 윤리적 리더

**도표 6-2 ● 도덕적 행동 지침**

1. 높은 도덕적 원칙을 견지한다.
2. 관련된 사람이나 조직 전체가 알 수 있도록 올바른 것에 중점을 둔다.
3. 타의 모범이 되는 행동을 일상적으로 수행한다.
4. 자신과 다른 사람을 정직하게 대한다.
5. 두려움을 없애고 거론의 가치가 없는 일은 제거한다.
6. 윤리 정책을 만들고 이를 구성원들에게 알린다.
7. 비윤리적 탈선은 엄격히 처벌하여 윤리 기준을 확고히 한다.
8. 윤리적 행위를 포상한다.
9. 조직의 상하를 가리지 않고 전 직원에게 공평하게 대하고 존중한다.
10. 누가 보지 않아도 공적이든 사적이든 올바르게 행동한다.

출처: Based on Linda Klebe Treviño, Laura Pincus Hartman, and Michael Brown, "Moral Person and Moral Manager: How Executives Develop a Reputation for Ethical Leadership," *California Management Review* 42, no. 4 (Summer 2000), pp. 128–142; Christopher Hoenig, "Brave Hearts," *CIO* (November 1, 2000), pp. 72–74; and Patricia Wallington, "Honestly?!" *CIO* (March 15, 2003), pp. 41–42.

**도표 6-3 ● 머크사의 핵심가치**

머크는 6개의 가치(Values), 즉 용기(Courage), 성취(Achievement), 책임감(Responsibility), 존중(Respect), 온전함(Integrity), 투명성(Transparency)을 사업을 하는 데 가장 중요한 기준으로 삼고 모든 직원들이 이를 실천하도록 하고 있다. 용기는 미래로 나아가는 문이고, 성취는 기업으로서의 성공을 가능하게 하고, 책임감은 기업의 행동을 결정짓고, 존중은 모든 협력을 위한 기반이고, 온전함은 신의를 나타내고, 투명성은 상호신뢰를 가능하게 한다고 믿기 때문이다. 머크는 이러한 가치가 340년 이상 사업을 영위하며 지속 가능한 기업으로 남게 한 비결이라고 본다. 머크는 이 여섯 가지 가치에서 8개의 핵심역량을 도출해 인재 선발 및 개발의 기준으로 삼고 있다. 여덟 가지 핵심역량(Merck Competency Compass)은 다음과 같다. 팀워크(Team Work), 고객중심(Customer Orientation), 효율적 커뮤니케이션(Communication with impact), 전략 지향성(Strategic orientation), 가치 지향성(Result orientation), 변화 및 혁신(Change and innovation), 리더십(Leading people), 직원개발(Developing people)이다.

출처: 동아비즈니스리뷰 89호(2011년 9월 Issue 2)의 내용을 원용한 것임.

십을 보이는 관리자에게는 보상하였다.[12] 그리고 고위급 윤리 담당 임원chief compliance officer을 채용하고 구성원 행동을 규율하기 위해 세밀하고 구체적인 내용의 윤리 강령을 제정하였다.[13] 하지만 단순한 윤리 강령만으로는 윤리 경영이 효과적으로 진행되기 어렵다. 무엇보다 리더들은 높은 윤리 기준을 설정하고 이를 강화시켜야 하며 누가 보고 있지 않더라도 윤리적이고 도덕적인 올바른 행동을 솔선수범해야 한다. 리더 자신이 윤리적 원칙을 무시하고 행동한다면 조직은 이에 따른 상당한 대가를 치러야 할 것이다.

리더는 공적 문제든 사적 문제든 간에 공사를 막론하고 도덕성과 관련된 올바른 행동을 보여야 한다. 사적으로도 리더는 24시간 모든 사람의 행동 모델이 되기 때문에 한시라도 빈틈을 보여서는 안 된다. 미국 앨라배마 대학교University of Alabama의 미식축구 감독에서 해임된 마이크 프라이스Mike Price가 그 예가 될 수 있다. 프라이스는 개인적으로 플로리다의 골프 경기에 참가하는 동안 술 마시는데 수백 달러를 소비하고 외도를 한 것이 드러나 학교 당국으로부터 리더의 불성실한 행동을 이유로 해고 당했다. 밖으로 드러난 리더의 행동은 공적이든 사적이든 책임이 따른다. 아무리 대학에 소속된 일개 운동팀의 리더라 하더라도 그 한 사람의 행동이 대학이라는 큰 조직에 미치는 영향을 충분히 고려해야 한다. 대학의 경우, 풋볼 경기에서 우수한 성적을 내서 대학의 재정 수입을 올리는 것도 중요하지만 대학이 지역 및 전체 사회에 미치는 파장도 고려해야 한다.[14] [IN THE LEAD]는 금융계의 전설로 일컬어지는 버크셔 해서웨이Berkshire Hathaway 회장 워렌 버핏Warren Buffett의 예이다.

워렌 버핏을 통해 경영자들은 윤리 원칙에 근거하면서도 성공적인 조직을 이루어갈 수 있다는 점을 알 수 있다. 그가 바라는 것은 자신이 떠난 후에도 자신이 구축한 윤리 원칙을 훼손시키지 않고 회사가 지속되는 것이다.

구성원, 고객, 지역 사회, 주주들이 올바른 일을 하면 훌륭한 사업 실적을 내게 된다는 근거는 현실에서 입증되고 있다. 예를 들어, 미국 대기업의 재무성과를 조사한 연구에 의하면, 최고의 **윤리적 기업들이 탁월한 명성과 우수한 재무성과**를 내고 있다고 한다.[15]

## 도덕적 리더의 단계

리더십을 단순히 옳고 그름과 관련된 관행만을 갖고 판단할 수는 없다. 올바른 리더십과 그렇지 못한 리더십, 특히 도덕적 혹은 비도덕적 리더십을 선과 악으로 이분화할 수는 없다고 볼 수 있다. 결국 리더십을 옳고 그름에 따라 판단하기보다 업무적이나 비업무적인 일에서 이기적이고 탐욕적인 측면으로부터 타인을 위해 봉사하고 다른 사람들의 잠재적 역량을 높이는 이타적인 성향에 이르기까지 다양한 행동의 범위에서 판단할 수 있다.[16]

**IN THE LEAD** Warren Buffett, Berkshire Hathaway

버크셔 해서웨이(Berkshire Hathaway)와 워렌 버핏(Warren Buffett) 회장도 최근 금융 경제 위기의 타격에서 벗어나지 못했다. 그와 회사는 지난 40년 동안 이번만큼 실적상 치명타를 입은 적이 없었는데, 지주회사의 순이익이 무려 62%나 하락하는 상황에 처하게 되었다. 그는 2009년 초 주주들에게 보내는 서신에서 손실 발생의 책임을 겸허하게 받아들인다는 입장을 표명한 바 있다. 하지만 이러한 손실에도 불구하고 그는 250억 달러의 현금을 보유하고 있어 주가가 하락한 기업에 장기투자하기 위한 충분한 자금을 갖고 있다.

그런데 버핏 회장은 단순히 금융 투자의 능력이 뛰어나서가 아니라 도덕적 리더십 때문에 미국의 위대한 리더로 평가되고 있다. 그는 투자할 때 단순히 주가를 보는 것이 아니고 기업 내부의 가치를 보고 투자하며, 건전한 윤리와 투명성을 매우 중요하게 생각하며 주주들과의 연차 모임에서는 오랜 시간 동안 주주들이 궁금하게 생각하는 점에 대해 솔직하게 답해주기도 한다. 또한 버핏 회장은 2006년 빈곤한 사람들의 교육과 건강을 위해 400억 달러를 출연하였는데, 정작 자신은 1956년에 구입한 31만5천 달러짜리 평범한 집에서 지금까지 거주하는 검소한 생활을 하며, 비싸지 않은 평범한 레스토랑에서 식사하고 오래된 차를 아직 타고 다니고 있다. 버핏은 "나는 왕처럼 살고 싶은 것이 아니고, 단지 투자를 좋아할 뿐이다"라고 말한다.[17]

**도덕적 리더십**moral leadership**은 정직하고 올바른 행동을 통해 목표 달성을 추구하는 것**이다. 리더는 일반적으로 다른 사람에게 많은 영향을 미치게 되는데, 비도덕적인 리더는 자신을 높이기 위해 다른 사람은 안중에도 없는 리더십을 행사하는 반면, 도덕적인 리더는 다른 사람들에게 열정을 불어넣고 자신을 통해 올바른 방향으로 더욱 발전될 수 있게 한다. 그리고 강한 자아, 자신감, 독립심 등은 리더로 하여금 비도덕적인 상황에 맞서게 하는 특성이 된다.

리더가 도덕적 선택을 하는 역량은 개인의 도덕적 발전 수준에 달려있다. 누구든지 도덕적 양식이 형성되기까지는 단계적인 발전이 필요한데,[18] 첫째, **관습 이전 단계**preconventional level이다. 이 단계에서 개인은 자기중심적이며 상을 받고 벌을 피하기 위해 행동하는 수준이다. 또한 자신의 관심사를 추구하면서 자신에게 미치는 영향력을 생각해서 권위와 규범을 따르게 된다. 이 단계의 리더십은 전제적 리더십 양상과 유사하며 개인의 목적을 달성하기 위해 자신의 직위를 활용하는 단계이다.

두 번째 단계는 **관습 단계**conventional level로 가족이나 친구, 사회가 요구하는 올바른 행동에 대한 기대치를 따르는 것을 학습하는 시기이다. 그래서 이 단계의 사람들은 규칙과 규범, 조직문화와 가치를 준수하려고 한다. 경우에 따라 크게 비도덕적이고 잘못된 행동이 아니라고 생각되면 사회시스템이 수용하는 선에서 규범을 따르게 되는데, 예를 들어 비록 도덕적이지 않더라도 사회적으로 받아들여지는 경우, 그 관습을 따르는 수준을 말한다. 조직이 합법적이지 않은 일을 원하는데도 대부분의 관리자들이나 직원들이 단순히 이를 수용하는 경우를 볼 수 있다.[19]

마지막으로 **관습 이후 단계**postconventional level는 원칙principle 수준이라고 볼 수 있는데, 정당하고 올바른 일이라고 생각되는 원칙을 내재화시키고 그 원칙을 따르는 단계이다. 그래서 이 단계에 이르게 되면 비록 조직 시스템이나 주변 상황이 수용하더라도 자신이 설정한 원칙에 위배되면 이를 따르지 않는다. 이는 자신의 내재화된 가치가 더 중요하며 이 단계의 리더들은 비전을 제시하고 권한을 위임하며 다른 사람을 위해 노력을 기울이게 된다.

**도표 6-4 ● 개인의 도덕 발전의 3단계**

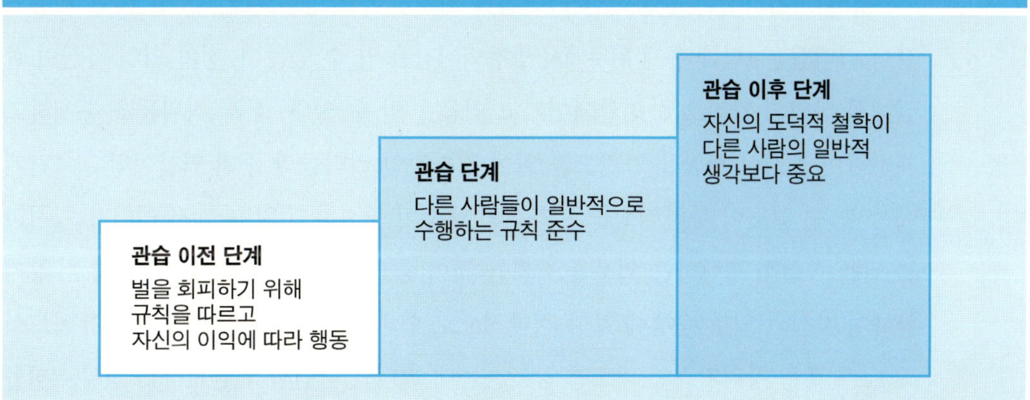


출처: Based on Lawrence Kohlberg, "Moral Stages and Moralization: The Cognitive-Developmental Approach," in *Moral Development and Behavior: Theory, Research, and Social Issues*, ed. Thomas Likona (Austin, TX: Holt, Rinehart and Winston, 1976), pp. 31–53; and Jill W. Graham, "Leadership, Moral Development, and Citizenship Behavior," *Business Ethics Quarterly* 5, no. 1 (January 1995), pp. 43–54.

이와 같은 개인의 도덕 발전 단계를 리더가 인식하고 있어야 하는데, 그 이유는 개인들에 대한 도덕적 수준을 판단하고 이후 교육을 통해 이 단계를 발전시켜야 나갈 수 있기 때문이다. 리더가 가장 도덕적인 관습 이후 단계를 추구하려고 한다면, 고도의 원칙에 초점을 맞추고 다른 사람들로 하여금 자신이 아닌 다른 사람들을 배려하도록 분위기를 조성하고 도덕적 이슈를 이해할 수 있게 해야 한다.

## 서번트 리더십

구성원들에 대한 리더의 도덕적 책임이 있다면 무엇일까? 단지 조직의 필요성을 충족하기 위해서 구성원들을 통제하고 제약시키는 것이 바람직할까? 급여를 공정하게 지급하는 것이 리더의 책임일까? 그렇지 않으면 구성원들을 성장시키고 인간적인 욕구를 충족시키면서 개인의 확장을 도와주는 것이 바람직할까? 바로 이러한 점이 리더로서 구성원 혹은 팔로워에 대한 진정한 봉사 차원에서의 리더십을 찾는 열쇠가 될 것이다.

오늘날 진정한 리더라면 통제하고 제어하기보다는 구성원들의 능력과 잠재력을 높여 경력 발전을 이룰 수 있게 하는 리더십을 말한다. 뿐만 아니라 시대가 요구하는 도덕적 리더는 부하들을 단순히 추종follow하는 사람에서 자신을 자율lead할 수 있는 사람으로 전환시키는 데 주력하는 리더를 의미한다. 이와 관련하여 새로운 리더십이 초점을 받고 있는데, 이것이 서번트 리더십이다.

서번트 리더십은 전통적인 리더십과 비교하여 설명되는데, 〈도표 6-5〉 내용과 같이 리더십은 1단계 **통제 위주에서 발전**되어감을 알 수 있는데, 점차 리더 자신의 관점에서 타인의 관점으로 전환되어가고 있음을 알 수 있다. 부하 직원들을 통제하고 제어하여 조직의 성공을 가져오는 일이 전통적인 리더들의 주된 역할이었다. 1단계에서 볼 수 있듯이 부하직원들은 자신의 생각이 중요하지 않고 그저 리더가 지시하는 일을 충실히 수행하는 업무를 잘하는 것이 중요하다. 2단계에서는 **참여를 더욱 지향**하여 자신의 업무 수행에 보다 적극적으로 임하게 된다. 3단계에서는 스튜어드십stewardship 혹은 청지기적인 태도를 강조하는데 리더의 책임과 권한보다는 점차 **부하들의 책임과 권한이 부각**되기 시작한다. 서번트 리더십은 이러한 스튜어드십의 차원을 넘어선 리더십을 말하는데 리더는 부하들을 통제하고 제어하지 않으며, 리더보다 구**성원에 더욱 관심이 집중**된다. 이 내용을 구체적으로 살펴보면 다음과 같다.

도표 6-5 ● 내 중심에서 상대방 중심으로의 리더 초점의 변화

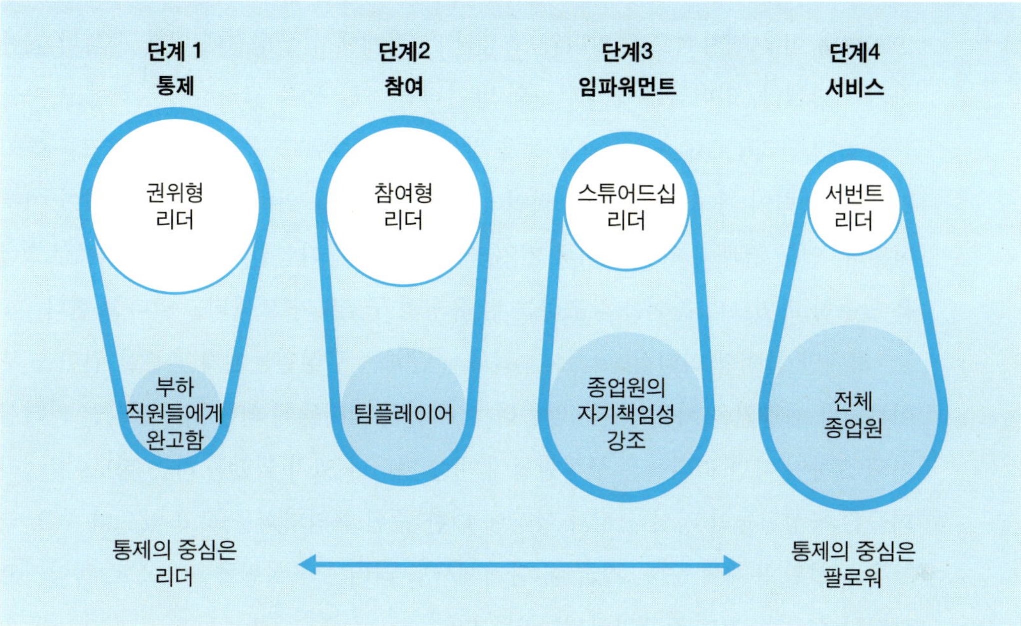




## 권위형 리더

권위형 리더authoritarian management은 전통적인 가부장적 리더의 형태이다. 이러한 리더는 구성원들을 능숙하게 지시하고 통솔해야 하며, 조직 권력을 갖고서 추구하는 목적에 책임을 지는 리더십이다. 이러한 권위형 리더십은 2장에서 학습한 전제적 리더십과 유사하며, 리더들은 전략과 목표를 수립하고 이를 달성하기 위해 벌과 보상을 적절히 사용하게 된다. 권위형 리더십이 적용되는 환경은 안정성과 효율성이 매우 강조되며 구성원들은 기계처럼 지시 사항에 잘 따르면 된다. 이러한 리더십에서 구성원들은 스스로의 업무에 관해 의미나 목적의식을 가질 수 없으며 리더의 관점이 부하직원들에게 전달될 뿐이다. 그래서 구성원들은 독창성을 보일 필요가 없으며, 표준화되고 전문화된 비인간적 관리 방식에 익숙하게 된다.

이러한 유형의 리더는 엄격한 상부명령의 원칙을 준수하고 종업원들의 개인적 특성은 중요하지 않고 표준화시키고 인간적인 차원에 못미치는 수준에서 종업원을 평가하고 분석하는 데 중점을 둔다.

## 참여형 리더

1980년대 이후 점차적으로 리더와 구성원 간 관계에서 구성원에 대한 관심이 높아지기 시작했다. 리더들은 구성원들의 발전적인 제안 등을 고려하기 시작했고 자율적인 품질 관리(QC)quality circle 활동 등을 장려하기 시작했다. 조직에서 팀워크를 높이기 위한 노력이 가시화되고 효과적인 업무성과 제고를 위한 지속적인 노력이 이루어졌다. 연구 결과에 의하면 미국 기업의 70% 정도가 다양한 구성원 참여 프로그램을 활용하고 있으며 참여를 강조하는 팀 유형의 구조화가 모색되고 있다고 한다.

하지만 참여형 리더십participative management 단계는 구성원들에게 충분한 권한을 부여하거나 재량권을 허용하지는 않는다.[20] 여전히 리더들에 의한 가부장적인 리더십이 중요하며 다만 리더들은 구성원들에 대한 멘터나 코치 역할을 하는 정도이다. 리더들은 구성원들의 정서나 성과 향상에 대한 주된 책임의식을 갖고 있으며 주요 역할을 구성원 통제에 둔다. 결국 이 단계에서도 리더는 구성원들을 스스로 책임지고 사고할 수 있는 정도로 생각하지는 않는다.[21]

## 스튜어드십 리더

**스튜어드십**stewardship은 청지기 리더십이라고 표현되는데, 일종의 조직의 자산과 가치를 지키는 큐레이터하고 할 수 있으며 리더십 사고가 전적으로 리더에게 한정되지 않고 점차 구성원 쪽으로 이동하게 된다. 구성원들은 점차적으로 리더와 함께 목표와 전반적인 시스템을 구축하는 일을 공유하기 시작하고 부분적으로 리더의 역할을 담당하는 추세도 나타난다. 여기서 스튜어드십이란 리더가 구성원들과 조직을 전적으로 책임지기는 하지만 구성원들을 통제하는 것이 아니라 상호 배려하면서 목표를 추구해가는 리더십을 말한다.[22] 스튜어드 리더십의 프레임워크를 구축하는 네 가지 원칙이 있다. 이를 설명하면 다음과 같다.

1. **파트너십 마인드의 수용**adapt a partnership mindset: 조직의 권한과 통제가 관리자로부터 종업원들에게 핵심 이동할 수 있을 때 파트너십이 가능해진다. 파트너십을 이루는 구성원과 리더는 정직을 바탕으로 서로를 충분히 신뢰하고 조직의 비전과 목표를 설정하는 데 공동으로 책임지고 또한 이로 인해 발생하는 조직의 성과에 대해서도 상호 책임질 수 있어야 한다.

2. **종업원과 고객들에게 의사결정 권한과 권위를 부여**give decision making power and the authority to act to those closet to the work and the customer: 이는 전통적인 방식의 관리와 업무수행의 분절적인 관계를 청산하고 새로운 관계를 구축하는 것을 말하며, 모든 사람들이 리더가 되고 조직의 핵심업무를 수행할 수 있는 역할을 수행할 수 있어야 한다는 점이다. 특정인이 단순히 계획을 수립하고 관리하는 업무를 전담하지 않는다.
3. **직위보다는 수행 성과와 연동된 보상 제공**tie rewards to contributions rather than formal positions: 구성원이라면 누구나 조직에 긍정적인 가치를 가져오는 업무성과를 달성해야 하며 이에 해당하는 공정한 보상이 제공되어야 한다. 보상은 자신의 직위에 기준하여 이루어지기보다는 탁월한 성과와 연동된 보상이 주어져야 한다.
4. **핵심업무팀**core work team **중심의 조직 운영**expect core teams to build the organization: 핵심업무팀의 차원에서 팀의 목표를 설정하고 통제를 이루고 변화하는 환경과 시장에 그들 스스로를 구성하고 재구성할 수 있어야 한다.

스튜어드십이 발휘되는 상황에서 리더와 구성원 관계는 배타적이라기보다 상호 협력하는 관계이다. 이런 관계 속에서 구성원들은 인간으로서 가치를 인정받게 되고 모든 역량과 열정을 발휘할 수 있게 된다.

## 서번트 리더

**서번트 리더십**servant leadership은 스튜어드십이 제시하는 기본 가정을 포함하고 있으면서 더욱 구성원 중심적인 리더십 특징을 보인다. 존슨앤존슨Johnson & Johnson 창업자 존슨Johnson이 창업 초기 무엇보다 강조한 것이 봉사였다. 오랜 세월이 지났지만 지금도 존슨앤존슨의 경영 철학에는 창업자의 정신이 그대로 반영되고 있으며, 조직을 이끌어가는 리더들의 봉사가 일반화되어 있다. 존슨앤존슨의 윤리적 철학은 '우리의 신조Our Credo'라고 하는 경영 철학으로 잘 알려져 있으며, 10여 년 전에 창업자인 존슨이 세상을 떠난 이후에도 회사의 봉사정신은 문서화되어 소중한 경영 원칙으로 유지, 발전되고 있다.[23]

서번트 리더십은 상하의 입장이 바뀐upside down 리더십이며 리더십의 근원이 조직의 상층부적인 관점보다 부하들의 입장을 견지하는 리더십이다. 서번트 리더십은 타인의 필요에 맞추어 봉사하고 타인을 성장, 발전시키며 다른 사람에게 정서적, 실질적으로 기회를 제공한다. 서번트 리더십의 주된 관심은 구성원, 고객, 주주, 일반

대중에게 봉사하는 것이다. [IN THE LEAD]는 애덤 그랜트 펜실베니아 와튼 스쿨의 교수의 서번트 리더십과 관련된 내용이다.

[IN THE LEAD]에서 알 수 있듯이, 훌륭한 리더십은 자신을 돌보는 것보다 타인을 챙기고 봉사하는 데 있으며 리더가 할 일은 구성원이 발전할 수 있도록 자신의 시간과 열정을 투자하는 것이다. 이외에도 많은 리더들이 조직에서 구성원들에게 권한을 위임하고 공유하여 참여시키고 공동체 신뢰를 구축하는 데 중점을 두는 서번트 리더십을 발휘하고 있다.[24]

서번트 리더십이라는 용어는 로버트 그린리프Robert Greenleaf에 의해 1970년대 초 처음으로 소개되었다. 그린리프는 헤세Hesse가 저술한 「동방순례Journey to the East」에 나오는 하인인 레오의 이야기를 통해 서번트 리더십의 개념을 처음으로 설명하였는데, 여기에 나오는 레오는 순례자들의 허드레 일이나 식사 준비를 돕고, 밤에는 때

**IN THE LEAD Adam Grant, 펜실페니아 주립대학 와튼경영대학원**

애덤 그랜트는 펜실베니아 와튼 스쿨의 교수이자 기븐앤 테이크 책의 저자이다. 그는 하버드대학 학부 시점부터 다른 사람들에게 봉사하는 힘이 크다는 점을 잘 알고 있었다. 그랜트 교수는 와튼 스쿨에서도 최연소 종신교수이며 학생 평가점수가 미국에서 가장 높은 교수 중에 한 명이다. 일반적인 교수들보다 학생들을 적극적으로 도와주고, 학생들뿐만 아니라 자신이 잘 모르는 사람에게서의 질문에 대해서도 매우 친절하게 알려준다. 수많은 학생들에게 추천장과 소개서를 작성해주고 그가 살아가는 동안 봉사와 도움은 그의 행동 지침이라고 할 수 있다. 그는 다른 사람에게 봉사하는 일이 그 무엇보다도 높은 동기요인이며 생산성을 높이는 일이 된다고 주장한다.

그가 저술한 책에서 다음과 같은 점을 강조하고 있다.* "그는 사람에겐 세 가지 유형이 있다고 주장한다. 받은 것보다 더 많이 주기를 좋아하는 '기버(giver)'와 준 것보다 더 많이 받기를 바라는 '테이커(taker)', 받은 만큼 되돌려주는 '매처(matcher)'가 그것이다. 테이커는 최대한 타인을 착취하려고하고 매쳐는 똑같이 주고 받기 위해 노력하는 반면에, 기버들은 보기드물게 반대급부를 의식하지 않고 이타적 행위를 하는 사람들이다. 기버들은 때로 이용당하거나, 지쳐서 실패하지만 나머지는 사회 각계의 분야에서 큰 성과를 낸다는 것이다. 그는 왜 기버의 일부는 실패하고, 일부는 성공하는지에 대해서 분석하며 기버들의 성공은 과소평가되고 있다고 주장한다. 기버가 한없이 베풀기만 하다 녹초가 되면 결국 실패하지만(selfless giver), 자신의 욕구와 타인의 요구에 적절한 균형을 유지하는 기버는 큰 실적을 보인다. 성공한 기버(otherish giver)의 공통적 특징은 다른 사람의 이익뿐만 아니라 자신의 이익에도 관심이 많다는 것이다."

* 위키백과에서 내용을 가져온 것임(https://ko.wikipedia.org/wiki)

때로 지친 순례자들을 위해 악기를 연주하는 사람이었다. 레오는 순례자들 사이를 돌아다니면서 필요한 것들이 무엇인지 살피고, 순례자들이 정신적으로나 육체적으로 지치지 않도록 배려했다. 그러던 어느 날 갑자기 레오가 사라져 버렸다. 그러자 사람들은 당황하기 시작했고, 피곤에 지친 순례자들 사이에 싸움이 잦아졌다. 그제야 비로소 사람들은 레오의 소중함을 깨닫고, 그가 순례자들의 진정한 리더였음을 알게 되었다는 것이다.[25] 이러한 상황을 보고 그린리프는 서번트 리더십이란 '타인을 위한 봉사에 초점을 두며 구성원, 고객, 공동체를 우선으로 여기고 그들의 욕구를 만족시키기 위해 헌신하는 리더십'이라고 정의했다. 즉, 어떤 조직을 이끌어나갈 때 그 조직 안의 구성원들이 편안함을 느낄 수 있도록 물리적, 정신적으로 도움을 주면서 조직을 유연하게 관리, 지도하는 시스템이 바로 서번트 리더십이라고 할 수 있다.

로버트 그린리프

조직 운영에 적용시킬 수 있는 서번트 리더십의 네 가지 기본 원칙은 다음과 같다.[26]

1. **자기 관심사를 초월하여 봉사한다**put service before self-interest: 서번트 리더는 다른 사람이나 조직을 육성, 발전시키기 위해서 자신의 노력을 경주하며, 다른 사람을 압도하여 통제하기보다는 그들을 위해 올바르고 바람직한 서비스를 제공한다. 따라서 이들 리더는 자신에게 금전적으로 크게 도움이 되지 않는다고 생각하더라도 다른 사람에게 의미 있는 일이라면 봉사하는 모범을 보인다.
2. **경청한다**listen first to affirm others: 서번트 리더는 다른 사람들이 직면한 문제에 대해 경청하고 그들이 의도하는 바를 파악하려고 노력한다. 결코 리더 자신의 의지를 강압적으로 실현하지 않고 다른

사람을 이해함으로써 구성원들에게 최선의 결실을 가져올 수 있는 방법을 모색한다.

3. **신뢰감을 형성한다**inspire trust by being trustworthy: 리더 자신이 할 수 있는 일을 최선을 다해 정직하게 했을 때 신뢰적 관계가 형성된다. 통제하려 하지 않고 상대방을 위해 해줄 수 있는 일에 초점을 둔다. 정보를 공유하고 자신의 이익보다는 집단의 이익을 먼저 생각할 뿐 아니라, 상대방을 굴복시키기 위해 자신의 권한을 강압적으로 행사하지 않을 때 신뢰가 형성된다는 점을 이해해야 한다.
4. **상대방을 육성, 발전시킨다**nourish others and help them become whole: 전인적인 차원에서 구성원들을 아끼고 열정적으로 배려할 수 있어야 한다. 뿐만 아니라 서번트 리더들은 구성원들이 미래의 발전적인 방향으로 나아갈 수 있도록 그들의 잠재력을 길러주고 어려움과 고통을 공유할 수 있어야 한다.

서번트 리더십을 단순하게 표현하면 상대방의 발전을 도모하고 원대한 목표 의식을 갖도록 도와주는 역할을 수행하는 리더십이다. 병원이나 학교 등의 유지 관리 업무를 대행하는 서비스마스터ServiceMaster사는 직원들을 존중하며 그들 자신이 어떤 사람들이며, 그들이 하는 일이 무엇인지, 그들이 만나는 사람들이 누구인지에 관심을 보인다. 청소 등 잡역을 수행하지만 직원의 자부심과 인격적인 면을 부각시켜 자신의 잠재성을 확대해서 보게 한다. 병원 청소 업무를 담당하는 이 회사의 직원은 자신들이 마치 환자들의 병을 치유하기 위한 의료팀의 업무를 자발적으로 수행하는 느낌을 갖는다고 한다.[27]

## 리더십과 용기

올바른 일을 행하는 것이 단순하고 쉬운 일은 아니다. 또한 다른 사람을 위해 봉사한다는 것도 역시 쉽지만은 않고 용기가 필요하다. 유혹을 이겨내고 자신의 도덕적 원칙을 굳게 지키고 어떤 때는 다른 사람들이 비아냥거리더라도 이를 이겨낼 수 있는 용기가 필요하다. 그래서 용기가 없이는 리더십도 없다고 표현하기도 한다. 특히 대기업의 리더들에게는 용기가 더욱 필요하다. 승진, 높은 보상 등 다양한 이유를 통해 자신의 진정어린 용기를 감추는 경우가 많고, 또한 안정성을 유지하기 위해 용기를 잊어버리는 경우도 있다.

## 용기의 개념

사람들은 직감적으로 용기가 무엇인지 잘 알고 있다. **용기**courage는 공동의 선을 달성하기 위해 자신의 이익과 탐욕을 양보하는 것을 말하는데, 리스크를 가져오는 용기는 우리의 삶에서 매우 중요한 문제라고 할 수 있다. 용기를 가짐으로써 불확실성을 감소시켜 기회를 잡을 수 있다. 용기는 두려움이나 의심 없이는 형성되기 어렵다. 누구나 용기를 낼 때는 어렵고 두려움을 느끼게 된다. 찰스 다윈Charles Darwin은 자신의 명저 「종의 기원Origin of Species」을 출판하기까지 20년을 망설였는데, 그 이유는 다른 사람들이 이 책을 보고 자신을 놀릴 것이라는 두려움이 앞섰기 때문이다. 두려움은 어떠한 일을 수행하는 데 방해요인이 된다. 하지만 진정한 리더는 학습된 두려움을 극복하고 리스크를 감수하면서 자신의 마음을 드러내고 자신이 믿는 바를 위해 투쟁하게 된다.

용기의 개념을 정리하면 다음과 같다.

첫째, 용기는 책임감을 받아들이는 것이다. 용기 있는 리더들은 자신에게 주어진 환경을 있는 그대로 수용하는 것이 아니라 새로운 기회를 창출하기 위해 용기 있는 결단을 내린다.

또한 용기 있는 리더들은 조직과 지역사회를 성장 발전시키고 차별화를 이루게 하는데 노력을 기울이고 기회적 요소를 창출하려고 한다. 예를 들면 에트나Aetna의 前 CEO인 존 로웨John W. Rowe는 미국의 의료보험회사로서 2000년도에 취임 당시 투자전문가들은 이 신임 사장에 대해 부정적인 평가를 내렸고 결국 에트나의 성과는 급락할 것으로 전망했다. 하지만 로웨 사장은 외부의 어떤 시선에도 개의치 않고 묵묵히 회사의 잘못된 관행을 바로 잡았고 공익적 헬스케어에 적합한 조직의 미션과 핵심가치를 새롭게 재정립하는 데 많은 시간을 기울였다. 결국 이러한 용기 있는 행동으로 인해 에트나는 그가 사임하던 2006년 신망받고 신뢰할 수 있는 리더로 인정받을 수 있었고 손실을 보는 기업 이미지에서 탈피하여 수익을 만들어내는 기업으로 전환시킬 수 있었다. 결국 리더는 용기를 가지고서 자신에게 주어진 책무와 책임을 충실히 수행하는 데 중요한 존재감이 있다.

둘째, 용기는 남의 주장에 자신의 의견을 일치시키는 것이 아니다. 용기 있는 리

amc.seoul.kr

기 때문이다.[30] 가치가 없는 일에 용기를 내는 것은 기껏해야 조롱감이 되는 것이고 최악의 경우는 죄를 짓게 되는 것이다. 결국 가치 있는 일에 용기를 낼 수 있어야 한다.

피터 로스트

## 용기와 도덕적 리더십

조직 생활을 하다보면 도덕적 원칙 추구를 위해 용기가 필요한 경우가 많다. 그 동안 관습적으로 수행하던 업무 방식을 새롭게 개선해가는 경우에도 용기가 필요한데, 과거와는 달리 고객과 구성원들에게 리더 자신이 올바르다고 믿는 바를 설득하는 일은 생각만큼 단순하지 않다. 다양한 이해관계가 엇갈리고 가치중립적인 다양한 관점들이 뒤얽힌 상황에서 균형을 이루기 위해서는 도덕적 용기가 필요하다.

첫째, 도덕적 리더에게는 개인적인 용기가 필요하다. 도덕적 리더십을 실천하기 위해 우선 자신의 강점과 약점을 충분히 이해해야 하며, 자신이 어떤 원칙을 고수하고 있는지 알아야 하며, 자신과 타협을 하지 말아야 한다. 뿐만 아니라 도덕적 리더십은 관계 형성과 관련 있는데, 다른 사람 의견을 경청하고 상대방과 밀접한 관계를 유지하고 자신을 다른 사람들에게 보여줄 수 있어야 한다. 좋은 일이든 나쁜 일이든 상대방과 서로 감정을 공유하고 고통과 즐거움, 성공과 실패 등 모든 것을 상호 간 밀접하게 공유할 수 있어야 한다.[31]

웨스팅하우스Westinghouse의 사업 부문장 윌리엄 피스William Peace는 경기 침체로 인해 구성원들을 해고해야 하는 상황에 봉착하게 되었다. 개별적으로 해고를 통보하는 일은 대단히 고통스러운 일이지만, 이를 전달하는 과정에서 피스는 부서장으로서 직원들에 대한 강한 애정과 인간애를 전달하는 노력을 기울였다. 그 결과 구성원들은 고통스러운 해고 과정이 진행되고 있었지만 이를 수용하였고, 구조조정 이후 부서가 정상적으로 고성과를 달성할 수 있도록 협조하였다. 만약 부서장으로서 자신이 옳다고 생각하는 바를 충실히 수행할 수 있는 용기가 없었더라면 이와 같은 긍정적인 결과를 가져오기 어려웠을 것이다.

둘째, 비윤리적 행동을 반대하는 일에도 용기가 필요하다. **내부 고발**whistle blowing에 관한 많은 논란이 있지만 조직의 비도덕적 행위에 대한 내부 고발을 위해서는 상당한 용기가 필요하다. 일본의 정육회사 미트호프Meat Hope의 영업담당 중역인 키로쿠 아카하네Kiroku Akahane는 자신의 회사에서 순수 정육이라고 판매하고 있는 제품에 돼지고기와 닭고기 등을 첨가하여 제품을 만들고 있다는 비도덕적 사실을 사회에 고발하는 행위를 하였다.[32] 올림푸스의 우드포드 사장의 경우도 올바름을 추구하는 차원에서 자신의 용기를 바탕으로 조직의 비리를 고발한 사건이다. 비록 자신의 경력이 단절되고 더 이상 세상에서 그의 경력이 지속되지는 못했지만 용기있는 그의 결단은 사회에 정의가 살아 있다는 점을 보여줄 수 있었다. 이와 같은 내부 고발은 조직과 사회를 올바르게 이끄는 견인 역할을 하지만, 당사자 입장에서는 정서적이고 금전적인 피해를 입게 되고 동료나 친지들로부터도 따돌림을 당하는 경우가 발생하게 된다. 올바른 일을 수행한다는 신념에서 이루어지는 내부 고발은 상당한 용기가 필요하다.

키로쿠 아카하네

## 용기 찾기

리더들은 어떻게 두려움과 위험을 감수하고 용기를 낼 수 있을까?

**높은 이상의 믿음** 미래의 큰 이상과 꿈을 가지고 실천하려는 의지를 믿을 때 용기가 생긴다. 로렌스 피시Lawrence Fish는 시티즌 파이낸셜 그룹Citizens Financial Group의 CEO였다. 그는 은퇴한 이후 과거 자신의 회사가 높은 성과를 내고 견고한 기업으로 성장할 수 있었던 배경으로 단지 이익만을 추구하지 않았기 때문으로 회고하고 있다. 지

**IN THE LEAD** Michael Woodford, Olympus

마이클 우드포드는 전 올림푸스 카메라의 CEO이다. 올림푸스 카메라는 그가 2011년에 취임할 당시 30년 동안 카메라 업계를 주도하는 기업 중 하나였지만 결국 결론적으로 그가 CEO로 재직하면서 자신뿐만 아니라 회사까지 모두 자리에서 내려오게 되었다. 올림푸스는 글로벌 브랜드 컨설팅사인 인터브랜드가 선정한 일본 최고의 글로벌 브랜드에 2009년부터 연속 랭크될 정도로 탄탄한 회사이다. 하지만 2011년 말 올림푸스는 분식회계로 인한 논란에 휘말렸다. 올림푸스는 1990년도에 금융상품에 잘못 투자하여 17억 달러에 이르는 손실을 보았고 이를 2001년부터 변경된 회계처리 방식에 근거해 재무제표에 이를 반영해야만 했다. 하지만 회사는 이러한 손실을 분식회계 등을 통해 손해를 장부에 남기지 않는 회계 부정을 저지르고 있었다. 이에 우드포드 사장은 이를 지적하고 이사회에 보고했으나 회사는 이를 묵인해버렸고 결국 우드포드 사장은 해임되었다. 하지만 그는 자신의 용기와 진실을 묵도하지 않았고 야쿠자 같은 깡패집단의 정신을 가지고 있다고 회사 경영진을 비판하고 자신의 용기를 스스로 자랑스러워 했다. 결국 이와 같은 내용이 외부에 유출되고 그는 내부고발자가 되었으며 이런 사실이 알려지면 올림푸스는 큰 명성의 위협을 느껴야 했고 회사 역시 위기에 처하게 되었다. 하지만 세상에 알려지면서 우드포드 사장의 주장을 묵인한 이사회 임원들은 결국 법적으로 기소되었다.[33]

역사회 봉사 등을 강조하고 그를 통해 조직의 효율성을 추구했기 때문에 장기적으로 탄탄한 회사를 구축해 갈 수 있었던 것이다. 결국 피시는 자신의 사업 비전을 믿고 있었고 경영은 자신의 커다란 비전을 달성해가는 수단으로 생각하는 이상과 꿈이 있었기 때문에 성공할 수 있었던 것이다.[34]

**다른 사람의 용기를 배우기** 상대방으로부터 용기를 부여받고 강화시킬 수 있다. 다른 사람을 배려하고 상대방으로부터 정신적 지지를 받게 되면 용기가 생길 수 있는데, 타인을 진정으로 배려하는 리더는 사회 발전에 필요한 리스크를 감수한다. 상대방으로부터 지지를 받는 리더 역시 필요할 때 그들과 함께하는 것을 두려워하지 않는 편이다. 임클론ImClone사의 CEO 다니엘 린치Daniel Lynch를 예로 들 수 있다. 그가 처음에 CEO로 취임하였을 때 회사 상황은 최악이었다. 창업자는 내부거래 혐의로

## Courage Goes to Work: How to Build Backbones, Boost Performance, and Get Goals

© photogl/Shutterstock.com

*by Bill Treasurer*

이 책의 저자는 성장 과정에서 수학이나 역사 과목과 같이 용기도 중요한 주제로 배워왔다. 어린 시절부터 용기는 훈련과 실습을 통해 키울 수 있으며 필요할 때 강화될 수 있는 역량이라는 사실도 이해하게 되었다. 현재 자이언트 리프 컨설팅(Giant Leap Consulting)사의 창업자이자 최고 용기 경영자로 알려진 저자는 일반인들이나 조직이 어떻게 용기를 활용하고 북돋우는지에 대한 중요한 힌트를 책을 통해서 전달하고 있다.

경영자의 중요한 책임 중 하나는 자신의 용기를 확인하는 일이다. 그리고 이러한 용기를 직원들이 갖출 수 있도록 하는 데 경영자의 책임과 의무가 있다. 경영자가 이해해야 할 세 가지 중요한 용기는 다음과 같다.

첫째, 용기를 내어 새롭게 시도하라. 안전지대만을 지향하여 현실을 유지하려고 하지 말고 적극적, 진취적으로 용기를 내야 한다. 용기를 내어 실천할 수 있도록 직원들에게 도전적인 과제를 맡겨 시도하게 하고 난관을 만나거나 실패하더라도 극복하게 해야 한다.

둘째, 용기를 내어 신뢰하라. 리더가 구성원들을 신뢰하면 그 대가로 구성원들이 리더를 신뢰하게 된다. 리더는 적극적으로 용기를 내어 구성원들을 존중하고, 정직하게 대하며 정서적으로 관계를 형성하여 신뢰 관계를 맺을 수 있다.

셋째, 용기를 내어 표현하라. 사람들은 실수를 두려워하여 말하는 것을 조심하며, 리더에게 의견을 표현하려고 하지 않는 경우가 있다. 또한 잘못된 점을 지적할 때도 용기가 부족한 경우가 많다. 리더들은 구성원들로 하여금 표현하게 하고 다른 사람의 말을 경청하게 하며 비난하거나 방어적인 태도를 취하지 않도록 용기를 불어넣어야 한다.

구금상태였고 회사가 적극적으로 추진했던 암치료제가 미국 식약청(FDA)로부터 거절당한 상태였다. 하지만 그의 취임 이후 모든 것이 바뀌었는데, 그는 회사 상황을 구성원들에게 사실대로 알리며 그들과 신뢰관계를 형성할 수 있었고 결국 임직원이 하나가 되어 노력한 결과 암치료제도 승인받고 회사 상황은 2년 만에 정상으로 돌아올 수 있었다. 리더의 용기 있는 도전이 회사를 살린 것이다.[35]

**좌절과 분노를 효과적으로 활용하기** 좌절해본 경험이 없는 사람은 새로운 도전과 성공의 도약을 이루기 어렵다. 자신이 실패를 경험한 것에 대해 적절히 분노하고 이를 이겨내려고 할 때 새로운 성공의 기회를 잡을 수 있다. 결국 좌절과 함께 성공하지 못함에 대한 분노의식이 있을 때 새로운 도전의 에너지가 생기게 된다.

글랜 맥킨타이어Glenn McIntyre는 오토바이 사고를 당해 하체 마비 상태가 되었고 이 때문에 엄청난 좌절과 실의에 빠져 있었다. 사고가 난 이후 그는 호텔에 머무는 동안 호텔이 지체부자유자들에 대한 서비스가 형편없음을 경험하고 강한 분노가 생겼고 이러한 분노의식을 그로 하여금 새로운 비즈니스를 구상하게 된 원동력이 되었다. 결국 그는 액세스 디자인Access Design이라는 회사를 만들어 르네상스 라마다 호텔 등과 같은 호텔이 지체부자유자 여행객들을 위한 내부구조를 갖출 수 있도록 재설계를 도와주었다.[36] 적정한 정도의 분노는 건전한 감정을 자극시키고 이는 자신을 도약하게 하는 원천이 된다. 따라서 분노를 어떻게 조절하면서 효과적으로 적절히 활용하느냐가 새로운 도전과제라 할 수 있다.

**조그마한 용기의 시도를 이행하기** 용기는 순간적인 판단을 기준으로 하기보다 차분하고 사려분별한 단계를 거쳐 용기를 갖는 단계를 밟아야 한다. 냉정을 잃으면 긍정적인 결과를 가져오는 데 도움이 되지 않는다. 조직생활에서 용기는 순간적으로 이루어지기보다는 세심한 준비과정을 거치게 되는데 용기를 갖는 것도 단계적인 훈련을 통해서 이루어질 수 있다. 처음에는 매우 단순하고 조그마한 일에 용기를 내는 일부터 시작하여 점차 어렵고 커다란 일에 용기를 내는 체계적인 훈련을 해야 한다. 용기 있는 리더들은 무분별하기보다는 항상 용기를 내야 하는 상황에 잘 대처하는 방법과 역량을 함양한다. 또한 리더 자신의 행동을 모델로 구성원들이 모방하게 하고 구성원들이 이러한 용기를 가질 수 있도록 도와주는 역할을 한다.

용기있는 행동을 하기 위해서 리더들은 자신과 조직의 목표를 명확하게 하고 이를 달성하기 위해 어떤 단계를 거쳐야 하는지를 알고 있어야 한다. 이슈별로 그 중요성을 판단하고 효용성을 분석하는 것도 필요하다. 미국 여성 최초로 중장이 된 C. J. 케네디C. J. Kennedy는 사안에 대해 보고할 때 항상 리스크-효용risk-benefit 분석을 수행한다. 용기라고 하는 것은 단순히 의사결정하는 것에 의해서 이루어지는 것이 아니라 꾸준한 훈련을 통해서 그와 같은 의사결정 역량이 함양되는 것이다.

## 학습 핵심

- 이 장은 도덕적 리더십과 리더십 용기와 관련된 다양한 아이디어를 설명하고 있다. 사람들은 정직하고 신뢰할 만한 리더를 원한다. 하지만 현실적으로 윤리적 분위기가 항상 조성되어 있는 것은 아니다. 리더들은 항상 원가절감과 이익 증가, 그리고 수많은 이해관계자들로부터의 다양한 요구사항을 충족시켜야 하는 책임이 있다. 하지만 리더에게 도덕적 원칙을 기반으로 하는 윤리적 조직을 창출하는 것은 매우 중요한 임무이다.
- 리더들이 과도하게 자기 이익을 높이려고 하거나 속이고 약속을 어기는 행동을 할 때 조직이 잘못된 방향으로 가게 된다. 윤리적 리더는 정직하고 단순하고 평범하다. 윤리적 리더는 항상 옳은 것을 위해 노력하고 공정함을 추구하고 자신이 옳다고 생각하는 일에 용기를 보인다. 도덕적 리더로 행동한다는 것은 자신의 이익뿐만 아니라 다른 사람과 사회를 위해 봉사하는 것을 중요하게 생각한다는 것이다.
- 리더가 고려해야 할 점은 자신과 부하직원들의 도덕적 단계를 잘 살펴 분석하고 이를 어떻게 향상시킬 것인가를 판단해야 한다는 것이다. 높은 수준의 도덕적 단계에 있는 리더들은 구성원들의 욕구와 보편적인 도덕 원칙에 관심을 두어야 한다.
- 리더와 구성원 간 주도권 관계를 잘 조율하는 것이 필요하다. 최근 리더와 구성원 간 관계는 종속적인 관계에서 상호 보완적이고 리더가 구성원에게 봉사하는 관계로 급속하게 전환되고 있다. 리더와 구성원의 관계가 과거 권위주의적 형태에서 참여형 스타일, 스튜어드십, 서번트 리더십의 형태로 진화되고 있다. 이런 진화 형태는 구성원이 타율적 통제로부터 벗어나 점차 타인에 대한 봉사와 서비스 관계로 발전하고 있음을 말해주고 있다. 이러한 관계의 변화가 스튜어드십이나 서번트 리더십의 형태로 나타날 때 윤리적 조직의 모습을 갖추게 된다.
- 이 장의 마지막 부분은 리더십 용기와 어떻게 리더가 용기를 찾을 수 있는가를 설명하고 있다. 용기는 두려움을 이겨내고 책임감을 갖고 자신이 믿는 바를 달성하기 위해 리스크를 감수하는 것이다. 조직에서 용기를 내는 경우는 윤리적 리더십을 보이거나 윤리적 내부 고발에서 볼 수 있다. 용기의 원천은 높은 목표 의식, 다른 사람에 대한 배려, 두려움과 분노의 제어, 용기에 관한 역량 함양에서 찾을 수 있다.

## 토론 주제

1. 조직 생활을 하면서 올바른 일을 수행하려고 할 때 경험하게 되는 압력 요인들이 있다. 이러한 요인들이 무엇인지 분석해보고, 또 학생으로서 올바른 일을 행하려고 할 때 겪는 어려운 점은 무엇인가?
2. 대부분의 사람들이 도덕적 발전의 관습적 단계에 있다면, 이것이 도덕적 리더십과 관련되어 의미하는 바는 무엇인가?
3. 도덕적 관점에서 권위주의 리더십과 스튜어드십 간에는 차이가 있다고 생각하는가?

4. 만약 자신이 본문에 나오는 정육회사 미트호프의 키로쿠 아카하네라면 어떻게 행동하고 대응할 것인가?
5. 상대방을 위해 봉사하는 것이 자신을 위해 봉사하는 것보다 더욱 높은 도덕적 수준에 위치한다고 생각하는가?
6. 회피하고 싶은 상황에 봉착하게 되었을 때 용기를 내어 올바른 개선 방향으로 전환하기 위해서는 어떤 노력을 해야 하는가?
7. AIG는 회사가 부도위기로 인해 연방정부에 구제금융을 요청할 당시에는 이미 연봉계약을 마친 상태였다. AIG가 경영자들에게 과도한 연봉과 보너스를 지급하는 것이 도덕적으로 올바르다고 생각하는가?
8. 모든 사람이 그 상황에 대해 아는 바가 없음에도 불구하고 올바른 방향으로 리더가 행동하는 것이 중요하다고 생각하는가?
9. 경영 컨설턴트들은 최근 기업이 사회적 책임이나 지배 구조 등의 문제에 관심을 갖다보니 리더들이 현실적인 이슈가 되는 고객 만족이나 경쟁의 문제 등에 대해 관심을 집중하지 못한다고 주장하기도 하는데 이러한 견해에 대해서 어떻게 생각하는가?

## 분석사례: 남과 여, 나룻배 주인과 은둔자에 관한 스토리

어떤 섬에 여자가 있었고 그 섬에서 얼마 멀지 않은 섬에는 남자가 있었다. 이들 남녀는 서로 매우 사랑하는 관계였다. 그런데 이 남자는 오랜 여행을 가야 하는 상황이 있었고, 이런 상황에서 여자는 그가 떠나기 전에 한번이라도 만나고 싶어 했다. 이 섬에서 저 섬으로 가기 위해서는 A선장이 운영하는 배만이 유일한 수단이었다. 그래서 이 여자는 선장에게 가서 배를 태워주기를 원했고 하지만 그녀는 배 값을 지불할 능력이 없었다. 선장은 그녀에게 돈을 필요없고 대신 하룻밤 동안 같이 있어주길 요구했다.

그녀는 어떻게 해야 할지를 판단할 수가 없어 그녀의 섬에 있는 은둔자에게 상황을 이야기하고 어떻게 했으면 좋겠는지를 물어보았다. 그 은둔자는 모든 이야기를 충분히 듣고 난 후 그 자신도 완전한 결정을 내리지 못하겠으며 그녀 스스로 대안 간에 어떤 점을 중시할 것인지를 마음 속 깊이 생각해보고 결정하라고 말했다. 이후 그녀는 배의 선장을 찾아가 선장의 요구 조건을 들어주기로 하고 다음 날 그녀는 자신이 사랑하는 그의 섬에 배를 타고 건너가 그를 만났다. 서로를 보고 싶어 했고 이렇게 만나게 된 지금의 상황을 매우 즐기는 가운데, 그는 그녀에게 돈이 없는데 어떻게 올 수 있었는가를 물었다. 그녀는 그에게 모든 사실을 이야기했고 이야기를 들은 남자는 그녀에게 매우 화를 내고 결별을 선언했다.

그녀는 매우 당혹스럽고 혼돈스러웠다. 그래서 이번에는 남자가 살고 있는 섬의 은둔자를 만나 자신이 어떻게 해야 할지를 물었다. 그 은둔자는 그녀에게 "당신이 할 수 있는 일은 없을 것 같다" 라고 말하고 자신이 마을에 내려가는 동안 자신의 처소에서 쉬고 있으라고 말했다. 은둔자는 마을에서 그녀가 갚아주어야 할 배삯을 충분히 얻어와서 그녀에게 건네주었고, 그녀가 이 돈을 언제 갚아주면 되는가 하고 물었더니 당신은 나에게 어느 것도 돌려줄게 없다고 말했다. 내가 당신을 도와주면서 나는 행복감을 느꼈기 때문이다라고 하였다. 그녀는 자신의 섬으로 안전하게 돌아갈 수 있었다.

## 질문

1. 여기에 등장하는 인물들 가운데 가장 당신이 선호하는 순서로 나열해보라. 그리고 이와 같은 선택을 할 때 어떤 의미가 가장 중요하게 적용했는가를 말하라.
2. 도덕적 개발 단계에서 각 등장인물을 평가해보라.
3. 각 등장인물들을 용기의 관점에서 평가해보라.

## 미주


1. Christine Roberts, "Malala Yousafzai Returns to School for First Time since She Was Shot by the Taliban," *Daily News* (March 19, 2013), http://www.thedailybeast.com/articles/2012/10/18/sisters-in-arms-young-afghan-activist-continues-malala-s-fight.html#body_text2 (accessed April 2, 2013); Alia E. Dastagir, "Pakistan Girl Shot by Taliban Seals Book Deal," *USA Today* (March 28, 2013), http://www.usatoday.com/story/news/world/2013/03/27/malala-pakistan-book-deal/2026697/ (accessed April 2, 2013); and "Young Journalist Inspires Fellow Students," *Institute for War and Peace Reporting* (December 5, 2009), http://iwpr.net/report-news/young-journalist-inspires-fellow-students-0 (accessed April 2, 2013).

2. Roberts, "Malala Yousafzai Returns to School."

3. Ben Worthen and Joann S. Lublin, "Mark Hurd Neglected to Follow H-P Code," *The Wall Street Journal* (August 9, 2010), p. B1; Miguel Bustillo, "Best Buy Chairman to Resign After Probe," *The Wall Street Journal* (May 15, 2012), http://online.wsj.com/article/SB10001424052702304192704577403922338506912.html (accessed April 3, 2013); and Amir Efrati and Joann S. Lublin, "Yahoo CEO's Downfall," *The Wall Street Journal Online* (May 15, 2012), http://online.wsj.com/article/SB10001424052702304192704577404530999458956.html (accessed July 2, 2012).

4. Anemona Hartocollis, "At Ailing Brooklyn Hospital, Insider Deals and Lavish Perks," *The New York Times* (March 26, 2012), p. A1.

5. Gary R. Weaver, Linda Klebe Treviño, and Bradley Agle, "'Somebody I Look Up To': Ethical Role Models in Organizations," *Organizational Dynamics* 34, no. 4 (2005), pp. 313–330.

6. David Wessel, "Venal Sins: Why the Bad Guys of the Boardroom Emerged en Masse," *The Wall Street Journal* (June 20, 2002), pp. A1, A6.

7. Patricia Wallington, "Honestly?!" *CIO* (March 15, 2003), pp. 41–42.

8. Carly Fiorina, "Corporate Leadership and the Crisis," *The Wall Street Journal* (December 12, 2008), p. A19.

9. Al Gini, "Moral Leadership and Business Ethics," *The Journal of Leadership Studies* 4, no. 4 (Fall 1997), pp. 64–81.

10. Henry Ford, Sr., quoted by Thomas Donaldson, *Corporations and Morality* (Upper Saddle River, NJ: Prentice Hall, 1982), p. 57.

11. Michael E. Brown and Linda K. Treviño, "Ethical Leadership: A Review and Future Directions," *The Leadership Quarterly* 17 (2006), pp. 595–616; Darin W. White and Emily Lean, "The Impact of Perceived Leader Integrity on Subordinates in a Work Team Environment," *Journal of Business Ethics* 81 (2008), pp. 767–778; Gary R. Weaver, Linda K. Treviño, and Bradley Agle, "'Somebody I Look Up To': Ethical Role Models in Organizations," *Organizational Dynamics* 34, no. 4 (2005), pp. 313–330; and Joseph L. Badaracco, Jr., and Allen P. Webb, "Business Ethics: A View from the Trenches," *California Management Review* 37, no. 2 (Winter 1995), pp. 8–28.

12. J. Lynn Lynsford, "Piloting Boeing's New Course," *The Wall Street Journal* (June 13, 2006), pp. B1, B3; and Kathryn Kranhold, "U.S. Firms Raise Ethics Focus," *The Wall Street Journal* (November 28, 2005), p. B4.

13. Joseph Weber, "The New Ethics Enforcers," *BusinessWeek* (February 13, 2006), pp. 76–77.

14. Jere Longman, "Alabama Fires Coach for Off-Field Indiscretions," *The New York Times* (May 4, 2003), Section 8, 1.

15. Curtis C. Verschoor and Elizabeth A. Murphy, "The Financial Performance of Large U.S. Firms and Those with Global Prominence: How Do the Best Corporate Citizens Rate?" *Business and Society Review* 107, no. 3 (Fall 2002), pp. 371–381.

16. Donald G. Zauderer, "Integrity: An Essential Executive Quality," *Business Forum* (Fall 1992), pp. 12–16.

17. Bill George, "The Master Gives It Back" and "Truly Authentic Leadership" segments in "Special Report: America's Best Leaders," *U.S. News & World Report* (October 30, 2006), pp. 50–87; and David Segal, "In Letter, Buffett Accepts Blame and Faults Others," *The New York Times* (March 1, 2009), p. A16.

18. Lawrence Kohlberg, "Moral Stages and Moralization: The Cognitive Developmental Approach," in Thomas Likona, ed., *Moral Development and Behavior: Theory, Research, and Social Issues* (Austin, TX: Holt, Rinehart and Winston, 1976), pp. 31–53; Linda K. Treviño, Gary R. Weaver, and Scott J. Reynolds, "Behavioral Ethics in Organizations: A Review," *Journal of Management* 32, no. 6 (December 2006), pp. 951–990; Jill W. Graham, "Leadership, Moral Development, and Citizenship Behavior," *Business Ethics Quarterly* 5, no. 1 (January 1995), pp. 43–54; James Weber, "Exploring the Relationship Between Personal Values and Moral Reasoning," *Human Relations* 46, no. 4 (April 1993), pp. 435–463; and Duane M. Covrig, "The Organizational Context of Moral Dilemmas: The Role of Moral Leadership in Administration in Making and Breaking Dilemmas," *The Journal of Leadership Studies* 7, no. 1 (2000), pp. 40–59.

19. Tom Morris, *If Aristotle Ran General Motors* (New York: Henry Holt, 1997).

20. White and Lean, "The Impact of Perceived Leader Integrity on Subordinates in a Work Team Environment"; Peter Block, "Reassigning Responsibility," *Sky* (February 1994), pp. 26–31; and David P. McCaffrey, Sue R. Faerman, and David W. Hart, "The

Appeal and Difficulty of Participative Systems," *Organization Science* 6, no. 6 (November-December 1995), pp. 603–627.

21. Block, "Reassigning Responsibility."

22. This discussion of stewardship is based on Peter Block, *Stewardship: Choosing Service over Self-Interest* (San Francisco: Berrett-Koehler, 1993), pp. 29–31; Block, "Reassigning Responsibility"; and Morela Hernandez, "Promoting Stewardship Behavior in Organizations: A Leadership Model," *Journal of Business Ethics* 80, no. 1 (June 2008), pp. 121–128.

23. Lawrence G. Foster, Robert Wood Johnson—*The Gentleman Rebel* (Lemont, PA: Lillian Press, 1999); and John Cunniff, "Businessman's Honesty, Integrity Lesson for Today," *Johnson City Press* (May 28, 2000).

24. Sendjaya and Sarros, "Servant Leadership: Its Origin, Development, and Application in Organizations." Examples include B. M. Bass, "The Future of Leadership in Learning Organizations," *The Journal of Leadership Studies* 7, no. 3 (2000), pp. 18–40; I. H. Buchen, "Servant Leadership: A Model for Future Faculty and Future Institutions," *The Journal of Leadership Studies* 5, no. 1 (1998), p. 125; Y. Choi and R. R. Mai-Dalton, "On the Leadership Function of Self-Sacrifice," *Leadership Quarterly* 9, no. 4 (1998), pp. 475–501; and R. F. Russel, "The Role of Values in Servant Leadership," *Leadership and Organizational Development Journal* 22, no. 2 (2001), pp. 76–83.

25. Robert K. Greenleaf, *Servant Leadership: A Journey into the Nature of Legitimate Power and Greatness* (Mahwah, NJ: Paulist Press, 1977), p. 7.

26. The following is based on Greenleaf, *Servant Leadership*; Walter Kiechel III, "The Leader as Servant," *Fortune* (May 4, 1992), pp. 121–122; and Mary Sue Polleys, "One University's Response to the Anti-Leadership Vaccine: Developing Servant Leaders," *The Journal of Leadership Studies* 8, no. 3 (2002), pp. 117–130.

27. C. William Pollard, "The Leader Who Serves," in Frances Hesselbein, Marshall Goldsmith, and Richard Beckhard, eds., *The Leader of the Future* (San Francisco: Jossey-Bass, 1996), pp. 241–248; and C. W. Pollard, "The Leader Who Serves," *Strategy and Leadership* (September-October 1997), pp. 49–51.

28. Carol D. Leonnig and David Nakamura, "Official Quickly Corralled Agents," *The Washington Post* (April 22, 2012), p. A1; David Nakamura, "Out of Public Eye, a Disgusted Secret Service Director," *The Washington Post* (April 26, 2012), p. A1; Carol D. Leonnig and David Nakamura, "Four in Secret Service Fight Back," *The Washington Post* (May 23, 2012), p. A1; and William Neuman, "Prostitutes Perplexed as Glare Falls on City's Brothels," *The New York Times* (April 25, 2012), http://www.nytimes.com/2012/04/26/world/americas/cartagenas-prostitutes-perplexed-by-global-glare.html?_r=0 (accessed April 6, 2013).

29. Jerry B. Harvey, *The Abilene Paradox and Other Meditations on Management* (Lexington, MA: Lexington Books, 1988), pp. 13–15.

30. Kathleen K. Reardon, "Courage as a Skill," *Harvard Business Review* (January 2007), pp. 58–64.

31. A. J. Vogl, "Risky Work" (an interview with Max DuPree), *Across the Board* (July/August 1993), pp. 27–31.

32. Martin Fackler, "Loyalty No Longer Blind for Salarymen in Japan; Whistle-Blowers a Sign of Changing Times," *International Herald Tribune* (June 7, 2008), p. 1.

33. Robert Jeffery, "Whistleblowers: 'Suddenly I Was the Lead in a John Grisham Novel': How Michael Woodford, The CEO Who Exposed the Olympus Fraud, Gambled His Career on Doing the Right Thing," *People Management* (November 2012), pp. 28–29.

34. Joseph Rebello, "Radical Ways of Its CEO Are a Boon to Bank," *The Wall Street Journal* (March 20, 1995), p. B1.

35. Linda Tischler, "The Trials of ImClone," *Fast Company* (September 2004), pp. 88–89.

36. Michael Warshaw, ed., "Great Comebacks," *Success* (July/August 1995), pp. 33–46.

Chapter 7

# 팔로워십

## 학습목표

이 장을 공부하면

- 부하직원과 상사 간에 서로 효과적인 관리방법을 이해할 수 있다.
- 팔로워십 유형 파악과 효과적인 팔로워가 되기 위한 단계를 이해할 수 있다.
- 효과적인 팔로워 육성의 리더 역할을 이해할 수 있다.
- 효과적 팔로워십의 원칙을 적용할 수 있다.
- 학교나 직장에서 효과적인 팔로워십 전략을 실행할 수 있다.
- 리더가 원하는 팔로워십 형태와 팔로워들이 원하는 리더십 스타일을 이해할 수 있다.
- 팔로워 육성과 잠재 능력 개발을 위한 리더십 코칭과 피드백 개념을 이해할 수 있다.

회사의 고위 경영자 2명은 전략 세미나를 마치고 경치가 좋은 바닷가에서 여유롭게 산책을 즐기고 있었다. 그 중 경영자 A는 경영자 B에게 "내가 중요한 의사결정을 하는데 비록 그 결정이 상당한 어려움을 수반할 것이라고 생각해도 나의 결정을 따를 부하가 얼마나 있을까?"라는 질문을 했다. 경영자 A는 리더의 결정을 종업원들은 따르는 것이 바람직하다는 생각을 갖고 있었다. 하지만 경영자 B는 종업원이 리더의 주장과 결정을 무조건 수용하기보다는 잘못된 점은 만류하고 자신의 주장을 강력히 이야기하는 것이 바람직하다는 말을 했다. 여기에서 어떤 유형의 종업원이 더욱 바람직한 팔로워로서의 모습이 될까?[1]

이와 같은 질문에 대해 리더십과 팔로워십 전문가들은 이들 두 가지 유형의 부하직원 모두 이상적인 팔로워가 되지 못할 것이라고 한다. 물론 경영자 A가 선호하는 부하직원은 미래의 조직에 발전을 위해서라면 위험을 감수하는 직원으로 리더가 원하는 팔로워라고 할 수 있다. 하지만 가장 이상적인 팔로워는 이와 같이 무조건 따르기보다는 리더가 추진하는 방향을 명확히 이해하고 신속하고 조심스러우면서 안전하게 그 목적지를 도달할 수 있는 최상의 방안을 판단할 수 있도록 도와주는 부하직원이 될 수 있다.[2]

7장은 팔로워십에 관한 내용을 다루고 있다. 앞서 설명한 바와 같이 리더십과 팔로워십은 동전의 양면과도 같아 서로 밀접하게 연결되어 있다. 하지만 리더십과 팔로워십을 독립적으로 판단할 문제는 또한 아니다. 7장에서는 팔로워의 역할의 본질, 팔로워에게 리더가 원하는 것이 무엇이며, 다양한 유형의 팔로워와 팔로워 역할에 대한 본질적인 내용 등을 다루고자 한다. 또한 유능한 팔로워의 행동 유형과 이를 어떻게 관리해야 하는지, 그리고 유능한 팔로워를 만들기 위한 관리 방안에 대해서도 살펴보고 마지막으로 팔로워가 리더에게 원하는 것이 무엇이며 이러한 팔로워들을 육성하고 지원을 위한 리더의 역할은 무엇인지에 대해서도 파악해보기로 한다.

## 팔로워십의 본질

팔로워십은 리더십 연구 분야의 한 분야로서 점차적으로 그 중요성이 강조되어 왔는데 그 이유는 팔로워가 없다면 리더도 존재할 수 없기 때문이다. 동물의 세계에서도 리더와 팔로워의 관계가 존재하는 것처럼, 조직의 성공을 위해서는 효과적으로 이끄는 사람이 있어야 하고 효과적으로 따르는 사람도 있어야 한다.[3] 그래서 **리더십**

도표 7-1 ● 훌륭한 리더의 조건으로서 원만한 위 · 아래 관계

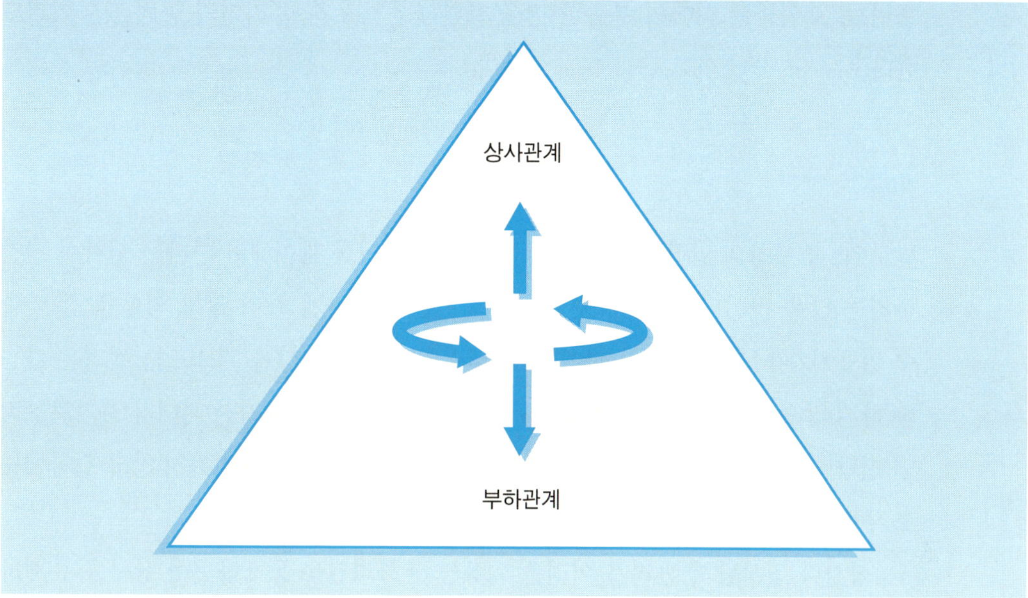


출처: Based on Mark Hurwitz and Samantha Hurwitz, "The Romance of the Follower: Part 2," *Industrial and Commercial Training* 41, no. 4 (2009), pp. 199–206.

과 **팔로워십은 다양한 상황에서 상호 보완적인 역할**을 하며, 상황에 따라 모든 사람이 팔로워가 되며, 심지어 리더까지도 팔로워가 되는 상황도 생각해볼 수 있다. 관리자의 경우에도 누군가 윗사람이 있을 수 있어, 사람들은 보통 리더보다는 팔로워가 되는 경우가 더 많다.[4] 따라서 〈도표 7-1〉의 조직 위계구조에서 윗사람과 부하직원이 상호 간에 효과적인 관리가 이루어질 수 있어야 하는 점을 강조하고 있다.

## 상사 관리와 부하 관리

1장에서 리더십을 리더와 구성원 간의 상호 영향력 관계로 설명한 바 있다. 이것이 의미하는 바는 리더의 위치에 있는 사람이라도 팔로워(구성원)의 행동과 태도에 영향을 받는다는 뜻이다. 3장에서 학습한 상황적합 이론contingency theory을 보더라도 리더에게 팔로워의 역할이 얼마나 중요한지를 알 수 있다. 리더는 팔로워의 태도와 행동에 의해 영향을 받을 수밖에 없으며, 리더와 팔로워 간 관계는 상호호혜reciprocity와 상호

영향력 교환 관계로 설명할 수 있다.[5] 리더에 대한 팔로워의 영향력은 생각보다 많으며, 팔로워들은 리더의 부족한 점을 보완해주기도 하고 리더의 능력을 높이기도 한다.[6]

## 새로운 과제: 상사 관리

팔로워, 즉 부하의 입장에서 새롭게 리더가 된 상사를 관리해야 한다는 생각이 편안하지는 않을 것이며, 어떻게 윗사람의 심기를 불편하게 하지 않고 의향을 잘 맞출 수 있을지가 더욱 관심사일 것이다. 그래서 윗사람의 의향을 거스르는 결정은 가능한 하지 않으려고 하고 의향을 벗어나지 않으려고 한다.[7] 하지만 리더가 자기보호적인 전략만을 취하게 되면 종업원들이나 상사 모두에게도 바람직하지 않고 결국에는 조직에 악영향을 미치게 된다.

상사나 윗사람의 관리가 어려운 이유는 부하직원을 통제하듯이 상사를 통제하기가 쉽지 않기 때문이다. 아무리 내가 지휘권을 가진 리더라도 부하직원에 대해서는 권한을 가지고서 리드하는 일이 수월하지 않은데 계층상 윗사람에게 영향력을 행사하기는 쉽지 않는 관계이다. 하지만 관점을 조금만 달리하면 현실적으로 상사 역시 많은 도움을 필요로 하고 있다는 사실을 알게 된다. 즉 윗사람이라도 자신의 직무를 잘 수행하고 최상의 성과를 창출하기 위해서는 많은 후원과 아이디어와 정보 등을 필요로 한다.[8] 그래서 리더가 효과적으로 부하직원들을 잘 관리해야 하는

### IN THE LEAD Irvin D. Yalom and Marcia Reynolds

어빈 D. 알롬은 심리치료 분야의 고전적 교재인 '실존주의 심리 치료'와 '침상에 누워' 등의 저자인데, 어떤 여성고객을 치료하면서 그녀의 상사에 대한 불평과 불만을 들을 기회가 있었다. 그녀의 상사는 자신의 얘기를 들으려고 하지도 않고 존중하는 태도는 전혀 없다고 한다. 그런데 심리치료가 계속되는 동안 그녀는 그 동안 자신이 세 가지 직업을 거치면서 이와 유사한 일이 많이 반복되고 있다는 말을 하고 있었다.

그런데 다른 환자 레이놀드의 경우는 이와 다른 경우를 보여주고 있었다. 유사한 상황임에도 레이놀드는 그의 상사에 대해 극도로 불만을 갖고 있었지만 언제부터인가 상사에 대한 자신의 태도를 바꾸어 상사에게 불만과 불평을 하기보다는 상사의 긍정적인 측면을 강조하는데 주력하였다고 한다. 그런 후부터 상황이 급반전되었는데, 그의 상사가 그를 존중하는 모습을 보이고 업무상 권한 위임을 해주기도 하여 점차적으로 상호간의 관계가 서로 유익한 방향으로 형성되고 생산적인 업무 관계가 이루어질 수 있었다.[9]

것처럼 상사들을 잘 관리할 수 있을 때 모든 사람들에게 긍정적인 효과가 있을 수 있다. [IN THE LEAD]의 경우를 살펴보도록 하자. 레이놀드는 상사가 자신에게 불편한 행동을 하더라도 자신은 상사를 이해하려고 하고 좀 더 생산적인 관계를 유지하려고 하면서부터 상호 간의 관계뿐만 아니라 조직 모두에게 긍정적인 결과를 가져올 수 있었다. 결국 효과적인 상사에 대한 관리는 부하직원을 관리하는 것만큼이나 중요하다고 볼 수 있다.

## 리더가 팔로워에게 원하는 것

리더와 조직이 원하는 점을 팔로워들이 충분히 수행하지 못하면 조직이나 리더가 어려움을 겪기 때문에 팔로워들은 리더가 원하는 점을 분명히 이해하고 있어야 한다. 조직마다 그리고 상황마다 다를 수 있겠지만 일반적으로 리더가 팔로워들에게 원하는 점은 다음과 같다.[10]

1. **진취적 태도**Make-It-Happen Attitude: 리더들은 변명을 좋아하지 않고 결과를 중시한다. 업무 수행자가 긍정적인 마인드를 갖고서 스스로 동기부여할 때, 그리고 업무를 성실하게 수행하고 책임감을 갖고, 요구 이상의 결과물을 창출해낼 때 리더들은 만족한다. 창조적이고 혁신적인 아이디어를 제시하고 새로운 해결안을 마련하는 팔로워들과 함께 일하는 리더는 성공하게 되어 있다. 현안의 문제를 해결하기 위해 모인 미팅에서 불확실성하고 애매한 표현만이 지속되고 발전적인 대안이 제시되지 못한다면 이를 선호하는 사람은 없을 것이다. 이러한 순간에 신선한 사고와 혁신적인 아이디어가 제시될 수 있다면 분위기를 반전시키고 미팅은 점차 발전적인 방향으로 바뀔 것이다.[11]
2. **협조 의향**Willingness to Collaborate: 팔로워를 하나의 개체라 한다면 리더는 개체들의 집합인 시스템을 유지할 책임이 있다. 그런데 시스템에서 부분 간 불협화음이 생기고 제대로 기능하지 않는다면 리더는 상당한 어려움을 겪게 된다. 얼라이드 시그널Allied Signal사와 하니웰Honeywell의 사장을 역임한 바 있는 래리 보시드Larry Bossidy는 회사의 마케팅 본부장과 생산 본부장 사이에 항상 갈등이 있고 그로 인해 조직에 역기능이 자주 발생하자 두 사람 모두 직책을 해제하는 결정을 내렸다. 본부장들이 서로 의사소통 없이 마찰을 일으킴으로써 조직이 화합하지 못

하고 항상 갈등의 상황이 이어졌기 때문이다. 이후 이들 본부장들이 서로 이해하고 협력하는 행동을 하게 되자 다시 직책을 부여하였다.[12]

3. **혁신의 동기부여**The Motivation to Stay Up-to-Date: 경영자들은 기업이나 조직에서 어떤 일이 발생하고 있는지 알고 싶어 하고 고객, 경쟁자, 새로운 기술 변화 등에 대해서도 지속적인 관심을 갖는다. 하지만 많은 사람들이 자신의 업무에만 국한하여 축소 지향적 태도를 갖고 외부 변화를 수용하지 않으려는 경향이 있다. 리더는 혁신적으로 스스로에게 동기를 불어넣고 항상 새로운 변화를 모색하는 팔로워들을 선호한다.
4. **성장 지향의 열정**The Passion to Drive Your Own Growth: 리더는 팔로워들이 리더만을 의존하고 자신의 발전과 성장을 이루기 위해 지속적인 노력을 기울이지 않으면 부정적으로 보게 된다. 제프 콜빈Geoff Colvin의 저서 「Talent is Overrated: What really separate world-class performers from everybody else」는 팔로워들이 자신을 성장시키고 발전시키기 위해 어떠한 노력을 기울이는지에 대해 설명하고 있다. 진정으로 유능한 팔로워는 타고난 능력이 우수한 것보다 지속적으로 자신의 능력을 향상시키기 위해 노력하는 사람이다. 그래서 팔로워들이 자신의 전문성을 향상시키기 위해 세미나에 참석하거나 다른 사람들과 지속적인 네트워크 관계를 형성하는 등 다양한 방법을 모색해야 한다. 또한 새로운 도전을 회피하지 말고 끊임없이 자신을 혁신할 수 있어야 한다.

리더와 팔로워 모두 선제적proactive으로 합심하여 공유 비전을 달성하는 경우를 생각해볼 수 있다. 미 육군사관학교 웨스트포인트West Point 사관학교의 경우를 예로 들 수 있는데, 모든 구성원은 팀 리더이고 팀 구성원이 된다. 그리고 이 사관학교에서는 상호 의존성을 중시하고 미래의 리더가 되기 위한 역량을 키워나가는 것을 강조하고 있다. 결국 조직이 목표로 하는 비전을 상호 공유하면서 합심하여 해결해나간다.

## 팔로워 유형

팔로워의 역할과 중요성이 강조됨에도 불구하고 팔로워십의 유형을 파악하는 연구는 많지 않다. 로버트 E. 켈리Robert E. Kelley는 많은 리더와 팔로워들을 인터뷰한 후

**도표 7-2 ● 팔로워십 유형**

| 팔로워십 유형 | 사고 유형 | 열의(engagement) 수준 |
|---|---|---|
| 소외형 | 독립적, 비판적 사고 | 조직에 수동적 |
| 순응형 | 의존적, 미비판적 사고 | 적극적 조직활동 |
| 실무형 생존자 | 필요시 수행 | 필요시 수행 |
| 수동형 | 의존적, 미비판적 사고 | 조직에 수동적 |
| 모범형 팔로워 | 독립적, 비판적 사고 | 적극적 조직활동 |

출처: Based on information in Robert E. Kelley, *The Power of Followership* (New York: Doubleday,1992)

다섯 가지 팔로워 유형을 제시하였다.[13] 이들 팔로워 유형은 우선 2개 차원의 범주를 기준으로 하고 있는데, 〈도표 7-2〉에서 볼 수 있듯이, 첫 번째 범주는 **독립적인**independent **비판적 사고**critical thinking와 **의존적인**dependent **무비판적 사고**uncritical thinking로 구별된다. 비판적 사고는 당면한 상황이나 주제, 문제 등에 대해 편견 없이 아이디어나 객관적 정보를 수집하고 평가하며 정서적으로 다양한 대안의 시사점을 마련하는 사고를 말한다. 독립적인 비판적 사고를 가진 팔로워들은 자신의 행동과 타인의 행동의 중요성을 인지하고 어떤 사안에 대해 창의적이고 건설적으로 비판한다. 반대로 의존적인 무비판적 사고를 하는 팔로워들은 자신에게 주어지는 일 이상으로 생각을 깊게 하지 않고 그저 리더의 지시사항에 따르는 경우를 말한다.

켈리가 제시하는 팔로워십의 두 번째 범주는 **적극적 행동과 수동적 행동**이다. 적극적 행동을 하는 팔로워들은 조직에 능동적으로 참여하고 주어진 직무의 범위를 뛰어넘어 자신이 바람직하다고 생각하는 행동을 하면서, 조직 발전 방안을 모색하는 사람들을 말한다. 반대로 소극적이고 수동적인 행동을 하는 사람들은 상시적으로 감독을 받아야 하고 요구되지 않는 일은 전혀 하지 않고 책임은 회피하는 특성을 보인다.

앞에서 설명한 바와 같이 팔로워가 적극적인가 소극적인가 그리고 독립적인 비판적 사고를 하는가, 의존적인 무비판적 사고를 하는가에 따라 총 5개 조합으로 켈리는 팔로워 유형을 구별하고 있는데, 구체적인 내용은 〈도표 7-2〉와 같다.

1. **소외형**alienated: **독립적이고 비판적인 사고를 하지만 별로 적극적인 업무수행 행동을 하지는 않는다.** 이들 팔로워는 능력이 있어도 상사로부터 인정받지 못하거나 좌절감을 경험하는 경우가 종종 발생한다. 그래서 자신의 능력을 발휘하려고 하

지도 않고 조직이나 구성원의 미비한 점에 관심을 갖거나 리더나 조직의 노력에 대해 비판적인 사고를 가진다. 또한 조직의 문제점이나 건설적인 방안에 대해 알고 있어도 기꺼이 조직을 위해 건의하거나 문제 해결의 노력을 기울이지 않는 성향을 보인다.

2. 순응형conformist: 이런 팔로워 유형은 **조직에 적극적으로 참여하지만 비판적 사고를 수행하지 않는 경우**를 말한다. 이들은 자신에게 주어진 과업의 본질은 중요하지 않다고 생각하지만 주어진 일을 적극적으로 수행한다. 과업의 결과가 어떻게 될 것이며 어떤 영향을 미칠 것인지는 주요 관심사가 되지 못하고 자신에게 주어진 업무를 수행하는 경우를 말한다. 미국에서 서브프라임 모기지 파동으로 담보 주택을 잃게 될 위기에 처했을 때 사람들은 지금 이 상황에 오기까지 방관하고 순응만 해 온 부동산 모기지회사 경영자의 전략과 이 전략을 무비판적으로 순응하기만 한 관리자나 직원들을 격렬하게 비난하였다. 즉 이런 사태가 오기까지에는 갈등을 싫어하고 엄격한 규칙이나 권위주의적 환경에 익숙한 순응형 팔로워들이 지배적이었기 때문일 것이다.[14]

3. 실무형pragmatic survivor: **네 가지 유형을 모두 갖고 있는 팔로워 유형**으로 유리한 상황

### IN THE LEAD 영화 〈Crimson Tide〉

다음 예에 나오는 젊은 장교는 어떤 유형의 구성원인가? 그 이유는 무엇인가?

미국 정보 당국은 러시아의 쿠데타 세력이 핵미사일 기지를 장악, 미국을 향해 핵을 사용할 가능성을 알게 되어 초대형 핵잠수함을 러시아로 급파한다. 상황은 급박해지고, 사령부로부터 "러시아의 핵기지로 핵미사일을 조준하고 발사 대기하라"는 명령이 떨어진다. 10초 의 카운트다운을 준비하고 대기 중이던 잠수함은 갑자기 본부와의 교신이 두절된다. 이때 함장은 즉시 발사해야 한다고 주장하지만, 젊은 장교는 본부의 분명한 명령 없이 함부로 핵을 발사하면 3차 세계대전으로 간다며 반대한다. 잠수함 승무원들은 함장과 젊은 장교를 지지하는 양측으로 나뉘어 팽팽하게 대립한다. 결국 통신이 재개되자 젊은 장교의 판단이 옳았음이 증명되고, 잠수함은 무사히 돌아오게 된다.

출처: 조선일보, 2003.11.18.

에 적합하게 자신의 역할을 대입하는 경우이다. 자신에게 주어진 지위를 최대한 활용하고 대신 리스크를 최소화하는 유형이다. 이들은 보통 조직이 위기 상황이나 어려울 때 나타나는 경우가 많은데, 조직의 어려운 상황을 해결하기 위해 자신들이 필요한 어떤 일이든 할 수 있다고 보기 때문이다.[15]

하지만 이런 유형의 팔로워는 자신의 이익을 위해 교묘하게 다른 사람이나 조직을 이용하기도 하며 목표를 높게 책정하지 않는 경우도 있다.

4. 수동형passive: 수동형 팔로워는 **자발적으로 업무를 수행하지 않고 독립적 사고도 하지 않으며** 철저하게 주어진 일만, 그것도 감독과 통제가 이루어질 때만 업무를 수행한다. 이러한 수동형 팔로워들은 자신의 특성만은 아니고, 조직이나 리더가 그와 같은 유형을 만드는 경우도 있다. 예를 들어 조직이나 리더가 창의적 적극성을 보이는 것을 싫어하고, 창의적인 업무를 시도하여 실패하는 경우 벌을 가하게 되면 구성원은 적극적인 노력과 창의적 사고를 하지 않는 학습 효과가 발생한다. 그 결과 수동형 팔로워 유형이 나타난다.[16]
5. 모범형effective: **독립적인 비판적 사고를 가지면서 적극적으로 문제를 해결**해가는 팔로워들을 말하며, 리스크나 갈등 가능성이 있더라도 추진할 일이 있으면 적극적으로 모색하는 유형이다. 조직에 필요한 일이라고 생각되면 적극적으로 변화를 추진하고 노력하는데, 이러한 모범형 팔로워들은 조직에게 필수적인 인재들이

**IN THE LEAD Dawn Marshall, Pathmark**

미국의 마샬(Marshall)은 우리나라의 이마트와 같은 유통업체이다. 지역 쇼핑몰에 위치한 마샬은 지역주민들에게 생필품 등을 판매하고 있다. 그런데 팬실베니아주의 어퍼 데바이(Upper Derby) 지역에 위치한 패스마크(Pathmark) 마샬점에서 평범한 직원 한 사람의 행동이 이 유통업체의 이미지와 분위기를 바꾸고 있었다. 미국 어느 유통업체가 비슷하지만 물건을 구매한 고객들에게 비닐 봉투에 담아주는 과정에서 어느 한 여성 계산원은 자신만의 독특한 방안을 창안하여 손님들의 물품(예를 들면 계란, 식빵 등)이 뭉개지지 않고 잘 운반될 수 있도록 하고 있었다. 그러면서도 손님들이 많이 기다리지 않게 신속하게 일을 처리하는 민첩함도 보였다.

이 한 명의 종업원으로 인해 이 지역의 고객들은 가까운 상점이 있어도 이곳을 찾는다고 한다. 그 동안 유통가게들이 물건을 아무렇게나 비닐포장에 넣어 집에 와보면 계란이 깨지기도 하고 물건이 파손된 경험을 자주 했기 때문이다. 마샬이 종업원들에게 특별한 방법을 가르쳐주지 않았지만 이 종업원은 자기만의 방법을 고안하여 고객들의 불만사항을 해결한 모범적인 팔로워 행동을 수행하고 있었던 것이다.[17]

다. 자기관리로 능숙하고 자신의 강약점을 잘 파악하고 긍정적인 방향으로 문제 해결 능력을 갖추고 있는 사람들로서, 이들을 효과적으로 관리하는 일이 조직 차원에서 수행되어야 한다.

## 팔로워의 상사 관리 전략

아랫사람이 상사를 관리하고 이끌어간다는 표현이 적절하지 않게 들릴 수 있다. 하지만 리더가 종업원을 관리하고 이끄는 것만큼 부하직원이 상사를 관리하는 측면도 중요하다. 이와 같이 상사와 팔로워의 관계성은 어느 일방향이 아니고 쌍방향에서 이뤄지고 이와 같은 양방향의 관리전략은 효과적인 리더-구성원의 관계를 이루게 한다.

### 상사의 이해

우리는 보통 자신에게 중요하다고 생각되는 사람들에게 시간과 에너지를 투자한다. 그리고 생산적인 업무관계를 형성하기 위해서라면 자신의 상사라고 하더라도 소중하게 관리하고 중요하게 대해야 할 것이다. 이제는 리더를 단순히 부하직원을 관리하는 상위자로만 보지 말고 나의 입장에서 리더를 관리하는 주도적인 입장을 견지해야 한다. 그렇게 하기 위해서는 리더의 목표, 욕구, 강점과 약점, 그리고 조직의 제약요건 등에 대해 우선적으로 이해하고 있어야 한다.

또한 유능한 팔로워는 자신의 리더가 선호하는 업무 스타일을 잘 알아둔다. 두 명의 리더가 있다면 동일한 업무환경에서 똑같은 업무행동이나 스타일을 보이지 않고, 각자 차이가 있을 것이다. 하지만 유능한 팔로워가 되기 위해서라면 이들 리더의 업무 선호방식을 잘 모니터링하고 이를 자신의 업무 방식에 적용시켜야 한다. 관리자를 대상으로 인터뷰해본 결과 부하직원들이 이러한 접근을 하는 경우 리더-구성원의 관계는 호의적이 되며 효과적인 리더 관리전략이라고 인정하고 있다. 즉, 부하직원이 리더의 입장과 각도에서 접근하고 리더의 행동 등을 잘 관찰함으로써 효과적인 팔로워십이 될 수 있다. 팔로워가 리더를 체크해야 하는 점들을 보면 다음과 같다.[18]

- 리더는 내가 수행하는 모든 계획이나 프로젝트 혹은 문제점 등을 세밀하고 알고 싶어하는가? 아니면 전반적인 큰 그림을 이해하고 싶어하는지를 좋아하는지?

- 리더는 통제형인가 아니면 임파워먼트형인가? 당신의 리더는 구성원들을 일일히 밀접하게 감독하고 싶어하는가? 아니면 자유롭게 권한을 부여하여 구성원 개개인이 성장하고 개안의 잠재력을 육성하는 유형인가?
- 리더가 의사결정을 하기 전에 다양한 정보와 대안을 기초로 분석하여 결정하는 유형인지 아니면 신속하게 결정하고 행동에 즉각 옮기는 유형인가?
- 리더는 듣는 사람인가 아니면 말하는 사람인가? 이는 리더의 관점을 투사하는 유형과 그렇지 않으면 구성원의 생각을 경청하는 사람인가를 구별하기 위함이다. 어떤 리더는 자신이 직접 문서화하고 이를 지시하는 경우가 있고 다른 경우에는 구성원의 발표를 통해 경청하고 난 후 그 자리에서 지시하는 경우가 있다.
- 리더는 수리적인가 아니면 논리적인가? 리더에 따라 부하직원의 보고서를 평가할 때 이러한 결정을 내리게 한 수리적 근거나 도표 등을 요구하기도 한다.
- 리더는 내향적인가 아니면 외향적인가? 리더는 어떤 결정을 내리고 판단을 하기 위해 홀로 생각하고 혼자 책임지는 스타일을 보이는가 하면, 반면에 많은 사람들과 종일 시간을 보내면서 문제를 해결해가는 스타일이 있다.

유능한 팔로워의 조건은 이와 같이 리더를 명확하게 파악하는 데서 시작한다. 실제로 미국 대통령 가운데 오바마 대통령은 내향적인 인물로서 어떤 중요한 결정을 내리는데 홀로 사색하고 의사결정 메모나 브리핑 등의 자료를 스스로 만들고 이를 바탕으로 독자적으로 판단하는 유형이다. 반면에 전직 부시 대통령은 외향적인 인물로 결정하기 전에 수많은 정보나 브리핑 등을 듣고 상대적으로 빨리 결정내리는 스타일이다.[19] 이와 같이 리더의 성향을 파악하는 팔로워는 상사를 효과적으로 대할 수 있어 바람직한 상호 관계를 형성할 수 있다.

## 상사를 위한 관리 전술

대부분의 팔로워들은 리더들이 잘 경청하지 않고 팔로워의 노력을 인지하거나 힘을 북돋아주는 데 별로 관심 갖지 않는다고 보는 경우가 많다.[20] 하지만 리더의 부족한 점을 불평하기보다 거울 앞에 서서 한번 자신을 되돌아볼 필요가 있다. 유능한 팔로워들은 리더에게 불평하기보다 리더의 생각을 향상(발전)시킴으로써 리더와 구성원 간의 관계를 개선시켜 나간다. 이러한 팔로워들은 상사와 의미있는 과업 지향적인 관계를 발전시켜나감으로써 비록 자신의 생각이 리더의 생각과 일치하지 않더라

**도표 7-3 ● 상사를 위한 팔로워의 관리 저술**

**리더를 현실적으로 보라.**
- 이상적인 리더를 기대하지 마라.
- 리더에게 무엇인가를 숨기지 마라.
- 다른 사람에게 리더를 비난하지 마라.
- 때로는 리더와 견해가 다르다는 점을 표현해라.

**리더와 관계성을 강화하라.**
- 당신의 수준과 직위에서 리더에 관해 물어본다.
- 리더가 주는 피드백과 지적에 대해 흔쾌히 수용하라.
- 리더에게 회사의 스토리를 물어보곤 한다.

**훌륭한 리더가 되도록 지원하라.**
- 리더에게 조언을 하라.
- 내가 생각하는 바를 리더에게 말하라.
- 리더에게 감사할 것을 찾는다.

**리더에게 자원이 되는 팔로워가 되자.**
- 리더의 욕구를 파악한다.
- 리더의 약점을 자신의 강점으로 보완하다.
- 자신에 대해서 리더에게 알게 하라.
- 자신과 팀의 목표와 비전을 일치시켜라.



도 조직의 가치를 높이는 데 주력한다.[21]

리더와 팔로워의 관계는 권위와 복종에 기초를 둔 감성과 행동에 의해서 설명될 수 있다. 팔로워의 눈에는 리더가 권위적 위계를 가지고서 팔로워에게 영향력을 미치는 사람으로 인식될 수 있다. 〈도표 7-3〉은 리더의 권위주의적 위계에 대한 생각을 줄이고 효과적으로 리더와의 관계성을 형성해가는 네 가지 전술을 제시하고 있다. 그 내용을 설명하면 다음과 같다.

**리더에게 자원이 되는 팔로워가 되자**Be a Resource for the Leader. 모범적인 팔로워들은 조직의 비전과 목표와 연동하여 리더의 비전과 목표를 상기시키고 이를 어떻게 달성해야 하는지를 관심 갖는다. 이러한 적극적인 생각을 하게 됨으로써 팔로워들은 리더를 후원하고 리더의 강점을 높이는 자원이 될 수 있다. 또한 모범적인 팔로워들은 팔로워 자신의 강점을 통해 리더의 약점을 보완하기도 한다.[22] 이들은 자신의 개인 목표와 조직이 얻게 되는 이점에 관심 갖고, 리더들에게 자신들의 생각이나 신념, 필요 및 제약 조건 등에 대해 정보를 주기도 한다. 즉, 리더와 팔로워 사이에 서로 알면 알수록 서로에게 필요한 자원이 된다.

**훌륭한 리더가 되도록 지원하라** Help the Leader Be a Good Leader. 모범적인 팔로워들은 리더의 조언을 기대하고, 리더가 자신의 능력과 역량을 높일 수 있도록 도와주기를 바란다. 또한 동시에 자신이 훌륭한 팔로워가 되기 위해 필요한 것이 무엇인지를 간략히 표현하여 상사가 훌륭한 리더가 될 수 있도록 도와준다. 만약 리더가 제시하는 조언이나 의견에 팔로워들이 가치를 부여하지 않는다면 리더는 더 이상 팔로워에게 건설적인 지침보다는 통제와 질책을 우선할 것이다.

리더가 제공해주는 보상이나 후원을 팔로워들이 감사해하고 이러한 의견을 전달해주면 리더는 보다 나은 리더로 발전할 수 있다.[23] 팔로워들이 무엇을 감사하는지 리더들이 알게 되면 리더들은 그러한 행동을 반복하게 될 것이다. 또한 모범적인 팔로워들은 리더들의 역기능 행동을 스스로 깨닫게 하기 위한 방법을 찾고 이를 리더에게 알게 해줄 필요가 있다.

조언을 구하고, 배려 행동에 대해 리더에게 감사를 표현하고, 향상시켜야 할 영역에 대해 솔직하게 대화하게 됨으로써 팔로워들이 리더에게 큰 힘이 되고 리더의 행동이 개선될 수 있다. 리더가 팔로워에게 가장 필요로 하는 점은 조직을 변화 발전시키고 윤리적 의사결정을 할 수 있도록 자신들에게 명확한 정보를 제공하는 일이다. [리더십 서재]에서 알 수 있듯이 좋은 리더는 팔로워들이 자발적으로 리더에게 바람직한 비판적 피드백을 해주기를 기대하는 리더이다.

**리더와의 관계성을 강화하라** Build a Relationship with the Leader. 모범적인 팔로워들은 신뢰를 가지고 리더에게 정직하게 조언하고 리더와 진실한 관계를 형성하려고 한다.[24] 이런 관계를 형성함으로써 팔로워들은 조직과 더욱 의미 있는 상호작용을 할 수 있으며, 권위와 복종보다는 상호 존중의 관계에 주력한다.

모범적인 팔로워는 자신의 업무와 역할에 대해 리더의 경험한 바를 질문하고, 개선사항에 대해 리더로부터 지시를 받을 수도 있다. 또한 리더에게 회사의 연혁에 관해 자세히 물어보는 것도 하나의 방안이다. 이렇게 함으로써 팔로워들은 점차적으로 단순히 복종하는 행동의 차원을 넘어서서 공감대를 형성하게 된다.

## Good Boss, Bad Boss(굿 보스, 배드 보스): How to be the best and learn from the worst



*by Robert I. Sutton*

스탠포드 대학의 로버트 서튼(Rober Sutton) 교수는 좋은 리더가 조직에 미치는 영향을 분석하는 저서를 집필하였다. 이 책은 잘못된 보스가 팔로워나 조직에 얼마나 잘못된 영향을 끼치는지를 지적하고 있으면서 이러한 잘못된 보스를 위해서도 팔로워가 수행해야 할 일이 많음을 언급하고 있다. 이 책의 저자는 먼저 인간의 욕구와 사업의 결과 간에는 미묘한 차이가 있다는 점을 인정하고 있다. 그러면서 훌륭한 보스는 상황이 균형점을 잃게 되면 행동에 옮긴다고 한다. 또한 이 책은 어떻게 하면 훌륭한 보스가 될 수 있는지에 대한 답을 제시하고 있다. 그리고 내가 훌륭한 보스인지를 알려면 첫째, '부하들이 나를 위해 일하고 싶어하는가?' 그리고 '열정적으로 일하고 싶어하는가?'와 둘째, '부하직원들이 나와 일하면서 느끼는 감정 등을 명확하게 이해하고 있는가?'를 알아야 한다.

**훌륭한 리더의 업무 수행**

대부분의 사람들은 자신이 나쁜 보스와 일하는 것으로 느끼는 경우가 많다. 그러나 어떤 특징이 좋은 보스와 나쁜 보스를 구별하고 있는지에 대해서는 명확하게 답하지 못하고 있다. 이런 점에 대해 저자는 친구들이나 동료 그리고 그의 경험을 통해서 이러한 질문에 대해 답하고 있다. 다음은 훌륭한 보스들이 수행하는 방식에 대해 예를 들고 있다.

- **좋은 보스는 자기기만의 위험성을 줄인다.** 이 책의 저자는 리더가 자기의 행동을 인지하고만 있어도 좋은 보스의 반열에 있을 것이라고 말하고 있다. 하지만 보스들은 자칫 자기기만에 쉽게 빠지고 자신의 역량을 너무 높게 평가하고 자신의 약점을 인지하는 실패하곤 한다. 하지만 좋은 보스들은 지속적으로 다른 사람들로부터 피드백을 받아 자기기만의 함정에 빠지지 않으려고 노력하며 자신에게 부정적인 말이더라도 귀담아들으려고 노력한다.
- **좋은 보스는 지위중독에 빠지지 않는다.** 사람들은 자신의 성격과 무관하게 권력을 휘두르고 타인에게 군림하고 싶은 욕구가 있으며 그렇기 때문에 자신의 욕구나 필요에 더 신경을 쓰고 타인의 욕구나 필요 그리고 행동 등에 대해 소홀해진다. 그리고 이러한 지위중독에 빠지게 되면 언젠가는 자신이 좋은 보스이 반열에 있지 않을 것이다.
- **좋은 보스는 사람을 보호한다.** 좋은 보스는 자기 기만적이지도 않고 누구에게 두드러지지도 않는다. 그 대신 자신의 정서와 감정을 살피고 통제하면서 자신의 행동이 다른 사람에게 어떤 영향을 미치는지에 대해 항상 모니터링하고 너무 지나치지 않도록 조절한다. 또한 좋은 보스는 자신을 위해 일하는 팔로워들을 보호하고 이들이 능력있는 자원이 될 수 있도록 도와준다.

앞에서 설명하고 있는 조건은 좋은 보스가 되기 위한 부분적인 것이며, 이 책에서는 자신이 일상생활이나 직장에서 좋은 보스의 조건을 갖추고 행동하고 있는지를 판단할 수 있는 질문지를 제공하고 있다. 그렇지만 전반적으로 이 책에서 주장하는 좋은 리더 혹은 보스의 조건은 다른 사람들이 어떻게 생각하고 느끼고 행동하는지를 잘 파악하고 있는 사람이어야 한다고 강조하고 있다. 또한 지속적으로 성과를 촉진시켜가면서 팔로워의 생각과 행동을 읽고 그들의 반응을 판단할 수 있는 인성을 향상시키는 사람들이다.

출처: *Good Boss, Bad Boss*, by Robert I. Sutton, is published by Business Plus.

**리더를 현실적으로 보라**View the Leader Realistically. 팔로워의 비현실적인 기대는 바람직한 리더와 팔로워 관계를 저해하는 장애 요인이 된다. 현실적으로 본다는 것은 리더를 이상적으로만 생각하지 말라는 뜻이다. 리더도 오류를 범할 수 있다고 생각하면 리더가 실수해도 크게 문제되지 않고 서로 균등한 관계가 형성될 수 있다.

모범적인 팔로워라면 자신에 대한 현실적인 이미지를 보여줄 필요가 있다. 리더와 팔로워 사이에 원만한 관계를 형성하기 위해서는 팔로워 스스로의 약점을 굳이 감추려하지 않아야 하고, 상사를 험담하거나 비난하지 않아야 한다. 감춘다는 것은 순응형이나 수동형의 팔로워가 될 가능성을 뜻하며, 다른 사람들에게 리더를 비난하는 것은 소외형의 분위기를 조성하여 서로 소원한 관계가 되게 할 뿐이다. 이와 같은 소외형이나 수동형의 행동은 리더와 팔로워, 나아가 조직구성원 모두에게 심각하게 나쁜 영향을 미치게 된다. 따라서 다른 사람들에게는 리더의 긍정적인 면만을 이야기할 필요가 있다. 만일 비난받을만한 일이 리더에게 있다면, 다른 사람들에게 리더를 비난하기보다는 리더와 직접 대면하여 부서나 조직의 발전적인 방안과 관련하여 서로 견해가 다름을 알려야 할 것이다.

## 상사 관리를 위한 권력과 용기

아랫사람이 윗사람을 관리하고 이끌어간다는 표현이 적절하지 않게 들릴 수 있다. 하지만 리더가 훌륭해서라기 보다 훌륭한 팔로워로 인해 조직이 성공하는 경우가 많다. 또한 상사 혹은 리더 독단적으로 조직을 이끌어가기 어렵기 때문에 이를 보조해주고 심지어는 리더에게 큰 영향력을 행사하는 효과적인 팔로워의 역할이 필요하기도 한다. 실제 리더에게 많은 권한과 영향력이 행사되지만 경우에 따라서 실제 팔로워가 더욱 큰 영향력을 가진 경우가 많다.

### 팔로워의 권력 원천

〈도표 7-4〉는 팔로워들이 리더에게 미치는 영향력이 개인적인 요인과 조직적인 차원에서의 권력으로부터 이루어짐을 나타내고 있다.

**개인 원천** 리더 혹은 상사에게 팔로워가 영향력을 미칠 수 있고 권력을 가질 수 있는 원천은 그들의 지식과 전문성 그리고 업무스킬 역량이다. 리더에게 필요한 정보는 팔로워로부터 나오는 경우가 많고 조직에 유용한 정보 역시 팔로워들이 정리하

**도표 7-4 ● 상사 관리의 권력 원천**

| 개인권력 | 직위권력 |
|---|---|
| • 지식과 업무스킬 | • 가시적 권력 |
| • 전문성 | • 정보의 흐름 |
| • 노력 | • 중앙 위치 |
| • 설득 | • 관계의 네트워크 |



고 있다. 이러한 팔로워의 전문성은 조직의 역량을 형성하는 주요 원천이 되며 이들 역량이 조직을 이탈하였을 경우 조직은 상당한 피해를 보게 된다. 또한 팔로워는 노력을 통해 상사를 관리할 수 있는 역량을 가질 수 있다. 팔로워 차원에서 학습 의향이 높고, 도전적이고 진취적인 창조적 프로젝트를 수행하고, 예상되는 노력의 차원을 넘어서는 활동을 수행하는 경우 가시적 혹은 비가시적인 권력을 갖게 된다. 뿐만 아니라 이러한 권력의 원천 이외에도 설득을 통해서 권력을 행사할 수 있다. 조직에 도움이 되는 건설적인 방향에 대해 리더에게 설득하는 호소력 등은 결국 개인 차원의 원천이 된다.

**직위 원천** 팔로워의 공식적인 직위가 원천이 될 수 있다. 예를 들면 팔로워가 어느 특정 부서 혹은 업무를 수행하고 이러한 직위 조건들이 다른 사람들에게 영향력을 행사할 수 있는 원천이 된다. 또한 어느 특정한 정보를 필요로 하는 사람에게 이 정보를 관리하고 수행하는 직위 담당자는 직위적인 차원의 권력을 가진 셈이 된다. 또한 이러한 정보의 흐름을 통제하는 위치에 있는 팔로워라면 상사에게도 많은 영향을 미칠 수도 있다. 뿐만 아니라 팔로워는 관계 네트워크를 통해 다른 사람들을 설득하고 조직에 기여할 수 있는 기회를 얻을 수 있다.

## 상사관리의 필수적 용기

성공적인 모범형 팔로워가 되기란 쉽지 않다. 6장에서 언급한 바 있는 도덕성과 용기는 리더뿐만 아니라 팔로워에게도 적용된다. 사실 팔로워들은 직원 신분 때문에 더욱 높은 수준의 도덕성과 용기가 필요하다. 성공적인 팔로워가 되기 위해서는 어려운 상황에 직면하더라도 자신의 의견을 표현할 수 있어야 하고 자신의 입지를 견지할 수 있어야 한다.[25] 특히 상사에 대해 효과적으로 관리하기 위한 모범형 팔로워가 되기 위해서는 **책임을 수용하는 용기, 권위에 대한 도전, 변화 참여, 조직이 필요로 하는 일에 대한 봉사, 필요하면 조직을 떠날 수 있는 용기**까지 갖추고 있어야 한다.[26]

1. **책임 감수의 용기**courage to assume responsibility: 모범적인 팔로워들은 조직에 대한 주인의식과 개인적 책임을 느낀다. 리더나 조직이 자신의 직무안정이나 개인적 성장을 보장하지 않을 것이라는 것을 알고 있으면서도, 책임 있는 행동을 한다. 대신 이들은 스스로의 능력이나 가치에 대한 자부심을 통해 기회를 모색하는 편이다. 바렐라Barela는 콜로라도 베일Colorado Vail 스키장에서 32년간 근무한 베테랑 직원으로 오랜 세월 동안 고객을 위해 일할 수 있다는 점에 자부심을 갖고 자신에게 주어진 업무를 철두철미하게 책임지고 봉사하는 태도를 갖고 있다.[27]
2. **도전의 용기**courage to challenge: 모범적인 팔로워들은 무조건 평화로움을 유지하기 위해, 조직에 올바른 일을 회피하거나 개인의 도덕성을 희생하지는 않는다. 미 육군에서는 복종이 절대적인 선의 원칙이라고 강조하면서도, 비도덕적이고 탈법적인 명령에는 복종하지 말라고 교육시키고 있다.[28] 훌륭한 리더 밑에는 훌륭한 모범형 팔로워가 있기 마련이며, 또한 리더들 역시 인간이고 실수할 수 있기 때문에 새로운 도전을 향해 용기를 주는 팔로워가 있을 때 성공적인 리더십을 발휘할 수 있게 된다.
3. **조직 변신에 참여하는 용기**courage to participate in transformation: 모범적인 팔로워들은 조직이 전사적으로 변화하고 변신하기 위해서는 전 직원이 이러한 변신을 상호 공유해야 한다고 생각한다. 그래서 조직이 변신 과정에서 어려움을 겪을 때 이들은 리더와 조직을 지지하고 후원하는 기능을 하게 된다.
4. **봉사의 용기**courage to serve: 모범적인 팔로워들은 조직에 필요한 점이 무엇인지를 분간하고 이를 달성하기 위한 적극적인 봉사와 노력을 기울인다. 6장에서 학습했듯이 리더가 팔로워들에게 봉사하듯이 팔로워들도 리더를 후원하고 봉사하는 용기와 노력이 필요하다. 자신을 초월하여 다른 사람을 위해 봉사하고 노력하는 의지를 보여줌으로써 팔로워들은 리더와 조직의 미션을 공유하게 된다. 티모시 D. 쿡Timothy D. Cook은 애플Apple에서 과거 스티브 잡스 밑에서 2인자 역할을 수행하였고 당시 그는 적극적으로 봉사하는 팔로워로 표현된다.
5. **퇴장의 용기**courage to leave: 떠나는 것도 용기가 필요하다. 팔로워 입장에서, 리더와 팔로워 관계를 더 이상 유지하기 어려운 새로운 변화를 조직이나 리더 차원에

서 추진하는 경우가 있다. 물론 조직에서는 수많은 사람들의 이해관계가 뒤섞여 있기 때문에 조직과 입장이 다르다고 하여 쉽게 조직을 떠나기는 어려운 일이지만, 팔로워 입장에서 자신의 이념과 입장이 조직이 추구하는 방향과 전혀 일치하지 않는다면 과감하게 조직을 떠날 수 있는 퇴장의 용기도 필요하다.

존 바티스트

이라크 주둔 미군 부대장인 존 바티스트John Batiste 소장은 이라크에서의 자신의 역할과 목적을 수용하기 어렵다고 생각되자 승진을 마다하고 과감하게 자신의 직위를 포기하는 용기를 보였다. 군 장성은 정치지도자의 정치적 결정과 비록 견해가 다르다고 하더라도 이를 수용하고 명령에 따르는 것이 일반적이다. 그래서 바티스트 장군은 자신의 신념과 명령 간에 수많은 고민을 하였지만 자신의 올바른 신념과 용기를 바탕으로 결국 모든 직위를 포기하는 결정을 내렸다. 오랜 군 생활에 가치를 부여하고 의미 있게 생활해 온 경력을 포기하는 일은 쉬운 일이 아니다.[29]

**IN THE LEAD Lauries Stein, Clorox**

어느 고용전문가는 회사 관리자의 30~40%가 외부 CEO가 영입된 이후 해고될 가능성이 있다고 추산한 바 있다. 새로운 CEO를 어떻게 자신과 잘 조화를 이루게 하고 회사의 성과를 높일 수 있게 할 수 있을까?

클로락스(Clorox)에서 스테인(Stein)은 신임 CEO인 도널드 크나우스(Donald Knauss)가 영입되기 전에 상임이사의 역할을 수행하고 있었는데 그는 신임 CEO가 어떻게 자신과 업무적으로 잘 호흡을 맞출 수 있고 조직성과를 높일 수 있는지에 대한 오랜 연구를 했다. 예를 들면 신임 CEO는 공식회의를 통해 제시되는 많은 보고와 정보보다는 한 페이지로 만들어진 결과 메모를 좋아한다는 사실을 알게 되었다. 뿐만 아니라 자신과 CEO가 잘 호흡을 맞춰 전략적으로 조직을 이끌어갈 수 있는 방안을 강구하기도 하였다. 만약 신임 CEO가 자신이 제시하는 전략적 방향을 선호하지 않는다고 하더라도 이 방향으로 갈 수 있도록 지속적으로 노력하는 것이 자신의 일이라고 생각했다.

그는 이전에 자원하여 중국에서 근무한 적이 있는데, 그곳에서 회사의 전략을 개조하여 발전적인 방향으로 갈 수 있도록 동료들을 설득하여 성공한 경험이 있었다. 결국 스테인의 적극적인 노력 때문에 신임 CEO는 자신의 전략적 방향성을 구성원들이 추구하는 점과 일치시켜나갔고 조직은 발전적인 방향으로 갈 수 있었다. 물론 스테인의 역할과 책임은 더욱 막강해질 수밖에 없었다.

## 팔로워가 리더에게 원하는 것

앞에서 팔로워들에게 요구되는 것이 무엇이며, 어떻게 모범적인 팔로워가 될 수 있는지에 대해 설명하였다. 하지만 이런 모든 일들이 팔로워만의 책임은 아닐 것이다. 모범적 팔로워들은 자발적으로 만들어지기도 하지만 대부분 리더로부터 영향을 받고 리더에 의해서 만들어지는 경우가 많기 때문이다.[30] 리더와 팔로워 사이에 바람직한 관계를 형성하고, 팔로워들을 잠자는 양처럼 명령만 받는 존재로 치부하지 않고 전인격적으로 대해야 하는 것이 리더의 역할이다.

연구 결과들을 보면 팔로워들은 정직하고, 진취적이며 팔로워들을 후원하고 역량 있는 리더를 바람직한 리더상으로 보고 있다.[31] 이들은 신뢰감 있고 조직의 미래 비전을 제시할 수 있으며 다른 사람을 후원하고, 조직에 긍정적인 영향을 미칠 수 있는 역량을 갖춘 리더들을 선호한다. 〈도표 7-5〉는 팔로워들이 생각하는 바람직한 리더상과 동료상에 대해 순위별로 정리하고 있다.

팔로워들은 동료들에 대해서도 정직하고 능력이 있어야 하며 의존적이며 협조적이어야 한다고 생각한다. 리더와 동료들에게 바라는 두 가지 공통적인 특징은 정직과 역량이다. 하지만 팔로워들은 동료들이 진취적이거나 후원적이기보다는 협조적이고 의존적이기를 바란다. 그래서 권위나 지식 등은 팔로워십 역할과 리더십 역할을 구별하는 중요한 척도가 될 수 없다. 차라리 비전을 함양한다든지 혹은 비전을 성취하기 위해 다른 사람을 격려하고 후원하는 것이 리더십의 특징 활동이 된다. 이 내용에 관해서는 13장에서 자세하게 다룰 것이고, 14장에서는 리더가 비전을 달성하도록 후원하는 문화와 가치를 어떻게 형성해야 하는지에 대해 설명할 것이다. 〈도표 7-5〉 내용은 성공적인 리더와 성공적인 팔로워 사이에는 공통 부분을 보여준다.

**도표 7-5 ● 이상적 리더와 동료의 특징**

| 이상형 리더의 특징 | 이상적 동료의 특징 |
|---|---|
| 정직 | 정직 |
| 진취적 사고 | 협조적 |
| 후원 | 의존적 |
| 역량 | 역량 |

출처: Adapted from James M. Kouzes and Barry Z. Posner, *Credibility: How Leaders Gain and Lose It, Why People Demand It* (San Francisco, CA: Jossey-Bass Publishers, 1993), p. 255.

팔로워들은 자신들에게 가치 있는 공헌 기회를 제공하지 않는 리더 행동을 원치 않으며, 또한 리더는 팔로워들로 하여금 자신의 아이디어와 능력을 충분히 펼칠 수 있도록 기회 제공의 책임이 있다. 이와 같은 기회를 마련해 주는 방안은 다음 네 가지로 설명할 수 있다.

### 명료한 방향성 제시

리더의 주요 책임 중 하나는 부서나 조직이 어디로 가고, 왜 가야 하는지를 명확하게 의사소통하는 일이다.[32] 구성원들에게 비전을 함양시키는 문제는 방향 설정의 한 측면에 불과하며, 팔로워들은 자신과 부서에 대해 구체적이면서 명료한 목표와 목적을 제시받고 싶어 한다. 명료한 목표를 알게 되면 구성원들은 무엇에 자신들의 에너지를 집중시켜야 하는지 알게 되며, 목표 달성에 따른 자부심과 성취감이 생긴다.[33] 또한 명확한 목표를 리더가 제시해주면 팔로워 스스로 자신의 행동을 관리할 수 있고 자신의 향상과 개선 상황을 파악할 수 있게 된다. 또한 이러한 과정을 통해 리더가 제시하는 보상 수준이나 승진 결과에 대해서도 납득할 수 있게 된다.

방향성을 명확하게 하는 또 다른 측면은 팔로워들로 하여금 자신들이 하는 일이 팀이나 조직에 얼마나 적합한지를 알게 해주는 일이다. 이것이 바로 리더들이 투명 경영 혹은 열린 경영open-book management을 해야 하는 이유 중 하나이다. 구성원들이 조직의 재무 상태를 파악할 수 있을 때 조직이 무엇을 소중하게 간주하며 자신들은 무엇을 위해 공헌하고 있는지를 이해할 수 있게 된다.

### 성장의 기회 제공

코칭은 업무 수행자의 업무 역량을 한 단계 높여주고 경력을 개발하는 기능을 한다. **리더십 코칭**leadership coaching은 팔로워에게 특정 업무 역량을 향상시켜 특정 목표를 달성하게 하고, 개인 생산성 제고와 새로운 책임을 준비시키는 방법으로 활용된다. 많은 기업에서 이런 목적으로 임원코칭executive coaching과 같은 코칭 프로그램을 활용하고 있다. 예를 들면 제록스Xerox의 CEO였던 앤 멀케이Anne Mulcahy는 자신의 후계자로 어슐라 번즈Ursula Burns를 임명하면서 그녀의 부족한 역량을 강화시켜주기 위해 코칭을 시도하였다. 번즈는 사업상의 큰 비전을 그리는 능력은 있지만 최고경영자로서의 인내심과 외교력 등이 부족했기 때문에 멀케이가 직접 코칭을 통해 이러한 역량을 강화시키는 노력을 기울였다. 여기서 코칭은 사람들을 단순히 변화시키는 것을 의미하지 않고 자신의 잠재 능력을 스스로 인식할 수 있도록 도와주는 훈련 기법을 말한다.[34]

코칭을 이해하기 위해서는 관리와 코칭의 차이를 알아야 한다. 관리는 설명telling, 판단judging, 통제controlling, 지시directing에 중점을 둔다면, 코칭은 **임파워링**empowering, **촉진**facilitating, **육성**developing, **후원**supporting, **장애요인 제거**removing obstacles에 중점을 둔다.[35]

코칭은 〈도표 7-6〉에서 나타내고 있는 것처럼 일반적으로 4단계로 이루어진다. 첫 번째는 관찰observation 단계로, 리더 혹은 코치가 업무 수행자의 미흡한 실적부분이나 특별 보강이 필요한 영역을 주도면밀하게 관찰하는 단계이다. 예를 들어 팀장이 팀원의 업무수행이 늦어지는 상황을 인식하게 되는 경우를 생각해볼 수 있다. 이 단계에서 팀장은 팀원의 업무 활동 상태를 면밀히 관찰하고 문제를 판단하게 되고 팀원의 업무 수행이 늦어지는 이유를 나름대로 파악한다. 관찰이 이루어지고 난 후 팀장은 팀원의 행동에 대해 상의하고 문제점을 인식시킨 후 업무 처리 향상을 위한 교육 프로그램 이수를 요청할 수 있다. 두 번째 단계는 토의와 동의discussion & agreement로 이 단계가 코칭의 필수 단계이다. 하지만 자발적으로 코칭을 원치 않는 직원에게 이 프로그램을 적용하는 것은 아무 의미가 없고 시간만 낭비될 뿐이다. 스스로 하고자 하는 의향과 함께 동의와 수락이 필요하다. 세 번째는 코칭 프로그램 실행creating and following a coaching plan 단계로 특정 목적, 실행 단계, 성공 측정 기준, 소요 시간 등이 결정되어야 한다. 코치는 프로그램이 진행되는 동안 즉각적으로 피드백해주어야 하며, 코칭 프로그램에 대한 당사자의 의견도 청취하는 것이 좋다. 마지막 단계는 후속 조치follow-up 단계로 당사자의 성취도를 파악할 수 있는 기간을 정하고 학습을 강화하며, 코치가 도와줄 수 있는 사항이나 문제점 등에 대해 의견을 교환하고 추가적으로 코칭이나 피드백 기회를 모색하는 부분이 포함된다.

리더는 직접 코칭이나 후원 코칭 가운데 선택할 수 있다. **직접 코칭**directive coaching은 일반적인 관리 역할과 유사하게 어떤 일을 어떻게 하는 것이 좋다고 보여주거나 말해주는 것이다. 이 방법은 업무 수행자가 즉각적으로 업무 성취도를 개선시켜야 할 경우나 특별 영역에 당사자가 경험이 없어 무지한 경우 효과적이다. 리더들은 보통 신입 사원들이 처음 수행해보는 업무에서 경험의 도움을 받도록 하는데 이러한 코칭을 사용하기도 한다. 다음은 **후원 코칭**supportive coaching으로, 도움을 주고 스스로 문제를 해결할 수 있도록 하는 코칭을 의미한다. 후원 코칭의 예는 앞에서 설

**도표 7-6 ● 리더십 코칭 프로세스**

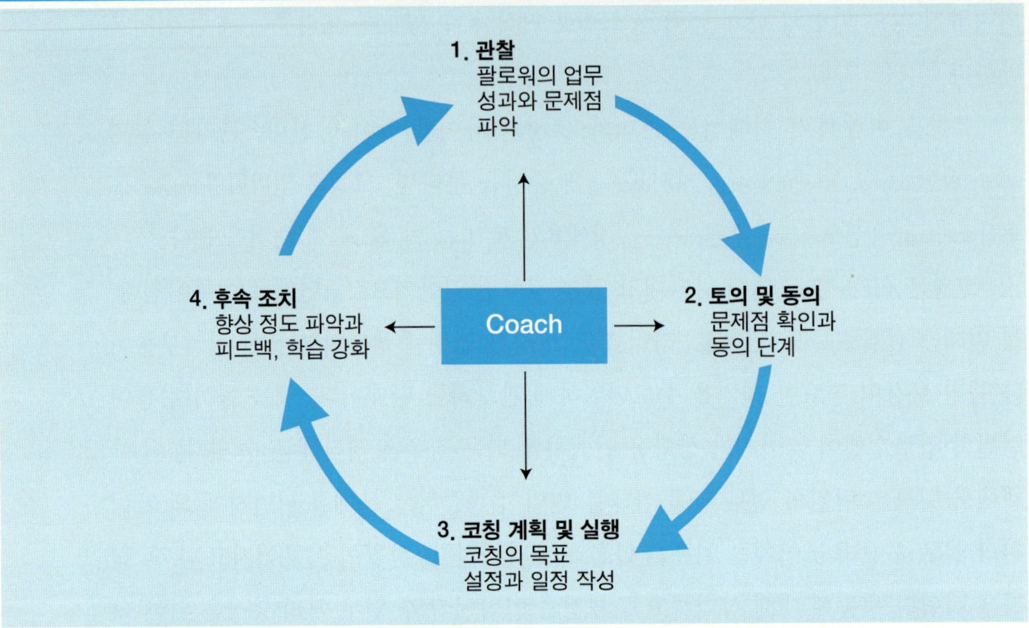


출처: "The Business Leader as Development Coach," *PDI Portfolio* (Winter 1996), p. 6; and Personnel Decisions International, http://www.personneldecisions.com.

명한 바 있는 제록스의 CEO였던 멀케이가 그녀의 후계자에게 했던 코칭을 들 수 있다. 후원 코칭은 팔로워들과 좀 더 협조적인 관계를 만드는 것을 말하며, 직접적인 답을 제시하거나 팔로워들에게 직접 지시하지 않고 스스로 학습할 수 있도록 후원하고 촉진시키는 역할을 뜻한다. 예를 들어 상대방이 사고할 수 있는 질문을 던진다거나, 시행착오를 통해 스스로 학습할 수 있도록 한다거나, 스스로 발견하고 발전시킬 수 있도록 자원을 제공하거나 후원해주는 것 등이다. 리더는 팔로워들이 자신의 성과에 대해 비판적으로 생각해보고 목표 달성을 향해 어떤 발전이 이루어지고 있는지를 스스로 판단할 수 있도록 한다.

리더십 코칭을 통해 얻을 수 있는 주요 혜택은 많은 리더들이 간과하고 있는 직접적 피드백이라고 할 수 있다. 〈도표 7-7〉은 코칭을 통해 팔로워들이 얻는 주요 혜택에 관해 정리하고 있는데, 대표적인 혜택은 명백하고 직접적인 피드백을 들 수 있고, 새로운 시각 형성, 상황 처리와 관련된 조언 등도 포함된다.[36]

**도표 7-7 ● 리더십 코팅의 혜택**

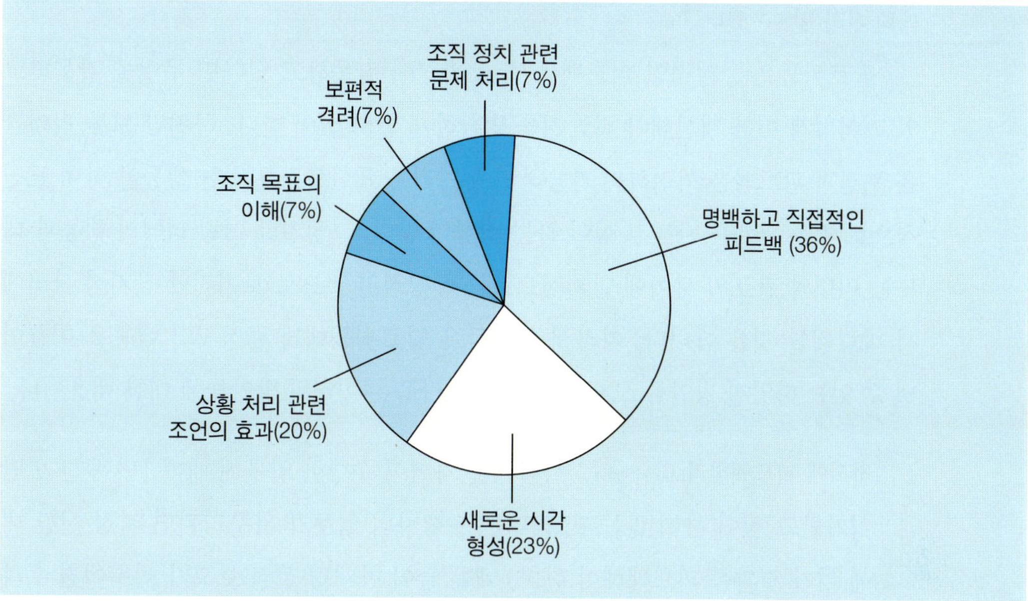


출처: "The Business Leader as Development Coach," *PDI Portfolio* (Winter 1996), p. 6; and Personnel Decisions International, http://www.personneldecisions.com.

## 빈번하고 구체적이며 신속한 피드백 제공

경영 컨설팅 회사인 맥킨지McKinsey는 종업원들에게 자신의 성장과 발전을 가져오게 한 요인에 대해 설문한 결과, 응답자들은 솔직하고 전망 있는 피드백 제공을 최우선으로 생각하는데, 자신들의 상사는 이런 피드백을 잘하지 않는다고 응답하였다.[37] 유능한 리더들은 피드백을 거북하게 생각하지 않고 발전과 향상의 통로로 생각한다. 또한 피드백 결과를 통해 팔로워들은 리더가 자신들의 발전과 성장을 어느 정도 고려하고 있는지 알 수 있게 된다.[38]

**피드백**feedback은 구성원들에게 개선 방향을 인식시키고 평가를 통해서나 의사소통할 때 이루어진다.[39] 하지만 피드백이 반드시 긍정적일 수만은 없으며, 부정적인 피드백이라 해서 무조건 문제가 된다고 볼 수도 없다. 오히려 문제가 되는 것은 평상시에는 피드백을 하지 않다가 연말 평가시즌에 몰아서 하는 것이다. 피드백은 상시적으로 이루어져야 하며, 구성원들이 무엇을 잘하고 있는지, 무엇을 개선해야 하는지를 알려주는 도구로 활용되어야 한다. 학교 수업 시간에 시험을 보거나 프리젠테이션을 하고 나서 아무런 평가 피드백을 받지 못하면 수행자는 개선할 수 있는 여지가 사라지게 된다. 광고회사 중역을 지낸 바 있는 라이언 브로데릭Ryan Broderick이

"어떤 이야기라도 듣는 것이 아무 것도 듣지 않는 것보다 낫다"고 언급한 것도 이런 맥락이라 할 수 있다.[40]

팔로워들은 긍정적인 피드백을 받고 자신이 잘못하고 있다면 무엇을 잘못하고 있고 어떻게 이를 개선해야 하는지를 명확하게 알고 싶어 한다. 하지만 보통 리더들은 부정적 피드백은 꺼려하며 가능하면 부드러운 표현으로 친절한 행동을 하여 표면적으로 좋은 관계를 만들고 싶어 하는 경향이 많다. 그렇지만 이런 리더의 행동과 태도는 리더와 팔로워 사이에 단기적으로는 긍정적인 것으로 보이지만 장기적 관점에서 바람직한 것은 아니다. 따라서 리더들은 팔로워들에게 긍정적인 행동을 이끌어낼 수 있는 다양한 방안을 모색해야 한다.[41] 다음은 이러한 방안들에 대한 내용이다.

1. **적시에 피드백하라**Make it timely: 사람들은 자신이 수행한 업무에 대해 1년에 한 번만 평가받고 싶어 하지 않는다. 리더는 수행자의 업무가 마무리되면 적정 시간 내에 평가 결과를 피드백해야 한다. 예를 들어 마케팅 실적 보고가 이루어진 후라면 리더는 보완 사항이나, 프리젠테이션의 구체적인 내용에 대해 명확한 피드백을 해주어야 한다. 그렇게 함으로써 업무 수행자는 자신의 부족한 부분을 개선시켜 나갈 수 있으며, 때로는 좋은 평가나 칭찬, 보상 등을 받고 싶은 심리 욕구가 충족될 수 있다.
2. **사람에 초점을 맞추지 말고 실적에 초점을 두라**Focus on the performance, not the person: 피드백은 수행 결과에 근거하여 개선할 점을 지적하는 것이다. 당사자와의 관계나 사람 자체를 염두에 두고 피드백하게 되면 이를 통해 얻을 수 있는 것은 아무 것도 없다. 또한 잘못된 점만 지적하기보다는 잘한 점에 대한 칭찬도 같은 비중을 두고 이루어져야 효과가 있다.
3. **구체적으로 피드백하라**Make it specific: 피드백은 구체적으로 이루어질 때 효과적이다. 왜 이러한 점에 대해 보완이 필요한지, 왜 이 내용이 바람직한지 등에 대해서 명확하게 설명할 필요가 있다. 또 가능하면 사례나 다른 경우를 소개하면서 피드백하는 것도 바람직하다. 다만 조심해야 할 점은 리더가 원하는 것을 팔로워들이 당연히 알 것이라고 가정하기보다는 서로가 이해하고 있는 바를 구체적으로 비교해가며 점검하는 것이 좋다.
4. **과거보다 미래의 일에 초점을 맞추라**Focus on the desired future, not the past: 훌륭한 리더는 과거의 잘못된 일이나 실수를 반복해서 언급하지 않는다. 또한 팔로워들의 잘못이 한 번의 실수로 끝나고 다시 이런 일이 반복되지 않을 것이라고 확신한다면

이에 대한 부정적 피드백은 하지 않는 것이 바람직하다. 효과적인 피드백은 미래에 초점을 두고 잘못된 점을 최소화시키면서 바람직한 결과나 행동을 부각시킬 수 있어야 한다.

## 조직의 강요로부터 보호

훌륭한 팔로워는 자신의 능력을 최대한 직장에서 발휘하고 싶어 한다. 또한 자신의 건설적 제안 의견 등이 관리자에 의해 제한되는 것을 별로 좋아하지 않고, 조직의 정책이나 리더의 불확실성, 혹은 불필요한 절차 등으로 시간 낭비하고 싶어 하지 않을 것이다. 앞서 설명한 [리더십 서재]에서 좋은 보스는 자신을 위해 일하는 팔로워를 보호하고 능력 발휘 여건을 마련해주는 인간방패human shields가 기꺼이 되어야 한다고 언급하고 있다.[42] 훌륭한 팔로워들이 자신의 기량을 맘껏 발휘할 수 있도록 여건을 만들어주고, 불필요한 규제나 관행들로 이들의 활동이 방해받지 않도록 해야 한다. 예를 들면 회사에 중요하지도 않고 크게 관심 받지 않는 일상 보고서를 작성하는 일이나 고객을 위한다는 명목하에 비인격적인 역할을 종업원에게 요구하는 일 등을 말한다.

훌륭한 리더는 종업원의 입장을 최대한 배려해야 한다. 예를 들면 사우스웨스트 항공사는 고객이 자사의 종업원에게 무시하는 태도를 취했을 때 아무리 고객의 입장을 우선할 수도 있었지만 회사는 그 손님을 다른 항공사 티켓을 구매토록 하여 자기 회사의 종업원을 보호했다. 리더는 종업원들이 훌륭한 팔로워가 될 수 있도록 도와주고 이런 일에 노력과 시간을 투자해야 한다. 그리고 종업원들이 새롭게 변화와 학습하려하지 않는 경우가 빈번하면 이러한 문화와 분위기가 더 이상 확대되지 않도록 발본색원하는 조치를 취해야 한다. 그렇지 않으면 팀 혹은 조직 전체에 이러한 무기력 분위기가 확산되어 집단이 무너지지는 위기를 경험하게 된다.

## 학습 핵심

- 조직에서 팔로워십에 대한 중요성이 점차 확산되고 있다. 대부분의 경우 조직구성원으로서 리더보다는 팔로워 역할을 하는 사람들이 더 많고, 성공적인 리더와 모범적인 팔로워들은 공통된 특징을 갖고 있으며 조직에서 독립적이고 적극적으로 활동한다.
- 모범적인 팔로워가 되는 것은 쉬운 일이 아니다. 이들은 주어진 책임 달성에 적극적이며, 리더에게 도전적이고, 변화에 적극적으로 참여하며, 다른 사람에게 봉사하고, 필요할 때는 조직을 떠날 수도 있다. 효과적인 팔로워가 되기 위한 주요 전략에는 리더에게 자원 공급원이 되어야 하고, 리더가 보다 나은 리더가 될 수 있도록 도와주어야 하며, 리더와 관계를 형성하는 등의 방법이 있다.
- 리더가 원하는 팔로워들의 모습은 긍정적이고, 스스로 동기부여되고, 문제를 해결하기 위한 행동을 취하며, 책임을 준수하고, 주어진 업무를 능숙하게 해내는 것이다. 동료나 리더들은 팔로워에게 정직하고 역량이 있기를 원하지만, 팔로워 역시 리더에게 진취적인 사고와 창의력을 자극하는 후원을 바란다. 진취적인 사고와 창의력을 자극하는 후원은 리더와 팔로워를 구별할 수 있는 특징이다. 팔로워들은 리드되기를 원하지 통제되기를 원하지 않으며, 리더들이 최상의 환경을 창출할 수 있기를 바란다. 리더들이 팔로워들의 능력과 공헌을 제고시킬 수 있는 구체적인 방법에는 명확한 방향 제시, 건설적 피드백, 성장을 위한 기회 제공 등이 있다.
- 팔로워들은 적시에 구체적이고 성과에 초점을 둔 피드백이 이루어지기를 원한다. 또한 리더들은 팔로워들의 특정 역량을 향상시키고 구체적인 발전 목적을 달성하는 데 도움을 주기 위해 직접적 혹은 후원적인 코칭을 사용할 수 있다.
- 직장에서 상사와 부하직원들과의 관계 모두를 잘 관리하면 성공적이라 할 수 있지만 현실적으로 신임 리더 입장에서 상사를 관리하기는 쉽지 않다. 이 책에서는 상사를 관리하는 전술로서 리더에게 필요한 팔로워가 되고, 훌륭한 리더가 되도록 돕고, 리더와의 관계성을 강화하고, 리더를 현실적으로 보라는 방안을 제시하고 있다.
- 팔로워들은 자신의 리더와 동료들이 정직하고 유능하기를 원한다. 또한 리더가 진취적 사고를 가지고 열정을 불어넣을 수 있는 리더가 되고 싶어 할 것이다. 그런데 팔로워들은 자신들이 통제되기보다는 유능한 리더로부터 리드되기를 원하고 또한 리더는 구성원들이 자신의 역량을 최대한 발휘할 수 있는 환경을 만들어주길 원하다.

## 토론 주제

1. 팔로워의 역할은 무엇이며, 조직에서 팔로워십이 리더십에 비해 상대적으로 관심을 끌지 못하는 이유는 무엇인가?
2. 수동형 팔로워와 소외형 팔로워의 차이는 무엇인가? 그리고 자신이 리더라면 이들에게 어떻게 대응할 것인가?

3. 여러분이 리더로서 팔로워들에게서 원하는 것은 무엇이고, 팔로워로서 리더에게 원하는 것은 무엇인가? 또한 이들 간의 유사점과 차이점은 무엇인가?
4. 모범적 팔로워에게 요구되는 다섯 가지 요인 가운데 가장 중요하다고 생각하는 것이 무엇인가?
5. 리더들은 최상의 성과를 위해 부정적인 피드백을 사용해야 한다고 생각하는가?
6. 상사를 관리할 수 있는 전략으로서 가장 선호하는 것은 무엇이라고 생각하는가?
7. 팔로워가 실수를 저질렀을 때 부정적인 피드백을 하는 것이 장기적인 관점에서 바람직하지 않다는 견해에 동의하는가?
8. 리더십 코칭은 무엇이라고 생각하는가? 리더들은 코칭 대상 팔로워들을 어떻게 결정한다고 생각하는가?
9. 리더가 종업원들을 위해 인간 방패가 된다는 개념은 무엇인가?
10. 팔로워로서 가장 수월하게 낼 수 있는 용기는 무엇인가? 또한 가장 어려운 용기는 무엇인가?

## 분석사례: General Product Britain

칼 미첼(Carl Mitchell)은 다국적 소비재회사인 제너럴 프로덕트(General Product)의 영국지사 발령을 받고 매우 좋아했다. 하지만 두 달이 지난 후 그는 아주 난처한 상황에 처하게 되었는데, 그 이유는 바로 미첼의 직속상사이며 지사장인 조지 개로우(George Garrow) 때문이었다.

지사장은 자기 방식을 강조하고, 성가신 일에 말려들고 싶어 하지 않으며 실수를 하지 않으려는 경향이 있는데, 이 때문에 논란이 되거나 위험을 안고 있는 결정은 회피해버린다. 미첼은 이에 대해 자신의 아내에게 불만을 털어놓았다. "지사장에게 어떤 의사결정을 해달라고 요청할 때마다 지사장은 좀 더 신중하게 생각해보고 결정하겠다며 별 관련도 없는 자료만 열심히 분석시켜서 일이 전혀 진전되지 않는다."

지사장은 현재 상태를 바꾸는 것을 매우 꺼려하는 반면, 미첼은 냉동 아침식사 식품군의 제품 혁신을 계획하고 지사장의 지원을 기대하고 있었다. 경쟁업체들은 새로운 냉동 아침식사 제품을 출시하는데도, 지사장은 과거 1990년대에 유행하던 형태의 제품을 고수하고 있었다. 이 때문에 회사 매출은 정체되고, 소매점에서도 새롭게 출시된 타사 제품들로 바뀌는 추세가 이어졌다. 인내의 한계점을 느낀 미첼은 지사장에게 새로운 제품 계열로 바꾸자며 설득하기 시작했다. 지사장은 미첼이 주장한 새로운 아이디어 필요성에 긍정적인 반응을 보였으며, 이에 따라 미첼은 신제품을 개발하기 위한 다양한 자료를 수집하고 건강식품을 선호하는 고객들을 위한 제품을 만들어내기 위해 적극적인 노력을 기울이기 시작했다.

약 4주간 미첼은 2명의 제품개발 관리자와 함께 경쟁업체, 고객들의 아침식사 습관 등에 대해 조사하고, 시카고의 디자인 회사 전문가를 채용하여 제품 디자인 등도 설계하였다. 뿐만 아니라 다이어트하는 사람들을 만나 지방과 설탕 함유량 정도에 대해서도 살펴보고 최상의 건강식품을 만들려고 노력하였다. 다양한 노력을 기울인 끝에 제품 개발팀은 어느 정도 체계적인 기획안을 만들 수 있었고 신제품 출시와 관련된 구체적 내용을 담은 기획안을 파워포인트로 작성하여 지사장에게 설명할 기회를 기다리게 되었다.

기획안 프리젠테이션이 있는 당일 아침 미첼은 매우 들뜬 마음으로 이 제품 개발에 참여한 관리자들에게 "여러분들이 너무나도 창의적으로 일해서 매우 고맙게 생각하며 이 제품은 바로 출시되어 소비자들에게 좋은 반응을 받을 것이고 여러분들은 그 대가를 지불받을 것"이라고 말하기도 했다.

하지만 프리젠테이션 내내 지사장의 반응은 별로 호의적이지 않았는데, 프리젠테이션이 진행되는 동안 침묵을 지키고 연신 시계만 보고 있었다. 반응을 감지한 미첼은 프리젠테이션을 정리하고 이 제품이 당장 출시되어 저지방, 저설탕 냉동 아침식사 항목으로 성공할 것이라고 서둘러 결론지었다. 이 말이 있고 난 후 얼마간 무거운 침묵이 있었고, 이윽고 지사장은 "이 제품 개발에는 막대한 투자가 필요하며, 또한 나는 미첼에게 다음 두 가지 사항을 포함한 짜임새 있는 기획안을 만들어 오도록 요청했으나, 이 점들이 새로운 기획안에 포함되어 있지 않다고 본다. 하나는 저탄수화물이며 하나는 아침식사를 거르는 청소년들에 대한 대비책이다. 개발팀은 지금 너무 서두르는데 신중하게 제품 개발에 대해 고려해보고 모든 상황을 대비할 수 있는 방안이 필요하다고 본다"고 코멘트하였다.

지사장의 의견을 듣고 난 후 미첼을 포함한 개발팀 관리자들은 망연자실하고, 상사의 후원이 이루어지지 않는 현실과 의미 없는 추가 자료 요구에 엄청난 스트레스를 받게 되었다.

## 질문

1. 미첼을 어떤 유형의 구성원으로 표현할 수 있는가? 그의 용기와 스타일을 평가한다면 어떻게 묘사할 수 있는가?
2. 만약 자신이 미첼이라면, 자신의 솔직한 견해를 갖고 지사장에게 맞대응할 수 있는가?
3. 만약 당신이 지사장의 상사이고 미첼이 당신에게 기획안을 들고 왔다면 어떤 말을 할 수 있겠는가?

## 미주

1. Based on a story in Marc Hurwitz and Samantha Hurwitz, "The Romance of the Follower: Part 1," *Industrial and Commercial Training* 41, no. 2 (2009), pp. 80–86.

2. Ibid.

3. Robin Sronce and Lucy A. Arendt, "Demonstrating the Interplay of Leaders and Followers," *Journal of Management Education* 33, no. 6 (December 2009), pp. 699–724; Hurwitz and Hurwitz, "The Romance of the Follower: Part 1"; and Marc Hurwitz and Samantha Hurwitz, "The Romance of the Follower: Part 2," *Industrial and Commercial Training* 41, no. 4 (2009), pp. 199–206.

4. Warren Bennis, "Art of Followership: Followers Engage in an Interdependent Dance," *Leadership Excellence* (January 2010), pp. 3–4; and Robert E. Kelley, "In Praise of Followers," *Harvard Business Review* (November/December 1988), pp. 142–148.

5. John G. Gabarro and John P. Kotter, "Managing Your Boss," Best of HBR 1980, *Harvard Business Review* (January 2005), http://hbr.org/2005/01/managing-your-boss/ar/1 (accessed April 18, 2011).

6. Rosabeth Moss Kanter, "Power Failure in Management Circuits," *Harvard Business Review* 57 (July–August, 1979), pp. 65–75.

7. Ronald J. DeLuga, "Kissing Up to the Boss: What It Is and What to Do about It," *Business Forum* 26 (2003), pp. 14–18; and Bennett Tepper, "Upward Maintenance Tactics in Supervisory Mentoring and Nonmentoring Relationships," *Academy of Management Journal* 38, no. 4 (1995), pp. 1191–1205.

8. Liz Simpson, "Why Managing Up Matters," *Harvard Management Update* (August 2002), pp. 3–5; and Stanley Bing, *Throwing the Elephant* (New York: HarperCollins, 2002).

9. Irvin D. Yalom, with Ben Yalom, "Mad about Me," *Inc.* (December 1998), pp. 37–38; and story told in Robert McGarvey, "And You Thought Your Boss Was Bad," *American Way* (May 1, 2006), pp. 69–74.

10. These are based on Larry Bossidy, "What Your Leader Expects of You and What You Should Expect," *Leadership Excellence* (February 2008), p. 6; Larry Bossidy, "What Your Leader Expects of

You," *Harvard Business Review* (April 2007), pp. 58–65; and Peter F. Drucker, "Drucker on Management: Managing the Boss," *The Wall Street Journal* (August 1, 1986).

11. Vignette recounted in Isaac Getz, "Liberating Leadership: How the Initiative-Freeing Radical Organizational Form Has Been Successfully Adopted," California Management Review (Summer 2009), pp. 32–58.

12. Bossidy, "What Your Leader Expects of You."

13. Robert E. Kelley, *The Power of Followership* (New York: Doubleday, 1992).

14. Ibid., pp. 111–112.

15. Ibid., pp. 117–118.

16. Kelley, *The Power of Followership*, p. 123.

17. Melanie Trottman, "Baggers Get the Sack, but Dawn Marshall Still Excels as One," *The Wall Street Journal* (May 2, 2003), pp. A1, A6.

18. Based on Jo Owen, "Manage Your Boss," *Industrial and Commercial Training* 39, no. 2 (2007), pp. 79–84.

19. Ryan Lizza, "The Political Scene: The Obama Memos," *The New Yorker* (January 30, 2012), pp. 36–49; Peter Baker, "How Obama's Afghanistan War Plan Came to Be," *International Herald Tribune* (December 7, 2009); and Ron Walters, "Afghanistan: The Big Decision," *The Washington Informer* (December 10–16, 2009).

20. Len Schlesinger, "It Doesn't Take a Wizard to Build a Better Boss," *Fast Company* (June/July 1996), pp. 102–107.

21. Ira Chaleff, "Courageous Followers: Should We Stand Up To or For Leaders?" *Leadership Excellence* (April 2011), p. 19; and Hurst, "How to Manage Your Boss."

22. Chaleff, *The Courageous Follower: Standing Up To and For Our Leaders*; and John J. Gabarro and John P. Kotter, "Managing Your Boss," *Harvard Business Review*, "Best of HBR" (January 2005), pp. 92–99.

23. Chaleff, *Courageous Followers*.

24. Chaleff, *The Courageous Follower: Standing Up To and For Our Leaders*.

25. David N. Berg, "Resurrecting the Muse: Followership in Organizations," presented at the 1996 International Society for the Psychoanalytic Study of Organizations (ISPSO) Symposium, New York, NY, June 14–16, 1996.

26. Ira Chaleff, *The Courageous Follower: Standing Up To and For Our Leaders* (San Francisco: Berrett-Koehler, 1995).

27. Reported in Del Jones, "What Do These 3 Photos Have in Common? They Show Leaders and Their Followers, Winning Combos," *USA Today* (December 10, 2003), p. 1B.

28. Major (General Staff) Dr. Ulrich F. Zwygart, "How Much Obedience Does an Officer Need? Beck, Tresckow, and Stauffenberg—Examples of Integrity and Moral Courage for Today's Officer," Combat Studies Institute; U.S. Army Command and General Staff College, Fort Leavenworth, Kansas, http://www.cgsc.edu/CARL/download/csipubs/ObedienceOfficerNeed_Zwygart.pdf (accessed June 11, 2013).

29. Greg Jaffe, "The Two-Star Rebel: For Gen. Batiste, a Tour in Iraq Turned a Loyal Soldier into Rumsfeld's Most Unexpected Critic," *The Wall Street Journal* (May 13, 2006), p. A1.

30. Berg, "Resurrecting the Muse."

31. James M. Kouzes and Barry Z. Posner, *Credibility: How Leaders Gain and Lose It, Why People Demand It* (San Francisco: Jossey-Bass, 1993).

32. This section is based largely on Bossidy, "What Your Leader Expects of You."

33. See Gary P. Latham and Edwin A. Locke, "Enhancing the Benefits and Overcoming the Pitfalls of Goal Setting," *Organizational Dynamics* 35, no. 4 (2006), pp. 332–338; Edwin A. Locke and Gary P. Latham, "Building a Practically Useful Theory of Goal Setting and Task Motivation: A 35-Year Odyssey," *The American Psychologist* 57, no. 9 (September 2002), p. 705ff.; Gary P. Latham and Edwin A. Locke, "Self-Regulation through Goal Setting," *Organizational Behavior and Human Decision Processes* 50, no. 2 (1991), pp. 212–247; G. P. Latham and G. H. Seijts, "The Effects of Proximal and Distal Goals on Performance of a Moderately Complex Task," *Journal of Organizational Behavior* 20, no. 4 (1999), pp. 421–428; P. C. Early, T. Connolly, and G. Ekegren, "Goals, Strategy Development, and Task Performance: Some Limits on the Efficacy of Goal Setting," *Journal of Applied Psychology* 74 (1989), pp. 24–33; and E. A. Locke, "Toward a Theory of Task Motivation and Incentives," *Organizational Behavior and Human Performance* 3 (1968), pp. 157–189.

34. Patrick Sweeney, "Developing Leadership Potential through Coaching," *Chief Learning Officer* (March 2009), p. 22ff.

35. This table and the discussion are based on Andrea D. Ellinger and Robert P. Bostrom, "An Examination of Managers' Beliefs about Their Roles as Facilitators of Learning," *Management Learning* 33, no. 2 (2002), pp. 147–179.

36. "The Business Leader as Development Coach," *PDI Portfolio* (Winter 1996), p. 6; and Personnel Decisions International, http://www.personnel decisions.com (accessed).

37. McKinsey & Company's *War for Talent 2000 Survey*, reported in E. Michaels, H. Handfield-Jones, and B. Axelrod, *The War for Talent* (Boston: Harvard Business School Press, 2001), p. 100; and Mark D. Cannon and Robert Witherspoon, "Actionable Feedback: Unlocking the Power of Learning and Performance Improvement," *Academy of Management Executive* 19, no. 2 (2005), pp. 120–134.

38. Jay M. Jackman and Myra H. Strober, "Fear of Feedback," *Harvard Business Review* (April 2003), pp. 101–108; and Bossidy, "What Your Leader Expects of You."

39. John C. Kunich and Richard I. Lester, "Leadership and the Art of Feedback: Feeding the Hands That Back Us," *The Journal of Leadership Studies* 3, no. 4 (1996), pp. 3–22.

40. Broderick quote is from Jared Sandberg, "Avoiding Conflicts, the Too-Nice Boss Makes Matters Worse," *The Wall Street Journal* (February 26, 2008), p. B1.

41. Based on "Closing Gaps and Improving Performance: The Basics of Coaching," excerpt, originally published as Chapter 4 of *Performance Management: Measure and Improve the Effectiveness of Your Employees* (Boston, MA: Harvard Business School Press, 2006).

42. This section is based on Robert I. Sutton, "The Boss as a Human Shield," *Harvard Business Review* (September 2010), pp. 106–109.

PART 4

# 관계 구축자로서의 리더


8장 동기부여와 임파워먼트

9장 리더십 의사소통

10장 팀 리더십

11장 다양성 경영과 리더십

12장 리더십 권력과 영향력

Chapter 8

# 동기부여와 임파워먼트

## 학습목표

이 장을 공부하면

- 리더로서 내적보상과 외적보상의 차이를 이해하고 어떻게 활용할 것인지를 판단할 수 있다.
- 높은 목표수립과 달성의 과정을 통해 어떻게 동기유발시키고 노력이 행동으로 연계될 수 있는 방법을 모색할 수 있다.
- 높은 이상적 욕구 충족을 통한 동기부여 방안을 이해할 수 있다.
- 욕구에 기반을 둔 동기부여 이론을 이해할 수 있다.
- 개인적, 시스템적 보상을 이해할 수 있다.
- 상과 벌을 활용한 동기부여 방식의 단점 보완을 이해할 수 있다.
- 고차원적인 욕구 충족을 위한 구성원 열의 및 임파워먼트 프로그램을 이해할 수 있다.

주아 드 비브르 호스피탤러티Joie de Vivre Hospitality가 샌프란시스코의 칼튼Carlton 호텔을 인수했을 때 직원 이직률은 대략 50% 정도에 달했다. 호텔업에 종사하는 인력은 대부분 저임금과 미숙련의 성격을 갖는 단순노무직이지만, 신입 CEO는 새로운 방식의 인력관리를 모색하기로 했다. 우선 직원들을 파트너 관계로 대우하고 그들이 직장생활을 잘 하게 하려면 무엇이 필요한지를 파악하였다. 예를 들어, 객실청소 직원들이 오래전부터 요구해온 노후한 진공청소기를 교체해주었다. 또한 직원들의 의견을 충실히 반영하여 경영 의사결정에 참고하였고 직원들의 참여의식을 높였다.

이와 같은 새로운 관리 방식을 적용한 이후 이 호텔의 직원 이직률은 10% 수준으로 떨어졌으며 고객만족도 역시 크게 향상되었다. 이 호텔의 직원은 회사가 자신들을 진정으로 배려하고 있으며 직원들 모두 행복해했다. 직원들을 아끼고 가치 있는 일에는 적극적으로 지원하고, 직장생활의 즐거움을 최우선으로 생각하는 회사 방침이 직원들의 마음을 바꾼 것이다. 이 호텔 CEO인 칩 콘리Chip Conley는 직원들을 단순히 청소하는 잡역부가 아니라 호텔을 발전시키는 핵심인물로 생각하는 철학으로 직원들을 동기부여시킨 것이다.[1]

솔릭스Solix사의 전 CEO 존 패리John Parry는 재임 시절에 회사의 문제점 파악과 해결을 위한 적극적인 노력을 기울였었다. 솔릭스사는 비즈니스 프로세스 아웃소싱업체로서 최근 대기업에서 분사한 이후 심각한 사업 운영상의 문제에 처해 있었다. 종업원들의 행복지수는 낮고 이직률도 20%를 넘고 있었다. 이직뿐만 아니라 결근이나 지각 등도 많아 종업원들은 활력도 잃고 조직의 생산성을 기대하기도 어려운 실태였다. 이러한 상황에 직면하여 패리 사장은 재임 시 종업원들과 지속적인 면담을 통해 획기적인 해결 방안을 모색했다. 개별 면담을 하면서 그들이 원하는 것이 무엇이며 종업원들이 열의engage를 갖고 행복해질 수 있는 방안이 무엇인지, 또한 종업원들과 회사가 동반하여 성공할 수 있는 방안을 찾아보려고 노력했다.

직원들과의 진정한 소통을 이룬 이후 패리 사장은 상부하달식의 권위형 관리체계를 개선하였고 종업원을 파트너 관계로 대하였다. 해외지사에서도 관리자급이라면 누구나 엄격하게 아침 8시에 출근해서 6시에 퇴근해야 했던 업무시간을 탄력근무시간제로 전환시켜 24시간 자유롭게 출퇴근하는 변화를 제도화하였다. 이 제도를 시행한 결과 종업원이나 회사 모두 큰 성과를 내었고, 직원들의 이직률은 4% 미만대로 떨어지고 동종업계와 비교하여 결근이 절반 정도였다. 이런 성과를 통해 솔릭스사는 Solon Award for Business Excellence in Workplace Flexibility를 6년 연속 수상하였고(2007-2013년) 뉴저지 지역의 '종업원들이 일하고 싶은 직장'으로 4년 간 선정되는 영예를 안았다. 회사는 당시 불황의 상황임에도 업무에 열의를 갖는 종업원들로 인해 지속적으로 매출이 신장되는 경영성과를 달성할 수 있었다. 종업원들은 "자신들을 회사에서 신뢰해주고 회사의 중요한 의사결정 과정에 참여시켜주는데 우리가 회사를 위해서 자발적으로 몰입하지 않겠는가?" 하고 대답하고 있다.[2]

**직원들이 스스로의 가치를 느낄 수 있도록 회사가 업무환경을 조성할 때 동기가 부여된다**는 사실을 많은 경영자들은 인식하고 있다. 8장에서는 직원의 동기부여 방안에 대해 알아보고, 리더들이 구성원들에게 동기부여를 높일 수 있는 방안에 대해 모색해보겠다. 먼저 내적 동기부여와 외적 동기부여의 차이를 알아보고 이들 보상이 어떻게 구성원들의 욕구를 충족시킬 수 있는지에 대해 살펴보도록 하겠다. 사람은 낮은 수준과 높은 수준의 욕구를 모두 갖고 있으며, 이를 동기부여시키는 방법은 각양각색이다. 따라서 8장에서는 동기부여된 일터를 만드는 방안에 초점을 두고 다양한 동기부여 이론들을 설명하려고 한다. 후반부에는 전통적인 상벌 방식을 뛰어넘는 새로운 동기부여 방법으로 임파워먼트empowerment, 구성원 열의 프로그램employee engagement program과 기타 동기부여 프로그램들을 설명할 것이다.

## 리더십과 동기부여

아침에 기상하면 학교 혹은 직장에 나가 자신에게 주어진 하루의 할일을 수행하는데 상황이 흘러가는 대로 대응하면서 많은 사람들과 접촉하며 일과를 보내게 된다. 열심히 할 일을 하기도 하고 여가를 즐기기도 하는데, 어떤 일을 하든 우리가 하는 모든 행동은 무엇인가에 의해 동기가 부여된다. 여기서 **동기부여**motivation란 어떤 특정 행동을 하는데 열정과 지속성을 유발시키는 내적 혹은 외적인 힘을 말하며, 동기부여된 사람은 직무 만족도가 높아지고 생산성이 향상된다. 따라서 리더의 주요업무 중 하나는 구성원에게 업무 동기를 부여하여 조직이 추구하는 목적을 달성시키는 데 있다.[3] 동기부여를 연구하는 학자들은 무엇이 사람으로 하여금 특정 행동을 하게 하고, 왜 특정 행동을 지속적으로 반복하게 되는지를 밝혀내려는 노력을 오랫동안 기울여왔다.

도표 8-1 ● 동기부여의 기본 모델

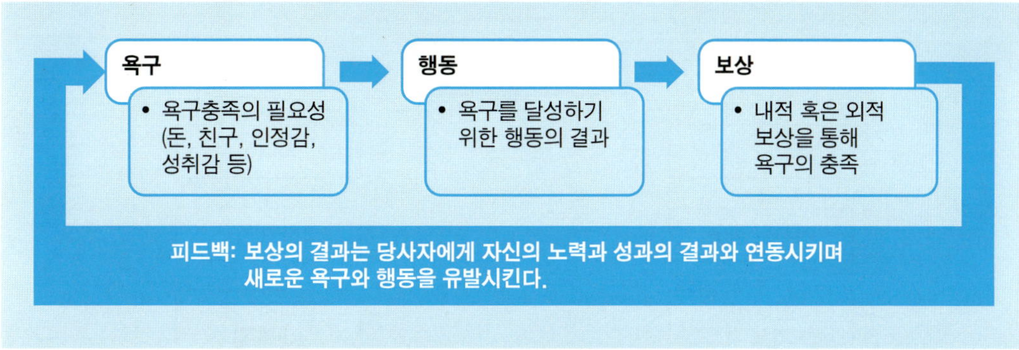




〈도표 8-1〉는 인간의 동기부여 과정을 간략하게 보여주고 있다. 사람들은 누구에게나 인정받고 싶고 다른 사람과 친하고 싶은 기본 욕구를 갖고 있으며, 이러한 것들이 내적인 긴장감으로 전환되어 욕구 충족을 위한 동기가 유발되고 행동에 옮기게 된다. 이러한 행동이 성공적일수록 욕구가 충족되어 사람들은 보상받는 느낌을 갖는다. 이러한 보상감은 사람으로 하여금 그 행동의 의미성을 지각하고 다음에도 그러한 행동을 반복하고 싶어 하도록 만든다.

특히 직장 상황에서는 성과와 연동된 동기부여의 중요성이 강조된다. 연구 결과를 보면 동기부여된 직원들은 높은 성과를 내며, 조직에 대한 애착도가 강하고, 이직률도 낮다.[4] 그래서 리더들은 동기부여 이론을 활용하여 구성원들의 기본 욕구를 충족시키려 하며 동시에 높은 업무성과를 기대한다. 또한 구성원들이 조직의 목표 달성에 동기부여되지 않는다면 잘못은 아마 리더에게 있다고 봐야 할 것이다.

## 내적 보상과 외적 보상

보상은 내적 혹은 외적, 그리고 개별적 혹은 회사 차원에서 제공될 수 있다.[5] 〈도표 8-2〉는 이들 구성 체계에 따라 구별되는 보상 유형을 보여주고 있는데 모두 네 가지로 구별된다. 내적 보상intrinsic rewards은 **특정 행동을 수행하는 과정에서 얻게 되는 내적인 만족감**을 말한다. 문제를 해결하며 개인의 임무 완수로 보람을 얻게 되고 어려운 업무를 달성하면 성취감을 느낀다. 이와 같이 내적 보상은 자신의 일을 스스로 결정하고 해결하는 자결권self-determination처럼 과업 수행 과정에서 내면적 욕구를 충족시키는 것이다.

**도표 8-2 ● 욕구와 동기부여 방식**

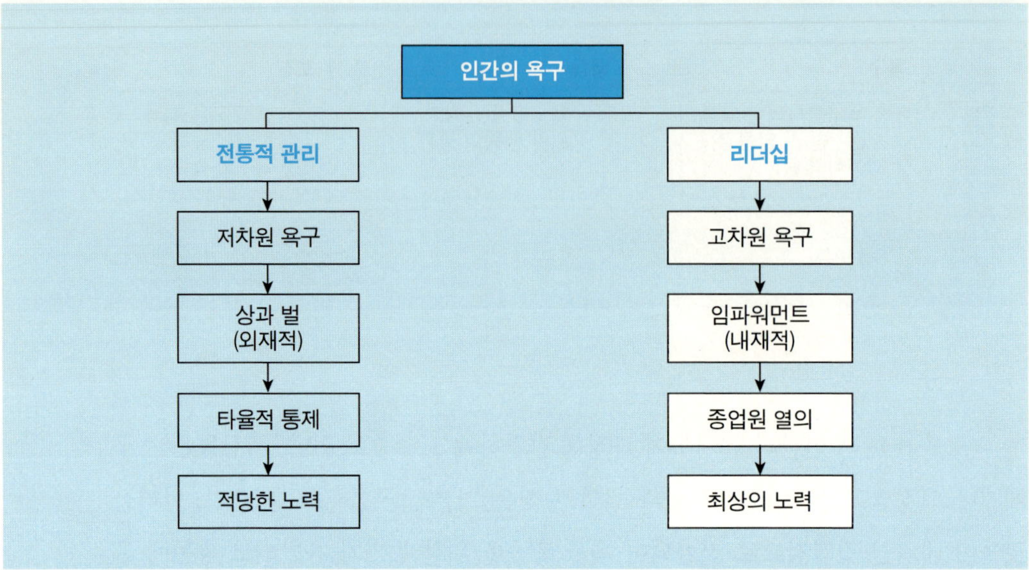


출처: Adapted from William D. Hitt, *The Leader-Manager: Guidelines for Action* (Columbus, OH: Battelle Press, 1988), p. 153.

반면 **외적 보상**extrinsic rewards은 보통 **상사나 승진, 급여인상 등과 같은 외적 요인에 의해 욕구가 충족**되는 것이다. 내적 보상과 외적 보상의 본질적 보상 의미는 같지만 그 효과나 내용은 확연하게 다르다. 내적 보상과 외적 보상의 차이를 구별하기 위해서 다음의 경우를 예로 들어보자. 자기 소유의 자동차를 깨끗이 세차하는 것과 세차장에 근무하면서 다른 사람의 자동차를 반짝거리게 닦는 것은 다른 느낌을 줄 것이다. 자기 차가 깨끗하게 세차되어 느끼게 되는 좋은 기분은 내적 동기부여의 결과이고, 돈을 받고 타인의 자동차를 세차해주는 경우는 외적 동기부여라고 할 수 있다.[6]

리더는 구성원들이 업무를 통해 사회적 욕구 혹은 사회적 미션social mission을 달성할 수 있다는 점을 내적으로 동기부여시켜 동시에 조직의 목적을 달성시킬 수 있다. 자신의 업무 수행이 사회를 풍요롭게 발전시킬 수 있다는 목표의식이 있으면 종업원은 일을 통해 의미를 얻을 수 있다. 예를 들면 모리슨 매니지먼트 스페셜리스트Morrison Management Specialists는 고령자들에게 숙식을 제공하는 헬스케어 업체인데 이곳의 리더는 종업원들에게 'Our Great Partnership'이라는 교육과정을 통해 자신들의 업무가 병든 고령자들에게 얼마나 큰 힘이 되고 삶의 질을 향상시켜주는지를 각인시켜 줌으로써 종업원들은 업무에 대한 동기부여를 강화할 수 있다.

## 긍정적 동기와 부정적 동기

사람들은 특정한 행동에 열의engage를 가지게 하는 긍정의 동기와 부정의 동기 모두를 가지고 있다. 예를 들면 어떤 사람이나 기업이 세금을 내는 이유는 그렇지 않으면 벌을 받거나 법률적 위반을 받기 때문이다. 그런가하면 어떤 사람은 긍정적인 관점에서 세금을 내는 이유가 자발적으로 지역사회에 자신의 세금이 도움이 된다고 생각하기 때문이다. 즉 긍정적인 동기에서 행위를 하거나 혹은 부정적인 면을 회피하기 위한 차원에서 행위를 수행하는 경우로 구별된다. 〈도표 8-3〉의 내용을 보면 인간의 동기는 두 가지 축을 기준으로 총 네 가지로 구별된다.[7] X축의 두 가지 차원은 즐거움과 성장이 있고 고통과 두려움으로 구별할 수 있다. 그런가하면 Y축은 동기의 원천이 내적에서 유발되는 내적 동기와 외부에서 자극되는 외적 동기로 구별하고 있다. 이와 같이 X축의 두 가지 차원과 Y축의 두 가지 차원을 조합하면 총 네 가지 유형의 동기를 나열할 수 있다. 즉 I분면과 II분면은 모두 즐거움과 성장을 유발시키는 동기적 요소에 해당하고, III분면과 IV분면은 고통과 두려움을 가져오는 부정적 동기라고 할 수 있다. 구체적으로 I분면의 동기부여 방법은 사람에게 급여인상이나 보너스 혹은 칭찬 등을 해주는 방식의 외적인 동기부여이면서 즐거움과 성장을 유발시키는 내용을 담고 있다. 예를 들면 고고봇Gogobot사는 여행 추천 웹사이트를 운영하고 있는데 이 회사의 경영자들은 종업원들이 웹에 여행 리뷰를 작성한 대가로 400달러에 해당하는 크레딧을 부여받고 호텔이나 식사권으로 활용할 수 있게 하고 있다.[8] 종업원들에게 예상치 못한 조그마한 선물들, 예를 들면 기프트 카

**도표 8-3 ● 네 가지 범주의 동기**

| | 즐거움/성장 | 고통/두려움 |
|---|---|---|
| 외적 | **I. 외적 · 긍정적 접근**<br>금여 인상, 보너스, 칭찬 등의 보상 | **III. 외적 · 부정적 접근**<br>위협과 벌 |
| 내적 | **II. 내적 · 긍정적 접근**<br>업무생활을 즐기고 성취감 높이는 데 지원 | **IV. 내적 · 부정적 접근**<br>자기의심이나 불안감의 자극 |

출처: Based on Bruce H. Jackson, "Influence Behavior: Become a Master Motivator," *Leadership Excellence* (April 2010), p. 14.

드나 물 주전자 혹은 피자 배달권 등, 의미 있는 외적인 동기부여 요인이 되고 있다. 사람들은 자신이 기대하지 않은 선물을 받았을 때 비록 그 금액이 크지 않더라도 상당한 심리적 영향을 받는다.[9] 하지만 유능한 리더들은 이러한 외적인 보상을 주된 동기부여의 수단으로 활용하지 않고 종업원들이 업무에서 의미를 가지고서 열정과 에너지를 부여할 수 있도록 한다. 〈도표 8-3〉의 II분면의 동기부여 방법은 심오한 종업원의 몰입과 에너지를 가져오는 방법이다.

훌륭한 리더라면 가능한 한 긍정적인 동기를 활용하고자 한다. 하지만 부정적인 접근법 역시 의미가 있다. 업무 현장에서 리더들은 필요한 결과를 얻기 위해 부정적 동기부여 방법도 활용한다. III분면에서 제시된 부정적이고 외적인 방법은 위협과 벌을 통해 성과를 낼 수 있다. 예를 들면 담배를 피거나 과도 체중이 나가는 사람들에게 추가 보험료를 내게 함으로써 이들의 행동을 수정하고 회사의 헬스 비용을 줄일 수 있다. 연구 결과에 따르면 인간은 잠재적인 두려움이나 손실에 더욱 강하게 반응한다고 한다. 이를 손실 회피성향loss aversion*이라고 하는데 예를 들면 몸무게를 줄이면 상을 주기보다 만약 줄이지 못하면 패널티를 가한다는 점에 더욱 민감하게 반응한다는 점이다.

* 역자주: 사람들은 동일한 값이면 얻는 기쁨보다 잃는 두려움에 더 민감하고 강하게 반응한다는 심리이론이다.

마지막으로 IV분면의 경우는 인간의 자기 의심이나 불안감을 자극시키는 방법인데, 예를 들면 불경기의 경제상황이나 높은 실업률 등을 강조하여 직원들을 열심히 근무토록 할 때 두려움은 동기부여의 방법이 될 수 있다. 하지만 보통 두려움과 같은 부정적인 방법은 인간의 성장이나 개발 그리고 장기성과에 부정적인 영향을 미치기 때문에 유능한 리더라면 이러한 두려움을 주는 전술을 선택하지 않으려고 한다.

내적 보상의 원천이 구성원의 마음이라는 사실은 분명하다. 어떤 사람에게는 내적 보상이 되는 상황이 다른 사람에게는 그렇지 않을 수도 있다. 모든 구성원들이 내적 보상의 의미를 같은 수준으로 느끼게 하는 것은 리더의 능력에 달려있다. 경우에 따라 리더는 부하 직원들에게 권한을 위임하고 업무에 관해 스스로 결정할 수 있는 기회를 제공할 수 있어야 한다. 이런 상황에서 구성원들은 자신들이 거둔 성과에 내적으로 보상감을 느끼며 목표에 창의적이고 독창적으로 몰입하게 된다. 결국 동기부여를 기반으로 하여 가능한 최상의 성과를 달성하는 것이다.

이상적으로 행동은 저차원 욕구뿐만 아니라 고차원 욕구도 충족시키는 과업 수행 행동을 자극시키고, 조직의 사명 달성에 중요한 역할을 할 수 있는 동기부여 방안을 이론적으로 제시할 수 있지만, 실제로 이렇게 되기는 쉽지 않다. 따라서 리더의 동기부여 역할은 인간의 욕구와 조직의 기본 목표를 통합시킬 수 있는 상황을 얼마나 효과적으로 만들 수 있는가에 달려있다.

## 욕구기준의 동기부여 이론

동기부여 이론은 사람에게 동기를 유발시키는 욕구에 기초하고 있다. 〈도표 8-1〉에서 살펴본 바와 같이 욕구는 인간의 내적 원동력이며, 인간은 욕구 충족과 연동된 행동을 한다. 하지만 인간의 욕구는 숨겨져 있어 쉽게 파악이 어렵고 리더들은 구성원들이 무엇을 원하는지 잘 알게 되면 이들이 공유하는 욕구에 근접한 목표를 설정하고 이에 보상을 연동시킨다.

### 욕구 단계 이론

가장 잘 알려진 욕구 이론은 아브라함 매슬로우Abraham Maslow가 개발한 **욕구 단계 이론**hierarchy of needs theory이다.[10] 매슬로우 욕구 이론은 "인간은 다양한 욕구에 의해 동기

**도표 8-4 ● 매슬로우의 욕구 단계설**

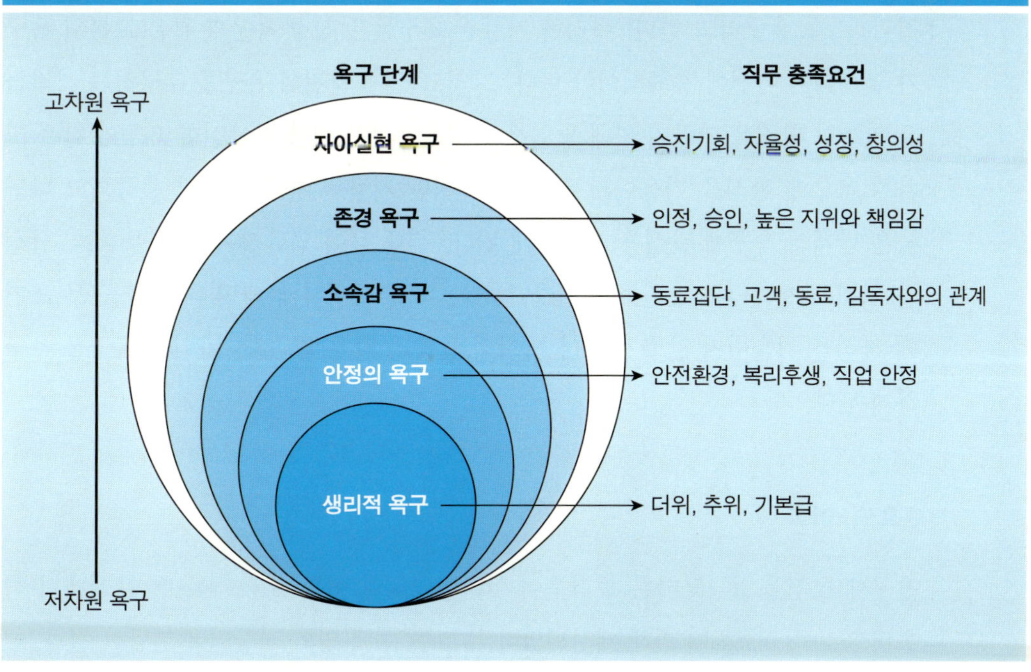

가 부여되며 이 욕구는 계층 단계를 거쳐 충족된다"고 가정한다. 〈도표 8-4〉에서처럼 이들 욕구는 **저차원의 욕구가 충족되지 않으면 고차원 욕구가 충족될 수 없는 형태**로 구성되어 있다. 매슬로우가 제시하는 다섯 가지 욕구는 다음과 같다.

- **생리적 욕구**psychological: 인간 본능으로 갈증과 배고픔 등을 해결하려는 욕구를 말하며, 조직 생활에서는 생계유지를 위한 임금 수준, 적절한 실내 온도 등을 들 수 있다.
- **안전 욕구**safety: 신체적, 정서적 환경 차원에서 안전하게 보호받으려는 욕구로, 폭력으로부터 보호나 질서정연한 사회 환경 등을 말한다. 조직 생활에서는 탄탄한 직장이나 복리후생, 고용 보장 등을 들 수 있다.
- **소속감 욕구**belongings: 집단 속에서 동료 의식을 느끼고 인정받으려는 욕구이며, 상사와 긍정적인 관계, 팀 참여, 동료들과의 좋은 관계 등을 말한다.
- **존경 욕구**esteem: 다른 사람으로부터 존중받으려는 욕구로, 조직 생활에서는 높은 지위와 책임감 증대 등을 들 수 있다.
- **자아실현 욕구**self-actualization: 인간의 가장 고차원적 욕구로서 책임 완수, 잠재력 개발, 역량 증대, 발전 욕구 등을 의미한다. 조직 생활에서는 성장 기회, 임파워먼트와 창의성 발휘, 역할 등이 호의적으로 제공될 때 이러한 욕구가 충족된다.

매슬로우의 욕구 단계설에 따르면 생리적 욕구, 안전 욕구, 소속감 욕구 등은 결핍deficiency 욕구라고 한다. 이러한 저차원 욕구들은 성장 욕구와 같은 고차원 욕구가 달성되기 이전에 충족되어야 한다. 그리고 신체 안전의 욕구를 추구하는 사람들은 안전한 환경을 만들기 위해 노력하기 때문에 존경이나 자아실현 욕구와 같은 고차원 욕구에 관심을 기울이지 않는다. 하지만 저차원 욕구가 일단 충족되고 나면 높은 단계의 욕구에 관심을 기울이게 된다. 예를 들어 임금 인상과 근무 조건 달성을 위해 투쟁하던 노조원들은 일단 원하는 바를 성취하게 되면 더 이상 근무 조건에 관심을 기울이지 않고 복지나 사회적 존중과 같은 더 높은 차원의 욕구를 추구하게 된다.

## 2요인 이론

욕구에 초점을 둔 또 다른 동기부여 이론인 2요인 이론two-factor theory은 프레데릭 허츠버그Frederick Herzberg에 의해 제시되었다.[11] 그는 수백 명의 직장인을 면담한 결과, 매

도표 8-5 ● 허츠버그의 2요인 이론

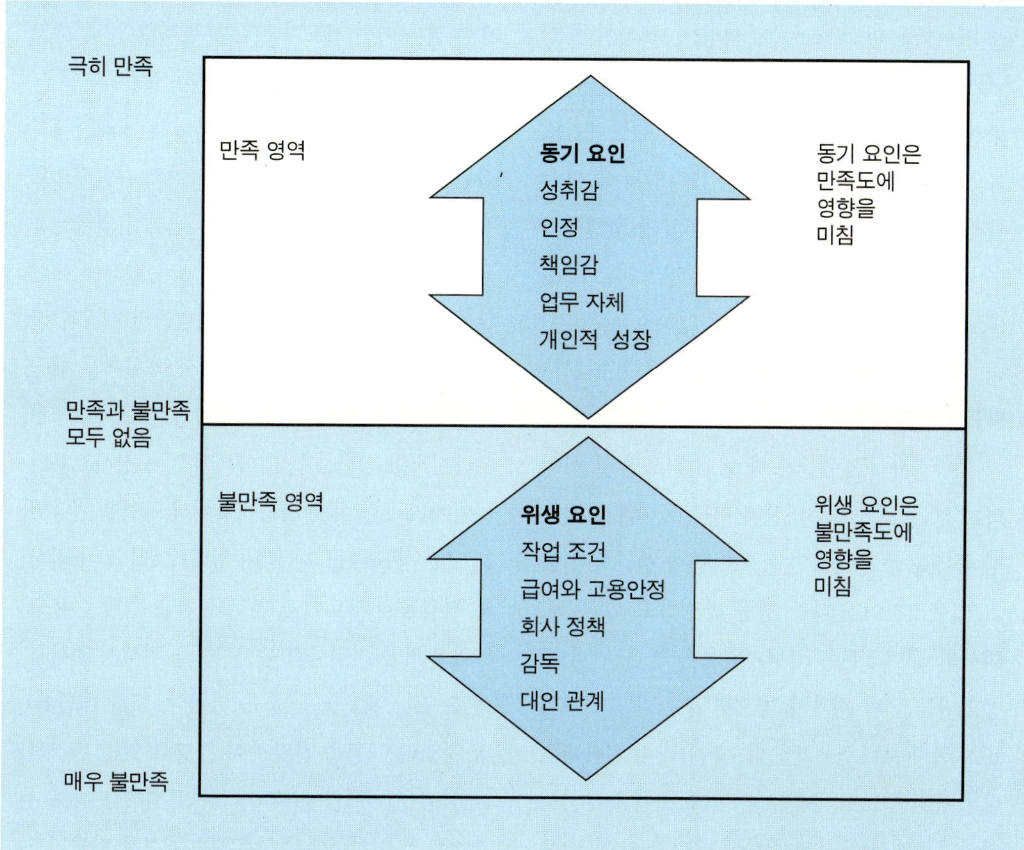




우 만족스럽던 직무환경과 매우 불만족했던 직무환경은 구별된다는 사실을 발견했다. 〈도표 8-5〉에서 한 가운데는 중립 지점이며 이 지점에 있는 구성원들은 직무에 만족하지도 불만족하지도 않은 상태이다. 하지만 허츠버그의 결론에 의하면 사람은 두 가지 확연히 다른 상황에서 근무할 때 만족 상태가 다르다고 한다. 첫 번째 상황은 **위생 요인**hygiene factor에 의한 상황으로 작업 조건, 급여, 회사 정책, 대인관계와 같은 작업환경에 의해 직무 불만족 여부를 결정한다. 즉 위생 요인이 충족되지 않으면 불만족하게 되고, 충족되면 불만족이 생기지 않는다. 하지만 여기서 중요한 점은 직무 불만족이 생기지 않는다는 것이 직무에 만족한다는 의미가 아니라는 점이다. 위생 요인들은 단지 직무 불만족과 관련된다. 이와 같은 위생 요인은 매슬로우 욕구 이론 가운데 저차원 욕구와 관련 있다.

반대로 **동기 요인**motivator factor을 들 수 있는데, 이러한 요인은 직무 만족과 관련된다. 이들 요인은 성취감, 인정, 책임감, 성장 기회 등과 같은 고차원 욕구를 말하며

**IN THE LEAD Paul Michaels, Mars Incorporated**

폴 마이클은 마스(Mars: 이 회사는 M&M이나 스니커와 같은 초콜렛이나 캔디 생산)의 사장으로서 위생요인과 동기요인 모두를 향상시키도록 노력했다. 마스는 미국에서 캔디업체 중 미국에서 세 번째로 큰 회사임에도 회사의 경영방식이 대중에게 많이 알려지지 않았지만 최근 포춘(Fortune) 잡지에서 '종업원들이 일하고 싶은 100대 직장'의 서열에 들어가면서 2013년 최초로 사람들에게 알려졌다.

이 회사의 직원들은 한 번 취직하면 잘 이직하지 않는 것으로 유명한데 이는 급여나 복지후생 등과 같은 위생요인 등으로 인한 불만족이 없고 업무조건이 좋다는 점을 반영하고 있다. 이 회사의 급여조건은 경쟁기업보다 좋은 편이며, 종업원들은 팀 성과가 높으면 봉급의 10%에서 100%까지 보너스를 받는다. 회사 내의 자판기는 하루 종일 무료로 사용할 수 있고, 애완용 부서는 자신의 애완용 동물을 회사에 데리고 와도 된다. 뿐만 아니라 출퇴근 시간은 전산으로 자동 입력되며 이 결과는 회사 급여에 반영된다. 하지만 중요한 점은 이런 제도가 직급에 관계없이, 즉 최고경영자도 동일하게 적용된다는 사실이다.

근무환경이 좋은 것뿐만 아니라 이 회사에서 직원들은 새로운 업무를 적극적이고 자발적으로 시행할 수 있고 회사는 이러한 진취적 적극성을 장려한다. 종업원들은 부문 내에서 승진에 대한 많은 기회를 얻을 수 있고 종업원들의 성장과 발전을 위해 적극적인 제도를 회사 차원에서 제공하고 있다. 이 회사에 새로 경비업무로 취직한 짐 프라이스(Jim Price)는 얼마되지 않아 상사로부터 지역에 소재한 야간 전문대학에서 학업을 권장했고 모든 등록금을 지급해주었다. 그리고 이 회사의 직원들은 서로에게 멘토와 같은 역할을 하고 있었고 가끔 지역사회 봉사활동을 위해서 회사를 쉴 수 있는 제도를 누릴 수 있었다. 또한 매년 80명 정도의 직원을 선발하여 경쟁력 있는 환경하의 역량을 높이기 위해 6주 동안 회사와 파트너 관계에 있는 회사에서 근무하는 제도를 만들기도 하였다.[12]

이러한 요인이 많으면 직무 만족이 유발되지만 적다고 해서 직무 불만족이 발생하는 것은 아니다. 피자 익스프레스Pizza Express의 관리자는 2요인 이론을 적용하여 직원들의 높은 욕구를 강화시키고 낮은 욕구를 줄일 수 있었다. [IN THE LEAD] 사례에서 볼 수 있듯이 직원들이 행복하고 동기가 부여되면 적극적으로 노력하게 되고 결국 성공하는 기업을 만들 수 있다.

2요인 이론이 리더들에게 주는 시사점은 간단하다. 사람들은 여러 가지 욕구를 갖고 있는데, 불만족을 유발시키는 위생 요인을 제거하고 만족을 가져오는 동기 요인을 지속적으로 강화시키는 것이 리더의 역할이라는 점이다.

## 후천적 욕구 이론

데이비드 맥클레랜드David McClelland가 제시한 **후천적 욕구 이론**acquired need theory에 의하면 사람들은 일생에 걸쳐 특정 유형의 욕구를 습득한다고 한다. 즉 사람들은 특정 욕구를 갖고 태어난 것이 아니고 일생 경험을 통해 학습한다는 것이다.[13] 예를 들어, 방과 후 어린 학생들의 위험 방지 프로그램을 제공하는 비영리조직인 맨체스터 비드웰Manchester Bidwell 창업자 빌 스트릭랜드Bill Strickland는 항상 자신의 꿈을 스스로 추구하도록 용기를 북돋아왔다. 이는 성취 욕구need for achievement를 발전시켜 놀랄만한 일생의 꿈을 성취하게 된 사례인데,[14] 보통 후천적으로 습득할 수 있는 욕구는 성취, 친교, 권력의 세 가지 욕구로 나타난다.

- **성취 욕구**need for achievement: 복잡한 과업을 완수하여 고난도의 성공을 이루어 다른 사람들보다 우월하고 싶은 욕구
- **친교 욕구**need for affiliation: 다른 사람들과 밀접한 관계를 맺고 갈등을 피하면서 훈훈한 우정을 돈독히 하려는 욕구
- **권력 욕구**need for power: 다른 사람을 책임지며 통솔하고 영향력을 미치고 남보다 높은 권력을 갖고 싶은 욕구

맥클레랜드는 인간의 욕구를 인력관리에 어떻게 적용할 수 있는지를 20년 이상 연구해 왔다. 연구 결과에 의하면, 성취 욕구가 높은 사람들은 창업이나 혁신적인 일을 많이 하고, 친교 욕구가 강한 사람들은 직장에서 부서 간 갈등을 조정하거나 협력 관계를 만드는 통합 조정자 역할을 많이 하는 것으로 나타났다.[15] 통합 조정자란 프로젝트 관리자 등을 말하며 이 직위는 탁월한 인간관계 능력을 갖추고 있어야 한다. 마지막으로 권력 욕구는 고위층에 오르는 사람들의 특징이라고 볼 수 있다. 맥클레랜드는 16년 간 AT&T 관리자들을 대상으로 조사한 결과 권력 욕구가 강한 관리자들이 일반적으로 승진하고 있음을 발견하였다.

요약하면, 욕구에 초점을 둔 이론들은 인간의 행동방식에 동기를 부여하는 내면적 욕구에 중점을 두고 있으며, 욕구 단계 이론, 2요인 이론, 후천적 욕구 이론은 인간을 동기부여하는 특정한 욕구를 밝히고 있다. 지금까지 학습한 이러한 이론들을 활용하여 리더는 구성원들의 욕구를 충족시켜, 적절하고 성공적인 업무 행동을 이끌어낼 수 있어야 한다.

## 기타 동기부여 이론

이외에도 동기부여 이론으로 중요하게 고려되는 세 가지 이론이 있는데 강화이론, 기대이론, 공정성이론이다. 이들 이론들은 주로 외적인 보상이나 벌 등에 중점을 두고 있다. 그리고 외적 보상이나 벌에만 의존하는 경우를 당근(상)과 채칙(벌) 접근법이라 하는데,[16] 상은 급여 인상이나 승진 등을 말하며, 벌은 강등이나 급여 동결 등을 말한다. 원하는 결과를 가져오는 행동은 급여인상과 같이 당근이 부여되고, 반면에 비생산적인 행동이 유발되는 경우 급여 동결이나 좌천 등의 채칙을 가하는 방식을 말한다. 이와 같은 당근과 채칙의 접근법은 저차원의 욕구에 중점을 두는 경우가 많다.

### 강화이론

**강화이론**reinforcement theory은 적절한 보상과 벌을 가하여 직원들의 업무 행동을 변화 혹은 개선하는 내용의 동기부여 이론이다. 행동이 있으면 결과가 있는 것으로, 적절한 보상이나 벌을 통하여 인간의 행동을 수정하려는 동기부여 이론을 말한다.

**행동 수정**behavior modification은 강화이론의 핵심이며 행동수정의 근간은 **효과의 법칙**effect of law이다.[17] 효과의 법칙은 인간에게 긍정적으로 강화되는 행동은 계속하려할 것이고, 강화되지 않은 행동은 반복되지 않는다는 점에 주안점을 둔다. 특정한 행동에 적용되는 결과는 다시 후속 행동에 영향을 미치게 되는데, 이 과정을 **강화**reinforcement라 하며 강화에는 네 가지 방식이 있는데, 이와 같은 내용은 〈도표 8-6〉에 도식화되어 있다.

**긍정적 강화** **긍정적 강화**positive reinforcement**는 즐겁고 보상이 주어지면 그 일을 반복하게 되는 것**을 말하는데, 예를 들어 열심히 일한 직원에게 포상하거나 승진시키면 긍정적으로 강화되어 더욱 열심히 일하게 된다. 연구 결과 긍정적 강화는 성과를 높이는 것으로 나타났으며, 또한 금전적 포상과 마찬가지로 비금전적 포상도 강화 효과가 있는데 경우에 따라서 비금전적 포상이 더욱 효과를 발휘하는 경우도 있다. 넬슨 모티베이션Nelson Motivation Inc.사는 직원 750명을 대상으로 설문 조사한 결과, 가장 의미 있고 가치 있는 보상으로 칭찬과 관리자의 후원 및 관여involvement 등을 들었고 현금이나 기타 금전적 보상은 동기부여에서 낮은 순위를 차지한다는 것을 알아냈다.[18]

**도표 8-6 ● 강화를 통한 행동의 형성 과정**

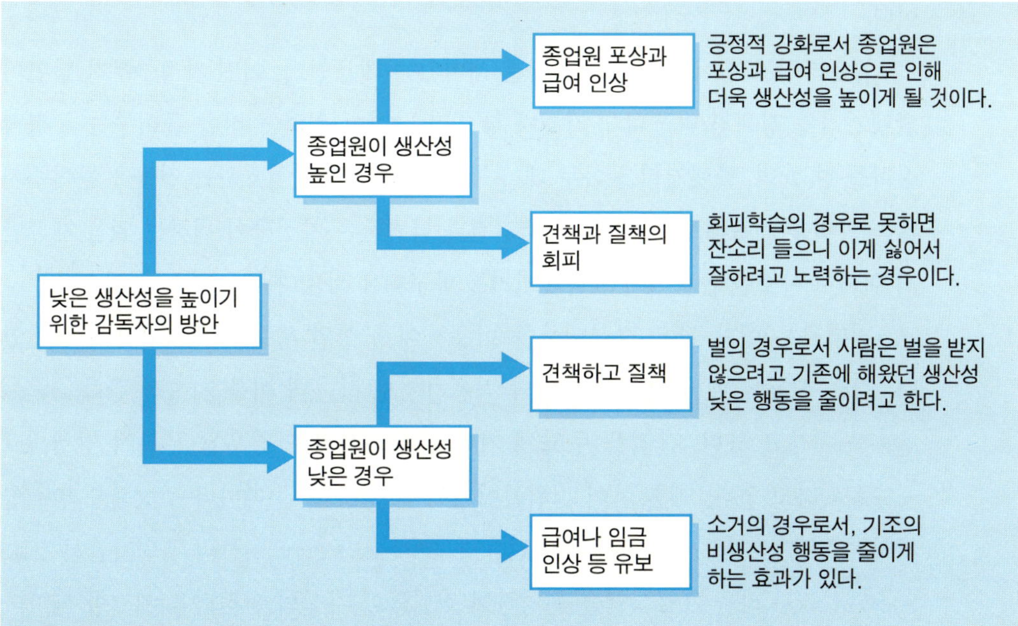


출력: Based on Richard L. Daft and Richard M. Steers, *Organizations: A Micro/Macro Approach* (Glenview, IL: Scott, Foresman, 1986) p. 109.

**부정적 강화** 부정적 강화negative reinforcement는 회피 학습avoidance learning이라고도 하는데, **부정의 결과를 가져오는 행동을 회피**함으로써 **긍정적인 행동을 강화**시키는 경우를 말한다. 예를 들어 업무 시간에 빈둥거리는 직원에게 관리자가 듣기 싫은 소리를 하고 빈둥거리는 것을 멈추면 잔소리를 하지 않는 것이다.

**벌** 벌punishment은 직원에게 **부정적인 결과를 적용하여 바람직하지 못한 행동을 약화시키는 경우**를 말한다. 빈둥거리는 직원에게 지저분하고 더러운 청소 업무를 시킨다면 이 직원은 벌을 받는 것이다. 이 때 관리자는 직원에게 벌을 줌으로써 나태한 태도를 없애기 원하며, 벌을 피하기 위한 차원에서 업무에 대한 동기가 부여되도록 유도하는 것이다.

**소거** 소거extinction는 **리더의 관심, 칭찬, 급여 인상 등 긍정적 결과를 보류하는 경우**를 말한다. 즉 바람직하지 못한 행동에 대해 벌을 가하기보다는 지금까지 제공되던 긍정적 결과를 제거하거나 보류함으로써 바람직하지 못한 행동을 줄이게 하는 방법이다.

뉴욕타임즈의 어느 사설에서 다룬 재미있는 내용인데, 어떤 가정주부가 남편이 빨랫거리를 정해진 바구니에 가져다 놓으면 남편이 원하는 바를 들어주는 긍정적 강화를 한 반면, 빨랫거리를 아무 데나 두고 가면 남편이 선호하는 것들을 들어주지 않는 방법을 계속해보았다고 한다. 그 결과 남편들은 자신들이 원하는 일을 제공받기 위해서 사소한 습관이지만 빨랫거리를 바구니에 가져다 놓는 행동을 하였다.[19]

리더들은 이와 같은 강화이론을 이용하여 구성원 행동에 영향을 미칠 수 있다. 강화 행동은 매번 발생할 때마다 적용하기도 하는데 이를 지속적 강화continuous reinforcement라고 하며, 간격을 두고 주기별로 강화시키는 경우를 부분적 강화partial reinforcement라고 한다. 예를 들어 직원들이 우수한 성과를 낼 때마다 포상해주거나 칭찬하는 경우는 지속적 강화에 해당된다. LDF LDF Sales & Distribution사의 경영자들은 "The Snowfly Slots"라는 프로그램을 운영하여 직원들이 자신의 선적량을 체크할 때마다 토큰을 제공해주었다. 회사는 이 프로그램을 운영한 이후 재고가 50% 정도 줄어들었으며 매년 31,000달러를 절약할 수 있었다.[20]

그런가하면 포상이나 강화 등이 매번 주어지지 않고 주기적으로 강화가 이루어지는 경우에도 동기부여 효과는 있다. 물론 경우에 따라 주기적 강화 혹은 부분적 강화가 지속적 강화보다 더 효과적이라는 연구 결과도 있다.[21]

## 기대이론

**기대이론**expectancy theory은 사람들이 업무 달성 능력에 대한 기대치나 업무 달성에 따른 보상에 대한 기대치 등 인간이 가지는 기대치의 충족에 따라 동기부여된다는 점을 강조한다. 이 이론은 빅터 브룸Victor Vroom의 논리에 기초하여 이루어졌는데,[22] 욕구 유형을 설명하기보다는 욕구가 충족되는 과정을 설명한다고 해서 동기부여의 과정 이론으로 분류된다.

기대이론은 노력, 높은 성과 가능성, 성과 달성 후 보상결과에 근거한다. 〈도표 8-7〉은 이러한 세 가지 요소의 관계를 나타내고 있다. 첫째, **노력(E)**effort**하면 좋은 성과(P)**performance**를 낼 것이라는 기대감(E > P)**이다. 즉 내가 시험공부를 열심히 하면 시험을 잘 볼 것이라는 기대감을 말한다. 기대감이 높기 위해서는 경험이 많고 능력이 뛰어나야 하며 필수적인 정보, 기회 등을 갖고 있어야 한다. 둘째, **높은 성과(P)를 내**

**게 되면 좋은 결과(O)outcome, 즉 좋은 평가와 보상이 따를 것이라는 기대감(P > O)**이다. 셋째로 **유의성**valance을 들 수 있는데 성과에 따른 평가와 보상의 가치가 의미 있어야 동기가 부여된다는 점이다. 예를 들어 좋은 평가와 승진을 기대하며 열심히 노력했는데 보너스가 빈약하다면 그 가치를 인식하기 어렵다. 궁극적으로 기대이론을 구성하는 세 가지 요소가 모두 높아야만 동기가 부여되는 것이다.[23]

3장에서 학습한 경로-목표 리더십 이론과 같이 기대이론은 구성원의 욕구와 목표를 기초로 한 것이다. 기대이론 관점에서 리더의 주요 책임은 조직 목표를 달성하면서 구성원들의 욕구를 충족시킬 수 있도록 후원하는 일이다. 하지만 모든 사람이 필요로 하고 기대하는 바가 동일하지 않기 때문에 구성원 각자의 독특한 동기유발 프로필을 이해하고 조직의 목표를 달성하면서 구성원들의 이들 개별 욕구가 충족될 수 있도록 지원해야 한다. 페어몬트 호텔&리조트Fairmont Hotels & Resorts는 직원 인정 프로그램employee recognition program을 운영하여 수상자가 자신의 업무 내용을 리더와 같이 설계하도록 하였다. 자신의 업무 내용을 설계할 수 있다는 점은 자신에게 가장 가치 있는 보상을 기대할 수 있어 높은 동기부여 요소가 될 수 있다. 즉, 리더들은 부하들의 기대치를 높여 높은 성과를 낼 수 있도록 후원하고 보상에 합당한 결과를 달성할 수 있도록 해야 한다.

**도표 8-7 ● 기대이론의 구성 요소**

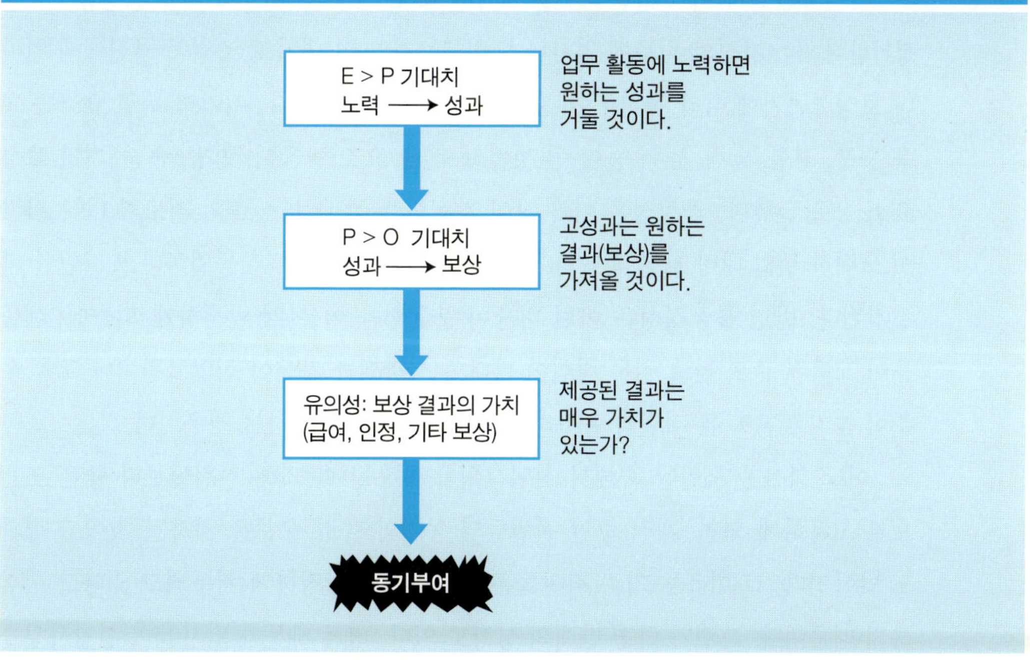

기대이론에 따르면 구성원 개개인의 욕구를 명확히 하거나, 원하는 결과를 제공하는 등 구성원들의 기대치를 높임으로써 부여되는 동기를 강화할 수 있다. 예를 들면, 일리노이주 록퍼드 소재 퇴직자 공동체인 웨슬리 윌로우Wesley Willows는 기대이론을 응용하여 직원 전체를 대상으로 특이한 복지 프로그램을 운영한 것이다. 이 프로그램에 참여한 사람들은 살 빼는 목표를 정하고 행동 지침을 결정하는데, 그만큼 노력을 기울이면 달성될 수 있다는 확신을 가질 정도의 적정한 목표를 정한다. 그리고 이 목표가 달성되면 현금이나 인정, 느낌 등 보상이 지급되는데, 비만으로 스트레스를 받던 사람이 이 프로그램을 통해 살이 빠졌다는 느낌을 갖게 되었을 때의 가치는 말로 표현할 수 없을 정도이다. 결국 기대이론에서 제시하고 있는 것처럼 세 가지 구성 요소가 모두 활성화되면 동기부여는 극대화된다.

## 공정성이론

직원들은 자신이 받는 보상과 기대치뿐만 아니라 다른 동료들과 비교하여 얼마나 공정하게 대우를 받았는지에 따라 동기가 부여되기도 한다.[24] **공정성이론**equity theory은 **자신이 노력하여 얻은 성과 대비 보상 정도에 의해 동기가 부여되는 점**을 전제하고 있다. 이 이론에 따르면, 내가 노력하여 얻은 대가가 다른 동료와 비교하여 유사하게 대우받을 때 동기부여된다는 것이다.

사람들은 자신이 **투입한 노력을 산출된 대가, 즉 보상 비율에 의해 공정성 여부를 평가**한다. 즉, 자신의 직무에 얼마나 노력했는가와 그 대가로 조직이 자신에게 얼마나 보상했는가에 따라 동기부여 정도가 결정된다는 것이다. 여기서 투입 요소는 교육 수준, 경험, 노력, 능력 등이 될 것이고, 산출 요소는 급여, 인정, 승진, 기타 보상 요소 등을 말한다. 공정성은 이와 같이 자신의 투입 대비 산출의 정도와 다른 사람이 노력한 투입 대비 보상 정도의 비율을 비교하여 유사 혹은 동일하다고 판단할 때 결정된다. 반면 불공정성은 이런 비율이 불균형을 이룰 때 발생하게 되는데, 예를 들어 교육 수준도 높고 직무 경험이 많다고 생각되는 자신이 신입사원이나 교육 수준이 높지 않은 다른 직원과 유사하게 보상받는다고 생각하는 경우이다.

어느 회사가 구인난 속에서 신입사원을 채용할 때 기존 직원들보다 좋은 조건으로 고용하게 되면, 재직 중인 직원들의 동기와 몰입 수준은 저하될 것이고 성과도 낮아진다. 그 이유는 기존 직원들은 자신들이 불공정하게 처우되고 있다고 생각하기 때문이다. 그런가 하면 반대의 상황도 있다. 미국 자동차 회사들이 신입사원을 채용할 때 기존 직원들보다 낮은 조건으로 근로 계약을 체결하곤 하는데 이로 인해 신입사원들의 불만이 높아진다.[25]

지금까지 공정성이론에 대해 간략하게 설명했는데, 이 이론은 핵심 이슈가 명확하지 않다는 이유로 자주 비판받는다. 중요한 점은 많은 사람들에게 동기부여는 절대적인 보상가치뿐만 아니라 상대적 가치에 의해서도 영향을 받는다는 사실이다. 이 이론을 통해, 구성원들이 지각하는 불공정성이 동기부여와 성과에 미치는 영향이 작지 않다는 점을 경영자들은 인식해야 할 것이다.

## 고차원 욕구 충족과 임파워먼트 프로그램

최근 많은 리더들은 더 이상 상과 벌 논리로 직원을 관리하기보다는 권한, 정보, 권위 등을 부여하여 스스로 업무에 내적인 만족을 가져올 수 있도록 하고 있다. 이를 **임파워먼트**empowerment라고 표현하는데 직원들과 권한과 권위를 공유, 위임하고 이를 통해 구성원 스스로 유능감과 자기결정감 등이 강화되는 상태를 말한다.[26]

임파워먼트는 직원들의 고차원 욕구를 자극하여 동기부여한다. 직원들은 누구나 입사할 때 회사에서 자신의 최상 노력을 통해 최고를 추구하고자 한다. 그리고 리더의 임파워먼트 정도는 구성원들로 하여금 자기효능감self-efficacy을 높이고, 스스로 높은 성과를 달성해낼 것으로 생각하게 한다.[27] 이러한 태도는 구성원들로 하여금 최상의 노력을 기하게 하는데, 임파워먼트에 의한 동기부여의 힘이라고 할 수 있다.

또한 리더들에게 구성원 참여는 기대 이상의 효과가 있고 이로 인해 얻는 이득이 크다. 조직이 추구하는 비전에 대해 높은 열망을 갖게 하고, 원대한 청사진을 그리게 하며, 구성원 스스로 최선을 다하기 때문에 리더들이 더 이상 업무 성과에 대한 스트레스 압력을 받지 않아도 된다.[28] 일선 관리자front line manager는 임파워먼트된 상태에서 자발적으로 업무 성과를 높이고, 고객들에게 최선을 다하며 생산과정의 문제점 등을 해결해낸다. 또한 임파워먼트된 구성원들에게 리더는 수행 직무에 대한 중요성을 수월하게 이해시킬 수 있고 자유로운 상태에서 방향을 제시할 수 있다.[29] 예를 들어 미국 남부지방을 강타한 허리케인 카트리나Hurricane Katrina로 인해 미시시피 전기회사의 모든 동력이 거덜났음에도 직원들은 자발적인 역량으로 단시간에 이를 복구하여 19만 5천 명에 달하는 수요자들에게 혜택을 줄 수 있었다. 12일의 짧은 기간 동안에 원상복구가 가능했던 것은 리더나 상부의 노력보다는 직원들의 자발적인 문제 해결 노력과 태도 때문이었다. 임파워먼트된 구성원들의 자율성이 융통성과 동기부여를 가능하게 하여 조직을 위한 탁월한 성과 능력을 발휘하게 했던 것이다.[30]

리츠 칼텐 호텔의 종업원들은 고객만족을 높이기 위해서는 자율적으로 1,000달러 정도를 사용할 수 있는 권한이 있다. 과거 캘리포니아의 라구나 니구엘에 있는 리츠칼텐 호텔The Ritz-Carlton, Laguna Niguel에서 있었던 일인데, 주변에서 발생한 총기사건으로 인해 주민들이 이 호텔로 피신해 있었다. 그런데 이들 피신 고객들 가운데 애완 동물(물론 호텔이 당시에만 예외적으로 애완동물을 허용하였음)에게 먹일 사료 음식 등을 준비해오지 못한 점을 인식한 종업원은 임파워먼트 권한을 이용하여 주변의 편의점에 가서 애완동물 사료를 구입해서 필요한 고객들에게 제공해주었다. 한마디로 이 종업원의 자율적 행동은 조그마한 배려에 불과하였지만 그 배려를 받은 개주인이나 주변인들은 그 종업원에서 더 나아가 그 호텔에 대한 강한 이미지를 느낄 수 있었다.

고차원의 동기부여에 대해 [리더십 서재]의 내용을 참고할 필요가 있다. 다니엘 핑크Damiel H. Pink는 2011년도에 「Drive」라고 하는 책을 통해 창조적인 사람들을 움직이는 자발적 동기부여의 힘에 대해 설명하고 있다. 그런데 이 책에서 임파워먼트는 인간을 숙련달성의 욕구, 완결성의 의식, 목적추구의 필요성 등을 자극하고 동기부여의 중요한 기능을 한다고 강조하고 있다.

## 임파워먼트의 심리적 모델

효과적인 임파워먼트에 선행되어야 할 다섯 가지 요소는 다음과 같다.[31]

1. **회사 성과 및 실적에 대한 정보를 알아야 한다.** 임파워먼트의 효과를 높이기 위해서는 조직이 어떤 상태이며 어떤 상황에 있는지를 구성원들이 명확하게 알고 있어야 한다. 사무용품 제조회사인 KI 직원들은 모두가 사업주와 같은 생각을 하고 있었는데 회사의 본질적 목적이 무엇이며, 어떤 사업부에 문제가 있으며 이를 어떻게 해결해야 하며, 또한 실적을 높이기 위해 각자가 무엇을 해야 하는지에 대한 모든 상황을 정확히 꿰뚫고 있다.[32]
2. **조직목적 달성에 필요한 지식과 업무기술을 제공할 수 있어야 한다.** 회사는 직원들에게 조직성과를 높일 수 있는 충분한 지식과 업무기술을 제공해야 하는데, 이

## Drive : The Surprising Truth about What Motivates Us



*by Daniel H. Pink*

이 책은 '역량있고 창조성 있는 유능한 인력들에게 어떻게 보상해주어야 할까?'에 대한 의문점을 해결해주고 있다. 지금도 많은 우수인재들에게 금전적 보상이 최상이라는 생각들을 많이 하고 실제로 실행되고 있다. 이 책의 저자 다니엘 핑크는 유명한 미래학자로서 이 책을 통해 금전적 보상만이 절대적인 방법은 아니라는 주장을 하고 있다.

### Type I와 Type X

이 책은 인간을 두 가지 유형으로 구별하고 있다. Type X는 외적으로 동기부여 되고 외적인 보상을 강조하는 유형이다. 따라서 이들에게는 권한과 금전, 유명세, 직위 등이 중요하다. 반면에 내적으로 동기부여 되는 Type I는 의미있는 일을 수행했을 때 느끼는 성취감이나 능력을 최대로 발휘할 때의 의미성 등을 더욱 강조하는 유형이다. 저자는 조직이 지나치게 Type X형의 보상에 급급하여 이러한 유형이 보편화되고 있다고 주장하고 있다. 물론 이 책에서도 기계적이고 단순반복적인 업무에 대해서는 금전적 보상에 기초를 두는 접근법이 유효하다고 인정하지만 창조성을 요구하는 업무 환경에서 이러한 접근은 바람직하지 못하다고 직시하고 있다. 따라서 현대의 리더들은 새로운 보상의 접근법이 필요할 것이다.

이 책의 저자는 지나친 외적 보상은 내적 보상을 상쇄시킨다고 한다. 따라서 리더는 다음의 세 가지 상황을 창출시켜 내적 보상을 극대화시킬 수 있어야 한다고 주장한다.

- **숙련(mastery):** 본능적으로 인간은 성장하고 발전하고 싶은 욕구가 있다. 이러한 욕구 충족과 관련하여 숙련은 개인의 성취감을 높이기 때문에 리더는 종업원들의 성취욕구를 자극시키고 높은 성과를 이루어내고자 할 때 숙련의 역할을 중요하게 적용해야 한다. 결국 인간에게 동기부여를 일으키기 위해서는 전문성을 추구하는 숙련의 의미를 강화해야 한다.
- **자율성(autonomy):** 자신의 운명을 지배하고, 업무를 스스로 조절할 수 있다면 이는 매우 자율성이 확보된 상태라고 말할 수 있고 또한 이러한 지각된 통제의식은 행복과 웰빙을 이루는데 중요한 요소가 된다. 리더는 목표 설정과 목표 달성 방법을 알려주고 구성원이 필요로 하는 자원을 공급하고 종업원들에게 목표 달성의 재량권을 부여해주어야 한다. 예를 들면 자포스(Zappos)사는 콜센터 종업원들이 대본 없이 업무를 진행토록 하고 고객과의 전화 내용에 대해 모니터하지 않고 스스로 고객으로부터의 불만을 처리할 수 있는 재량권을 부여한다.
- **목표(purpose):** 동기부여되기 위해서는 목표 고양에 초점을 두고 업무를 수행해야 할 것이다. 즉 구성원들은 자신의 일에 대한 목표가 명확해야 하며 일의 가치를 올바르게 아는 것이 매우 중요하다.

최종적으로 저자는 이 책을 통해 자발적인 동기부여를 위해서 숙련, 자율성, 그리고 목표의식이 투철해야 하며 업무 설계 과정이나 포상 제도를 수립하는 단계에서 이 세 가지 요소들이 잘 조화를 이룰 수 있도록 해야 할 것을 강조하고 있다.

출처: *Drive*, by Daniel H. Pink, is published by Riverhead Books/Penguin Group.

러한 지식과 기술은 구성원들의 업무성취에서 자신감을 높인다. 애완용품 공급업체인 DMC의 직원들은 팀을 이루어 각 부서의 문제점을 스스로 판단하고 해결 능력을 배양하도록 한다. 책임과 권한도 부여되고 언제 어떻게 상황을 진단하고 해결해야 할지 스스로 파악하고 결정하며, 특정 상황에 관련된 사례 연구 훈련 등을 통해 현실적 문제를 해결할 수 있게 한다.[33]

3. **실질적 결정을 내릴 수 있는 권한을 부여해야 한다.** 최근 많은 조직들은 자율관리팀self-directed team이나 품질관리(QC)quality circle 분임 활동을 통해 부서 문제에 대해 부서원들이 스스로 의사결정을 하도록 유도하고 있다. 애리조나주 샌마누엘Arizona San Manuel에 있는 BHP 쿠퍼 메탈스BHP Copper Metals사의 직원들은 생산 과정에서 문제 상황이 발생하면 자율적으로 해결하고 결정하는 권한을 갖고 있다. 또한 자신의 업무량을 자발적으로 조절하여 근무시간과 휴식시간을 자율적으로 결정할 수 있다.[34]
4. **업무의 의미와 영향력을 이해하고 있어야 한다.** 임파워먼트된 구성원들은 자신의 업무가 조직의 비전과 목적에 어떻게 연동되는지를 알고, 수행 업무의 중요성과 의미성을 파악하며 자신의 업무가 어떻게 조직에 영향을 미치는지에 대해 충분히 이해하고 있어야 한다. 즉 자신이 수행하는 업무가 중요하고 조직에 미치는 영향력이 높다고 생각하면 자기효능감이 높아지고 자발적인 동기부여의 유발 원인이 된다.
5. **회사 성과 및 실적에 따라 보상이 이루어져야 한다.** 수많은 연구를 통해 임파워먼트는 공정한 보상과 구성원 인정 시스템이 제공될 때 그 기분을 인식할 수 있다. 또한 구성원들의 목표 성취도를 지속적으로 파악하고 이에 따라 적절한 보상을 지급할 때 동기부여는 극대화된다. 그래서 리더들은 임파워먼트와 팀워크를 후원하는 보상 시스템을 체계적으로 설계해야 하는데 대표적인 성과 연동 보상체계는 이익배분제profit sharing와 종업원 지주제(ESOP)employee stock ownership plan를 들 수 있다. 아이오와주 세더 라피드Ceder Rapids의 전자부품 유통업체인 밴미터Van Meter사는 ESOP 제도를 통해 회사의 성과 지분을 전 직원에게 나누어주었다. 또한 아플락 보험회사Insurer Aflac는 콜센터 직원부터 최고경영자에 이르기까지 전 직원에게 이익배분제를 적용하고 있다.[35] 이러한 보상 프로그램들의 특징은 개인성과가 아닌 집단성과에 기준하여 적용하고 있다는 점이다.

## 임파워먼트형 직무설계

리더들은 종업원들이 업무를 수행하는 과정에서 임파워먼트 의식을 느끼고 동기부여될 수 있도록 직무를 재설계할 필요가 있다. **직무설계**job design이란 목표를 달성하고 고차원의 욕구 충족을 자극시켜 동기부여를 향상시킬 수 있도록 직무를 재구조화 혹은 재조정하는 것을 의미하며 보통 조직구조 개편이란 표현으로 나타난다. 그런데 동기부여를 높이기 위한 직무설계는 **직무특성화 이론**job characteristic model을 적용할 수 있다. 직무특성화 이론의 주장에 의하면 종업원들로 하여금 높은 동기부여와 성과를 향상시키는 긍정적인 심리적 반응을 창출하는 다섯 가지 핵심적 직무의 특성이 있다고 한다. 이를 핵심직무차원core job dimensions으로 구별할 수 있는데 이러한 직무특성은 중요한 심리상태critical psychological states를 유발시켜 고성과 창출과 개인에게 긍정적 효과를 유발시킨다고 한다. 이러한 직무특성화 이론과 모델은 〈도표 8-8〉에 나열되어 있다.

리더들은 다음 다섯 가지의 핵심직무특성을 변화시켜 직무의 동기부여 및 임파워먼트의 잠재력을 높일 수 있어야 한다.

1. **기술다양성을 증대시킨다**increase skill variety. 다양한 업무활동을 요구하는 직무는 다양성 있는 업무스킬을 향상시키고 결국 이러한 업무를 수행하는 업무수행자는 업무를 통한 동기부여가 이루어질 수 있다.
2. **업무를 처음부터 마지막까지 책임지고 마무리 할 수 있도록 하여 과업정체성을 확보해야 한다**Structure jobs so that an employee can perform a complete task from beginning to end. 직무특성화 모

**도표 8-8 ● 직무특성화 모델**

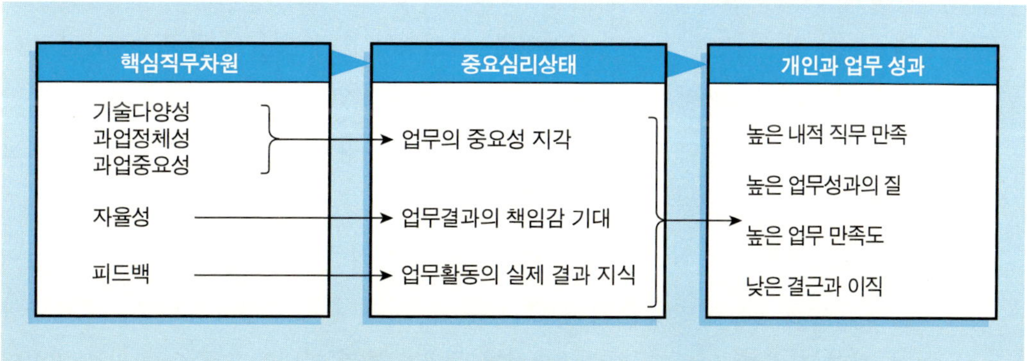


출처: Adapted from J. Richard Hackman and G.R. Oldham, "Motivation through the Design of Work: Test of a Theory," *Organizational Behavior and Human Performance* 16 (1976), p. 256.

델은 과업정체성을 강조하고 있는데 이는 직무수행자가 자신이 수행하는 직무에 대한 처음과 끝을 파악할 수 있도록 업무설계를 해야 한다고 강조하고 있다.

3. **과업 중요성을 느끼도록 직무를 설계해야 한다**Incorporate task significance into the job. 사람들은 자신이 중요한 업무를 수행하고 있다고 의식할 때 권한과 자기효능감이 높아진다. 예를 들면 너드리The Nerdery는 웹창작회사로서 이 회사의 종업원들은 공동사장co-president의 직무 타이틀을 부여하고 업무수행에 대한 자율성을 부여하고 책임감을 강화시켜 자신의 업무에 대한 중요성을 인식할 수 있도록 하고 있다.
4. **업무수행 시기와 방식 선택에 대한 자율성을 제공할 수 있는 직무가 마련되어야 한다**Give people autonomy for choosing how and when to perform specific tasks. 사람들은 업무 계획과 수행과 관련하여 자율성, 분별력과 자기결정 의식을 느낄수록 좀 더 동기부여 된다.
5. **수행한 직무에 대한 결과를 알 수 있도록 피드백이 필요하다**To the extent possible, design jobs to provide feedback and let employees see the outcomes of their efforts. 직무를 통해 그 결과를 수행자가 적절한 시간 내로 파악할 수 있도록 하고, 리더는 구성원의 업무수행을 통해 조직이 어떤 긍정적인 효과가 발생했고 어떤 성과가 창출될 수 있었는지를 명확하게 알려줄 수 있어야 한다.

동기부여를 유발시키는 다섯 가지 직무특성을 기초로 직무가 설계되면 구성원들은 높은 동기부여와 성과를 기대할 수 있게 된다. 결국 이러한 절차가 이루어지려면 직무수행과 관련된 업무권한이 리더로부터 종업원에게로 임파워먼트되었다고 말할 수 있으며 **직무충실화**job enrichment가 이루어졌다고 표현한다. 직무충실화는 책임감, 인정감, 성장의 기회 및 학습 등을 직무에 연결시키는 고차원의 동기부여를 포함한다. 충실화된 직무를 통해 종업원들은 업무의 효과적 수행에 필요한 자원을 조정할 수 있고 업무 수행 방식의 의사결정을 할 수 있게 된다. [IN THE LEAD]는 종업원들의 임파워먼트를 높인 사례이다. 사례에서 볼 수 있듯이 랄코프Ralcoro의 리더들은 작무를 충실화할 수 있도록 직무를 설계하고 있어 종업원들의 동기부여와 만족도를 높여주고 있다. 이를 통해 이 회사는 높은 장기 생산성과 비용 감소 그리고 종업원들이 행복해하는 성과를 달성할 수 있었다.

〈도표 8-8〉에서 알 수 있듯이 다섯 가지 핵심직무 특성들은 업무수행자로 하여금 긍정적인 정서적 반응을 가져오게 한다. 이러한 세 가지 정서적 반응은 업무다양성, 과업 정체성, 그리고 과업 중요성의 증대를 통해 의미있고 중요한 직무(의미있는 직무의 경험)의 상태를 경험하고 내적인 직무만족도가 높아질 수 있다. 업무 수

**IN THE LEAD Ralcorp**

직무를 충실화하고 동기부여를 높이는 가장 단순한 방법 중 하나는 직무를 확대하는 법이다. 즉 사람은 한 가지 일만 수행하는 경우 단조로움이 생기기 때문에 이를 방지하기 위해서는 다양한 직무를 제공할 수 있는 직무 확대가 필요하다. 랄코프(Ralcorp)는 시리얼 제조업체로서 이 회사의 포장라인에 근무하는 종업원들은 여러 가지 포장 업무를 하나의 직무로 통합하여 이 직무수행자는 한 가지 업무가 아닌 다양한 업무를 수행함으로써 단조로움을 모면할 수 있었다.

이 회사의 포장 라인에 근무하는 종업원들은 자체적으로 권한을 부여해주고 있다. 이들 종업원들은 모두 신입사원을 선발하고 교육훈련을 책임지며 서로의 종업원들 간에 조언을 주고 있다. 또한 생산의 흐름을 관리하여 생산라인의 생산성을 확인하고 회사의 성공에 어떤 도움을 주고 있는지를 자체 점검하기도 한다. 이와 관련하여 랄코프는 종업원들에게 필요한 기술과 역량을 강화할 수 있도록 하는 교육훈련에 막대한 자금을 투자하고 있어 의사결정력, 문제 해결 역량 강화, 품질관리 등의 전문가가 될 수 있도록 하고 있다.[36]

행의 자율성을 느끼게 됨으로써 과업의 성공과 실패에 대한 책임감이 높아지며(과업의 결과에 대한 책임감의 경험) 업무에 대한 몰입도가 높아진다. 마지막은 파드백으로서 이는 구성원에게 업무활동의 실제 결과에 대한 지식을 갖춘 종업원으로 발전시킨다. 피드백이 이루어짐으로써 종업원들은 자신이 수행하고 업무에 대한 결과를 알 수 있고 과업수행과 원하는 목표점과의 관계성을 파악할 수 있게 된다.

결국 위와 같이 긍정적인 심리적 반응은 내적인 만족도와 동기부여를 높이고 높은 직무수행성과를 달성시킨다. 또한 구성원들의 결근과 이직을 줄이는 기능을 하게 된다.

## 임파워먼트 응용 프로그램

종업원을 임파워먼트시키는 방법은 2차원으로 구별할 수 있는데, 첫째, 종업원들이 원하는 결과를 규명하는데 관여된 정도 둘째, 종업원들이 이 결과를 달성하기 위한 방법을 결정하는 데 참여하는 정도 등이 그것이다. 〈도표 8-9〉는 임파워먼트의 상황을 전혀 임파워먼트를 부여받지 못한 경우로부터 조직 전략 수립에 참여하는 종업원 수준에 이르기까지로 구별해 볼 수 있다.

조직의 미션과 목표를 설정하는 데 종업원이 참여하는 상황을 두고 우리는 임파

**도표 8-9 ● 임파워먼트의 정도**

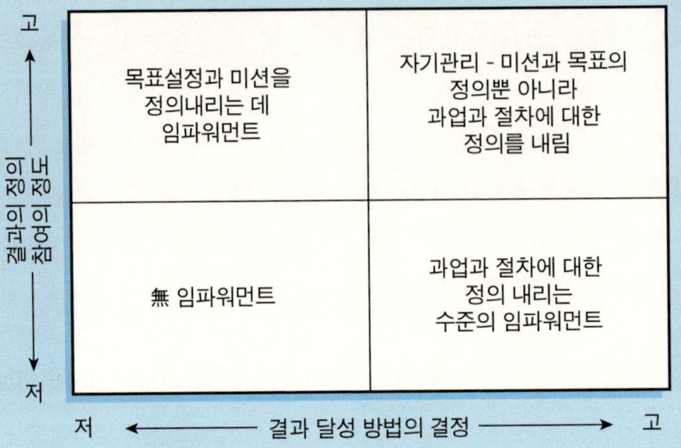




워되었다고 말한다. 힐코프 에너지Hilcorp Energy는 미국에서 4번째로 큰 천연가스 회사로서 1989년 3명의 친구들이 모여 창업한 회사가 지금은 600명의 종업원을 두고 있다. 이 회사의 경영자는 회사의 성장 비결이 바로 현장관리자들 덕분이라고 치켜세우고 있다. 회사의 중요 정보들은 이들 현장관리자들과 모두 공유하고 충분한 정보를 바탕으로 현장관리자들은 현장에서 올바른 결정을 내려 조직 성과를 내고 있다. 이 회사 관리자의 급여는 조직의 성과와 연동되어 있으며 종업원들은 매년 연봉의 60% 정도를 보너스로 받고 있는데 그 기준은 성과목표를 달성하는 정도에 따라 달라진다. 한마디로 이 회사의 종업원들은 자신이 회사의 주인과 같이 느낄 정도이다.

## 업무열의를 통한 업무 의미감 부여

최근 동기부여와 관련하여 어떤 요인이 **구성원들로 하여금 직무에 최대한 열의를 갖게 하여 에너지와 창의성을 극대화시키는지에 대한 관심**이 높아지고 있다. **열의**emgagement는 동기부여된 상태를 말한다.

업무에서 내적 보상을 얻는 방법은 사회적 가치를 높이는 임무 수행자들처럼 의미와 중요성을 느끼게 하거나 혹은 그런 환경을 조성해주면 가능하다. 구성원 스스로 자신이 조직에 의미 있는 존재라는 생각이 들면 조직의 성공을 위해 최대한 동기부여되고 열의를 갖게 된다. 또한 열의를 가지는 구성원들은 조직에 열정을 갖고 성과와 이익을 높이는데 적극적이다.

구성원 열의는 자신의 직무를 즐기고 작업 환경에 만족하고 팀과 조직의 목표를 충족시키는 데 열정적으로 공헌하며 조직 몰입과 소속감을 갖게 한다. 충분히 열의를 가지는 구성원들은 조직에 정서적으로 연결되고 조직의 임무를 적극적으로 추구하게 된다.[37]

구성원들을 극도로 열의를 갖게 만드는 주요인은 리더의 행동이다. 리더의 주요 역할은 통제하는 데 있는 것이 아니고 각자가 학습하고 공헌하고 성장할 수 있도록 조직화하는 데 있다. 갤럽Gallup 연구소는 진단지 Q12를 개발하였는데, 이 진단지는

**IN THE LEAD Cathy Lewis and Rob Devey, Prudential UK and Europe**

다른 글로벌 금융회사와 마찬가지로 최근 매우 어려운 경제 상황에 직면했다. 이 회사의 유럽 지역의 인사담당 책임자인 케에시 루이스(Cathey Lewis)는 고객이나 회사 모두 경제 상황이 않좋음을 직감하고 있다고 말하고 있다. 이런 상황에 직면하여 이 회사의 유럽지사장인 롭 데비(Rob Devey)와 경영진들은 좀 더 종업원들이 열의를 가질 수 있도록 하는 방안에 중점을 두기로 했다. 우선적으로 종업원들에게 설문조사를 하여 행동의 변화를 가져올 수 있는 점을 파악해 보았다. 그리고 각 부서별로 책임 임원을 선발하여 구성한 위원회에서 이 설문조사를 결과를 면밀히 분석하여 종업원의 열의 수준을 높일 수 있는 방안을 모색하였다. 우선 조사를 통해 알 수 있는 점은 일선관리자들이 회사가 원하는 수준을 달성할 수 있는 정도의 임파워먼트가 되지 않았다는 사실이다. 그래서 경영진은 일선관리자의 업무 역할을 재설계하고 부여하였다. 물론 이 과정은 쉬운 일은 아니었지만 이 과정을 통해 일서부서의 업무는 해당 부서의 일선관리자에게 결정권을 부여하고 책임을 지게 하였다. 이로 인해 일선 부서장들은 각자가 소사장과 같은 위치를 부여 받았고 그만큼 책임도 많아졌다.

직무열의 위원회는 종업원들이 어떻게 업무에 열의를 기할 수 있고 현재 당면한 위기에 대응할 수 있는지와 관련된 보고서를 작성하였다. 그리고 이 보고서 내용은 경영자가 직접 지사를 방문하여 설명하거나 혹은 다양한 의사소통 채널을 활용하여 전달되었다. 경영진은 매주 자신의 블로그를 통해 포상을 받을 높은 공헌을 한 종업원을 소개하는 등 적극적으로 종업원들의 열의를 고취시키는 활동을 수행하였다. 이러한 노력을 비록 대단한 일은 아니더라도 직급여하에 관계없이 서로가 밀접하게 연결고리를 가져올 수 있게 한 계기가 되고 각자가 자신의 진취적인 활동을 서로가 배려하고 적극적으로 도울 수 있는 전기를 마련해갔다. 지역사회에 대한 봉사활동도 강조하였는데 예를 들면 크리스마스 장터, 패밀리데이 등과 같은 특별한 봉사 프로그램을 지점별로 시행하기도 했다. 결론적으로 처음 직무열의에 대한 설문조사가 이루어지고 관련된 프로그램이 실행된 이후 현격하게 종업원들의 업무에 대한 열의가 높아질 수 있었다.[38]

리더들이 구성원들의 고차원 욕구를 충족시킴으로서 내적 보상을 제공하는 환경을 창출하는지를 평가하는 12개 질문으로 구성되어 있다. 마커스 버킹엄Marcus Buckingham과 커트 코프만Curt Coffman이 저술한 「First, Break All the Rules」를 보면,[39] 이러한 Q12에 긍정적 평가를 받은 리더들이 있는 조직은 극도로 생산성이 높고 구성원들이 몰입하는 경향이 강하다고 분석하고 있다.

Q12에 높은 점수를 부여한 조직구성원들은 이직률이 낮고 좀 더 생산적이고 높은 이익을 창출하며 고객 충성도가 높다.[40] 하지만 갤럽의 반기semi-annual 보고서에 따르면 미국의 평균적 구성원 열의 수준은 18%이어서 적극적으로 몰입하지 않는 것으로 나타났다.[41]

리더는 구성원 열의 수준을 파악하고 최상의 열의 수준을 이끌어내어 성과를 높이기 위한 전략을 실행해야 한다. 텍사스주 플레이노Plano 지역의 메디컬 센터에서 Q12를 이용하여 구성원들의 열의 상황을 파악하고 이에 대처한 내용이다. 이 병원의 병원장이나 운영진은 Q12의 진단 결과를 바탕으로 세밀하게 구성원들이 필요로 하는 것을 충족시켜 나갔고 그로 인해 병원은 주변 지역 가운데 경쟁력 있는 곳으로 탈바꿈하게 하였다. 병원이든 일반 기업이든 장기적인 성공을 이루기 위해서는 지속적으로 구성원들의 열의 수준을 높게 유지시키는 방안을 모색해야 한다. 또한 리더들은 고객 만족도를 높이고 구성원들의 열의를 동시에 증대시킬 수 있도록 지속적으로 그 정도를 파악하고 있어야 한다.

## 새로운 차원의 동기부여 방안

새로운 패러다임이 전환되면서 잠재적인 동기부여의 방법이 새롭게 제시되고 있다. 구성원들이 업무 수행을 통해 무엇인가 특별함을 느낄 수 있거나 구성원들에게 내적인 동기부여를 제공할 수 있는 상황 등 다양하게 의견을 제시할 수 있으나, 본 장에서는 새롭게 부각되는 두 가지의 동기부여 방법을 제시하고자 한다

### 목표를 향한 일보전진의 원칙

최근 높은 수준의 동기부여를 이루는 방법으로서 일보전진의 원칙이 제시되고 있다. **일보전진의 원칙**making progress principle은 동기부여를 고양시키고 조직이 의미있는 목

표를 달성하는 직장에서 근무하고 있다는 생각을 가져오게 하는 가장 중요한 요인이다. 사람들은 성취 경험의 기회를 가질 때 가장 동기 부여된다. 그리고 매일 조금씩 발전과 향상이 이루어지고 있다고 알게 되면 동기부여로 인한 차별성을 인식할 수 있는 계기가 된다.

리더는 명백한 목표를 설정하고 구성원에게 자율성을 제공하고 충분한 시간과 자원을 부여함으로써 일보전진을 후원할 수 있다. 또한 리더의 후원과 인정을 통해 구성원들은 자신의 업무들이 얼마나 중요하고 의미가 높은지를 알게 된다. 향상되고 목표를 달성하는 데 어떤 경로를 거쳐 가는지 등을 알려줌으로써 구성원들은 동기부여를 촉발시키는 새로운 에너지를 창출할 수 있게 된다. 또한 간혹 경영자들은 앞서 직무특성화 모델에서 제시한 지속적인 피드백의 중요성을 간과하는 경우가 있다.

## 성장의 일터 구축

리더의 중요한 역할 중의 하나는 성장하는 일터를 만드는 일이다. 여기서 **성장하는 일터**thriving workforce란 단순히 구성원들이 만족하고 생산성이 높은 차원뿐만 아니라 미래의 창출과 연관되어야 한다. 개인의 성장에는 활력vitality과 학습의 두 가지 요인에 잠재되어 있다. 그리고 성장하는 종업원이란 살아 있는 느낌을 가지며 열정적 에너지를 가지고서 자신의 업무를 수행하는 사람을 말한다. 성장의 일터에서는 구성원들이 목적과 의미를 느낄 수 있어야 하며 이곳의 종업원들은 현재와 미래를 견인할 수 있는 업무역량과 지식 등을 학습하고 성장하고 개발할 수 있게 된다.

결론적으로 이 장에서는 리더들이 조직의 성과를 향상시키고 구성원의 동기부여를 극대화시킬 수 있는 다양한 기법 등을 제시하였다. 고차원의 욕구 충족, 업무에서의 내적 동기부여 창출, 성과와 향상에 대한 정기적인 피드백 등의 제공은 이러한 기법에 해당된다. 임파워먼트와 열의가 높아지게 되면 결국 성장의 일터를 이루는 근간이 된다. 또한 임파워먼트와 열의의 목표는 긍정적인 조직문화로 전환시키는 데 있다. 즉 과거의 전통적인 지시형 문화에서 자발적으로 책임을 지고 열의를 가질 수 있는 긍정적인 조직문화의 창출은 동기부여와 관련성이 있다. 하지만 동기부여를 높이는 기법들은 조직마다 그 적용에는 차이가 있다. 앞서 언급한 바와 같이 종업원들과 함께하고 고객들과의 접점에 있는 현장감독자 혹은 일선관리자는 구성원들의 열의와 성장을 가져올 수 있는 핵심적 역할을 수행한다.

말하기를 "나는 당신 점포에 향후 6개월 이내 컴퓨터 시스템을 개선하여 이로 인해 생산성이 높아지고 인건비가 줄어들 수 있는지를 시험하려고 한다. 그리고 향후 이 영업점 실적이 높아지면 다른 영업점들에도 이 컴퓨터 시스템을 설치할 계획"이라고 하였다.

회사는 새로운 컴퓨터 시스템 설치를 통해 인건비를 절감하고 구매자들이 쉽게 접근할 수 있도록 하여 매출을 증대시키고자 하는 목적을 갖고 있었다. 하지만 리사는 아무리 단기간의 시범이라고 하더라도 이 시스템 적용은 생산성을 감소시키고 구성원들 사이의 친목관계로 이루어진 업무환경을 훼손시킬 수 있다는 우려를 하게 되었다.

하지만 리사의 우려에도 불구하고 회사는 리사의 영업점에 새로운 컴퓨터를 설치하기로 공식 발표하였다. 이 시스템을 통해 회사는 각 직원들의 시간당 판매 실적, 거래건당 금액 등 세밀하게 개인 성과 및 실적을 추적하고, 이 데이터에 근거하여 가장 실적이 좋은 직원들은 영업점이 붐빌 때 배치하고, 실적이 좋지 않은 직원은 고객이 붐비지 않을 때 배치하거나 혹은 근무 스케줄에서 제외시켰다. 그런데 얼마 시간이 지나지 않아 리사가 걱정했던 바가 그대로 현실로 나타나버렸다. 시스템이 도입된 이후부터 직원들의 사기는 곤두박질쳤으며, 새로운 시스템에 대한 불만을 표출하기도 하였다.

한 직원의 말을 들어보면, 이 시스템이 도입되고 나서 자신의 업무 스케줄이 없어지고 이로 인해 시간당 급여를 받는 입장에서 임금이 줄어들고 결국 아파트 월세조차도 내기 힘든 경우가 되었다는 등 불만의 목소리가 높아졌다. 그리고 불만이 결국 고스란히 업무 현장에서 나타나 고객들에게 불친절한 행동은 물론이고 경우에 따라 과격한 행동을 보이기도 하였다. 리사는 이러한 현상과 관련하여 아무리 시스템이 직원들로 하여금 열심히 근무하도록 하기 위함이라고 하지만 이것은 자신이 원하는 바가 아니라는 점을 인식할 수 있었다. 이 시스템이 도입되기 이전에 리사는 자신이 직접 직원들의 근무 스케줄을 각 개인의 선호도에 따라 짰지만, 이제는 컴퓨터가 각 구성원들의 실적에 근거하여 일률적으로 작성하였다. 그러다 보니 고성과를 내면서 동기부여된 구성원들이 저평가되기도 하고 우호적인 업무 환경이 무너지기도 하였다. 하지만 이러한 부정적인 측면에도 불구하고 이 영업점의 매출은 2.8% 향상되고 인건비는 5% 감소하였다.

### 질문

1. 새로운 컴퓨터 시스템으로 전환하기로 한 결정은 어떠한 동기부여 이론을 배경으로 하고 있는가? 직원들은 더욱 열심히 일하면서도 행복하지 않은 이유는 무엇인가?
2. 만약 자신이 리사라면 6개월간의 시험기간 동안 영업점의 성공을 평가하는 데 어떤 요소를 갖고서 판단하는 것이 바람직하다고 생각하겠는가? 그리고 새로운 컴퓨터 시스템 방식을 그대로 고수하겠는가? 아니면 본부장에게 미래를 위해 어떤 제안을 하겠는가?
3. 새로운 시스템이 고객들에게 긍정적인 영향을 미쳤다고 생각하는가? 그리고 직원들의 행동은 고객들의 쇼핑 경험을 어떻게 변화시키는가?

## 미주


1. Phred Dvorak, "Hotelier Finds Happiness Keeps Staff Checked In; Focus on Morale Boosts Joie de Vivre's Grades from Workers, Guests," *The Wall Street Journal* (December 17, 2007), p. B3.

2. Sue Shellenbarger, "C-Suite: Life/Work: Sometimes It's the Boss Who Gets Fed Up with Juggle," *The Wall Street Journal Europe* (December 9, 2010), p. 27; "Solix, Inc.: Solix Wins Outstanding Employer Award from the New Jersey Business and Industry Association," *Mental Health Weekly Digest* (October 12, 2009), p. 196; and "Solix Earns Sixth Consecutive Sloan Award for Excellence in Workplace Effectiveness and Flexibility," *Solix News Release* (February 19, 2013), http://www.solixinc.com/internet/solixnews.aspx# (accessed April 12, 2013).

3. Michael West and Malcolm Patterson, "Profitable Personnel," *People Management* (January 8, 1998), pp. 28–31; Richard M. Steers and Lyman W. Porter, eds. *Motivation and Work Behavior*, 3rd ed. (New York: McGraw-Hill, 1983); Don Hellriegel, John W. Slocum Jr., and Richard W. Woodman, *Organizational Behavior*, 7th ed. (St. Paul, MN: West Publishing Co., 1995), p. 170; and Jerry L. Gray and Frederick A. Starke, *Organizational Behavior: Concepts and Applications*, 4th ed. (New York: Macmillan, 1988), pp. 104–105.

4. Linda Grant, "Happy Workers, High Returns," *Fortune* (January 12, 1998), p. 81; Elizabeth J. Hawk and Garrett J. Sheridan, "The Right Staff," *Management Review* (June 1999), pp. 43–48; and West and Patterson, "Profitable Personnel."

5. Richard M. Steers, Lyman W. Porter, and Gregory A. Bigley, *Motivation and Leadership at Work*, 6th ed. (New York: McGraw-Hill, 1996), pp. 496–498.

6. Steven Bergals, "When Money Talks, People Walk," *Inc.* (May 1996), pp. 25–26.

7. This discussion is based on Bruce H. Jackson, "Influence Behavior; Become a Master Motivator," *Leadership Excellence* (April 2010), p. 14.

8. Mohana Ravindranath, "Getting a Return on Employee Rewards," On Small Business Blog, *The Washington Post* (December 19, 2012), http://www.washingtonpost.com/blogs/on-small-business/post/getting-a-return-on-employee-rewards/2012/12/18/1400a9ec-4973-11e2-820e-17eefac2f939_blog.html (accessed April 16, 2013).

9. Susie Cranston and Scott Keller, "Increasing the 'Meaning Quotient' of Work," *McKinsey Quarterly* (January 2013), http://www.mckinseyquarterly.com/Increasing_the_meaning_quotient_of_work_3055 (accessed April 17, 2013).

10. Abraham F. Maslow, "A Theory of Human Motivation," *Psychological Review* 50 (1943), pp. 370–396.

11. Frederick Herzberg, "One More Time: How Do You Motivate Employees?" *Harvard Business Review* (January–February 1968), pp. 53–62.

12. David A. Kaplan, "Inside Mars," *Fortune* (February 4, 2013), pp. 72–82.

13. David C. McClelland, *Human Motivation* (Glenview, IL: Scott, Foresman, 1985).

14. John Brant, "What One Man Can Do," *Inc.* (September 2005), pp. 145–153.

15. David C. McClelland, "The Two Faces of Power," in D. A. Colb, I. M. Rubin, and J. M. McIntyre, eds., *Organizational Psychology* (Upper Saddle River, NJ: Prentice Hall, 1971), pp. 73–86.

16. Alfie Kohn, "Why Incentive Plans Cannot Work," *Harvard Business Review* (September–October 1993), pp. 54–63; A. J. Vogl, "Carrots, Sticks, and Self-Deception" (an interview with Alfie Kohn), *Across the Board* (January 1994), pp. 39–44; and Alfie Kohn, "Challenging Behaviorist Dogma: Myths about Money and Motivation," *Compensation & Benefits Review* (March–April 1998), pp. 27, 33–37.

17. H. Richlin, *Modern Behaviorism* (San Francisco: Freeman, 1970); B. F. Skinner, *Science and Human Behavior* (New York: Macmillan, 1953); Alexander D. Stajkovic and Fred Luthans, "A Meta-Analysis of the Effects of Organizational Behavior Modification on Task Performance 1975–1995," *Academy of Management Journal* 40 (October 1997), pp. 1122–1149; and F. Luthans and R. Kreitner, *Organizational Behavior Modification and Beyond*, 2nd ed. (Glenview, IL: Scott Foresman, 1985).

18. Reported in Charlotte Garvey, "Meaningful Tokens of Appreciation," *HR Magazine* (August 2004), pp. 101–105.

19. Amy Sutherland, "What Shamu Taught Me About a Happy Marri-age," *The New York Times* (June 25, 2006), http://www.nytimes.com/2006/06/25/fashion/25love.html?ex=1175659200&en=4c3d257c4d16e70d&ei=5070 (accessed April 2, 2007).

20. Jaclyn Badal, "New Incentives for Workers Combine Cash, Fun" (Theory & Practice column), *The Wall Street Journal* (June 19, 2006), p. B3.

21. Luthans and Kreitner, Organizational Behavior Modification and Beyond; L. M. Saari and G. P. Latham, "Employee Reaction to Continuous and Variable Ratio Reinforcement Schedules Involving a Monetary Incentive," *Journal of Applied Psychology* 67 (1982), pp. 506–508; and R. D. Pritchard, J. Hollenback, and P. J. DeLeo, "The Effects of Continuous and Partial Schedules of Reinforcement on Effort, Performance, and Satisfaction," *Organizational Behavior and Human Performance* 25 (1980), pp. 336–353.

22. Victor H. Vroom, *Work and Motivation* (New York: John Wiley & Sons, 1969); B. S. Gorgopoulos, G. M. Mahoney, and N. Jones, "A Path–Goal Approach to Productivity," *Journal of Applied Psychology* 41 (1957), pp. 345–353; and E. E. Lawler III, *Pay and Organizational Effectiveness: A Psychological View* (New York: McGraw-Hill, 1981).

23. Richard M. Daft and Richard M. Steers, *Organizations: A Micro/Macro Approach* (Glenview, IL: Scott, Foresman, 1986).

24. J. Stacy Adams, "Injustice in Social Exchange," in L. Berkowitz, ed., *Advances in Experimental Social Psychology*, 2nd ed. (New York: Academic Press, 1965); and J. Stacy Adams, "Toward an Understanding of Inequity," *Journal of Abnormal and Social Psychology* (November 1963), pp. 422–436.

25. Timothy Aeppel, "Pay Scales Divide Factory Floor," *The Wall Street Journal* (April 9, 2008), p. B4.

26. Edwin P. Hollander and Lynn R. Offerman, "Power and Leadership in Organizations," *American Psychology* 45 (February 1990), pp. 179–189.

27. Jay A. Conger and Rabindra N. Kanungo, "The Empowerment Process: Integrating Theory and Practice," *Academy of Management*

*Review* 13 (1988), pp. 471–482.

28. David P. McCaffrey, Sue R. Faerman, and David W. Hart, "The Appeal and Difficulties of Participative Systems," *Organization Science* 6, no. 6 (November-December 1995), pp. 603–627.

29. Robert C. Ford and Myron D. Fottler, "Empowerment: A Matter of Degree," *Academy of Management Executive* 9 (1995), pp. 21–31.

30. McCaffrey, Faerman and Hart, "The Appeal and Difficulties of Participative Systems"; and David E. Bowen and Edward E. Lawler III, "Empowering Service Employees," *Sloan Management Review* (Summer 1995), pp. 73–84.

31. These are based on Bowen and Lawler, "Empowering Service Employees"; Gretchen Spreitzer", "Social Structural Characteristics of Psychological Empowerment," *Academy of Management Journal* 39, no. 2 (April 1996), pp. 483–504; and Russ Forrester, "Empowerment: Rejuvenating a Potent Idea," *Academy of Management Executive* 14, no. 3 (2000), pp. 67–80.

32. Silverman, "Psst ... This Is What Your Co-Worker Is Paid."

33. Forrester, "Empowerment: Rejuvenating a Potent Idea."

34. Glenn L. Dalton, "The Collective Stretch," *Management Review* 87 (December 1998), pp. 54–59.

35. Bradley L. Kirkman and Benson Rosen, "Powering Up Teams," *Organizational Dynamics* 28 (Winter 2000), pp. 48–66; and Gretchen M. Spreitzer, "Psychological Empowerment in the Workplace: Dimensions, Measurement, and Validation," *Academy of Management Journal* 38, no. 5 (October 1995), p. 1442.

36. Example from Dalton, "The Collective Stretch."

37. This definition is based on Mercer Human Resource Consulting's Employee Engagement Model, as described in Paul Sanchez and Dan McCauley, "Measuring and Managing Engagement in a Cross-Cultural Workforce: New Insights for Global Companies," *Global Business and Organizational Excellence* (November-December 2006), pp. 41–50; and Seijts and Crim, "What Engages Employees the Most."

38. Anna Scott, "Dear Prudence," *People Management* (January 2012), pp. 36–39.

39. Buckingham and Coffman, *First, Break All the Rules.*

40. Coffman and Gonzalez-Molina, *Follow This Path.*

41. Reported in "Many Employees Would Fire Their Boss," Gallup Organization news release, http://gmj.gallup.com/content/28867/Many-Employees-Would-Fire-Their-Boss.aspx (accessed May 11, 2009); and Leigh Woosley, "Rules of Disengagement: Gallup Poll Shows That More Than Half of Workers Are 'Checked Out,'" *Knight Ridder Tribune Business News* (June 11, 2006), p. 1.

# Chapter 9

# 리더십 의사소통

## 학습목표

이 장을 공부하면

- 의사소통의 챔피언과 센스기버로서의 리더가 될 수 있다.
- 효과적 경청의 주요 요소를 이용하고 왜 경청이 리더에게 중요한지 이해할 수 있다.
- 의사소통의 효과성을 높이기 위한 솔직한 소통의 활용방안과 대화와 토론의 차이를 이해할 수 있다.
- 은유와 스토리텔링을 리더의 소통 방법에 접목시키는 방법을 이해할 수 있다.
- 메시지 전달에 적합한 의사소통 경로를 이해할 수 있다.
- 설득력 있고 영향력 있는 의사소통 방법을 이해할 수 있다.
- 위기와 스트레스 상황에서 효과적인 의사소통 방법을 이해할 수 있다.

존슨앤존슨Johnson & Johnson의 CEO인 빌 웰던Bill Weldon은 57개국에 250개 사업부를 갖고 있는 방대한 글로벌 기업의 수장으로서 그가 수행하는 업무 가운데 가장 중요한 것은 전 세계를 돌아다니며 직원들과 격의 없는 대화를 나누는 일이다. 대화의 핵심은 윤리적 이슈이며, 존슨앤존슨의 '우리의 신조Our Credo'라는 윤리 강령을 어떻게 업무 활동에 적용시킬 수 있는지와 관련된 것이 대화의 주 내용이다. 존슨앤존슨은 이와 같이 리더들이 구성원들과 솔직하고 개방된 의사소통을 함으로써 기업은 좀더 건실해질 수 있었다.

2010년 4월 20일 미국 멕시코만에서 석유시추시설이 폭발하고 이후 5개월 동안 대량의 원유가 유출된 사고가 났다. 내용인즉 영국 최대 석유회사인 BP의 딥워터 호라이즌 석유 시추 시설이 폭발하였고 폭발 시 가스가 유정에 새어 들어가면서 5,500미터 떨어져 있는 해상 시추선에 불이 붙었다. 이 사건은 미국 역사상 최악의 해상 기름 유출사고로 기록되고 있으며 이 사고로 인해 11명의 시추 근로자가 사망하고 18명이 부상당했다. 그렇다면 이와 같은 엄청난 재해가 발생하기 전에 그 가능성을 전혀 예측하지 못했을까? 사실을 살펴보면 이러한 재해 가능성을 사전에 종업원들은 예측할 수 있었으나 이러한 가능성을 상부에 보고하지 않았던 것이다. 그 동안 관련 종업원들은 안전관행에 무심했으며 설비장비 등에 있어서 문제가 있어도 이를 보고하면 질책을 받을까 싶어 침묵하고 있었던 것이다. 외견적으로는 자유롭게 의견을 말할 수 있는 것처럼 회사는 강조하고 믿고 있지만, 실제로는 있는 사실을 사실대로 발설하는 데 두려움을 갖는 종업원이 많았다. 심지어는 경영진의 질책이 두려워 자료 등을 조작하는 경우도 있다고 한다. 그렇다보니 이 회사의 최고경영진은 원유 시추시설의 안전성을 확신하는 왜곡된 정보를 전달받고 있었다.[1]

앞의 BP 사례는 소통의 부재와 진실을 올바르게 보고하지 못하는 조직 풍토가 대참사를 가져왔다는 점을 시사하고 있다. 보통 사람들은 상사를 포함해서 누구에게 좋지 않은 이야기를 하는 것을 꺼린다. 심지어 회사의 장비와 시설의 문제점에 대해 확실하지 않으면서 그럴 것 같은 생각을 가지고서 경영진에게 보고하기는 쉬운 일은 아니다. 하지만 이와 같이 덮고 지나가서 문제가 생기는 경우가 상당히 많고, 그로 인해 조직은 큰 손해를 보는 경우가 발생한다. 결국 소통의 문화를 만드는

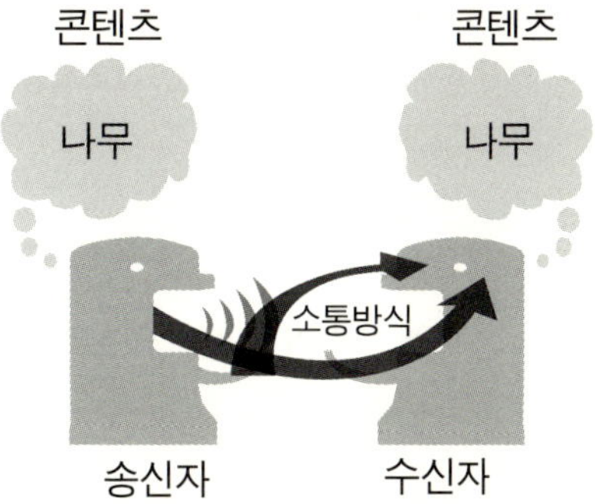


것은 리더의 책임이라 할 수 있고, 리더는 그 문제의 사안이 중요하던 그렇지 않던, 팀이나 조직의 소통하는 분위기 혹은 문화를 형성해야 한다.

**탁월한 의사소통 역량은 리더십의 중요한 요건이다.** 불확실성의 경제 위기와 신뢰 기반이 약화된 상황을 극복하기 위해서는 리더의 탁월한 의사소통 역량이 필수적이며, 구성원의 동기부여 역시 리더의 의사소통 역량 없이는 불가능하다. 또한 변화와 혁신이 강조되는 상황에서 리더는 직원들에게 비전을 소통하고 미래 청사진을 제시해줄 수 있어야 한다. 비전 달성은 신뢰와 가치관이 없이는 불가능하며 항상 구성원들과 비전을 공유할 수 있는 의사소통 기술이 필요하다.

리더에게 성공적인 의사소통이란 질문을 하고, 비언어적 의사소통에 관심 갖고, 적극적으로 경청하는 자세 등을 말한다. 캠벨스프Campbell Soup의 CEO 더글러스 코넌트Douglas Conant는 6주에 한 번씩 직원들과 대화하고 그들로부터 경영에 관련된 피드백을 받는다. 인텔은 '현장 의견 청취skip level meeting'를 통해 경영자들이 공식적으로 직원들과 만나 그들의 생각과 아이디어를 경청하는 시간을 마련한다.[2] 하지만 조사에 따르면, 많은 경영자들이 효과적인 의사소통에 시간과 노력을 충분히 투자하지 않는다고 한다. 또한 경영자들은 부정적인 정보를 제공하는 직원 피드백을 원치 않는다고 한다. 이러한 피드백 없이 내리는 경영자의 의사결정은 종종 위기의 증상을 눈치 채지 못하거나 현장 직원들의 바른 생각과 동떨어진 판단을 하는 함정에 빠질 수도 있다. 따라서 기업이 지속적으로 성장하고 사전에 문제를 파악하여 선제적으로 대응하기 위해서는 부정적인 피드백을 포함한 다양한 정보 수집이 필요하며, 효과적인 의사소통이 이루어져야 한다.[3]

## 의사소통 방법

여러분이 경영자 혹은 팀장이라고 하자. 그러면 여러분이 원하고 지시하는 내용이 부하직원들에게 잘 전달되고 있는지 확인해 본적 있는가? 혹시 여러분의 의사소통 능력이 부족해서 목표가 잘 전달되지 못해 운영 성과가 낮아지는 경우를 경험한 적 없는가? 반면에 리더의 소통 능력이 좋아 구성원들의 업무 성과가 높아진 경우를 경험한 적은 없는가? 리더가 전달하고자 하는 큰 그림을 구성원들에게 어떻게 전달하고 소통할 것인가는 리더의 중요한 기능이며 책무이다.

리더십은 다른 사람에게 영향력을 행사하고 동기를 불러일으키는 것으로 이해할 수 있는데, 그 근간에는 의사소통이 자리 잡고 있다. **의사소통**communication은 **정보와 생각이 송신자로부터 수신자에 이르는 일련의 과정**을 말한다. 〈도표 9-1〉은 의사소통의 핵심 요소들을 설명하고 있으며, 절차상으로 송신자sender(여기서는 리더)는 전달하고자 하는 정보를 부호화encoding하는데, 이는 전달자의 정보나 생각을 이해 가능한 형태로 변환시키는 과정을 말한다. 이렇게 부호화된 정보는 메시지가 되어 경로를 통해 언어나 비언어적 형태로 수신자receiver에게 전달되는데 그 메시지는 정보 해독decoding 과정을 통해 수신자에게 받아들여진다. 매체는 대면 미팅이나 블로그, 전화, 이메일 등 다양한 방법을 의미하며, 부호화와 해독 과정은 정보와 데이터를 형상화하고 그 의미를 전달하는 기능을 하는데, 간혹 의사소통의 오류를 일으키기도

**도표 9-1 ● 대인 의사소통의 순환 모델**

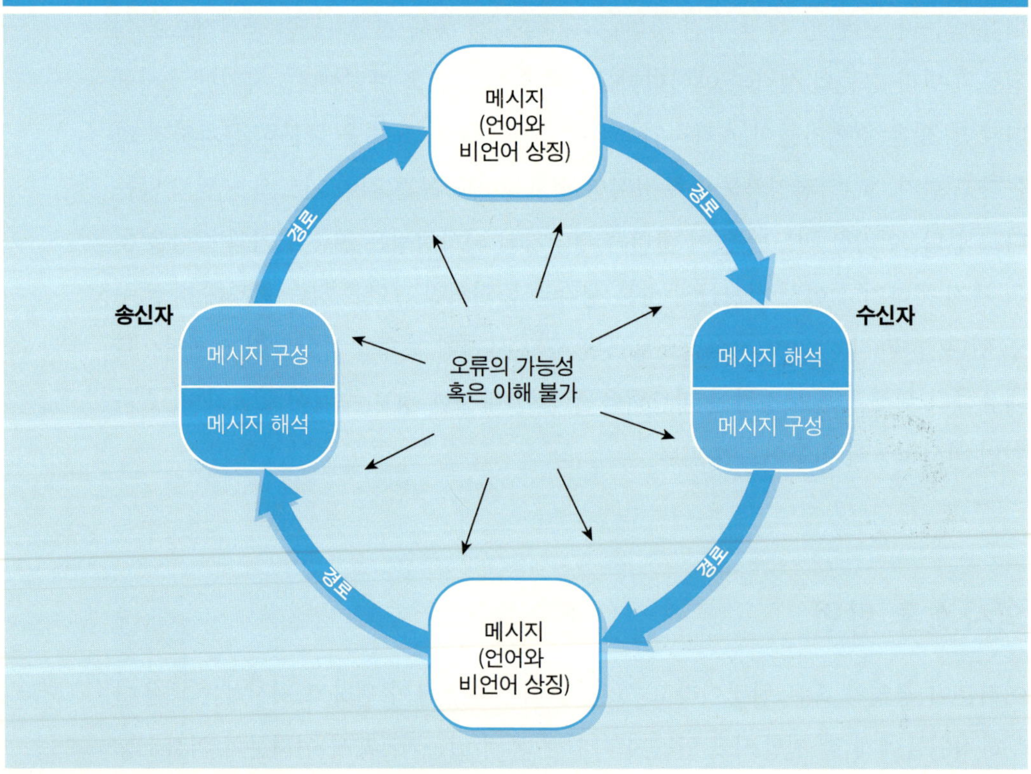


출처: Based on Gabriela Moise, "Communication Models Used in the Online Learning Environment," *The 3rd International Conference on Virtual Learning* 2008, ICVL (http://www.icvl.edu/2008), pp 247–254; and Wilbur Schramm, *The Process and Effects of Mass Communication*, 6th Ed. (Urbana, IL: University of Illinois Press, 1965).

한다. 그 이유는 송신자와 수신자 사이에 지식, 가치, 태도 등 개인차가 존재하여 잡음noise이 발생하기 때문이다. 마지막 요소는 피드백으로, 정보가 수신된 이후 그 정보에 대한 이해를 바탕으로 한 수신자의 판단이 다시 송신자에게 전달되는 과정을 말한다. 이러한 피드백은 정보 전달의 정확성을 파악하게 하는 기능을 하며, 피드백 없이 의사소통 사이클은 완료될 수 없다. 효과적인 의사소통은 정보 전달뿐만 아니라 상호 간의 이해가 바탕이 되어야 하기 때문이다.[4] 〈도표 9-1〉에서 볼 수 있듯이 효과적인 의사소통은 순환 형태를 이루며 송신자와 수신자는 상호 간 공감을 이루기 위해 끊임없이 반복적인 메시지 전달을 하게 된다.

## 관리 차원의 의사소통

전통적인 관리자의 주된 역할은 정보처리자로서의 역할이며, 이들 관리자들은 업무 시간의 대부분을 회의, 전화, 비공식 대화 등 다른 사람들과 의사소통하는 데 투입하였다.[5] 관리자들은 1시간에 48분 정도의 시간을 정보전달의 의사소통에 사용하고 있다는 연구 결과도 있다. 또한 관리자들은 경영환경을 주시하고 실현가능한 사업 아이디어 등을 찾는 데 노력하고 이 내용을 직원들에게 전달하고, 피드백받는 역할을 하는 데 주력하고 있다.

이와 같이 관리자들은 **조직을 통제하고 지시하는 의사소통 책임을 지고, 사실적 내용이나 통계치, 의사결정 사항 등을 전달하는 중추적인 역할**을 한다. 그래서 유능한 관리자는 과업 달성을 촉진시키기 위해 정보 네트워크의 중심에 위치하고 있다. 따라서 관리 차원의 중요한 역할은 정보처리자로서의 역할뿐 아니라 다양한 관리적인 역할을 포함하고 있다.

## 소통의 챔피언 차원의 의사소통

관리자로서 리더는 정보를 전달하고 수령하고 피드백하는 일을 하게 된다. 하지만 리더에게는 이보다 더 중요한 소통의 역할이 있는데, 단순히 정보처리자로서 역할보다 조직의 큰 방향과 비전을 소통해야 하는 일을 말한다. 그래서 리더는 **소통의 챔피언**communicationj champion이 되어 조직의 큰 방향성을 적절하게 구성원들에게 전달할 수 있어야 한다.[6]

리더와 소통이 원만하게 이루어질 때 조직과 리더가 추구하는 비전과 전략에 구성원들이 몰입할 수 있기 때문에 신뢰를 창출하는 의사소통이 필수적이다. 리더는 구성원들과 공통의 목표의식을 갖고 하나로 뭉치게 하는 데 의사소통을 활용한다. 또한 비전과 전략이 구성원들에게 충분히 이해되고 수용될 수 있도록 소통이 원활히 이루어져야 한다. 조직의 방향성과 목표를 잘 이해하고 수용할 수 있는 상태를 **배태성**embeedednesss라고 한다.[7] 그리고 비전과 전략이 상호 배태될 수 있을 때 일상적인 결정이나 행동이 조직의 중요한 목표 달성 방향으로 집결될 수 있다. 과거에 통용되던 명령과 복종의 관리 방식은 조직의 목적을 달성하는데 효과적이지 되지 못하고 있다. 이제는 구성원들도 자신의 업무가 조직의 비전과 전략을 달성하는데 어떻게 연계되는지를 명확히 파악할 수 있어야 하며, 그러기 위해서는 리더의 의사소통 챔피언으로서 역할이 매우 중요하다.

리더는 센스기버sensegiver가 되어야 한다. **센스기빙**sensegiving은 구성원들이 조직에 대해 어떻게 생각하고 특정한 사안을 어떤 의미로 받아들이는지를 느낌적으로 알 수 있는 과정을 말한다. 즉 구체적으로 말하지 않아도 염화의 미소와 같이 암묵적으로 내포하는 의미를 파악할 수 있는 과정을 말한다.[8] 훌륭한 리더는 구성원들이 일상적인 활동을 통해 비전을 실현하도록 유도할 수 있어야 하며, 소통을 잘 하여 구성원들이 목표의식과 비전에 대한 정체성을 명확히 하도록 하며 또한 자신의 업무가 조직의 큰 목표 달성에 어떤 역할을 하는지를 알 수 있게 한다. 의사소통 챔피언은 가시적이고 상징적인 의사소통에 적극적이다. 의사소통의 챔피언으로서 리더는 업무현장의 구성원들과 대화를 통해 심오한 소통을 이루고 상호 간에 의미가 전달되는 센스기빙이 될 수 있도록 해야 한다. 의사소통이란 단순히 미팅이나 공식적인 연설을 통해 전달하는 것만은 아니다. 리더가 수행하는 의사소통은 행사에 의해 이루어지기보다는 일상 생활에서 보여주는 느낌과 표현에서 이루어진다. 정기적인 소통을 통해 리더와 구성원 간에는 개인적인 관계가 형성될 수 있으며 이런 관계를 통해 리더십이 발휘될 수 있다.

〈도표 9-2〉는 의사소통챔피언으로서의 리더 모델을 보여주고 있다. 이 모델에서 알 수 있듯이 리더는 내외적인 정보를 바탕으로 전략적 대화를 하게 된다. 전략적 대화는 열린 의사소통 분위기, 구성원들에 대한 질문 던지기, 적극적인 경청, 솔직한 소통과 스토리 등을 사용하여 전략적 대화를 만들어 갈 수 있다. 그리고 이러한 전략적 대화를 실천하게 됨으로써 조직의 비전을 달성하도록 촉진시키는 역할을 한다. 그래서 리더의 의사소통은 목적 지향적이며 구성원들이 조직의 비전과 가치,

도표 9-2 ● 의사소통 챔피언으로서 리더

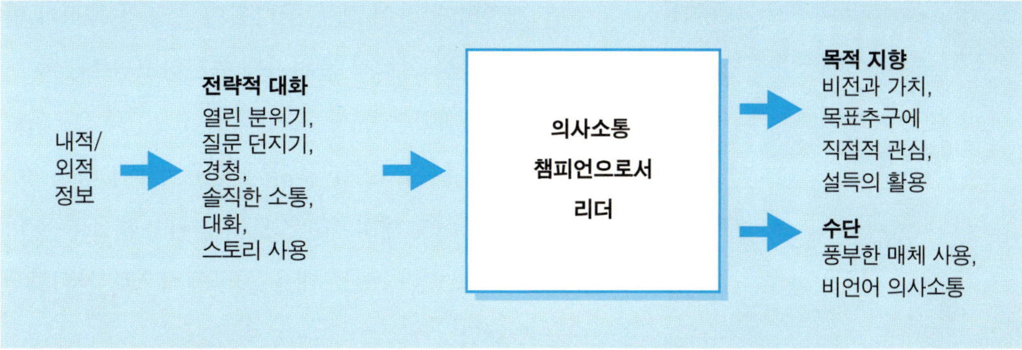




목표, 기준 등을 공유할 수 있도록 결정적인 지원 역할을 한다.

리더는 다양한 방식의 소통을 활용할 수 있어야 한다. 다양한 의사소통 유형을 택하고 경우에 따라 비언어적 소통을 활용할 수도 있어야 한다. 또한 리더는 상징적이고 은유적인 표현을 통해 자신의 견해를 전달하는 소통 방식도 활용할 수 있어야 한다. 예를 들면 레이건 대통령은 미 연방정부의 1조 달러 재정적자를 설명하기 위해 뉴욕 맨해튼의 엠파이어스테이트 빌딩 옆에 돈을 차곡차곡 쌓아 두는 비유를 하여 재정적자의 심각성을 국민들에게 이해시킬 수 있었다.

## 전략적 대화 이끌기

리더는 팀원이나 부서원들과 소통하는 차원을 넘어서 전사적으로 조직이 나아가야 하는 방향이나 비전 등을 소통할 때가 있다. **전략적 대화**strategic conversation란 구성원들이 소속 부서, 직급과 무관하게 집단과 조직의 **비전 및 핵심 가치 등 전략적 문제에 관해 의사소통하고, 추구하고자 하는 목표를 달성하는 것**을 말한다. 리더들은 (1) 구성원들의 태도, 가치, 목표, 개인적 욕구 등을 이해하기 위해 그들의 의견을 적극적으로 경청하고 질문하기도 하며, (2) 조직 발전에 관련된 핵심 전략을 담고 있는 대화 주제의 아젠다를 제시하고, (3) 적절한 의사소통 경로를 선택하거나 대화를 촉진시킴으로서 전략적인 대화를 원활하게 이끌어간다.[9] 유럽의 대표적 전자회사인 필립스Phillips 회장 제라르 클라이스터리Gerard Kleisterlee는 미래 회사 발전 주제를 디스플레이display, 컴퓨터 기억저장장치storage, 연결connectivity, 디지털 비디오 프로세싱digital video processing으로 규정하고, 조직 내 모든 계층과 이들 주제에 대한 전략적 소통을 하였

제라르 클라이스터리

다. 또 각 주제별로 각자가 정해진 날짜에 자신의 의견을 제출하게 하여 모든 구성원이 공통의 목적과 방향을 인식하는 협력적 분위기를 유도하고 있다.[10]

전략적 대화는 여섯 가지 핵심 요인, 즉 (1) 열린 의사소통 분위기, (2) 질문하기, (3) 적극적 경청, (4) 진솔한 소통, (5) 대화, (6) 스토리를 활용한 소통을 바탕으로 하고 있다. 이들 내용을 구체적으로 살펴보면 다음과 같다.

## 열린 의사소통의 분위기 창출

**열린 의사소통**open communication이란 소속 부서를 초월하여 전체 조직을 대상으로 자유롭게 정보를 교환하고 대화할 수 있는 상황을 말한다. 열린 의사소통은 과거와 같이 상사에서부터 부하에게 일방적으로 전달되는 방식이 아니다. 유능한 리더는 조직 안에서 다각적으로 의사소통이 이루어질 수 있도록 하고, 구성원들은 리더의 명령과 지시만을 받는 것이 아니고 자신들의 생각을 자유롭게 전달시켜 조직을 발전시켜 나간다. 단순히 경영진의 생각만이 그대로 투영되고 여과 없이 명령, 지시되면 명령 계통은 일사불란할 수 있으나 창의적인 발전을 기대하기 어렵다. 따라서 효과적인 조직 변화와 발전을 위해서라면, 비전의 공유와 조직 내 구성원 간 강력한 네트워크가 형성되어야 한다. 또한 지속적이고 끊임없는 대화와 새로운 의견이 다양한 형태로 제기될 수 있을 때 조직은 변화되고 발전된다.[11]

열린 의사소통의 분위기를 만들기 위해 리더들은 전통적 피라미드 조직의 엄격한 위계를 유연하게 해야 하고 부서 간 간극을 줄일 수 있는 의사소통 방법을 모색하여 조직 비전을 전 계층이 공유할 수 있도록 해야 한다. 열린 소통의 조직 분위기가 마련될 때 비전에 대한 리더들의 생각이 마치 폭포수가 밑으로 단계적으로 내려가듯이 실무진까지 전달cascade되어 갈 수 있고, 구성원들은 조직을 위해서 무엇을 공헌해야 하는지 명확하게 이해하고 판단하게 된다. [IN THE LEAD]의 사례는 포드 자동차의 앨런 멀러리Alan Mulally가 회사의 열린 의사소통 분위기를 통해 구성원 혹은 부서 간

**IN THE LEAD** Alan Mulally, Ford Motors

포드 자동차의 CEO 멀러리(Mulally)는 의사소통을 강조하면서 전 직원이 회사 방침과 계획을 알고 있어야 하며, 회사 상황과 관심 영역 등에 대해 서로 의사소통하도록 적극적으로 요구한다. 멀러리가 열린 의사소통, 솔직한 의사소통을 강조하는 이유는 위기에 직면한 미국 자동차 산업에서 포드 자동차가 미국 3대 자동차 회사 가운데 유일하게 독자생존하고 있기 때문이다.

멀러리의 의사소통에 관련된 태도를 알 수 있는 한 가지 예는 매주 목요일 열리는 '사업 계획 점검(business plan review)' 미팅이다. 이 회사에 취임했을 때 단지 6명 정도의 관리 책임자들만이 보고하는 걸 보고 멀러리는 이를 즉각 시정토록 하였다. 즉 회의에 참석, 보고하는 대상을 소수가 아닌 각 기능별 부서로 확대하여, 전사적으로 회의 내용을 파악할 수 있도록 하였다. 보고 내용의 색깔별 코딩제를 도입하여, 탁월(good)에는 초록, 주의(caution)에는 노랑, 심각한 문제(problem)에는 빨강을 표기하도록 했다. 처음에 각 부서 책임자들은 모든 보고 내용에 초록색을 코딩했다. 하지만 회장은 "작년 한 해만 하더라도 수십억 달러의 손실을 보고 있는데 모든 게 잘되고 있다는 말인가?"라며 이를 질책하였다. 그러던 중 관리자 가운데 마크 필드(Mark Field)가 신차 모델의 생산 문제점을 지적하였을 때 주변의 분위기는 냉랭했지만, 회장은 박수를 치며 이를 긍정적으로 평가하고 "이와 같이 솔직한 견해가 피력되어야 회사의 문제를 어떻게 해결해야 할지 모색하게 된다"고 하였다. 이후부터 관리자들은 잘한 것과 못한 것을 구별하게 되었고, 이런 분위기는 하부로 확산되어 점차 열린 의사소통 분위기가 형성되었다. 포드 자동차 내에서는 더 이상 비밀이 없고 모든 직원들이 한 방향으로 움직일 수 있게 되었다. 회장은 또한 새로운 비전, '하나의 팀, 한 가지 계획, 한 가지 목표(One Team, One Plan, One Goal)'을 플라스틱 카드에 프린트하여 전 직원에게 배포하였다. 멀러리는 "우리는 대규모 조직이지만 우리 모두가 회사 계획을 알고 있다면 문제는 마술처럼 풀린다"고 하였다.[12]

갈등을 완화시키고 신뢰가 구축되어 공유 가치에 대한 직원들의 몰입을 강화하고 조직을 더욱 경쟁력 있게 만든 내용이다.

〈도표 9-3〉에서 알 수 있듯이 열린 의사소통의 조직 분위기가 마련되어 있을 때

**도표 9-3 ● 왜 열린 소통의 분위기가 만들어져야 하는가?**

**열린 의사소통의 분위기는 비전을 전달하는데 필수적이며, 단계적인 전달이 중요한 이유는**

**첫째, 듣지 않고서 알 수 없다는 원리 때문이다.** 조직이 추구하는 비전과 목표점은 조직 내 도처에서 들릴 수 있어야 한다. 몇 명의 리더만이 생각하는 조직의 비전은 절대 달성되기 어렵다. 구성원 모두에게 공유되고 기회가 있을 때마다 이를 리더가 실행에 옮길 때 비전은 달성된다.

**둘째, 조직의 분위기는 리더의 생각을 반영하고 있기 때문이다.** 비전과 가치를 구현하지 못하는 리더는 비전과 가치를 실행할 수 있는 조직을 만들 수 없다.

**셋째, 한 번에 한 발자국 이상으로 빠르게 걸을 수 없다.** 비전은 하룻밤 사이에 전달되고 달성될 수 없다. 비전이 소통되기 위해서는 지속적이고 일상적으로 전달되어야 하고 구성원들이 이를 수용하고 내재화될 수 있을 때까지 지속적으로 이루어져야 한다.

출처: Based on Bob Wall, Robert S. Slocum, and Mark R. Sobol, *Visionary Leader* (Rocklin, CA: Prima Publishing, 1992), pp. 87–89.

리더의 비전이 단계적으로 잘 전달될 수 있다. 이를 통해 구성원들은 조직 비전을 성취하기 위해 자신들이 무엇을 해야 할지에 대해 명백하게 알게 된다. 즉, 열린 분위기로 인해 부서 간에 갈등과 긴장이 줄어들고 신뢰 형성, 공유 비전에 몰입, 그리고 조직을 더욱 경쟁력 있게 만든다.

## 질문하기

사람은 어렸을 때 많은 질문을 하지만 학창 시절을 거치면서 손윗사람에게 질문하면 건방져 보이고 어른을 존중하지 않는 것으로 받아들여지기 때문에 점차 질문을 꺼리게 된다. 그렇지만 질문은 사람들로 하여금 생각하는 힘을 기르게 하고 정답을 찾는 돌파구 역할을 한다. 그럼에도 많은 리더들은 질문이 갖는 잠재력을 인식하지 못한다. 리더들은 누군가가 문제를 제기하면 해결안과 정답을 제시하지 못하면 부하들이 자신을 따르지 않을 것이라는 잘못된 두려움을 가지기도 한다.

적절한 질문은 개인이나 조직 모두에게 도움이 된다. 리더가 질문을 던지는 것은 두 가지 목적이 있다.[13] 첫째, 리더 중심적 질문을 던져 리더에게 회사 상황에 대한 정보를 주고 회사의 위기 혹은 기회 요인 등을 알게 하여 리더는 아이디어나 정보 등을 얻게 된다. 또한 리더는 이런 질문을 통해 구성원들의 전문성이나 아이디어를 파악할 수 있다. 특히 최근 새로운 첨단 기술이 일상화된 상황에서 모든 사람이 모든 것을 완벽하게 알 수는 없기 때문에 새로운 자극을 주는 이러한 질문이 필요하다.

둘째, 구성원 중심적 질문이다. 1928년에 모토로라를 창업한 폴 갤빈Paul Galvin은 구성원 중심 질문의 중요함을 인식하였는데, 그의 아들 밥 갤빈Bob Galvin은 아버지가 항상 종업원들에게 회사제품의 품질이나 고객들에 대한 질문 등을 지속적으로 해왔다고 한다. 이러한 유형의 질문은 구성원들로 하여금 학습을 촉진시키고 새로운 시야를 갖게 하며 비판적 사고critical thinking를 유도한다. 연구에 따르면 설문 대상 최고경영자의 99%가 비판적 사고가 조직 성공에 중요한 요소라고 대답한다. 소크라테스식 문답법은 즉시 답을 주기보다는 질문을 던져 그 답을 찾아내도록 하는 것이다. 이러한 방법을 적용해보면 리더들은 부하들에게 질문을 던져 깊이 있고 좀 더 장기적인 학습을 유도할 수 있으며 비판적 사고를 자극할 수 있다. 또한 이런 유형의 질문은 또한 구성원들에게 임파워먼트의 느낌과 긍정적 태도, 자신감을 갖게 한다.

## 경청

질문을 던지는 것만큼 중요한 것이 경청이다. 리더의 경청은 부하나 고객에게 중요한 영향 요인이 되며, 이를 통해 리더들은 전략적 주제를 이해하고, 추구하는 목표 달성을 위해 던져 사람들에게 어떻게 영향을 줄 수 있는지를 파악할 수 있게 된다. 또한 경청은 조직의 열린 의사소통 분위기를 만들게 하는데, 그 이유는 새로운 아이디어 및 제안과 문제점 등을 공유할 수 있기 때문이다. 리더의 경청은 구성원들에게 많은 영향을 미치며, 리더가 구성원의 말을 경청하지 않으면 자신을 별로 중요하게 고려하지 않는다는 메시지로 받아들이게 된다. 이렇게 되면 구성원들의 동기가 저하되고 조직에 대한 몰입이 줄어들게 된다.

바람직한 **경청**listening 방법은 무엇일까? 〈도표 9-4〉는 효과적 경청 방법을 바람직한 경청과 잘못된 경청의 경우로 구별하여 설명하고 있다. 효과적인 경청의 핵심은 집중focus하는 것이다. 즉, 훌륭한 경청자는 메시지 내용에 집중하고, 관련 없는 점은 그 순간에 생각하지 않는다. 적극적 경청을 위해 관심 영역에 초점을 맞추고, 유연하게 사고하며 열심히 듣는다. 또한 신속한 의미를 요약을 위해 사고력을 집중하고, 전달되는 메시지의 비중을 고려하면서 의미가 무엇인지를 명확하게 예측하려고 한다.[14] 결국 적극적인 경청은 리더의 일상 업무에서 핵심이 된다.

암젠Amgen에서 은퇴한 전임 CEO 케빈 쉐어러Kevin Sharer는 적극적 경청이 일상적으로 이루어지는 경우를 전략적 경청strategic listening이라고 표현하고 있다. 그는 훌륭한 리더가 되기 위해서는 자신의 생각을 상대에게 전달하는 데 주력하지 말고 상대방의 생각을 존중하고 받아들이려고 노력해야 한다고 주장하고 있다. 또한 리더로서 상대방들이 주고 있는 메시지와 시그널을 충분히 전달받을 수 있도록 준비하는 전

**도표 9-4 ● 효과적 경청 10가지 방법**

| 방안 | 잘못된 청취 | 올바른 경청 |
|---|---|---|
| 1. 적극적인 경청 | 수동적 태도로 듣고 그냥 넘어감 | 관심을 보이거나 고개를 끄떡거리고, 질문하기도 하고, 들은 이야기를 자신의 말로 표현해보기도 함 |
| 2. 개방적인 마인드를 유지 | 자신이 관심있는 주제에만 관심 가짐 | 새로운 학습의 기회로 삼고 기회를 모색함 |
| 3. 정신집중 | 쉽게 산만해짐 | 정신을 집중하고 산만해질 수 있는 요인을 제거하려고 노력함 |
| 4. 생각속도가 말의 속도보다 빠르다는 점을 착안 | 생각 없이 듣기만 함 | 화자가 던진 말에 대해 새롭게 해석해 보고 그 깊은 의미를 다시 파악해 봄 |
| 5. 타인 의견에 대한 반응 | 최소한의 반응 | 적극적인 관심 표현 |
| 6. 형식보다 내용에 집중 | 잘못된 말투에 신경 씀 | 내용 자체에 몰입함 |
| 7. 감정의 억제 | 선입견으로 판단하고 논쟁함 | 충분히 이해될 때까지 판단 보류 |
| 8. 아이디어를 생각하며 경청 | 부분적 사실에 집착함 | 핵심내용에 초점 |
| 9. 경청에 몰두 | 건성으로 듣는 척만 함 | 열심히 경청하며 적극적인 몸동작의 반응을 보여주며 화자와 공감대를 형성 |
| 10. 조용한 경청의 태도 | 화자의 말을 방해하거나, 핵심을 말하는 데 다른 사람과 대화 하는 행위를 범함 | 조용히 경청하고 상대방이 대화를 많이 하도록 배려함 |

출처: Based on "A Field Guide to Identifying Bad Listeners," *McKinsey Quarterly*, Issue 2 (2012), p. 112; Bernard T. Ferrari, "The Executive's Guide to Better Listening," *McKinsey Quarterly*, Issue 2 (2012), pp. 50–60; Philip Morgan and Kent Baker, "Building a Professional Image: Improving Listening Behavior," *Supervisory Management* (November 1985), pp. 34–38; and Sherman K. Okun, "How to Be a Better Listener," *Nation's Business* (August 1975), p. 62.

략적 경청의 자세를 강조하고 있다. 물론 이러한 점이 쉽지는 않지만 꼭 필요한 사항이며 경청하지 않은 임원들은 팀의 구성원들로부터 신뢰를 잃게 될 것이라고 경고하고 있다.

## 대화

대화의 원래 뜻은 '의미의 흐름stream of meaning'이다. 사람들은 처음 **대화**dialogue를 시작할 때 서로 다른 시각에서 다른 생각을 갖고 있는 경우가 많다. 하지만 적극적 경청으로 상대방을 진심에서 수용하게 될 때 서로 공통의 생각을 발견하게 되고 공통의 입장을 형성하게 된다.[15]

그런데 조직에서 서로의 의견을 이야기할 때 그 의미를 완전히 이해하지 못하고 어떤 마음의 뜻을 담고 있는지 알지 못하는 경우가 있다. 또한 들리는 사실적인

**IN THE LEAD Kevin Sharer, Amgen Inc.**

케빈 쉐어러(Kevin Sharer)*는 바이오테크놀로지의 초고속 성장기업인 암젠(Amgen Inc.)의 CEO이다. 그는 오랜 기업 생활을 하는 동안 사람들의 말을 듣지 않아 왔다. 맥킨지의 컨설턴트였고 GE에서는 잭 웰치의 스태프로 일했고 MCI에서는 영업과 마케팅을 담당한 경력을 가지고 있다. 하지만 그는 빠른 성장을 선호했고 뒤를 돌아보기보다는 앞만 보고 진행하는 탱크형 리더로서 다른 사람의 말을 잘 듣지 않고 자신의 생각을 밀어 붙이는 스타일이다. 그러던 어느 날 IBM의 전설적 CEO로서 IBM을 비약적으로 성장시킨 샘 팔미사노(Sam Palmisano)로부터 어떤 얘기를 듣게 되었다. 그는 자신이 과거 일본에 있을 때 한 가지 익힐 수 있었는데, 왜 우리가 경청을 해야 하는가는 단 한 가지, 비판하고 흠잡기 위해서 듣는 것이 아니고 그 말 뜻을 깊게 이해하고 해석하기 위해서 듣는다는 점이다.

팔미사노의 이 한 마디는 쉐어러의 귀를 멍하게 하고 강한 충격을 받은 듯한 느낌을 가져왔다. 지금까지 자신은 훌륭한 리더라면 자신의 생각을 얼마나 다른 사람에게 전달시키고 다른 사람을 얼마나 납득시킬 수 있어야 한다고 생각해 왔기 때문이다. 이 말 한마디를 통해 리더의 조건이 달라졌는데 타인의 말을 잘 경청하고 그 사람이 원하는 뜻을 이해하면서 서로의 소통은 원만하게 이루어진다는 점을 깨달았다. 이후부터 그는 전략적 경청의 의미를 심오하게 중시하여 누군가의 말에 대해 그 말이 무엇을 시사하고 있는지에 중점을 두고 파악하려고 노력하였다. 겸손하게 상대의 말을 경청할 수 있을 때 서로의 관계는 이미 형성되고 소통은 자연스럽게 될 수 있다.[16]

* 케빈 쉐어러에 대한 자세한 내용은 http://blog.naver.com/jerryhpark/20006515718을 참고 바람

정보만 가지고서 단순하게 문제를 해결하기 어려운 경우가 많다.

대부분의 사람들은 자신의 견해와 생각을 덧붙여 상대방의 말을 듣는 경향이 있다. 그러다보니 상대방이 진정으로 의미하는 바가 희석되곤 한다. 특히 서구식 대화법은 자신의 주장을 강하게 제기하고 상대 견해를 반박하는 것이 바람직한 것으로 인식되어 왔는데, 이런 대화법은 서로의 의견이 교환되어 공통의 생각을 만드는 데 장애가 되기도 한다.[17] 다만 이러한 대화 방식은 이미 명확한 답이 내려져 있거나, 선입견 없이 자유롭게 대화하는 경우나, 개인사에 관해 이야기할 때 적합하다.

대화를 명확히 이해하기 위해서는 토론discussion과 대비할 필요가 있다.[18] 〈도표 9-5〉는 대화와 토론의 차이를 보여주고 있는데, 토론의 의도는 자신의 견해를 제시하고 상대방을 설득하는 데 있다. 토론은 논리를 갖고서 상대방 견해를 포기시키는 데 초점을 두는 반면, 대화는 상호 간 공통 영역에 초점을 두고 사고를 공유하는 데 그 목적이 있다. 이를 위해서는 심도 있는 경청과 의미 형성이 집단 내에서 이루어

**도표 9-5 ● 대화 및 토론의 차이**

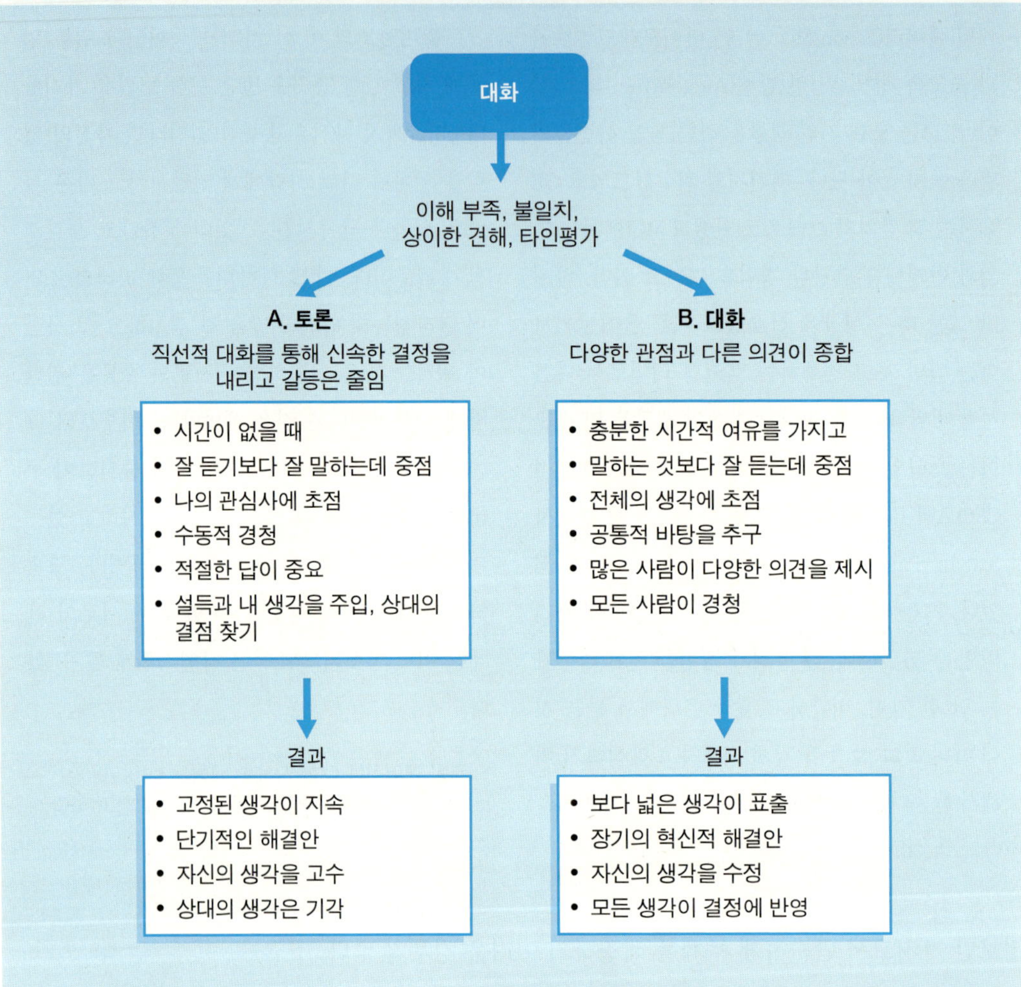


출처: Based on Edgar Schein, "On Dialogue, Culture, and Organizational Learning," *Organizational Dynamics* 22, no. 2 (Fall 1993), pp. 40–51; Deborah L. Flick, From *Debate to Dialogue: Using the Understanding Process to Transform Our Conversations* (Boulder, CO: Orchid Publications, 1998), p. 22; and Glenna Gerard and Linda Teurfs, "Dialogue and Organizational Transformation," in *Community Building: Renewing Spirit and Learning in Business*, Kazimierz Gozdz, ed. (Pleasanton, CA: New Leaders Press, 1995).

져야 한다. 대화의 목적은 자신의 마음을 보이고 사고를 공유하는 데 있으며, 보통 난해하고 정서적인 이슈를 위한 대화에 유용하다. 이와 관련된 내용은 [리더십 서재]에서 구체적으로 살펴보도록 하겠다.

NECX
A VerticalNet Company

대화의 사례는 컨버지Converge사에 의해 합병된 전자상거래 회사인 NECX에서 찾아볼 수 있다. 이 회사 창업자이자 CEO인 헨리 버톨론Henry Bertolon은 회사가 급속하게 성장한 이후 내부 갈등이 증폭되고 있음을

## Tell to Win: Connect, persuade, and triumph with the hidden power of story



*by Peter Guber*

이 책의 저자인 피터 구버(Peter Guber)는 성공하는 리더가 되기 위해서는 자신의 비전이나 꿈을 다른 사람이 지지할 수 있도록 설득할 수 있어야 한다고 말한다. 리더는 종업원 동기부여, 고객 충성도 제고, 투자자 유인 등을 달성시키고 싶어 할 것이며, 그렇기 위해서는 리더는 상대가 말하는 점을 잘 듣고 리더의 목표와 상대방의 목표를 잘 연결시킬 수 있도록 해야 한다. 또한 상대에게 호감을 주고 마음 속에 들어 갈 수 있어야 하는데 어떻게 하면 가능할까? 이렇기 위해서는 말 속에 스토리가 있어야 한다. 리더가 목적의식이 있는 스토리를 제시하게 되면 사람을 설득하고 조직을 발전시키는데 가장 기초가 된다.

**목적의식이 있는 스토리를 말하는 방법**

이 책의 저자 피터 구버는 기업가정신이 탁월한 인물로서 영화 배트맨, 미드나이트 익스프레스, 레인맨, 컬러 퍼플 등의 제작자이다. 그가 제시하는 성공적인 리더 스토리를 만드는 지침을 보면 다음과 같다.

첫째, 목적이 있어야 한다. 리더가 말하고자하는 스토리에 목적의식이 명확해야 구성원들이 행동에 옮길 수 있다. 그는 영화 〈아라비아 로렌스〉의 내용에서 실제 주인공이 각지에 분산되어 있는 부족들을 하나의 민족임을 강조하고 결국 하나의 부족으로 뭉치게 하는 점을 강조하였다. 결국 리더는 목적이 있는 말을 하고 행동으로 추진할 때 구성원들이 따르게 된다.

둘째, 진정성이 있어야 한다. 목적의식은 구성원들을 움직이게 할 수 있겠지만 이것만으로는 구성원들을 동기부여 시키고 열정을 갖게 하기는 쉽지 않다. 말하는 스토리 속에 개인의 성품이 잘 반영될 수 있을 때 리더와 팔로워 간의 마음 속 연결고리가 생긴다. 훌륭한 연기자는 대본에만 중실해서는 안 되며, 약간은 유연성을 가져야 한다. 관객들에게 어필하고 정서적으로 연결하기 위한 경우에는 스토리를 전환시키기도 한다. 결국 말 속에 진정성이 담기면 상대와 나는 정서적으로 연결고리가 생길 수 있다.

셋째, 스토리는 듣는 사람에 맞춰져야 한다. 유사한 말이 되겠지만 리더는 상대방의 관심을 스토리에 연결시킬 수 있어야 한다. 상대가 원하고 관심 갖는 점을 내가 관심 있다고 보여줌으로써 소극적인 경우를 적극적인 경청자로 끌어들일 수 있게 된다.

이 책의 저자는 말 속에 스토리가 있어야 하며, 스토리를 제시하지 못하는 리더는 단순히 거래적인 요소만이 존재할 것이며 팔로워들과의 관계성은 형성되지 않는다고 강조하고 있다. 그리고 리더는 스토리가 목적의식이 있어야 한다는 점을 강조하고 있다.

감지했다. 구성원 상호 간 불만이 가득했고, 회의를 열면 고성만 오가고 해결안을 찾지 못하고 끝나는 경우가 많았다. 이러한 갈등을 해결하기 위해 MBA 출신 심리학자 윌 칼마스Wil Calmas를 채용하였다. 새로 채용된 전문가는 구성원 간 경청과 대화를 모색하기 시작했는데, 이 프로그램이 진행되면서 구성원들은 점차 자신의 두려움, 적대감, 좌절감, 자신이 원하고 있으나 표출하지 않은 점 등을 자연스럽게 표현하기 시작했다. 즉, 대화 프로그램을 통해 구성원들은 자연스럽게 자신의 생각을 숨김없이 나타내고 아이디어를 표현할 수 있었다.[19]

대화나 토론 형식의 의사소통은 조직의 변화를 가져올 수 있다. 토론 결과는 제한된 특정 이슈에만 적용되는 반면, 대화에서는 집단의 일체감, 공감대 형성, 사고의 틀 전환이 가능해진다. 뿐만 아니라 새롭게 형성된 사고의 틀은 의견 일치와는 다른 차원이며, 깊이 있고 신뢰할 수 있는 새로운 관계가 구축될 수 있다.

## 진솔한 소통

진솔한 소통이 이루어짐으로서 직장 내 무례incivility나 오해 등이 상쇄되는 경우가 많다. 그만큼 진솔함을 바탕으로 하는 소통은 중요성이 높다. **진솔함**candor은 리더의 생각을 정직하고 솔직하게 전달하는 것을 말하며, 진솔한 소통은 리더가 부하직원에게 조직목적 달성을 위해 수행해야 할 일을 명확하게 전달해주는 것이며 상대를 인격적으로 존중하고 상대를 통제하거나 탐색하려는 내용을 담고 있지 않다. 그래서 조직의 중요한 핫 이슈와 관련된 문제에 대해서 이와 같은 진솔한 소통이 매우 중요하다. 전임 GE회장이었던 잭 웰치는 재임 시 부서장들에게 그들이 얼마나 직원들에게 진솔한 평가를 받아보았나 질문해보니 10%에 불과하였다. 그러면 부하직원들을 진솔하게 평가해본 경우에 대해 질문했더니 10%도 되지 않았다고 한다. 그 만큼 조직 내에서 진솔하게 상대를 평가하거나 진솔하게 소통하는 경우가 많지 않다고 한다.

진솔한 소통은 직원들로 하여금 리더가 자신들에게 어떤 일을 기대하고 있는지 알게 하고 리더가 무엇을 지향하고 있는지도 판단할 수 있게 한다. 그래서 진솔한 소통이 잘 이루어지는 조직 규범을 가지고 있는 조직체는 업무처리가 신속하고 탁월하다. 모든 사람들이 진실을 말하지 않으려 하고 주저할 때 서로 토론이 붙고 옳고 그름의 논란이 많아진다. 뿐만 아니라 진솔한 소통을 하게 되면 의미 없는 미팅이나 비효과적인 팀워크이나 악의적인 침묵 등의 문제점 등이 줄어들게 된다.

진솔한 소통으로 대인 간 의사소통을 향상시키는 방법 중 하나는 조하리의 창을 이용하는 것이다. 조하리의 창은 이를 만들어 낸 조셉 러프트Joseph Luft와 해리 잉햄Harry Ingham의 이름을 조합한 것으로 대화, 경청, 핵심 주제 식별, 관계성 향상을 위한 질문 제기 등을 포함하는 리더십 의사소통 방법이다. **조하리의 창**Johari Window**은 자신 혹은 상대방의 사실, 감정, 견해 및 태도 등이 집단 내에 알려지거나 그렇지 않은 정도를 통해 대인관계의 갈등 원인을 찾고 그 해결안을 찾는 방법이다.**

출처: chimaeraconsulting.com

조하리의 창에 대해서 이 책에서는 간략하게 설명하고 있지만, 리더들에게 주는 핵심은 구성원들이 조하리 창을 열고 자신에 대한 학습을 할 수 있도록 환경을 개선시켜 주어야 한다는 점이다. 유능한 리더는 구성원들의 자아 발견, 건설적 피드백, 진솔한 표현 등을 장려하여 왜곡이 없고 불신과 오해가 수반되지 않은 의사소통이 이루어질 수 있도록 해야 한다.

## 스토리의 위력

앞에서 센스기빙에 대해 설명한 바 있는데, 센스기빙은 내 마음 속에 있는 생각과 신념 등을 상대에게 전달하는 것이다. 단순히 언어적인 내용만을 전하는 것이 아니라 내면에 있는 생각과 스토리를 이전시키는 것이다. 이와 같이 스토리가 갖는 힘은 크다. 상대방과 단순히 대화가 아니라 스토리를 전하게 되면 복잡한 문제도 쉽게 상대에게 이해시킬 수 있고 공유하고 있는 목표를 공감할 수 있고 행동을 장려시켜 다른 소통 방법으로서 이룰 수 없는 변화를 이룰 수 있다.

스탠포드 경영대학원에서 인간의 생각을 점유하는 스토리의 위력을 검증한 바 있다.[20] 실험의 목표는 경영대학원생들에게 회사의 비해고no-layoff 정책을 믿도록 하는 것이다. A집단에게는 이 회사가 해고를 회피하는데 노력하고 있다는 스토리만을 제시하였고, B집단에게는 경쟁회사와 비교하여 이 회사가 비해고 정책 때문에 이직율이 낮아진 통계치를 보여주었다. C 집단에게는 회사의 인력관리 규정을 보여주었고, D 집단에게는 비해고와 관련된 통계수치와 스토리를 섞어서 제시해 보였다. 이와 같이 각각 다른 방법을 통해 비해고 정책의 효과성 반응을 평가해 본 결과 A집단, 즉 회사가 비해고 정책을 실현하고 있다는 내용을 스토리로 엮어 설명을 들은 집단이 가장 설득력 있는 반응을 보였다. 이와 같은 검증 실험 결과는 리더에게 주는 시사점이 높다. 사람을 설득하기 위해서 리더는 사람의 마음을 움직일 수 있어야 하고 스토리는 사람의 마음을 움직이는데 최상의 방법이다. 뿐만 아니라 상용하는 언어적 표현에 상상력과 스토리의 요소를 합치게 되면 단순히 사실적인 내용만 가지고서 사람을 설득하려는 것보다 훨씬 효과성이 높다.

스토리의 활용 방법은 누구나 익힐 수 있으며 그렇게 힘든 일은 아니다. 아이디어를 나열하는 수준이 될 수도 있고 농담을 섞어서 말을 만들 수도 있고 역사적인 순간이나 텔레비전이 영화 속에 나오는 내용이나 개인의 경험을 정서적으로 표출하는 것들이 모두 스토리가 될 수 있다. 핵심적인 점은 이러한 스토리를 통해 리더가 전하고자 하는 메시지가 정서적으로 상대에게 안착될 수 있어야 한다는 점이다.[21] 스토리를 이야기할 때 미국 서부를 개척한 루이스와 클라크 탐험Lewis and Clark Expedition

에 관한 이야기가 많이 언급되며 기업들이 새로운 변화와 혁신을 추구하고자 할 때 이들 스토리를 많이 활용한다. 루이스와 클라크는 미국이 건국 초 재퍼슨 대통령 재임 시 대통령의 명령에 의해 서부지역을 최초로 탐사하였다. 미국 대륙의 북서 항로를 찾아야 할 필요가 있었지만 당시만 해도 서부지역에 대해 지도 한장 없었고 그곳은 완전히 신대륙으로 인식되고 있었다. 이들은 미시시피 강 서쪽에서 태평양 연안에 이르는 대륙횡단의 수로를 발견하고 다양한 지역의 동식물 군을 파악하고 또한 미국 영토의 합법적인 근거를 파악하고자 하였다. 한 마디로 이러한 개척 정신은 기업들이 새로운 개척의 비전과 전략을 수립하는데 일종의 스토리로서 활용되고 사람들에게 감동과 정서를 통해 마음을 움직이게 하는 큰 힘이 되었다.

## 설득과 영향력의 의사소통

의사소통 챔피언으로 행동하기 위해서 리더들은 단순히 정보를 전달하기보다는 구성원들을 설득하고 영향을 미칠 수 있어야 한다. 또한 비전을 전달하기 위한 의사소통 기법을 활용하고 비전과 목적 달성에 필요한 행동 양식을 일깨워야 한다.

다른 사람을 설득하는 능력의 중요성이 강조되고 있다. 전통적인 명령과 통제 방식은 무엇을 어떻게 해야 하는지를 알려주기만 하면 되지만, 그렇게 하면 구성원들은 왜 이런 일을 해야 하는지에 대해 더욱 궁금증을 갖게 된다. 실무적으로 IBM과 UBCUnion Bank of California 등은 리더들이 다른 사람들에게 명령하기보다는 영향력을 주는 업무 역량 강화에 중점을 두고 교육 훈련을 실행한다.[22]

리더들이 타인 설득의 실천적 방법을 익히려면 다음 네 단계에 대한 숙련이 필요하다.[23]

1. **신뢰성 구축**establish credibility: 리더의 신뢰성은 지식과 전문성, 그리고 타인과의 관계로부터 온다. 리더가 특정 사안에 대해 전문성을 갖고 바람직한 결정을 내릴 수 있을 때, 구성원들은 리더의 전문 역량에 신뢰를 갖게 된다. 또한 타인과의 호의적 관계를 맺고 다른 사람의 관심사에 진심으로 접근할 수 있을 때 구성원들은 리더를 믿고 존경하게 된다.

2. **공통 목표 설정**build goals on common ground: 리더가 추구하는 바가 리더와 구성원 양측에 어떤 혜택을 갖고 오는지 알게 해야 구성원들을 설득할 수 있다. 예를 들면, FHMFirst Houston Mortgage사의 사장은 회사 운영 체계를 전자 문서 시스템으로 전환시키려고 하면서 직원들에게 이 시스템이 활성화되면 고객 정보를 온라인으로 저장하여 가정이나 외부출장에서도 수월하게 업무를 볼 수 있음을 강조했다.[24] 또한 사장은 다양한 경로를 통해 이 제도의 필요성을 강조하고 경우에 따라 제스처와 같은 비언어적 행동을 통해 그 효과를 강조했다. 왜냐하면 직원 또는 설득당하는 당사자들은 항상 그 내용을 따르면 어떤 혜택이 있을까에 관심을 가지기 때문이다. 따라서 설득할 때 공동의 혜택이 있음을 보여줄 수 있어야 구성원들은 리더가 제시하는 목표와 계획을 따르게 된다.
3. **다양한 설득 방안 모색**make your position compelling others: 리더는 자신의 메시지 전달을 위해 단순한 사실만을 부각시키기보다는 상징이나 은유적 표현, 이야기 등을 이용하는 것이 좋다. 왜냐하면 구성원들의 상상력을 자극시킬 때 구성원들에게 동기를 줄 수 있기 때문이다.
4. **경청이 우선**Listen first: 연구결과에 의하면 사람은 일반적으로 누군가가 자신의 말에 경청하고 있다고 느끼면 그 사람에 대해 호감을 가지게 되고 관계성에 대한 몰입이 증가한다고 한다. 그런 관점에서 볼 때 리더가 부하직원들에게 영향력을 미치기 위해서는 그 사람이 필요로 하는 점이나 정서를 먼저 고려할 때 좋은 리더라 할 수 있다. 그리고 구성원이 단순히 던지는 말을 리더가 이해하고 있다고 생각하기보다는 자신의 마음속에 있는 심중의 뜻을 헤아려주는 리더의 모습에서 훌륭한 리더의 상을 찾게 된다. 따라서 훌륭한 리더가 되기 위해서는 상대방이 진정으로 표하고 싶어 하는 내용에 대해 질문하고 적극적으로 경청하는 태도를 가져야 한다.

카렌 체

설득은 상대방과 해결안을 공유하고 몰입하게 하는 가치 있는 의사소통 프로세스라 할 수 있다. IBJInternational Bridges to Justice(정의를 위한 국제적 가교)를 설립한 카렌 체Karen Tse는 설득적 리더의 대표적인 인물이다. 그녀는 37세에 이 단체를 만들어 우수한 변호사들을 훈련시켰고 중국, 캄보디아, 베트남에 있는 죄수 수천 명의 생명을 구하는 일에 앞장섰다. 그녀는 상대방이 기업인이건 교도소 간수건 상관없이 인간의 정서로 사람의 마음을 움직였다. 그녀는 악의 문제를 주제로 다루기보다는 선의 문제에 적극적으로 접근하여 상대의 마음을 움직이고 변화시켰다. 예를 들면, 어느 캄보디아 간수장은 처음에는 죄수들을 '쥐새끼'로 비하해서 말하곤 했는데 그녀와 정서적인 교감을 이룬 후에는 교도소 내에 화단을 만들고 감옥 시설을 청결하게 바꾸는 등 큰 변신을 하게 되었다.[25]

설득적인 의사소통 챔피언이 되기 위해서 **리더들은 조직 내 구성원들과 수시로 편안하게 의사소통할 수 있어야** 한다. 하지만 대부분의 사람들은 의사소통이 가져오는 효과를 경험하지 못했기 때문에 의식적이든 무의식적이든 간에 의사소통과 관련된 상황을 회피하려는 경향이 있다.[26] 의사소통의 우려communication apprehension는 이와 같은 회피 행동을 지칭하며, 다른 사람들과의 의사소통에 대한 불안감이나 두려움이라고 정의할 수 있다.[27]

## 적절한 의사소통 경로의 선택

의사소통은 정보 전달자로부터 수신자에 이르는 일련의 과정이며, 효과적인 의사소통을 위해서는 적절한 매체나 **경로**channel를 활용해야 한다. 리더가 사용할 수 있는 의사소통 경로는 대면face-to-face, 이메일, 메모나 편지, 팩스, 전화, 블로그나 웹 페이지, 뉴스레터 등 다양한 방법이 있다. 하지만 가장 적절한 경로는 메시지의 본질이 무엇인가에 달려있다.

### 경로 풍부성의 양극단

의사소통의 효과는 리더가 어떠한 경로를 사용하는지에 달려있다.[28] 연구 결과에 의하면 경로에 따라 정보 전달의 양이 달라진다고 한다. **경로 풍부성**channel richness은 선택한 매체 수단에 따라 전달되는 정보의 양을 말하는데, 〈도표 9-6〉은 다양한 매체 수단을 제시하고 있다.

정보의 경로 풍부성은 다음 세 가지 특성에 의해 영향을 받는데, (1) 동시에 여

도표 9-6 ● 경로 풍부성의 양극단

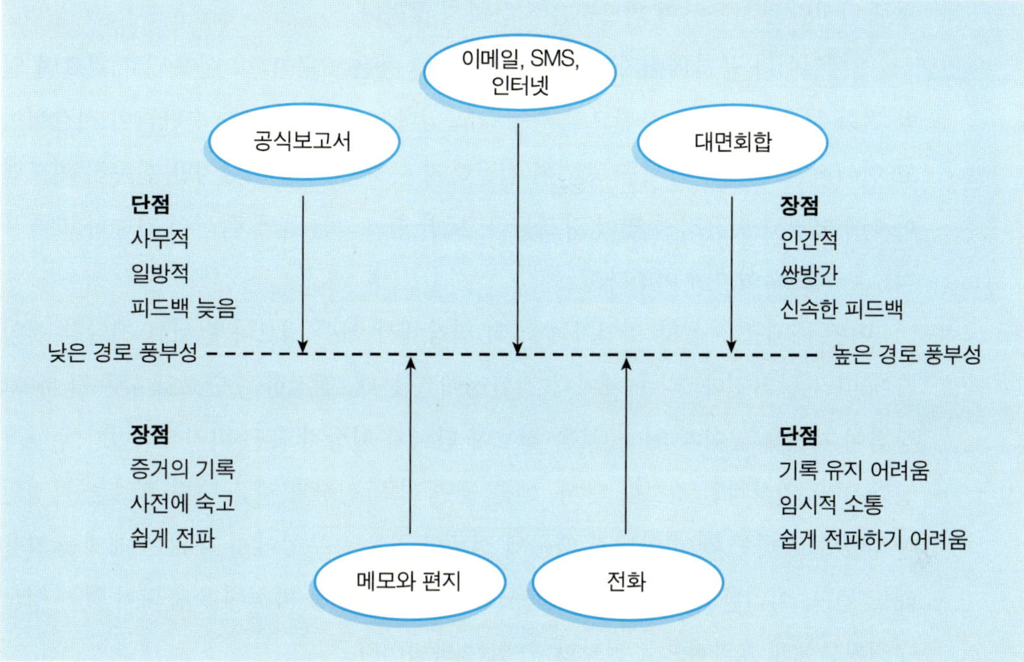




러 가지 단서cues를 처리하는 능력, (2) 신속하게 쌍방의 피드백을 촉진시키는 능력, (3) 의사소통에 대한 개인적 초점 설정 능력을 말한다. 대면회합face-to-face discussion은 절달되는 정보의 양이 가장 많은데, 그 이유는 직접 대면하기 때문에 다중 정보와 단서가 전달되고 즉각적인 피드백이 가능하며 개인적 초점 설정이 가능하기 때문이다. 또한 대면회합은 상황이 복잡하고 정서적 문제일 때, 상대방을 쉽게 이해시키고 동화assimilation를 촉진한다. 예를 들면 라이더 시스템즈Ryder Systems사의 전 CEO 토리 번스Tony Burns는 대면회합의 중요성을 지속적으로 강조하면서 사람의 눈을 보고 대화하면 많은 문제점을 해결할 수 있다고 말해 왔다.

대면회합 다음으로 풍부한 정보 경로는 전화 대화이다. 전화대화는 시선 교차나 동작 등을 보일 수 없으나 사람의 음성이 그대로 전달되기 때문에 정서적인 정보의 양은 많다. 이메일이나 문자 메시지, 네트워크 사이트, 혹은 트위터 등과 같은 전자 메시지 매체는 전화 이상으로 빈번하게 사용되며 신속한 피드백과 메시지의 개인화가 가능하지만 시각 언어적인 단서를 전달하는 능력은 부족하다.[29]

쪽지나 편지 등과 같은 인쇄 매체는 인간적이지만 문서의 단서만이 전달되며 피드백이 느린 단점이 있다. 광고 전단지fliers나 게시판bulletin 등은 정보 경로의 풍부성이 약한 편이다. 또한 이러한 매체 수단은 특정인을 대상으로 하지 않고 제한된 정보 단서만을 사용하며 피드백을 허용하지 않는다.

이메일이나 문자메시지 혹은 소셜 미디어 등은 요즘 많이 사용되고 있으며 일반 전화 사용보다 소통 수단으로 각광받고 있다. 그리고 이러한 수단들이 시각적이고 언어적인 면에서 단서를 충분히 전달하지 못하는 약점이 있지만 신속히 피드백이 이루어지고 인간적인 면이 강조된다. 또한 블로그는 넓게 확산이 가능하고 즉각적으로 피드백이 이루어진다.

어떤 매체를 사용할 것인가는 리더 입장에서 어떤 정보나 단서를 전달할 것인가에 따라 달라진다. 각 매체마다 장단점이 있는데, 적절한 수단으로 활용될 때 그 장점이 가치를 높이게 된다. 보통 정보나 단서가 일상적 혹은 비일상적인가에 따라 달라진다. 일상적인 정보나 단서, 예를 들면 가격 인상과 같은 수치 정보는 특정인을 대상으로 하는 것이 아니기 때문에 정보의 경로 풍부성이 높지 않은 매체를 활용해도 된다. 이러한 정보나 단서는 문서나 전자 의사소통 방식에 노출되어 있는 정보 수신자들에게 효과적으로 전달할 수 있는 방법이다.

리더들은 메시지 내용에 따라 매체 방법을 신중하게 선택해야 한다. 예를 들면, 해고와 같은 심각한 내용을 전달한다고 생각해보자. 리더들은 이 사안 자체가 무겁고 두려움을 줄 수 있기 때문에 불편한 상황을 회피하고 싶은 마음에서 서신이나 전자 매체를 이용하는 경우가 있다. 하지만 유능한 경영자들은 이런 경우를 회피하지 않고 대면회합을 통해 전달한다. 어느 건설회사 CEO는 해고가 필요한 상황에서 직원들을 소집하여 경제적 위기 상황과 부동산 모기지mortgage 파동 등의 상황으로 인해 회사가 어려움에 처해 있다고 솔직하게 말했다. 물론 이 회합에서 해고에 대한 직접적인 언급은 하지 않았지만 모든 직원들은 이 말이 무엇을 의미하는지 함축적으로 이해하게 되었다. 이와 같이 리더가 선택할 수 있는 의사소통 매체 경로는 다양하지만 어떤 매체를 사용하는가에 따라 그 파급 효과는 달라진다.

### 전자 의사소통 경로의 효과적 사용

최첨단 기술이 계속 발전하면서 전자 의사소통이 활성화되고 있다. 첨단 기술은 효과적인 의사소통 방법을 제공하며 일상적이고 반복적인 메시지 전달에 효과적이다. 예를 들면 문자 메시지는 실시간으로 주어진 정보를 많은 사람들과 공유할 수 있는 특징을 보이며 이메일보다 더 많이 이용되기도 한다.[30]

전자 의사소통은 장점도 있지만 단점도 있다. 가장 큰 단점은 인간의 정서적 기능을 너무 쉽게 단순화시키고 있다는 점이다. 바로 옆자리에 앉아 있는 직원에게도 말보다 문자나 이메일로 소통하고, 대면과 인간의 정서 교감을 통해 보다 큰 효과를 누릴 수 있음에도 불구하고 간편함과 편리함을 추구하다보니 전자 의사소통 방법을 활용하는 경우가 많다. 하지만 리더들은 전자 의사소통이 의도하지 않았던 역기능이 발생할 가능성을 염두에 두고 효과적 사용 방법 등을 알아둘 필요가 있다. 다음은 효과적인 전자 의사소통 방안에 대해 설명하고 있다.

- **첨단 기술과 섬세한 감성high touch의 결합:** 첨단 기술에 의한 의사소통이 인간에 의한 의사소통을 앞지를 수는 없다. 최근 온라인을 통한 사이버 일터의 개념이 확대되고 있지만 구성원들과 정기적으로 대면하고 대화를 시도해야 한다.[31] 예를 들면 보스턴의 어느 온라인 부동산 개발회사 직원들은 일주일에 하루 '피자 간식 먹는 날'을 정하여 사무실에 모여 대면접촉과 상호작용의 기회로 활용한다.[32]
- **상황에 따른 소통의 방법 차이:** 구성원 간 서로 오래 일해 왔고 서로를 잘 아는 경우 이메일이나 전자 문자 등을 통해서도 원활하게 소통이 이루어질 수 있다.[33] 오랜 기간 동료의식을 느끼고 있다면 서로 오해하고 잘못 판단할 여지가 작기 때문에 대면접촉이 필수적이지 않다. 최근 특정한 목표를 달성하기 위해 구성된 팀 구성원들과는 간혹 의도하는 메시지가 명확하게 전달되지 않을 수 있지만 오랜 기간 같이 근무해온 부서원들에게는 이메일이나 온라인 의사소통을 사용해도 무방하다.
- **보내기 버튼을 누르기 전에 한 번 더 생각:** 사람들은 전자문서에 관해서는 신속하게 답장해야 하는 심리적 압박감을 느끼는데 간혹 이것 때문에 의도하지 않은 문제가 발생하기도 한다.[34] 그래서 메일을 작성하고 나서 보내기 전에 다시 한 번 읽어보고 검토해야 한다. 만약 본문 내용을 작성할 때 화가 나 있거나 불만으로 가득 차 있는 상황에서 이메일을 보내는 것도 심사숙고해야 한다. 두 번 이상 읽어보고, 다른 사람으로부터 직접 메시지를 받았을 때와 동일하게 생각을 깊게 해야 한다.

## 비언어 의사소통

리더들은 언어적인 수단을 통해서만 의사소통을 하는 것은 아니다. 업무 과정에서 구성원들을 주시하고 표정을 짓고 특정한 행동을 보이는 것만으로도 얼마든지 의사소통을 하게 된다. 즉, 표현하지 않아도 목소리 어조만으로도 그 느낌을 충분히 의사소통하고 있는 것이다. 경우에 따라서는 의사소통 매체 자체가 상징적인 메시지를 담고 있다고 할 수 있다. 예를 들면, 문서에 의한 의사소통은 공식성을 담고 있으며, 특정 직원에 대한 경영자의 개인적 방문은 특별한 배려와 팀워크의 표현이 된다.[35]

언어적 표현을 하지 않더라도 비언어적 표현만으로도 충분히 이해되는 경우가 있다.[36] 예를 들면, 피닉스 병원에 근무하는 마샤 핀버그Marcia Finberg는 상사와 오랫동안 친밀한 관계를 유지해왔기 때문에 갑자기 그녀의 상사가 말을 걸어오지 않게 되자 어떤 문제가 있다는 점을 알아챌 수 있었다. 상사는 그녀를 해고해야 할 상황이었으나 이를 직접 표현하지 못하고 있었고, 상사가 보여준 비언어적인 표현 그 자체만으로도 충분히 그녀는 상황을 알아차렸던 것이다.[37]

리더는 자신의 비언어적 의사소통에 대해 유의할 필요가 있다. 조사에 따르면, 리더의 말과 행동, 즉 언어적 의사소통과 비언어적 의사소통이 불일치하면 구성원들은 비언어적 표현에 더 큰 의미를 부여하게 되기 때문이다.[38] 예를 들면 리더가 고객 서비스를 강조하면서 고객 문제에 시간을 보내지 않으면 구성원들은 고객 서비스 활동에 별로 가치를 두지 않게 된다. 또한 리더가 직원들의 피드백을 중요하게 생각한다고 말하면서 사무실을 자주 비우거나 사무실의 문이 주로 닫혀 있으면 쉽게 직원들이 다가오지 못할 것이다. 이 때문에 HP는 배회관리management by wandering around 정책을 실행하여 직원들이 어느 때나 무슨 문제든 쉽게 관리자들과 대면할 수 있도록 했다.[39] 배회관리는 리더들이 사무실에서 나와 직원들과 직접 대화를 하기 위한 방안이며, 이러한 제도를 통해 직원들은 리더가 자신들의 아이디어나 생각을 존중하고 있다고 느끼게 하는 상징적인 의미를 갖게 된다.

## 최근 소통의 방법

최근 소통의 방법으로 자주 언급되는 것은 소셜 미디얼 활용과 위기상황에서의 소통 스킬에 관한 것이다.

## 소셜 미디어 리더십

페이스북이나 트위터 등의 **소셜 미디어**social media를 모르는 사람은 없을 것이다. 이러한 첨단 소통방식은 인터넷을 기반으로 응용된 것으로서 소셜 네트워킹, 위키스, 블로그 등을 포함하고 있다. '돈이 아니라 비전을 보십시오. 그러면 돈은 결국 당신을 따라 갈 것입니다.' 이는 최근 미국 인터넷 쇼핑몰인 아마존닷컴에 인수된 자포스Zappos의 공동창업자 토니 세이의 말이다. 자포스는 인터넷 신발도매상인데 토니 세이 CEO는 회사가 경제적 어려움에 처해 종업원을 해고시켜야 하는 상황에 직면할 때 소셜 미디어를 이용한 대표적인 케이스이다. 즉 해고 대상자들에게 신속하게 그들이 안고 있는 불안감과 스트레스를 완화시켜 주었고 또한 생존자에게도 신속하게 안정을 가져올 수 있도록 첨단의 소셜 미디어를 활용하였다. 해직자에게는 개인적으로 해고상황을 전달하여 절차적 공정성을 침해하지 않으려고 노력하였다. 결론적으로 그의 소셜 미디어 활용은 모든 종업원들에게 긍정적인 반응을 줄 수 있었다.

자포스의 토니 세이는 소셜 미디어를 초창기에 활용한 대표적 리더이다. 하지만 그렇다고 모든 경영자들이 이러한 소셜 미디어를 잘 활용하는 것은 아니다. 예를 들면 GE의 제프리 이멜트 CEO는 2012년에 처음으로 트위터에 글을 써보았다고 한다. 그런데 메드트로닉Medtronic의 CEO였던 하버드 대학의 빌 조지Bill George 교수는 리더는 소셜 미디어를 업무적으로 잘 활용할 수 있어야 한다고 역설하고 있는데 그 이유로서 구성원들은 리더가 정말 무엇을 원하고 있는지 혹은 무엇을 생각하고 있는지를 정말 알고 싶은데 소셜 미디어는 이를 신속하게 해결해주기 때문이다. 즉 다양한 소셜 미디어를 통해 솔직한 CEO의 생각이 소통될 수 있다면 리더와 구성원 간의 업무적인 흐름이 원활하게 이루어질 수 있다.

IBM 연구소가 1,700명의 최고경영자들을 대상으로 인터뷰한 결과 솔직히 모든 것이 소통될 수 있을 때 미래의 사업 성공을 기약할 수 있다고 한다. 특히 요즘 젊은 직원들은 리더와 좀 더 밀접한 관계를 원하며 터놓고 대화하고 싶어하며 소셜 미디어를 활용한 소통을 선호한다. 리더가 소셜 미디어를 잘 활용하면 공간의 제약을 받지 않고 많은 사람과 소통할 수 있고, 구성원들은 리더와 공유 가치를 가지고서 하나의 커뮤니티 내에 있다고 생각하게 되면 더욱 그 리더와 조직에 대한 애착이 강해진다. 따라서 하이테크 시대의 리더가 되기 위해서는 그리고 젊은 종업원들의 고성과 창출을 원한다면 그들과 소셜 미디어를 잘 활용할 수 있어야 한다.

## 위기상황에서의 소통

의사소통이 리더의 핵심 업무임에 틀림없으며 특히 기업이 신속한 변화와 위기의 상황에서 어떻게 소통하는가는 중요한 문제이다. 2013년 보스톤 마라톤 대회 폭탄 테러, 2010년 도요타의 대규모 리콜사태, 2011년 일본에서의 쓰나미와 원자력발전소 사태 등과 같이 심각한 위기상황이 있었고 리더에게 컴퓨터 데이터의 손실이나 인종차별로 인한 배상과 같이 미약한 위기 상황을 경험해야만 한다.

리더는 위기상황에서 어떻게 잘 대응하고 소통할 수 있는가가 매우 중요하며 그렇기 위해서는 다음 네 가지 스킬이 필요하다.

1. **침착하라**stay calm: 위기의 상황에서 리더에게 가장 중요한 업무가 될 것이 구성원들의 두려움과 불확실성을 최소화할 수 있어야 한다. 미국 항공우주국(NASA) 비행 감독의 책임자였던 유진 크란츠Eugene Kranz는 아폴로 13호가 우주에서 사고가 발생한 이후 결국 상당히 파손이 된 이후 지구에 돌아 왔을 때 리더는 부하직원들이나 상대방에게 어떤 일이 발생하더라고 침착해야 하고 더욱 냉정해져야 할 필요가 있다고 말했다.
2. **눈에 보이고 후원하는 모습이 되어라**Be visible and supportive: 어떤 위기 상황이 발생하면 사람들은 누군가가 이 위기를 통제하고 줄이기를 원할 것이다. 그리고 그 역할은 리더에게 주어지는데 진정한 리더가 되기 위해서는 위기의 상황이 발생하면 즉각적으로 전면에 나서 이를 해결하는 모습을 보여야 한다. 이럴 때 팔로워들은 안정을 되찾고 공동의 선을 추구하게 된다.
3. **진실을 말하라**Tell the truth: 리더는 사실을 명확하게 표출하는데 최선의 노력을 기울여야 하며 가능하면 신속하게 구성원이나 세상 사람들에게 진실을 나타낼 수 있어야 한다. 리더가 신속하게 진실을 말하지 않으면 불필요한 루머가 생기고 그로 인해 더욱 큰 파장을 가져오게 된다. 미국의 명문대학인 듀크 대학교Duke University에서 의료사고가 발생한 적이 있다. 병원에서 한 아이의 간 이식을 하는데, 혈액의 ABO형을 잘못 맞춰 아이가 죽게 되었다. 물론 병원은 간 이식을 하기 위한 여러 단계를 명확히 수행했지만 그 절차가 잘 작동하지 않아 결국 의료사고가 발생하였다. 이와 같은 위기 상황이 발생한 이후 시간이 조금 지나고 병원의 공식적인 사과를 하기까지 9일이 걸렸으며 그러는 동안 병원의 명성은 추락하고 있었다. 뿐만 아니라 세상에는 듀크 대학병원이 무허가 의학실험을 한

다는 등 사실무근의 루머가 더욱 퍼지는 악상황이 생겨나기도 하였다. 이런 위기상황에 맞춰 이 병원장과 이식수술 주치의들이 시사 프로그램인 '60분 토론 CBS 60 Minutes'에 출연하여 진실을 밝히고 난 후 사건은 잠잠해질 수 있었다.

4. **미래의 비전을 전하라**communicate a vision for the future: 사람들은 현재보다 더 진보하는 미래를 꿈꾸며 미래를 위해 무엇인가 움직이는 자신의 모습을 발견하고 싶어 한다. 위기의 상황은 리더에게 더 나은 미래를 향하고 공동의 목표를 창출시키는 비전을 전하는 좋은 기회의 상황이라 할 수 있다. 즉 위기의 상황일 때 더욱 절실한 미래의 비전을 전달할 수 있어야 한다.

## 학습 핵심

- 효과적인 의사소통은 리더십의 핵심 요소이다. 리더들은 추구하는 목적의 공감대와 정체성을 형성하기 위해 구성원들을 격려하고 하나로 묶는 의사소통 챔피언이 되어야 한다. 이러한 리더는 조직이나 부서의 목적을 달성하게 하는 가치와 비전, 핵심 전략적 주제 등과 관련된 전략적 대화를 이끄는 중요한 역할을 한다.
- 전략적 대화를 촉진시키는 여섯 가지 요소는 열린 의사소통 분위기, 문제 제기, 적극적 경청, 진솔한 소통, 대화, 스토리의 활용 등이다. 열린 의사소통 분위기는 구성원들과 신뢰를 형성하고 좀 더 많은 의사소통을 할 수 있는 기회를 마련하게 하며, 이를 통해 구성원과 조직 모두에게 긍정적인 혜택을 가져올 수 있다. 하지만 리더들은 적극적으로 경청하는 사람이 되어야 하고, 숨겨진 핵심 주제를 발견하고 문제의 원인을 처리할 수 있어야 한다. 이것은 경청과 핵심 주제 발견 과정을 통해 가능하며 조직을 발전시키는 역할을 한다.
- 부서나 조직 전반에 적극적인 경청의 분위기와 진솔함이 팽배하면 대화가 가능한 상황이 만들어진다. 대화를 통해 사람들은 공감대를 형성하고 서로를 이해할 수 있는 분위기를 공유하게 된다. 또한 스토리를 활용하여 소통을 추구할 때 보다 본질적인 소통이 이루어질 수 있다.
- 리더의 의사소통은 목적 지향적이고, 비전과 목표를 달성하기 위해 사람들을 설득하는 일이 중요한 요인이다. 설득의 예술을 실행하기 위한 네 가지 단계를 제시할 수 있는데 신뢰를 쌓고, 공동의 목표 설정, 다양한 설득 방안 모색, 경험이 우선의 단계를 들 수 있다. 목적 달성과 비전 성취를 위해 신뢰 분위기 조성, 공동의 목표 수립, 설득에 필요한 다양한 방안 구사, 정서적인 연결고리 형성 등을 시도해야 한다.
- 전자 의사소통은 리더 의사소통의 중요한 방안이 되고 있다. 전자 의사소통을 적절

하게 사용하면 많은 혜택을 가져오지만 이러한 방법이 의사소통의 오류 가능성을 높이고, 복잡하고 민감한 메시지 전달에는 효과적이지 않다는 점을 인식해야 한다.

## 토론 주제

1. 스토리는 리더의 강력한 소통 수단이 된다고 생각하는가? 스토리와 적극적 경청은 어떻게 관련 있는가?
2. 리더는 센스기버의 역할과 같은 소통을 한다고 하는데, 이러한 리더십 소통 방식은 전통적인 관리자 관점의 소통방식과 어떤 차이가 있는가?
3. 어느 기업의 이사회는 주주 등 이해관계자들에게 회사 임원진 보상 체계나 지배 구조 등의 현안에 대해 열린 마음으로 의견을 개진하고 있는데, 이러한 방안이 바람직하다고 생각하는가? 이와 같은 열린 의사소통이 가져오게 될 리스크는 무엇이라고 생각하는가?
4. 의사소통을 강조하는 교육에서 경청은 자신을 대화로 이끌어가는 최소한의 노력이라 하지만 사실은 많은 노력을 필요로 한다. 이에 대해 어떻게 생각하는가?
5. 토론과 대화의 차이는 무엇인가? 자신의 경험을 토대로 그 차이를 구별해보자.
6. 일부 고위 경영자들은 문서화된 의사소통 방식이 대면 방식보다 정확한 자료를 제공하고 있다는 점에서 유용하다고 주장하는데, 이에 대해 어떻게 생각하는가?
7. 전사적 인력 해고를 단행하고자 할 때 자신이라면 어떠한 의사소통 경로를 사용하겠는가? 회사 야유회 공지에 적합한 의사소통 경로는 무엇인가? 직원들의 성과에 막대한 영향을 미치게 될 조직의 목표 수정에 대한 공지 사항은 어떤 의사소통 경로를 통해 공지되어야 하는가?
8. 리더가 다른 사람을 설득하고 영향을 미치기 위해서는 어떻게 의사소통하는 것이 좋은가? 설득에 탁월한 한 사람을 떠올려보고 어떤 상황에서 설득이 유효했는지 설명해보라. 그리고 무엇이 효과적인 의사소통을 하게 했는가?
9. 리더는 종업원들과 공동체를 형성하기 위해 어떻게 소셜미디어를 활용하는가? 그리고 종업원들과 소셜미디어를 사용함으로써 얻는 장단점은 무엇인가?

## 분석사례: The Saddle Creek Deli

미국 콜로라도의 유명 스키장 베일(Vail)에 위치하고 있는 이 델리숍(Deli shop)은 신선한 샌드위치를 저렴한 가격으로 스키어들에게 판매하고 있다. 이 델리숍은 스키 슬로프의 리프트와 가까이 있고, 리프트가 오기 전에 빨리 음식을 먹으려고 하는 스키어들의 욕구를 충분히 충족시키고 있어 스키어들에게 매우 인기 있었다. 대형 유리벽으로 인해 외부 설경을 편안하게 느낄 수 있도록 한 점도 인기의 이유였지만, 무엇보다 이 가게의 매력 포인트는 제품의 품질과 전통 방식의 아이스크림과 음료수로 절묘하게 만든 음식에 있었다. 이와 같은 인기로 인해 이 델리숍은 개업 이후 지난 7년간 지속적인 성장을 거듭해 왔다.

델리숍이 성장하고 매출이 높아지게 되자 이 가게의 사장인 리차드 퍼비스(Richard Purvis)는 매장 관리를 담당할 인물을 영입하고 자신은 다른 사업에 관심을 기울이게 되었다. 결국 몇 번의 면접을 통해 근처 리조트 호텔에서 레스토랑을 관리한 경험이 있는 폴 맥카시(Paul McCarthy)를 채용하였다.

폴은 매장 관리자로서 처음 몇 주간 매우 효율적으로 운영하였다. 계약을 통해 폴의 급여는 일정 기본급과 실적에 따른 인센티브로 결정되었다. 영업 실적은 과거 시점과 비교하여 운영비용을 얼마나 줄이는가에 기준을 두었고, 모든 다른 직원들은 시간급으로 채용하였다.

하지만 몇 달이 지난 후 조금씩 이상한 현상이 나타나기 시작했다. 폴은 영업 이익을 높이기 위해 독단적인 운영 방안을 모색하기 시작했다. 오랫동안 거래해오던 정육 및 치즈 공급업체와의 계약을 해지하고, 가격이 저렴한 대신 질이 약간 떨어지는 업체와 계약을 맺었다. 그런가하면 독단적으로 샌드위치의 크기와 그 안에 들어가는 내용물을 조금씩 줄이고, 그동안 인기 높았던 아이스크림과 음료수의 양도 줄였다. 뿐만 아니라 직원 수도 줄이고 이들에게 제공되던 복리후생비용도 감축시켰다. 그는 직원들과의 미팅을 통해 그동안 방만하게 운영되어 오던 인력 관리를 세밀하게 통제할 것이고, 5시간 이상 근무하는 직원들에게 제공되던 1달러짜리 식사도 중단하기로 하였다고 선언했다. 어느 누구도 이런 방안에 대해 선뜻 반론을 제기하지 못하고 미팅은 끝났다.

직원들은 미팅이 끝난 이후 삼삼오오 모여 이 방안에 대한 불만을 토로하고, 왜 매장 관리자의 방침에 반론을 제기하지 못했는지에 대해 논의하였다. 이런 조치가 취해진 이후 고객들이 매장에서 제품을 주문하고 수령하기까지 시간이 지체되기 시작했고, 또 어떤 고객들은 왜 상품의 크기가 줄어들었느냐고 불평하기도 하였다. 이런 불평을 지속적으로 듣게 된 직원들은 매장 관리자에 대해 비난하게 되었고 그 불만은 점점 증폭되었다.

퍼비스는 사장으로서 매장의 이상한 분위기를 간파했지만 매장 관리자 폴은 이를 별로 관심 있게 보지 않았고 운영에 큰 영향을 미치지 않는 것으로 평가했다. 그러던 어느 날 퍼비스는 이전에 자신의 매장에서 야간조에 근무하던 직원 론 샤프(Ron Sharp)가 우체국에서 아르바이트하고 있는 것을 보게 되었다. 그동안 론이 성실하고 열심히 일해주어 항상 그를 좋게 생각하고 있던 퍼비스는 의아해서 그 상황을 물어보게 되었다. 그를 통해 퍼비스는 그 동안 매장이 어떻게 운영되어 왔고 직원들의 불만족이 극에 달한 상황을 알고는 아연실색하게 되었다. 그리고 매장 관리자를 해고하기로 결정하면서 그동안 이런 상황이 올 때까지 상황을 파악하지 못하고 있었던 자신에 대해 매우 당황스러워 하였다.

### 질문

1. 사례의 델리숍의 의사소통 분위기를 평가한다면 어떻게 표현할 수 있는가? 그리고 이런 분위기가 서비스의 문제점과 고객들의 불평에 어떤 기능을 한다고 보는가?
2. 퍼비스는 매장 관리자 폴과 직원 사이의 의사소통 문제를 개선할 수 있는가? 구체적인 방안에는 어떤 것들이 있는가?
3. 만약 자신이 이 델리숍의 관리자라면 어떤 방식으로 열린 의사소통, 상향적 의사소통을 모색할 수 있겠는가?

## 미주


1. Ian Urbina, "Workers on Doomed Rig Voiced Concern about Safety," *The New York Times* (July 22, 2010), p. A1.

2. These examples were reported in Mina Kimes, "How Can I Get Candid Feedback from My Employees?" *Fortune* (April 13, 2009), p. 24.

3. Studies from The Elliot Leadership Institute, reported in Louise van der Does and Stephen J. Caldeira, "Effective Leaders Champion Communication Skills," *Nation's Restaurant News* (March 27, 2006), p. 20; and Dennis Tourish, "Critical Upward Communication: Ten Commandments for Improving Strategy and Decision Making," *Long Range Planning* 38 (2005), pp. 485–503.

4. Bernard M. Bass, *Bass & Stogdill's Handbook of Leadership*, 3rd ed. (New York: The Free Press, 1990).

5. Henry Mintzberg, *Managing* (San Francisco: Berrett-Koehler Publishers, 2009); and Henry Mintzberg, *The Nature of Managerial Work* (New York: Harper & Row, 1973).

6. Mary Young and James E. Post, "Managing to Communicate, Communicating to Manage: How Leading Companies Communicate with Employees," *Organizational Dynamics* (Summer 1993), pp. 31–43; and Warren Bennis and Burt Nanus, *Leaders: The Strategies for Taking Charge* (New York: Harper & Row, 1985).

7. This discussion is based on Charles Galunic and Immanuel Hermreck, "How to Help Employees 'Get' Strategy," *Harvard Business Review* (December 2012), p. 24.

8. This discussion is based on Dennis A. Gioia and Kumar Chittipeddi, "Sensemaking and Sensegiving in Strategic Change Initiation," *Strategic Management Journal* 12, no. 6 (September 1991), pp. 433–448; and Anne D. Smith, Donde Ashmos Plowman, and Dennis Duchon, "Everyday Sensegiving: A Closer Look at Successful Plant Managers," *The Journal of Applied Behavioral Science* 46, no. 2 (June 2010), pp. 220–244.

9. Phillip G. Clampitt, Laurey Berk, and M. Lee Williams, "Leaders as Strategic Communicators," *Ivey Business Journal* (May–June 2002), pp. 51–55.

10. Ian Wylie, "Can Philips Learn to Walk the Talk?" *Fast Company* (January 2003), pp. 44–45.

11. Gary Hamel, "Killer Strategies That Make Shareholders Rich," *Fortune* (June 23, 1997), pp. 70–84.

12. Alex Taylor III, "Fixing Up Ford," *Fortune* (May 25, 2009), pp. 44–51.

13. Ibid.

14. Peters, "Learning to Listen."

15. David Bohm, *On Dialogue* (Ojai, CA: David Bohm Seminars, 1989).

16. "Why I'm a Listener: Amgen CEO Kevin Sharer," (interview), *The McKinsey Quarterly* no. 2 (April 2012), pp. 61–65.

17. Bill Isaacs, *Dialogue and the Art of Thinking Together* (New York: Doubleday, 1999); and "The Art of Dialogue," column in Paul Roberts, "Live! From Your Office! It's …" *Fast Company* (October, 1999), pp. 151–170.

18. Based on Glenna Gerard and Linda Teurfs, "Dialogue and Organiza-tional Transformation," in Kazimierz Gozdz, ed., *Community Building: Renewing Spirit and Learning in Business* (Pleasanton, CA: New Leaders Press, 1995).

19. Scott Kirsner, "Want to Grow? Hire a Shrink!" *Fast Company* (December- January 1998), p. 68, p. 70.

20. Howard Gardner, *Leading Minds: An Anatomy of Leadership* (New York: Basic Books, 1995).

21. Art Kleiner, "The Art of the Business Narrative" (an interview with Peter Guber), *Strategy + Business* 63 (Summer 2011), http://www.strategy-business.com/article/00067?gko=3e7b3 (accessed April 29, 2013).

22. Erin White, "Theory & Practice: Art of Persuasion Becomes Key; Managers Sharpen Their Skills as Line of Authority Blurs," *The Wall Street Journal* (May 19, 2008), p. B5.

23. This section is based on Jay A. Conger, "The Necessary Art of Persuasion," *Harvard Business Review* (May-June 1998), pp. 84–95.

24. Darren Dahl, "Trust Me: You're Gonna Love This; Getting Employees to Embrace New Technology," *Inc.* (November 2008), p. 41.

25. Elizabeth Weiss Green, "The Power of Persuasion," *US News & World Report* (August 7, 2006), p. 60, p. 62.

26. J. C. McCroskey and V. P. Richmond, "The Impact of Communication Apprehension on Individuals in Organizations, *Communication Quarterly*, 27 (1979), pp. 55–61.

27. J. C. McCroskey, "The Communication Apprehension Perspective," in J. C. McCroskey and J. A. Daly, eds., *Avoiding Communication: Shyness, Reticence, and Communication Apprehension* (London: Sage Publications, 1984), pp. 13–38.

28. Robert H. Lengel and Richard L. Daft, "The Selection of Communica- tion Media as an Executive Skill," *Academy of Management Executive* 2 (August 1988), pp. 225–232; and Richard L. Daft and Robert Lengel, "Organizational Information Requirements, Media Richness and Structural Design," *Managerial Science* 32 (May 1986), pp. 554–572.

29. John R. Carlson and Robert W. Zmud, "Channel Expansion Theory and the Experiential Nature of Media Richness Perceptions," *Academy of Man-agement Journal* 42, no. 2 (1999), pp. 153–170; and R. Rice and G. Love, "Electronic Emotion," *Communication Research* 14 (1987), pp. 85–108.

30. Daniel Nasaw, "Instant Messages Are Popping Up All Over," *The Wall Street Journal* (June 12, 2003), p. B4.

31. Hallowell, "The Human Moment at Work"; Deborah L. Duarte and Nancy Tennant Snyder, *Mastering Virtual Teams: Strategies, Tools, and Techniques That Succeed* (San Francisco: Jossey-Bass, 2000).

32. Hallowell, "The Human Moment."

33. Carlson and Zmud, "Channel Expansion Theory and the Experiential Nature of Media Richness Perceptions."

34. Mary Lynn Pulley and Jane Hilberry, *Get Smart! How E-Mail Can Make or Break Your Career and Your Organization* (Colorado Springs, CO: Get Smart! Publishing, 2007).

35. Jane Webster and Linda Klebe Treviño, "Rational and Social Theories as Complementary Explanations of Communication Media Choices: Two Policy Capturing Studies," *Academy of Management Journal* (December 1995), pp. 1544–1572.

36. Mac Fulfer, "Nonverbal Communication: How to Read What's Plain as the Nose … or Eyelid … or Chin … on Their Faces," *Journal of Organiza-tional Excellence* (Spring, 2001), pp. 19–27.

37. Dana Mattioli, "Layoff Sign: Boss's Cold Shoulder," *The Wall Street Journal* (October 23, 2008), p. D6.

38. I. Thomas Sheppard, "Silent Signals," *Supervisory Management* (March 1986), pp. 31–33; and Martha E. Mangelsdorf, "Business Insight (A Special Report); Executive Briefing: The Power of Nonverbal Communication"(an inter- view with Alex Pentland), *The Wall Street Journal* (October 20, 2008), p. R2.

39. Thomas H. Peters and Robert J. Waterman, Jr., *In Search of Excellence* (New York: Harper & Row, 1982); and Tom Peters and Nancy Austin, *A Passion for Excellence: The Leadership Difference* (New York: Random House, 1985).

Chapter 10

# 팀 리더십

## 학습목표

이 장을 공부하면

- 집단이 어떻게 공유 목표와 공동 책임감을 가지고 고성과를 달성해갈 수 있는지를 학습할 수 있다.
- 팀워크의 중요성과 팀 활동의 역기능을 규명해볼 수 있다.
- 팀 발전 단계, 팀 규모, 다양성, 상호의존성을 고려한 효과적 조직 설계 방안을 이해할 수 있다.
- 팀 발전 단계를 이해하고 생산적인 팀 규범 구축과 응집력 촉진 방안에 대해 이해할 수 있다.
- 팀 구성원 간의 갈등 해결 방안을 모색할 수 있다.

크리스 루퍼Chris Rufer는 1970년 1인 기업인 모닝 스타Morning Star를 창업하였다. 처음에 이 회사는 밭에서 수확한 토마토를 공장으로 운반하는 일을 하다가 이후 토마토 가공공장을 운영하고 하인즈Heintz나 캠벨Campbell과 같은 캔 수프 회사에 납품하였다. 크리스 루퍼는 어느 날 회사 직원들을 불러 "우리 회사가 어떤 회사가 되기를 원하는가?"라는 질문을 통해, 인간은 스스로 관리하고 스스로 생각하고 조화롭게 협력할 수 있기 때문에 상사가 없는 조직에서도 자발적으로 업무를 수행할 수 있다고 생각하여, 상사없는 직장의 모습을 설계하였다. 그의 경영 철학에 근거하여 모닝 스타에는 보스가 없고 업무는 직원 스스로 관리한다. 다시 말해 자율운영팀self-directed team의 방식으로 운영되고 팀 활동을 하는데 서열과 위계가 우선적이지는 않았다. 이와 같은 운영을 하게 된 동기는 초창기 24명의 동료(이 회사에서는 종업원들을 동료colleague라고 불렀다)가 400명까지 늘었는데 종업원의 수가 많아지다 보니 발생되는 위계 갈등 및 책임 소재 상실의 문제점이 발견되었고 이를 해결할 필요성이 있었기 때문이다. 결국 크리스 루퍼는 이러한 문제를 해결하기 위해 모닝스타 자율경영원Morning Star Self-Management Institute을 만들고 자율관리의 운영 철학을 종업원들에게 교육시키도록 하였다. 이 회사의 모든 종업원(동료)들은 이러한 교육을 이수해야만 했고 10~15명이 모여 구성원 스스로가 팀의 일원으로서 어떻게 하면 효과적으로 활동하게 되는지를 학습하고 경험토록 하였다. 구체적으로 팀의 구성원이 되어 계획세우고, 조직화하고, 주도하고 통제하는 경영의 4원칙을 스스로 처리하는 능력을 배양시켰고 자유와 자율책무accountability의 균형을 이루게 하고 다른 동료들과 효과적으로 소통하는 법과 갈등관리법 등을 배웠다. 또한 교육의 효과를 체화하고 팀워크를 높이기 위해서는 지속적인 노력이 필요했다.[1]

팀 생산성을 높이고 품질을 고도화하고, 몰입도를 높임과 동시에 수평적인 팀 조직을 설계하기 위해서는 팀의 구조와 운영 방식에 대한 명확한 개념을 이해하고 팀 리더십의 작동 원리를 잘 파악할 수 있어야 한다. 이 장에서는 이러한 팀의 구조별 특징과 팀 리더십에 대한 내용을 설명하고자 한다. 다양한 유형의 팀 형태, 팀워크의 딜레마, 고성과 팀의 동기요인 등도 살펴보고자 한다. 구체적으로 팀의 발전 단계를 규명하고, 팀의 응집력과 규범에 대해 살펴보고, 팀이 잘 작동할 수 있기 위해 구성원들이 수행 역할, 또한 협상과 같은 팀 갈등 해결 방안 등에 대해서도 설명하고자 한다.

## 팀의 가치

축구팀을 먼저 생각해보자. 선수 한 사람의 역할이 결정적일 수 있으나 **팀 성과는 선수들 간의 상호의존 관계**interdependence**가 얼마나 잘 조화를 이루는가에 달려있다.** 팀이 성과를 낸다고 해서 모든 상황에서 팀 방식이 효과적인 것은 아니며, 조직이나 상황이 상호의존을 요구하는 경우 팀 형태의 구조가 효과적이다. 상호의존적인 팀이 성공적 과업 수행에 필요한 자료와 정보가 공유되고 협력 수준을 높일 수 있을 때 그 효과성이 발휘된다. 상호의존하고 효과적으로 잘 설계된 팀의 경우 높은 생산성, 품질 향상, 유연성과 속도의 증대, 관리구조의 수평화, 종업원 참여와 만족도 증대 및 이직율 저하 등을 기대할 수 있다.[2]

### 팀의 개념

**팀**team은 2명 이상의 구성원들이 상호작용하고 협력하면서 공유 목표를 달성하는 집단 구성체를 의미한다.[3] 보통 팀이란 세 가지 구성 요소를 기초로 하고 있다. 첫째, 팀은 2명 이상이 있어야 하며, 보통 15명 이하의 사람들로 구성된다. 둘째, 팀 구성원들은 정기적으로 협력하고 업무활동을 하지 않으면 팀이라고 볼 수 없다. 예를 들면 우연히 엘리베이터에서 자주 만나 대화를 나눈다고 해서 팀이 될 수 없다는 의미이다. 셋째, 공유하는 목적이 있어야 한다. 공유하는 목적이란 수행해야 하는 공동의 업무가 있고 성취 결과로 평가받게 된다.

1980년 미국 국가 하키팀 우승

팀은 공동의 목적이 있어야 한다. 서로 이질적인 목적을 가진 개인들이 집단을 구성할 수는 있어도 팀이 될 수는 없다. 개인이 아니고 공동체를 이루는 것이 팀의 기본 요건이다. 예를 들면, 2004년 LA 올림픽 미국 국가대표 농구팀은 쟁쟁한 스타플레이어들로 이들 각자의 개인기는 탁월했지만 결과는 3위에 그쳤다. 반면에 1980년 레이크 플래시드Lake Placid 올림픽 미국 국가대표 하키팀 코치 허브 브룩스Herb Brooks는 선수들을 개인 기량보다는 팀워크 공헌을 기준으로 대표팀을 구성했다. 이 하키팀은 팀워크를 바탕으로 소비에트 연방(소련)을 이기고 금메달을 목에 걸었다.[4] 즉 구성원들이 개인적 욕구와 필요만을 추구하고 자신의 지식, 역량, 노력만을 강조하는 경우는 팀이라고 할 수 없다.

집단group과 팀team은 차이점이 있다. 팀은 공유 리더십, 목적 의식, 공동의 목적이 있으며 구성원의 책임감을 통해 높은 수준의 성과를 달성하게 된다. 팀의 가장 두드러진 특징은 평등equality인데, 최상의 팀은 어떤 특정한 스타플레이어에 의존하기보다는 모든 사람들이 자신만의 이해를 고려하지 않고 전체의 공동 목적을 위해 노력한다. 그런가하면 집단은 한 사람 혹은 소수의 리더에 의해 이끌어지는데, 팀은 다수가 리더 역할을 공유하고 공동으로 책임지게 된다.

## 팀의 유형과 특성

오늘날 많은 조직에서 다양한 유형의 팀을 찾아볼 수 있다. 태양의 서커스단은 전 세계를 넘나들며 새로운 차원의 서커스 공연을 하고 있는데 이 서커스단의 전략적 결정을 내리는 경영진 팀top management team은 CEO를 포함하여 재무담당 부회장 및 창조기능담당 부회장 등 독자적 기능 업무를 총괄하는 경영자들로 구성되어 있다. 이 들 경영진들은 태양의 서커스의 새로운 모습을 강화시키고 보다 경쟁력을 확보하기 위해 서로 지속적으로 협력적인 팀워크를 보이고 있다. 그런가하면 IBM은 하드웨

도표 10-1 ● 팀과 팀 리더십

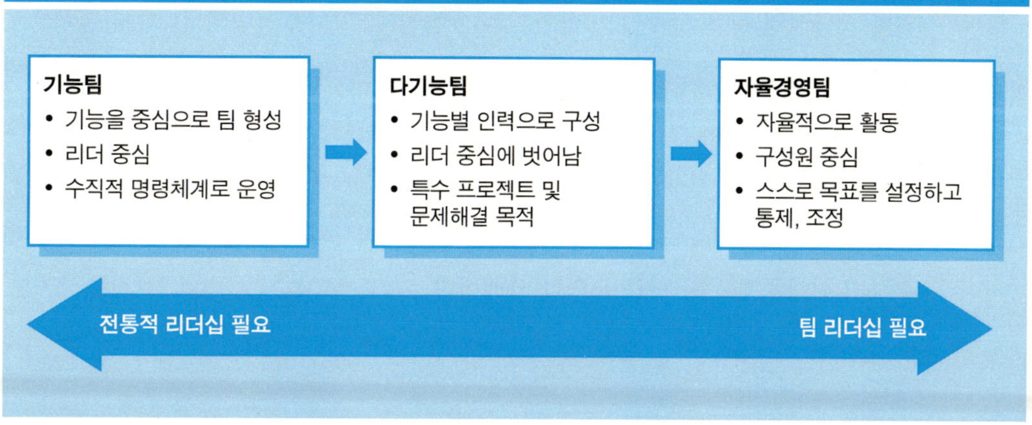


© Cengage Learning

어, 소프트웨어, 연구개발, 판매 등 다양한 전문부서의 팀이 운영되고 있는데, 이들 팀들 간에 적절한 협조와 보완이 이루어짐으로써 조직이 추구하는 전략적 목표에 일관성 있게 매진할 수 있다. 〈도표 10-1〉은 일반적인 세 가지 유형의 팀 형태를 보여주고 있는데, 다양한 유형의 팀이 만들어지는 것은 내적으로 필요해서이기도 하고, 외적인 요구가 있을 때 효과적으로 대응할 필요가 있기 때문이다.

## 팀의 유형

**기능팀** 조직 내 유사한 업무들끼리 부서화한 것을 **기능팀**functional team이라고 한다. 예를 들면, 인사 기능은 인사팀, 생산 기능은 생산팀으로 분류할 수 있는데, 기능팀은 전통적인 상하 위계질서를 강조하며 명령에 따라 움직이는 조직으로 볼 수 있다. 보통 기능팀에는 서너 개의 계층이 존재하며 명령과 복종 관계가 형성된다. 조직이 추구하는 목적을 효과적으로 달성하기 위하여 다양한 기능팀이 만들어지고 명령과 통제에 의해 팀 업무가 진행된다. 이러한 팀을 보통 수직적 팀vertical team 혹은 명령 팀command team이라고 불리는데, 보통 부서 내 3-4단계의 위계 서열이 존재한다.

**교차부서팀** **교차부서팀**cross-functional team은 여러 기능팀의 구성원들이 특정 목적을 달성하기 위해 구성되는 팀을 말한다. 예를 들면 자동차회사의 특정 제품 프로젝트 팀은 생산, 재무, 인사, 마케팅 부서의 다양한 팀 구성원들이 모여 새로운 팀을 형성하여 주어진 목적을 달성하게 된다. 그래서 교차부서팀은 수평적 특징을 가지지만, 수직적 위계질서도 갖게 된다.

이와 같은 유형의 교차부서팀은 여러 부서에 영향 미치는 프로젝트 사업을 수행하는데 활용되며 보통 이러한 팀에서는 여러 부서 간에 정보를 공유하고 협력을 위한 제안사항 등을 찰출하는 활동이 이루어진다. 교차부서팀의 한 가지 유형으로 **특정목적 팀**special-purpose team을 들 수 있는데 흔히 프로젝트 팀이라고 한다. 특정목적 팀은 특정한 목적을 가지고 있고 프로젝트가 완성되면 해산된다. 예를 들면 페이스북Facebook이 새로운 검색엔진을 만들기 위해 운영하는 특별 팀도 이와 유사한 형태이다. [IN THE LEAD]의 사례는 포드자동차 회사가 회사의 공급망과 관련된 문제를 해결하기 위해 특별목적 팀을 운영한 사례이다.

**IN THE LEAD Tony Brown and Allan Mulally, Ford Motor Company**

미국의 자동차 3사는 포드자동차를 포함하여 제너럴 모터스와 크라이슬러 등을 들 수 있다. 그런데 이들 자동차 회사는 완성차 회사들로서 이들 회사의 생존과 부침에는 부품회사와의 공생관계가 필연적이다. 토니 브라운(Tony Brown)은 포드자동차의 글로벌 구매담당 부회장으로서 특정 목적 팀을 만들어 부품제조업체 등을 모니터링하고 공급망이 와해되는 상황 등을 미연에 방지하는 역할을 수행할 필요가 있다고 주장하였다. 앨런 멀러리(Allan Mulally) 회장은 이러한 제안을 받아들였으며 팀 구성원들은 회사의 다양한 부서들(인사부서, 구매, 생산, 엔지니어링, 재무, IT, 법무 등)에서 차출되었다.

이 프로젝트 팀의 업무 처리 방식은 신속했다. 이들 팀원들은 매일 미팅을 갖고 필요하면 7시 이전에 출근하여 야근하는 경우도 허다했다. 그리고 이들은 CEO에게 매주 목요일 보고서를 제출하였으며 이들 팀원들이 근무하는 사무실은 항상 공급업체에 대한 정보 등을 조사한 프린트 내용들이 꽉 차고 있었다. 각 공급업체들에 대한 리스크 프로파일 등이 작성되었으며 이들 중 포드자동차 회사가 계속 공급관계를 맺을 부품업체를 850개 회사 정도로 압축하고 있었다. 결국 이러한 모든 업무가 이루어지기까지는 이 프로젝트 팀의 역할이 지대했다.[5]

**자율경영팀** 교차부서팀은 점차 **자율경영팀**self-directed team으로 진화하게 되는데, 이들은 업무 운영방식 차원에서 확연한 차이가 있다. 〈도표 10-1〉은 기능팀에서 교차부서팀 그리고 자율경영팀으로 어떻게 리더십의 역할이 진화하는지를 보여주고 있다. 기능팀이 조직 내 유사기능과 활동을 기준으로 부서화되고 위계질서를 기준으로 리더십이 이루어진다면, 교차부서팀은 위계질서 차원을 뛰어넘어 팀 리더를 중심으로 팀이 운영된다. 보통 조직이 리더를 임명하지만, 경우에 따라 효율적인 팀 운영을 위해 리더가 통제권을 포기하는 경우도 있다.

자율경영팀 구성원들은 관리자나 감독의 직접적인 지시가 없이 상호 협력한다. 그래서 자율경영팀은 리더 중심이라기보다는 팀원 자율 중심이 특징이다. 실제로 IBM 등 많은 기업들이 자율경영팀을 운영하고 있는데, 자율경영팀 구성원들의 직무만족도가 높다고 한다. 그 이유는 구성원들이 자율적인 업무를 추진할 수 있기 때문에 도전 의식과 업무에 대한 의미를 느끼며 부서의 정체성이 강하게 형성되기 때문이다.

자율경영팀 구성원들은 부서의 산출물과 서비스 창출을 위해 직무순환하는 경우가 많다. 팀의 성격에 따라서 팀이 장기간 운영되는 경우도 있지만, 자율경영팀 중 단기의 특정 목적만 달성하고 해산하는 경우도 있다.

## 팀 구성원의 딜레마

회사의 조직구조 운영 방식을 팀 방식으로 전환하다고 발표하였더니 조직의 핵심간부 중 일부가 회사를 떠난 경우가 있었다. 이는 팀 형태의 조직운영 방식에 대한 불만이 있었던 것이다. 사람들은 팀을 운영하는 방식이나 팀워크 활성화 방식을 수용하지 못해 팀제 운영에 대한 회의감을 가지게 되어 결국 조직에 대한 애착심이 약화된 것이다. 그런데 팀 활동으로 인해 발생되는 딜레마를 잘 극복함으로써 팀 성과를 높이기 위해서는 다음 세 가지 내용을 이해하고 있어야 한다.

- **개개인의 독자성을 강조해서는 안된다.** 팀원이 되서 팀 목적과 방향, 그리고 다른 사람들의 생각과 부조화를 이루는 상황이 되면 자신의 독립적 생각이나 아이디어는 포기해야 한다. 팀 활동에서는 팀 성공이 우선이지 자신의 의지와 방향만을 고집해서는 안 된다. 게다가 대부분의 사람들이 자신의 성공을 달성하기 위해 급급하는데 익숙하지만, 팀워크가 잘 되기 위해서는 집단의 성공에 더 주력해야 할 것이다.[6] 결국 조직이 성공하기 위해서는 팀이 먼저가 되어야 하며 개인은 이후가 되어야 한다는 것이다.
- **무임승차의 가능성을 인식하고 있어야 한다.** 팀 활동에서 팀 목표를 달성하기 위해 모든 사람들이 적극적으로 최선을 다하는 것은 아니다. 구성원마다 차이가 있지만 모든 사람이 투입하는 노력의 정도가 동일하다고 볼 수 없으며, 또 일부는 거의 노력을 기울이지 않으면서 무임승차하는 경우도 있다. 즉 **무임승차**free rider하면서 열심히 노력하는 다른 구성원들과 동일한 성과 혹은 성적을 받아간다. 왜냐하면 모든 구성원들은 팀 성과에 기초해 성과배분을 받기 때문인데, 이러한 무임승차를 사회적 나태social loafing라고 표현한다.[7] 실제 설문조사에서 팀 활동을 하는 구성원들 중 팀 활동을 선호하는 사람은 36%를 넘지 않는 것으로 나타났는데 그 이유는 팀 활동에서 무임승차자로 인해 불만과 좌절감이 형성되기 때문일 것이다.[8]
- **팀 활동의 역기능 증후군을 관리해야 한다.** 기업에 따라 팀제가 성공한 경우도 많지만 팀 성과가 높지 못한 경우도 많다.[9] 많은 연구자들은 왜 팀이 성공하지 못하는가에 대해 관심을 갖고 이를 규명해본 결과 〈도표 10-2〉의 내용과 같이 다섯 가지 이유 때문이라고 한다. 이와 같이 팀의 역기능 때문에 구성원들 간에 표출되는 태도와 행동의 증후군은 다음과 같다. 이러한 결과를 통해 팀을 어떻게 관리하느냐에 따라 상당한 조직 성공에 영향 미침을 알 수 있다.[10]

**도표 10-2 ● 팀의 다섯 가지 역기능 요소**

| 역기능 요소 | 표출되는 태도와 행동 |
|---|---|
| 신뢰의 부족 | 실패를 꺼려하고 아이디어 표출이나 배려 등이 잘 이루어지지 않음 |
| 갈등의 두려움 | 조화를 이루려고만 하여 건전한 갈등은 회피하게 됨 |
| 몰입의 부족 | 진실의 의견과 아이디어를 제시한 것이 아니므로 몰입이 어려움 |
| 진정한 책임의 회피 | 결과를 책임지려하지 않고 잘못에 대해 비판하려고 함 |
| 결과 무관심 | 개인의 목표에 치우쳐 집단의 성과에는 무관심함 |

출처: Based on Patrick Lencioni, *The Five Dysfunctions of a Team* (New York: John Wiley & Sons, 2002).

## 고성과 팀 관리 방법

팀을 유연하고 원만하게 이끌기는 쉽지 않고 팀이 원하는 목표를 달성하기 위해서는 팀의 리더의 역할이 크다. 연구에 따르면 수술실 팀의 팀 리더 태도와 행동, 리더와 구성원들 간의 상호 관계의 질 등이 이 수술팀의 성공과 효과성을 높이는데 결정적인 역할을 한다.[11] 헬스케어 분야에서도 팀워크는 매우 중요한 요인이 되어가고 있지만 구성원들 간에 잘못된 협력이나 소통은 큰 문제를 가져오고 수술실에서 실수를 가져와 환자를 죽음으로 몰 수도 있다. 그래서 미 국방성이나 헬스케어 산업의 인력 개발 부서에서는 팀 훈련 프로그램을 강조하고 있는데, 보스톤 아동종합병원에서 이 프로그램을 적용한 결과 수술실에서 오진하는 오류를 충분히 잡을 수 있었다.

고성과 팀이 되기 위한 핵심 요인으로 다음 다섯 가지를 들 수 있으며 리더들은 이들을 팀 운영에 적절히 적용시킬 수 있어야 한다.[12]

1. **납득시킬 수 있는 목적, 명백한 목표, 명확한 측정기준**A compelling purpose, clear objectives, and Explicit metrics. 팀이 성공하기 위해서는 구성원들로 하여금 수행 업무에 대한 목표가 무엇인지를 명확하게 알 수 있게 해야 한다. 일반적으로 고성과 팀은 구체적이고 명백하게 정의된 목표와 목적 등을 가지는데 이는 팀원들로 하여금 합심하게 하는 원동력이 되며, 만약에 팀원들이 자신이 무슨 일을 하고 있는지 명확하게 이해하지 못해 구성원들이 각기 다른 업무를 수행하게 되면 팀은 목표를 잃고 방황하게 된다. 따라서 구성원들은 목표 달성에 현재 어느 상황에 있는지를 파악할 수 있는 기준이 있어야 하고 현재 목표가 이 기준에 어느 정도 도달하고 있는지를 알고 있어야 한다.

2. **업무스킬의 다양성과 명확한 역할 제공**A diversity of skills and unambiguous roles. 효과적인 고성과 팀이 되기 위해서는 팀 프로젝트 달성에 필요한 다양한 지식과 경험 그리고 업무스킬 등이 조화를 이룰 수 있어야 한다.[13] 팀 구성원들이 인종, 성별, 국가나 문화적 배경이 다른 경우 조직은 이러한 다양성을 잘 관리하게 됨으로써 혁신을 이룰 수 있고 좀 더 바람직한 결정을 내릴 수 있다.[14] 그렇지만 다양성 인력관리의 성공을 위해서는 각자의 역할이 명확하게 정의되어야 한다. 자신에게 기대하는 역할이 무엇인지를 잘 알게 됨으로써 업무 수행이 원활하게 이루어지는데 사실 자신의 의무와 책임을 혼돈하고 있으면 서로의 일에 참견하게 되어 일의 성과가 높아지지 않기 때문이다.[15]
3. **적절한 팀 규모**Streamlined team size. 팀의 구성원이 몇 명 정도가 적정한가에 대한 명확한 결론은 제시되고 있지 않지만 팀원이 너무 많거나 적으면 주어진 팀 목표를 효과적으로 달성하기 어렵다. 팀 목표를 수행하는데 적정한 수의 구성원들이 자신의 명확한 업무를 달성하게 되면 팀은 그 효과를 발휘할 수 있다. 하지만 연구에 의하면 팀의 구성원이 너무 많은 것보다 적을 때 더 업무 수행이 원활하다고 한다.[16] 그리고 팀원 수가 많지 않을 때 혁신을 이루고 직무만족도가 높아지고 소속감과 응집력이 강화된다고 한다.[17]
4. **목표달성 과정의 자율적 권한 부여**Decision authority over how to achieve goals. 팀이 명확한 목표를 갖고 리더가 팀 목표를 명확하게 제시하더라도 이를 어떻게 달성해야 할지에 대한 팀 차원의 자율성과 추진력 등이 받쳐주어야 한다. 훌륭한 리더는 팀 목표를 달성하기 위해 명령보다 권한과 정보 그리고 책임을 공유하는 업무 공감대를 만들고,[18] 높은 성과를 내는 팀의 구성원들은 서로 협력적으로 목표 수행방법을 논의하고 이를 기준으로 목표를 달성해가는 자발적인 원동력을 가지고 추진의향이 높아야 할 것이며, 결국 팀 그 자체에 목표달성에 대한 권한이 부여될 수 있어야 고성과 팀이 될 수 있다.
5. **후원과 코칭**Support and coaching. 팀 리더는 목표와 방향성에 중점을 두고 구성원들을 주도해야 하겠지만 고성과 팀을 만들기 위해서는 구성원들과의 긍정적인 관계를 맺기 위한 부드러운 리더십이 있어야 한다.[19] 팀의 리더가 팀원들을 후원하고 팀의 의미와 정체성을 강화하고 집단 응집력과 신뢰성 있는 대인관계를 유지하고 팀원들이 셀프 리더십 스킬을 높일 수 있도록 코칭해줄 때 팀은 생산성이 높아지고 학습과 팀 유효성이 제고될 수 있다. 따라서 의사소통, 관계성 형

© photogl/Shutterstock.com

## Great Business Teams: Cracking the Code for Standout Performance

*by Howard M. Guttman*

이 책의 저자는 고성과 조직에 팀 활동이 많다고 강조하며, 존슨앤존슨(Johnson & Johnson), 로레알(L'Oreal), 노바티스(Novartis), 마스 드링크(Mars Drinks)와 같은 수많은 고성과 기업들의 내부 활동을 검토해본 결과를 정리하고 있다.

저자는 위대한 팀의 특징을 다섯 가지로 정리한다.

1. 고성과 리더가 팀을 이끈다. 위대한 팀의 리더들은 자신의 권한과 권위를 팀을 위해서 사용한다. 그리고 팀 구성원들로 하여금 사업 전략과 실천 목적 등을 명확하게 알게 해주고 각자의 역할과 책임이 무엇인지를 이해시킨다. 뿐만 아니라 대인간 행동이나 의사결정을 위한 원칙과 규칙을 준수하도록 한다.
2. 리더처럼 행동하는 구성원들이 있다. 위대한 팀의 구성원들은 책임감을 갖고서 과업을 달성하기 위해 영향력을 행사하고 성과 결과에 대해 책임을 부담한다. 리더를 포함하여 모든 구성원들의 성과는 세밀하게 분석되고 피드백된다.
3. 목표와 성과 기준 등이 명확하다. 저자는 애매모호함이 팀워크를 훼손시킨다고 설명하고 있다. 그래서 모든 구성원들은 자신들의 팀이 무엇을 달성하려는지, 각 구성원들이 공헌해야 하는 점은 무엇이고, 구성원 간 상호작용을 어떻게 해야 하는지에 대해서도 명확하게 인식하고 있어야 한다.
4. 결코 현실 만족에 그치지 않는다. 고성과 팀은 더욱 높은 성과를 달성하기 위해 항상 성과를 점검하고 자기 평가하며 지속적으로 성과 기준을 높이는 것이 일반화되어 있다.
5. 성과 관리 시스템으로 지원된다. 위대한 팀워크를 이루기 위해서는 기대되는 팀 성과를 후원하는 성과 관리 시스템과 보상 시스템을 구비하고 있어야 한다.

저자는 왜 팀이 필요한가에 대해, 최근의 경영환경은 리더 혼자서 모든 것을 처리하기에는 너무 복잡하기 때문이라고 설명한다. 가장 핵심적인 이슈는 리더에 의해 결정되더라도 일반적인 운영과 관련된 문제는 자율관리팀의 구성원들이 스스로 해결할 수 있도록 리더십이 위임될 때 가능하다는 것이다.

출처: Great Business Teams, by Howard Guttman, is published by John Wiley & Sons.

성, 생산적인 규범 개발, 갈등 해결 등과 같은 업무스킬을 주기적으로 교육시키고 훈련시킴으로써 팀의 통합과 성과가 높아질 수 있다.

위와 같은 다섯 가지 요소는 고성과 팀 리더가 갖춰야 할 핵심 요인이며 [리더십 서재]는 이와 관련하여 고성과 팀의 특징에 대해 구체적으로 설명하고 있다.

## 팀 운영의 프로세스

팀이 성과를 내기 위해서는 그 운영 프로세스가 원활히 이루어져야 한다. 팀의 운영 프로세스를 살펴보기 전에 어떻게 팀이 발전하고 진화하는지를 단계별로 살펴보면 다음과 같다.

### 팀 발전 단계

팀 활동은 우연히 이루어지는 것이 아니라 리더가 치밀하게 추진하는 계획에 따라 팀 구성원들이 협력해야지 가능하다. 팀의 리더는 팀이 어떻게 점차적으로 발전하는지를 이해하고 있어야 하는데,[20] 연구에 의하면 팀은 다섯 단계를 거쳐 발전하는 것으로 나타났다. 〈도표 10-3〉에서 볼 수 있듯이 팀의 발전은 순차적으로 이루어진다.[21] 그러므로 팀 리더들은 팀의 발전 단계를 이해하고 각 단계들이 유연성 있게 발전하고 진화할 수 있도록 해야 한다.

**형성기** **형성기**forming는 처음 팀이 만들어지는 단계로 오리엔테이션을 거치고 구성원들 간에 친해지는 단계이다. 자신이 다른 팀원들에게 어떻게 수용될 수 있는지와 친목 가능성을 파악하고 과업 지향점을 결정하게 된다. 하지만 자신에게 요구하는 것이 무엇인지에 대한 답이 모호하기 때문에 팀 내 불확실성이 커진다. 그래서 리더는 의사소통을 촉진시키고 어떻게 팀이 협력할 것인지에 대한 지침을 제시해야 한다. 여기에서 중요한 점은 모든 구성원들이 편안하게 상호 관계를 인식할 수 있도록 만드는 리더의 역할이다.

**격동기** **격동기**storming에서 개개인의 성격이 뚜렷하게 나타나며, 사람들은 점차 자신의 역할을 명확하게 인식하고 적극적인 태도를 보인다. 이 단계의 특징은 갈등과 불일치가 노출되는 점인데, 구성원들 간에 팀 미션이나 목적이 명확하게 일치하지 않고, 서로 추구하는 방향이 같은 사람들끼리만 소그룹을 형성하기도 한다. 응집력이나 일체감은 아직 미흡하기 때문에, 팀 리더는 각 구성원들의 참여 의식을 고취하여 일체성을 갖도록 노력을 기울여야 한다. 또한 팀 내에 형성되어 있는 불확실성을 제거하면서 팀 과업과 목적에 대한 모호함과 갈등 요소를 줄여야 한다.

**도표 10-3 ● 팀 발전 5단계**

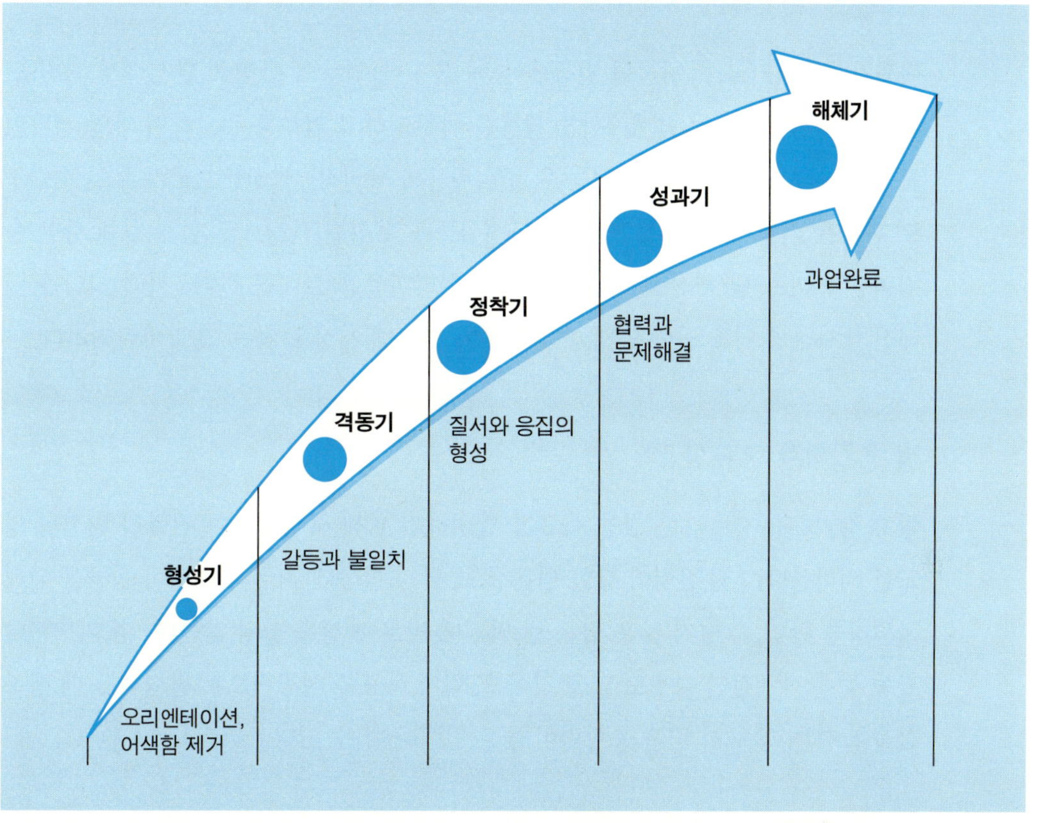


출처: Based on the stages of small group development in Bruce W. Tuckman, "Developmental Sequence in Small Groups," *Psychological Bulletin* 63 (1965), pp. 384–399; and B.W. Tuckman and M.A. Jensen, "Stages of Small Group Development Revisited," *Group and Organizational Studies* 2 (1977), pp. 419–427.

**정착기** **정착기**norming에 이르면 갈등은 해소되고 조화와 함께 팀 일체성을 띄게 된다. 이 단계에 이르러 팀 리더가 정해지고 구성원들의 역할이 명료하여 서로 합일점을 찾게 되고, 팀 구성원들은 서로를 이해하고 받아들이게 된다. 서로 간의 차이점이 줄어들고 구성원 간 응집력이 형성된다. 정착기는 그 시기가 길지 않으며 일정 시간이 지나면 다음 단계로 이동하게 되는데, 이때 팀 리더는 팀 내 개방성을 강조하여 의사소통을 촉진시키고 팀의 역할, 가치, 기대감 등을 명확하게 해야 한다.

**성과기** **성과기**performing 동안에 가장 중요한 것은 팀 목표 달성이다. 구성원들은 팀 목표에 몰입하여 활발하게 상호작용하고 협력하며 불일치를 줄이고 생산적으로 활동하려고 노력한다. 이 시기의 구성원들은 과업 달성을 위해 노력하게 된다. 또한 팀 리더는 고성과 달성에 집중해야 하며 목표 달성을 이룰 수 있도록 구성원들이 스스로를 관리하도록 도와주어야 한다.

**해체기** **해체기**adjourning는 팀 활동을 통해 특정한 업무의 목적을 달성하게 되면 팀은 해산하게 된다. 이 단계에서는 활동을 마무리하고 업무를 종료하며 과업 성과의 문제는 다뤄지지 않는다. 리더는 팀 구성원들의 사회적, 정서적 요구가 무엇인지 주로 관심을 기울이게 된다. 또한 팀 구성원들은 형성된 감성으로 인해 팀에 강한 응집력을 느끼고 팀 해산에 대한 실망감과 안타까움을 보이곤 한다. 이때 리더는 팀 해산 행사나 의식을 의미 있게 만들 필요가 있는데 시상을 하는 것도 바람직하다.

## 팀 응집력과 효과성

**팀 응집력**team cohesiveness은 공동 목표를 달성하기 위해 구성원들이 긴밀히 연결된 정도를 의미한다.[22] 응집력이 강한 팀은 목표 달성 활동에 적극적이며 팀 성공을 위해 노력하는 반면, 그렇지 않은 팀은 팀 발전에 별로 관심을 갖지 않는다. 팀 미팅이나 활동 등에 적극적인 경우도 있을 것이고, 팀이 목표를 성공적으로 달성했을 때 행복감을 느끼는 경우 이 팀은 응집력이 높은 팀이라 할 수 있다.

**응집력의 결정변수** 팀 응집력을 높이기 위해 리더들은 다양한 변수들을 활용할 수 있다. 첫째, 상호작용interaction을 들 수 있다. 상호작용은 서로 접촉하는 빈도를 말하는데, 보통 팀 구성원들 간에 서로 접촉 빈도가 높을수록, 즉 상호작용이 빈번할수록 팀 응집력이 높아진다. 두 번째 요인은 공유 미션과 목표shared mission and goals이다. 팀 구성원 간 추구하는 목표와 나아가는 방향이 같으면 응집력이 높다고 볼 수 있다. 응집력이 강한 팀 구성원들은 자신들이 매우 중요한 일을 하고 있다고 생각하고, 미래를 위해 서로 동반자적인 자세를 취하고 있음을 인식한다. 세 번째 요인은 팀에 대한 개별적 매력personal attraction to the team을 들 수 있는데, 구성원들은 팀과 함께하고 있음을 즐기고 이에 매력을 느낀다. 즉 구성원 간 서로 존중하고 좋아하는 모습을 보이는 매력 정도가 응집력을 높이는 기능을 한다. 네 번째 요인은 조직의 상황 맥락context 등이 팀 응집력에 영향을 미칠 수 있다. 예를 들면 다른 팀과 경쟁하는 경우, 경쟁에서 이기기 위해 팀에 응집하게 된다. 마지막으로 팀의 성공과 팀의 외부 평가가 호의적인 경우 팀 응집력을 높이는 원인이 된다. 즉, 팀이 성공하고 다른 사람들이 이 성공을 인정하는 경우 팀에 대한 몰입과 호의적 느낌이 강해진다.

**팀 응집력 결과** 응집력의 결과는 사기morale와 성과의 두 가지 범주로 구별하여 살펴볼 수 있다. 첫째, 응집력이 강한 팀은 사기가 높게 나타나는데, 그 이유는 서로 의사소통을 많이 하며 친밀한 분위기와 충성심이 높고 의사결정과 활동에 구성원 참여가 많기 때문이다. 높은 응집력은 팀 구성원들의 사기와 만족에 긍정적인 영향을 미친다.[23]

둘째, 응집력과 팀 성과는 보통 밀접한 관계를 갖는다. 응집력이 높은 팀은 팀 에너지와 창의력이 넘치는데, 그 이유는 개개인의 동기와 성과가 증가하기 때문이다. 연구 결과에 따르면 팀 구성원 간 상호작용과 상호의존도가 높을수록 의사소통과 협력 관계가 잘 이루어지기 때문에 높은 성과를 낸다.[24] 하지만 팀 응집력이 부정적인 경우도 있을 수 있는데, 대표적으로 **집단 사고**groupthink를 들 수 있다. 응집력이 강한 집단일수록 소수 의견을 무시하고 통일된 의견으로 몰고 가는 경향이 있으며, 그 결과 잘못된 의사결정이 될 수 있다. 팀에서 집단 사고가 나타나는 이유는 구성원들이 신속하게 의사결정을 내리기 위해서 서로 의견을 일치시키는 데만 치중하기 때문이다. 응집력이 강한 팀은 일체성이 강해서 다른 사람의 의견에 의문 제기를 꺼리는 경향이 있다. 그렇다보니 집단 사고가 발생하는 경우가 많은데, 1986년 챌린저 우주선 사고가 난 원인도 이러한 집단 사고와 강한 응집력 때문이었다.[25]

응집력과 팀성과는 팀 리더와 팀원들 간의 관계에 따라 그 영향력이 달라질 수 있다. 200개 정도의 팀을 대상으로 조사한 자료에 의하면 팀 응집력과 성과는 긍정적인 상관관계가 있지만,[26] 극도로 응집된 팀 구성원들은 경영진이 자신들을 후원하고 있다고 인식할 때 높은 성과를 내는 반면, 경영진이 자신들을 적대시하고 부정적으로 보고 있다고 인식하면 낮은 생산성을 보인다.

## 팀원의 공헌 요소

지금까지 팀 성과를 높이기 위한 리더의 관점을 강조했다. 그렇다면 고성과 팀을 위해서 팀 구성원들이 갖추고 있어야 할 역량이나 다양한 업무스킬, 그리고 목표 달성을 위해 무엇을 공헌해야 하는지 알아보도록 하자. 팀 구성원들이 갖추어야 할 역량이나 업무스킬과 관련하여 2010년 8월 칠레의 산호세에서 발생한 탄광 매몰사건(당시 33명의 광부가 매몰됨)을 상기해보자. 이들 갇힌 광부들을 구출하기 위한 구조대는 몇 개의 팀으로 구성되었는데 갇힌 광부와 소통을 하는 팀, 흙더미 등을 걷어치우는 실제 구조팀, 식음료 등을 제공하는 팀, 의료팀 등 다양한 활동을 책임지는 팀 활동이 있었다. 그리고 각 팀의 구성원들은 매몰된 광부들의 심리적 안정을 유지시키면서 이들을 구출해야 한다는 명백한 목적의식을 공유하고 각자 팀들 간의 역할을 서로 조율해가고 있었다. 결론적으로 69일이 지나는 동안 구조팀의 적절한 팀워크와 리더십 덕분에 광부들은 무사히 구출될 수 있었다.[27]

## 팀 필수 역량

연구를 통해 효과적인 팀 성과를 위한 팀 역량이 무엇인지를 밝혀내었다.[28] 팀 구성원들은 팀이 성공적으로 유연하게 작동하기 위해서 다음 다섯 가지 역량을 갖추고 이를 적절하게 활용할 수 있어야 한다.

1. **목표설정과 성과 관리.** 우선적으로 가장 중요한 점은 팀 구성원들은 구체적이고 도전적인 팀 목표를 설정하고 목표가 달성되는 과정을 모니터하고 최종 성과 평가 결과가 다음 목표 설정에 반영될 수 있도록 해야 한다.
2. **계획과 통합.** 팀의 목표 달성을 위해서 계획과 통합의 기능은 중요하다.[29] 팀원들은 서로 뭉쳐있어야 하며 통합된 활동과 정보, 자원 등을 활용할 수 있어야 한다.
3. **협력적 문제 해결.** 팀원들은 팀의 문제를 해결하기 위해서 구성원들의 적극적인 참여를 필요로 하며 구성원들은 의사결정의 적절한 대안을 찾는데 협력하고 노력해야 한다.
4. **의사소통.** 독립적으로 업무를 수행하는 경우 간혹 구성원들 간에 소통이 되지 않아 목표 달성에 어려움을 겪는 경우가 있다. 구성원들 간에 소통이 잘 되어야 팀워크가 잘 발휘되는데, 구성원들 간에 자신의 마음을 얘기하고 의문점을 질문하고 피드백 등이 있을 팀워크가 향상된다.
5. **갈등 해결.** 최종적으로 팀은 구성원들 간의 의견 불일치를 어떻게 해결하고 관리하는 것이 좋은지를 판단해야 한다. 간혹 응집력이 강한 팀에서도 갈등이 불가피하게 발생하기도 한다.

## 팀 갈등의 해결

팀은 여러 명이 모여서 하나의 과업과 목적을 달성하게 되는데, 구성원들은 서로 다른 가치관과 사고방식을 갖고 있기 때문에 업무진행 과정에서 갈등이 발생하게 된다. 서로 같은 생각을 하고 있더라도 표현 방식이 달라서 갈등이 생길 수도 있는데, 리더는 이러한 팀내 갈등을 최소화할 의무가 있다. 특히 최근 온라인을 통한 **가상팀** virtual team이나 글로벌 업무수행을 위한 **글로벌 팀**global team 등은 더욱 이러한 갈등 가능성이 높을 수밖에 없다.

**갈등**conflict은 어느 조직이나 집단에서 필연적으로 발생하며, 팀 내 혹은 팀 간에도 발생하게 된다. 너무 많은 갈등은 팀 업무에 역기능으로 작용하여 부정적 결과를 초래하게 되며, 팀 발전이나 응집력 저하의 원인이 된다.[30] 보통 고성과 팀은 내부 갈등이 많지 않으며 개인적 갈등보다는 업무에 관련된 갈등이 대부분이다. 하지만 갈등이 무조건 부정적인 것만은 아니고, 신뢰와 상호 존중으로 인해 발생하는 건전한 갈등이나 긴장감도 있는데 이러한 갈등은 조직에 긍정적인 기능을 하게 된다.[31]

### 갈등의 유형

두 가지 유형의 갈등을 들 수 있는데 과업 갈등과 관계 갈등이 그것이다.[32] **과업 갈등**task conflict은 성취하고자 하는 목표의 불일치 혹은 수행하는 내용의 차이로 인한 업무 갈등을 말한다. 예를 들면 경영자들 간에도 회사를 글로벌로 확장시킬 것인가 아니면 합작투자를 할 것인가의 문제로 서로 갈등을 겪는 경우가 있다. 반면에 **관계 갈등**relationship conflict은 구성원들 간에 반목되는 관계로 인해 서로 긴장이 고조되어 있는 갈등의 상황을 말한다. 예를 들면 병원에서 의사와 간호사 간의 미묘한 갈등 문제가 있으며 그런가하면 병원 내 다른 부서들 간의 갈등도 있을 수 있다.

연구결과에 의하면 보통 과업 갈등은 궁극적으로 보다 나은 의사결정의 대안을 가져올 수 있기 때문에 유익할 수 있다고 한다. 반면에 관계 갈등은 팀 효과성에 부정적인 영향을 초래하는 경우가 많다.[33] 예를 들면 경영진 팀을 대상으로 조사해보니 과업 갈등이 있는 경우에는 의사결정의 질이 높고 몰입이 증대되고 결정에 대한 수용이 잘 이루어지는 반면 관계 갈등이 존재하는 경우는 그 반대의 상황을 가져오고 있었다.[34]

## 갈등과 협조의 균형

보통 적절한 정도의 갈등은 오히려 팀에 유익하다.[35] 적정한 정도의 갈등은 집단사고 등의 부작용을 막을 수 있고 잘못된 의견임에도 불구하고 한 쪽으로 의견이 쏠리는 문제점을 예방할 수 있다. 따라서 업무적으로 서로 다른 견해가 노출되어 서로 갈등이 유발되는 경우도 있지만 다양한 견해가 잘 조화를 이루면 결국은 긍정적인 결과를 초래하는 경우가 많다.

갈등의 정도에 따른 결과는 다르다. 즉 적정한 정도의 갈등은 유익한 반면, 너무 강한 갈등, 즉 자신의 개인적 이익에 국한되고 집단이나 업무의 이슈를 벗어나는 경우 팀의 생산성을 저해하고 상호 간의 관계를 훼손시키며 유익하고 참신한 아이디어나 의견 등이 교환되는 기회를 방해하는 양상이 연출된다.[36] 이러한 맥락에서 팀 리더는 갈등과 협조 간에 적절한 규형점을 찾아야 한다. 〈도표 10-4〉에서 보여주듯이 적절한 정도의 갈등은 팀 성과를 높이는데 공헌한다. 반면에 갈등이 너무 없거나 너무 강한 경우에는 팀 성과에 부정적으로 영향을 미친다. 따라서 리더는 적정한 정도의 갈등을 조장하여 서로 협력적이고 경쟁적으로 다양한 견해를 제시할 수 있도록 조절할 수 있는 역량을 갖추고 있어야 한다.

**도표 10-4 ● 갈등과 협력의 균형**

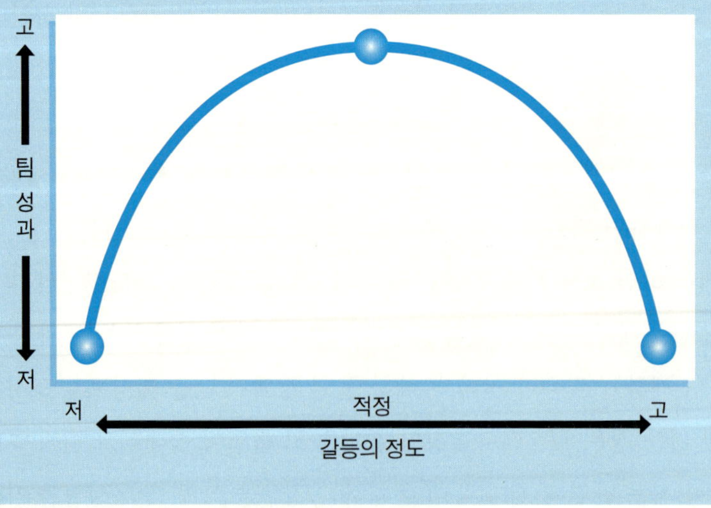


출처: From Daft, *Management*, 11E. © 2014 Cengage Learning.

## 갈등의 원인

팀 리더는 부서 내부에서 발생하는 갈등 원인을 파악하여 이를 조정하고 제거하는 역할을 수행해야 한다. 보통 팀 구성원들은 정보, 자금 등 한정된 자원을 놓고 상호 경쟁하기 때문에 갈등은 필연적으로 발생하게 된다. 또한 수행 과업의 목적이 명확하지 못할 때도 갈등이 발생하게 되는데, 목적이 명확하지 못하면 다른 사람이 수행하는 업무를 이해하지 못하고, 상반된 견해를 갖게 되기 때문이다. 그런가 하면, 상호 모순된 목적을 수행하는 경우에도 갈등이 발생하게 된다.

## 갈등 해결의 유형

팀이나 개인을 막론하고 갈등 해결에는 여러 가지 방법이 있다. 갈등 유형은 자신의 관점에서 문제를 해결하거나 다른 사람의 관점에서 문제를 해결하는 방식의 조합에 의해서 결정된다. 〈도표 10-5〉은 갈등 해결의 다섯 가지 유형을 보여주고 있는데, 갈등 해결에서 자기주장만 강조하는 공격성assertive이나 다른 사람의 입장을 배려하

**도표 10-5 ● 갈등관리 유형 모델**

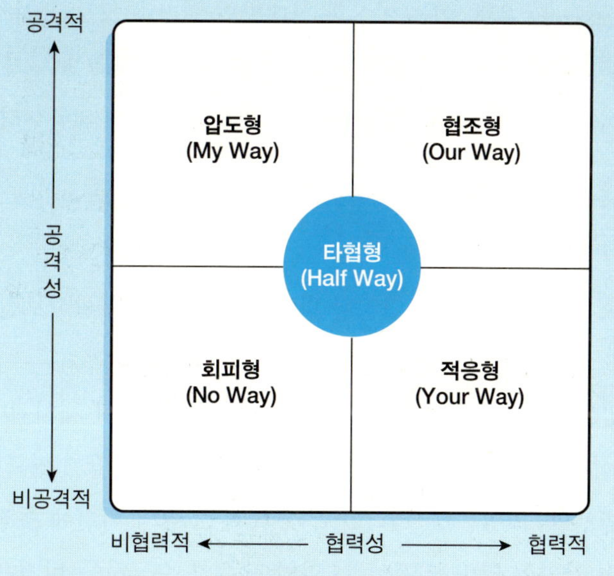


출처: Based on Kenneth Thomas, "Conflict and Conflict Management," in *Handbook of Industrial and Organizational Behavior*, ed. M.D. Dunnette (New York: John Wiley, 1976), p 900; and Nan Peck, "Conflict 101: Styles of Fighting," *North Virginia Community College Website*, September 20, 2005, www.nvcc.edu/home/npeck/conflicthome/conflict/Conflict101/conflictstyles.htm (accessed April 13, 2011)

는 협력성cooperative을 조합하여 이루어진다. 유능한 리더와 팀 구성원들은 특정한 상황에 따라 선택할 수 있는 갈등 해결 방법을 달리 적용한다.

1. **압도**dominating **유형**: 이 유형은 자기주장을 중요하게 생각하고 타인의 견해에 대해서는 협조적이지 않고 무관심한데, 위기 상황이거나 신속하게 문제를 해결해야 하는 경우 이와 같은 유형이 사용될 수 있다.
2. **회피**avoiding **유형**: 문제 해결에 대해 자기 관점을 중요하게 생각하는 공격성을 보이지도 않고 다른 사람들과 협조적이지도 않은 유형이다. 이러한 유형은 사소한 문제인 경우 활용하면 적절하며, 이길 가능성이 많지 않거나 좀 더 많은 정보를 얻기 위해 시간을 확보할 필요가 있을 때 사용된다.
3. **타협**compromising **유형**: 이는 공격적 태도나 협조적 태도의 중간 정도를 혼합한 유형을 말하며, 양측이 추구하는 목적이 동등하게 중요할 때, 상대방과 동등한 권력을 갖고 있으면서 양측이 견해차를 해소하려고 할 때, 양측이 모두 시간 압박을 받는 상황에서 임시로 또는 신속하게 문제를 해결하려고 할 때 적절한 방법이다.
4. **적응**accommodating **유형**: 이 유형은 타인의 입장을 고려하는 협조적 태도가 매우 강한 형태로 사람들이 스스로의 잘못을 인식할 때 나타나며, 자신의 주장보다 상대방의 이슈가 더 중요하다고 생각하는 경우에 활용된다.
5. **협조**collaborating **유형**: 이는 자신과 상대방의 입장을 모두 고려하는 형태이며, 토론이나 협상에 상당한 노력이 요구되기도 하지만 양측 모두가 이득을 얻을 수 있다. 이러한 경우는 양측 입장이 모두 중요한 경우에 적용된다.

## 기타 해결방법

이 외에도 갈등을 해결하는 다양한 방법이 있는데 이를 살펴보면 다음과 같다.

**설득력 있는 비전** 모든 사람이 납득할만한 비전vision이 제시된다면 갈등은 줄어들게 될 것이다. 갈등은 서로 명확하게 무엇을 추진해야 할지 명확하게 이해하지 못함으로써 발생할 수 있는데, 리더가 부서 혹은 조직의 비전에 초점을 두는 정도에 따라 갈등의 강약이 달라질 것이다. 만약 모두가 수긍하는 비전을 제시할 수 있다면 구성원들은 자신이 수행해야 할 업무 방향을 생각하게 되고 서로 합심하여 이를 이루려고 노력하게 될 것이다.

**원만한 협상력** 협상negotiating은 양측이 서로 수용할 수 있는 결정을 내릴 수 있을 때까지 다양한 대안을 검토하고 서로에게 조금씩 양보하는 방안을 모색하는 것이다. 양측은 서로 다른 관점과 다른 의도를 갖고 이슈에 접근하게 되는데 이를 해결하기 위해서는 통합적 협상이나 파열적 협상을 필요로 한다. **통합적 협상**integrative negotiation은 쌍방 간에 윈-윈의 효과를 모두에게 혜택을 가져올 수 있는 창조적 해결을 모색하는 협상을 말한다. 한 쪽이 이익을 보게 되면 상대는 피해를 입게 되는 제로섬의 관점이 아니고 공동의 파이를 창출하는 방안이다. 그래서 직면한 문제를 공동으로 해결한다는 데 협상 쌍방 간에 합의하고, 쌍방의 이익을 충족시킬 다양한 해결안을 모색한다. 갈등이 발생하면 협력과 타협을 통해서 해결하게 된다. 이와는 반대로 **파열적 협상**disruptive negotiation은 파이가 한정되어 있어 한 쪽이 취하면 다른 한 쪽은 얻지 못하는 제로섬 상황이 발생되는 협상을 말한다. 그렇기 때문에 파열적 협상은 결국 쌍방 간에 장기적으로 긍정적인 관계 형성이 어렵고 경쟁과 적대적인 관계가 만들어진다.

**적절한 중재 기능** 갈등이 심화되고 양측이 자주적으로 협상과 타협을 하기 어려운 경우 제3자에 의한 중재mediation를 필요로 한다. 중재는 상사나 감독관 혹은 다른 팀의 리더, 인사부서 담당자, 외부 옴부즈맨 등이 맡게 된다. 그리고 이들 중재자는 양측이 갈등 내용을 토론하게 하고 해결안을 모색하게 된다.

**구성원 간 열린 마음** 갈등을 줄일 수 있는 최상의 방안은 갈등 당사자들 간 열린 마음으로 진지하게 의사소통하는 것이다. 서로 필요한 정보를 교환하고 진실되게 자신의 마음을 열게 되면 상대방의 의심을 줄일 수 있고 팀워크가 가능해진다.

이와 같은 다양한 방법을 통해 갈등의 상황을 해결할 수 있다. 유능한 리더는 기본적으로 이러한 접근법을 혼합하여 사용하게 되는데, 예를 들면 큰 비전을 제시하면서 지속적인 의사소통을 조성하여 팀이 계속 발전해가면서 갈등을 최소한으로 유지하게 하는 것이다.

## 학습핵심

- 오늘날의 리더는 과거와 같은 지시와 보고 중심의 관리를 탈피하여 팀 활동을 촉진시켜야 한다. 팀은 상호의존적인 과업을 달성해야 하는데 협력과 정보 공유를 통해 효과적으로 목적을 달성할 수 있다. 하지만 팀이 갖는 근본적인 딜레마가 있다. 개개인은 자신의 독립성을 포기해야 하며 경우에 따라 팀 목표를 위해 자신을 희생해야 하는 경우도 발생하며, 무임승차나 역기능 등 부작용이 있을 수 있다.
- 기능팀은 전통적인 조직구조 형태로서 유사한 기능이나 업무를 수행하는 사람들끼리 부서를 구성하게 된다. 하지만 문제 해결팀, 프로세스 개선팀이나 특별 프로젝트팀 등의 교차부서팀은 참여도를 높이는 역할을 하게 된다. 교차부서팀은 점차 자율경영팀 등으로 진화된다.
- 팀은 시간이 지나면서 발전한다. 리더는 팀 발전 단계에 따라 적합한 리더십 유형이 달라질 수 있음을 인지하고 경우에 따라 리더들은 팀의 규모, 다양성, 상호의존성 등에 따라 팀을 재설계해야 한다.
- 팀이 가상 조직이나 글로벌 조직과 같은 형태를 취할 때 갈등이 심화된다. 그런가 하면 일반적인 팀 역시 제한된 자원, 잘못된 의사소통, 목표 혼동 등으로 인해 갈등을 경험하게 된다. 이런 경우 공유된 비전을 바탕으로 구성원들을 결집시키거나 협상, 제3의 중재자를 통하거나, 갈등을 겪는 당사자들끼리 열린 대화를 통해 갈등을 해결할 수 있다.
- 갈등 관리의 유형으로 협상을 들 수 있다. 훌륭한 리더는 갈등 해결을 통해 쌍방 간 모두가 상생할 수 있는 통합형 협상 방안을 모색한다.

## 토론 주제

1. 팀과 집단의 차이는 무엇인가? 이들 각각에 대해 경험한 적이 있는가?
2. 교차부서팀과 자율경영팀의 차이를 설명하라. 자율경영팀은 어떤 형태의 조직에서 더 유효성이 높다고 보는가? 그 이유를 설명하라.
3. 고성과팀의 다섯 가지 핵심 요인은 무엇인가?
4. 팀 활동을 하는 과정에서 발생되는 딜레마를 극복하기 위해 고려해야 할 점은 무엇인가?
5. 학교에서 팀 과제 혹은 조직에서 팀 프로젝트에 참여한 경험이 있는가? 그렇다면 팀 과제 혹은 프로젝트를 수행하는 데 리더에게 가장 중요한 것은 무엇인가?
6. 이 교재는 적은 인원의 팀이 경우에 따라 더 효과적이라고 설명하고 있는데, 신제품 개발과 같은 복잡한 업무를 수행할 때 대기업에서는 많은 인원의 팀을 필요로 한다. 팀의 규모가 팀이 적절한 기능을 수행하는 데 영향을 준다고 생각하는가?
7. 팀의 발전 단계를 설명하라.
8. 팀 응집력과 팀 성과는 어떤 관계가 있는지 설명하라.
9. 당신은 일반적으로 갈등이 발생하면 어떤 해결 방법을 선호하는가? 여러분이 사용하

는 방식은 아니지만 갈등 해결에 더 생산적인 방식이 있다면 어떤 것이 있는가?

10. 만약 자신이 새로운 컴퓨터 게임을 개발하는 팀의 리더이고 팀 구성원 간 권력과 지위의 차이로 인한 갈등이 있다면 어떻게 하겠는가? 이런 경우 어떤 유형의 문제 해결 방식을 적용하겠는가?

## 분석사례: VSC사

VSC(Valena Scientific Corporation)사는 대형 의료설비 제조업체이며 이 업체의 주요 고객은 병원, 의료실험실, 대학이나 기타 유관기관들이다. 그 중 의료실험실은 회사의 주요 고객으로서 총매출의 52%를 차지하고 있다. 그런데 이들 의료실험실은 병원의사들의 진단을 위한 피검사와 소변검사 등을 하는 진단센터나 병원에 위치하고 있었다. 그리고 보통 이들 실험실에 판매되는 의료설비는 적게는 50센트 정도의 진단 시약부터 시작하여 25만 달러에 상당하는 혈액 분석기에 이르기까지 다양하다.

그런데 산업동향이 점차 생명공학분야로 이동해가면서 지넨테크(Genentech)사나 세터스 과학연구소(Cetus Scientific Laboratory)와 같은 회사들은 대학의 미생물학자들을 영입하여 이 분야를 새롭게 개척해가고 있었다. 그리고 이들은 유전자 결합을 통한 시장 잠재성을 검토하는 등 발 빠르게 신약개발을 통한 새로운 시장을 만들어가고 있었다.

이런 현실에 직면하여 VSC사의 경영진은 2005년에 바이오텍 리서치 프로그램을 추진하기로 결정하였다. 그런데 정작 이 분야의 정통한 미생물학자들이 많지 않아 겨우 9명의 과학자들로만 프로그램을 운영하게 되었다. 이들 과학자들 가운데 3명은 유전자 결합 부문의 전문가들이며, 3명은 유전자 재결합, 나머지 3명은 유전자 배양 전문가들이었다. 각각의 전문가들은 부서의 궁극적 목표 달성을 위해 팀과 같이 움직여주기를 회사에서는 원했고, 또 이들 팀의 원만한 활동을 위해 20명의 기술직이 선발되어 전문가들을 지원하였다.

회사 경영진은 이 프로젝트 팀이 자율적으로 운영될 것이라고 믿었고, 프로그램 운영 처음 18개월은 모든 게 잘 돌아갔다. 각 분야별로 비공식 대표자가 나타나기 시작했고 점차 분야별로 독립적인 활동을 하기 시작했다. 업무는 보편적으로 유전자 결합 업무에서 시작하여 유전자 재결합, 그리고 난 후 배양 단계를 거치게 된다. 그렇게 배양된 유전자는 대량생산을 위해 박테리아로 양육된다.

2008년 여름 이 프로그램 팀에게 새로운 업무가 할당되었다. 당시 호프만-라로쉬(Hoffman-LaRoche) 박사는 암세포 퇴치를 위한 백혈구 인터페론을 개발하고 있었는데 회사는 인터페론 대량생산을 위해 이 박사와 계약을 하게 되었지만 기간은 단지 9개월 정도 밖에 허용되지 않는 실정이었다. 따라서 회사의 생명공학 전문가들은 각 영역별로 제품 대량생산을 위한 전문적 소견을 제시해내야 했다.

9월경 프로그램의 3개 분야 비공식 대표들이 모여 그 동안 팀의 진척사항을 평가하는 자리에서 유전자 결합부문의 대표자인 알시언 찬(Alsion Chan)은 자신들의 그 동안 성과에 대해 만족해하고 대견스럽게 생각한다는 발언을 하였다. 하지만 유전자 재결합 파트의 대표자로 있는 리치 베일리(Rich Bailey)는 자리를 박차고 일어나 회사가 원하는 대로 단시간에 검증되지 않은 연구를 실행하는 것은 무리라는 입장을 분명히 하였다. 그 외에도 남은 회의시간 내내 서로 조율되지 않는 입장 차이만 계속 반복하게 되고 각자 분야에서의 입장만 주장하는 상황이 계속되었다. 이런 상황에서 마감 기한 내에 주어진 일을 마무리한다는 것은 어려워 보였다. 뿐만 아니라 베일리는 경영진에게 이메일을 보내 찬 박사의 거만함에 대해 불평을 보이곤 하여 회사 경영진은 이 프로그램을 책임질 리더의 선임이 필요함을 인식하게 되었다.

11월 15일 유전자 재결합 분야에 정통한 스탠포드 대학 교수가 새롭게 채용되었다. 그의 공식 직함은 프로그램 책임자였고, 따라서 프로그램의 모든 구성원들은 그에게 프로젝트 업무 진행상황을 보고해야만 했다. 새로운 책임자는 2일 간의 회합을 위해 9명의 과학자들을 한 자리에 모았다. 그리고 토론을 위해 3개의 표를 제시하고, 각각의 표는 각 부서별로 주어 전통적 업무 영역을 벗어난 토론을 하도록 하게 하였다. 그는 과학자로서 일반적이고 공통적인 배경에 대해 언급하고 프로젝트 비전과 희망을 논의하기 시작했다. 또한 공유 비전을 창출한 후 각각의 과학적 이슈를 논의하고 각 하부부서가 개발해야 할 점에 대한 아이디어를 제시하기도 했다. 이런 과정을 거치면서 점차 합일점이 만들어지기 시작하고 마지막으로 팀 책임자는 인터페론 프로젝트에 적용할 수 있는 기본 접근법을 채택할 수 있었다. 그리고 이들 과학자들은 각 부서로 돌아가 자신들이 해야 할 일에 대해 기술진들에게 명확하게 설명할 수 있었다. 이렇게 되다보니 각 하부부서들은 전체 리서치 프로그램의 계획 범위 내에서 일련의 지침을 바탕으로 업무를 수행할 수 있었다. 각 부서들 간의 상호의존성을 고려하여 최종 성과물 제출 시기를 정하고 각 부서 구성원들은 주 단위로 원격회의를 하고, 일정을 조정하기 위해 3명의 부서별 리더들은 대면 미팅을 하기도 하였다.

2일 간의 회합이 있고 난 후 극적인 행동 변화가 이루어졌다. 집단 간 의사소통이 빈번하게 이루어지고, 한 집단에서 야기되는 문제점은 다른 집단에게 전달되어 더 이상 문제로 확산되지 않을 수 있었다. 부서별 대표자들은 발생 가능성 있는 문제들을 조율하는 역할을 하고, 또 대표자와 부서원들 간의 미팅도 자주 이루어져 결과적으로 인터페론 프로젝트를 위한 열정은 고조되고 강력해질 수 있었다.

### 질문

1. 이 리서치 프로그램은 팀인가 아니면 집단인가? 하부부서들은 무엇인가? 만약에 이들이 팀이라면 어떤 유형의 팀이라 할 수 있는가?
2. 2일 간의 회합이 있기 전과 후의 집단 규범은 무엇인가? 인터페론 프로젝트 실행과 관련하여 하부부서들 간의 상호의존성은 어떻게 이루어졌는가?
3. 프로그램 총괄 책임자가 영입된 후 응집력 변화가 있었는데 무엇이 이렇게 만들 수 있었는가?

## 미주


1. Doug Kirkpatrick, "Self-Management's Success at Morning Star," *T + D* (October 2012), pp. 25–27.

2. Linda I. Glassop, "The Organizational Benefit of Teams," *Human Relations* 55, no. 2 (2002), pp. 225–249; and J. D. Osburn, L. Moran, E. Musselwhite, and J. H. Zenger, *Self-Directed Work Teams: The New American Challenge* (Homewood, IL: Business One Irwin, 1990).

3. This definition is based on J. Richard Hackman, *Leading Teams: Setting the Stage for Great Performances* (Boston: Harvard Business School Press, 2002); Dawn R. Utley and Stephanie E. Brown, "Establishing Characteristic Differences between Team and Working Group Behaviors," *Institute of Industrial Engineers Annual Conference Proceedings* (2010), pp. 1–6; and Carl E. Larson and Frank M. J. LaFasto, *Team Work* (Newbury Park, CA: Sage Publications, 1989).

4. Geoffrey Colvin, "Why Dream Teams Fail," *Fortune* (June 12, 2006), pp. 87–92.

5. Bryce G. Hoffman, "Inside Ford's Fight to Avoid Disaster," *The Wall Street Journal* (March 9, 2012), p. B1.

6. Study by G. Clotaire Rapaille, reported in Karen Bernowski, "What Makes American Teams Tick?" *Quality Progress* 28, no. 1 (January 1995), pp. 39–42.

7. Robert Albanese and David D. Van Fleet, "Rational Behavior in Groups: The Free-Riding Tendency," *Academy of Management Review* 10 (1985), pp. 244–255.

8. Reported in Matt Vella, "White Collar Workers Shoulder Together—Like It or Not" (Inside Innovation section: InData), *BusinessWeek* (April 28, 2008), p. 58.

9. See David H. Freedman, "The Idiocy of Crowds" (What's Next column), *Inc.* (September 2006), pp. 61–62; "Why Some Teams Succeed (and So Many Don't)," *Harvard Management Update* (October 2006), pp. 3–4; and Geoffrey Colvin, "Why Dream Teams Fail," *Fortune* (June 12, 2006), pp. 87–92.

10. "Why Some Teams Succeed (and So Many Don't)."

11. Studies reported in Amy Edmondson, Richard Bohmer, and Gary Pisano, "Speeding Up Team Learning," *Harvard Business Review* (October 2001), pp. 125–132; and Scott Thurm, "Teamwork Raises Everyone's Game—Having Everyone Bond Benefits Companies More Than Promoting Stars" (Theory & Practice column), *The Wall Street Journal* (November 7, 2005), p. B8.

12. These factors are based partly on "Why Some Teams Succeed (and So Many Don't)"; Ruth Wageman, "Critical Success Factors for Creating Superb Self-Managing Teams," *Organizational Dynamics* (Summer 1997), pp. 49–61; and Richard Hackman, *Leading Teams: Setting the Stage for Great Performances* (Boston, MA: Harvard Business School Press, 2002).

13. J. Polzer, W. Swann Jr., and L. Milton, "The Benefits of Verifying Diverse Identities for Group Performance," in M. Neale, E. Mannix, and J. Polzer, eds., *Research on Managing Groups and Teams: Identity Issues in Groups*, Vol. 5 (Stamford, CT: JAI Press, 2003), pp. 91–112.

14. Warren E. Watson, Kamalesh Kumar, and Larry K. Michaelsen, "Cultural Diversity's Impact on Interaction Process and Performance: Comparing Homogeneous and Diverse Task Groups," *Academy of Management Journal* 36 (1993), pp. 590–602; and Gail Robinson and Kathleen Dechant, "Building a Business Case for Diversity," *Academy of Management Executive* 11, no. 3 (1997), pp. 21–31.

15. Lynda Gratton and Tamara J. Erickson, "Eight Ways to Build Collaborative Teams," *Harvard Business Review* (November 2007), pp. 101–109.

16. Jeffrey T. Polzer, "Leading Teams," *Harvard Business Publishing for Educators*, Background Note, Product #403094-PDF-ENG (ordered at http://cb.hbsp.harvard.edu/cb/product/403094-PDF-ENG).

17. This summary of team size research is based on Martin Hoegl, "Smaller Teams—Better Teamwork: How to Keep Project Teams Small," *Business Horizons* 48 (2005), pp. 209–214; Lillian Chaney and Julie Lyden, "Making U.S. Teams Work," *Supervision* (January 2000), p. 6; Jia Lynn Yang, "The Power of Number 4.6," part of a special series, "Secrets of Greatness: Teamwork," *Fortune* (June 12, 2006), p. 122; M. E. Shaw, *Group Dynamics*, 3rd ed. (New York: McGraw Hill, 1981); and G. Manners, "Another Look at Group Size, Group Problem Solving, and Group Consensus," *Academy of Management Journal* 18 (1975), pp. 715–724.

18. Stephen D. Reicher, Michael J. Platow, and S. Alexander Haslam, "The New Psychology of Leadership," *Scientific American Mind* (August–September 2007), pp. 23–29.

19. C. Shawn Burke, Kevin C. Stagl, Cameron Klein, Gerald F. Goodwin, Eduardo Salas, and Stanley M. Halpin, "What Type of Leadership Behaviors Are Functional in Teams? A Meta-Analysis," *The Leadership Quarterly* 17 (2006), pp. 288–307; Greg L. Stewart, "A Meta-Analytic Review of Relationships between Team Design Features and Team Performance," *Journal of Management* 32, no. 1 (February 2006), pp. 29–54; Abhishek Srivastava, Kathryn M. Bartol, and Edwin A. Locke, "Empowering Leadership in Management Teams: Effects on Knowledge Sharing, Efficacy, and Performance," *Academy of Management Journal* 49, no. 6 (December 2006), pp. 1239–1251; and Gratton and Erickson, "Eight Ways to Build Collaborative Teams."

20. Gervase R. Bushe and Graeme H. Coetzer, "Group Development and Team Effectiveness: Using Cognitive Representations to Measure Group Development and Predict Task Performance and Group Viability," *The Journal of Applied Behavioral Science* 43, no. 2 (June 2007), pp. 184–212; Kenneth G. Koehler, "Effective Team Management," *Small Business Report* (July 19, 1989), pp. 14–16; Connie J. G. Gersick, "Time and Transition in Work Teams: Toward a New Model of Group Development," *Academy of Management Journal* 31 (1988), pp. 9–41; and John Beck and Neil Yeager, "Moving beyond Myths," *Training & Development* (March 1996), pp. 51–55.

21. Bruce W. Tuckman, "Developmental Sequence in Small Groups," *Psychological Bulletin* 63 (1965), pp. 384–399; and B. W. Tuckman and M. A. Jensen, "Stages of Small Group Development Revisited," *Group and Organizational Studies* 2 (1977), pp. 419–427.

22. Shaw, *Group Dynamics*.

23. Amanuel G. Tekleab, Narda R. Quigley, and Paul E. Tesluk, "A Longitudinal Study of Team Conflict, Conflict Management, Cohesion, and Team Effectiveness," *Group & Organization Management* 34, no. 2 (April 2009), pp. 170–205; Dorwin Cartwright and Alvin Zander, *Group Dynamics: Research and

*Theory*, 3rd ed. (New York: Harper & Row, 1968); Elliot Aronson, *The Social Animal* (San Francisco: W. H. Freeman, 1976); and Thomas Li-Ping Tang and Amy Beth Crofford, "Self-Managing Work Teams," *Employment Relations Today* (Winter 1995 /96), pp. 29–39.

24. Bank of America example from Rachel Emma Silverman, "Tracking Sensors Invade the Workplace; Devices on Workers, Furniture Offer Clues for Boosting Productivity," *The Wall Street Journal* (March 7, 2013), http://online.wsj.com/article/SB100014241 27887324034804578344303429080678.html (accessed May 3, 2013); and studies reported in Tang and Crofford, "Self-Managing Work Teams."

25. Shlomo Ben-Hur, Nikolas Kinley, and Karsten Jonsen, "Coaching Executive Teams to Reach Better Decisions," *Journal of Management Development* 31, no. 7 (2012), pp. 711–723.

26. Stanley E. Seashore, *Group Cohesiveness in the Industrial Work Group* (Ann Arbor, MI: Institute for Social Research, 1954).

27. Matt Moffett, "Trapped Miners Kept Focus, Shared Tuna—Foiled Escape, Bid to Organize Marked First Two Weeks Underground in Chile," *The Wall Street Journal* (August 25, 2010); and "Lessons on Leadership and Teamwork—From 700 Meters below the Earth's Surface," *Universia Knowledge @ Wharton* (September 22, 2010), http://www.wharton.universia.net/index.cfm ?fa=viewArticle&id=1943&language=english (accessed September 29, 2010).

28. These are based on Michael J. Stevens and Michael A. Campion, "The Knowledge, Skill, and Ability Requirements for Teamwork: Implications for Human Resource Management," *Journal of Management* 20, no. 2 (1994), pp. 503–530.

29. R. Oser, G. A. McCallum, E. Salas, and B. B. Morgan, *Toward a Definition of Teamwork: An Analysis of Critical Team Behaviors*, Technical Report NTSC 89-004 (Arlington, VA: Office of Naval Research, 1989); and A. S. Glickman, S. Zimmer, R. C. Montero et al., *The Evolution of Team Skills: An Empirical Assessment with Implications for Training*, Technical Report NTSC 87-016 (Arlington, VA: Office of Naval Research, 1987).

30. Koehler, "Effective Team Management"; and Dean Tjosvold, "Making Conflict Productive," *Personnel Administrator* 29 (June 1984), p. 121.

31. Karen A. Jehn and Elizabeth A. Mannix, "The Dynamic Nature of Conflict: A Longitudinal Study of Intragroup Conflict and Group Performance," *Academy of Management Journal* 44, no. 2 (2001), pp. 238–251.

32. Based on K. A. Jehn, "A Multimethod Examination of the Benefits and Determinants of Intragroup Conflict," *Administrative Science Quarterly* 40 (1995), pp. 256–282; and K. A. Jehn, "A Qualitative Analysis of Conflict Types and Dimensions in Organizational Groups," *Administrative Science Quarterly* 42 (1997), pp. 530–557.

33. A. Amason, "Distinguishing the Effects of Functional and Dysfunctional Conflict on Strategic Decision Making: Resolving a Paradox for Top Management Teams," *Academy of Management Journal* 39, no. 1 (1996), pp. 123–148; Jehn, "A Multimethod Examination of the Benefits and Determinants of Intragroup Conflict"; and K. A. Jehn and E. A. Mannix, "The Dynamic Nature of Conflict: A Longitudinal Study of Intragroup Conflict and Group Performance," *Academy of Management Journal* 44 (2001), pp. 238–251.

34. Amason, "Distinguishing the Effects of Functional and Dysfunctional Conflict on Strategic Decision Making."

35. Dean Tjosvold, Chun Hui, Daniel Z. Ding, and Junchen Hu, "Conflict Values and Team Relationships: Conflict's Contribution to Team Effectiveness and Citizenship in China," *Journal of Organizational Behavior* 24 (2003), pp. 69–88; C. De Dreu and E. Van de Vliert, *Using Conflict in Organizations* (Beverly Hills, CA: Sage, 1997); and Kathleen M. Eisenhardt, Jean L. Kahwajy, and L. J. Bourgeois III, "Conflict and Strategic Choice: How Top Management Teams Disagree," *California Management Review* 39, no. 2 (Winter 1997), pp. 42–62.

36. Koehler, "Effective Team Management"; and Dean Tjosvold, "Making Conflict Productive," *Personnel Administrator* 29 (June 1984), p. 121.

Chapter 11

# 다양성 경영과 리더십

**학습목표**

이 장을 공부하면

- 외국인이나 여성 등과 같은 소수인들이 조직생활에서 당면한 어려움과 이를 줄이는 방안에 대해 학습할 수 있다.
- 다양성 차원의 이해와 다문화 이슈에 대해 학습할 수 있다.
- 다양성을 후원하고 촉진하여 조직의 목표를 달성할 수 있는 방안을 이해할 수 있다.
- 이질적인 문화에 효과적으로 적응하는데 문화가치와 태도의 역할이 무엇인지를 이해할 수 있다.
- 포용적 리더가 되는데 개인 차원의 장애요인을 세부적으로 분류하여 파악해 볼 수 있다.

온라인 시장과 SPA Specialty Store Retailer Of Private Label Apparel*가 확대되면서 미국의 의류 체인 소매점은 매장을 정리하는 추세이다. LA에 본사를 둔 주니어 패션 소매점 웨트실Wet Seal은 전체 매장의 2/3에 해당하는 338개의 매장을 정리한다고 최근 발표한 바 있다. 그런데 이 웨트실은 이러한 상황과 별도로 흑인 종업원 차별문제로 소송이 제기된 적이 있다. 최근 흑인 매니저를 해고하였는데 이는 전형적인 인종차별에 의한 해고 문제로 논란이 되고 있다. 3건의 소송이 연방법원에 제소된 이유는 흑인 종업원들이 회사 이미지에 적합하지 않다고 하여 해고했기 때문이다. 회사에서 흑은 종업원은 채용이나 승진이 불리하게 적용되고 심지어는 어느 부서장은 회사 이미지에 적합한 금발의 파란 눈을 가진 종업원 선발을 지시하기도 했다고 한다.[1]

* 역자주: 자체 상표를 가진 의류회사가 소매점까지 운영하는 형태(유니클로, 자라 등)

아직도 미국 내에서 이런 유형의 고용차별과 관련된 소송이 제기되고 있나 싶을 정도로 최근 기업들은 다양성 인력 채용과 선발을 중시하고 있다. 다양한 인력들의 다양한 사고가 가져오는 긍정적인 효과와 가치가 중시되고 있으며 유능한 리더라면 이러한 인력들을 어떻게 효과적으로 잘 활용할 것인가를 고민해야 할 것이다. 그리고 이들 인력들이 혁신을 도모할 수 있도록 지원할 수 있어야 하는데, 어떻게 이런 비상식적인 고용 차별이 이루어지고 있는지 의아할 실정이다. 결국 미국에서 인력의 다양성 문제는 핫 이슈이며 다양성 인력의 효과적 활용 문제는 경영자의 중요한 의사결정 과제이다.

오늘날 리더들은 다양성 이슈를 잘 이해하고 해결해야 할 것이며 포용의 조직문화를 잘 구축하여 조직의 다양성 혁신과 창조적 에너지를 만들어 낼 수 있어야 한다. 그래서 리더로서 중요한 역할과 덕목 중 하나는 다양성 리더십 역량이다. 그만큼 리더로서 다양성 관리 문제는 핵심적인 사항이 된다.

11장은 이러한 인력 다양성과 다양성 리더십과 관련된 이슈를 다루고자 한다. 인력 다양성 문제는 다문화 차원에서 다루어져야 하는데 이런 맥락에서, 첫째, 리더들은 자신과 다른 배경과 차이를 가진 사람들을 어떻게 관리하고 주도해야 할 것인가? 둘째, 다양성 개념을 정의내리고 조직 다양성의 가치를 구현하고 조직 내 소수인minorities이 겪는 도전적 과제 등을 잘 고려해야 한다. 또한 다양성 경영과 관련된 포용적 업무 환경을 이루는 리더십 스타일을 강조해야 하며, 글로벌 다양성 내용과 리더들이 어떻게 문화지능을 강화시킬 수 있는지를 고려해야 한다. 마지막으로 리더의 다양성 인지 단계와 직장 내 다양성 인력의 경력 발전을 위한 리더의 후원 방안 등에 대해 살펴보도록 하겠다.

## 다양성 경영

앨린앤프리슨 투자회사Allyn & Freeson Investment의 뉴잉글랜드 신임 지사장은 이 지점으로 발령받으면서 가족들 모두 새로운 환경에 적응해야 했고, 그래서 쉽지 않은 여러 가지 결정을 하게 되었다. 하지만 정작 문제는 그가 지점에서 겪게 되는 어려움이었다. 그가 지사장으로 부임한 이후 어느 누구도 간단한 인사치레 말을 제외하고는 그에게 말을 건네는 직원이 없었으며, 자신이 먼저 다가가지 않으면 하루 종일 혼자 있어야 했다. 나중에 그 이유를 알게 되었는데, 자신이 이 지사 최초의 아프리카계 지사장이었던 것이다. 이 지사에 근무하는 흑인들 가운데 관리직은 아무도 없고 낮은 직급과 창구직원 2명 정도에 불과하다는 사실을 나중에 알게 되었다.[2] 결국 자신과 인종과 피부색 그리고 생각의 틀이 다른 직원들을 어떻게 효과적으로 포용하고 리드해나갈 수 있는지는 리더의 중요한 도전과제가 되고 있다.

최근 기업에 여성과 소수민족 출신 경영자가 늘어나고 있다. 표면적으로는 다양성 경영이 진일보한 것처럼 보이지만 내면적으로 보면 이들이 상위직급에 오르기까지의 과정은 순탄치 않고, 인종차별과 여성차별의 문제가 심각함을 알 수 있다. 아시아 혹은 흑인 관리자가 백인 직원들을 주도하고 관리하기란 쉽지 않으며, 여성 관리자가 남성 직원들을 주도하는 것도 만만치 않다. 29살의 관리자가 경영진에 발탁되었을 때 관리자들 대부분이 50대 혹은 60대라고 하면 어떤 일이 발생하는가? 이러한 질문은 오늘날의 다양성 사회에서 흔히 겪게 되는 문제라고 볼 수 있다.

지금 대학생들을 인종차별후 세대post-radical generation라고 말한다. 하지만 이들이 대학을 졸업하고 일하게 될 직장은 아직 과거의 인종차별 의식을 가지고 있는 관리자들이 포진해 있어 다향화된 사회적 관계를 성공적으로 형성하기 어려운 상황이다. 그리고 조직의 문화 가치나 조직 시스템 등이 이러한 다양성을 후원하고 지원하는 환경을 만들어내지 못하고 있다. 따라

서 11장에서는 이와 관련된 다양성 문제를 다루고, 조직을 다양성 관점으로 이끌어 가는 리더십 전략에 대해 살펴보고, 어떻게 다양한 인력들의 잠재성을 높일 수 있는 조직 환경을 창출할 수 있는지를 살펴보도록 하겠다.

## 다양성 경영의 개념 및 현황

**인력 다양성**workforce diversity은 조직구성원들이 다문화 집단에 속해 있거나 상이한 인적 배경을 가진 사람들이 모여 있는 집단의 특성을 말한다. 보통 **다양성**diversity이란 집단 구성원들이 인종, 학력, 성별, 신체능력, 소득수준, 라이프스타일 등에서 다양한 특성을 보유하는 경우를 말한다.[3] 최근 들어 조직 내 다양성 문제를 심도 있게 거론하고 있지만, 10년 전만 하더라도 대부분의 기업들이 다양성을 매우 한정된 기준으로 제한하고 그다지 중요하게 생각하지 않았다.

〈도표 11-1〉은 과거의 전통적인 다양성 개념과 최근의 포용적 다양성 개념을 구별하고 있다. 과거의 전통적인 다양성 기준은 타고난 특성, 즉 인종, 성별, 신체적 특성 등으로 분류하였으나, 지금은 일생에 걸쳐 변화되거나 후천적으로 습득하게 되는 개인차에 기준하여 구별하고 있다. 물론 포용적 기준에서의 다양성 기준은 전통적인 관점에서 보는 경우보다 그 영향력은 줄어들 수 있으나 개인의 자기 규정self-definition이나 다른 사람들이 자신을 보는 방식에 영향을 미친다.

**도표 11-1 ● 전통적 다양성과 포용적 다양성 기준의 차이**

| | | | | | | | |
|---|---|---|---|---|---|---|---|
| 전통적 다양성 | 나이 | 인종 | 성별 | 급여 수준 | 장애 | 라이프 스타일 | |
| 포괄적 다양성 | 인종 | 성별 | 라이프 스타일 | 급여 수준 | 기능 | 역량 | 소득 |
| | 부모 | 언어 | 업무 스타일 | 군대 경험 | 직위 | 국적 | 성격 |

출처: Based on Anthony Oshiotse and Richard O'Leary, "Coming Creates an Inclusive Culture to Drive Technology Innovation and Performance," *Global Business and Organizational Excellence* 26, no 3 (March/April 2007), pp. 7–21.

## 다양성에 대한 태도 변화

다양성에 대한 생각과 태도가 부분적으로 변화되고 있다. 그 이유는 우리 사회에 영향을 미치는 리더들의 특성이 변화하고 있기 때문이다. 현재 미국 사회에 소수민족은 대략 1억 명 정도이며 이는 전체 미국 국민의 1/3에 해당되는 숫자이다. 대략 3,200만 명 정도가 집에서 스페인어를 사용하며 그중 절반은 영어를 하지 못한다.[4] 백인으로 미국에서 태어난 남성은 현재 전체 노동력의 절반에 미치지 못하고 많은 수의 여성, 다른 민족, 이민자들이 고용 기회를 넓혀가고 있다.[5]

다양성 경영이 필요한 또 다른 이유는 글로벌화 때문이다. 리더들은 글로벌 경영을 추진하면서 직원들에게 글로벌 감각을 강조하고, 글로벌 시장에서 유연하게 활동하기를 기대하고 있다. 즉, 글로벌 비즈니스가 다양성을 촉진시키고 있다고 말할 수 있다. 최근 외국인이 미국기업의 최고경영자를 맡는 경우가 늘어나고 있는데,[6] 그 이유는 경영자로서 업무의 상당부분이 외국에서 전개되고 있기 때문이다. [IN THE LEAD]의 예는 인력 다양성 활용 필요성이 글로벌 기업만의 당면 문제가 아니라는 점을 보여주고 있다.

**IN THE LEAD** **Secret Intelligence Service(MI6)**

영화 007의 제임스 본드 같은 비밀정보원을 고용하는 영국 SIS는 최근 신규직원 모집을 위한 대규모 캠페인을 벌였다. 그런데 한 가지 변화는 그동안 주로 백인 남성을 대상으로 모집해왔다면 이번에는 여성이나 외국인, 특히 소수민족 출신을 우대한다는 것이다. 즉, 아랍이나 파키스탄 등 소수민족 출신들을 우대하였다.

이는 다양성 전략과 관련이 있다. 그 동안은 주로 기업들이 다양성을 강조해왔지만, 영국 SIS는 국가정보기관이지만 인력 다양성의 유용성을 강조한다. 그 이유는 국제 테러가 빈번한 가운데 다중 문화의 특징을 가진 인력의 필요성이 대두되고 있기 때문이다. 그 결과 2007년 SIS의 채용 지원자의 40%가 여성이고, 11%가 소수민족 출신인 것으로 나타났다. 특히 평등법(Equality Bill)이 새롭게 제정되어 차별 관련 법령을 강화하고 있어서 SIS는 소수민족 출신들에게 문호를 활짝 개방하고 있다.[7]

## 조직 다양성의 가치

새로운 글로벌 현실에 적응하기 위한 조직의 변화는 필연적이다. 그 가운데 중요하게 고려되어야 하는 점이 다양성 경영과 인력 관리이다.

최근 연구들은 **다양성이 조직에 가치를 부여하고 경쟁 우위에 공헌**한다는 사실을 증명하고 있다.[8] 우선, 리더들은 다양한 유형의 직원들을 통해 다양한 고객들에게 쉽게 접근할 수 있다. 예를 들면 한국인이 다수 고객으로 있는 지역에 한국 사람을 직원으로 채용하면 이 직원은 쉽게 한국인 고객의 성향을 파악하여 높은 성과를 낼 수 있다. 제품, 엔터테인먼트, 사회 서비스, 가정용품 등 판매에 국가의 문화적 특성은 중요한 역할을 하기 때문에 기업들은 해당 국가의 종업원을 활용하여 고용하여 동일 문화권의 고객 마음을 이해하려고 노력한다. 게다가 이들 직원들은 자국인 고객들과 강한 연계성을 이루고 있기 때문에 기업에 긍정적인 성과를 줄 수 있다.

자신과 유사한 인적특성을 지닌 사람과 거래하게 되면 좀 더 수월하게 비즈니스 관계를 맺을 수 있을 것이다. 예를 들면, 올스테이트 보험회사Allstate Insurance는 의도적으로 비즈니스 고객이 될 수 있는 사람들과 유사한 배경을 지닌 사람을 직원으로 선발한다. 뉴욕의 퀸즈 지역은 다양한 민족들이 거주하고 있는데 이 지역 거주민들은 회사직원들과 가족처럼 밀접한 관계를 맺고 있다. 이곳 지점장은 이 지역 출신의 직원을 선발하는데 그 이유는 이들이 누구보다도 해당 지역사람들과 친하며 잘 알고 있기 때문이다. 또한 이 보험회사는 은퇴한 고령층이 많은 지역 시장확보를 위해 고령인력을 채용하여 고객들을 흡수하고 있다.[9]

회사가 다양성 가치를 구현하고 후원할 때 직원들은 회사의 업무활동에 가치를 느끼게 되고 사기가 높아진다. 또한 직원들 간에도 이문화를 이해하고 수용하는 업무 역량을 배양시킴으로써 조직 내 좋은 관계가 형성된다. 뿐만 아니라 다양성은 조직학습과 융통성을 높여주고 높은 성과를 가져오게 하며, 다양성 역량을 보유한 직원들을 고용하고 가치 있게 대우하게 되면 우수 능력자들이 이 회사를 선호하게 된다. 뉴욕 타임즈에서 조사한 설문 결과를 보면 구직자의 91%가 회사의 다양성 프로그램에 따라 그 회사를 일하기 좋은 직장으로 생각하게 된다고 말한다. 그리고 소수인 구직자들은 다양성을 강조하는 직장을 선호하며,[10] 또한 유명 MBA(경영대학원) 출신들은 백인과 소수민족 직원 모두를 배려하는 직장을 선호하는 편이라고 한다.[11]

이반 자이덴버그

**다양한 인력들은 다양한 생각을 만들어내며, 다양한 사고방식은 높은 성과를 창출**해내게 된다.[12] 인종, 종교, 교육배경, 라이프스타일, 연령 등 다양한 측면에서 차이를 보이는 다양성은 다양한 아이디어, 문제 해결 경험, 창조성과 혁신 등과 관련된다. 벨 아틀랜틱Bell Atlantic의 CEO인 이반 자이덴버그Ivan Seidenberg는 "만약 이 사무실에 있는 모든 사람들이 똑같은 생각을 하면 별로 논란을 벌일 필요는 없겠지만 잘못된 답을 얻게 될 수도 있을 것"이라고 말한다.[13] 동질성을 지닌 팀보다 이질성 혹은 다양성을 지닌 팀일수록 창조적인 성과를 많이 내는데, 그 이유는 다른 의견과 관점을 보임으로써 기존의 경직된 사고를 탈피할 수 있기 때문이다. 연구 결과에 따르면, 높은 창조성과 혁신의 특징을 보이는 회사들의 인력 구성은 보통 백인남성이 아닌 직원들의 비율이 높은 것으로 나타난다.

## 소수인 당면 과제

모든 직원들이 존중받으면서, 서로의 가치를 의미 있게 생각하고 자신만의 독특한 재주를 발전시켜 나가는 포용의inclusive 조직 환경을 창출하는 일은 쉽지 않다. 사람들은 보통 **자민족중심주의**ethnocentrism 경향이 있으며 자신의 문화가 다른 문화보다 우월한 것으로 생각한다.[14] 사회심리의 연구에 따르면 사람들은 특정 집단끼리만 정체성을 가지며 다른 집단 사람들에 대해서는 반감과 차별의식을 보인다고 한다.[15] 어느 조직에 가도 유사성을 바탕으로 집단의식을 형성하는 경우가 많은데, 병원의 카페테리아에서 전문의들과 레지던트가 같이 식사하는 경우가 드물며, 신문사에서는 편집국 직원들과 광고국 직원들이 반감을 가지는 경우가 종종 있음을 볼 수 있다.

### 편견, 상동적 태도, 차별

대부분 조직의 심각한 문제 중 하나가 **편견**prejudice이다. 편견은 사실과 무관하게 특정 의견이나 판단을 적용하는 경우에 나타난다. 편견을 가진 사람들은 자기와 다른 사람은 결핍된 존재로 인식하고, 편견의 일종인 **상동적 태도**stereotype를 취하게 된다. 상동적 태도는 특정 집단이나 사람에게 부정적 신념이나 이미지를 갖는 것을 말하며 이러한 태도는 **차별**discrimination을 가져온다.[16] 동일한 일을 해도 남성보다 여성에게 급여를 덜 지불한다거나, 어떤 사람이 특정 인종이나 연령대, 특정 집단에 속했다고 해서 고용의 불이익을 준다면 이 역시 차별의 문제가 된다. 예를 들면 어느 대형은행의 인수합병팀 관리자는 특정인의 채용을 경영진이 반대하였는데, 그 이유는 그 대상자가 터번을 쓰는 인도인이라는 것이었다. 차별을 보여주는 일면이다.[17]

차별은 비윤리적인 관점에서 비롯되며 미국에서 이러한 차별이 자행되면 법률적으로 문제가 된다. 그래서 경영자들은 조직 내 차별이 발생하지 않도록 다양하게 신경을 쓰며, 만약 이런 문제가 발생하면 연방정부법이나 주정부법에 위배된다는 점을 명심해야 한다. 예를 들면 월마트는 최근 대형 소송에 휘말리게 되었는데, 그 이유는 여성 직원은 관리자 승진이 어렵고 동일 직위에 있는 여성이 남성보다 급여를 덜 받는다는 사실이 입증되어 여성 차별 문제로 비화된 것이다. 월마트 이외에도 이베이e-bay, 페덱스Federal Express, 미쯔비시Mitsubishi 등 대규모 다국적 기업들도 이와 유사한 소송으로 어려움을 겪은 바 있다. 미국 연방법이나 관련 주법에 따르면, 개인이나 특정 집단에 대해 인종, 성별, 연령, 신체적 장애 등의 개인의 속성을 기준으로 차별하는 것은 금지되고 있다.

지금은 조직에서 노골적인 차별이 과거만큼 심각하지는 않지만 무의식적으로 직장에서 편견이 발생하고 있는 실정이다. 미국경제조사국National Bureau of Economic Research의 연구보고서에 따르면, 경영자들은 아직도 자기도 모르는 사이에 흑인들에 대한 편견을 보인다고 한다. 기업의 인사담당 부서장들과의 인터뷰를 통해 확인한 사실은 아직도 사람을 채용할 때 흑백 간 미묘한 차이가 본연적으로 적용되며 역차별도 있다는 점이다. 단지 아무리 동일한 능력을 가지고 있어도 흑인들은 백인에 비해 50% 이상 재고려 대상이 된다고 하는데,[18] 편견의 태도는 미국 사회와 조직에 뿌리 깊게 존재하고 있다. 사회학자 윌리엄 빌바이William Bielby에 따르면, 사람들은 본연적으로 편견 의식을 가지며 자신만의 독특한 판단 기준을 통해 특정인이나 특정 집단을 무

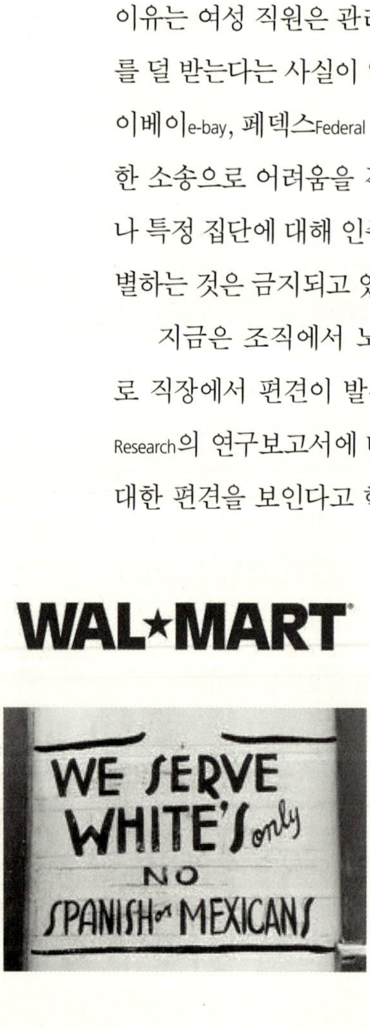

출처: filipspagnoli.wordpress.com

의식적으로 차별한다고 한다. 이러한 무의식 편견 이론unconscious bias theory의 예를 들면 백인 남성은 여성과 소수인들을 무시하는 경향이 있는데, 이는 무의식 편견 이론이 영향을 미친 경우이다.[19]

조직은 이러한 **편견을 사전에 차단하고 예방할 수 있는 리더십을 강화하는 노력**이 필요하다. 편견이나 차별은 조직성과에 역기능을 가져오기 때문에 유능한 리더라면 이러한 역기능을 제거할 필요가 있다. 리더들은 승진과 고용 결정을 내릴 때 무의식적 편견의 가능성을 염두에 두어야 하고 또 이런 상황이 발생하는 경우 대처 방안을 수립해야 한다. BP British Petroleum사나 BD Becton Dickinson사와 같은 회사들은 다양성 교육diversity training 프로그램을 통해 의식적, 무의식적 편견을 진단하는 방법을 사용하고 있다.[20]

## 유리천장

여성들이 관리자가 되거나 최상급 경영자가 되기에는 '하늘의 별따기'이며, 이런 현실적 상황을 **유리천장**glass ceiling이라고 한다. 이는 유리천장을 통해 위를 바라보지만 실제로는 보이지 않는 장애가 진로를 가로막고 있는 현실을 말한다. 연구에 따르면 이런 보이지 않는 장애 요인은 여성들이 경력 이동에 부정적 영향을 미친다고 한다.[21]

최근에는 여성이나 소수민족 출신들이 최고경영자 반열에 오르는 경우를 간혹 볼 수 있다. 제록스Xerox의 어슐라 번즈Ursula Burns, 아메리칸 익스프레스American Express의 케네스 셰노Kenneth Chenault, 듀퐁DuPont의 엘렌 쿨먼Ellen Kullman, 펩시Pepsi Co.의 인드라 K. 누이Indra K. Nooyi 등이 있지만 아직도 대부분 여성들은 고위직 승진이 어렵다.[23] 2009년 포춘 500대 기업에서 여성 CEO는 15

어슐라 번즈

케네스 셰노

## Lean In : Women, And the Will to Lead



*by Sherl Sandberg*

이 책은 페이스북(Facebook)의 운영최고책임자(COO) 역할을 맡고 있는 셰릴 샌드버그가 쓴 책이다. 이 책의 제목은 〈Lean In〉으로 자신에게 기대라는 뜻이다. 이 책은 처음 출간하자마자 큰 반향을 일으켰는데, 단숨에 아마존 베스트셀러 종합 1위, 뉴욕타임즈 베스트셀러 1위를 기록한 책이다. 이 책이 주장하는 바는 회사에 아직도 여성의 승진이나 진출을 가로막은 장애요인들이 수없이 존재하지만 여성들은 이 장애요인들을 제거하려는 공격적인 생각을 가져야 한다고 주장한다. 즉 아직도 세상에는 여성에 대한 편견과 차별의 증거를 쉽게 찾을 수 있으며, 여성들 스스로 움쳐들고 있는 증거로 많이 있다. 이 책은 여성들 스스로가 움츠려들고 스스로 옭아매는 한계를 범하고 있다고 강조하고 있다. 저자는 사회초년병 시절 많은 여성들이 직장생활을 같이 했지만 자신이 경영자의 반열에 있을 때 여성이라고는 자신밖에 없는 현실을 보게 되었다. 왜 유능하고 똑똑한 여성들이 지금 같이 하고 있지 못할까? 2010년 저자는 TED강연에서 "왜 여성 리더는 소수인가(Why we have too few women leaders)"라는 제목으로 강연한 바 있다. 이 책이 강조하고 있는 핵심은 여성 스스로의 불안감을 없애고 스스로를 바꾸고 나아가 세상도 바꿀 수 있다고 제안한다. 그리고 고위층에 여성의 비율을 높일 수 있는 방안으로 다음을 제시하고 있다.

첫째, 회의석상의 중심에 있어라. 직장 초년생들을 상대로 한 2년 간의 연구에 의하면 57%의 남성은 자신의 첫 연봉 협상을 했다. 하지만 여성은 7%에 불과했다. 남성은 업무성과를 자신의 공으로 돌리지만, 여성은 외부적 요인에 돌린다. 여성은 스스로 성공할 수 있다고 믿고 회의석상에서 주변인이 되어 구석에 있지 말고 주인공으로서 중심에 있을 수 있어야 한다.

둘째, 그만 둬야 하기 전에는 그만 두지 말라. 저자는 여성들이 진짜로 일을 그만두기 전에 미리 마음속으로 그만둔다고 말한다. 다시 말해 대부분의 여성이 결혼, 육아 등 먼 미래의 일을 미리 걱정하여 일찍이 도전적인 프로젝트를 포기하고 책임이 무거운 직급을 피한다고 한다. 그러다보면 동료들은 발전하고 승진하는데 자신은 뒤처지게 되고 업무에 대한 흥미도 점점 떨어지고 결국 직장을 포기하게 된다는 것이다. 너무 계획하지 말고, 지레 겁먹고 주저하지 말고 남자들처럼 준비도지 않았더라도 약간은 허세도 부리며 당당하게 테이블에 위치하라는 점이 저자가 강조하는 점이다.

출처: 이 내용은 김은선의 비즈니스북 큐레이터 리치보이의 블로그에서 가져온 내용임(http://blog.daum.net/tobfreeman/7165506).

명에 불과하며, 흑인 CEO는 8명 정도였다. 제록스의 어슐라는 역사상 최초로 흑인 여성으로서 포춘 500대 기업의 CEO가 된 경우이다.[22]

글로벌 국가에서도 이러한 상황을 볼 수 있다. 영국은 다양성 경영을 추진하고 아직도 남녀 간의 고위 직급 비율은 차이가 많다. 독일이나 기타 EU 국가들도 남녀 간 격차가 줄어들고 있지만 급여 등의 차이가 아직 많이 있음을 알 수 있다. 특히 일본 기업은 여성 고용자 비율은 41%에 육박하지만 고위관리직의 비율은 3% 미만에 불과하다.[23]

일부 여성인력들은 유리천장의 경험을 하기 전에 승진을 스스로 포기하는 불참 추세opt-out trend를 보이기도 한다.[41] 최근 조사한 결과 유능한 남성 직원이 승진을

**도표 11-2 ● 고성취 남성과 여성의 주요 책임**

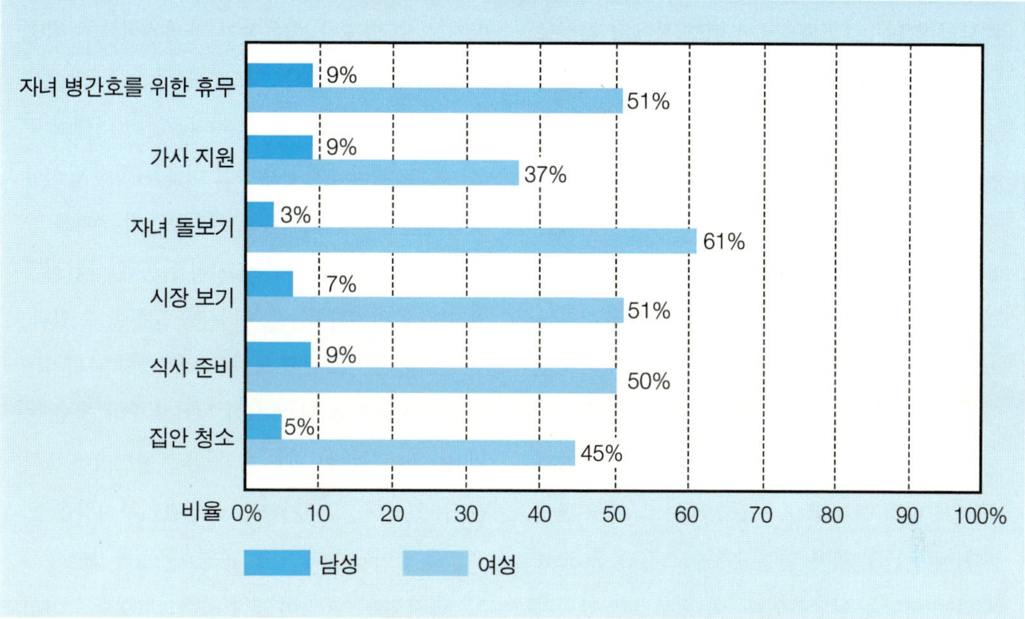


출처: National Parenting Association, as reported in Sylvia Ann Hewlett, "Executive Women and the Myth of Having It All," *Harvard Business Review* (April 2002), pp. 66–73.

포기한 경우는 24%에 불과한데 비해 유능한 여성 직원의 37%가 자발적으로 자신의 경력 경로를 포기한 바 있다고 한다.[25] 사실 승진을 원하는 여성들은 직장 생활을 위해서 개인 시간, 외부 친구관계, 취미 등 많은 부분을 포기해야 하는데 그 이유는 주어진 시간 내에 회사일과 자녀 양육의 문제를 동시에 해결해야 하기 때문이다. 〈도표 11-2〉는 성취도가 높은 남성과 여성 간 일상생활에 소요되는 시간 비율을 나타내고 있다. 오늘날 경력에서 성공한 여성들이 일과 삶의 균형work-life balance을 이루는 프로그램과 시간을 유연하게 활용하는 탄력근무제를 요구하고 협상하는 경우가 많다.

자발적으로 회사를 그만둔 여성 직원들 가운데 높은 직위에 오르고 싶어도 현실적으로는 그렇지 못하기 때문에 직장을 그만둔 경우가 많다. 또한 직장을 그만둔 여성 임원들 가운데는 사직 이유가 회사의 남성적 문화의 특성 때문이라고 밝히는 경우가 많다. 프록터앤갬블(P&G)Proctor & Gamble은 여성 임원들을 대상으로 설문을 실시했는데, 높은 성과를 내고 있고 회사 입장에서 회사에 계속 머물렀으면 하는 여성 직원들이 자발

**IN THE LEAD** MetLife

메트라이프는 보험회사로서 이 회사에서 여성종업원들의 역할은 지대하며 회사의 글로벌 비전과 전략을 실행하는데 중추적인 역할을 여성들이 수행하고 있다. 그런데 이와 같이 많은 역할에도 불구하고 상대적으로 여성들은 고위직에 승진하는 비율이 높지 못하고 있는 실정이다. 따라서 메트라이프는 본사차원에서 'Leadership Circle'이라는 경력개발 프로그램을 만들어 여성들이 고위직으로 승차할 수 있는 가능성을 모색하고 있다.

'Leadership Circle' 프로그램은 여성 관리자들에게 비전 불어넣기, 목표설정하고 이를 전략계획에 일관성 있게 연결시키는 스킬 등을 교육시키는 역할을 담당하였다. 이 프로그램 참여자들은 여러 'Circle', 즉 동아리 활동에 가입하고 다양한 방법을 통해 여성 관리자로서 학습과 성장을 이룰 수 있는 방안을 터득할 수 있었다. 또한 메트라이프는 일대일 코칭을 통해 여성관리자가 발전할 수 있도록 수동적인 자세에서 능동적인 리더십 개발을 제시하였다.

이 프로그램 참가자들은 자신들이 미래에 원하는 것을 명확하게 구현하고 이를 어떻게 달성할 것인지를 계획을 세워봄으로써 자신의 성과를 높일 수 있는 방법을 터득하고 이를 통해 상위직급의 리더로 발전할 수 있는 역량을 강화할 수 있다. 실제로 이 프로그램에 참가한 재무담당 관리자는 이 프로그램을 통해 자신의 성과를 45% 정도 높일 수 있어 임원이 되기 위한 최종 엔트리에 들어갈 수 있었다. 그런가하면 운영관리부서장은 프로그램 참여를 통해 업무 운영효율성을 48%에서 72%까지 높일 수 있어 결국 조직의 ROI를 향상시킬 수 있었다. 결국 메트라이프는 여성관리자들의 유리천장의 현실적인 어려움을 극복하기 위한 경력개발 프로그램을 운영하였고 이를 통해 효과적으로 유리천장의 장애를 제거할 수 있었다.[26]

적으로 회사를 그만둔 상황, 즉 **안타까운 손실**regretted losses**의 이유가 여성의 가치를 인정하지 않는 조직문화 때문이라는 결과**를 얻었다.[27]

조직 차원에서 여성들을 배려하고 이들이 상위 직급에 사다리를 놓아주는 경력개발 프로그램을 실행하는 경우도 있다. 포춘Fortune 1,000대 기업에 근무하다 자발적으로 임원직을 떠난 103명의 여성에게 설문한 결과 그 이유가 여성들에 대한 비우호적인 조직문화에 있음을 알 수 있었다. 남성 위주의 조직문화와 여성에 대한 편견은 여성들로 하여금 이직하게 하고 상위 직급에 오르는데 장애요인이 되고 있다. 하지만 [IN THE LEAD]의 사례처럼 메트라이프Metlife는 여성 관리자들이 유리천장을 벗어날 수 있도록 하는 경력개발 프로그램을 제공하여 스스로 성장하고 발전할 수 있는 새로운 경로를 열어주고 있다.

## 여성 리더십

오늘날 다양성과 관련된 주요 이슈는 여성 특유의 리더십에 대한 것이다. 여성들이 조직의 상위 직급에 오르는 경우가 많아지고 있고 문화적으로 다양한 환경에서 여성 리더십이 효과를 발휘하고 있음을 알 수 있다.[28]

남성적 리더십 스타일의 효과는 줄어드는 반면, 여성들의 리더십은 다양한 문화적 경영 환경에서 효과성이 증대되고 있다. 예를 들면 유치원부터 대학 생활에서 여학생들이 리더의 역할을 하는 경우가 많고, 특히 대학과 대학원에서 여학생들이 남학생들보다 좋은 성적을 기록하고 있다. 조사에 의하면, 미국 학부 졸업생의 58%가 여성이며,[29] 25~29세 연령대에 있는 사람들 가운데 남성들은 27%가 대학 졸업장을 가지고 있지만 여성들은 32%가 학사 학위를 보유하고 있다. 그리고 여성들이 학위 과정을 수학하고 박사학위를 획득하는 비율이 점차 높아지고 있고, 법대생의 절반 정도가 여학생이다. MBA뿐만 아니라 엔지니어링 등과 같이 그동안 남성들이 점유해오던 다양한 분야에서 여성 비중이 커지고 있음을 알 수 있는데, 여성들은 남성들에 비해 성취지향적이며, 수업을 결석하는 경우가 적고 꾸준히 공부하는 경향이 강하기 때문이다. 전반적으로 여성들의 사회 참여 비율이 점차 증대해가고 있는 반면 남성들은 완만하게 줄어들고 있음이 대비된다.

### 여성과 리더십

코넬 대학교Cornell University의 인력개발전공 교수인 제임스 가바리노James Gabarino는 여성들은 "현대 사회가 요구하는 집중력, 규칙 준수, 언변, 인간관계 해결능력 등에서 탁월한 역량을 갖고 있다"고 한다.[30] 부하직원들은 여성 리더를 대인관계 역량이나 과업행동, 조정능력, 타인 동기부여 능력 및 업무 성취력 관점에서 좋은 평가를 내리고 있다. 〈도표 11-3〉에서 볼 수 있듯이 직원들은 여성 리더들을 남성 리더들보다 변혁적 리더십transformational leadership의 네 가지 측면에서 긍정적으로 평가하고 있다. 이상적인 영향력idealized influence을 행사하고, 좀 더 감동적인inspirational 방법으로 동기를 부여하며, 개인적 배려individualized consideration와 함께 지적 자극intellectual stimulation 측면에서 남성 리더들을 앞지르고 있다.[31]

물기 때문에 여성들이 남성들보다 더 효과적인 리더십을 발휘하지 못하는 것으로 판단하는 경우도 있다. 남성 리더들이 통제와 상의하달 방식으로 리더십을 발휘하는 데 반해, 여성의 상호작용적 리더십은 향후의 다양성 사회와 글로벌 및 학습조직의 경영 환경에 더 적합하다고 한다. [IN THE LEAD]의 사례는 유나이티드 항공United Airlines의 신디 사도키어스키Cindy Szadokierski가 회사의 복잡한 문제를 상호작용적 리더십을 통해 어떻게 해결하는지를 보여주고 있다.

관계 지향성, 배려와 같은 상호작용적 리더십의 가치는 여성적인 것으로 분류되지만, 여성 특유의 리더십이라고 보기는 어렵다. 이러한 가치는 남성이나 여성 모두에게 그 중요성이 강조되고 있으며, 특히 오늘날의 수평화된 팀중심 조직은 상의하달 방식이나 통제중심의 방식보다 상호작용을 강화한 협력적이고 포용적인 리더십의 중요성을 강조하고 있다.[36]

결론적으로 상호작용적 리더십은 여성만의 특유한 리더십이 아니다. 리더라면 누구나 경청, 감정이입, 협조와 협력 등의 비언어적인 리더십 역량을 개발하고 발전시켜 나감으로써 포괄적인 리더십 스타일을 적용하고 학습할 필요가 있다.[37]

## 글로벌 다양성

글로벌 경영에서 다양성의 이슈는 최근 부각되고 있다. 기업들이 글로벌 경영을 추진하면서 수많은 문화적 격차를 경험하며, 이질적 문화 특성을 가진 직원들 간의 융합 및 다양성 추구는 글로벌 경영이 안고 있는 핵심 과제이다. 글로벌 경영으로 인해 리더들은 수많은 이질적 문화 배경을 가진 구성원들을 대하게 되고, 이들을 효과적으로 융합하기 위한 다양한 리더십 기술을 필요로 하고 있다. 〈도표 11-4〉는 악수하는 방식도 서로 다른 문화 간에 차이가 있음을 보여주고 있다. 리더들은 글로벌 경영을 추진하면서 발생하는 문제점을 극복하기 위해 서로 다른 사회문화 환경을 이해하고 있어야 하며 또한 문화 지능을 발달시켜 적절히 타문화에 대응할 필요가 있다.

### 사회문화 환경

사회문화의 차이로 인해 잠재적 갈등과 어려움이 유발되는 경우가 많다. 실제 미국 네브라스카주 오마하의 육류 포장회사 JBS 스위프트JBS Swift사에서 일어난 일인데, 무

**도표 11-4 ● 악수하는 방식의 국가 간 차이**

| 문화 | 선호하는 악수 방식 |
|---|---|
| 아시아 | 부드럽게 |
| 영국 | 약하게 |
| 프랑스 | 약하면서 신속하게 |
| 독일 | 강하게 |
| 남미 | 약간 강하게 |
| 중동 | 부드럽게 반복적으로 |
| 북미 | 강하게 |

출처: From *Bridging Cultural Barriers for Corporate Success by Sondra Thiederman*. Copyright © 1991. Lexington Books. Reprinted by permission of the author.

슬림 직원들은 자신들의 종교 의식으로 라마단 기간 동안 의식을 치를 수 있는 시간을 달라고 시위를 벌인 바 있다. 그래서 회사 경영자는 적절한 시간 동안 의식을 치를 수 있도록 시간을 할애해주었는데, 이번에는 역으로 이슬람 종교를 믿지 않는 직원들이 무슬림들에게 특별 혜택을 주고 있다고 반대하고 나섰다. 결국 회사는 추가적으로 휴식 시간을 제공할 수밖에 없었는데, 아직도 회사는 이 문제를 해결하기 위해 노력 중이다.[38]

출처: usatoday.com

미국 기업의 경영자들은 본사의 다양성 정책을 EU 국가 지사들에 적용시키는 데 문화적 충돌을 겪고 있다. 그 이유는 미국에서 적용되는 다양성 정책이 문화가 다른 EU 국가에 적용할 때 사회적, 문화적 요인을 충분히 고려하지 않았기 때문이다. 미국에서는 다양성이 '포용inclusion'의 의미를 담고 있음에 비해 EU에서는 분리separation의 느낌이 강하다는 차이가 있다.[39] 이와 같이 다양성의 문제는 사회적, 문화적 차이로 인해 어려움을 유발시키고 있으며, 이를 효과적으로 다루기 위해서는 다국가 혹은 다문화 인력 관리를 위한 교육이 수반되어야 한다.

## 사회적 가치 시스템

기어트 호프스테드Geert Hofstede는 세계 곳곳의 IBM 직원들을 대상으로 이들의 사고방식과 문화적 가치를 조사한 바 있는데 조사 결과, 국가들 간에 문화적 가치가 서로 상이함을 발견했고 그 차이를 네 가지 척도를 기준으로 구별하였다. 한 예를 들면, 개인주의와 집단주의를 들 수 있는데, 이 가치관은 직원들의 인간관계에 상당한 영향을 미친다.[40] 〈도표 11-5〉는 호프스테드가 제시한 가치관 기준에 대한 것이다.

- **권력 격차:** **권력 격차**power distance는 사람들이 조직이나 개인 간 권력 불평등을 수용하는 정도를 말한다. 즉, 권력 격차가 작다는 의미는 구성원 간 권력의 동등성을 기대할 수 있다는 말이다. 반대로 권력 격차가 크다는 의미는 구성원 간 권력의 차이를 인정하는 경우이다. 권력 격차가 큰 국가는 말레이시아, 필리핀, 파나마 등이며, 반대로 권력 격차가 작은 국가는 덴마크, 오스트리아, 이스라엘 등이다.
- **불확실성 회피:** **불확실성 회피**uncertainty avoidance는 사회 구성원들이 불확실성과 애매모호함에 익숙하지 않고, 확실성과 안락함을 추구하는 신념이나 행동과 관련되어 있다. 불확실성 회피가 약하다는 의미는 사람들이 비구조화되고 불명확하며 예측하기 어려운 상황을 받아들이는 경향이 강하다는 점이다. 불확실성 회피가 강한 문화는 그리스, 포르투갈, 우루과이 등이며, 반면에 싱가포르와 자메

**도표 11-5 ● 가치 시스템의 국가 간 차이**

| 국가 | 권력[a] | 불확실성[b] | 개인주의[c] | 남성성[d] |
|---|---|---|---|---|
| 호주 | 7 | 7 | 2 | 5 |
| 코스타리카 | 8 | 2(동순위) | 10 | 9 |
| 프랑스 | 3 | 2(동순위) | 4 | 7 |
| 인도 | 2 | 9 | 6 | 6 |
| 일본 | 5 | 1 | 7 | 1 |
| 멕시코 | 1 | 4 | 8 | 2 |
| 스웨덴 | 10 | 10 | 3 | 10 |
| 태국 | 4 | 6 | 9 | 8 |
| 미국 | 6 | 8 | 1 | 4 |

[a]1 = 큰 권력 격차, 10 = 작은 권력 격차
[b]1 = 강한 불확실성 회피, 10 = 약한 불확실성 회피
[c]1= 높은 개인주의, 10 = 높은 집단주의
[d]1= 높은 남성성, 10 = 높은 여성성

출처: From Dorothy Marcic, *Organizational Behavior and Cases*, 4th ed. (St. Paul, MN: West, 1995). Based on Geert Hofstede, *Culture's Consequences* (London: Sage Publications, 1984); and *Cultures and Organizations: Software of the Mind* (New York: McGraw-Hill, 1991).

이카 등은 불확실성 회피가 약하다.

- **개인주의와 집단주의:** **개인주의**individualism는 사회에서 서로의 연계성이 느슨함을 추구하는 가치관을 말하며, 사람들이 서로 공동체적 가치관을 추구하기보다는 자신의 관점에서 갖는 가치관을 중시하는 경우이다. 반면 **집단주의**collectivism는 구성원 간 돈독한 관계가 형성되어 있는 경우로 서로 배려하고 보호하는 조직 형태를 말한다. 개인주의가 높은 국가로 미국, 영국, 캐나다를 들 수 있고, 집단주의가 강한 국가는 과테말라, 엘도라도, 파나마 등이다.
- **남성성과 여성성:** **남성성**masculinity이란 성취, 영웅주의, 공격성, 업무 중심성 등을 선호하는 경우이며, **여성성**femininity이란 관계를 중요하게 생각하고 협조, 집단 의사결정, 삶의 질 등을 강조하는 경우이다. 일본, 오스트리아, 멕시코 등이 남성성이 강한 국가이며, 스웨덴, 노르웨이, 덴마크, 과거 유고슬로비아 등이 여성성이 강한 문화이다.

런던 소재의 변화관리 컨설팅 회사의 임원 테리 네일Terry Neil은 자신의 업무와 관련된 조직들을 대상으로 호프스테드의 네 가지 사회가치 척도를 적용해보았다. 글로벌 기업 유니레버Unilever, PLC, 쉘 정유회사Shell Oil, BP사 등을 조사한 결과, 네덜란드, 아일랜드, 미국, 영국 등이 일반적으로 열린 토론을 선호하며, 일본이나 기타 아시아 국가들은 열린 토론에 익숙하지 않은 위압적인 토론 문화를 가지고 있었다.[41] 많은 아시아 지역의 기업 리더들은 조직을 거대한 가족 관계로 인식하고 네트워크와 개인적 관계망을 통한 협력 의식을 강조한다. 반면 독일이나 다른 중부 유럽 국가들의 경영자들은 조직을 비인간적인 잘 준비된 기계well-oiled machine와 같이 운영하려고 노력하고 있다.[42] 결국, 이와 같은 **사회적 가치 차이를 인정하고, 이 차이를 어떻게 활용하여 조직구성원들의 직무만족도를 높이고 다양한 직원들의 성과를 높일 것인가를 고려하는 것이 리더의 역할**이라고 할 수 있다.

## 문화 지능 역량 강화

앞에서 설명한 사회문화 환경과 사회적 가치 차이를 이해하고 있다고 하더라도, 다양성과 관련하여 발생할 수 있는 모든 상황을 대비하기는 어려울 것이다. 그래서 다문화 글로벌 환경에서 리더 스스로 문화적으로 유연성 있고 수월하게 새로운 환경에 적응할 수 있다면 조직 운영이 대부분 성공할 것이다. 결국 리더의 문화 지능이

켄 파웰

얼마나 높은가의 문제로 설명할 수 있다. **문화 지능 (CQ)cultural intelligence은 이질적 상황이나 잘 알지 못하는 환경 맥락에 얼마나 유연하게 적응하고 가치를 판단할 수 있는가에 대한 지능을** 말한다.[43] 그래서 문화 지능 지수가 높은 사람은 익숙하지 않은 환경에서도 이를 잘 이해하고 쉽게 적응한다.

문화 지능은 인지적, 정서적, 물리적 요소 세 가지로 구성된다.[44] 인지적cognitive 요소는 사람의 관찰력, 학습 역량, 이해의 단서를 찾아내는 능력을 말한다. 정서적emotional 요소는 자신감과 자발적 동기부여에 관한 측면을 말한다. 마지막으로 물리적physical 요소는 다른 문화에 속한 사람과 관련된 언어표현, 몸짓 언어 등을 전환시키는 능력을 말한다. 물론 일반적으로 사람이 이들 세 가지 영역에 모두 강할 수는 없지만 문화 지능을 최대화하기 위해서는 이들 요인들을 모두 잘 갖추고 있어야 한다.

높은 문화 지능 지수를 개발하기 위해서는 리더들이 새로운 아이디어와 접근 방식에 개방적이고 수용적이 되어야 할 것이다. 제너럴 밀즈General Mills의 CEO 켄 파웰Ken Powell은 그의 초창기 해외 업무 상황에 안착하지 못했지만 결과적으로 최상의 성과를 달성해냈다.[45] 다른 나라에서의 근무경험은 익숙했던 자신의 안전지대comfort zone를 벗어나게 하고 자신의 능력과 잠재성을 극대화시키는 시험대가 된다. 연구 결과에 의하면, 글로벌 업무를 수월하게 달성하는 사람은 자신과 다른 성향을 가진 사람들을 잘 이해하고 공감대를 가지면서 효과적으로 업무 관계를 유지할 수 있는 방법을 학습하는 사람이다. 예를 들면 싱가포르 국민들은 지속적으로 영어와 중국어를 접하고, 네덜란드 사람들은 영어, 독일어, 프랑스어, 네덜란드어 등을 학습하고 있어 수월하게 관련 국가들과 비즈니스 관계를 이끌어갈 수 있다. 반면에 미국을 포함하여 언어적으로 폐쇄적인 국가들의 사람들은 해외 업무를 수행하는 데 어려움을 겪기도 한다.

### 리더십 시사점

다양한 글로벌 문화를 효과적으로 이끌어가기 위해서 리더들은 문화와 하부 문화의 차이를 인지할 수 있어야 한다. 3장의 상황적합 이론에서 리더 스타일과 환경의 관계를 설명한 바 있다. 그런데 문화는 이러한 리더십 스타일과 환경에 모두 영향을 미친다. 예를 들면 불확실성 회피 정도가 강한 나라에서는 구조적 과업 환경이 호의적이 되지만, 반대로 불확실성 회피 정도가 약한 나라에서는 덜 구조적인 과업 환경을 선호하게 된다. 그 동안 비교문화 연구에 상황적합 이론을 접목시킨 연구는 별로 많지 않았지만 경영자들은 문화적 가치가 어떠한 영향을 미칠 것인지, 그리고 이러한 문화적 가치를 이용하여 직원들을 효과적으로 관리할 수 있을지를 고려해볼 필요가 있다.

문화가 다른 국가 간에 직무행동의 차이가 있다. 실제 한국과 거래하는 미국기업 관리자는 거래 과정에서 발생되는 문제를 직접 한국기업의 고위경영자에게 바로 직언한 적이 있었다. 물론 이런 접근법이 미국과 같은 나라에서는 일반적이지만, 한국에서는 부하직원이 자신을 통과하여 바로 상급자에게 직보하는 경우 자신을 무시한다고 생각하는 경우가 많은데,[46] 결국 문화의 차이가 있었던 것이다. 미국과 같이 개인주의 성향이 강한 국가의 경우, 사석에서 직접적으로 부하직원에 대해 불만 요인을 언급하는 것은 적절한 것으로 수용되지만, 집단주의적 성향이 강한 극동 아시아 지역에서는 이런 경우, 매우 당황스러워하며 수치스럽게 생각한다.

국가에 따라 리더에게 요구하는 아젠다의 차이를 보인다. 예를 들면 리더는 부하직원이 어떤 문제를 질문하면 간결하고 명확하게 답을 주기보다 문제를 스스로 해결할 수 있도록 방향을 이끌어가는 리더가 올바른 리더로 생각하는 경우도 있다.

## 포용의 리더

오늘날 글로벌 사회는 인종, 성별, 신체장애, 연령 등 개인적 요인에 의해 차별되지 않고 동등하게 대우받는 사회를 요구하고 있다.[47] 이를 위해서는 문화에 민감한 포용 리더십inclusive leadership을 지닌 리더의 존재가 부각되며, 이들 리더는 **모든 사람이 자신의 능력과 가치를 직장 내에서 최대한 존중받을 수 있는 조직으로 변화시킬 수** 있어야 한다.

## 다양성 인식 단계

구성원들이 각기 문화와 가치관, 태도가 다른 경우 개방적 수용의 정도에 차이가 있을 수 있다. 〈도표 11-6〉은 다양성을 인식하는 정도가 가장 낮은 인식 단계 수준인 방어로부터 가장 높은 단계인 통합까지 다섯 가지 단계로 구별됨을 보여주고 있다.[48] 가장 낮은 단계인 방어 수준에서는 자민족중심적ethnocentric 태도가 강하며 이 단계의 리더들은 성희롱이나 차별적 수정 행위affirmative action 등과 관련하여 최소한의 법적 요건을 충족시켜야 한다. 높은 수준의 통합 단계에서 리더들은 조직문화의 본질적 구성 요소로 다양성을 적극 활용하게 된다. 다양성 인지의 다섯 가지 단계를 구체적으로 살펴보면 다음과 같다.

첫째, 방어defense 단계에서는 사고와 태도, 행동이 다른 사람에 대한 편견과 상동적 태도를 보이고, 자신의 사고방식에서 벗어난 경우는 위협적인 상황으로 보게 된다. 이 단계에서 구성원들은 여성이나 소수인들을 선호하지 않으며 법이나 회사 방침이 있는 경우에만 극소수 여성이나 소수인들이 승진하는 상황이 발생한다.

둘째, 차이 최소화minimizing difference 단계는 사람 간 차이를 인식하고 서로 유사성을 찾는 데 중점을 둔다. 그렇지만 무의식적으로 미묘한 편견이 아직 남아있고, 리더들 역시 아직도 여성이나 소수인들이 조직에서 큰 역할을 할 것이라고 인식하지 않는다.

셋째, 수용acceptance 단계에 이르게 되면, 사람들은 문화의 차이를 받아들이고 다른 사람들의 사고와 행동 방식의 타당성을 인정하게 된다. 그래서 리더들은 주도적proactive으로, 성별이나 소수인 등의 이슈가 단순히 당사자에만 국한된 것이 아니고 조직을 건강하게 만드는 필수 요인이 된다고 인식하게 된다. 그래서 이 단계에 이르게 되면 소수인이나 여성 등이 조직을 발전시킬 수 있을 것이라 판단하고, 유능한 여성이나 소수인들을 적극적으로 채용하게 된다. 또한 조직들은 좀 더 많은 여성이나 소수인들이 고위직에 승진하게 되고 리더는 전 직원을 대상으로 다양성 교육 프로그램을 제공하기도 한다.

넷째, 적용adaption 단계에 이르면 자신과 다른 사람들에게 관심을 갖고, 자신의 문화 관점에서 다른 사람의 문화 관점으로 유연하게 전환할 수 있게 된다. 이 단계의 리더들은 넓은 의미의 공평성과 공동체 의식을 갖게 되고 여성 인력이나 소수인 인력이 활용되지 못하는 상황을 개선시키려고 한다. 또한 리더들은 전사적 차원에서 다양성 전략과 실행방안을 적극적으로 모색하고, 배타적이지 않은 포용적인 시

**도표 11-6 • 다양성 인지 단계**

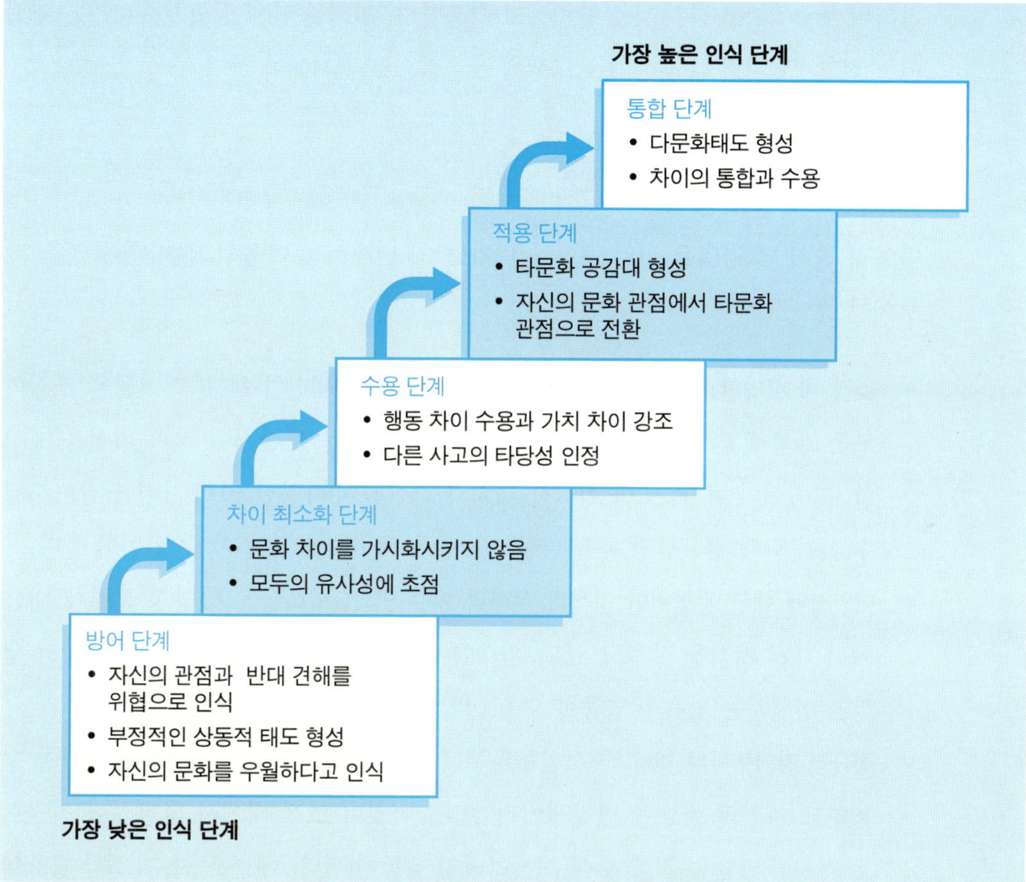


출처: Based on M. Bennett, "A Developmental Approach to Training for Intercultural Sensitivity," *International Journal of Intercultural Relations* 10 (1986), pp. 179–196.

각에서 소수인들을 대하게 된다. 예를 들면, 부즈 앨런 해밀턴Booz Allen Hamilton사의 경영자들은 육아를 책임지는 여성 직원 대상 특별 프로그램을 제시하면서 다양성 관리 전략을 수행하고 있고, 또한 UPS에서는 CEO가 다양성 프로그램의 총책임자 역할을 함으로써 전 직원이 다양성 이슈의 중요성을 인식하도록 하고 있다.

다섯째, 통합integration 단계에 이르면 사람들은 차이를 통합할 능력을 인지하고 행동으로 수용하게 된다. 이 단계는 리더들이 성별이나 인종에 차별을 두지 않는 조직을 창출하는 시점이다. 모든 직원들은 자신의 역량에 의해서 평가되며 자신이 속한 인종 등 개인

속성 때문에 불이익을 받지 않는다. 그래서 이 단계는 가장 이상적인 조직 모습을 가지며 보편적으로 다양성을 인지하고 수용한다. 이러한 단계를 활성화시키기 위해서는 최고경영자가 다양성 프로그램에 적극적으로 관여해야 한다.

## 포용 리더의 다양성 관리 특징

다양성 관리 및 경영을 위한 포용 리더가 되기 위해서는 다음의 네 가지 특징을 갖추어야 한다.[49]

- **조직 내 다양한 공동체 인정과 이를 후원하는 장기 비전의 제시:** 리더들은 조직의 모든 계층에 다양한 문화적 특징을 지닌 사람들을 포함시킬 장기 비전을 제시할 수 있어야 한다. 또한 이러한 계획과 관련하여 다양한 인력 가치를 강화시킬 수 있는 의식이나 상징 등을 만들고 이를 통해 비전을 표현할 수 있어야 한다.
- **다양성에 대한 광범위한 지식과 문화적 이슈 인식:** 리더들은 다양성 문화에 대한 여러 가지 지식을 갖추고 있고, 차이를 인정하는 행동을 보임으로써 자신의 생각을 실천하는 모습을 입증할 수 있어야 한다.
- **적극적 자기변화의 개방:** 구성원들로부터 피드백을 끌어내는 리더라면 비판을 수용하고 자신의 행동을 변화시키려 한다. 이것이 조직 내에서 다양성이 진정으로 가치가 있다는 것을 보여주는 리더의 행동이 된다. 예를 들면, 박스터 헬스케어Baxter Healthcare사의 CEO 해리 얀센 크래머Harry Jansen Kraemer는 'CEO Update'라는 인트라넷 뉴스레터를 통해 일과 삶에 대해 언급하면서, 회사 업무와 가사를 동시에 수행하는 여성들의 가치와 회사의 일과 삶의 균형이 얼마나 중요한지를 강조하고 있다.[50]
- **다양성 인력에 대한 권한위임과 멘토링:** 리더들은 전 직원의 독특한 능력을 활용하기 위한 기회를 적극적으로 만들어내는 역할을 수행해야 한다. 필요하면 정확한 피드백과 코칭을 제공해야 하며 회사에 가치를 창출하는 직원을 공정하게 보상해야 한다.

자신을 뒤돌아보고 변화시키는 리더라면 조직 변화를 주도할 수 있다. 다양성의 이슈는 많은 도전적 기회를 제공하고 또한 리더에게 조직을 통합된 공

동체로 발전시킬 수 있는 기회를 준다. 이러한 공동체의 형성은 모든 직원들이 존중되고 용기를 북돋우며 공통의 목표와 목적에 몰입할 수 있도록 만든다. [IN THE LEAD]는 데니스Denny's 레스토랑이 인종차별의 대명사에서 다양성의 대표적인 기업으로 전환할 수 있었던 구체적인 사례를 다루고 있다.

데니스 레스토랑의 이러한 노력으로 인해 잡지 블랙 엔터프라이즈Black Enterprise는 데니스 레스토랑을 흑인들에게 가장 우호적인 레스토랑으로 선정했고, 포춘은 데니스 레스토랑을 '미국 내 소수인들에게 최상의 50대 기업'에 2년 연속 선정하였다. 데니스 레스토랑의 성공 사례는 강력한 리더십과 함께 어떻게 하면 신속하게 조직문화를 적극적으로 변화시킬 수 있는지를 보여주는 대표적인 예이다.

**IN THE LEAD Rachelle Hood, Denny's Restaurants**

1993년 여름 어느 아침 6명의 흑인 사설탐정들이 데니스 레스토랑에서 식사 주문 후 한 시간이 지나도록 음식이 제공되지 않는 사건이 발생했다. 동시에 주문한 백인 동료의 식사는 이미 나왔고 거의 다 먹을 정도인데도 흑인들의 식사는 늑장을 부린, 즉 흑인들을 홀대하는 상황이 발생한 것이다. 이 조그만 사건은 흑인 고객이나 직원들이 얼마나 멸시되는지를 보여준 일면에 불과하며, 이 사건으로 인해 법정에서 차별 소송이 벌어졌다. 그로부터 13년이 지난 지금 데니스 레스토랑은 18번째 마틴 루터 킹 주니어(Martin Luther King Jr.) 수상식에서 감사패를 받을 정도로 흑인들에게 우호적인 식당으로 변모하였다. 단시간 내에 오명에서 유명으로 전환될 수 있었던 것은 이 회사 리더들이 적극적으로 다양성을 중시하는 교육을 강조하고 직접 교육에 참여했기 때문이었다.

데니스 레스토랑은 1994년 차별로 인한 법정 소송이 마무리된 이후 레이첼 후드(Rachelle Hood)를 다양성 최고경영자로 채용하였다. 이후 후드는 100명의 다양성 교육 전문가들을 고용하여 모든 직급에 다양성 인지 교육을 시행하였다. 접시 닦는 사람들부터 시작해서 관련된 직원들은 모두 다양성 인지와 적용 방식에 대한 교육을 받아야 했다. 예를 들면 직원들은 'We Can' 교육 프로그램을 통해 (1) 예방(prevention): 고객이나 동료들에 대한 차별의 느낌을 줄이기 위해 어떻게 행동해야 하는지에 대한 교육, (2) 개입(intervention): 차별에 대한 잘못된 행동이 발생한 경우 어떻게 사과하고 행동해야 하는지에 대한 교육, (3) 확산관리 (managing escalation): 진정으로 경청하는 방법의 학습, 공감대 제시, 분노와 좌절감 감소 등의 내용에 대한 학습을 하게 된다. 데니스 레스토랑은 이와 같이 다양성을 인지하기 위한 교육에 매년 수백만 달러를 지불하고 있으며, 이 회사의 다양성 교육은 산업 내 가장 의미 있는 교육의 하나로 인정받고 있다.[51]

## 학습 핵심

- 11장은 다양성이 조직에서 왜 중요하게 고려되어야 하는지를 설명하고 있다. 리더들은 기업 경영에서 변화를 모색해야 하며 이러한 변화가 성공적으로 이루어지려면 다양성 관리가 필요하다고 볼 수 있다.
- 다양성은 사람 간 차이에 관련된 모든 면을 포함하는데, 최근 다양성에 대한 견해가 일반화되며 그 범주도 다양해지고 있다. 포용적 관점의 다양성 개념은 단순히 성별이나 인종 차별을 극복하는 차원에서 보고 있지만, 최근 업무 스타일, 국적, 소득 수준 등에서도 차이가 있다는 전제하에 어떻게 하면 이를 효과적으로 활용할 수 있는지가 이슈가 된다.
- 조직이 왜 다양성을 후원하고 그 가치의 필요성을 인식해야 하는지에 대한 여러 가지 이유가 있다. 다양성 경영을 통해 다양한 구성원들과 고객들과의 관계를 개선할 수 있으며 직원들의 잠재성을 높일 수 있다. 다양한 인력들은 다양한 생각, 창조성과 문제 해결에 대한 탄탄한 기반을 제공한다. 최근 관심 대상이 되는 다양성의 한 측면은 상호작용적 리더십으로 일컬어지는 여성 리더십을 들 수 있다. 관계 형성을 축으로 하는 상호작용적 리더십과 관련된 내용은 여성 리더십뿐만 아니라 남성에 관한 리더십 측면에서도 중요하게 고려되고 있다.
- 오늘날의 리더는 자신과 생각이나 행동에서 차이가 많은 직원들을 효과적으로 관리해야 하는 상황에 직면해 있다. 다양한 인력을 주도하는 첫 번째 단계는 미국 주류사회를 이끌어가는 백인 남성이 아닌 사람들을 이해하는 일이다. 이를 이해하기 위해서는 편견, 상동적 태도, 차별, 동등하지 않은 기대, 유리천장, 기회 격차 등에 대한 어려움을 극복할 수 있어야 한다.
- 글로벌 다양성 문제는 중요한 이슈이다. 리더들은 문화의 본연적 성질을 인지하고 사회, 문화적 가치의 차이를 이해할 수 있어야 하며, 문화 지능을 개발해나가야 한다.
- 사람들 간에 다양성 인지 수준에서 차이가 있고 타문화와 가치에 대한 민감성이 다를 수 있다. 리더들은 다양성 인지 단계를 이해함으로써 자신의 다양성을 효과적으로 활용할 수 있는 방안을 모색할 수 있을 것이다.
- 21세기 리더가 당면한 과제는 어떻게 이와 같은 다양한 인력들을 잘 단합시켜 하나의 통합된 공동체를 만들고 그 안에서 모든 구성원들이 존중되고 공정하게 대우받고, 가치를 창출하면서 조직을 발전시켜 나갈 수 있도록 하는가에 있다.

## 토론 주제

1. 조직에 점차 다양한 인력이 많아짐에 따른 리더의 역할과 책임은 무엇인가?
2. 왜 오늘날의 조직에 다양성 사고가 중요한가? 만약 모든 직원들이 동일한 인종으로 구성되거나 유사한 연령대와 사회적 배경을 가지고 있다면 다양한 사고가 제시될 수 없다고 생각하는가?
3. 포용의 리더십은 무엇이고 왜 이러한 접근법이 21세기에 중요하게 다루어지고 있는가?

4. 사회적 가치 시스템 요인 가운데 권력 격차 차원이 있다. 만약 직원이 권력 격차를 크게 느끼고, 리더는 작게 느낀다면 어떠한 상황이 발생할 수 있는가?
5. 왜 많은 유능한 여성들이 조직의 고위직에 도전하지 않고 포기하는 상황이 발생하는가? 이런 경향이 조직에 있거나 또 실제로 그런 상황이 발생하여 조직에 악영향을 미치는 경우가 있겠는가?
6. 만약 자신과 다른 가치관을 가진 사람들로 모인 집단을 이끌어야 한다면 어떻게 해야 하는가?
7. 왜 리더들에게 문화 지능의 개념이 중요하게 대두되는가? 자신과 전혀 다른 성향의 사람들을 대해본 경험이 없는 리더라고 자신을 가정한다면 문화적 차이나 사고 및 행동의 차이를 유연하게 극복하는 능력을 개발할 수 있다고 생각하는가?
8. 자신이 아는 특정한 상사 혹은 리더를 떠올리고, 이 리더가 다양성 인지 단계에서 어느 단계에 해당되는지 판단해보라. 자신은 어떤 단계에 있는가?
9. 조직이 인종이나 성별에서 전혀 차별하지 않는 경우가 있다고 생각하는가?

## 분석사례: 노턴 인더스트리

노턴 인더스트리(Northern Industries)사는 매사추세츠주 스프링필드에 위치한 회사로 주로 크리스마스 장식 및 카드, 감사 카드 등을 만드는 가족기업이다. 이 회사 직원은 125명으로 대부분 흑인이나 아시아 출신이며 이들 가운데 80%는 여성들이다. 특히 9월이나 1월에는 성수기를 대비한 시기로 많은 물량을 만들어내기 위해 2교대제를 운영하고 50여명의 파트타임 직원을 채용하는데, 이들 역시 대부분 여성이며 소수 민족들이다. 이런 가운데 회사는 가끔 인종 문제와 다양성 관리 문제에 당면하게 되었고, 급기야 사장은 다양성 관리 컨설턴트에게 문제 해결 방안에 대한 자문을 구하게 되었다.

생산은 연속공정 생산방식에 의해 이루어지고 있으며, 요구되는 제품 사양들이 각각 다르기 때문에 고객이 요구하는 조건에 맞춰 생산해야 했다. 때에 따라서는 70건의 주문이 모두 색상, 잉크, 종이 등을 달리 사용해야 하는 경우도 있었다. 이와 같이 워낙 다양한 제품 사양이 요구되기 때문에 회사는 물량이 많은 주문과 먼저 주문된 제품을 먼저 생산하는 원칙을 오랫동안 적용해 왔다. 고객들 가운데는 선대부터 20년 동안 이 회사에 주문해온 6개 충성 고객집단도 있었다.

이와 같은 기업의 일반적 상황을 검토하고 난 다양성 컨설턴트는 회사를 좀 더 이해하기 위해 생산부장으로부터 전반적인 오리엔테이션을 듣고 공장 내 생산과정을 살펴보기로 했다. 생산부장인 비콘(Beacon)은 공장 생산과정이 원재료 구매, 인쇄, 품질관리, 납품의 연속 공정 단계로 구성되어 있다고 설명하였다. 컨설턴트는 공장 안을 돌아보는 동안 대부분 청결하다고 느꼈지만 유독 인쇄하는 곳이 그렇지 않다는 것을 깨달았다. 무심코 인쇄실을 들여다보니 25명의 직원들이 매우 소란스럽게 있었다. 자세히 듣진 않았지만 그들의 대화가 어떤 언어를 사용하는지 파악하기 어려웠다. 그리고 납품부서에 가보니 그곳 부서원 대부분이 흑인들이었고, 이에 대해 비콘 생산부장은 10명 중 8명이 흑인이며 이곳 부서장 아담 라이트(Adam Wright) 역시 흑인이라고 귀띔해주었다.

회사의 조직문화 및 분위기를 보다 면밀하게 분석하기 위해 사전에 계획된 경영진과의 미팅을 가졌다. 최고경영자는 이 자리에서 회사가 안고 있는 인종 문제에 대해 언급하였는데, "우리 회사의 소수민족 직원들은 단합하지 못하고 있다. 특히 흑인들과 아시아인들은 잘 융화가 되지 않는다." 그런데 최근 2교대조에서 제품 분실 사고가 발생했는데, 이로 인해 태국 출신 직원이 해고되었고 사장은 다양성 관리의 중요성을 여러 번 강조했으며 컨설턴트의 도움을 통해 회사가 당면한 문제를 해결하고 싶어 했다.

화제를 돌려 일상 비즈니스에 관련된 관리자들의 대화가 시작되었고, 이 미팅에 참석한 관리자들은 총괄본부장을 포함하여, 인사담당부장(유일한 여성), 판매부장, 품질관리부장, 생산부장, 납품담당부장(유일하게 백인이 아님) 등이었는데, 갑자기 판매부장과 납품담당부장 간에 격론이 오고가게 되었다. 판매부장의 불만은 선적과 납품이 적시에 이루어지지 못해 품질에 대한 불평을 소규모 주문 고객들로부터 듣고 있다는 것이었고, 납품담당부장은 좋은 품질을 위해서는 보다 많은 인력 지원이 필요하며 납품되고 있는 원재료가 너무 형편없다고 반박하고 있었다. 이런 격론이 벌어지는 동안 다른 관리자들은 침묵을 지키고 있었지만 그렇게 마음이 편하지는 않아 보였다. 그런 가운데 어떤 관리자가 말문을 돌려 농담을 하기 시작했고 이 때문에 사장을 비롯한 참석인사들은 웃음을 보인 후 결국 화제는 다른 방향으로 흘러갔다.

### 질문

1. 자신이 컨설턴트라면 이 회사의 다양성 관리를 위해 어떤 제안을 하겠는가?
2. 만약 납품담당 혹은 인사담당부장이라면, 담당업무에 대해 어떤 생각을 하겠는가?
3. 〈도표 11-6〉을 참고하여, 현재 이 회사가 직면해 있는 다양성 인지 단계는 어디에 해당하는지 판단하라.

## 미주


1. Steven Greenhouse, "Lawsuit Claims Race Bias at Wet Seal Retail Chain," *The New York Times* (July 12, 2012), http://www.nytimes.com/2012/07/13/business/wet seal accused of racial bias by-3-ex-managers.html?_r=0 (accessed May 8, 2013).

2. This story is based on the experience of Glenn D. Capel, the only black financial advisor in a Merrill Lynch office in Greensboro, North Carolina, reported in Patrick McGeehan, "Blacks Speak of Isolation, But Merrill Says It's Trying to Change," *The New York Times* (July 14, 2006), p. C1.

3. Marilyn Loden and Judy B. Rosener, *Workforce America!* (Homewood, IL: Business One Irwin, 1991); and Marilyn Loden, *Implementing Diversity* (Homewood, IL: Irwin, 1996).

4. U.S. Census Bureau figures reported in Russ Wiles, "Businesses Encourage Employees to Learn Spanish," *USA Today* (December 7, 2008), http://www.usatoday.com/money/workplace/2007-12-08-spanish_n.htm?loc=interstitialskip (accessed March 17, 2008).

5. C. J. Prince, "Doing Diversity: The Question Isn't Why to Do It – But How. Here Are a Few Savvy Strategies That Really Work," *Chief Executive* (April 2005), p. 46; and Richard W. Judy and Carol D'Amico, *Workforce 2020: Work and Workers in the 21st Century* (Indianapolis, IN: Hudson Institute, 1997).

6. Louise Story, "Seeking Leaders, U.S. Companies Think Globally," *The New York Times* (December 12, 2007), p. A1; Justin Martin, "The Global CEO: Overseas Experience Is Becoming a Must on Top Executives' Resumes," *Chief Executive* (January-February 2004), p. 24; and G. Pascal Zachary, "Mighty Is the Mongrel," *Fast Company* (July 2000), pp. 270–284.

7. "Lack of Diversity Paralyzed the CIA. It Can Cripple Your Organization, Too," Guest post by Philippe Silberzahn and Milo Jones, Frederick E. Allen Leadership Blog, *Forbes*, http://www.forbes.com/sites/frederickallen/2012/04/26/lack-of-diversity-paralyzed-the-cia-it-can-cripple-your-organization-too/ (accessed

May 8, 2013); and Petraeus quote from the CIA Web site, https://www.cia.gov/careers/diversity/directors-diversity-commitment.html (accessed July 19, 2012).

8. Orlando C. Richard, "Racial Diversity, Business Strategy, and Firm Performance: A Resource-Based View," *Academy of Management Journal* 43, no. 2 (2000), pp. 164–177.

9. "Diversity Proves to Be Important to Allstate," *The Sacramento Observer* (November 10-November 16, 2005), p. 31; Louisa Wah, "Diversity at Allstate: A Competitive Weapon," *Management Review* (July-August 1999), pp. 24–30; "Allstate Top Company for Diversity; Best Company for African Americans," *Business Wire* (April 18, 2006), p. 1; and information on the company available at http://www.allstate.com.

10. Survey results reported in "Diversity Initiatives Shown to Be Critical to Job Seekers," *The New York Times Magazine* (September 14, 2003), p. 100, part of a special advertisement, "Diversity Works."

11. Universum USA Survey, results reported in "Walking the Walk," *MBA Jungle* (March 2008), pp. 40–41.

12. Thomas E. Poulin, "The Other Diversity," *PA Times, American Society for Public Administration* (March 2009), p. 8; and Clayton H. Osborne and Vincent M. Cramer, "Fueling High Performance Through Diversity," *Chief Learning Officer* (November 2005), p. 22.

13. Geoffrey Colvin, "The 50 Best Companies for Asians, Blacks, and Hispanics," *Fortune* (July 19, 1999), pp. 53–58.

14. G. Haight, "Managing Diversity," *Across the Board* 27, no. 3 (1990), pp. 22–29.

15. Atul Gawande, "Manning the Hospital Barricades: Why Do Groups— Even Groups of Doctors—Hate Each Other?" *Slate* (June 26, 1998), http://www.slate.com/articles/health_and_science/medical_examiner/1998/06/manning_the_hospital_barricades.html (accessed July 10, 2013).

16. Norma Carr-Ruffino, *Managing Diversity: People Skills for a Multicultural Workplace* (Tucson, AZ: Thomson Executive Press, 1996), p. 92; and Judy Rosener, *America's Competitive Secret: Women Managers* (New York: Oxford University Press, 1995), pp. 33–34.

17. Susan Webber, "Fit vs. Fitness," *The Conference Board Review* (July–August 2007), pp. 19–25.

18. Marianne Bertrand, "Racial Bias in Hiring: Are Emily and Brendan More Employable than Lakisha and Jamal?" *Capital Ideas* (February 2005), pp. 7–9; and Marianne Bertrand and Sendhil Mullainathan, *Are Emily and Greg More Employable than Lakisha and Jamal?* (National Bureau of Economic Research Report), as reported in L. A. Johnson, "What's in a Name: When Emily Gets the Job over Lakisha," *The Tennessean* (January 4, 2004), p. 14A.

19. Reported in Michael Orey, "White Men Can't Help It," *BusinessWeek* (May 15, 2006), pp. 54, 57.

20. Johnson, "What's in a Name: When Emily Gets the Job over Lakisha."

21. Debra E. Meyerson and Joyce K. Fletcher, "A Modest Manifesto for Shattering the Glass Ceiling," *Harvard Business Review* (January–February 2000), pp. 127–136; Julie Amparano Lopez, "Study Says Women Face Glass Walls as Well as Glass Ceiling," *The Wall Street Journal* (March 3, 1992), pp. B1, B2; and Joann S. Lublin, "Women at Top Still Are Distant from CEO Jobs," *The Wall Street Journal* (February 28, 1996), pp. B1, B8.

22. John Beeson and Anne Marie Valerio, "The Executive Leadership Imperative: A New Perspective on How Companies and Executives Can Accelerate the Development of Women Leaders," *Business Horizons* 55 (2012), pp. 417–425.

23. Ginny Parker Woods, "Japan's Diversity Problem," *The Wall Street Journal* (October 24, 2005), pp. B1, B4.

24. Lisa Belkin, "The Opt-Out Revolution," *The New York Times Magazine* (October 26, 2003), pp. 43–47, 58.

25. Sylvia Ann Hewlett and Carolyn Buck Luce, "Off-Ramps and On-Ramps: Keeping Talented Women on the Road to Success," *Harvard Business Review* (March 2005), pp. 43–54.

26. Joelle K. Jay and Amber Barnes, "Rising Above the Glass Ceiling," *T + D* (January 2013), pp. 52–55.

27. Reinhold, "Smashing Glass Ceilings"; Des Jardins, "I Am Woman (I Think)"; and Alice H. Eagly and Linda L. Carli, "The Female Leadership Advantage: An Evaluation of the Evidence," *The Leadership Quarterly* 14 (2003), pp. 807–834.

28. Sharon Hadary and Laura Henderson, *How Women Lead* (McGraw-Hill 2013); Carol Kinsey Goman, "What Men Can Learn from Women about Leadership in the 21st Century," *The Washington Post* (August 10, 2011), http://articles.washingtonpost.com/2011-08-10/national/35271442_1_female-leaders-leadership-women (accessed May 10, 2013); Judy B. Rosener, *America's Competitive Secret: Women Managers* (New York: Oxford University Press, 1995); Judy B. Rosener, "Ways Women Lead," *Harvard Business Review* (November–December 1990), pp. 119–125; Sally Helgesen, *The Female Advantage: Women's Ways of Leadership* (New York: Currency/Doubleday, 1990); Joline Godfrey, "Been There, Doing That," *Inc.* (March 1996), pp. 21–22; Chris Lee, "The Feminization of Management," *Training* (November 1994), pp. 25–31; and Bernard M. Bass and Bruce J. Avolio, "Shatter the Glass Ceiling: Women May Make Better Managers," *Human Resource Management* 33, no. 4 (Winter 1994), pp. 549–560.

29. Reported in Tamar Lewin, "The New Gender Divide: At Colleges, Women Are Leaving Men in the Dust," *The New York Times* (July 9, 2006), Section 1, p. 1; and Mary Beth Marklein, "College Gender Gap Widens: 57% Are Women," *USA Today* (October 20, 2005), p. A1.

30. Quoted in Michelle Conlin, "The New Gender Gap," *BusinessWeek* (May 26, 2003), pp. 74–82.

31. Bass and Avolio, "Shatter the Glass Ceiling."

32. The study on competitiveness was reported in Hal R. Varian, "The Difference between Men and Women, Revisited: It's about Competition," *The New York Times* (March 9, 2006), p. C3. For reviews and analyses of the research on gender differences in leadership, see Hadary and Henderson, "Lead Boldly!"; Nicole Z. Stelter, "Gender Differences in Leadership: Current Social Issues and Future Organizational Implications," *The Journal of Leadership Studies* 8, no. 4 (2002), pp. 88–99; and Alice H. Eagly, Mary C. Johannesen-Schmidt, and Marloes L. van Engen, "Transformational, Transactional, and Laissez-Faire Leadership Styles: A Meta-Analysis Comparing Women and Men," *Psychological Bulletin* 129, no. 4 (July 2003), p. 569ff.

33. Quoted in Lena Williams, "A Silk Blouse on the Assembly Line? (Yes, the Boss's)," *The New York Times* (February 5, 1995), Business Section, p. 7.

34. Based on Rosener, *America's Competitive Secret*, pp. 129–135.

35. Susan Carey, "More Women Take Flight in Airline Operations," *The Wall Street Journal* (August 14, 2007), p. B1; Ann Therese Palmer, "Teacher Learns All About Airline; United VP Began as Reservations Clerk, Rose through Ranks," *Chicago Tribune* (December 24, 2006), p. 3; Paul Merrion, "Cindy Szadokierski," *Crain's Chicago Business* (May 5, 2007), http://www.chicagobusiness.com/article/20070505/ISSUE02/100027750/cindy-szadokierski (accessed May 10, 2013).

36. Susan J. Wells, "A Female Executive Is Hard to Find," *HR Magazine* (June 2001), pp. 40–49; Hadary and Henderson, "Lead Boldly!"; Goman, "What Men Can Learn from Women"; and Helgesen, *The Female Advantage*.

37. M. Fine, F. Johnson, and M. S. Ryan, "Cultural Diversity in the Work-force," *Public Personnel Management* 19 (1990), pp. 305–319; and Dawn Hill, "Women Leaders Doing It Their Way," *New Woman* (January 1994), p. 78.

38. "Muslim Leader: 150 Workers Fired over Prayer Dispute in Nebraska," *USA Today* (September 19, 2009), http://www.usatoday.com/news/religion/2008-09-19-muslim-prayer-business_N.htm (accessed September 20, 2008).

39. Helen Bloom, "Can the United States Export Diversity?" *Across the Board* (March/April 2002), pp. 47–51.

40. Geert Hofstede, "The Interaction between National and Organizational Value Systems," *Journal of Management Studies* 22 (1985), pp. 347–357; and G. Hofstede, "The Cultural Relativity of the Quality of Life Concept," *Academy of Management Review* 9 (1984), pp. 389–398.

41. Debby Young, "Team Heat," *CIO* (September 1, 1998), Section 1, pp. 43–51.

42. Geert Hofstede, "Cultural Constraints in Management Theories," excerpted in Dorothy Marcic and Sheila M. Puffer, *Management International: Cases, Exercises, and Readings* (St. Paul, MN: West Publishing, 1994), p. 24.

43. The discussion of cultural intelligence is based on P. Christopher Earley and Elaine Mosakowski, "Cultural Intelligence," *Harvard Business Review* (October 2004), p. 139 ff; Ilan Alon and James M. Higgins, "Global Leadership Success through Emotional and Cultural Intelligence," *Business Horizons* 48 (*2005*), pp. 501–512; P. C. Earley and Soon Ang, *Cultural Intelligence: Individual Actions across Cultures* (Stanford, CA: Stanford Business Books, 2003); and David C. Thomas and Kerr Inkson, *Cultural Intelligence: People Skills for Global Business* (San Francisco: Berrett-Koehler, 2004).

44. These components are from Earley and Mosakowski, "Cultural Intelligence."

45. Ken Powell, "Move Beyond Your Comfort Zone," *Fortune* (May 4, 2009), p. 48.

46. Reported in Jeanne Brett, Kristin Behfar, and Mary C. Kern, "Managing Multicultural Teams," *Harvard Business Review* (November 2006), pp. 84–91.

47. Renee Blank and Sandra Slipp, "The White Male: An Endangered Species?" *Management Review* (September 1994), pp. 27–32; and Sharon Nelton, "Nurturing Diversity," *Nation's Business* (June 1995), pp. 25–27.

48. Based on M. Bennett, "A Developmental Approach to Training for Intercultural Sensitivity," *International Journal of Intercultural Relations* 10 (1986), pp. 179–196.

49. Martin M. Chemers and Roya Ayman, *Leadership Theory and Research: Perspectives and Directions* (San Diego, CA: Academic Press, 1993), p. 209.

50. Susan J. Wells, "Smoothing the Way," *HR Magazine* (June 2001), pp. 52–58.

51. Irwin Speizer, "Diversity on the Menu," *Workforce Management* (No-vember 2004), p. 41ff; Daniel Valentine, "King Award Given to Denny's Executive," *Capital* (January 15, 2006), p. D1; Jim Adamson, "How Denny's Went from Icon of Racism to Diversity Award Winner," *Journal of Organizational Excellence* (Winter 2000), pp. 55–68; Sonia Alleyne and Nicole Marie Richardson, "The 40 Best Companies for Diversity," *Black Enterprise* (July 2006), p. 100ff; and "Denny's Diversity Speaks," http://www.dennysdiversity.com (accessed on October 6, 2009).

Chapter 12

# 리더십 권력과 영향력

## 학습목표

이 장을 공부하면

- 조직의 목표 달성에 작동되는 리더십 권력(파워)과 조직정치의 내용을 이해할 수 있다.
- 카리스마 리더십의 본질을 이해할 수 있다.
- 변혁적 리더십과 거래적 리더십의 차이를 이해할 수 있다.
- 조직 내 권력의 원천과 유형을 알아보고, 조직정치를 통해 리더십 권력을 높일 수 있는 방안을 알 수 있다.
- 조직정치와 관련된 네 가지 준거의 틀을 알아보고, 당신의 지배적인 리더십 프레임(틀)을 규명해볼 수 있다.
- 합리적 설득 등 영향력 전술을 이해할 수 있다.
- 조직 목표 달성을 위한 제휴 리더십의 특성을 이해할 수 있다.
- 마키아벨리 리더십을 통해 조직의 어려운 상황을 극복할 수 있는 방안을 이해할 수 있다.

멜로디 홉슨

시카고 변두리 지역에 거주하며 혼자서 애를 키우는 흑인 여성이 금융시장에서 두각을 나타내는 유명인사가 되리라고 누가 상상이나 했겠는가? 물론 그녀의 성공에는 재능, 노력, 정직, 강력한 직업윤리가 작용했겠지만, 백인남성들이 주도하는 금융시장에서 살아남게 만든 그녀의 정치적 기량political skills은 성공을 이끈 주 요인이다. 그 주인공은 뮤추얼 펀드 아리엘 투자회사Ariel Investment의 사장인 멜로디 홉슨Mellody Hobson이다. 그녀는 처음 학생 인턴으로 시작하여 대학 졸업 이후 정식직원이 되고 나중에 사장이 된 것이다. 그런데 그녀는 직장생활을 하면서 네트워킹을 통해 수많은 저명인사들과 교분을 가졌으며, 이러한 교분이 나중에 그녀로 하여금 사장이 될 수 있게 한 원동력이 되었다.

홉슨의 네트워킹 기량은 25살 신입사원일 때에도 발휘되어 아리엘 투자회사의 창업자인 존 로저스John Rogers나 경영진에게 충분한 관심을 끌게 하였다. 경쟁회사 칼버트 그룹Calvert Group이 사회적 투자social investment를 하는 동안 아리엘 투자회사는 가치 중심 투자를 할 필요가 있다는 과감한 전략 수립안을 그녀는 제안하기도 하였는데, 창업자 로저스는 그녀의 대담함에 당황했으나 정확한 정보, 네트워크 능력, 개인적 설득 등으로 마음을 움직였고 결국 그녀의 제안을 정책에 반영하였다.[1]

그녀는 이와 같이 초창기 말단 사원에 불과하였을 때도 이미 업무 추진과 관련한 정치력과 영향력 활용 방안의 중요성을 알고 있었다. 이와 같이 홉슨처럼 성공한 리더들은 보편적으로 조직 내 · 외부에 네트워크를 형성하고 주요 프로젝트나 중요한 일에 대한 사적 정보를 가지고 있으며, 조직에 영향을 미치기 위해서는 권력과 영향력을 구사할 수 있어야 한다.

조직에서 리더를 포함한 모든 사람들은 다른 구성원이나 조직에 영향력을 미치기 위해 자신만의 파워(권력)를 활용한다. 그래서 권력과 영향력은 업무를 수행하는데 필수적인 요소가 되며, 단순히 능력만 가지고서 조직 내에서 권력을 갖고 영향력을 행사하기 쉽지 않다. 경우에 따라서는 조직에서 영향력을 얻기 위해 강력한 권력보다는 부드러운 권력의 활용이 필요할 때도 있다. 그래서 12장에서는 리더십 권력과 영향력에 대해 세부적으로 살펴보기 위해 먼저 영향력 있는 네 가지 유형의 리더십을 살펴보고, 다음으로 권력과 영향력의 의미와 소프트 권력과 하드 권력의 차이를 살펴보고자 한다. 또한 조직정치 활동을 통해 리더가 영향력을 행사하는 방법에 대해 살펴보고 마지막으로 윤리적 차원에서의 권력과 영향력의 구사 방법을 간략하게 언급하고자 한다.

## 네 가지 유형의 영향력 리더십

신임 리더들은 간혹 영향력과 권력이 자신의 직위에 의해 비롯되는 것으로 생각하는 경우가 많다. 하지만 리더의 권력은 직위 권력에 의해서만이 아니고 다양한 영향력을 통해 만들어진다. 리더가 다른 사람들에게 영향력을 주는 방법은 리더십 영향력의 유형에 따라 달라진다. 구체적으로 리더의 영향력은 직위 권력에 의해서라기보다는 관계성과 개인의 리더십 특성에 의해 형성되며, 구체적으로 변혁적 리더십, 카리스마 리더십, 제휴 리더십, 마키아벨리 리더십으로 구별해 볼 수 있다.

### 변혁적 리더십

**변혁적 리더십**transformational leadership은 변화와 관련한 리더십이다. 최근 경영 환경은 다양한 측면에서의 변화와 혁신을 요구하며, 변혁적 리더십은 구성원과 조직을 변화시키는 주도적인 역할을 하는 리더십 특징을 갖고 있다. 따라서 변혁적 리더는 **조직 전략, 제품 개발, 기술 혁신 등에서도 변화를 주도하는 리더의 스타일**이라고 말할 수 있다.

변혁적 리더십은 **거래적 리더십**transactional leadership과 주로 비교된다.[2] 거래적 리더십은 기본적으로 **리더와 구성원 간 교환 관계에 중점을 두면서 조직의 성과 달성의 대가로 구성원들의 요구가 달성될 수 있는 교환관계의 균형성을 강조한다**. 즉, 구성원이 주어진 업무 성과를 최대한 달성하면 리더는 이러한 성공적 과업 달성에 대한 보상을 얼마나 적절하게 제공할 수 있는가에 따라 리더십의 질이 결정된다. 그래서 거래적 리더십은 현재 상태에 중점을 두고 능률적으로 업무를 잘 수행할 수 있는 교환관계의 질에 중점을 둔다. 구성원은 자신이 수행하는 노력과 성과에 대비하여 보상이 적절히 주어질 때 만족하기 때문에, 리더는 적절

출처: hwleadership.wordpress.com

한 보상을 제공하여 구성원의 노력과 성과를 높이도록 유인하고 또 구성원은 이 과정에서 직무만족이 높아지기 때문에 리더와 구성원 간의 교환관계의 질이 향상된다. 이러한 관계의 질을 높이는 리더십을 거래적 리더십이라 할 수 있다. 또한 거래적 리더십은 전통적인 관리자와 같이 계획의 체계성과 예산 편성 등에 능숙하며 현재 조직이 추구하는 목표를 유연하게 달성할 수 있는제 중점을 둔다. 또한 구성원들에게 규칙 준수를 강조하고 변화의 모색보다는 조직의 안정을 중시하는 특성을 보인다.

거래적 리더십도 중요하지만 최근 조직 환경이 새로운 변화와 지속적 혁신을 모색하기 때문에 조직은 변혁적 리더십을 선호하게 된다.[3] 변혁적 리더들은 구성원들에게 규칙과 지시 및 인센티브 등의 통제 방식보다는 비전, 공유 가치, 관계 형성을 위한 아이디어, 개별적 업무에 대한 의미 부여와 같은 무형적 측면에 주목한다. 그래서 이들은 개인의 가치관, 신념, 질적인 측면에 관심을 가지며 리더와 구성원 간 유형적 교환 관계에 큰 의미를 두지는 않는다.

연구 결과에 따르면 변혁적 리더들은 구성원 발전과 성과에 긍정적인 영향을 미치며 조직 수익성에 기여한다고 한다.[4] 무엇보다 변혁적 리더십은 타고나기보다는 후천적으로 학습될 수 있고 개인적 특성에 의존하지는 않는다. 이러한 변혁적 리더십은 다음 네 가지에서 거래적 리더십과 차이를 보인다.[5]

1. **변혁적 리더는 구성원들을 리더로 육성시킨다.** 변혁적 리더들은 구성원들을 엄격히 통제하기보다는 자신의 행동을 스스로 통제할 수 있도록 자유를 부여하는 편이다. 구성원들을 공통 비전과 미션을 바탕으로 하나로 집결시키고, 구성원들이 목표를 달성할 수 있는 경계를 구축한다. 또한 구성원들이 스스로 문제를 인식하도록 하고 생상적인 변화를 위한 새로운 방법 모색에 도움을 준다.
2. **변혁적 리더는 구성원들이 안전 욕구 등 저차원 욕구에서 자기실현 욕구 등 고차원 욕구로 욕구의 수준을 높이도록 한다.** 구성원들의 저차원 욕구는 적당한 급여, 안전 작업조건 등에 의해 충족되지만, 변혁적 리더들은 구성원들로 하여금 보다 고차원의 욕구를 지향토록 하며 개개인의 성장과 발전 욕구에도 관심을 기울이게 한다. 그래서 이들 리더들은 구성원들의 욕구와 능력을 조직 미션과 연결시키는 고차원 수준으로 발전시켜 나갈 수 있다. 그리고 변혁적 리더들은 구성원들에게 조직 변화를 위한 임파워먼트를 강조하고 조직을 변화시켜 나간다.
3. **변혁적 리더는 공동의 선good을 중시하고 구성원들이 개별 관심사를 뛰어넘도록 한다.** 이는 구성원들로 하여금 의도한 목표치보다 더욱 높은 성과를 낼 수 있도록

동기부여시키며, 목표와 결과의 변화에 대한 중요성을 인식시킨다. 이를 통해 구성원들은 조직 이익을 위해 자신의 이익을 넘어서게 된다.

4. **변혁적 리더는 미래 추구하고자 하는 비전을 구성원들과 효과적으로 의사소통한다.**[6] 변혁적 리더십의 중요한 특징은 오늘보다 나은 미래의 꿈을 추구하는 비전을 창출하는 일이다. 이러한 비전은 구성원들의 행동 변화의 지침을 주어 변혁적 리더십의 기초를 이루는 근간이 된다. 구성원들은 리더의 명확한 비전과 방향성을 명확하게 인식할 수 있을 때 변화 지향적인 행동을 하기 때문에 명확한 비전이 제시되지 않고서는 조직의 변화와 변혁이 이루어지기 어렵다.

유능한 리더는 거래적 리더십과 변혁적 리더십의 특징을 모두 갖추고 있다. 구성원들을 활력 넘치게 하고 임파워먼트와 비전 구축 능력을 갖춘 변혁적 리더십과 조직의 구조화 방안, 통제 시스템의 체계화, 효과적 보상체계 구축을 특징으로 하는 거래적 리더십 역량을 모두 잘 구비할 수 있을 때 유능한 리더라 할 수 있다.[7]

## 카리스마 리더십

카리스마는 **구성원들로 하여금 주어진 업무 이상으로 몰입시키고 에너지가 충만하도록 점화시키는 원동력**으로 정의된다.[8] **카리스마 리더십**charismatic leadership은 업무 추진의 장애 요인과 개인적 희생이 있음에도 불구하고, 기대 이상으로 달성할 수 있도록 용기를 부여하는 정서적 영향력을 말한다. 카리스마 리더의 미션에 대한 열정은 구성원들을 추종하게끔 북돋게 되고 소정의 목적을 달성하기 위해 구성원으로 하여금 스스로를 양보할 수 있도록 동기부여시킨다. 그 이유는 어려운 위기 상황에서는 강력하고 용기를 불러일으킴으로써 구성원들의 스트레스와 불안감을 완화시키기 때문이다.

**카리스마 리더십과 변혁적 리더십은 차이가 있다.** 변혁적 리더십은 구성원들의 열의engagement와 임파워먼트를 증대시키는 반면, 카리스마 리더십은 보편적으로 구성원들의 경외와 복종을 불러일으킨다.[9] 또한 변혁적 리더십은 구성원들로 하여금 단순히 리더 개인을 추종하게만 하는 데 그치지 않으며 변화에 대한 필요성을 믿게끔 하며 비전을 달성하기 위해서는 자신을 양보할 수 있을 정도로 마음을 움직이게 하는 리더십을 말한다.

**카리스마는 옳은 일뿐만 아니라 나쁜 일에도 적용된다.** 즉 히틀러 역시 카리스마를

마틴 루터 킹

보이고 있다. 나쁜 카리스마라고 볼 수 있고, 전체 사회에 부정적인 영향을 미치더라도 그를 따르는 구성원들은 그의 카리스마에 매몰되어 선악을 구별하지 못하게 되기도 한다. 하지만 보편적으로 긍정적인 차원에서의 카리스마 리더는 새로운 가능성에 대해 사람들의 관심을 고조시키며, 팀이나 조직을 위해 개인의 이익을 초월하도록 동기부여한다. 보통 카리스마는 후천적으로 학습되지는 않지만 경우에 따라 후천적으로 만들어지기도 한다. 그렇지만 분명한 점은 카리스마 리더들은 일상 생활에도 자신의 정서에 몰두하고 열의에 가득 차 있어 이런 모습은 다른 사람들로 하여금 역동성을 갖게하고 열정과 매력을 느끼도록 한다. 카리스마 리더는 변화 분위기를 창출하고 좀 더 나은 미래 비전을 이상적으로 제시하며, 복잡한 아이디어나 목표를 명확하고 납득할 수 있는 방법으로 소통하는 능력을 보임으로서 사람들이 전달 메시지를 이해하고 일체화할 수 있게 된다. 또한 카리스마 리더는 구성원들의 정서를 움직이며, 미션에 대한 열정으로 사람들이 추종하도록 만든다. 가장 대표적으로 예로는, 평등의 미션을 달성하기 위해 강력한 열정을 제시한 마틴 루터 킹Martin Luther King 목사를 들 수 있다.

뿐만 아니라 미국에서 400개 이상의 기업으로 구성된 버진그룹의 회장인 리처드 브랜슨Richard Branson은 자신의 '재미'를 유발시킬 수 있는 사업이 아니면 참여하지 않는 특징이 있다. 이와 같은 특정한 열정이 주변의 사람들을 모두 자신으로 모여들게 하는 매력을 갖고 있다.[10] 그런가하면 애플의 스티브 잡스 전임 회장의 경우도 청바지 차림의 열정이 카리스마 리더의 모습을 보여주기도 하였고 이런 그의 열정적 카리스마는 애플과 그의 제품 등을 고객들에게 강하게 어필하게 만들었다.[11]

카리스마 리더의 특징을 연구한 결과에 따르면 카리스마 리더는 구성원들에게 막대한 영향력을 미치며, 탁월한 성과 달성을 이끌어낸다.[12] 〈도표 12-1〉은 카리스마 리더와 카리스마 리더가 아닌 경우의 차이를 비교하고 있다.[13]

정리해보면, 카리스마 리더는 변화 분위기를 창출하고 보다 나은 미래의 이상적 비전을 구체화시키면서, 난해한 문제와 목표를 명확하게 정의하고 이를 효과적으로 의사소통하는 능력을 갖고 있으며, 현상status quo의 문제를 넘어 변화를 창출하기 위한 비범한 방법을 구사한다.

**도표 12-1 ● 카리스마 리더와 비카리스마 리더의 차별적 특징**

| | 비카리스마 리더 | 카리스마 리더 |
|---|---|---|
| 호감 유발 | 공유 관점을 통해 리더의 호감유발 | 공유 관점과 이상적 비전을 통해 리더의 호감을 유발시킴 |
| 현상유지 관련 | 현상을 유지하는 데 중점 | 변화 분위기 창출에 초점 |
| 미래의 목표 | 현상을 유지하는 정도의 제한된 목표 | 현상을 벗어난 이상적 비전 |
| 연계 | 목표와 모티베이션 간 느슨한 연결성 | 비전과 이끌기 위한 동기부여 간에 강력한 열정적 연계 |
| 행동 | 기존의 질서의 틀 내 목표 달성의 가능한 수단을 사용 | 기존의 질서를 넘어 선 새로운 방식 사용 |
| 영향력 | 직위와 보상에 기초한 영향력 | 전문성과 리더의 신망에 의한 영향력 |

출처: Adapted from Jay Conger and Rabindra N. Kanungo and Associates, *Charismatic Leadership: The Elusive Factor in Organizational Effectiveness* (San Francisco: Jossey-Bass, 1988), p. 91.

카리스마 리더들은 자신의 직위 권력을 행사하기보다는 전문성이나 구성원들의 리더에 대한 일체감과 존경심을 통해 리더의 파워를 증대시킬 수 있다. 아무리 카리스마 리더가 권한과 권위에 기반을 둔 직위 권력을 부여받는다고 하더라도 단순히 이를 가지고서 리더의 영향력을 행사하는 것은 아니다. 왜냐하면 카리스마 리더의 영향력은 조직이 부여하는 권력과 권위보다는 리더 스스로에서 발현되는 개인의 역량에 근거하여 이루어지기 때문이다.

## 제휴 리더십

변혁적 리더십과 카리스마 리더십은 목표와 비전을 달성하고 변화를 모색하는 인간 개인에 초점을 맞추고 있다. 하지만 현실적으로 성공적인 변화를 위해서는 단순히 리더 개인에만 의존하기 어려우며 많은 사람과의 연합과 제휴를 필요로 한다. 제휴 혹은 연합에 의한 **리더십은 리더가 추구하는 목표를 지지하는 사람들과 연합하여 리더의 결정과 목표를 실행할 수 있도록 다른 사람들에게 영향을 미치는 리더십**을 말한다. **제휴 리더십**coalitional leadership을 발휘하는 리더들은 조직 내 영향력과 상호 작용의 유형을 잘 이해하고, 다양한 사람들과의 네트워크를 통해 관계 구축의 기량을 보유해야 한다.[14] 이들 제휴 리더들은 조직 내·외부에서 긍정적인 관계를 형성, 유지하면서 다른 사람들의 관점을 학습하고 상호 호혜의 제휴 관계를 형성하는 데 많은 시간을 쏟는다.

제휴 리더십은 정치적인 활동에서 매우 중요하다. 예를 들면 링컨 대통령은 당시 첨예하게 대립된 남과 북의 모든 사람들의 생각을 모두 포용하고 이를 제휴시킨 리더였기 때문에 위대한 대통령으로 칭송받고 있다. 그는 자신과 생각을 달리하고 자신의 계획을 비판하는 사람도 경우에 따라 받아들이고 제휴하는 능력을 보였다. 반면에 조지 부시 대통령의 경우 다양한 사람들의 생각을 받아들이지 않고 자신의 생각에 동조하는 사람들의 의견만을 좇아 결국 이라크와의 전쟁을 감행하였고 그로 인해 위대한 대통령이 될 수 있는 기회를 놓쳤다. 오바마 대통령의 경우에도 과거 자신에게 강력한 후원 역할을 했던 사람들 조차도 그를 비판하고 있어 제휴 리더십을 발휘하지 못했으며 많은 사람들과 교감을 하고 있는 것으로 알려져 왔음에도 중요한 결정을 내리는 경우에는 인의 장막에 제한된 편협된 결정을 내린다고 한다. 이 역시 제휴를 바탕으로 하는 리더십을 보이지 못하는 사례이다. 또한 리더가 사람들과의 제휴에 실패하고 자신을 반대하는 집단이 커다란 영향력을 행사하게 되면 결국 리더의 자리를 위협받게 될 수 있다.

성공적인 제휴 리더십을 이루는 네 가지 단계는 다음과 같다.[15]

1. **수많은 대화와 인터뷰 시행.** 이들 리더는 당면한 기회와 도전을 명확히 이해한 후, 정보 수집을 위해 많은 사람들과의 비공식 인터뷰를 수행해야 한다. 개방형open-ended 질문을 던지고 타인의 의견을 경청함으로써 그들의 변화를 예측하고, 왜 그들이 찬성 혹은 반대하는지, 그리고 변화에 대한 발전적인 아이디어나 전문적 견해가 무엇인지를 파악할 수 있어야 한다. 이와 같은 인터뷰를 통해 리더들은 기회 획득을 위한 비공식 관계를 형성할 수도 있다. [IN THE LEAD]의 사례는 서비스마스터ServiceMaster사의 CIO가 어떻게 제휴 리더십을 구축할 수 있었는지에 관한 것이나.

장 프랭크

2. **고객과 이해관계자 접촉.** 제휴 리더들은 고객들이나 영향력 있는 이해관계자들의 생각과 정보를 파악하고 있어야 한다. 예를 들면, 캘리포니아주의 국가보상보험기금California State Compensation Insurance Fund의 운용책임자 장 프랭크Jan Frank는 최근 조직을 근본적으로 변화시킬 필요가 있다고 판단했다. 그녀가 2007년에 이 조직의 장으로 취임한 이후 조직은 비윤리적 행동,

**IN THE LEAD** Jim Goetz, ServiceMaster

이 회사의 CIO(정보기술담당 부사장)인 짐 고츠(Jim Goetz)는 회사 내 정보가 한 군데로 모이는 보고 체계 수립하고 식스 시그마(Six Sigma)의 수준 향상을 위해 인터넷 기반 시스템을 구축하고 싶었다. 하지만 일부 지사장들이나 부서장들은 현재 방식을 선호하고 집권화된 시스템을 원하지 않았다.

짐은 식스 시그마와 관련된 출장 회의를 진행하였고, 빨리 숙소로 올라가 쉬고 싶었지만 회사 구성원들이 모여 있는 로비로 가서 그들과 담소를 나누었다. 맥주와 음료를 마시면서 각 지사 및 부서에서 근무하는 구성원들과 식스 시그마 활동에 대해 대화를 나누고 각 부서가 추구하는 목표의 진행 상황이 어떠하며 그리고 어떤 기대를 하고 있는지를 알아보았다.

직원들과 면담을 통해 고츠 부사장은 인터넷 기술 시스템의 실행방안과 지점장들에게 왜 중앙 집중의 시스템 구축이 필요한지를 설명할 필요성을 알게 되었다. 무엇보다 짐에게 고무적인 사실은 누가 자신에게 우호적이고 누가 반대하는지를 명확하게 파악할 수 있었다는 점이다. 이런 생각을 하고 난 후 짐은 이 프로젝트를 성공시키기 위해 어떻게 하면 상황 변수들을 잘 구성하여 자신에게 우호적이고 제휴가 가능한 세력 집단을 만들 수 있을지 아이디어를 구상할 수 있었다.[16]

범법 행위 등을 줄여나갔으며, 조직의 신뢰를 회복하기 위해 이사회 임원이나 정부 관료, 또는 조직에 영향력을 미치는 사람들에게 조직의 새로운 모습과 발전적 아이디어를 이해시키는 모임을 자주 가졌다. 뿐만 아니라 법률 제정과 심의를 담당하는 의원들과 정기적 회합을 통해 업무 활동과 관련된 정보 등을 파악하고 있다.[17]

3. **이해관계자 요구사항 도표화.** 리더들은 자신이 추진하는 목표와 계획을 강력하게 후원하는 사람들은 누구이며, 절대 반대하는 사람들은 누구인지를 파악해야 한다. 〈도표 12-2〉는 변화와 관련된 찬성과 반대 성향을 가진 사람들을 분석해 둔 분포도이며, 이 그림에 따르면 10% 정도가 조직 변화를 강력하게 지원하고 있음을 알 수 있다. 또한 10% 정도는 파트너 관계에서 변화를 지지하지만 적극적으로 이를 실행에 옮기지는 않는 집단이다. 20% 정도는 강력하게 저항하는 집

**도표 12-2 ● 이해관계자 지지층 분포표**

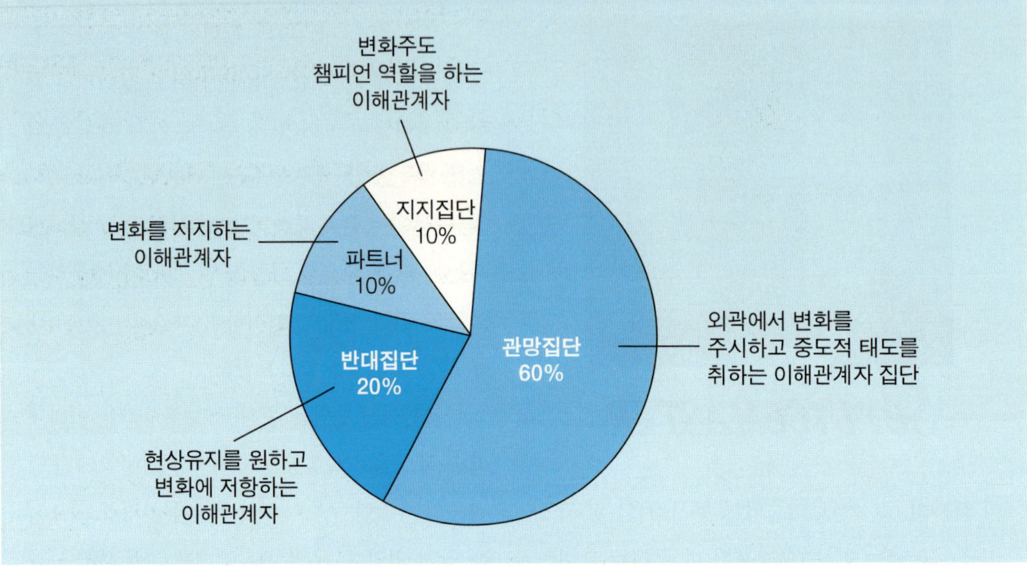


출처: Data are adapted from materials supplied by ExperiencePoint, Inc., in conjunction with the GlobalTech simulation, 2007.

단으로 변화 노력에 저항하거나 훼방한다. 나머지 60% 정도는 관망자로 분류되는데 그 이유는 제기되는 변화와 아이디어에 대해 중립적인 태도를 보이고 있기 때문이다.[18]

4. **장애요인을 제거하고 부서 혹은 부문 간 협동과 협력을 조장.** 예를 들면, 미국 합참의장을 지낸 콜린 파웰Colin Powel 장군은 육군, 해군, 공군 참모총장 및 해병대 사령관들과 정기적 회동을 통해 각 군의 서로 다른 관점을 상호 이해시키는 노력을 기울였다.[19] 이러한 전사적인 협력과 이해를 하게 되면 조직이 추구하는 커다란 비전을 달성하는 데 필요한 후원을 얻을 수 있게 된다.

## 마키아벨리 리더십

니콜로 마키아벨리Niccolo Machiavelli는 이탈리아의 철학자이자 역사가 그리고 정치정책가로서 1513년 유명한 「군주론Prince」을 통해 정치지도자가 되기 위해 필요한 권력의 획득과 활용에 대해 기술하였다. 「군주론」을 통해 알려진 마키아벨리 리더십이 권력을 얻고 목적을 달성하기 위해서는 파렴치하고 악의에 찬 행동을 수행할 수 있는 리더십으로 인식되고 있지만, 사실 그가 주장하는 본질은 정부의 안녕이 우선이고 이를 이루기 위한 결과는 수단을 정당화할 수 있는 강한 리더십 발휘에 있다. 다시

LEADER'S BOOKSHELF 리더십 서재

## Power: Why Some People Have It and Others Don't
## (권력의 기술: 조직에서 권력을 거머쥐기 위한 13가지 전략)



*by Jeffrey Pfeffer*

왜 어떤 사람은 권력을 갖는데 다른 사람은 그렇지 못하는가? 이 책이 던지고 있는 주제이다. 권력의 실상에 대해 제프리 페퍼 스탠포드 대학 교수는 리더가 권력을 쥘 수 있는 위치에 있으면서 실상 그렇지 못한 경우에 대해 의문점을 던진다. 그리고 권력을 가진 사람은 야망과 열정이 있어야 하며 리더로서 성공하기 위해서는 다음과 같은 점들이 필수적이라고 한다. 페퍼 교수가 강조하고 있는 것처럼 현실은 권력이 눈에 보이는 것 같지만 내가 원한다고 해서 오는 것도 아니라고 한다.

**조직과 권력**

정치적 지원과 자원을 적절하게 동원하지 못하는 경우를 무능력 상태로 표현하며 혁신과 변화를 이루기 위해서는 기득권자 혹은 상황과 정치적 타협이 필요하다. 또한 리더에게 정치적인 의지와 전문성 발전이 중요하며, 리더에게 올바른 일이 무엇인가를 아는 것만으로는 부족하며 이를 실천하는 역량이 중요하다. 권력은 인간의 의도를 현실로 바뀌고 이를 지속시키는 역량이라고 할 수 있다. 리더에게 술수라고 하는 정치적 수단이 필요할 때도 있으며, 조직 생활은 골프경기보다 축구경기를 한다고 생각해야 하며 자신의 유능함을 맹신하기보다 팀워크에 중점을 두어야 한다.

**권력의 원천**

권력투쟁의 승리를 위해서는 권력의 원천을 개발하고 그 권력을 전략적 · 전술적 사용법을 알아야 한다. 또한 권력의 핵심원천은 네트워크 중심에 있는 것이며, 조직 내 평판도 중요하다. 이 책이 강조하는 권력의 기술은 다음 13가지로 요약된다.

1. 뛰어난 실력만으로 성공이 보장되지 않는다. 자신의 성과를 돋보이게 하고 리더의 관심사를 파악하고 권력자의 자존심이 상하지 않도록 해야 한다.
2. 권력자가 되기 위한 핵심 자질을 습득해야 한다.
3. 권력의 소재를 파악하고 기회를 보여야 한다.
4. 대담하게 접근하고 과감하게 행동할 필요가 있다.
5. 조직 내외의 자원을 확보해야 한다.
6. 네트워크를 통제하고 관계를 개선시켜 나가야 한다.
7. 자심감 있는 말은 세상을 내편으로 만드는 기술이다.
8. 좋은 이미지와 평판을 확보해야 한다.
9. 적과의 파워게임에서 이기기 위한 전략 구상이 필요하다.
10. 권력의 이면에는 대가가 있으며 적절한 균형을 잡을 수 있어야 한다.
11. 권력을 유지하기 위해서는 자만하지 말고 인내심을 가져야 한다.
12. 권력을 효과적으로 행사하기 위한 기술을 활용해야 한다.
13. 권력을 위해서는 실천이 우선이다.

출처: *Power: Why Some People Have It and Others Don't*, by Jeffrey Pfeffer, is published by HarperCollins.

말해서 권력은 조직의 안전과 안정을 수호하기 위한 도구라는 점이다.

스탠포드 대학의 제프리 페퍼Jeffrey Pfeffer 교수는 조직의 권력과 조직정치 분야의 전문학자로서 리더는 위대한 결과를 위해서는 전투적인 전략bare knuckle strategies의 사용이 불가피하다고 말하고 있다. [리더십 서재]에서 언급하듯이 제프리 페퍼 교수는 아무리 리더가 탁월한 성과를 내었더라도 그 내면에는 권력과 정치가 근원하고 있음을 강조하였다. 오늘날은 관료주의와 위계의식이 약한 수평조직의 형태가 강조되지만 리더는 종업원들에게 영향력을 미치기 위해서는 좀 더 많은 권력이 필요하다고 한다.

결과적으로 구성원에게 영향력을 미치기 위해서는 다양한 유형의 리더십이 필요하다. 변혁적, 카리스마, 제휴, 그리고 마키아벨리 리더십 등이 그것이며 이들은 각각 다른 형태의 모습을 갖추고 전제하는 바도 다르다. 예를 들면 마키아벨리 유형의 리더는 조직의 안녕을 위해서라면 필요한 모든 수단을 강구하는데, 마키아벨리 리더십의 특징은 다음과 같다.[20]

1. **권력에 위협이 될 것으로부터 방어할 수 있어야 한다.** 마키아벨리 리더가 보는 구성원들의 모습은 탐욕적이고 사기와 기만이 있고 변덕스러운 모습으로 간주하기 때문에 충성심이 변하는 상황을 항상 경계해야 하며 권력을 활용하는데 능숙해야 할 것이며 좀 더 많은 권력을 얻고 유지하기 위해서는 사람들 간의 경쟁을 유발시켜야 한다.
2. **두려움을 주는 데 개의치 말아야 한다.** 마키아벨리 리더십은 거친 행동이 필요한 척박한 상황에 직면하면 호의적 리더와 같이 단순히 안정시키는 접근 방식이 결코 능사는 아니라고 경고하고 있다. 리더가 지나치게 자비롭고 관대하게 되면 조직의 질서는 무너지고 결국 망한 조직이 된다.
3. **기만도 필요하면 사용하라.** 마키아벨리 유형의 리더는 조직의 안전을 지키기 위해서면 비록 기만의 행동이라도 권력을 얻고 활용하게 된다.
4. **행동을 바뀌게 하기 위해 상벌을 적절히 활용하라.** 마키아벨리 리더는 인간의 두려움과 욕망을 적절히 활용하고 이를 통해 전체의 선이 필요로 하는 점을 달성하도록 한다.

제휴 리더는 다른 사람들과 협력에 중점을 두는 반면 마키아벨리 리더는 극도로 정치적이며 개인의 권력 형성과 유지에 주로 중점을 둔다. 마키아벨리 리더는 직무나 보상, 금전이나 물자 지원 등과 같은 자원의 통제를 통해 사람들을 리더에게 종속되게 하며 결국 리더는 권력을 얻게 된다. 또한 권력을 유지하기 위해서라면 어떤 수단을 사용할 수 있으며 강력한 리더가 있어야만 조직이 안정적이 될 수 있다고 생각한다.

지금까지 마키아벨리 유형의 리더십에 대해 설명하였는데 그 이외의 리더들 역

**IN THE LEAD The Evans Family**

수잔 에반스는 최근 결혼했는데 최근 박사 과정 논문을 마무리한 상태이고 4명의 아이가 모두 8살 미만으로 어린애들이었다. 대부분의 엄마들이 그러듯이 아무리 외부 직장생활을 하더라도 가사와 육아는 여성이 책임지는 경우가 많다. 그렇다 보니 집안에 들어오면 모든 일이 전쟁과 같고 악전고투를 하는 경우가 많다. 그런데 그녀는 최근 〈군주론〉 책을 보고난 뒤 애들에게 많은 것을 해줄려고 하면 할수록 애들이 기대하는 바는 높아지고 해줘도 고마워하거나 기뻐하지도 않는다는 점을 알게 되었다. 그래서 그녀는 〈군주론〉에서 일깨워준 바를 육아와 가사에 실천해보기로 했다. 그녀의 실천 양식은 다음과 같다.

- **자애로운 부모가 능사가 아니라는 점:** 부모는 자녀들에게 상냥하고 부드러운 부모가 되어야 한다는 생각 속에 사로잡히는 경우가 많은데, 그래서 애가 떼를 쓰고 울고 그러면 물건을 사는 경우가 많다. 바로 이러한 점에서 벗어나기로 했다. 유통 대형마트인 타겟(Target)를 가게 되면 애들에게 10달러씩을 주고 각자가 이 돈의 범위 내에서 현명하게 필요한 물건을 살 수 있도록 허용하였다.
- **차별하고 경쟁을 붙이는 점:** 에반스의 아들을 좀 더 학업에 충실하게 하게 위해 그녀는 학교성적이 좋은 딸과 아들과 약간 차별적인 대우를 하여 경쟁을 할 수 있게 하였다. 예를 들면 딸이 좋은 성적을 받아오면 좋은 음식점에서 축하 파티를 하는 반면, 아들이 낮은 성적을 받아오면 아무런 대응을 하지 않았다.
- **벌의 사용:** 그녀는 양육에 엄격한 규칙을 정하고 이를 어길 경우 벌을 가하는 형식을 취했다. 애들에게 안전의 문제에 대해 엄격했고, 특히 다운 증후군을 앓고 있는 5세의 딸에게는 더욱 엄격하게 규칙을 적용하고 이를 어겼을 때 벌을 가하곤 했다.
- **마음에 없는 말을 하기도 하기:** 에반스는 많은 집안 일로 인해 피로감이 증폭되었고 휴식이 절대적으로 필요로 했다. 자녀들끼리만 두고 부부가 여행을 가는 일이 현실적으로 가능한 일은 아니지만 자녀들에게 여행을 가야 한다고 말하며 부모로서 절대로 잘못된 일이 아니라는 점을 강조하는 말을 하곤 했다. 결국 마음에 없는 말이라도 하면서 스스로 독립된 사고를 할 수 있도록 강하게 훈육시키는 방법을 사용했다.

이와 같은 마키아벨리적인 리더십을 적용한 결과 애들과 쇼핑센터 일 보는 일이 훨씬 수월해졌고 애들 역시 금전의 가치를 알게 되었다. 그리고 애들 모두 좋은 학년말 성적표를 가져왔고, 다운 증후군을 앓고 있는 애는 안전의 의미도 더욱 강하게 인식할 수 있게 되었다. 그리고 애들을 조부모에게 맡기고 부부가 여행을 다녀와도 애들은 서로 잘 놀고 있어 부모도 나름대로 안락한 삶을 즐길 수 있는 여지가 생겼다.[21]

시 영향력을 미치며 업무달성을 위해 다양한 유형의 권력을 사용한다. 다음 파트에서는 다양한 권력 유형을 제시하고 어떻게 리더들이 영향력 전술을 통해 권력을 활용하는지 살펴보도록 하겠다.

## 권력, 영향력, 리더십

모든 리더들은 다른 사람들에게 영향력을 행사하고 추진 업무 목표를 달성하기 위해 권력을 사용한다. **권력**power은 **다른 사람에게 명령을 실행하도록 영향력을 미치는 잠재 능력,**[22] 또는 이것이 작동하지 않으면 업무달성이 힘들어지는 힘으로 정의된다.[23] 또 권력을 보유하고 있는 사람이 결과나 목적을 달성하기 위한 능력으로 설명되기도 한다.[24]

### 하드 권력과 소프트 권력

일반적으로 권력은 다섯 가지 유형으로 구별되며(도표 12-3), 이들은 하드 권력hard power과 소프트 권력soft power으로 대별된다. 하드 권력은 대부분 개인 직위나 권위로부터 파생되는 권력을 말한다. 이런 권력은 상사가 직원들에 대해 보상이나 벌을 가할 때 발생하며, 명령내리고 복종을 기대하거나 자신이 내린 결정을 직원들이 순종하기를 원할 때 발생하는 권력을 의미한다. 이러한 하드 권력은 합법적 권력, 보상적 권력, 강압적 권력 등을 말하며 대부분 조직의 정책이나 절차에 의해 규정된다. 하지만 직위 권력과 리더십이 동일한 의미는 아니다. 1장에서 다룬 바와 같이 직위 권력과 권위를 갖고 있다고 해서 반드시 리더가 된다고 말할 수는 없기 때문이다.

성공적인 리더는 타인에게 영향력을 미치기 위해 공식적 직위와 같은 하드 권력에만 의존하지 않는다. 오히려 소프트 권력의 역할을 더 강조하게 되는데, 이러한 소프트 권력은 전문적 권력, 준거적 권력 등을 말한다. 이들 권력은 단순히 직위나 권위에 의존하기보다는 개인 특성이나 대인관계에 기초하여 이루어진다. 오늘날에는 이러한 소프트 권력의 영향력이 더욱 높아지며 리더십 성과에 중요한 역할을 한다. 예를 들어 GE의 제프리 이멜트Jeffrey Immelt 회장은 만약 자신이 1년에 7~8회 이상 자신의 직위 권력을 행사했더라면 자신은 절대로 성공할 수 없었을 것이라고 한다. 그는 시간이 남을 때마다 사람들 설득에 많은 시간을 보내고, 갈등 가능성이 있는 아이디어나 의견을 조율하는 데 주력한다.[25]

**도표 12-3 ● 다섯 가지 유형의 리더 권력**

| 하드 권력 | 소프트 권력 |
|---|---|
| **합법적 권력:** 리더의 공식적 지위나 권위에 기초, 명령과 지시에 중점 | **전문적 권력:** 리더의 사회적 지식이나 기량에 기초 리더의 전문성으로 인한 신뢰와 존중 |
| **보상 권력:** 보상 부여와 철회의 권한, 원하는 보상을 받기 위해 순종 | **준거적 권력:** 리더의 개인적 특징 리더와 관점에 유사하기 때문에 복종 |
| **강압적 권력:** 벌을 행사하는 권한, 벌을 피하기 위해 순종하게 됨 | |

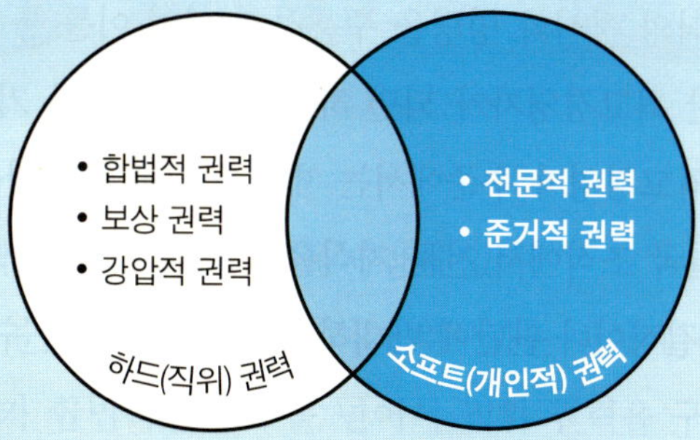




**합법적 권력** **합법적 권력**legitimate power은 조직의 공식 직위를 통해 부여되는 권위나 권력을 의미한다. 예를 들면, 누군가가 감독관으로 임명되면 부하직원들은 이 감독관의 명령과 지시를 수용하고 따라야 한다. 결국 감독관 개인의 문제가 아니라 감독관에게 부여된 합법적 권한을 따르는 것이다. 즉, 공식적 직위를 통해 목표 설정, 의사결정, 지시사항 등의 합법적 권위가 리더에게 주어지며 구성원들은 이를 추종하게 된다.

**보상 권력** 조직에서 리더가 부하직원들을 관리, 통제하기 위해서는 보상이 필요하다. 예를 들면 새로 임명된 리더는 새롭게 직원 승진 혹은 급여 인상 등의 권한이 부여되는데 이를 통해 리더의 권한과 권력이 형성된다. 조직에는 수많은 재원과 자원이 명령 계통을 따라 움직이며, 이러한 흐름을 통제하는 권한 역시 **보상 권력**reward power의 일종으로 볼 수 있다.

**강압적 권력** 보상 권력의 반대 개념은 **강압적 권력**coercive power이라고 할 수 있는데, 이는 보상 권력과 달리 직위를 해제하고, 급여를 동결하거나 줄이는 등 벌을 가할

**발, 사용하는 일련의 모든 활동을 포함**한다.[28] 정치적으로 능숙한 리더들은 다른 사람들의 견해와 욕구, 목표 등을 잘 이해하려고 노력하고, 그 이해를 바탕으로 구성원들에게 자신의 팀이나 조직목적 달성에 필요한 영향력을 구사한다.[29] 예를 들면, 기업체 경영자들은 정부 관계자들에게 많은 연결고리를 가지고 정치적 영향력을 행사하려고 한다. 이들은 결국 조직목표를 달성하기 위해 정치적인 활동을 하고 이를 통해 자신의 조직이 당면한 불확실성을 해소시키려는 노력을 한다.[30]

개인도 조직의 정치적 활동에 노출된다. 아무리 정치에 부정적인 견해를 갖고 있더라도 적절한 정치적 행동의 사용은 조직목표 달성에 공헌하는데 결국 정치는 이해관계자 집단 간 차이를 극복하는 일반적 과정이라고 할 수 있다. 정치적 행동은 긍정적 혹은 부정적인 힘이 될 수 있다. 불확실성과 갈등은 어느 조직에서나 일어날 수 있으며 정치는 공식적인 정책이나 직위 권력으로 다루기 어려운 문제를 해결하는 방법이 될 수 있다.

## 리더의 준거의 틀

업무 추진에 권력과 정치를 적절히 사용하는 것은 리더십의 중요한 일면이다. 리더의 정치적 전술을 구체적으로 설명하기에 앞서 리더의 준거의 틀frame of reference에 대해서 설명하고자 하며 어떻게 정치적으로 접근하는 것이 리더십의 철학과 연결되는지를 알아보고자 한다.

보통 우리는 **틀(혹은 프레임frame)**이라고 표현하는데 이러한 틀은 리더가 바라보는 세상의 모습을 의미하며 리더가 구성원들과 상호작용, 의사결정, 권력행사 등에 영향을 미친다.[31] 리더의 준거의 틀은 크게 네 가지로 구별되는데 구조적 프레임, 인적 프레임, 정치적 프레임, 그리고 상징적 프레임으로 구별된다. 리더는 초기에 제한된 구조적 프레임 관점에 국한되지만 점차 다른 프레임을 개발시켜 나가며 높은 차원의 리더십 개발 단계에 오르게 되면 결국 균형잡힌 마인드세트mindset 형태를 갖출 수 있게 된다.

**구조적 틀** 조직을 기계와 같이 생각하는 프레임을 말한다. 즉 가장 생산성을 높이고 효율성을 극대화하는 도구로 기계를 생각하는 것처럼, 리더의 생각의 틀 속에 조직은 구조적으로 효율성을 높이고 의사결정을 위한 데이터와 분석에 가치를 부여한다. 그래서 리더의 **구조적 틀structural frame**은 명령, 효율성과 안정성을 제공하기 위한

**도표 12-5 ● 네 가지 유형의 준거기준 틀**

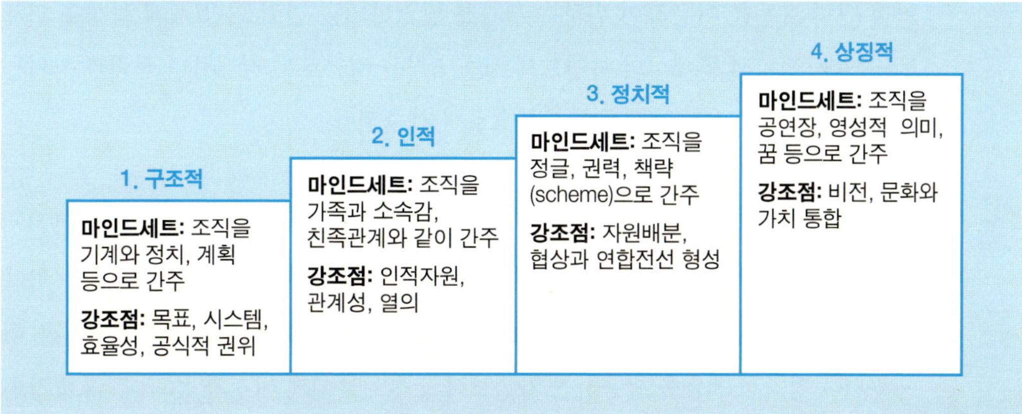


출처: Based on Lee G. Bolman and Terrence E. Deal, *Reframing Organizations* (San Francisco: Jossey-Bass, 1991); and L. G. Bolman and T. E. Deal, "Leadership and Management Effectiveness: A Multi-Frame, Multi-Sector Analysis," *Human Resource Management* 30, no. 4 (Winter 1991), pp. 509–534. Thanks to Roy Williams for suggesting the stair sequence.

방안으로서 기대치 명료화, 계획과 목표설정 등에 중점을 둔다. 따라서 구조적 틀에서 리더는 구성원들에게 영향을 미치기 위해 권한과 권위에 의존하게 되며(직위 권력), 명확한 직무기술서와 규칙 및 절차, 관리 시스템 등을 중요시 한다. 또한 구조적인 틀은 조직을 합리적 시스템rational system으로 간주하고 결과를 위한 방향과 통제의 명료성을 위해 노력한다.

**인적 틀** 인적 틀human resource frame에서는 인력을 조직의 가장 중요한 자원과 가치로 본다. 인적 틀에서는 조직 내 모든 문제와 이슈를 조직 내 인력의 필요성에 맞추고 이 필요성에 따라 문제 해결 방안을 모색한다. 결국 리더는 단순히 영향력을 행사하기 위해 직위 권력을 행사하는 데 의존하지 않고, 사람들 간의 관계성을 중시하고 임파워먼트와 열의engagement를 통해 구성원을 리드하려고 노력한다. 또한 종업원들을 성장시키기 위해 전문적 발전을 위한 기회를 이들에게 부여해준다. 따라서 리더가 인적 틀을 가지게 되면 구성원들을 가족의 관점에서 보게 되고 소속감과 친족감을 강조하는 조직의 이미지를 갖고 싶어 한다.

**정치적 틀** 정치적 틀political frame을 갖게 되면 조직 내의 한정된 자원을 배분하는데 수반된 갈등과 긴장의 현장으로서 조직을 바라보게 된다. 리더들은 사람들과의 네트워킹에 주력하고 결정과 행동에 영향 미치기 위한 연합전선을 구축한다. 이 장의 초반부에 설명한 바와 같이 연합과 제휴의 리더십 관점에서와 같이 직위 권력과 개인적 권력 모두를 이용하여 원하는 결과를 달성하려는 권력 기반 체계 형성을 위해 노력한다. 정치적 틀에서의 마인드세트는 조직을 정글로서 경계하며 권력과 정치는 자연스러운 것이고 조직 생애의 부분으로서 간주된다.

**상징적 틀** 리더가 역량과 잠재력을 최대한 발휘하기 위해서는 상징적 틀을 발전시킬 수 있어야 하는데, **상징적 틀**symbolic frame이란 조직을 가치와 의미가 공유되는 하나의 시스템으로 보고 있는 경우이다. 그래서 조직을 운영하는데 리더로서 권한을 이용하거나 정치적 전술을 활용하는 차원보다 구성원들에게 비전과 문화, 그리고 가치 등을 통해 영향력을 행사하는 점을 보다 강조한다. 상징적 틀에서 조직을 공연장과 같이 간주한다는 점이다. 리더는 영성적 의미감에 주로 관심을 가지며, 조직과 구성원 개개인 모두에게 혜택을 주기 위해 꿈과 정서를 촉진시키는데 주안점을 둔다.

위와 같이 리더가 가질 수 있는 준거기준의 틀은 네 가지로 구별할 수 있으며, 각각의 틀은 리더십 효과성을 제고하기 위한 가능성을 제공하지만 각각의 틀만으로는 이를 달성하기 충분하지 않다. 많은 신임 리더들은 정치적 틀을 충분히 형성하기 어려우며, 초기에는 자신의 본연적인 틀을 이해하고 그 한계점 등을 인지할 수 있어야 한다. 그러고 난 후 자신의 완전한 리더십 잠재성을 성취하기 위해 다중의 틀을 통합시키는 학습이 이루어져 한다.

## 리더 영향력 제고를 위한 정치적 전술

다른 사람들로 하여금 의사결정 내용을 실행하거나, 변화 추진과 목표 달성에 영향을 주는 데 리더의 권력이 적용되지 못한다면 이러한 권력은 의미가 없을 것이다. 리더가 구성원들 행동에 영향을 미치는 데 필요한 다양한 전략이 있을 수 있지만, 권력을 사용하는 모든 시도가 실제 영향력을 미치는 것은 아니다. 리더가 권력을 사용해도 자기위주 편향self-serving으로 보인다면 이들의 권력 행사는 부하직원들에게 수용되지 않을 것이다. 결국 리더들이 권력을 사용하는 데 최상의 기준은 다른 사람에게 얼마나 영향을 미치고 있는가에 있다.

리더들은 영향력에 관한 전략을 혼합하여 사용하곤 하는데, 다양한 방식의 정치적 전술을 구사하는 사람들이 상당한 권력과 영향력을 갖고 있는 것으로 인식된다. 조사를 통해 리더들이 구사하는 영향력 전술들을 분석한 결과, 4,000개 이상의 상이

한 기법들이 있는 것으로 밝혀졌다. 하지만 성공적인 영향력 전술은 〈도표 12-6〉 내용과 같이 여섯 가지로 서술할 수 있다. 이러한 원칙들은 모두 직위 권력, 보상, 벌과 같은 하드 권력보다는 개인적 소프트 권력에 근거를 두고 있다.

1. **합리적으로 설득하라**use rational persuasion: 과업 달성과 목표 수행에 최선의 방안이 되는 아이디어 등에 대해 사실과 데이터를 바탕으로 합리적 설득을 하는 경우이다. 보통 이러한 방법은 리더가 기술 관련 전문 지식이나 전문성(전문적 권력)을 갖고 있을 때 효과적이다. 대부분의 사람들은 사실과 분석 내용에 강한 신뢰를 가지기 때문에[32] 합리적 설득을 구사하는 리더의 주장을 신뢰하게 된다.
2. **상대방의 호감을 불러일으키라**help people to like you: 누군가가 자신에게 부정적인 반응을 보이는 것보다 긍정적 반응을 보이는 경우 더 호감을 가진다.[33] 영향력 구사와 관련된 책에서 설명된 내용으로 사우디아라비아에 있던 미국인 사업가는 사우디아라비아 관료들에게 호감을 사기 위해 그 사람의 사무실에 들러 간단히 차를 마시고 개인적 대화를 하는 등 극히 개인적인 관계를 유지하면 수월하게 비즈니스 관계를 해결할 수 있다는 점을 알게 되었다.[34] 유사하게 리더들도 부하직원들에게 호감과 신뢰를 보이고 존중을 바탕으로 개인적 관계를 맺으면 직원들도 그 리더에게 호감을 가지고 리더의 추진 업무에 적극적 후원을 하려 하고 노력을 기울일 것이다. 대부분의 사람들은 자신을 긍정적으로 생각하는 리더를 좋아하기 때문에 리더들은 부하직원들에 대한 칭찬의 효과를 무시하지 않아야 한다.

**도표 12-6 ● 리더의 성공적인 여섯 가지 영향력 전술**

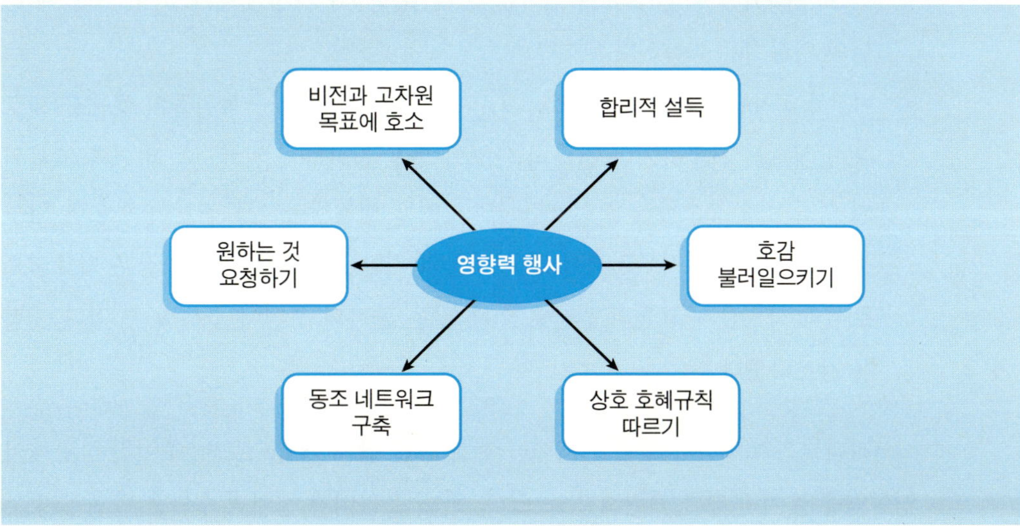

3. **상호호혜 규칙에 따르라**rely on the reciprocity: 권력을 영향력으로 전환시키는 주된 방법은 시간, 자원, 서비스, 정서적 후원 등 자신이 갖고 있는 것을 공유하는 것이다. 여러 연구에서 나타난 바와 같이, 사람들은 누군가가 자신을 호의적으로 대하면 이에 걸맞게 대응해야 한다는 상호호혜 차원의 의무감을 가진다고 한다.[35] 따라서 리더들은 먼저 행동으로 보여줌으로써 다른 사람으로부터 자신이 원하는 협조적 행동 등을 얻어낼 수 있다.[36] 서로 가치가 있다고 생각하는 것을 맞바꾸는 교환의 개념을 잘 이용하면 다른 사람에게 영향력을 구사하는 방법이 될 수 있다. 예를 들면, 리더가 합리적 설득을 하게 되면 상대방은 그 계획에 대해 긍정적으로 판단함으로써 혜택이 있다고 생각하기 때문에 잘 통하게 된다.[37]
4. **동조 네트워크를 구축하라**develop allies: 리더는 추진하고자 하는 목표와 목적에 호혜적으로 지원하는 동조자 네트워크를 개발해야 한다. 즉 리더는 부하직원들이나 외부 경영자들이 추구하는 방향과 관심사, 문제점 등에 대해 관심을 기울임으로써, 또한 자신의 관점을 표명하거나 문제점을 설명함으로써 다른 사람에게 영향을 미칠 수 있다.[38] 구체적으로 리더로서 추구하고자 하는 목표 달성 과정에 중요한 역할을 할 사람과 공감대를 형성할 수 있다면 효과적으로 목표를 달성할 수 있다. 뿐만 아니라 네트워크를 구축하는 정치적 기량이 있는 리더는 부하직원들에게 리더의 능력과 성과, 일선부서의 객관적 실제 성과를 자각하게 한다.[39]
5. **원하는 것을 요청하라**ask for what you want: 사람들에게 영향력을 미치기 위한 자신만의 방법을 활용하기 위해서는 자신이 원하는 것을 명백하게 요청해야 한다. 그 이유는 오직 리더의 비전, 목적, 추구하는 변화가 가시적으로 나타날 수 있을 때만 효과적이기 때문이다. 추진하는 일의 의미성과 가치를 강조할 수 있을 때 리더의 영향력은 높아진다.
6. **비전과 고차원 목표에 호소하기**appeal to a vision or higher purpose. 구성원들의 행동을 새로운 방식으로 전환하거나 전략적 사고의 틀을 전환하기 위해서는 비전과 고차원의 목표점에 호소하는 것이 필요하다. 어느 병원장은 의료진들이 과중한 업무 등으로 지쳐있고 직무명세서 업무 이상의 역할을 수행할 때 병원장은 의료인으로서의 사명감과 그들의 인술로 인해 많은 환자의 생명이 구해질 수 있다는 점을 강조하였다.

리더들은 이러한 영향력 원칙이나 전술 등을 잘 이해함으로써, 주어진 상황에서 영향력을 높여 문제를 해결해갈 수 있다. 반대로 리더가 정치적 수완을 발휘하지 못

**IN THE LEAD Paul Wolfowitz, World Bank**

이전 정권에서 국방부차관을 지낸 폴 월포위츠(Paul Wolfowitz)는 부시행정부에서 국방부장관과 안보수석 후보에서 탈락한 이후 세계은행(World Bank)의 신임 총재로 임명될 수 있었다. 하지만 총재로 부임한지 얼마 되지 않아 그는 우호세력 관계를 형성하지 못해 불운하게 자리를 물러난 불명예를 안게 되었다. 월포위츠가 세계은행에 부임하기 이전 총재들은 대부분 상당 기간 그 자리를 유지했었고, 그들은 유관 인사들의 관심사를 부각시키는 데 노력을 기울여왔다. 하지만 월포위츠는 다른 사람들의 관심사는 아랑곳하지 않고 자신의 아이디어와 목적과 자신의 권위만을 강조하였다. 그는 이사회나 경영진의 생각은 반영하지 않고 중요 사안에 대해 독단적 견해를 피력하였고 다른 대안들은 수렴하지 않았다. 이해 관계자들을 설득하기보다는 자신의 지위 권한을 이용하여 자신의 생각을 강하게 밀어붙였으며, 이 때문에 고위직 관리자들이 사임하는 상황이 발생하기도 했다. 결국 이로 인해 이사회는 신임총재의 사직을 요청하게 되었다. 총재의 동료 중 한 사람은 "총재가 자신의 직위를 잘못 판단하였는데, 총재직은 강한 권력을 갖는 자리가 아니며 총재직을 성공적으로 수행하기 위해서는 은행의 기반을 유지하는 세력들과 제휴 관계를 구축할 때만이 가능하다"고 언급하였다. 하지만 신임총재는 이러한 제휴를 배제했던 것이다.[40]

하고 그 효과를 이해하지 못한다면 실패할 가능성이 크다. [IN THE LEAD]는 영향력 행사와 관련된 네트워크를 형성하지 않고 권력을 행사한 사례이다. 월포위츠Wolfowitz 총재는 자신만의 방안을 고집하기보다는 정치적 접근을 시도했어야 한다는 점을 너무 늦게 인식한 셈이다. 아무리 리더의 권력이 대단하다고 하더라도 영향력을 행사하기 위해 무조건 권력을 사용하기보다는 정치적 접근을 시도하는 것이 더욱 효과적이라는 사실을 간과한 것이다.

## 권력과 윤리

리더십을 해리 트루먼Harry Truman은 "사람들이 원하지 않고 좋아하지 않을 때 이를 하도록 만드는 능력"이라고 말한 바 있다.[41] 이 표현을 통해 리더십이란 중요한 조직목적 달성을 위해 영향력과 권력을 행사하는 기회 요인으로 이해될 수도 있지만 반면에 리더십이 권력 남용의 소지가 있음을 보여주고 있다.

권력의 사용과 관련하여 첫 번째로 고려할 점은 개인화된personalized 리더와 사회화된socialized 리더 사이에는 분명한 차이가 있다는 사실이다.[42] 이 차이는 주로 리더가 권력을 사용하는 접근법에 있다.[43] 개인화된 리더는 보통 이기적이고, 충동적이고, 자기중심적 필요에 의해 권력을 행사하는 편이고 조직 전체의 선을 목표로 하지 않는다. 반면에 사회화된 리더는 조직과 구성원 모두에게 혜택을 가져오는 고차원 목적 달성을 위해 권력을 행사하려고 한다. 또한 개인화된 리더는 자기를 부각시키고 공평하지 않고 자신이 얻으려 하는 반면, 사회화된 리더는 권한을 위임하고, 평등을 강조하고, 타인을 후원하는 특징을 보인다. 결국 개인화된 리더를 자기중심적으로 본다면 사회화된 리더는 타인의 가치에 중심을 두고 있다.

최근 권력의 비윤리적 사용과 관련하여 성희롱sexual harassment에 대한 논란이 높다. 사실 조직에서 리더가 정보 및 다양한 자원을 보유하고 있기 때문에 리더의 영향력은 높다. 그리고 리더와 권력의 차이로 인해 경우에 따라 성적 수치심을 자극하는 언사를 종업원들은 감내해야 하는 경우도 발생한다. 하지만 이러한 성희롱에 대한 법률적 규제가 강화되고 있어 조직은 성희롱을 예방하는 절차와 정책 등을 마련해야 하며, 성희롱과 관련된 불만 등을 거론할 수 있는 체계를 만들어야 한다. 왜냐하면 성희롱은 단순히 비윤리적 문제를 넘어선 불법의 문제이며 명백한 권력 남용이 되기 때문이다.

하지만 조직의 복잡한 상황에서 윤리적 상황과 비윤리적 상황을 구별하는 명확한 잣대를 제시하기는 어렵다. 〈도표 12-7〉은 윤리 행동을 구별할 수 있는 지침을 설명하고 있는데, 가장 중요한 첫째 지침은 특정 행동이 자기 관심사에 의해 유발된 것인지 아니면 조직목적과 관련 있는지에 대한 질문이다. 어떤 인터넷 회사는 조직목적과 관련 없는 개인적 목적으로 정치적 행동을 하면서 다른 사람을 희롱하는 등의 피해를 주는 경우에 파면시키도록 제도화하고 있다.[44] 〈도표 12-7〉의 첫 번째 질문을 통과하고 나면 다음 질문으로 넘어가 윤리적 행동에 대한 판단을 하게 된다. 리더가 〈도표 12-7〉에 제시되고 있는 질문 등에 대해 솔직하게 답해보고 문제가 없다고 판단되면 자신의 행동이 비윤리적이지 않다고 볼 수 있다.

복잡한 조직 환경에서 판단이 어려운 상황은 항상 있기 마련이다. 리더가 중요하게 고려하는 사항은 윤리적 책임을 수행하는데 권력을 행사할 수 있어야 한다는 점이다. 이를 명확하게 인식하고 자신이 행사할 수 있는 권력을 다른 사람들에게 도

**도표 12-7 ● 윤리적 행동의 지침**

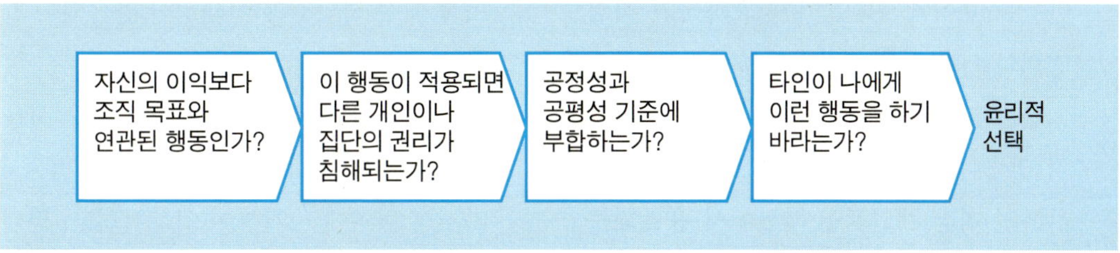


출처: Based on G. F. Cavanaugh, D. J. Mobert, and M. Valasques, "The Ethics of Organizational Politics," *Academy of Management Journal*, (June 1981), pp. 363–374; and Stephen P. Robbins, Organizational Behavior, 8th ed. (Upper Saddle River, NJ: Prentice Hall, 1998), p. 422.

움을 주는 데 사용할 수 있도록 주의해야 한다. 항상 자신의 관점이 아닌 전체 조직의 목표와 혜택을 이룰 수 있는 장기적인 생산적 관계 설정을 리더는 항상 생각하고 있어야 한다.

## 학습 핵심

- 12장에서는 다른 사람들에게 영향을 미치고 업무 달성에 관련된 정치적 프로세스와 권력을 리더가 어떻게 활용해야 하는지를 다루고 있다. 리더의 개인적 특징과 관계에 강력하게 의존하는 세 가지 유형의 영향력 리더십은 변혁적, 카리스마, 제휴 리더십이다. 카리스마 리더는 사람들에게 정서적으로 영향을 미치고, 변화 분위기를 창출하면서 미래의 이상적 비전을 구체화하고, 믿음과 희망을 불러일으켜 구성원들에게 영향을 미치기 위해 자신에게 제기되는 리스크를 감내한다. 변혁적 리더 역시 변화 분위기를 창출하고, 구성원들에게 리더 개인과 리더의 비전을 따를 수 있도록 영감을 준다. 이들 리더는 공동선을 위하여 자기 이익을 초월하여 구성원들에게 영향을 미치게 된다. 제휴 리더십은 리더의 결정과 추진 목표를 달성하기 위해 사람들로 하여금 실행에 영향을 미칠 수 있는 사람들을 연합하고 제휴 관계를 구축하게 하는 리더십이다. 따라서 광범위한 영향력을 미치기 위해 리더들은 다른 사람들과의 관계를 개발하고, 다른 사람의 욕구와 목적을 파악하고 협력을 촉진시킬 수 있어야 한다.
- 모든 리더들은 목적을 달성하고 사람들에게 영향을 미치기 위해 권력과 정치력을 구사하게 되는데, 권력은 추구하고자 하는 목적을 달성하기 위해 다른 사람들에게 영향을 미치는 능력을 의미한다. 가장 잘 알려진 권력으로 합법적, 보상, 전문적, 준거적, 강압적 권력을 들 수 있으며, 이들은 리더의 직위와 개인적 능력과 관계가 깊다. 또한 리더의 권력이 행사되면 이에 대해

구성원들은 순종, 저항, 몰입의 차별화된 반응을 보이게 된다. 가장 효과적인 직위 권력의 사용은 구성원들의 순종을 가져오지만, 극단적인 직위 권력의 사용, 즉 강압적 권력은 저항을 초래하기도 한다. 그런가하면 리더 개인적인 차원에서 유발되는 권력에 대해서 구성원들은 몰입의 반응을 보인다.

- 권력은 정치적 활동을 통해 획득되고 개발되고 행사된다. 조직에서 정치적인 관점을 어떻게 적용하는가는 리더에게 목표를 달성하는 데 있어 중요한 문제이다. 정치적인 관점은 리더의 준거의 틀과 연결되어 그 효과를 발휘하게 된다. 준거의 틀은 리더가 구성원과 상호작용하고 의사결정하고 권력을 어떻게 행사하는지에 영향을 미친다. 보통 네 가지 유형의 준거의 틀을 제시할 수 있는데, 이는 구조적, 인적, 정치적, 상징적 틀이 그것이다. 우선 리더는 구조적인 틀에서 시작하고 이후 다른 준거의 틀을 발전시켜 나가게 되며 이 과정을 거쳐 리더십 책임성과 이해성이 완숙되어 간다.
- 리더는 다양한 유형의 영향력 전술을 사용하지만 보통 이러한 영향력 전술 방법은 6가지의 원칙에 근거하여 이루어진다. 리더의 영향력을 행사하는데 관련 있는 6가지 방법은 고차원의 비전과 목표에 호소하기, 합리적 설득, 호감 불러오기, 상호 호혜규칙 따르기, 동조 네트워크 구축하기, 원하는 것 요청하기 등을 통해 가능하다. 그런데 리더가 중요하게 고려해야 할 점은 이러한 리더의 권력을 어떻게 윤리적이고 합리적으로 사용하는가이다. 윤리적 리더는 자신의 권력을 조직의 목표 달성에 도움이 되도록 하는데 활용하며 또한 구성원 개개인이나 집단의 권리를 존중하고 다른 사람과의 관계에 공정성을 유지시키는 데 활용한다.

## 토론 주제

1. 19세기 후반부 영국의 역사가인 액튼 경(Lord Acton)은 "권력은 부패하기 쉽다. 절대적 권력은 절대적으로 부패한다"고 언급한 바 있다. 이 표현은 권력이 많을수록 사람들의 도덕심이 줄어든다는 점을 의미하는데, 이 표현에 대해 동의하는가? 이 생각과 관련하여 리더들이 권력을 증대시켜나가는 것이 윤리적인지 토론하라.
2. 개인적으로 마키아벨리 리더십을 사용하는 것에 대해 어떻게 생각하는가? 마키아벨리 리더십의 긍정적인 면과 부정적인 면의 어떤 점을 강조하고 있는가?
3. 변혁적 리더와 거래적 리더의 중요한 차이는 무엇인가? 변혁적 리더와 카리스마 리더의 유사점과 차이점은 무엇이라고 생각하는가?
4. 자신이 시티그룹(Citigroup)과 같은 대형 금융회사 CEO 교체를 담당하는 위원회의 위원이라고 가정하자. 새로운 최고경영자를 선출하는데 카리스마, 변혁적, 제휴 리더십을 갖추고 있는 사람들 가운데 어떤 사람이 가장 적절하다고 생각하는가? 소규모 사립대학의 총장을 선출하는 경우에는 어떠한가?

5. 최근 어느 경영 잡지에서 대학을 갓 졸업한 신입사원들이 정치적 게임을 즐기지 않는다고 언급한 바 있다. 이는 무엇을 의미하며, 만약 업무를 수행할 때, 정치력이 중요하다면 이들 신입사원들은 리더로서 성공할 가능성이 없다는 뜻인가?
6. 신속하게 중요한 의사결정을 해야 할 때 주로 의존하는 권력 유형은 무엇인가? 장기적인 권력 유지에서 가장 가치있는 것은 어떤 유형의 권력이라고 생각하는가?
7. 정보를 통제하는 것이 어떻게 사람들에게 권력을 가져오는가? 다른 학생들이나 동료들에게 의사결정의 영향을 미치기 위해 정보를 통제한 경험이 있는가?
8. 자신의 개인적 권력을 증대시키는 방법에 대해 설명해보라.
9. 스터디 그룹의 리더로서 가장 편안한 일곱 가지 영향력 전술은 무엇인가? 업무팀의 리더라면 어떠할 것인가?
10. 여성 리더들은 관계 지향적으로 권력을 구사하고 협력을 선호한다는 점에서 남성 리더들과 차이가 있다는 견해가 제기된 바 있다. 이런 경우 목적 달성을 위한 여성 리더의 능력은 무엇이라 생각하는가? 조직 고위층으로 승진하기 위한 여성 능력은 어떠한 것들이 있는지 토론해보라.

## 분석사례: 웨이트 제약회사

아멜리아 라시터(Amelia Lassiter)는 캘리포니아 소재 대형 제약회사 웨이트(Waite)사의 정보본부장이다. 그런데 제약회사들이 신약을 개발하고 이를 시장에 제품으로 출시하기까지는 보통 10년에서 12년이 걸리고 비용은 5억 달러 정도 소요된다. 따라서 모든 제약회사들은 가능하면 이 시간을 줄이고 경비를 절감할 수 있는 생산성 제고 노력을 기울이게 된다. 이런 가운데 라시터 본부장은 부임 후 6개월 동안 면밀히 검토한 결과 회사가 새로운 지식 공유 시스템을 활용하면 거의 절반 정도의 비용과 시간으로 신약을 만드는 생산성 제고 효과가 있다는 확신을 가지고 회사의 CEO인 제임스 수(James Hsu)에게 보고하였다. 이 효과성에 대해서 제약업계의 주도적 역할을 하고 있는 노바티스(Novartis)의 정보담당 책임자에게도 자문하였는데, 이 책임자 역시 이 시스템이 기업의 경쟁력 제고에 큰 기능을 할 것으로 평가하였다.

CEO인 수는 이러한 상황을 이사회 의장에게 설명하고 모든 이사진이 찬성한 가운데 라시터와 정보팀으로 하여금 적극적으로 글로벌 지식 공유 시스템을 개발하도록 하고 적극적 지원을 약속했다. 그런 가운데 CEO는 라시터에게 이사회 의장에게 보고할 구체적인 문건을 준비하라고 요청했고, 라시터는 관련 시스템을 구축하는 능력을 지닌 3개 대형 회사를 면밀히 검토한 결과를 바탕으로 보고서를 작성하여 CEO 사무실에 올라갔다. 사무실에 올라가니 먼저 CEO의 비서인 루시 리(Lucy Lee)가 그녀를 반기었다. 비서인 리는 아담한 체구에 미모를 갖춘 인물로 그 동안 회사 내에서는 왜 그녀가 CEO 비서 자리에 있는지 구설수에 오르기도 했었다. 리는 사장에게는 매우 공손하고 순종형이지만 다른 관리자들에게는 매우 잘난 척하며 관리자들을 짜증나게 하는 것으로 알려져 있다. 하지만 CEO를 연결할 수 있는 유일한 경로이기 때문에 모든 관리자들은 리를 통할 수밖에 없었고, 항상 그녀의 비위를 건드리지 않도록 노력했다. 라시터 본부장의 보고서를 받고서 리는 사장이 2일 내로 볼 수 있도록 하겠다고 약속하였다.

다음날 오후 사장은 본부장에게 전화하여 왜 스탠다드 시스템즈(Standard Systems)사를 대상 기업으로 검토하지 않았느냐고 질책하듯 질문을 하였다. 본부장은 이 질문을 받고는 스탠다드 시스템즈사는 소규모 회사로 시스템 구축 기능을 충분히 갖추지 못했고 지금 자신들이 검토하는 지식 공유 시스템 구축과는 관련 없는 회사로 알고 있었기 때문에 당황할 수밖에 없었다. 그런데 그 사연을 알아보니 스탠다드 시스템즈사는 지식 공유 시스템 개발과는 관련이 없지만, 다만 이 회사를 리의 삼촌이 소유하고 있으며 그래서 모든 일이 이렇게 엉키게 되었다는 사실을 알게 되었다. 이 사실을 알고 난 본부장은 개인적으로 CEO를 만나 왜 이 회사를 고려하게 되었는지를 알고 싶어 했으나, 사장은 항상 면담 약속을 비서인 리를 통해서만 하도록 하였다. 그리고 사장은 이사회의 미팅에서 스탠다드 시스템즈사가 회사의 지식 공유 시스템 개발 대상 업체 중 하나로 포함되어 있음을 설명하였다.

2주 후 후보업체들의 대표자들이 CEO인 수와 경영진과의 미딩을 통해 자기 회사의 능력과 프로젝트 내용에 대한 프리젠테이션을 하였다. 본부장은 이 프리젠테이션 미팅에 이사회 임원들이 참석하기를 요청했으나 CEO는 그들이 바쁘다는 이유로 임원들 배석 없이 진행하기를 지시했으며 다만 본부장에게 후보업체들을 평가하여 이사진에게 추천 보고서를 제출하라고 하였다. 미팅이 끝난 후 본부장은 각 후보업체들의 역량 및 장단점을 면밀히 평가한 보고서를 작성하였는데, 여기에서 스탠다드 시스템즈사는 아예 능력이 없고 후보업체들 가운데 최악이라는 평가를 내렸다.

본부장은 작성한 평가보고서를 이사회에 제출하려고 하였으나 CEO에 의해 보고서 내용이 부적절하다는 지적을 받았고, CEO가 판단하기에는 스탠다드 시스템즈사가 가장 유망하다는 이야기를 듣게 되었다. 그리고 다음 주 이사회가 열렸을 때 스탠다드 시스템즈사를 개발업체로 낙점했다는 말을 듣고 망연자실할 수밖에 없었다.

### 질문

1. 이사회가 스탠다드 시스템즈사를 지식 공유 시스템 개발업체로 선정한 점을 어떻게 설명할 수 있는가?
2. 이 사례에 등장하는 주요 인물 3인에 대해, 이들이 적용하는 권력의 유형과 원천 그리고 권력의 정도에 대해 설명해보라.
3. 자신이 사례에 등장하는 본부장이라면 어떻게 행동하겠는가?

출처: Based on "Restview Hospital," in Gary Yukl, *Leadership*, 4th ed. (Upper Saddle River, NJ: Prentice Hall, 1998), pp. 203–204; "Did Somebody Say Infrastructure?" in Polly Schneider, "Another Trip to Hell," *CIO* (February 15, 2000), pp. 71–78; and Joe Kay, "Digital Diary," Part I, http://www.forbes.com/asap/2000 (accessed November 19, 2000).

## 미주

1. Jennifer Reingold, "The Unsinkable Mellody Hobson," *Fortune* (October 27, 2008), pp. 148–157.

2. The terms *transactional* and *transformational leadership* are from James MacGregor Burns, *Leadership* (New York: Harper & Row, 1978); and Bernard M. Bass, "Leadership: Good, Better, Best," *Organizational Dynamics* 13 (Winter 1985), pp. 26–40.

3. This discussion is based on Bernard M. Bass, "Theory of Transformational Leadership Redux," *Leadership Quarterly* 6, no. 4 (1995), pp. 463–478; Noel M. Tichy and Mary Anne Devanna, *The Transformational Leader* (New York: John Wiley & Sons, 1986); Lloyd Moman Basham, "Transformational and Transactional Leaders in Higher Education," *SAM Advanced Management Journal* (Spring 2012), pp. 15–23; and Badrinarayan Shankar Pawar and Kenneth K. Eastman, "The Nature and Implications of Contextual Influences on Transformational Leadership: A Conceptual Examination," *Academy of Management Review* 22, no. 1 (1997), pp. 80–109.

4. See Taly Dvir, Dov Eden, Bruce J. Avolio, and Boas Shamir, "Impact of Transformational Leadership on Follower Development and Performance: A Field Experiment," *Academy of Management Journal* 45, no. 4 (2002), pp. 735–744; Ronald F. Piccola and Jason A. Colquitt, "Transformational Leadership and Job Behaviors: The Mediating Role of Core Job Characteristics," *Academy of Management Journal* 49, no. 2 (2006), pp. 327–340; and Jens Rowold and Kathrin Heinitz, "Transformational and Charismatic Leadership: Assessing the Convergent, Divergent, and Criterion Validity of the MLQ and CKS," *Leadership Quarterly* 18 (2007), pp. 121–133.

5. Based on Bass, "Theory of Transformational Leadership Redux"; Bernard M. Bass, "From Transactional to Transformational Leadership: Learning to Share the Vision," *Organizational Dynamics* 18, no. 3 (Winter 1990), pp. 19–31; Francis J. Yammarino, William D. Spangler, and Bernard M. Bass, "Transformational Leadership and Performance: A Longitudinal Investigation," *Leadership Quarterly* 4, no. 1 (Spring 1993), pp. 81–102; and B. M. Bass, "Current Developments in Transformational Leadership," *The Psychologist-Manager Journal* 3, no. 1 (1999), pp. 5–21.

6. Noel M. Tichy and Mary Anne Devanna, *The Transformational Leader* (New York: John Wiley & Sons, 1986), pp. 265–266.

7. Manfred F. R. Kets De Vries, "Charisma in Action: The Transformational Abilities of Virgin's Richard Branson and ABB's Percy Barnevik," *Organizational Dynamics* (Winter 1998), pp. 7–21; and Basham, "Transformational and Transactional Leaders in Higher Education."

8. Katherine J. Klein and Robert J. House, "On Fire: Charismatic Leadership and Levels of Analysis," *Leadership Quarterly* 6, no. 2 (1995), pp. 183–198.

9. Rakesh Khurana, "The Curse of the Superstar CEO," *Harvard Business Review* (September 2002), pp. 60–66.

10. Carmine Gallo, "7 Tips from Charismatic Leaders," *AskMen.com*, http://www.askmen.com/money/successful_100/142b_success.html (accessed May 17, 2013).

11. Steve Moore, "Not Bad for a Hippie Dropout," *Management Today* (March 2009), p. 27; Connie Guglielmo, "What Makes Steve Jobs Run?" *National Post* (May 17, 2008), p. FW-8; and "Editorial: Apple—and U.S.—Need Steve Jobs," *McClatchy-Tribune Business News* (January 18, 2009).

12. Jay A. Conger, Rabindra N. Kanungo, and associates, *Charismatic Leadership: The Elusive Factor in Organizational Effectiveness* (San Francisco: Jossey-Bass, 1988); Robert J. House and Jane M. Howell, "Personality and Charismatic Leadership," *Leadership Quarterly* 3, no. 2 (1992), pp. 81–108; Klein and House, "On Fire: Charismatic Leadership and Levels of Analysis"; Harold B. Jones, "Magic, Meaning, and Leadership: Weber's Model and the Empirical Literature," *Human Relations* 54, no. 6 (June 2001), pp. 753–771; and Boas Shamir, Michael B. Arthur, and Robert J. House, "The Rhetoric of Charismatic Leadership: A Theoretical Extension, A Case Study, and Implications for Future Research," *Leadership Quarterly* 5, no. 1 (1994), pp. 25–42.

13. The following discussion is based primarily on Conger et al., *Charismatic Leadership.*

14. This discussion is based on Stephen Friedman and James K. Sebenius, "Organizational Transformation: The Quiet Role of Coalitional Leadership," *Ivey Business Journal* (January–February 2009), p. 1; Gerald R. Ferris, Darren C. Treadway, Pamela L. Perrewé, Robyn L. Brouer, Ceasar Douglas, and Sean Lux, "Political Skill in Organizations," *Journal of Management* (June 2007), pp. 290–320; Vadim Liberman, "Mario Moussa Wants You to Win Your Next Argument," Questioning Authority column, *Conference Board Review* (November–December 2007), pp. 25–26; Samuel B. Bacharach, "Politically Proactive," *Fast Company* (May 2005), p. 93; and Lauren Keller Johnson, "Debriefing Jay Conger: Exerting Influence without Authority," *Harvard Management Update* (December 2003), pp. 3–4.

15. Friedman and Sebenius, "Organizational Transformation: The Quiet Role of Coalitional Leadership."

16. Meridith Levinson, "The Art of the Schmooze," *CIO* (April 15, 2002), pp. 99–104.

17. Cari Tuna, "Repairing an Agency's Credibility," *The Wall Street Journal* (March 23, 2009), p. B6.

18. These data are adapted from materials supplied by ExperiencePoint Inc. in conjunction with the Global Tech simulation, 2007.

19. Friedman and Sebenius, "Organizational Transformation."

20. These are based on Gillis, "Machiavelli for Modern Times"; Hill, "Machiavellian-Style Leadership"; Ozan Örmeci, "Machiavelli's Ideal Leadership," *Caspian Weekly* (February 18, 2011), http://en.caspianweekly.org/main-subjects/turkish-foreign-policy/3731-machiavellis-ideal-leadership-.html (accessed May 20, 2013); and Suzanne Evans, "How Machiavelli Saved My Family," *The Wall Street Journal* (April 6, 2013), p. C1.

21. Evans, "How Machiavelli Saved My Family."

22. Robert A. Dahl, "The Concept of Power," *Behavioral Science* 2 (1957), pp. 201–215.

23. W. Graham Astley and Paramijit S. Pachdeva, "Structural Sources of Intraorganizational Power: A Theoretical Synthesis," *Academy of Management Review* 9 (1984), pp. 104–113; and

Abraham Kaplan, "Power in Perspective," in Robert L. Kahn and Elise Boulding, eds., *Power and Conflict in Organizations* (London: Tavistock, 1964), pp. 11–32.

24. Gerald R. Salancik and Jeffrey Pfeffer, "The Bases and Use of Power in Organizational Decision Making: The Case of the University," *Administrative Science Quarterly* 19 (1974), pp. 453–473.

25. Reported in Liberman, "Mario Moussa Wants You to Win Your Next Argument."

26. Jeffrey Pfeffer, *Power in Organizations* (Marshfield, MA: Pitman Publishing, 1981).

27. The following discussion is based on Gary A. Yukl and T. Taber, "The Effective Use of Managerial Power," *Personnel* (March–April 1983), pp. 37–44.

28. Pfeffer, *Power in Organizations*, p. 70.

29. Gerald R. Ferris, Darren C. Treadway, Robert W. Kolodinsky, Wayne A. Hochwarter, Charles J. Kacmar, Ceasar Douglas, and Dwight D. Frink, "Development and Validation of the Political Skill Inventory," *Journal of Management* 31, no. 1 (February 2005), pp. 126–152.

30. Jeffrey Pfeffer, *Managing with Power: Politics and Influence in Organizations* (Boston, MA: Harvard Business School Press, 1992); Amos Drory and Tsilia Romm, "The Definition of Organizational Politics: A Review," *Human Relations* 43 (1990), pp. 1133–1154; Donald J. Vredenburgh and John G. Maurer, "A Process Framework of Organizational Politics," *Human Relations* 37 (1984), pp. 47–66; and Lafe Low, "It's Politics, as Usual," *CIO* (April 1, 2004), pp. 87–90.

31. This section is based on Lee G. Bolman and Terrence E. Deal, *Reframing Organizations: Artistry, Choice, and Leadership* (San Francisco: Jossey-Bass, 1991); and L. G. Bolman and T. E. Deal, "Leadership and Management Effectiveness: A Multi-Frame, Multi-Sector Analysis," *Human Resource Management* 30, no. 4 (Winter 1991), pp. 509–534.

32. Kipnis et al., "Patterns of Managerial Influence"; Manning, "The Art of Successful Influence: Matching Influence Strategies and Styles to the Context"; and Pfeffer, *Managing with Power*, Chapter 13.

33. This discussion is based partly on Robert B. Cialdini, "Harnessing the Science of Persuasion," *Harvard Business Review* (October 2001), pp. 72–79; and Edward T. Reilly, "Influential Leaders: They Follow Five Proven Steps," *Leadership Excellence* (January 2013), p. 10.

34. Judith Tingley, *The Power of Indirect Influence* (New York: AMACOM, 2001), as reported by Martha Craumer, "When the Direct Approach Backfires, Try Indirect Influence," *Harvard Management Communication Letter* (June 2001), pp. 3–4.

35. Robert B. Cialdini, *Influence: Science and Practice*, 4th ed. (Boston, MA: Allyn & Bacon, 2001); Cialdini, "Harnessing the Science of Persuasion"; Allan R. Cohen and David L. Bradford, "The Influence Model: Using Reciprocity and Exchange to Get What You Need," *Journal of Organizational Excellence* (Winter 2005), pp. 57–80; and Jared Sandberg, "People Can't Resist Doing a Big Favor—Or Asking for One" (Cubicle Culture column), *The Wall Street Journal* (December 18, 2007), p. B1.

36. Cialdini, "Harnessing the Science of Persuasion."

37. Cohen and Bradford, "The Influence Model."

38. Pfeffer, *Power in Organizations*, p. 70.

39. V. Dallas Merrell, *Huddling: The Informal Way to Management Success* (New York: AMACON, 1979).

40. Steven R. Weisman, "How Battles at Bank Ended 'Second Chance' at a Career," *The New York Times* (May 18, 2007), p. A14.

41. Quoted in Allan R. Cohen, Stephen L. Fink, Herman Gadon, and Robin D. Willits, *Effective Behavior in Organizations*, 7th ed. (New York: McGraw-Hill Irwin, 2001), p. 254.

42. This section is based on Robert J. House and Jane M. Howell, "Personality and Charismatic Leadership," *Leadership Quarterly* 3, no. 2 (1992), pp. 81–108; Jennifer O'Connor, Michael D. Mumford, Timothy C. Clifton, Theodore L. Gessner, and Mary Shane Connelly, "Charismatic Leaders and Destructiveness: An Historiometric Study," *Leadership Quarterly* 6, no. 4 (1995), pp. 529–555; and Rob Nielsen, Jennifer A. Marrone, and Holly S. Slay, "A New Look at Humility: Exploring the Humility Concept and Its Role in Socialized Charismatic Leadership," *Journal of Leadership & Organizational Studies* 17, no. 1 (February 2010), pp. 33–43.

43. For a discussion of personalized and socialized power, see David C. McClelland, *Power: The Inner Experience* (New York: Irvington, 1975). A recent review of McClelland's research related to the use of power is in D. Keith Denton, "Enhancing Power," *Industrial Management* (July–August 2011), pp. 12–17.

44. Rodes Fishburne, "Stop the Politics," *Forbes ASAP* (April 3, 2000), p. 126.

# PART 5

# 조직 차원의 리더십

13장 비전 창출과 전략적 방향

14장 조직문화와 가치

15장 변화관리 리더십

Chapter 13

# 비전 창출과 전략적 방향

## 학습목표

이 장을 공부하면

- 비전, 미션과 전략, 그리고 이러한 전략의 실행 메커니즘 간의 관련성을 이해할 수 있다.
- 리더십 비전의 창출 방안에 대해 이해할 수 있다.
- 개인이나 조직의 강력한 비전이 함유하고 있는 공통 테마 개념을 이해할 수 있다.
- 추종자들이 믿고 따르는 이상적 목표 설정의 네 가지 접근법을 이해할 수 있다.
- 리더의 전략 구축과 실행방법에 대해 이해할 수 있다.
- 효과적인 전략의 구성요인을 적용해볼 수 있다.

레이 앤더슨

레이 앤더슨Ray Anderson은 카펫 제조회사의 사장이다. 그런데 만약 자연 환경을 파괴하는 대표적인 산업을 고르라면 아마 카펫 산업이 될 것이다. 화석연료를 이용하고 생산 과정에 엄청난 물을 소비하며, 환경오염 물질을 분출하는 산업이기 때문이다. 그런데 이러한 카펫 회사의 사장이 더 이상 환경오염의 원인이 되지 않는 새로운 기술로 카펫을 제조하겠다는 비전을 제시한다면 아무도 믿지 않았을 것이다. 그런데 앤더슨 사장은 자신의 회사 인터페이스Interface Inc.사를 그러한 회사로 만들겠다는 비전을 제시하였다.

앤더슨 사장은 기존의 전통 방식에서 탈피하여 자신의 회사 인터페이스사가 2020년까지 환경 친화적인 제품을 개발할 것이라고 선언하였다. 처음에 고객들이나 투자자들은 이 전환에 대해 의아하게 생각했으나 점차 그가 제시한 비전에 매료되기 시작했다. 이 회사는 이제는 성장을 거듭하여 해당 산업의 선두주자가 되고 환경친화성을 강조하는 대표기업이 되었다. 1994년부터 2008년에 이르기까지 회사는 화석연료를 45% 정도 덜 사용하였으며 생산에 필요한 물 사용량을 80%까지 줄였다. 최근 경제 위기를 겪기 전만 해도 연평균 매출액이 3억 달러에 달했으나, 불경기로 인해 500명의 직원을 해고하고 캐나다 온타리오Ontario의 벨빌Belleville 소재 생산 공장을 폐쇄하는 어려운 결정을 내려야만 했다.

하지만 앤더슨 사장은 자신이 내린 새로운 비전이 회사의 위기를 극복하는 데 도움이 된다고 믿고 있다. 2001년과 2004년 사이 카펫 제조 산업에서 평균 매출의 37% 정도의 손실을 기록했을 때, 인터페이스사는 다른 기업의 절반 정도밖에 손실을 보지 않았는데 회사가 지속 가능sustainability한 경영을 추구했기 때문이라고 보고 있다. 앤더슨 사장은 회사의 비용 절감을 위해 부단하게 노력하고 직원들의 의견을 청취하고 그들의 생각을 반영하면서 회사의 미래에 직원들을 동참시키고 있다.[1]

리더에게 가장 중요한 기능은 미래를 향해 구성원들의 동기와 에너지를 최대한 이끌어낼 수 있는 설득력 있는 비전 제시와 전달이다. 위에서 설명한 것처럼 앤더슨 사장이 제시한 지속 가능 경영에 대한 이상적 비전은 직원들의 마음을 열게 하고 열정을 불러일으켰는데, 그것은 직원들이 일하는 이유가 주주들에게 이익을 돌리는 데 있는 것이 아니라 고귀한 목적 달성에 있다고 믿었기 때문이다. 이와 같이 훌륭한 리더들은 항상 미래를 보고, 미래의 방향을 설정하는데 구성원들은 리더와 유사한 목표의식을 갖게 된다.

13장에서는 먼저, 조직의 미래를 만드는 과정에서 리더 역할의 중요성을 확인하게 될 것이다. 그리고 어떠한 비전이 효과적이며, 비전이 어떻게 조직의 다양한 계층에 수용될 수 있는지 살펴보겠다. 또한 조직의 비전과 미션을 구별하고, 리더가 비전을 바탕으로 어떻게 전략을 구성하고 비전과 미션 달성에 리더가 어떻게 공헌하는지를 설펴보도록 하겠다.

## 리더의 역할: 미래의 예견

요즘 자동차에는 모두 내비게이션이 정착되어 있어 특정한 장소를 쉽게 찾을 수 있다. 그런데 만약 운전자가 잘못된 방향으로 가면 내비게이션은 위치를 재계산하여 다시 목적지의 방향을 알려준다.[2] 리더가 하는 일도 이와 유사하다. 조직의 탁월한 성과는 우연히 이루어진 것이 아니다. 바로 리더의 탁월한 식견과 안목이 있었고 그에 따른 적절한 의사결정의 선택이 있었기 때문이다. 이와 같이 최고경영자라면 조직의 환경을 잘 이해하고 있어야 하며 향후 5년 혹은 10년 내로 어떤 일이 발생할 것인지 예측할 수 있어야 한다.

### 비전과 행동 자극하기

어떤 호숫가 레스토랑에 "미래에 희망이 없다면 현재 아무런 권력도 갖지 못했다는 뜻이다"라고 적혀 있었다. 사람들은 누구나 미래에 꿈을 가지고 싶어 하지만, 실제는 미래의 희망과 꿈이 없이 하루에 충실하는 경우가 많다. 미래의 희망과 꿈은 사람들을 앞으로 움직이게 하는 힘이다. 또한 성과를 거두려면 리더는 이러한 꿈을 전략적 행동으로 연결시킬 수 있어야 한다. 비전은 **구체적인 목적과 목표, 계획 등으로 전환될 수 있어야 하고 이를 통해 종업원들은 미래를 향해 무엇을 추구하고 어떻게 움직여야 할지 알게 된다.** 영국의 어떤 교회 묘지 비석에 쓰인 문구를 인용하면 다음과 같다.

> 비전이 없는 삶은 고역이다.
> 행동이 없는 비전은 속이 텅 빈 꿈에 불과하다.
> 비전을 바탕으로 하는 행동은 우리의 즐거움과 희망이다.[3]

**도표 13-1 ● 비전과 전략적 행동의 결합**

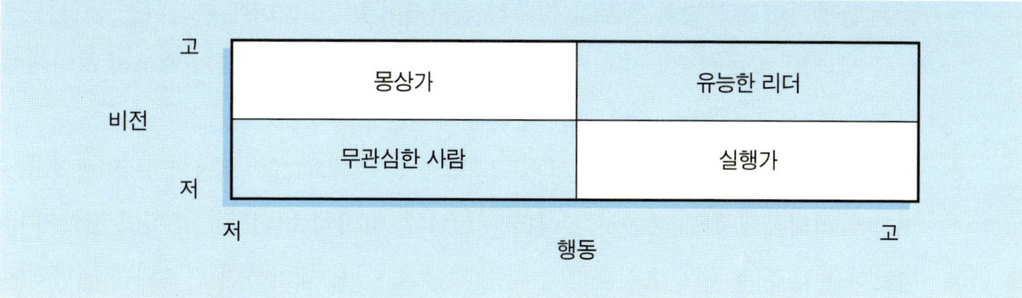


출처: Based on William D. Hitt, *The Leader–Manager: Guidelines for Action* (Columbus, OH: Battelle Press, 1988), p. 7.

〈도표 13-1〉은 방향성 제시에서 나타날 수 있는 리더의 네 유형을 설명하고 있는데, 이들 유형은 비전과 행동에 집중하는 정도에 따라 달라진다. 비전 설정이나 행동 실천의 정도가 모두가 낮은 리더는 무관심한 사람uninvolved이며 리더가 될 수 없다. 행동은 있으나 비전을 자극시키지 못하는 리더는 단지 실행가doer이며 이런 리더는 열심히 일하며 일과 조직을 위해 헌신하지만 눈을 감고 일하는 것과 같다. 목적의식과 방향성 없는 활동은 큰 의미가 없고 조직이나 구성원 모두에게 큰 도움이 되지 못한다. 반면 자신과 다른 사람들을 위해 큰 그림을 제시하는 데 능숙하지만 행동은 별로 하지 않는 사람은 몽상가dreamer라고 말할 수 있다. 이러한 리더는 직원들에게 비전을 바탕으로 영감을 불러일으키는 데는 효과적일지 몰라도 전략을 실행하는 데는 매우 취약하다. 이러한 경우 비전은 단지 꿈이나 환상을 넘지 못하는데, 그 이유는 현실성이 없기 때문이다. 유능한 리더effective leader가 되기 위해서는 꿈을 제시할 수 있어야 하고 이러한 꿈을 전략적 행동으로 전환시킬 수 있어야 한다.

## 전략적 리더십

탁월한 조직성과는 우연히 이루어진 것이 아니고, 리더가 세우는 세밀한 선택에 의해 결정된다. 최고경영자들은 조직을 둘러싸고 있는 경영 환경에 대한 이해를 바탕으로 중장기적으로 조직이 어떠한 모습으로 변화되어야 하는지에 대해 다양한 측면을 고려하여 모든 사람에게 납득시킬 수 있는 미래의 방향을 설계해야 한다. 이와 관련하여 전략적 리더십은 조직을 운영하는 데 핵심적으로 고려되어야 한다. **전략적 리더십**strategic leadership은 **미래를 예측하고 계획하는 리더의 능력을 의미하는데 탄력성과 유연성을 가진 전략적 사고를 유지하며, 미래 조직의 경쟁 우위를 창출하기 위해 변**

**화를 모색하는 리더십**이라 할 수 있다.[4] 요즘같이 신속하게 변화하는 세상에서 리더들은 돌발적이고 복잡한 정보를 정확히 판단해야 하며, 리더에 따라서는 동일한 정보를 서로 다른 방식으로 파악하고 서로 다른 선택을 할 수도 있기 때문에 리더에게 환경의 변화를 예측하고 인식하는 능력은 우선적으로 중요하다.

복잡한 환경과 미래 불확실성을 적극적으로 예측하고 미래의 방향을 계획하는 역할은 리더에게 매우 복잡하고 어려운 일이다. 따라서 리더들은 조직의 전략적 방향보다는 내부 문제에 초점을 맞추려는 경향이 있다. 왜냐하면 반복되는 일상적인 문제들은 결과가 즉각적으로 나오고 조직을 통제하는 느낌을 가질 수 있어서 리더에게는 현실적이기 때문이다. 뿐만 아니라 넘쳐나는 정보의 홍수 속에서 어떻게 조직의 미래를 개척해야 할지, 조직의 큰 그림big picture을 어떻게 그려야 하는지 등의 문제는 쉬운 일이 아니다. 실제로 여러 부서의 책임자들이 장기적이고 전략적인 방향 설정에 소요하는 시간을 조사한 연구 결과는 매우 실망스러운 현실을 보여준다. 재무담당 임원의 84%, IT기술 담당 임원의 70%, 생산 운영 담당 임원의 76%는 주로 반복적이고 일상적인 업무에 시간을 보내고 있는 것으로 조사되었다.[5] 또 다른 연구에서는 최고경영자조차 미래의 전략 방향 설정에 시간을 보내는 경우가 드문 것으로 조사되고 있다.[6] 하지만 조직이 생존하기 위해서는 미래를 위한 명확한 방향성이 제시되고 누군가는 책임져야 할 것인데, 이는 리더의 중요한 역할이자 기능이 될 것이다.

〈도표 13-2〉는 전략적 리더십의 주요 단계별 영역을 보여주고 있다. **전략적 리더십은 외부환경에 맞춰 비전, 미션, 전략, 실행의 선택을 책임진다.**[7] 첫째, 조직이 중장기적 관점에서 어떤 방향으로 움직여야 하는지에 관해 명백하고 설득력 있는 비전을 제시해야 한다. 비전은 미래의 열망을 말하고 우리가 어디로 향하는지에 대한 답을

**도표 13-2 ● 전략적 리더십의 영역**

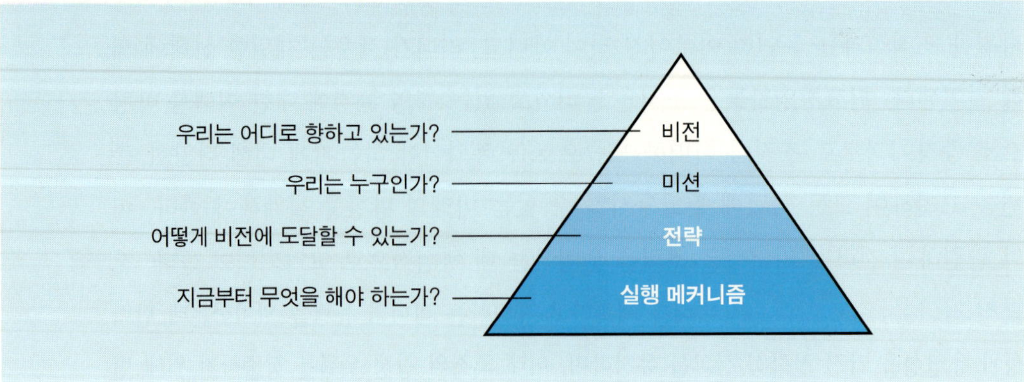

제시하게 되며, 회사의 미션, 즉 핵심가치, 목표, 존재 이유 등과도 연관성을 가져야 한다. 미션은 '우리는 어떤 조직인가?'에 대해 답할 수 있어야 하며, 어떻게 조직의 비전을 달성할 수 있는가에 대한 해결책을 제시할 수 있어야 한다. **전략은 이러한 비전을 미션으로 전환시키는 방향을 제시하고 조직 목표를 달성할 방법을 찾아내는 근간**이 된다. 실행은 실제로 지금부터 무엇을 해야 하는지를 구체화시키는 일이다. 전략이 의도의 문제라면, 실행은 조직을 실제로 움직이게 하는 구조적 틀(조직 구조 체계, 보상 체계 등)이다.

전략적 리더십은 우연히 만들어지는 것이라기보다 전략적 사고와 불확실성을 해결할 수 있는 역량을 개발하는 과정에서 창출될 수 있다.[8] 전략적 사고를 높이고 전략적 리더십을 강화시키기 위해서 고려할 점은 다음과 같다.

- **위협과 기회의 예측**: 유능한 리더는 고객들이나 외부관계자들과 대화하고 산업과 마켓을 연구하는 등의 활동을 통해 환경을 지속적으로 주시한다. 이렇게 함으로써 조직의 흥망을 결정할 수 있는 변화의 조짐을 파악할 수 있다.
- **현재 상황에 도전**: 전략적 사고자들은 자신이나 통념으로 받아들이는 일에 대해 새로운 관심을 표명하고 다양한 관점에서 문제점과 기회를 검토하곤 한다.
- **추세를 새롭게 해석**: 리더는 단순히 해결안을 수용하기보다는 새로운 사고와 생각을 보고 듣고 모색한다. 예를 들면 어느 식품회사의 임원은 저탄수하물 케이크 제품에 대한 마케팅 계획을 수립하는 과정에 제품의 당분 성분이 높다는 소비자의 생각을 반영하여 저탄수화물 제품에 주력하려던 생각을 바꿔 저설탕 케이크를 개발하는 방향으로 수정하였다. 이는 소비자의 의견과 시장의 추세를 새롭게 해석했기 때문이다.
- **동일한 방향으로 정렬함**: 리더는 서로 다른 생각이나 관점을 갖고 있는 종업원들이나 기타 이해관계자들의 생각을 수용할 필요가 있다. 그러나 서로 다른 생각을 가지고 있어도 동일한 방향으로 정렬시킬 수 있도록 비전을 제시하고 이를 추진하는 것이 리더의 중요한 일이다.

전략적 리더십을 향상시키기 위해서 리더는 위에서 제시하고 있는 점들을 잘 파악하고 어떤 점을 리더로서 보다 강화해야 할 것인지를 검토할 수 있어야 한다. EA Electronic Art의 전 CEO인 존 리키텔로 John Riccitiello 경우를 예를 들면 다음과 같다.

리키텔로는 2013년에 EA를 사임하면서 "지금은 EA가 새로운 도약의 단계를 위

**IN THE LEAD John Riccitiello Electronic Art**

한때 EA의 거물급 경영수장으로 이름을 빛내고 거대 몸집으로 EA를 키운 존 리키텔로가 '유니티(Unity)'의 새로운 대표로 부임하였다. 리키텔로 대표는 회사가 많은 어려움에 봉착함을 인식할 수 있었는데, 당시 모바일 폰을 이용하는 고객이 많아지면서 전통적인 방식의 비디오 게임을 위협하고 있었던 것이다. 이 상황에 직면하여 리키텔로는 비록 현재의 관점을 벗어나 새로운 관점에서 기술적 진화를 예견할 수 있는 생각을 할 수 있어야 한다고 강조하고 있었다.

리키텔로는 신속하게 변화하는 환경과 산업에서 생존하기 위해서는 지속적으로 조직 내외부의 사람들이 원하는 바를 청취하고 이의 방향으로 조정할 수 있어야 함을 강조했다. 새로운 변화의 방향성에 대해서 100% 확신하기 때문에 그곳으로 정렬하는 것은 아니라고 한다. 70% 정도만이 방향성에 공감하더라도 결국 구성원의 100% 모두가 그곳으로 정렬할 수 있어야 함을 강조하고 있다. 그가 EA의 대표를 할 때 변화의 방향이 모바일 폰이나 태블릿 PC 등으로 이동하고 있어 이쪽으로 사업의 방향성을 전환해야 한다고 지속적으로 설득했고 그 과정에서 많은 어려움을 겪기도 했다. 당시 활성화되지 않은 시장으로 전략적 포커스를 맞추는 일에 대해 많은 사람들이 우려하기 때문이다. 하지만 대기업은 조직의 규모가 크기 때문에 많은 의견이 있고 모든 사람이 일치하는 방향으로 세상의 변화를 그려나가기 어렵다. 그래서 새로운 변화의 그림을 그리고 많은 사람들이 그 방향에 정렬된 비전을 가질 수 있도록 하는 일이 리더의 중요한 스킬이 된다.[9]

해 새로운 CEO가 필요한 시점이다"라고 언급한 바 있다. 그는 EA에 재임하던 초기에 대담하면서 리스크가 있는 변화를 모색하였고 일부는 성공하기도 일부는 그렇지 못하기도 했다. 하지만 전반적으로 그에 대한 전략적 리더십에 대해서는 긍정적으로 평가되었다. 부하직원에 따르면 그는 적극적으로 게임 산업의 전략적 변화에 대응했으나 게임 산업의 변곡점은 너무 다양하게 변화하여 수월하게 대응하게 어려웠고 보다 많은 열정과 에너지를 필요로 했다고 한다. 그는 CEO로서 많은 변화를 모색했지만 산업 환경은 더 많은 변화가 이루어지고 있어 리더로서 이에 전략적으로 대응하기가 쉽지 않았다고 한다.

조직이 요구하는 전략적 리더십은 조직이 생존하는데 필수적이다. 최근 컨퍼런스 자료에 의하면 IT 개발 프로젝트의 40% 정도가 미처 완성되기 전에 필요성이 사라져 버릴 정도로 신속하게 변화가 이루어지고 막대한 비용을 감수해야 했으니 결국 이러한 책임은 모두 전략적 리더십의 부족으로 귀인된다.[10]

LEADER's BOOKSHELF 리더십 서재

## Ten Steps Ahead: What Separates Successful Business Visionaries from the Rest of Us (어떻게 한발 앞서갈 것인가)



*by Eric Calonius*

지금 필요한 것은 흔들리는 예측이 아니라 강력한 비전이다! 보이지 않는 기회를 움켜잡는 그들의 머릿속을 훔치다 「어떻게 한발 앞서갈 것인가」. 〈월스트리트 저널〉, 〈뉴스위크〉, 〈포춘〉 등에서 25년간 기자로 활동한 저자 에릭 칼로니어스는 혁신가, 개척가, 선구자, 비전가로 불리며, 남보다 한 발 앞서 성공한 사람들의 행동패턴과 머릿속을 살펴봄으로써 그들의 공통점을 찾아냈다. 저자는 스티브 잡스, 리처드 브랜슨, 앤디 그로브 등을 직접 만난 경험과 뇌과학 분야의 다양한 실험사례를 통해 '비전'이 미래를 내다보는 혜안인 동시에 남보다 앞선 인생을 살게 하는 동기부여 역할을 한다. 비전가들의 공통적인 행동패턴 속에서 찾아낸 일곱 가지의 비전도구를 소개하여, 많은 정보, 기발한 아이디어가 있어야 미래를 준비할 수 있다고 생각하는 독자들에게 새로운 통찰을 제시하였다.*

제프 베조스가 아마존닷컴을 창업했을 때 웹의 현실적 가치가 지금과 같이 획기적인 영향력을 미칠 것이라고 누가 예상했을까? 저자는 수많은 꿈과 비전을 달성하는 비전가들의 특징을 강조하고 있다. 이들 특징의 일부는 다음과 같다.

첫째, 직관이 있다. 이들 리더들은 많은 사람들이 인지하지 못하는 것들을 상상해내고 그 가능성 있는 패턴을 만들어낸다. 그리고 이 패턴을 믿고 현실화 시키는데, 월트 디즈니가 애니메이션으로 영화화한 〈백설공주와 일곱 난장이〉도 그 중 하나이다. 보이지 않는 세상의 상상을 상품화할 수 있다는 가능성의 패턴을 믿었고 여기에는 기업가의 직관이 있었기 때문이다.

둘째, 정서지능에 의존하다. 정서지능은 직관을 가져오는 중요한 원천이며 성공적인 비전을 그리게 하는 원동력이 된다. 정서를 통하여 새로운 가치를 창출할 수 있고, 이러한 정서는 즐거움을 가져오기도 하고 고통을 잊게 하기도 한다.

셋째, 용기와 확신이 있다. 비전가들은 투쟁가이기도 한다. 또한 비전을 추구하는데 철두철미하고 굽힐 줄 모른다. 그래서 비전가들을 지칭하여 현상의 행동을 넘어서 추구할 수 있는 이상적 꿈을 실현시키는 사람으로 묘사한다. 인텔(Intel)의 전임 CEO 앤드류 그로브(Andrew Grove)는 상용 메모리 칩을 최초로 만드는 데 많은 것을 투자했지만, 10년이 지난 후 이 메모리 칩 시장을 포기하고 마이크로프로세서에 또 한 번 집중 투자했다.

* 이 내용은 Google이 책에 대해 서평한 것을 가져온 것임 (출처: https://books.google.co.kr/books/about/)

## 리더십 비전

비전vision은 **이상적이고 매력적인 미래, 그렇지만 쉽게 도달하기 어려운 꿈**으로 표현된다. 미래의 야망적인 관점에서 모든 사람들이 현실화할 수 있을 것으로 믿게 하는 비전은 현재 상황보다 더 나은 미래 상황을 말한다.[11] 1950년대 초반 일본가전업체 소니는 "저급한 것으로 알려진 일본 제품의 품질을 변화시킨다"는 꿈을 달성하고자 했다. 후에 일본회사들은 결국 최고 품질의 제품을 생산한다는 평판을 얻게 되었지만 그 당시만 하더라도 이러한 비전은 상상에 불과하고, 일본의 국가 자존심을 지키

**도표 13-3 ● 간명한 비전 선언문의 예시**

- 애플 : 사람이 세상을 변화시키는 주체가 되어야 한다
- 포 시즌스 : 고객이 첫 번째로 꼽는 호텔이 되자
- BAE 시스템즈: 우리를 지켜주는 것을 지키자
- 버지니아 교통청 : 버지니아의 운송은 계속 된다
- BP : 석유 그 이상으로
- 뉴욕지하철공사 : 낙서는 그만

출처: These examples are from Pieter Klass Jagersma, "Aspiration and Leadership," *Journal of Business Strategy* 28, no. 1 (2007), pp. 45–52; Douglas A. Ready and Emily Truelove, "The Power of Collective Ambition," *Harvard Business Review* (December 2011), pp. 95–102; "We Protect Those Who Protect Us," *York Daily Record*, May 12, 2010, http://www.ydr.com/ci_15067292 (accessed May 16,2013); James G. Clawson, *Level Three Leadership: Getting Below the Surface*, 4th ed. (Upper Saddle River, NJ.: Pearson/Prentice Hall, 2009), pp. 120–124; Sooksan Kantabutra and Gayle C. Avery, "The Power of Vision: Statements That Resonate," *Journal of Business Strategy* 31, no. 1(2010), pp. 37–45; and Nancy Lublin, "Wordplay," *Fast Company* (November 2009), p. 86.

려는 허울 좋은 목표에 불과한 것으로 생각들 했지만 결국 그 꿈은 실현되었다. 비전은 간략하고 설득력 있으면서 슬로건과 같이 모든 사람들에게 쉽게 전달되고 이해되어야 한다. 예를 들면, 코카콜라의 "세상 어디서나 원할 때 마실 수 있는 콜라Coke within arm's reach of everyone on the plant", 캐논의 "제록스 넘어서기Beat Xerox" 등은 모든 직원들의 마음을 흔들기에 충분한 슬로건이라 할 수 있다.

〈도표 13-3〉은 조직들이 제시한 미래 비전을 예로 들고 있다. 물론 모든 성공 조직들이 이와 같이 짧고 쉬운 의사소통 슬로건을 사용하는 것은 아니지만 리더가 추구하는 미래의 방향을 명확히 제시하고 있기 때문에 강력한 호소력을 갖고 있다. 미국 인권운동가 마틴 루터 킹Martin Luther King 목사의 "나에게는 꿈이 있다I have a Dream"는 제목의 연설은 리더가 간단한 말로 커다란 비전을 어떻게 묘사하는지 보여주고 있다. 킹 목사는 인종 차별이 없는 화합의 비전을 제시하면서 꿈은 언젠가 이루어질 것이라는 자신감과 확신을 보여주었다.

**강력하고 영감을 주는 비전은 조직 성과와 동기부여 및 만족도를 높이게 된다.**[12] 직원들은 조직이 어디로 가는지, 자신들이 어느 방향으로 에너지를 집중해야 할지를 알고 싶어 한다. 조직의 방향을 보여주는 청사진으로 동기부여된 직원들은 그런 조직의 모습을 이루어가려고 노력하게 된다. 어느 생명공학 회사의 예를 들어보자. 이 회사의 CEO는 경영 컨설턴트와 만난 자리에서 회사의 경영진들이 회사의 한계점이 무엇이고 우위적인 요소가 무엇인지를 명확하게 파악하지 못하고 있으며, 심지어 CEO 자신도 이러한 상황을 주도하지 못하고 있다고 털어놓았다. 컨설턴트는 CEO

에게 회사의 미래 비전을 물어보았으나 CEO는 명백한 답을 제시하지 못하였다. 그래서 CEO에게 경영진과의 미팅을 통해 미래 기업이 나아가야 할 방향을 정하라고 조언하였고, 방향이 결정되면 모든 구성원들이 어느 방향으로 가야 하는지를 알기 때문에 특정한 문제들은 자동적으로 해결된다고 조언하였다.[13]

비영리 조직의 리더들 역시 조직의 방향을 결정하는 비전을 창출할 필요가 있다. 예를 들면 그레이터 시카고 푸드뱅크Greater Chicago Food Depository는 단순히 가난한 사람들에게 음식을 제공하는 단체에서 이들을 빈곤에서 구제하는 비영리 조직으로 전환하려는 비전을 마련하였다. 그래서 이 단체는 빈곤층에게 12주의 집중 훈련을 통해 조리하는 법에서부터 사회생활의 경쟁력이라고 할 수 있는 정확성, 팀워크, 몰입, 개인 책임감 등에 대한 교육을 시켰다. 빈곤은 사회적 문제이며 보통 빈곤의 주된 원인을 한 마디로 규정하기는 어렵지만 직업을 갖지 않고서는 빈곤을 퇴치하기 어렵다는 사실을 이 단체의 리더들은 파악한 것이다. 빈곤층의 삶을 도와주려는 비전은 구성원들로 하여금 단순히 빈곤층에게 음식을 제공하는 마음에서 빈곤을 타파하는 마음가짐으로 변화시키도록 활력을 불러 일으켰다.[14]

비전은 GE, 코카콜라, 구글 등과 같은 영리 조직뿐 아니라 그레이터 시카고 푸드뱅크, 유나이티드 웨이United Way, 구세군 등과 같은 비영리 단체에도 매우 중요하다. 비영리 조직에서 특히 명확한 비전의 제시가 필요한 이유는 영리 조직처럼 이익과 손실을 판단하기 어렵고, 이러한 손익 결과를 통한 성과 피드백을 확인하기도 어렵기 때문이다.[15]

〈도표 13-4〉에서 비전은 방향을 제시하는 별과 같이 묘사되고 있다. 이러한 비전은 북극성처럼 모든 사람들이 동일한 방향을 보도록 할 수도 있고, 움직이는 방향의 지침으로 삼을 수도 있다. 비전은 현재 상태를 바탕으로 하면서도 현상status quo과 전혀 다른 미래 상황을 추구하기 때문에 조직이 비전을 성공적으로 달성해가기 위해서는 유능한 리더십을 필요로 한다.[16] 결론적으로 비전을 주도하는 리더십은 1장에서 언급한 바 있는 현상 유지의 합리적 경영과는 차이를 보인다.

**도표 13-4 ● 비전의 본질**

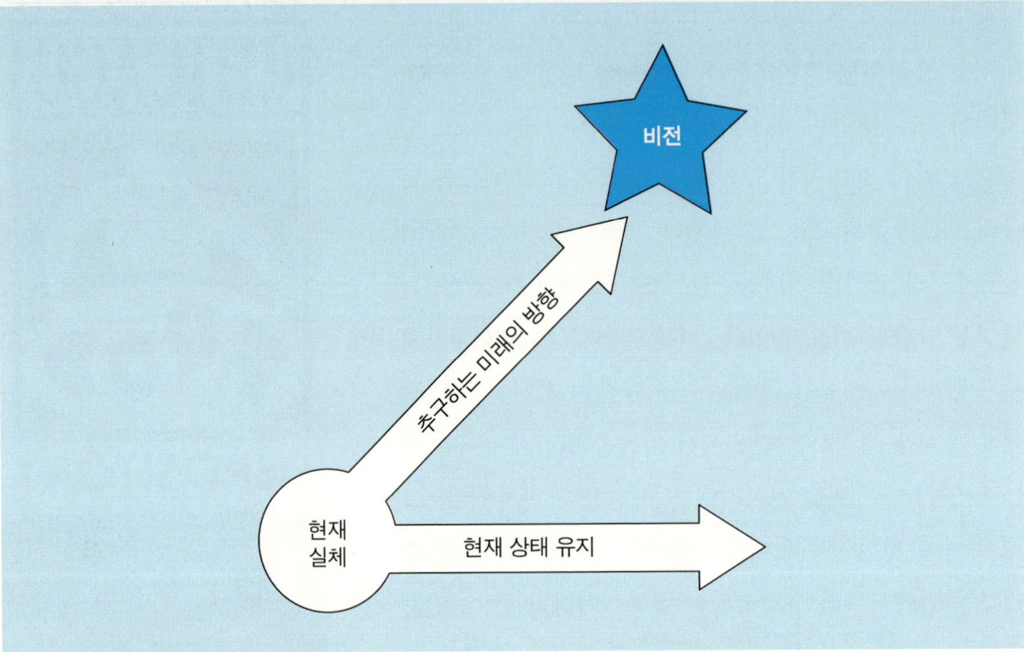


출처: Based on William D. Hitt, *The Leader–Manager: Guidelines for Action* (Columbus, OH: Battelle Press, 1988).

## 비전의 기능

비전의 기능은 여러 가지가 있는데, 우선 **효과적인 비전은 현재와 미래를 연결시키고 미래를 위해 구성원에게 동기를 부여하고 열정을 불러일으킨다.** 또한 구성원들에게 일의 의미를 주고 조직의 정직과 탁월성의 기준을 설정하게 한다. 구체적으로 비전이 수행하는 기능을 나열하면 다음과 같다.[17]

**현재와 미래의 연결** 비전은 미래의 모습에 관한 것이지만 출발점은 현재다. 그래서 구글 직원들은 전 세계의 자료와 정보를 하나로 통합시키는 비전을 업무 지침으로 삼는다.[18] 뿐만 아니라 리더에게 현재의 상태는 중요하다. 업무 마감 날짜 준수, 매출목표 달성, 당면 문제 해결, 특정 프로젝트 완수 등과 같은 현재의 사안들을 해결해야 하는 의무뿐만 아니라 미래의 발전적인 모습을 구상할 수 있는 능력이 요구된다.[19] 듀퐁DuPont과 같은 고성과 기업의 임원들은 관리자들과 주기적으로 현재의 실적 등을 파악하고 현재의 상황을 확인한다. 하지만 그들은 미래의 발전적 방안을 생각하고 미래의 새로운 기회를 모색하는 시야를 갖고 있어 어려운 상황과 터널을 벗어날 수 있었다. 그렇기 때문에 듀퐁은 전통적인 화학 기업의 이미지를 탈피하여 생명공학과 생활과학 등의 신사업 분야로 이동할 수 있었다.[20]

**열정과 몰입의 유발** 사람들은 자신의 일에 대해 열정을 갖고 싶어 한다. 하지만 많은 사람들이 정치 캠페인, 공동체 이벤트, 환경 지킴이 등과 같은 업무 외 다양한 활동에 자발적으로 몰입하고 열정적인 시간을 보내면서도, 정작 자신의 직장에서는 에너지와 열정을 보이지 않는 경우가 많은데, 업무가 동기와 열정을 불어넣어 주지 못하기 때문이다. 경영 컨설팅 전문기관인 헤이그룹Hay Group은 120만 명의 직장인을 대상으로 조사한 결과, 조직이 훌륭한 직원을 잃게 되는 이유가 방향을 제시하는 명백한 비전이 부족하기 때문이라고 밝혔다.[21] 또한 사람들은 단순히 이익을 내고 싶다는 이유 때문에 정서적으로 몰입하지는 않는다. 사람들은 보다 의미 있고 더욱 가치 있는 일에 몰두하고 싶어 하기 때문에 삶을 윤택하게 하는 비전이 제시되면 열정과 몰입이 유발된다. 대표적 예로는 포드사를 창업한 헨리 포드Henry Ford의 비전 선언문을 들 수 있다. 포드사의 직원들은 회장 포드의 비전을 통해 인생을 보다 행복하게 만들 수 있는 기회를 볼 수 있었고 이로 인해 동기부여될 수 있었다.

헨리 포드

**일의 의미 고취** 사람들은 업무를 통해 존엄성과 의미를 갖고 싶어 한다. 심지어 단순 업무를 하는 직원들조차 커다란 이상적 목표를 통해 업무에 대한 자부심을 느끼고 싶어 한다. 예를 들면, 보험회사 직원이 자신의 업무를 화재나 질병으로부터 사람들의 고통을 완화시켜 주는 일이라고 생각하면 단순히 보험 불만청구 처리 업무를 하고 있다고 생각하는 경우보다 훨씬 보람을 느낄 것이다.[22] 이와 같이 사람들은 보다 의미 있고 대단한 일을 하고 싶고 차별화된 일을 하고 싶어 한다. 따라서 리더라면 구성원들에게 '지금 이 일은 어떤 방향으로 가고 있다. 그래서 당신이 필요하다'는 표현을 할 수 있어야 한다. 직원들은 회사가 자신에게 의미 있는 일을 맡길 때 회사에 매달리게 된다. 오늘날 유능한 직원들은 처음 직장에 들어오기 위한 인터뷰에서 회사의 비전을 물어보곤 한다. 왜냐하면 이들은 조직이 추구하는 목적과 어떻게 이를 추진하는지를 파악하여 자신의 입장과 조화를 이루는지 판단하고 싶어 하기 때문이다.

**탁월성과 정직성의 기준 제시** 강하고 호소력 있는 비전은 사람들로 하여금 최선을 다할 수 있도록 도전적이며, 이로 인해 단조로움에서 벗어나게 한다. 이러한 비전은 직원들이 조직에 공헌하는 정도를 측정할 수 있는 기준을 제공한다. 대부분의 직원들은 자신의 업무와 전체 업무가 얼마나 조화를 잘 이루고 있는지를 알 수 있는 기회를 원한다. 가령 극장 프로젝터가 화면의 초점을 맞추지 못하면 영화 관람객들은 얼마나 답답할까? 오늘날 복잡하고 신속하게 변화하는 경영 환경은 간혹 이와 같이 초점을 잡지 못하는 상황을 만들어내기도 한다.[23] 그래서 비전을 일종의 '초점 맞추는 장치'라고 볼 수 있는데, 미래의 이미지를 명확하게 하고 사람들로 하여금 자신들이 무엇을 공헌해야 하는지를 알게 해준다. 이러한 비전은 도전 의식을 불러일으키는데, 사람들이 이전에 경험하지 못한 새로운 모습에 대한 도전을 의미한다. 편협하고 상투적인 생각을 벗어나는 강력한 비전은 미국 비즈니스 위크Business Week에서 선정한 '일하기 좋은 직장' 50 리스트에 오른 대부분의 고성과 기업에서 나타나는 핵심 특징 중 하나이다.

## 비전의 공통 주제

강력하고 효과적인 비전에는 다섯 가지의 공통 주제가 있다. 이들을 구체적으로 살펴보면 다음과 같다.

**다수의 공감 형성을 위한 호소력** 구성원들에게 매력적으로 보이지 않으면 비전이 성공하기 어렵다는 원론적 사실을 인식하고 있으면서도 제시된 비전이 적절하게 구성원들을 자극하지 못해 실패하는 경우가 많다. 독선적으로 비전을 제시하는 최고경영자들은 자신의 비전을 직원들이 대수롭지 않게 생각하여 호응하지 않는 상황을 경험하게 된다. 예를 들면, 앞에서 살펴본 카펫 산업의 신기원을 개척하려는 레이 앤더슨 사장의 구상에 대해 많은 사람들이 말도 되지 않는 것으로 보았다. 하지만 만약 이러한 비전을 관리자나 직원들까지 우습게 생각하였다면 이 비전은 결코 성공하지 못했을 것이다. 결국 비전은 절대 리더 한 사람의 전유물이 되지 않도록 해야 한다.[24] 이상적인 비전은 조직 전체의 것으로 인식되어야 하며 한 사람의 리더나 경영진만의 생각이 되어서는 성공하기 어렵다. **비전은 모든 사람들이 독자적으로 생각을 하더라도 동일한 방향으로 인도하는 견인 역할을 할 수 있어야 하고, 많은 사람들이 호응하고 납득할 수 있어야 한다.**

**변화 유발** 성공적인 비전은 조직으로 하여금 대담한 변화를 일으키게 한다. 장애인 학습지원센터National Institute for Learning Disabilities는 지난 25년간 운영되어 왔는데, 극히 제한된 영역의 교육 서비스를 제공해 왔다. 이후 센터는 2020년까지 미국 전역의 100만 수강생들에게 서비스 제공을 확대하는 대담한 변화를 추진했다. '2020 비전'이라고 불리는 이 변화는 리더와 직원 모두에게 서비스 마인드와 사고의 폭을 넓히게 하였다.[25] 변화는 과업을 송두리째 바꾸게 요구하지만 명확한 방향 의식이 변화에 직면한 사람들로 하여금 어려움과 불확실성을 극복하도록 도움을 주었다. 직원들이 비전에 기초하여 행동 지침을 따를 때, 단순하게 현재 상황을 유지하기보다는 **미래를 향한 조직을 만들 수 있는 방법에 도전**하게 한다.

**높은 이상 반영** **훌륭한 비전은 이상적이고 사람들에게 열정과 용기를 갖게 한다.** 케네디 대통령이 '인간의 달 착륙' 비전을 선언했을 때 미항공우주국(NASA)은 이러한 비전을 실행에 옮길 수 있는 충분한 지식을 갖고 있지 못했다. 하지만 1969년 7월 이러한 비전은 현실이 되었다. 1960년대 NASA에서 근무한 경험이 있었던 윌리엄 F. 파워스William F. Powers는 이후 포드 자동차에 근무하면서 공기 저항을 최소로 줄인 연료 절전형 공기 역학 자동차(1980년대 출시된 토러스Taurus)를 만든다는 이상적인 비전을 창출하는 데 중심 역할을 하였다.[26]

**구체적인 목표와 과정 제시** 훌륭한 비전은 추구하는 결과가 무엇인지를 명확하게 말해주며, **조직의 방향과 종착점을 알게 한다.** 보통 대학들은 개혁을 추진하면서 구체적인 목표를 제시하는데, '상위 20위권'이라든지 '졸업 시점에서 80% 취업률 달성' 등과 같은 구체적인 내용을 담고 있다. 즉, 목표 달성 과정을 비전에서 포함시켜야 하며, 최종 목표를 달성하기 위해 어떠한 노력이 필요한지를 나타낼 수 있어야 한다.

## 리더의 비전 창출 6단계

혁신적인 기업이 되기 위해서 리더는 구성원들과 공동으로 조직의 미래 방향성을 설계할 수 있게 해야 한다. 같이 방향성을 설계하기 때문에 구성원들 역시 조직의 방향과 정체성을 같이 할 수 있고 이를 실현하는 과정에서도 깊이 이해하고 적극적인 참여가 가능해진다. 또한 이 과정을 거치면서 리더는 구성원들의 생각과 아이디어, 그리고 그들의 권한을 가치있게 생각하게 된다.[27]

비전을 공동 창출하기 위해 리더는 자신의 개인적 비전을 다른 사람들과 공유하고 다른 사람들이 미래에 대한 자신의 꿈을 표출할 수 있도록 장려하게 된다. 또한 구성원들과 비전을 공동 창출하기 위해서는 구성원들의 생각을 적극적으로 경청할 수 있어야 하며 정서적으로 다른 사람들과 섞일 수 있어야 한다. 여기에서 리더의 책임은 구성원들에게 희망과 꿈을 이야기할 수 있어야 하고 구성원들의 개인의 꿈이 조직의 미래 비전과 연결될 수 있도록 하는 일에 있다. 결국 비전이란 사람들을 연결시키는 매개체가 되고 개인적이며 정서적인 차원으로 개인을 조직과 연결시키는 역할을 하게 된다.[28] 따라서 리더는 비전의 공동 창출을 위해서 다음의 여섯 가지 단계를 거쳐야 한다.[29]

1. **바람직한 미래의 비전을 목표로 삼음**target a vision for a desired future: 비전은 리더가 해당 조직이나 팀이 향후 어떤 방향으로 가야 하는지에 대한 방향성을 말한다. 리더는 향후 조직의 방향과 비전에 의미를 부여하면서 조직의 변화 방향을 구상하는 데 많은 시간을 소비할 수 있어야 한다.
2. **비전의 공동 창출**cocreate the vision: 아무리 리더가 비전 창출의 책임을 지고 있어도 구성원들에게 완전한 모습의 비전을 모두 제시하기는 어렵다. 또한 구성원들도 자신의 꿈과 희망이 반영된 미래의 모습을 원한다. 따라서 리더는 비전의 어떤 점이 구성원들의 의향을 충족시키지 못하고 있는지, 어떤 점이 구성원들의 활력을 배가시키는지 등을 조사분석을 통해 비전을 창출할 수 있어야 한다.
3. **강점을 규명하라**Identify the strength: 조직의 강점과 구성원들이 자부심을 느끼는 일을 중심으로 리스트를 먼저 작성할 필요가 있다. 다양한 부서의 종업원들과 대화하고 포커스 그룹 인터뷰 등을 통해 향후 미래 비전 달성과 관련된 과거의 성과 실적, 업무 역량, 자원 등에 대한 리스트를 마련한다. 그리고 현재의 강점을 넘어선 수준을 바탕으로 미래에 달성하고자 하는 비전을 창출한다.
4. **비전의 예비 초안을 만들어 본다**write a first draft: 마음의 열정을 가져올 수 있을 정도의 내용을 기반으로 한 비전 기초안을 먼저 작성한다. 위대한 목표를 기반으로 하면서 꿈꿀 수 있는 미래의 모습을 보여줄 수 있는 초안이 마련될 수 있어야 한다.
5. **피드백을 거친 이후 비전 선언문을 작성한다**solicit feedback and create the final vision statement: 비

전 선언문은 다양한 방식의 비전 초안을 거친 이후에 최종 작성된다. 이 시점에서 중요한 점은 많은 사람의 피드백 내용이 반영될 수 있어야 한다는 점이다.

6. **비전을 광범위하게 공유한다**share the vision widely: 다양한 경로를 통해 작성된 비전 선언문을 많은 사람들에게 공유할 수 있어야 한다. 가장 대표적인 사례로 미국 남북전쟁 동안 링컨 대통령은 평등과 자유, 모두를 위한 공정한 기회를 골자로 하는 비전 내용을 전도하는데 전문가적 역할을 보였다. 수많은 연설과 기고문, 그리고 대담을 통해 국민들로 하여금 그들이 국가의 근간이 된다는 사실을 인식할 수 있도록 했다.[30] 결국 그가 추구하는 미국의 미래에 대한 비전을 다양하고 광범위하게 공유할 수 있어 지금의 미국 사회를 만들어낼 수 있었던 것이다.

**IN THE LEAD** Ari Weinzweig and Paul Saginaw, Zingerman Community of Business

출처: bigbigbrain.com

애리 바인츠바이크(Ari Weinzweig)와 폴 사지노(Paul Saginaw)는 세상에서 최고의 샌드위치로 봉사하고자 하는 신념을 갖고 미시간주의 앤 아버에서 소규모 델리점을 창업했다. 사업은 원만하게 잘 진행되었고 뉴욕타임즈 등에서 성공한 기업으로 소개될 정도로 문전성시를 이루었다. 하지만 창업한지 10년이 지날 즈음 두 사람은 문제를 인식하게 되었다. 사업은 매우 성공적으로 잘 운영되고 있지만 회사는 더 이상 도전적이지 못하며 구성원들을 성장, 발전시키지 못하고 있었다. 그런데 MBA를 갖고 있는 한 관리자가 델리점에 빵과 패스트리를 제공하는 빵집을 창업하려는 것을 보고, 이 공동 창업자들은 회사 직원들이 징어맨(Zingerman)의 브랜드를 사용하면서 독자적으로 사업체를 운영하게 하는 아이디어를 생각해냈다. 이러한 생각으로 결국 징어맨 사업 공동체를 만들게 되었고 2007년까지 545명의 직원들이 베이커리, 커피점, 레스토랑 등 8개 영역의 사업을 운영하게 되었다.

이들은 직원들에게 성장과 발전의 기회를 제공하는 것이 회사의 주된 목적이고 자신들이 갖고 있는 서번트 리더십의 지향점이기도 하다고 말한다. 이들은 회사가 커지면 커질수록 다른 사람들을 위해 봉사하는 것은 더욱 어려워진다고 믿고 있다. 그래서 직원들을 고객처럼 대하고 있는데, 이 공동 창업자들은 사업체를 방문하면 직원들에게 무엇을 도와줄 것인지를 꼭 물어본다.

이 회사가 우선적으로 추구하는 것은 개인이나 조직의 이익이 아니라 상호신뢰, 정직, 존경심 등의 가치관이다. 이익이 구성원들에게 동기를 부여하는 궁극적인 동인이 아니라고 보는 것이다. 이 회사가 추구하는 목표와 동인은 현재보다 더 나은 세상을 만드는 것이다.[31]

## 미션과 전략

### 미션

미션과 비전은 비록 서로 유사하게 작동하지만 동일하진 않다. 비전을 조직이 추구하는 방향이라고 한다면, **미션**mission은 조직의 핵심목표와 존재 이유를 의미한다. 또한 미션은 조직의 핵심가치를 나타내며 비전 창출의 근간이 된다. 결국 비전이 야심찬 미래의 욕구라고 한다면 미션은 포괄적으로 조직이 견지하는 조직의 존재 이유를 나타난다.

**미션의 기능** 비전은 발전하고 변화하는 반면, 미션은 첨단 기술의 변화, 경제 상황, 기타 환경의 변화에 쉽게 바뀌지 않고 지속성을 유지한다. 이러한 미션은 변화 시점에 조직을 하나로 묶는 접착제 역할을 하고 전략적 선택과 미래의 의사결정에 지침을 준다. 미션은 조직의 영속적인 특징이라는 의미에서 정신적 DNAspiritual DNA라 할 수 있고, 구성원들이 과업 목표를 찾는 데 도움을 주는 리더십의 주요 수단이 된다.[32] 강력한 미션을 제시하는 회사들은 직원들에게 목적의식을 부여하는데, 메드트로닉Medtronic사의 '사람들의 안락하고 건강한 삶의 추구to restore people to full life and health'라는 미션을 예로 들 수 있다. 바람직한 미션을 통해서 조직은 유능한 직원들을 모집, 유인할 수 있고 외부의 이해관계자들과 긍정적인 관계를 형성할 수 있게 된다.[33] 특히 우수한 인재들은 조직이 단순히 주주 가치 극대화에 주력하는 것을 넘어서서 이상적인 목표를 갖고 있는 회사에 관심을 갖고 몰입하고 싶어 한다. 즉, 회사가 주주 가치에 주력하기보다는 그 이상의 선good의 목표를 추구하는 운영 원칙과 가치를 설명하고 있어야 한다.

8장에서 설명한 내재적 보상 논리와 같이, 사람들은 숭고한 목적을 위한 업무를 수행할 때, 업무 그 자체가 커다란 동기 요인이 된다고 한다. 갤럽의 Q12 연구를 보면, 조직 미션이 자신의 직무를 중요하게 만든다고 직원이 믿게 되면 자신의 일에 더욱 열중하게 되고 자부심과 충성심으로 인해 생산성이 더욱 높아진다고 한다. 〈도표 13-5〉는 미션이 자신의 직무를 더욱 중요하게 만든다고 생각하는 사람과 그렇지 않은 사람과의 차이를 조사한 결과인데, 미션이 자신의 직무를 중요

Medtronic
When Life Depends on Medical Technology

**도표 13-5 ● 강력한 미션의 힘**

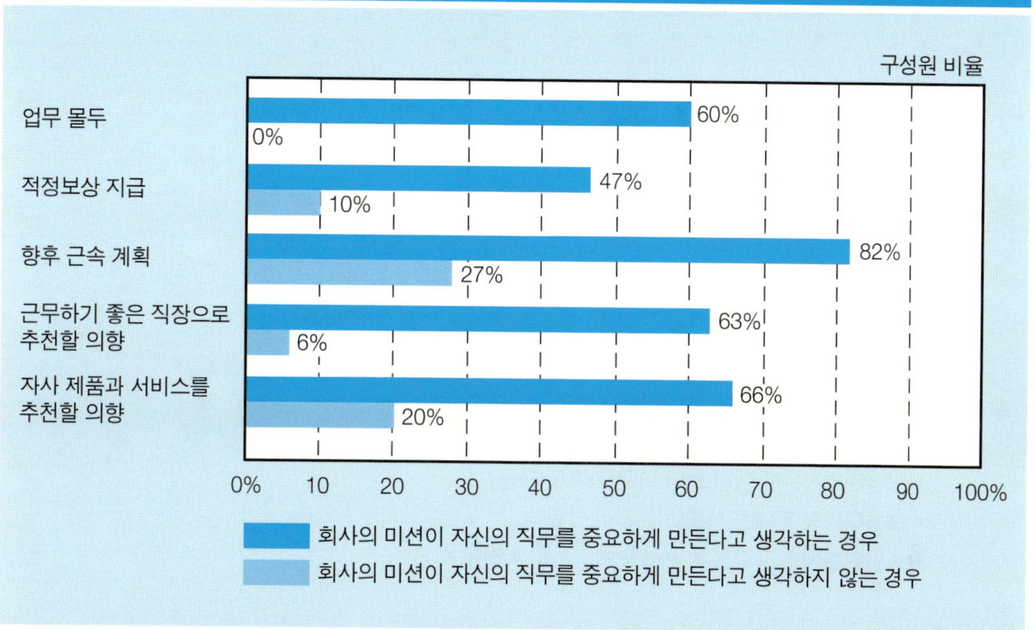


출처: Susan Ellingwood, "On a Mission," *Gallup Management Journal* (Winter 2001), pp. 6–7.

하게 만든다고 믿는 구성원의 60%는 업무에 매우 몰두한다고 한다.[34]

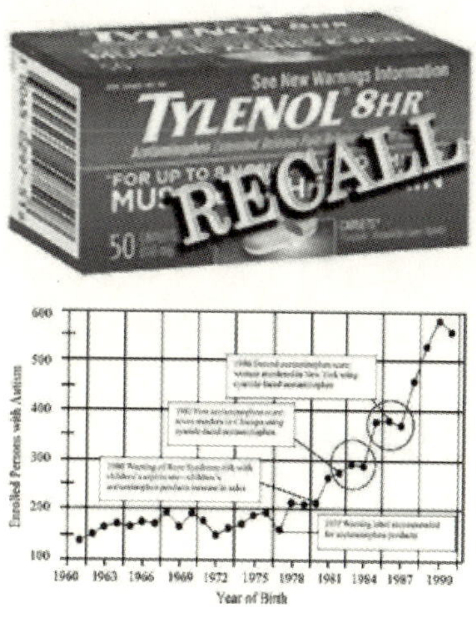


출처: americanfraud.com

미션은 핵심가치core value와 핵심목표core purpose로 구별되어 있다. 핵심가치는 조직이 무엇을 할 것인가에 초점을 맞춘다. 예를 들면 존슨앤존슨Johnson & Johnson의 핵심가치는 회사의 운영 철학 역할을 하는데, 회사가 타이레놀 독극물 사건으로 인해 어려운 위기에 직면했을 때 자발적으로 타이레놀을 시장에서 회수하도록 결정을 내리는 원동력이 되었다. 비록 이로 인해 1억 달러 이상의 비용이 들었지만 회사의 미션은 어려운 결정을 하게 만들었으며 향후 이 결정으로 인해 존슨앤존슨은 매우 신뢰받는 기업 명성을 창출하게 되었다. 미션은 또한 회사의 핵심목표를 포함하기도 한다. 일반적으로 조직의 핵심가치와 핵심목표는 미션 선언문mission statement에 표현된다.

**도표 13-6 ● 아플락 보험사의 미션과 가치**

# 미션과 가치

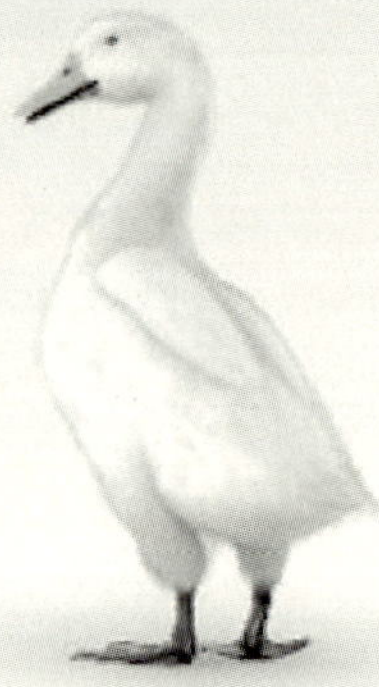

우리는 보험계약자들이 요구하는 시점에
함께할 것을 맹세한다.

아플락(Aflac)의 기업철학은 고객들에게 최고의 보험 가치를 제공하기 위해 적절한 가격으로 최상의 품질 있는 제품과 서비스가 가능할 수 있도록 혁신적이고 전략적인 마케팅 활동을 추구하는 데 있다.

- 보험계약자들에 대한 보다 나은 가치의 제공
- 보험대리점에 대한 품질있는 서비스 공급
- 종업원들에게 풍요롭고 보상을 제공하는 직장을 제공

출처: http://www.aflac.com/aboutaflac/corporateoverview/ourphilosophy.aspx

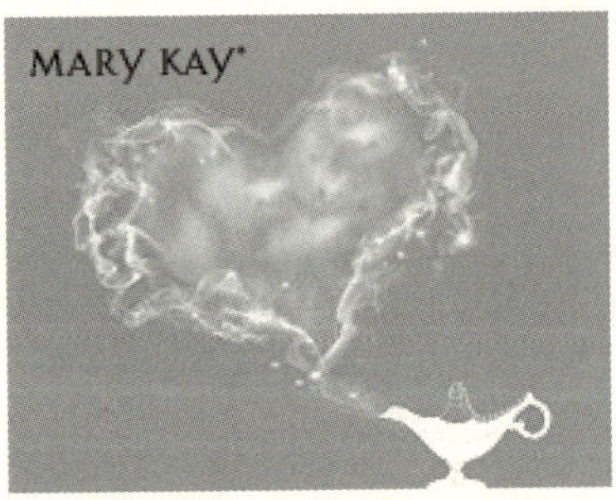


**이상적인 목표를 위한 프레임워크** 효과적인 미션 선언문은 단순히 제품이나 서비스를 묘사하는 데 국한하지 않고, 사람들에게 회사의 존재 가치를 판단할 수 있는 이상적 동기를 부여할 수 있어야 한다. 그런데 대부분 성공한 기업들은 고귀한 목표를 강조하는 미션을 갖고 있는데, 메리케이Mary Kay사의 '여성의 삶을 풍요롭게', 월마트Wal-Mart의 "보통 사람이 부자들처럼 구매할 수 있는 기회를 주는 곳to give ordinary folk the chance to buy the same things as rich people" 등이 그 예이다.[35]

리더는 이와 같은 고귀한 목표를 설정할 책임을 지고, 이러한 목표가 구성원들에게 높은 성과를 낼 수 있도록 후원하여 기업이 경쟁 우위를 유지하는 데 도움을 줄 수 있어야 한다. 사람들은 자신의 직장이나 업무를 통해 긍정적이고 차별화된 성과를 낼 수 있을 때 만족도가 높다. 〈도표 13-7〉은 이러한 조직 목표를 구상하는 리더의 네 가지 접근법을 설명하고 있는데, 이들 목표는 사람들이 업무를 가치 있는 것으로 느끼게 하고 공헌하고자 하는 욕구를 자극한다.[36] 고상하고 이상적인 목표 설정을 위한 기준을 제시하면 다음과 같다.

**도표 13-7 ● 이상적인 목표를 위한 프레임워크**

| 목표 | 내용 | 행동기준 | 사례 |
|---|---|---|---|
| 탐구 | 새로운 것 찾기 | 개척자, 창업자 | Google, 3M, Virgin |
| 탁월성 | 최상 달성 | 충만감 | Berkshire Hathaway, Apple, BMW |
| 이타주의 | 서비스 제공 | 행복 | ServiceMaster, Dollar General |
| 영웅주의 | 효과적 | 성취 | Microsoft, Dell, Exxon Mobile |

출처: Based on Nikos Mourkogiannis, *Purpose: The Starting Point of Great Companies* (New York: Palgrave Macmillan, 2006); and Nikos Mourkogiannis, "The Realist's Guide to Moral Purpose," *strategy + business Issue* 41 (Winter 2005), pp. 42–53.

1. **탐구:** 사람들은 무언가 새로운 것을 발견하거나 창출할 기회를 통해 동기가 부여될 수 있다. 구글 직원들은 지적 자극을 받거나 신기술을 탐구discovery하면서 열정을 갖게 되며 자신을 위해 무엇인가를 발견하는 노력을 소중한 목표로 삼는다.[37] 삼성전자는 모방과 변환보다는 새로운 탐구에 초점을 맞춤으로써 저렴하고 낮은 품질의 제품을 만들어내던 과거 제조회사의 이미지에서 탈피하여 글로벌 혁신 기업으로 변모할 수 있었다.[38] 이러한 목표의 전환은 삼성에게 엄청난 효과를 가져왔으며, 구성원들로 하여금 업무 수행 과정에서 모험을 감수하게 하고 창업가 정신이나 개척 정신의 즐거움을 느끼게 한다.
2. **탁월성:** 탁월성excellence의 추구는 개인과 조직 차원에서 최고의 상태를 강조한다. 애플Apple은 스마트폰이나 mp3 제조업체의 현실을 넘어 최상의 제품을 만드는 데 초점을 맞추었다. 하지만 탁월성을 추구하다보면 고객의 생각과 의향을 우선적으로 고려하지 못하고 제품의 질 향상에만 중점을 두는 경우가 많다.[39] 애플의 경우에는 탁월한 품질만을 염두에 두어 경우에 따라서는 일부 마니아들만이 애플 제품을 선호하는 경우도 있다. 물론 애플의 경영자들은 제품의 시장 점유율을 높이고 싶어 하지만 그렇다고 해서 높은 품질에 대한 몰입을 희생하려 하지는 않는다.[40] 또한 탁월성을 조직 운영의 중요한 지침으로 강조하는 회사들은 인적자원을 가장 가치 있는 자원으로 생각하고 그들이 최고의 노력을 수행할 수 있도록 지원하게 된다. 이미 학습한 바와 같이 사람은 자신의 내적 가치와 개인 충만감을 자극시키는 경험이나 기회를 느낄 때 동기가 극대화되기 때문이다.
3. **이타주의:** 많은 비영리 조직들은 봉사의 정신을 강조하기 때문에 이타주의altruism와 같은 고귀한 목표를 중요하게 생각한다. 그런데 이러한 이타주의를 기업에

도 적용시킬 수 있는데, 예를 들면, 달러 제너럴Dollar General사의 경영자는 회사가 기업 이익과 매출만을 강조하지 않고 저소득층에게 저가의 제품 제공을 목적으로 하고 있음을 강조하고 있다.

잭 웰치

4. **영웅주의:** 마지막으로 영웅주의heroism는 회사의 목적을 강력하고 공격적, 효과적인 상태로 유지한다. 고귀한 목표noble purpose를 근간으로 하는 회사들은 승리의 강박 관념에 사로잡혀 있기도 한다. 마이크로소프트의 빌 게이츠도 이러한 영웅주의를 강조하는 경향이 있고, GE의 전임 회장 잭 웰치도 각 사업부가 모두 1, 2등이 아니면 안 되

**IN THE LEAD 공정성의 힘. TeamBank, Volksbanken Raiffeisenbanken(VR) Group**

Team!Bank

독일 협동조합은행연합회(Volksbanken Raiffeisenbanken Group) 그룹의 할부금융 자회사로 팀뱅크(TeamBank)는 "공정한 고객 파이넨싱을 위한 책임있는 파트너 되기"라고 하는 비전을 갖고 있다. 이러한 비전은 영예로운 금융서비스 국가로서 국가에 봉사하는 사명감에서부터 시작되었는데, 팀뱅크는 과연 금융기관이 고객들에게 공정하고 더 나아가 관대해질 수 있기 어렵다는 전제를 부정하고 있다. 즉 금융기관도 충분히 그럴 수 있어야 한다는 당위성을 갖고 있다는 의미이다.

VR 그룹은 독일 내 은행산업의 25%를 점유하며 1,700만 명의 조합원들 둔 지역협동조합은행과 2개의 협동조합중앙은행, 그리고 전문금융회사를 계열사로 두고 있는데, 2006년 할부금융 부문을 '팀뱅크'로 명칭을 변경하였다. 팀뱅크는 공정성(fairness)를 바탕으로 17% 성장률을 기록하였고 독일 내 16.3%의 시장점유율을 달성하고 있는데, 공정성의 원칙은 대출 시 유연한 상환조건과 대출관리, 회수에서 보다 높은 투명성을 강조하는 프로세스를 말한다. 팀뱅크의 대표적인 활부금융 상품은 이지크레딧(easy credit)로서 여신상담, 계약, 관리, 상환, 사후관리는 물론 사업에 대한 고객의 참여, 기업의 사회적 책임에 이르기까지 공정성의 정신으로 상품을 출시하고 있다. 고객의 임의해지기간 30일 인정, 상황보증보험 임의가입, 중도 부분상황 수수료 폐지, 예측불가능한 사정 시 일시상황 유예를 인정하는 고객 보호 조항을 채택하고 있다.

팀뱅크의 여신금리는 경쟁사보다 높지만 고객은 팀뱅크의 공정성 원칙을 더 선호한다. 매년 가치박람회(value fair)를 개최하여 각 부서 책임자가 공정성을 강화한 사례를 발표하기도 하며, 이러한 원칙을 통해 이익을 실현하고 있다.[41] *

* 이 내용의 대부분은 IBK경제소식지(2013-09-23)의 내용에서 가져온 것임

는 상황을 강조했다. 사우스웨스트 항공Southwest Airlines의 경우도 아메리칸 항공American Airlines이나 델타 항공Delta Airlines 등과 같은 대형 항공사와 맞서 승리를 위한 영웅주의 목표를 가지고서 창업한 회사라고 할 수 있다.[42] 이와 같은 영웅주의 접근법의 행동 기준은 인간의 성취 욕구와 자신감self-efficacy 경험에 있다.

장기적으로 성공한 기업에는 고귀한 목표를 주도하는 최고경영자가 존재한다. 잘 짜인 숭고한 목표는 직원과 고객의 정서와 본능을 자극하고, 사기와 혁신을 높여 개인과 조직의 성과를 높이는 역할을 한다.

## 전략 최고경영자로서 리더

고귀한 목적과 비전을 반영하는 강력한 미션이 중요하지만, 그 자체만으로 강력한 조직을 만들지는 못한다. 조직의 성공을 위해서는 비전, 가치, 목표 등을 행동으로 전환시키는 방법이 필요하며 전략의 역할이 뒷받침되어야 한다. **전략 경영**strategic management은 경영환경이 요구하는 상황과 조직의 전략 방향을 일체화시켜 이에 걸맞는 이상적 목표를 달성하기 위한 전략 수립과 실행의 일련의 경영활동을 말한다.[43]

비전 및 미션 등을 행동으로 전환시켜 현실에 적합하게 만드는 역할은 리더의 주요 책무인데, 리더가 비전과 전략적 행동을 연결시킬 때 조직의 미래를 바꿀 수 있다. 연구를 통해 알 수 있는 점은 미래의 전략적 사고와 계획은 회사의 성과와 재무적 성공에 긍정적으로 영향을 미친다는 사실이다.[44] 그리고 기업의 수익성 결정의 40% 정도가 전략적 리더십에 달려 있다는 연구 결과도 제시되고 있다.[45]

### 비전 달성 방법

**전략**strategy은 자원 할당, 환경 대응, 조직 목적과 비전 달성 등에 관련된 활동을 지칭하는 일련의 행동 계획을 말한다. 그런데 이와 같은 전략 구성에 관하여 경영자들은 조직의 현재 상태, 향후 방향, 경쟁 환경의 변화와 추세 파악, 비전을 추구하기 위해 필요한 일련의 행동은 무엇인지를 치밀하게 검토해야 한다.

**효과적 전략 개발** 효과적인 전략을 개발하기 위해서는 조직 내·외부로부터 의견을 경청하고 환경의 추세와 단절discontinuities 등을 검토해야 한다. 전략적 리더라면 환

| | 강점(S) | 약점(W) |
|---|---|---|
| 기회(O) | SO전략 | WO전략 |
| 위협(T) | ST전략 | WT전략 |

출처: blog.daum.net

경 변화에 단순히 대응하기보다는 환경 상황 등을 조사하고, 미래에 추구하려는 방향을 예측하여 이에 맞추어 전략적 행동을 할 수 있어야 한다.[46] 예를 들면, 프로그레시브 보험회사Progressive Insurance는 보험 가액을 온라인으로 제공한 최초의 회사인데, 다른 경쟁 보험사들 역시 똑같이 개인용 컴퓨터와 인터넷이 일반화될 것이라는 판단을 하고 있었지만 프로그레시브 보험회사만큼 새로운 기술 변화의 이점을 이용한 현실적인 전략을 수립하지 못했던 것이다. 이와 같이 유능한 리더들은 변혁적인 환경 변화와 상황에 근거를 두고 미래를 예측하고 준비하는 데 능숙하다.

전략적 방향을 결정하기 위해 리더는 기술, 인구통계적 변화, 정부 규제, 가치, 라이프스타일 등 새로운 경쟁 우위를 판단할 수 있는 요소들의 변화 추세에 근거하여 앞날을 제시할 수 있어야 한다. 미래의 경영 전략을 위한 한 가지 방법은 SWOT 분석법이다. 이 방법은 조직성과에 영향을 미치는 환경의 기회, 위협요소와 강·약점 등을 활용하는 방법이며, 리더는 내적, 외적인 환경 변화의 정보를 수집해야 한다. 내적 환경이란 조직 구조나 직원들에 관한 환경을 말하며, 외적 환경이란 고객, 정부, 공급업자 등을 모두 포함한다. 리더는 이와 같은 내적 환경의 강점과 약점을 파악하기 위해 대차대조표, 손익계산서, 내부 조사 결과, 재무적 지표 등을 활용할 수 있어야 하며, 외적 환경의 기회와 위협을 파악하기 위해 고객, 공급업자, 정부 규제 등을 면밀하게 검토해야 한다.

**전략의 구성요소** 그렇지만 혁신적인 생각에는 리스크가 따르기도 한다. 경우에 따라 경영자들은 자신들의 전략을 확실히 궤도에 올려놓기까지 여러 차례 전략 수정 과정을 거치기도 한다. 즉, 전략이란 변화 환경에 적응하기 위해 반복하여 수정될 수 있다는 의미이다. 그런데 경영자들은 성공 가능성을 높이기 위해 핵심역량, 전략 개발, 고객 가치 창출의 세 가지 측면을 세밀히 검토해야 한다.

첫째, 조직의 **핵심역량**core competence은 경쟁업체와 비교하여 탁월하게 우월한 경쟁 요인을 말한다. 경영자들은 산업 내에서 다른 조직과 차별화시키는 조직 특유의 강점을 찾아내려고 노력한다. 예를 들면 엘엘빈L. L. Bean사는 탁월한 고객 서비스와 품질 보증 측면에서 핵심역량을 갖는 데 성공했다. 고객들은 이 회사 제품을 구매한 후 언제든지 반품할 수 있고 회사는 반품 이유에 대해 묻지 않는다. 엘엘빈사의 상의를 입고 부모와 함께 지나가던 어린아이에게 엘엘빈사의 판매 관리자가 다가가서 상의 어깨 부분의 색깔 바랜 것을 이야기해주는 사례가 있었다. 아이의 어머니는 오래 입어서 그렇지 않느냐고 반문하였으나 판매 관리자는 시간이 지난다고 그렇게 되는 제품이 아니라면서 하자 가능성도 있으니 제품을 교환해주겠다고 한다. 이 회사의 고객 만족 경영의 일면을 보여주는 사례이다.[47]

둘째, 조직이 **시너지**synergy를 얻는 방법 가운데 하나는 파트너십이나 제휴 관계를 맺는 것이다. 예를 들면 뉴욕 할렘 지역에 위치한 노스제너럴병원North General Hospital은 1979년 개원 이후 2005년까지 적자를 냈으나 경영자의 새로운 전략에 의해 뉴욕 시내의 유명한 마운트 시나이메디컬센터Mount Sinai Medical Center와 제휴한 이후 양 병원이 모두 시너지 효과가 있는 긍정적인 성과를 거둘 수 있었다.[48]

셋째, 핵심역량에 초점을 두거나 시너지를 획득하게 되면 조직이 고객 가치를 창출하는 데 용이하다. **가치**value는 고객으로부터 얻을 수 있는 혜택과 제공해야 하는 비용의 조합으로 정의할 수 있다.[49] 예를 들면 파네라 브레드Panera Bread는 판매하는 샌드위치 및 음료 등에 저가 정책만을 고집하지 않고 대신 고객들이 시간을 보내고 싶어 하는 곳으로 환경을 만드는 데 주력하고 있다. 즉 이 회사는 고객 가치의 증대를 전략의 핵심으로 삼고 있다.

**전략 수립**strategy formulation은 조직 시너지를 얻고 고객 가치를 창출하기 위한 방법으로 회사의 핵심역량에 환경 관련 지식, 비전, 미션 등을 통합시키는 것이다. 이 요소들이 잘 접목될 수 있을 때 조직은 경쟁적 환경에서 성공 기회를 잡게 된다. 하지만 이렇게 하기 위해서는 리더가 조직이 추구하는 방향을 반영하는 실행 전략을 체계적으로 구현해야 한다.

## 전략의 실행

**전략 실행**strategy execution은 조직의 전략적 목적을 달성하기 위해 자원을 접목시키는 특정한 수단이나 기법을 말한다. 전략 실행은 전략 경영에서 가장 중요하고 어려운 과업으로, 그 결과를 얻기 위해서는 리더들이 실행 과정을 세심하면서도 지속적으로 관리해야 한다.[50] 설문 조사에 따르면 응답 기업 가운데 57%의 경영자들만이 전략 실행에 성공했다고 하며,[51] 다른 조사에서도 사업 전략의 70% 정도는 전략 실행의 복잡성으로 인해 마무리되지 못한 것으로 설명되고 있다.[52]

전략 실행은 전략을 행동으로 전환시키기 위해 조직의 여러 부서나 수단 방법을 적절히 사용하는 방안을 말하며, **강력한 리더십은 전략 실행을 위한 중요한 기능이다.** 효과적인 전략 실행을 위해서는 구성원들이 조직의 전략 목표를 일목요연하게 파악할 필요가 있으며, 리더는 구성원들이 전략목표 달성에 대한 몰입을 인식하고 있는지를 판단할 수 있는 환경을 만들어내야 한다. 리더가 비전에 대해 명확히 의사소통하고 특정 전략 목적을 구체화하며 정보를 공개, 공유하고 의사결정에 구성원을 참여시킬 때 구성원들은 자신의 업무 행동이 조직의 큰 목적 달성에 어떻게 공헌하는지를 알게 된다.[53] 또한 열린 의사소통이나 구성원 관여involvement를 통해 리더에 대한 구성원들의 신뢰가 증대되어 조직 전략을 지지하고 전략 실행에 노력을 기울이게 된다.[54]

전략은 조직 구조 설계, 급여와 보상 체계, 예산 배분, 조직 규칙, 정책이나 절차 등과 같은 조직 구성 요소들을 통하여 실행된다. 리더들은 조직 구조와 시스템, 정책 등에 대한 변화 결정을 내릴 책임을 지는데, 리더들은 이러한 결정으로 전략 목적 달성을 촉진시키기보다는 구성원들 입장에서 윤리적이고 사회적으로 책임질 수 있다는 점을 부각시켜야 한다. 예를 들면 웰스파고Wells Fargo 은행의 리더들은 소수 민족 고객이나 인근 주민들에게 재정 서비스를 확대하는 내용을 골자로 하는 성장 전략을 추구하여 좋은 평판을 받아왔다. 하지만 최근 제기된 소송으로 은행 경영진의 부정적인 행동이 드러났는데, 부실 가능성이 있는 서브프라임 모기지 대출을 적극적으로 추진했다는 것이다. 그런가 하면 홈데포Home Depot의 전 CEO 밥 나델리Bob Nardelli의 전략은 기업을 성장시키기는 했으나 직원들의 사기를 떨어뜨리고 고객 서비스를 소홀하게 만든 반면, 신임 CEO인 프랭크 블레이크Frank Blake는 규칙을 유연하게 하고 절차를 개

정하여 전략을 후원하며 고객 서비스의 질을 강조하는 보상 체계로 전환시킨 긍정적인 사례로 설명된다.[55]

리더들은 다양한 회사 전략을 후원하는 크고 작은 결정을 내리게 된다. 〈도표 13-8〉은 리더들이 어떻게 전략적 결정을 내리는지에 대한 단순화된 모델을 보여주고 있다. 즉, 실행의 용이성ease of execution과 전략적 영향력strategic impact의 두 가지 측면을 조합하면 네 가지 형태로 구별되는데, 실행의 용이성은 전략 실행의 난이도 정도를 말하며, 전략적 영향력은 특정한 전략 선택이 사업에 영향을 끼치는 정도를 의미한다. 보통 전략적 영향력과 실행의 용이성이 높은 전략은 리더들이 선호하는 전략이다. 신발 매장 페이리스Payless사의 경영자들은 유행을 따르면서도 적절한 가격의 젊은 여성 신발에 관한 전략을 회사의 중심 전략으로 택하였다. 이를 위해 기존의 제품 라인은 축소시키고, 매장의 벽을 곡선 형태로 만들어 역동적인 분위기를 만들며 벽의 조명을 하얀 램프로 바꾸어 12달러의 신발을 마치 20달러 이상의 제품으로 보이게 하였다. 이와 같은 매장의 분위기 전환과 재설계

밥 나델리와 프랭크 블레이크

**도표 13-8 ● 전략적 의사결정**

실행의 용이성

| 전략적 영향력 | 어려움 | 쉬움 |
|---|---|---|
| 큼 | **영향력 높지만 실행 어려움.** 상당한 변화와 높은 기대효과 | **영향력 높고 실행 용이함.** 단순한 변화이면서 영향력은 큼 |
| 작음 | **영향력 낮고 실행 어려움.** 효과가 거의 없으며 변화는 어려움 | **영향력 낮고 실행 용이함.** 상징적 의미의 점진적 발전 |

출처: Adapted from Amir Hartman and John Sifonis, with John Kador, *Net Ready: Strategies for the New E-conomy* (New York: McGraw-Hill, 2000), p. 95.

는 실행이 수월하면서도, 고객들에게 미치는 영향력은 상당하다고 볼 수 있다. 어떤 고객은 이러한 변화에 대해 모든 것이 새롭고 좋아 보인다고 평가하였다.[56]

첫 번째 전략은 전략적 영향력이 크면서 실행이 어려운 경우이다. 예를 들면 인수 합병을 통한 성장 전략은 그 영향력이 막대하지만 생산 프로세스, 회계 절차, 조직문화 등에서 통합한다는 것은 쉬운 일이 아니다.

두 번째 전략은 전략적 영향력이 크면서 실행이 수월한 경우이다. 예를 들면 위에서 언급한 신발 매장 페이리스사의 경우, 그 동안 다양한 신발 사이즈 등에 주안점을 둔 전략 방향을 젊은 층에게 패션을 강조하는 전략으로 전환하였다. 하지만 이러한 전략적 변신은 그렇기 어려운 일은 아니었고, 단순하게 매장 진열 방식만 바꾸었을 뿐이지만 노력의 파급 효과는 매우 컸다.

세 번째 전략은 매우 단순하고 수월하면서 전략적 영향력은 그다지 크지 않은 경우를 들 수 있다. 이는 생산 공정이나 새로운 기술 등에서 점진적 향상을 모색하는 경우이다. 시간이 경과하면서 점진적 발전은 조직에 중요한 영향을 미치게 되며, 조금의 변화를 이루게 되면 변화의 상징을 보여주게 된다.[57]

마지막으로 전략적 영향력이 높지 않으면서 실행은 매우 어려운 경우이다. 그다지 기대 효과가 높지 않으면서도 실행에 옮기기는 매우 어려운 경우인데 이러한 전략적 결정은 취소하는 것이 바람직하다.[58]

## 학습 핵심

- 리더는 비전과 전략을 통해 조직의 방향을 설정한다. 또한 리디는 조직 환경을 감지할 책임이 있으며, 현재와 미래의 차이를 구별할 수 있는 능력이 있어야 한다. 공유하는 비전은 매력적이고 이상적인 조직 미래상이라 할 수 있는데 이를 구현하는 것은 쉽지 않다. 명백하고 강력한 비전은 현재와 미래를 연결시키며, 이는 현재 행동과 결정이 장기 목표를 향해 조직을 움직일 수 있다는 것을 보여줌으로써 가능하다. 비전은 구성원들에게 열정을 불러일으키고, 모든 사람들이 이에 몰입할 수 있도록 발전적 미래의 모습을 보여준다. 또한 비전은 업무에 의미를 부여하고 모든 직원들에게 최상의 도전 의식을 제시함으로써 탁월성의 기준을 설정하게 만든다.
- 미션은 회사의 핵심가치와 핵심목표, 존재이유 등을 포함한다. 비전이 미래 변화에 대한 것이라면 미션은 조직의 영속적 특징을 반영한다. 유능한 리더들은 구성원들

에게 동기를 부여하고 조직의 경쟁 우위를 확보하게 만드는 이상적 목표의 뼈대를 구상할 수 있어야 한다. 이로 인해 구성원들은 자신의 업무에 대해 의미를 갖게 되고, 리더는 목표에 따라 탐구, 탁월, 이타주의, 영웅주의와 관련된 네 가지 기본 개념들 가운데 선택할 수 있다.

- 전략 경영은 비전과 미션이 어떻게 행동으로 전환되는지를 판단하게 하는 방법이다. 전략은 자원 배분 및 환경 대응과 관련된 활동을 지칭하는 행동의 전반적 계획이라고 볼 수 있다. 비전과 같이 전략은 변화하지만, 성공 조직은 핵심역량에 초점을 두고 전략을 개발하며 시너지를 이루고 고객에 대한 가치를 창출한다.
- 리더들은 합리적 분석뿐만 아니라 직관, 개인 경험, 희망과 꿈 등에 근거하여 미래의 방향을 결정하게 된다. 또한 조직의 차별적 경쟁력을 갖추기 위해 비전과 전략행동을 연결시킬 수 있어야 하며, 그렇게 함으로써 비전은 단순한 꿈 이상이 될 수 있다. 탁월한 조직성과는 행운의 문제가 아니라 리더가 내리는 결정에 따라 만들어진다.

## 토론 주제

1. 전략적 리더(leader)는 비전과 미션에 주력하는 반면, 관리자(manager)는 전략에 주력한다고 한다. 이러한 견해에 동의하는가? 아니면 그렇지 않다고 생각하는가?
2. 비전은 단순히 기업뿐만 아니라 가정, 대학, 지역 사회 등 다양한 대상에 적용할 수 있다. 자신이 미래에 현재와 다른 모습을 추구한다면 그것은 어떤 모습인가? 이를 비전 선언문으로 작성해보라.
3. 만약 자신이 구글이나 애플과 같이 강력한 비전을 갖고 있는 회사에 근무하고 있다면 그렇지 않은 직장과 어떠한 차이가 있다고 생각하는가?
4. 비전이 목적의 결과와 그 과정을 모두 함축하고 있다는 의미는 무엇인가?
5. 대부분의 조직 비전은 문서화되어 벽에 걸려 있는 장식품에 불과한 경우가 많다. 이런 유형의 비전은 가치가 있다고 생각하는가? 조직 비전을 구성원 개개인에게 각인시키기 위해서 어떠한 점이 요구되는가?
6. 미션과 비전의 차이를 구별하고, 각각의 예를 들어보라.
7. 조직이 장기적으로 성공하기 위해서는 고귀한 목표를 필요로 한다는 견해에 대해 어떻게 생각하는가? 그러한 경우의 예를 들어보라.
8. 전략 비전과 전략 행동 모두 유능한 리더에게 필요한 사항이라고 한다. 이들 가운데 어떤 것이 더 의미가 있다고 생각하는가?
9. 비전이 그렇게 중요하다고 하는데 왜 증권 애널리스트 혹은 방송 언론은 간혹 신임 CEO로서 생존하기 위해 제시하는 비전 설정에 대해 비난하기도 하는가?

## 분석사례: Visionary Leader

처음 프랭크 콜먼(Frank Coleman)이 첨단기술 기업 에어로스트럭처(Aerostructure)사의 사장으로 취임했을 때 대부분의 관리자들이나 직원들은 희망과 즐거움에 들떴다. 이 회사는 50년 역사의 가족기업으로 항공 부품을 생산하는 제조업체이다. 그 동안 회사 소유자인 창업자가 사장으로 재임해 왔지만 건강이 악화되어 외부인사 가운데 새로운 사장을 영입하여 경영의 새로운 시각을 도입하고 싶어 했다. 그간 회사가 침체를 거듭해 왔기 때문에 이러한 시도는 매우 필요했었다. 새로 영입된 콜먼 사장은 이전에는 중소기업에 있었지만 선진화된 항공기술의 선도자로 탁월하게 인정받는 인물이었다. 신임 사장은 첨단기술 기업을 세계 수준의 제조업체로 전환하려는 비전을 갖고 있었으며, 이외에도 회사의 가족적이고 느슨한 기업문화를 역동적이고 현실적인 문화로 전환시켜 직원들에게 권한을 위임하여 좀 더 적극적이고 책임감 있는 역할을 수행하도록 할 계획이었다. 오랫동안 같은 일을 계속 해온 터라 이 회사의 부사장 데이비드 디콘(David Deacon)은 신임 사장의 영입을 매우 기뻐하고 회사를 전환시키는 프로젝트를 자신에게 맡겨주었을 때는 전율을 느낄 정도였다.

디콘 부사장과 직원들은 몇 시간에 걸친 사장과의 대화를 통해 사장이 회사의 미래 모습에 대해 어떤 아이디어를 갖고 있는지, 어떻게 회사를 변모시킬지에 대해 경청할 수 있었다. 사장은 회사의 변신을 확신하였고 이 일이 자신의 최우선 추진 사항임을 명백히 하였다. 대화를 마친 이후 직원들과 경영진은 합심하여 비전 선언문을 작성하고 이를 모든 직원들에게 배포하고 회사 게시판에 공지하였다. 점심시간 동안 카페테리아에 모인 직원들은 삼삼오오 모여 사장의 새로운 비전에 대해 이야기하였다. 사장은 말쑥하게 차려입고 마치 유명 가수가 들어오듯이 카페테리아에 왔다.

사장과의 첫 회의에서 디콘 부사장은 그 동안 직면했던 아이디어와 개념들에 대해 다른 시각을 제시하고 회사는 새로운 모습과 위치를 찾게 될 것이라고 설명하였다. 하지만 이런 생각들이 사장의 커다란 야망에는 걸맞지 않는 것 같았고, 사장은 이러한 제안에 대해 너무 혼란스럽고 통속적인 것으로 생각하고 있는 듯 했다. 세 시간의 회의를 마치고 각자 사무실로 돌아온 직원들은 새로운 시각과 비전을 그려보면서 사장이 최종적으로 언급한 내용을 살려 어떻게 하면 회사와 산업을 변신시킬 수 있는지 고심하였다.

다음날 아침 사장은 부사장에게 전화하여 프로젝트 진행 방법에 대한 광범위한 아이디어를 제시하였다. 부사장은 사장의 제안을 괜찮은 것으로 판단하고 직원들에게 그에 대해 언급하였다. 그들은 사장의 광범위한 생각을 현실적인 행동으로 옮기려면 어떻게 해야 할 것인가에 대해 생각하기 시작했고, 회의를 통해 사장의 생각을 바탕으로 구체적인 목적과 계획 등에 대해 언급하고 결국 기획안이 만들어졌다. 프로젝트 팀은 이 기획안을 직원들과 외부 전문가에게 보냈고 이후 돌아온 피드백 결과는 대체로 긍정적이었다.

작성된 기획안은 수요일 아침에 사장에게 전달되었다. 그런데 금요일 오후가 될 때까지 이 기획안에 대한 어떤 의견도 사장으로부터 들을 수 없었고 부사장은 점차 걱정하기 시작했다. 물론 사장이 주요 고객들과의 미팅이 많기 때문에 그럴 수 있으리라 생각하면서도 그가 가장 중요한 것으로 생각하고 우선적으로 검토하겠다고 했기 때문에 피드백이 지연되고 있는 점에 대해 의아하게 생각할 수밖에 없었다. 그런데 금요일 오후가 되어 사장은 부사장을 호출하여 제출한 기획안에 대해 부정적인 의견을 피력하며 빠른 시일 내에 새로운 기획안을 제출하라고 요구하였다.

부사장은 이 말에 아연실색하였고, 사장의 반응을 들은 팀원들 역시 같은 반응을 보였다. 더구나 유연하게 진행되지 못하고 있는 회사 변신 방향을 완전히 다른 각도에서 새롭게 살펴보라는 말이 강조되어 있었다. 이제 팀원들은 어떤 방법도 회사 발전에 도움이 될 것 같지 않다는 느낌을 갖게 되었다. 그렇지만 사장은 팀원들을 격려하면서 자신이 강력하게 후원할테니 팀원들은 다른 관점을 모색해보라고 하였다. 부사장은 사장이 회의에 참석을 하면 할수록 프로젝트가 올바른 방향으로 갈 것이라고 생각하여 사장에게 회의 참석을 요청하기도 하였다. 그리고 거의 1년이 지난 후 팀은 수정 기획안을 작성하여 사장에게 보고하였다.

사장은 금요일 저녁 부사장 집으로 전화하여, 다음 주 월요일 아침에 프로젝트 관련 회의를 하자고 하였다. 그리고 조금 수정을 하면 될 것이고 어느 정도 방향성이 잡힌 것 같다는 언급을 하였다. 전화를 끊고 난 후 부사장은 눈물이 핑 돌고 있는 것을 느낄 수 있었다. 많은 시간과 노력을 경주했기 때문에 다음 월요일이면 마무리될 수 있을 것으로 생각했다. 그런데 월요일이 되자, 사장은 또 다른 비전을 제시하며 처음부터 다시 시작해보자고 하였다.

### 질문

1. 콜먼 사장을 비전 리더로 평가할 수 있는가?
2. 〈도표 13-1〉에서 분류하고 있는 방식에 근거하여 콜먼 사장을 분류하면 어떤 유형인가? 또 부사장은 어떤 유형인가?
3. 만약 자신이 디콘 부사장이라면 어떻게 하겠는가?

## 미주

1. Sharda Prashad, "The Value Chain," *Canadian Business* (February 17-March 2, 2009), pp. 65–69.
2. This image comes from Lisa Haneburg, "Recalculating the Route," *The Conference Board Review* (March–April 2009), p. 13.
3. Quoted in Pat McHenry Sullivan, "Finding Visions for Work and Life," *Spirit at Work* (April 1997), p. 3.
4. Ireland and Hitt, "Achieving and Maintaining Strategic Competitiveness."
5. Louisa Wah, "The Dear Cost of 'Scut Work,' " *Management Review* (June 1999), pp. 27–31.
6. Gary Hamel and C. K. Prahalad, "Seeing the Future First," *Fortune* (September 5, 1994), pp. 64–70.
7. Ray Maghroori and Eric Rolland, "Strategic Leadership: The Art of Balancing Organizational Mission with Policy, Procedures, and External Environment," *The Journal of Leadership Studies* 4, no. 2 (1997), pp. 62–81.
8. This discussion is based heavily on Paul J. H. Schoemaker, Steve Krupp, and Samantha Howland, "Strategic Leadership: The Essential Skills," *Harvard Business Review* (January–February, 2013), pp. 131–134.
9. Adam Bryant, "The Importance of Painting a Clear Picture" (an interview with John Riccitiello), *The New York Times* (November 26, 2011), http://www.nytimes.com/2011/11/27/business/electronic-arts-chief-on-painting-a-consistent-picture.html?pagewanted=all&_r=0 (accessed June 4, 2013).
10. Conference Board study, reported in John J. Sosik, Don I. Jung, Yair Berson, Shelley D. Dionne, and Kimberly S. Jaussi, "Making All the Right Connections: The Strategic Leadership of Top Executives in High-Tech Organizations," *Organizational Dynamics* 34, no. 1 (2005), pp. 47–61.
11. Burt Nanus, "Leading the Vision Team," *The Futurist* (May–June 1996), pp. 20–22; Warren Bennis and Burt Nanus, *Leaders: The Strategies for Taking Charge* (New York: Harper & Row, 1985); and Burt Nanus and Stephen M. Dobbs, *Leaders Who Make a Difference: Essential Strategies for Meeting the Non-Profit Challenge* (San Francisco: Jossey-Bass, 1999).

12. R. J. Baum, E. A. Locke, and S. Kirkpatrick, "A Longitudinal Study of the Relations of Vision and Vision Communication to Venture Growth in Entrepreneurial Firms," *Journal of Applied Psychology* 83 (1998), pp. 43–54; studies reported in Anthony Bell, "Using Vision to Shape the Future," *Leader to Leader* (Summer 2007), pp. 17–21; and Sharda Prashad, "The Value Chain," *Canadian Business* (February 17–March 2, 2009), pp. 65–69.

13. Robert S. Kaplan, "What to Ask the Person in the Mirror," *Harvard Business Review* (January 2007), pp. 86–95.

14. Roger Thurow, "Different Recipe; To Tackle Hunger, a Food Bank Tries Training Chefs," *The Wall Street Journal* (November 28, 2006), pp. A1, A13; and Joseph Weber, "Waging War on Hunger," *BusinessWeek* (May 16, 2005), pp. 94, 96.

15. Andrea Kilpatrick and Les Silverman, "The Power of Vision," *Strategy & Leadership* 33, no. 2 (2005), pp. 24–26.

16. Andrew Douglas, John O. Burtis, and L. Kristine Pond-Burtis, "Myth and Leadership Vision: Rhetorical Manifestation of Cultural Force," *The Journal of Leadership Studies* 7, no. 4 (2001), pp. 55–69.

17. This section is based on Burt Nanus, *Visionary Leadership* (San Francisco: Jossey-Bass, 1992), pp. 16–18; and Richard L. Daft and Robert H. Lengel, *Fusion Leadership: Unlocking the Subtle Forces That Change People and Organizations* (San Francisco: Berrett-Koehler, 1998).

18. Alan Deutschman, "Can Google Stay Google?" *Fast Company* (August 2005), pp. 62–68.

19. Oren Harari, "Looking Beyond the Vision Thing," *Management Review* (June 1997), pp. 26–29; and William D. Hitt, *The Leader-Manager: Guidelines for Action* (Columbus, OH: Battelle Press, 1988), p. 54.

20. Nancy Chambers, "The Really Long View," *Management Review* (January 1998), pp. 11–15; and Arie de Geus, "The Living Company," *Harvard Business Review* (March–April 1997), pp. 51–59.

21. Study reported in Edward Prewitt, "Watch What You Say," *CIO* (November 1, 2005), p. 26.

22. Roger E. Herman and Joyce L. Gioia, "Making Work Meaningful: Secrets of the Future-Focused Corporation," *The Futurist* (December 1998), pp. 24–26.

23. James M. Kouzes and Barry Z. Posner, *The Leadership Challenge: How to Get Extraordinary Things Done in Organizations* (San Francisco: Jossey-Bass, 1988), p. 98.

24. Marshall Sashkin, "The Visionary Leader," in Jay Conger and Rabindra N. Kanungo, eds., *Charismatic Leadership: The Elusive Factor in Organizational Effectiveness* (San Francisco: Jossey-Bass, 1988), pp. 122–160.

25. Anthony Bell, "Using Vision to Shape the Future," *Leader to Leader* (Summer 2007), pp. 17–21.

26. William F. Powers, segment in Polly LaBarre, ed., "What's New, What's Not" (Unit of One), Fast Company (January 1999), p. 73.

27. Gregory Gull, "Lead with Vision: Develop Your Thinking Skills," *Leadership Excellence* (November 2011), p. 9; and Dave O'Connell, Karl Hickerson, and Arun Pillutla, "Organizational Visioning: An Integrative Review," *Group & Organization Management* 36, no. 1 (2011), pp. 103–125.

28. Peter M. Senge, *The Fifth Discipline: The Art and Practice of the Learning Organization* (New York: Doubleday/Currency, 1990), pp. 205–225.

29. This is based on Tara Jones, "What's Your Vision?" *Leadership Excellence* (March 2010), pp. 6–7; James M. Kouzes and Barry Z. Posner, "To Lead, Create a Shared Vision," *Harvard Business Review* (January 2009), pp. 20–21; Robert P. Hewes, "Power of Visioning," *Leadership Excellence* (October 2012), p. 14; and Ari Weinzweig, "Step into the Future," *Inc.* (February 2011), http://www.inc.com/magazine/20110201/creating-a-company-vision.html (accessed June 4, 2013).

30. Donald T. Phillips, *Lincoln on Leadership: Executive Strategies for Tough Times* (New York: Warner Books, 1992), pp. 162–165.

31. Weinzweig, "Step into the Future"; "About Us," *ZingTrain*, Zingerman's Web site, http://www.zingtrain.com/about-us/ (accessed June 4, 2013); Micheline Maynard, "The Corner Deli That Dared to Break Out of the Neighborhood," *The New York Times* (May 3, 2007), p. C1; and Bo Burlingham, "The Coolest Small Company in America," *Inc.* (January 2003), pp. 65–74.

32. Susan Ellingwood, "On a Mission," *Gallup Management Journal* (Winter 2001), pp. 6–7; and Jim Collins, "What Do You Stand For? It's Not Just about What You Make," *Leadership Excellence* (October 2011), p. 5.

33. Bill George, "The Company's Mission Is the Message," *strategy+business* 33 (Winter 2003), pp. 13–14; and Jim Collins and Jerry Porras, *Built to Last: Successful Habits of Visionary Companies* (New York: Harper- Business, 1994).

34. Ellingwood, "On a Mission."

35. Art Kleiner, George Roth, and Nina Kruschwitz, "Should a Company Have a Noble Purpose?" *The Conference Board Review* (January–February 2001).

36. This discussion is based on Nikos Mourkogiannis, "The Realist's Guide to Moral Purpose," *strategy+business* 41 (Winter 2005), pp. 42–53; and Nikos Mourkogiannis, "Purpose: The Starting Point of Great Leadership," *Leader to Leader* (Spring 2007), pp. 26–32.

37. Deutschman, "Can Google Stay Google?"

38. Brian X. Chen, "Samsung Emerges as a Potent Rival to Apple's Cool," *The New York Times* (February 10, 2013), http://www.nytimes.com/2013/02/11/technology/samsung-challenges-apples-cool-factor.html?pagewanted=all (accessed February 11, 2013); Bill Breen, "The Seoul of Design," *Fast Company* (December 2005), pp. 90–99; and Peter Lewis, "A Perpetual Crisis Machine," *Fortune* (September 19, 2005), pp. 58–76.

39. Mourkogiannis, "Purpose: The Starting Point of Great Leadership."

40. Steve Lohr, "Apple, a Success at Stores, Bets Big on Fifth Avenue," *The New York Times* (May 19, 2006), p. C1; and Michael V. Copeland, "The Apple Ecosystem," *Fortune* (November 23, 2009), pp. 102–109.

41. Loch et al., "Finding the Profit in Fairness."

42. Mourkogiannis, "The Realist's Guide to Moral Purpose."

43. John E. Prescott, "Environments as Moderators of the Relationship Between Strategy and Performance," *Academy of Management Journal* 29 (1986), pp. 329–346.

44. C. Chet Miller and Laura B. Cardinal, "Strategic Planning and Firm Performance: A Synthesis of More Than Two Decades of Research," *Academy of Management Journal* 37, no. 6 (1994), pp. 1649–1665.

45. Sydney Finkelstein and Donald C. Hambrick, *Strategic Leadership: Top Executives and Their Effect on Organizations* (St. Paul, MN: West Publishing, 1996), p. 23.

46. Ireland and Hitt, "Achieving and Maintaining Strategic Competitive- ness."

47. Personal story heard at Farmer's Restaurant in Tenants Harbor, Maine.

48. Rafael Gerena-Morales, "How a Harlem Hospital Healed Itself," *The Wall Street Journal* (June 22, 2006), p. B1, p. B5.

49. Gregory M. Bounds, Gregory H. Dobbins, and Oscar S. Fowler, *Man- agement: A Total Quality Perspective* (Cincinnati, OH: South-Western, 1995), p. 244; and Michael Treacy, "You Need a Value Discipline — But Which One?" *Fortune* (April 17, 1995), p. 195.

50. L. J. Bourgeois III and David R. Brodwin, "Strategic Implementation: Five Approaches to an Elusive Phenomenon," *Strategic Management Journal* 5 (1984), pp. 241–264; Anil K. Gupta and V. Govindarajan, "Business Unit Strategy, Managerial Characteristics, and Business Unit Effectiveness at Strategy Implementation," *Academy of Management Journal* (1984), pp. 25–41; and Michael K. Allio, "A Short Practical Guide to Implementing Strategy," *Journal of Business Strategy* 26, no. 4 (2005), pp. 12–21.

51. 2004 Economist survey, reported in Allio, "A Short, Practical Guide to Implementing Strategy."

52. M. Corboy and D. O'Corrbui, "The Seven Deadly Sins of Strategy," *Management Accounting* 77, no. 10 (1999), pp. 29–33.

53. Ibid.

54. W. Robert Guffey and Brian J. Nienhaus, "Determinants of Employee Support for the Strategic Plan," *SAM Advanced Management Journal* (Spring 2002), pp. 23–30.

55. Jennifer Reingold, "Home Depot's Total Rehab," *Fortune* (September 29, 2008), pp. 159–166.

56. Bruce Horovitz, "Payless Is Determined to Put a Fashionably Shod Foot Forward," *USA Today* (July 28, 2006), p. B1.

57. Thanks to Russell Guinn for the story on which this example is based.

58. Based on Gregory A. Patterson, "Land's End Kicks Out Modern New Managers, Rejecting a Makeover," *The Wall Street Journal* (April 3, 1995), p. A1, p. A6.

Chapter 14

# 조직문화와 가치

## 학습목표

이 장을 공부하면

- 왜 조직문화 형성이 리더의 주된 역할이 되는지를 이해할 수 있다.
- 저항문화와 반대되는 적응문화의 특징을 이해할 수 있다.
- 의례의식, 스토리, 심볼, 언어, 선발과 사회화, 일상행동 등을 통한 리더의 조직문화와 가치 형성 방법에 대해 이해할 수 있다.
- 적응, 성취, 참여, 일관성 문화와 연관된 문화적 가치와 각 문화 유형과 연관된 환경 조건 등에 대해 알아 볼 수 있다.
- 가치 기반 리더로서 조직문화에 건전한 가치를 주입하는 역할에 대해 이해할 수 있다.
- 영성 리더십의 원칙을 이해할 수 있다.
- 조직 가치와 성과의 관점을 바탕으로 하는 고성과 문화의 창출 방안에 대해 알 수 있다.

토니 시에Tony Hsieh(자포스닷컴Zappos.com의 前 CEO)의 최고 목표는 인터넷에서 신발을 판매하여 소득을 올리는 것이 아니고 직원들과 고객들을 행복하게 만드는 일이다. 자포스사의 대부분의 직원들은 시간급 콜센터 직원들로 구성되어 있고, 이들은 산업평균 급여나 복리후생비 대비 적은 혜택을 받고 있음에도 조직에 대한 많은 긍정적 생각을 가지고 있다. 사내에 피트니스fitness 시설은 없더라도 수면실과 풀타임 라이프 코치를 제공하여 직원들이 직장생활의 어려움이나 상담이 필요한 경우 언제든지 이용할 수 있도록 배려하고 있다. 또한 직원들은 회사에서 자신만의 개성을 맘껏 펼칠 수 있고, 고객을 위한 어떠한 자율성도 부여받고 있다. 이 회사의 직원들은 '고귀해져라', '학습과 성장을 추구하라' 등과 같은 10개의 핵심가치를 근간으로 근무하며, 관리자들은 업무시간 10~20% 정도를 직원들과 관계 형성에 보내도록 의무화되어 있다. 그렇다보니 업무 외 시간에 직원들과 함께하는 시간이 많고 해피타임이나 파자마파티 등이 자주 있다. 입사 인터뷰를 할 때 이 회사의 경영자들은 후보자들의 창의성과 퍼스낼리티, 그리고 긍정적 태도 등을 살펴보고, 이러한 특성들이 더욱 발전할 수 있는 환경과 조건을 만들어준다. 이와 같은 독특한 조직문화로 인해 회사는 매출과 이익이 신장될 수 있었고, 포춘의 '일하고 싶은 직장' 23위에 랭크되기도 하였다. 이 회사의 사장인 시에는 회사가 조직문화를 잘 만들어가면 고객 서비스나 브랜드 관리 등은 원만하게 이루어진다고 강조하고 있다.[1] 즉 자포스닷컴의 사례에서 볼 수 있는 점은 직원들을 우선시하는데 가치를 부여하고 이와 관련된 조직문화를 창출하고 있다.

토니 시에

미국 자동차사 제너럴모터스(GM)는 2011년 기업이 부도나고 결국 연방정부의 구제금융을 받은 적이 있다. 구제금융 이후 투입된 경영진들은 GM을 생환시키기 위해 다양한 경영제도와 구조적 시스템을 개선하였는데 그 중 가장 핵심적으로 추진한 일은 조직가치를 다른 관점에서 검토한 새로운 조직문화를 형성한 점이다. 즉 GM은 오랜 세월동안 자동차산업에서 규모와 매출의 차원에서 선두를 고수하고 있었으며 이로 인해 팽배된 자만과 관료적 문화를 개선하기는 쉽지 않았다. 결국 신임 회장인 단 아커슨Dan Akerson은 기업문화를 전환하는 과정에서 여성을 임원의 서열에

발탁하였는데, 그 이유는 여성임원의 수를 늘림으로써 조직문화를 획기적으로 바꿀 수 있다고 믿었기 때문이다. 사실 전통적으로 자동차산업은 남성위주의 기업문화 특성이 강했고 따라서 '남자다움을 과시하는' 유형의 제품이 선보이는 경우가 많았다. 아커슨 회장은 이런 제한점에 직면하여 메리 바라Mary Barra 글로벌 인적자원부사장을 글로벌제품개발부 수석부사장으로 승진시켜 신차개발의 혁신을 도모하였다.[2]

13장에서는 비전 수립과 전략 실행의 측면을 학습하였기 때문에, 성공적 리더라면 조직문화가 전략목표와 비전 달성에 도움을 준다는 점을 인식할 것이다. 즉, 리더들은 사기와 성과를 높이는 조직문화 환경을 만들기 위해 구성원들을 회사의 비전과 정렬시킨다. 이와 같이 조직문화는 회사성과에 직접적으로 영향을 미치기 때문에 그 효과성이 강력하다. 구글Google, 사우스웨스트 항공Southwest Airlines, 애플Apple 등과 같이 우량기업들이 성공할 수 있었던 것은 리더가 창출하는 가치있는 조직문화 때문이라고 한다. 반면에 조직문화로 인해 역기능이 형성되는 경우도 있는데, 그 대표적인 예로서 엔론Enron, 베어 스턴스Bear Stearns, GM 등을 들 수 있는데 이들 기업은 비적응적 조직문화로 인해 회사가 위기에 빠지기도 하였고, 파산하기도 하였다.

14장은 조직문화와 조직 가치관의 중요성을 강조하고 있으며 건전한 문화와 가치를 구축하기 위한 리더의 역할 등을 설명하고 있다. 조직문화와 관련하여 대부분 리더들은 회사의 문화와 적합한 직원들을 모집·확보하고 있으며, 조직문화가 탁월한 조직의 역량을 형성하는 중요한 메커니즘이 된다는 것을 잘 알고 있다.[3] 문헌과 연구 보고서에 따르면, 강한 조직문화를 가진 기업이 그렇지 않은 기업보다 2배 이상의 재무적 성과를 낸다고 한다.[4] 이와 관련하여 이번 장에서는 조직문화의 중요성, 그리고 이러한 문화가치의 공유를 통해 경쟁력 있는 조직믈 만드는 방안과 리더는 고성과 조직가치에 어떻게 영향을 미치는지 살펴보도록 하겠다. 또한 조직 상황에 따라 특정한 조직가치를 리더들이 고려해야 되는 점을 살펴보고, 마지막으로 윤리와 영성적인 측면에서 올바른 가치관이 무엇이며, 가치중심 리더십value based leadership이 어떻게 조직문화 분위기를 형성하는지 살펴보도록 하겠다.

## 조직문화

조직문화는 조직성과에 긍정적 혹은 부정적으로 영향을 미치기 때문에 그 의미는 대단하다고 볼 수 있다. 구글, 사우스웨스트 항공, 애플과 같은 성공 기업들은 그들이 성공한 이유를 리더들이 창출한 그들만의 독특한 조직문화 때문이라고 한다. 그런데 혁신적인 조직문화는 구글을 성공하게 하지만, 베어스 스턴과 같이 잘못된 조직문화 기업은 역기능적인 조직문화 때문에 망할 수밖에 없었다. 즉 조직문화가 어떤가에 따라 기업의 성공과 실패가 결정된다. 또한 신속하게 변화하는 경영환경의 변화로 인해 기업의 조직문화도 여기에 걸맞게 변화해야 하는 경우가 많다. 새로운 환경에 적응하기 위한 새로운 가치관과 조직문화를 창출하지 못하면 기업은 환경에 적응하지 못해 쇠퇴하는 경우가 많다. 이에 따라 리더는 환경변화와 전략이 새롭게 요구하는 조직문화를 창출할 책임이 있다.[5]

### 문화란 무엇인가

일반적으로 문화culture는 조직의 특성이나 개성으로 인식한다. 그렇다면 특정 조직을 문화와 관련하여 어떻게 구별할 수 있을까? 다음 2개 조직을 비교해보면 서로 조직문화가 확연하게 다르다는 것을 알 수 있을 것이다. 엑슨 모빌Exxon Mobil 정유회사의 정문을 들어가면 보수적인 이 회사 문화를 느낄 수 있는데, 정장 타입의 직원들 모습과 잘 정돈된 책상이나 배치물, 치열한 경쟁의 직장분위기, 그리고 엄격하고 분석적인 업무운영 방식이 그 예이다. 반면에 자포스사는 유머를 기업 핵심가치로 삼고, 직원들은 정장보다 캐주얼 타입의 복장을 주로 입고, 편안하고 자연스러운 모습을 조직내부에서 느낄 수 있다. 책상 위에는 먹고 남은 피자 박스나 콜라 캔 등이 자연스럽게 놓여 있는 등 자유로운 조직 분위기를 느낄 수 있다. 이와 같이 2개 회사 간에 상반된 문화가 존재하지만, 공통적으로 이들 회사 모두 높은 성과를 달성하고 있다.

조직문화를 구성하는 일련의 핵심가치인 가정assumption, 이해, 규범 등은 구성원들에게 공유되고 신입사원들은 이러한 무형가치를 전수받는다.[6] 여기서 규범norms은 구성원들 간에 수용되고 바람직하게 허용되는 행동이 무엇인가를 규정하는 공유 기준이라 할 수 있다. 즉, 구성원들은 이러한 조직문화 구성요소를 통해 조직 내·외부의 도전과제에 어떻게 대응할 것인지를 인식하게 되고, 이러한 느낌이나 규범 등은 신입사원들에게 공유되어 지속적으로 행동 규범을 발전시키게 된다.[7]

조직문화는 〈도표 14-1〉과 같이 세 가지 차원으로 구성된다.[8] 가장 표면적인 차원은 의상, 매너, 행동패턴, 외형적 심벌, 의례의식, 사무실 배치 등을 통해 알 수 있는데, 이는 구성원들이 쉽게 보고 느낄 수 있는 것들이다. 영국의 판매체인인 존 루이스John Lewis사를 예로 들어보자. 이 회사 직원들은 다른 경쟁업체의 직원들과 비교하여 나이가 많으며 서로 직원이라는 표현 대신 동료associate라는 호칭을

**도표 14-1 ● 조직문화의 차원**

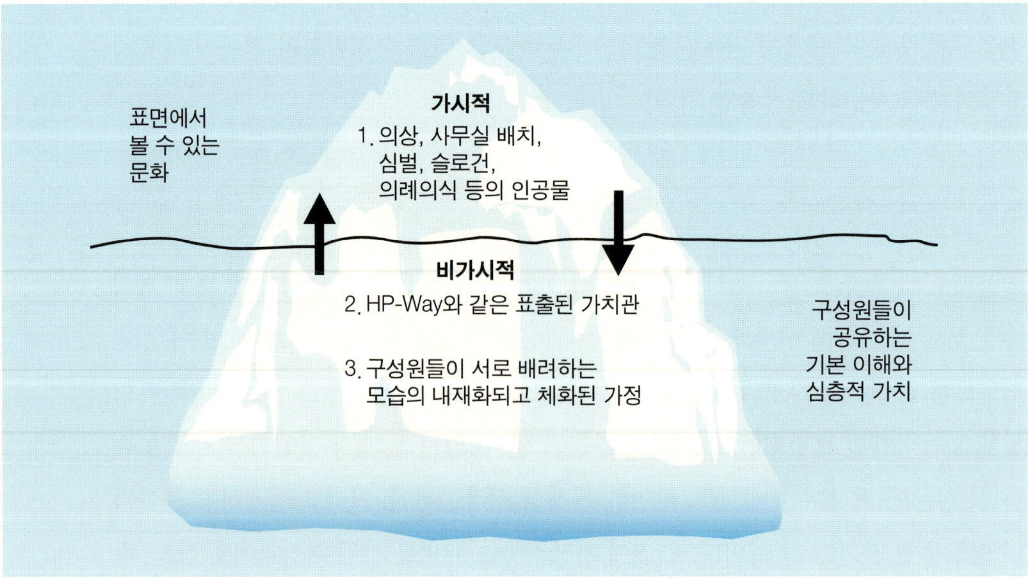

사용한다. 그리고 이 직원들은 회사이익을 공유하고 회사 운영사항에 대한 정보를 받고 있다. 경영자들의 사무실도 크지 않으며, 실무 중심이며, 화려하게 꾸며져 있지 않다.[9] 물론 이 회사의 심오한 가치관을 한 눈에 알아보기는 어렵지만 구성원들의 생각이나 설명을 들어보면 쉽게 이 회사의 가치관을 파악할 수 있다.

조직의 가치들은 쉽게 인식하기 어려운 문화의 일부분으로 구성원들의 깊은 내면에 체화되며, 이와 같이 근본적이면서 내재화된 가정들은 조직문화의 핵심이 된다. 존 루이스사의 사례에서도 이러한 점들을 살펴볼 수 있는데, 첫째, 회사는 고객을 배려하는 것처럼 구성원들을 배려하고, 둘째, 직원들은 회사로부터 배려되고 있다는 생각이 듦과 동시에 좀 더 나은 고객 서비스를 행하게 되고, 셋째, 상호신뢰와 정직성 등이 성공 비즈니스 관계의 핵심이 되는 특징을 보이고 있다. 이와 같이 가정assumptions은 일반적으로 표출된 가치로 시작하지만 점차 시간이 지나면서 심오하게 체화되고 구성원들이 당연하게 생각하고 의문의 여지가 별로 있지 않는 가치관을 말한다.

## 조직문화의 중요성

수행업무가 성공하게 되면 성공을 가져온 생각이나 가치관들이 조직문화의 일부로 제도화된다.[10] 이러한 조직문화는 구성원들에게 조직 정체성을 확보하게 하고 특정 가치나 행동 방식에 몰입하게 하는데, 보통 조직문화의 중요 기능은 내적 통합과 외적 적응의 두 가지로 분류할 수 있다.

**내적 통합** 조직문화는 구성원들에게 집단의 정체성을 형성하게 하고 효과적으로 공동업무 수행방법을 알아가는 데 도움을 준다. 또한 구성원들이 조직에서 어떻게 의사소통하고, 어떤 행동이 수용 가능하고 불가능한지를 판단하게 하고, 권력과 지위가 어떻게 배분되는지를 알게 해주는 것이 바로 조직문화이다. 또한 이러한 조직문화는 구성원들 마음속에 문서화되지 않은 규칙을 각인시켜 주고 이러한 마음속의 규칙은 구성원들의 행동을 결정하게 하고 이를 통해 조직성과에 영향을 미친다.[11]

[IN THE LEAD]에서는 빌트러스트Billtrust라고 하는 투자 신탁회사가 구성원들을 어떻게 내적 통합시키고 있는지를 보여주고 있다.[12] 이 회사와 같이 많은 기업들은 팀워크, 연대와 통합, 상호신뢰를 높이는 강력한 문화를 추구하고 있다. 신뢰의 문화에서 근무하는 종업원들은 아이디어를 공유하고 창조적이 되고 다른 사람의 생각과 지식 및 강점 등을 유연하게 받아들인다.

**IN THE LEAD Flint Lane, Billtrust**

불과 2년 만에 빌트러스트(Billtrust)사는 종업원이 45명에서 145명으로 늘어나는 성장을 이루었다. 하지만 외적으로 규모가 성장하였다는 점보다 더욱 원하는 점이 있었다. 창업주인 플린트 래인은 회사에서 구성원들 간에 즐겁고 열린 대화와 소통이 이루어지고 팀워크가 잘 돌아가는 그러한 조직이 되는 것이 더욱 중요하며 이러한 조직문화를 어떻게 만들 수 있을 것인가에 더욱 관심을 기울이고 있었다.

회사의 종업원들은 회사 내에서 누구나 자유롭게 의사소통할 수 있도록 권한이 허용되었고 자신의 일에 대해 주인의식을 갖고 있었다. 회사의 규모가 커져가면서 이 회사의 리더는 전 직원이 참석하는 타운홀 미팅을 필요로 했다. 이 미팅을 통해 경영자인 래인을 포함하여 어느 직원이나 솔직한 질문을 하고 그 질문에 대해 투명하고 정직하게 답을 하는 것을 원칙으로 했다. 뿐만 아니라 이 회사는 전사적인 차원에서 여러 가지 이벤트를 열고 있는데 예를 들면 연례행사로 팀간 탁구대회를 개최한다거나 볼링 시합 혹은 요리 경진대회 등을 열어 구성원들 간의 자유로운 참여를 유도하고 있었다.

이와 같은 비공식적이면 즐거움을 가져오는 미팅이나 행사 등은 구성원들 간의 응집력을 높였고 문화적 가치를 형성하는데 도움을 주었다. 이 회사의 직원 중 한 사람은 이와 같은 말로서 회사의 가치를 말해주고 있다. "그 동안 많은 회사가 나에게 일자를 제공해주었지만 이 회사와 같이 내가 회사의 구성원임을 느끼게 해준 회사는 없었다."[13]

빌트러스트사의 사례와 같이 강력한 조직문화를 형성하게 됨으로써 팀 구성원들은 강한 소속감과 상호 간의 신뢰가 높아지게 된다. 신뢰감을 부여해주는 회사의 종업원들은 구성원들 간에 많은 아이디어를 공유하고 창조적이 되고 자신들의 지식이나 역량을 적극적으로 발휘하려고 든다.

**외적 적응** 조직이 어떻게 외부환경에 대응하고 목표를 충족시키는지를 조직문화가 결정하기도 한다. 적절한right 조직문화의 가치는 고객들의 욕구나 경쟁업체의 움직임에 조직이 신속하게 반응하도록 한다. 또한 조직문화는 조직의 핵심목표나 특정목적을 달성하는 데 필요한 필수적인 방법에 직원들이 몰입하도록 만드는 역할을 한다.

또한 외부환경의 요구점 충족 여부에 따라 그 조직의 적절한 조직문화가 결정된다. 즉 환경에서 성공한 조직이 되기 위해서는 환경이 요구하는 가치와 전제조건 등을 조직이 표방하고 내포할 수 있어야 한다. 이는 조직과 환경의 서로 일체화될 수 있어야 성공조직의 요건이 만들어진다는 의미이다.[14] 예를 들면 경영환경이 신속성과 유연성을 요구한다면 조직문화는 부서 간에 적응성과 연대성을 강화하는 조직문화를 가지고 있어야 한다. 결론적으로 성공의 조직문화는 조직을 수익성과 건전성을 동시에 높이게 할 수 있도록 환경의 요구에 적응할 수 있게 한다.

## 문화 강도, 적응성, 그리고 성과

**문화 강도**culture strength는 조직의 특정한 가치와 행동방식의 중요성에 대해 직원들 간에 일치하고 동의하는 정도를 의미한다. 만약 구성원들 간에 공감대가 넓게 형성되면 이 조직의 문화적 색채는 강하고 응집력이 있다고 표현되지만 이런 공감대가 조직 내에서 형성되지 못한다면 그 문화는 약한 문화로 본다.[15] 그렇지만 강한 문화의 효과가 항상 긍정적인 것만은 아니다. 경우에 따라서는 강한 문화가 잘못된 가치관을 가져오게 해 조직이나 구성원들에게 해를 미치기도 한다. 비도덕 경영 활동으로 인해 파산한 베어 스턴스는 강하고 극히 경쟁적인 조직문화를 가지고 있었으나 지나치게 부와 이익에 집착하였다. 리더들도 조직에 이익을 가져온다 생각되면 비록 잘못된 구성원들의 행동도 눈감아주었으며 이로 인해 구성원들은 비윤리적인 위험한 행동을 하기도 하였다. 이러한 베어 스턴스의 경쟁 환경에 익숙해있던 어느 펀드매니저는 JP모건JPMorgan으로 회사를 옮기고 난 후 새로운 직장의 책임감accountability을 중시하는 문화에 적응하는 데 많은 어려움을 겪었다고 한다.[16]

강한 문화는 직원들이 조직가치, 목적과 전략에 몰입하고 응집할 수 있도록 하지만 간혹 그들의 문화로 인해 환경에 적응이 어렵고 비양심적 관행을 범하게 한다. 하버드 비즈니스 리뷰Harvard Business Review의 조사에 의하면, 강한 조직문화를 가진 기업들이 외부 환경에 적절히 대응하지 못함으로써 성공에 실패하는 경우가 있다고 한다.[17] 다시 말해서 적응성을 강화시키지 못한 강한 문화는 약한 조직문화를 가진 기업보다 어려움에 봉착할 가능성이 더 크다. 예를 들면 GM의 경우 정부의 재정지원을 통해 생존할 수 있었지만, 그 후 정부가 GM의 생존을 위해 내린 주된 처방이 GM의 강한 관료문화를 해체하고 전환시키는 것이었던 것을 보더라도 강한 조직문화가 자칫 조직을 병들게 할 수 있다는 교훈을 얻을 수 있다.[18]

## 적응문화

적응문화responsive cultures는 저항문화와 상이한 가치 및 행동양식을 보인다.[19] 적응문화의 리더들은 유용한 변화를 가져오는 고객과 직원, 프로세스와 절차 등을 중시하는 반면, 비적응문화의 리더들은 특정 프로젝트나 자기중심의 이익에 대해서만 관심을 기울이고, 위험 감수나 변화 추진에 심혈을 기울이지 않는다. 결국 강한 조직문화는 간혹 건강하지 못한 문화로 조직을 몰고 갈 수 있기 때문에 환경에 적응하지 못한 강한 조직문화는 긍정적 평가를 내리기 어렵다.

하지만 조직문화는 외부 환경의 요구에 항상 적합성fit을 이룰 필요는 없다. 업무 수행의 가치와 실행방안들은 조직이 과거 어떻게 조직이 운영되었는지를 나타내는데, 만약 표방하는 가치와 실제 행동이 차이를 보이면 이를 **문화 격차**culture gap라고 한다.[20] 기업들이 이런 문화 격차를 인식하지 못하는 경우도 있지만, 적응 가치 문화로 전환시키기 위한 중요한 단계는 구성원들이 잘못된 가치관에 집착하거나, 중요한 가치관이 구성원들에게 체화되고 있지 않고 있다는 점을 인식하게 되면서 시작된다.[21]

두 회사가 합병하는 경우 서로 다른 문화로 인한 격차가 존재하게 되면 물리적 합병이 이루어지더라도 진정한 화합적 통합이 이뤄지기 어렵다. 예를 들면, 페덱스와FedEx와 킨코스Kinko's의 합병은 매우 험난했었는데, 그 이유는 양사가 서로 매우 다른 조직문화를 가지고 있

**도표 14-2 ● 적응문화와 비적응문화**

| | 적응문화 | 비적응문화 |
|---|---|---|
| 가시적 행동 | 리더는 모든 이해관계자들에 관심을 기울이고 고객이나 종업원, 파트너 등에게 도움을 줄 수 있다면 리스크를 감수하면서 변화를 추구한다. | 관리자들은 정치적인 성향이 높고, 자기중심적 생각을 주로 한다. 이러한 문화 환경은 변화 환경에 신속하게 적응하기 위해 목표나 전략을 수정하려고 하지 않는다. |
| 표면적 가치 | 리더는 고객이나 종업원, 혹은 수많은 이해관계자들을 배려하며, 조직에 유용한 변화를 가져오는 절차나 운영 메커니즘에 가치를 부여한다. | 관리자들은 자신의 관심사에 주로 집중하고 자신의 부서나 팀과 직접 관련 있는 기술이나 제품 등에 관심을 갖는다. 서열을 중시하고 리스크를 감수하면서 변화를 추구하는 노력에 가치를 두지 않는 편이다. |
| 암묵적 전제 | 조직 전체를 중시하고 타인에 대한 신뢰를 강조한다. | 자신의 욕구 충족이 중요하고 타인에 대한 불신이 높다. |

출처: Based on John P. Kotter and James L. Heskett, *Corporate Culture and Performance* (New York: The Free Press, 1992), p. 51.

었기 때문이다. 킨코스는 매우 자유분방한 조직문화를 가지고 있는 반면, 페덱스는 구조적이고 획일적이고, 규율중심의 조직문화를 갖고 있었다. 페덱스가 킨코스를 합병한 이후 5년이 지난 이후에도 관리자들은 아직도 킨코스의 조직문화를 지우지 못하고 이에 시달리고 있다고 한다.

전략차원에서 인수합병이 대세를 이루고 있지만 실제 많은 기업들이 인수합병의 긍정적 효과를 보지 못하고 있다. 맥킨지McKinsey & Company 조사에 의하면, 인수합병 이후 인수기업의 매출이 20% 정도 떨어진다고 한다. 또한 인수합병한 기업의 90% 정도가 애초 기대했던 것보다 못한 성과를 달성하고 있다고 조사되기도 하는데,[22] 그 이유 중 하나는 양사의 조직문화 통합이 어렵기 때문이다. 그래서 합병을 추구하고자 하는 조직의 리더들은 조직문화의 규범과 가치에 중점을 둔 인사시스템이 어떤 변화를 주도하는지 혹은 변화를 망치는지를 명심하고 있어야 한다. 이와 같은 합병의 문제점들로 인해 글로벌 기업이나 이문화cross-cultural 기업의 인수나 합병을 주저하게 된다.

## 고성과문화

조직문화는 경영환경의 새로운 기회와 도전에 혁신적으로 대응하고, 위협에 효과적으로 대처할 수 있는 조직 분위기 및 풍토를 만드는 중요한 역할을 한다. 적응과 변화를 촉진시키는 강한 조직문화는 구성원들을 동기부여시키고 열정을 불러일으키고 공유 미션과 목적 달성을 통합하고, 모든 구성원들의 행동을 전략 우선순위에 집중시키게 함으로써 조직성과를 높이게 한다. 그래서 적응문화를 창출하고 그 영향을 미치게 하는 일은 리더에게 매우 중요한 직무가 된다. 결론적으로 **적절한right 문화는 고성과를 창출시킨다.**[23]

조직문화와 성과의 긍정적인 관계는 수많은 연구에서 증명되고 있다.[24] 코터Kotter와 헤스켓Heskett은 저서 「조직문화와 성과Corporate Culture and Performance」에서 의도적으로 관리된 문화가치를 지닌 기업이 그렇지 않은 기업보다 성과가 우월하다는 증거를 제시하고 있다.[25] 또한 기업들은 조직성과에 미치는 문화의 영향

력을 측정하고 관리하는 체계적 방법을 개발하기도 하였다. 캐터필러Caterpillar Inc.사의 경영자들은 CAPCultural Assessment Process라고 불리는 진단도구를 사용하여 조직 문화로 인해 야기되는 긍정적인 효과를 규명한 증거를 임원들에게 제공하고 있다.[26] 그런가 하면 미국 연방정부에서도 문화와 성과의 관계를 중요하게 생각하고, 미국 인사관리처U.S. Office of Personnel Management는 조직평가 설문조사Organizational Assessment Survey를 연방정부기관들에게 돌려 문화와 가치가 고성과에 미치는 연관성을 측정하도록 하고 있다.[27]

성공 조직의 리더는 조직가치와 사업성과를 모두 신중하게 고려한다. 〈도표 14-3〉의 내용은 리더가 조직 가치관과 사업부 재무성과를 중시하는 정도에 따라 4분면으로 구별할 수 있다. 예를 들면 C분면의 리더의 경우는 조직문화의 가치나 사업성과를 모두 고려하지 않는 조직의 리더라고 볼 수 있고, D분면의 리더는 강력한 조직문화 창출을 추구하지만 목표나 추구하는 성과와 가치관과 연결시키려 하지 않는다.

리더가 기업의 가치관을 조직성과와 연계시키지 않게 되면 조직이 어려운 상황에 직면해 있을 때 조직의 가치관이 조직에 긍정적인 혜택을 주지 않는다. 예를 들면 덴마크에 본사를 두고 있는 레고 회사는 어린애들이 장난감보다 비디오 게임 등에 관심을 갖게 되어, 매출액이 감소하는 어려운 재정 상황에 직면하였다. 이때 레고의 CEO는 〈도표 14-3〉의 D사분면의 특징을 나타내고 있었다. 레고는 전통적으로 창의성과 상상력을 중시하였지 매출성과를 중시하지 않는 문화를 가지고 있었다. 회사가 표방하는 태도 역시도 어린애들이 즐기는 장난감을 만드는데 주안점을 두고 매출성과 때문에 영향 받지는 않는다는 점을 강조하고 있었다. 이러한 상황에서 신임 CEO 외르겐 비 크누드스토르프Jorgen vig Knudstorp는 새로운 종업원 모토를 제시하고 기존의 경영철학과 가치관을 전환하는 노력을 기울였다. 즉 레고는 그 동안에 강조하지 않았던 수익과 매출을 강조하였고, 이러한 리더의 변화된 태도와 가치관은 레고를 새롭게 성공한 기업으로 만들 수 있었다.[28]

〈도표 14-3〉의 A사분면에 있는 리더는 주로 매출실적 등에 관심을 기울이고 가치관은 별로 중요하게 생각하지 않는다. 이와 같은 접근법은 단기적으로 이익을 가져오지만 장기적으로 성공을 유지하기 어려운데, 그 이유는 조직의 구성원들을 결

**도표 14-3 ● 조직문화와 성과의 결합**

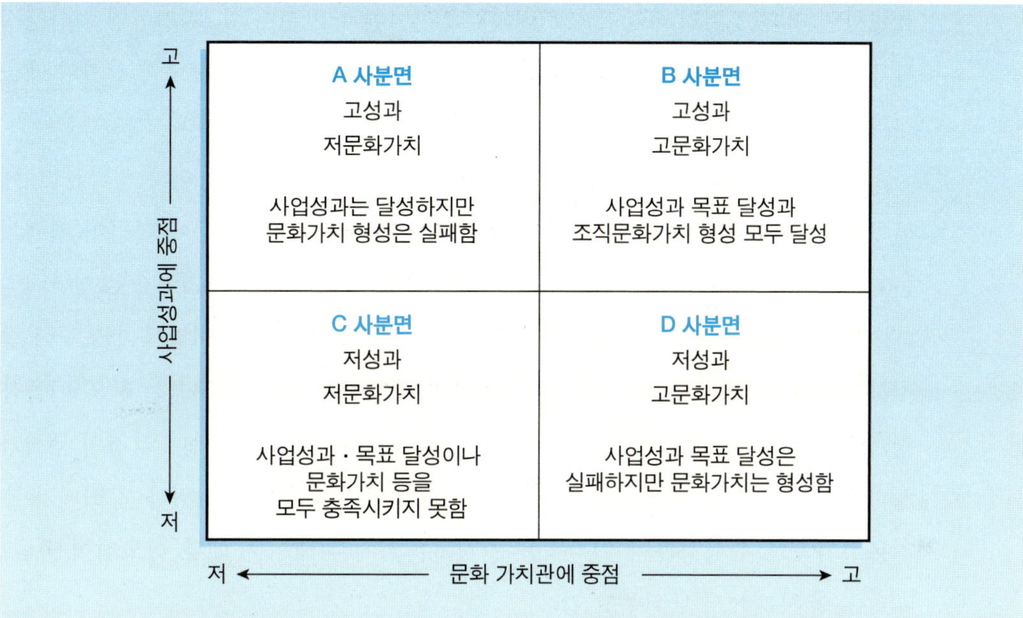


출처: Adapted from Jeff Rosenthal and Mary Ann Masarech, "High-Performance Cultures: How Values Can Drive Business Results," *Journal of Organizational Exellence* (Spring 2003), pp. 3–18; and Dave Ulrich, Steve Kerr, and Ron Ashkenas, Figure 11-2, GE Leadership Decision Matrix, *The GE Work-Out: How to Implement GE's Revolutionary Method for Busing Bureaucracy and Attaching Organizational Problems—Fast!* (New York: McGraw-Hill, 2002), p. 230.

합시키고 뭉치게 하는 원동력이 사라지기 때문이다. 예를 들면 4년차 신생기업인 징가Zynga는 웹상의 소셜게임회사로서 매출액만을 강조하여 회사가 큰 위기에 직면하게 되었다. 이 회사는 2011년 8억 2,800만 달러의 경이적인 매출을 달성했고 이 수치는 전년도보다 2배 많은 액수였다. 보통 인터넷 창업기업들과 달리 이 회사는 수익성 목표 달성에 욕심을 내고 있었다. 이와 같이 막대한 재정성과를 내는 회사에 근무하는 것이 매우 흥미있고 의미 있는 일이라고 생각하기 쉽다. 하지만 실제 이들 회사의 종업원들은 실적을 내지 못하면 해고되기 일쑤이고 조직을 한 마음으로 뭉치게 하는데는 관심을 보이지 않고 단지 성과 달성과 매출 신장만을 강조하는 편이었다. 결국 이러한 회사는 단기적으로 재무성과를 높이는 데는 성공했지만 긍정적인 조직문화의 창출을 하지 못한 가운데 한계에 직면하게 되었다. 결과적으로 회사의 가치 있고 유능한 종업원들은 다른 회사에 이직을 고려하는 상황이 빈번해졌다.[29]

B사분면의 조직의 경우를 보자. 이러한 유형의 조직은 장기간 성공을 유지하는 조직 유형으로서 조직이 성공을 견인하는데 조직의 가치와 사업성과 모두를 중요하

게 고려하는 경우이다. 이러한 조직 형태를 **고성과 조직문화**high-performance culture라고 표현하며 이런 조직의 특징은 (1)명백한 조직 미션과 비전이 있고 (2)경영 의사결정과 사업관행을 주도하는 공유가치를 가지고 있으며, (3) 조직의 문화적 가치와 매출성과를 모두 높이도록 구성원들이 주인의식을 갖도록 독려하고 있다.[30]

B사분면의 리더는 조직의 일반적인 업무관행, 즉 종업원 채용이나 성과관리, 예산, 승진이나 보상조건 등을 모두 기업의 가치관과 연동시킨다. 예를 들어 잭웰치는 GE의 회장으로 재임시 GE를 가장 성공한 기업이자 존경받는 기업으로 성장시켰다. 그런데 그가 대단한 성과를 낼 수 있는 원동력은 얼마나 부서장들이 조직이 중시하는 가치를 지키고 달성했는가를 기준으로 평가하였기 때문이다. 물론 이들을 평가할 때 단순히 조직의 문화 가치만을 중시한 것은 아니고 얼마나 각자의 부서가 성과를 효과적으로 잘 달성하고 있는지에 대해서도 강조하고 있었다.[31] 리더가 조직문화가치와 조직성과의 연결성을 중시하는지에 대해서는 멘로 이노베이션Menlo Innovations의 사례에서 보여주고 있다.

GE와 멘로 이노베이션과 같은 고성과조직의 리더들은 조직가치와 성과 모두를 중요하게 생각한다. 경영컨설팅업체닌 부즈 알랜 해밀턴Booz Allen Hamilton과 아스펜 연구소Aspen Institute가 발간하는 조직가치보고서에 따르면, 탁월한 재무성과를 내는 조직의 리더들은 조직의 가치관과 조직의 성과 달성 방식을 적절히 연계시키고 있다고 한다.[32]

이와 같은 특징을 보이는 고성과 조직문화는 조직 성공의 견인차로서 가치뿐만 아니라 확실한 사업성과를 강조해야 하며 그래서 리더들은 조직의 관리활동들, 즉 채용관행, 성과관리, 예산배정, 승진과 보상 기준 등과 조직의 가치를 일관성 있게 정렬시켜야 한다. 경영컨설팅업체인 부즈 알랜 해밀턴Booz Allen Hamilton사와 아스펜 연구소Aspen Institute의 조직가치 연구보고서에 따르면, 탁월한 재무성과를 내는 기업의 리더들은 조직의 가치와 조직운영방식을 직접 연계시킨다고 한다.[33] 예를 들면, 시스코사는 성과 평가와 보상 시스템이 회사의 조직가치인 통합과 개방성, 그리고 신뢰 등에 얼마나 잘 접목이 되고 있는가를 수시로 검토하고 있다.[34]

고성과 조직문화를 창출하는 과정에서 리더들이 명심해야 할 사항이 있는데, 조직의 성과와 가치가 서로 연결고리가 있는가이다. 리더가 조직가치를 성과에 연동시키지 못한다면 조직이 어려운 상황에서 그 가치를 발하기 어렵다. 조직문화와 성과의 연동상황은 크게 네 가지로 구별할 수 있다. 가장 바람직한 경우는 고성과를

**IN THE LEAD** Menlo Innovations

멘로 이노베이션은 리처드 셰리든(Richard Sheridan)과 그의 동료가 동업하여 창업한 소프트웨어 회사로서 회사의 주된 목표를 평등성, 팀워크, 학습과 즐거움의 가치를 수용하는 독특한 문화를 창출하는 데 두었다. 이 창업주들은 120년 전 토마스 에디슨이 처음 창업할 때의 창조적이고 통합된 업무환경에 매료되었다고 한다.

다른 소프트웨어 개발업체들은 주로 독자적으로 운영하고 엄격한 성과 목표 달성에 중점을 두는데, 멘로 이노베이션은 통합과 연대가 그 무엇보다 중요한 요건으로 중시하였다. 모든 임직원들이 회사의 넓은 공간에서 같이 근무하고 소통의 제약을 가져오지 않도록 오픈된 공간에서 서로 같이 하고 있어 정보의 공유가 자연스럽게 이루어질 수 있었다. 컴퓨터 한 대를 직원 2명이 공유하고 서로 아이디어를 얻기 위한 브레인스토밍이나 문제에 봉착했을 때 서로가 의견을 같이 하고 있었다. 이와 같이 짝을 이루어 문제 해결하는 방식의 업무 스타일은 한 주동안 계속되고 그 이후 새로운 파트너를 맡게 된다. 이와 같은 업무 배정 방식을 통해 구성원들은 다양한 파트너와 호흡을 맞추고 생각을 공유하게 되어 새로운 신선한 에너지를 얻을 수 있고 지속적으로 발전된 생각을 창출할 수 있게 되었다.

이 회사는 호기심, 학습 의향, 협업 능력 등의 역량을 갖추기를 종업원들에게 원하고 있다. 각 종업원들은 올바른 답을 찾고 적절한 연결을 이루고 가장 똑똑하고 적절한 정답을 찾는데 주안점을 두기보다 자신과 짝을 이루고 있는 파트너에게 최상이 되기를 이 회사는 원하고 있다. 예를 들어 직원을 채용하는 경우를 생각해보자. 채용지원자들을 각각 쌍을 이뤄 각각의 과제를 수행하는 업무를 주고 같이 쌍을 이루고 있는 팀원이 상대방을 얼마나 높게 평가하는가에 기준을 두고 지원자를 평가한다. 실제로 상대방의 업무 성과를 높일 수 있도록 지원하는 역량을 기준으로 사람을 선발하는 과정은 수월하지 않다. 하지만 멘로사는 이러한 문화적 가치를 강조하고 있으며 이러한 문화에 적합한 종업원을 필요로 하고 있다. 회사 관계자는 "내가 올바르다고 생각하기 때문에 이 방식대로 밀고 가는 것은 오래가지 못한다."라고 표현하고 있다. 지속적으로 구성원들 간에 연대하고 통합되는 모습을 보이고 동료의 성장과 발전을 지원하는 관점을 강화하는 조직문화는 지금과 같이 급변하는 세상에서 매우 중요한 의미를 갖게 된다.[35]

창출하면서 고문화가치를 동반시키는 경우이다. 이런 경우의 조직들은 보통 명백한 조직미션이나 목적이 제시되어 있고, 조직의 관행이나 의사결정에 영향 미치는 공유책임의 가치가 체화되어 있고, 조직의 문화 근간과 근본적인 목표에 종업원들의 자발적인 오너십이 있는 것을 볼 수 있다. 이와 같은 고성과 고문화의 조직 리더들은 조직의 핵심가치와 조직의 일상 경영관리 방안을 잘 연동시키고 있는데 예를 들면 조직문화와 가치에 기반을 두고 성과관리나 예산편성, 승진과 보상 기준 등을 결정한다. GE의 잭 웰치 전임회장은 조직가치를 경영자 평가에 적용한 것으로 잘 알려져 있다.

## 조직문화 리더십

구성원들은 조직운영의 중요한 원동력이며 이들 구성원들이 조직의 성격과 문화를 잘 이해하고 과업 활동을 기준으로 작동할 때 조직은 존재의 의미를 갖는다. 하지만 조직의 객관적 실체를 파악하기란 쉽지 않으며, 각기 사람들마다 다른 방법으로 조직을 이해하고 판단하게 되는데, 이 때 리더의 역할은 구성원들이 조직의 미션, 비전, 전략적 목적을 달성할 수 있도록 가치와 조직에 대한 전망viewpoint을 수립하고 제시하는 데 있다. 또한 리더들은 조직을 성공적으로 이끌기 위해 가치관을 실행에 옮기는 역할을 충실히 수행해야 한다. 다시 말해서 고성과 조직문화를 위한 규범과 가치를 형성하기 위해서는 조직문화의 리더십이 필요하며, 이러한 **조직문화 리더**cultural leader의 역할과 기능은 다음과 같다.

1. **문화 리더는 구성원들이 믿고 따르는 비전을 분명히 구체화시킨다.** 즉, 리더는 구성원들이 믿고 따를 수 있는 중추적 가치를 정의하고 의사소통시키고 조직의 가치를 명백하고 설득력 있는 미션이나 핵심 목표와 연계시킨다.
2. **문화 리더는 문화 비전cultural vision을 강화시키는 일상 업무 활동에 주력해야 한다.** 리더는 조직가치를 강화시키고 이와 연동되는 업무절차와 보상시스템 등을 명확하게 해야 한다. 그런데 말로만 떠드는 것보다 실천이 더욱 중요하기 때문에 문화 리더들을 말과 행동을 같이walk their talk하는 사람들이라 표현되기도 한다.[36]

조직의 가치관에 바탕을 둔 전략적 방향을 몸소 실천하고 일상적으로 수행한다. 캐나다의 웨스트제트 항공WestJet Airlines은 캐나다에서 존경받는 기업의 상위 리스트에 랭크되고 있는데, 이 회사의 CEO는 조직가치를 솔선수범하고 있다. 회사에서 '피플people'이라고 불리는 직원들은 CEO인 클리브 베도Clive Beddoe를 정기적으로 면담할 수 있고, 임원진은 회사의 핵심가치인 공평성, 팀워크, 참여, 고객 서비스를 행동에 옮기는 데 적극적이다. 이 항공사의 승무원들은 비행 운항이 끝나면 모든 사람들이 직접 기내 쓰레기를 들고 나오는데 CEO라고 해서 예외는 아니다. 경영자들은 업무시간의 대부분을 직원들이나 고객들과 대화를 즐기고, 정기적으로 특별 감사 메시지를 보낸다. 또한 크리스마스 때 콜센터를 방문하여 공휴일 근무 직원들을 격려하기도 하며, 경영진이라고 해서 일반 직원 이상으로 복리후생 혜택을 받지 않으며, 지정 주차장도 없으며 회사 제공 클럽 멤버십 같은 것도 갖지 않는다.[37]

오늘날과 같이 불확실성과 변화가 심한 환경에서 고성과 조직문화를 창출하고 유지하는 일은 쉽지 않다. 하지만 말과 행동의 일치를 통해 문화 리더들은 구성원들에게 실천모델이 될 수 있어야 하며, 문화 가치를 작동시키기 위해 조직의 의례의식, 스토리, 심벌, 슬로건과 공식문서 등을 활용한다. 또한 고성과의 강한 조직문화를 유지하기 위해 신입사원들을 신중하게 선발하고 조직사회화를 강조하고 있으며, 무엇보다 중요한 점은 리더들이 조직구성원들에게 주입시키고자 하는 조직문화의 가치는 일상 행동을 통해 제공될 수 있어야 한다.

## 의례의식

**의례의식**ceremonies은 특별 이벤트를 위한 계획된 활동이며, 보통 구성원들에게 보상을 위한 행사로 치러진다. 또한 리더들은 회사의 가치관을 상징화하기 위해 이런 의례의식 계획을 수행하는 경우가 많은데 이러한 의례의식은 특별한 가치를 강화시키고 구성원들 간에 유대감을 형성하고, 회사의 중요한 성과 달성에 적극적인 구성원들을 축하해주기 위한 행사라고 할 수 있다.[38]

포상을 위한 파티의 일환으로 의례의식을 활용하는 메리케이 화장품Mary Kay Cosmetics은 의례의식을 가장 효과적으로 활용하는 기업 중 하나이다. 이 회사는 세미나seminar라고 하는 연중 이벤트를 통해 고성과 영업사원들에게 보석, 털옷, 고급차 등의 선물을 한다. 가장 높은 성과를 낸 영업사원은 마치 아카데미상 시상자와 같은 대우를 받는다.[39] 그런데 이러한 의식은 고성과 직원들을 다른 사람들에게 알리고 축하하는 자리로서 영업사원들 간에 유대감을 높여주는 데 도움을 준다. 즉, 자신이 포상 대상자가 아님에도 이 날을

출처: thenewstoday.info

기다리는데 그 이유는 직원들 간 정서적인 유대감이 깊어질 수 있는 행사로 생각하기 때문이다.

### 스토리

**스토리**story는 실제 회사에서 있었던 영웅적인 일이나 모범이 될 일을 나레이션 형식으로 만든 것으로 모든 구성원들이 공유하며, 리더들은 이런 스토리를 조직의 핵심가치로 삼게 된다.[40] 스토리와 관련된 조직문화 사례로 해안가에 있는 리츠칼튼Ritz-Carlton 호텔에 근무하는 어떤 직원의 이야기를 들 수 있다. 어느 저녁이 될 무렵 해안가에 놓아둔 의자를 모두 치우는 시간이 되어서 이 직원도 비치 의자들을 다 치우려고 하는데 어떤 고객이 다가와 애인에게 청혼하기 위해 필요하니 의자 2개만 남겨달라고 부탁한다. 이 직원은 자신의 업무시간도 끝났고, 의무사항도 아닌데, 이 고객을 위해 턱시도를 입고 촛불을 밝히고 꽃과 함께 이 커플에게 서빙해주었다. 업무 외 시간임에도 고객을 위하여 최대한 자신의 서비스를 제공한 이 직원의 스토리를 회사는 전 직원들뿐 아니라 고객감동의 유명한 스토리로 전하고 있다.[41]

고객만족을 넘어 고객감동의 스토리로 유명한 노드스트롬Nordstrom 백화점은 회사가 전통적으로 추구하는 '이유 불문 환불정책no question-asked return policy'과 관련된 스토리를 활용하고 있다.[42] 즉 판매하지 않은 타이어를 환불해달라고 고객이 요청해 왔는데, 이 종업원은 이 고객의 특수한 사정을 고려하여 그리고 고객감동 차원에서 환불해주었는데 이 사건은 이후 이 백화점을 고객을 우선시 하는 백화점으로 알려지게 한 계기가 되었다. 스토리의 위력이라 할 수 있다.

### 심벌

문화적 가치를 전달하는 또 다른 수단은 **심벌**symbol을 통해서이다. 심벌은 다른 사람들에게 의미를 전달하는 개체, 행동, 혹은 이벤트 등을 의미한다. 스토리와 의례의식 역시 의미상 심벌이라고 할 수 있으나 경영자들은 중요한 가치를 상징하기 위해 물리적 조형물을 이용하기도 한다. 예를 들면 런던의 광고대행회사인 마더Mother사는 회사의 강한 문화적 특징을 보여주기 위해 회사건물에 화장실만

제외하고 칸막이를 전혀 만들지 않았다. 그 이유는 이 회사의 가치나 문화적 특성이 열린 의사소통과 협동, 창조성, 그리고 균등함에 있다는 점을 알리기 위함이다.[43]

## 슬로건과 공식문서

언어적 표현으로 조직가치와 신념을 밝힐 수 있는데, 경영자들은 때때로 회사의 핵심가치를 나타내기 위해 슬로건 등을 사용한다. 슬로건은 쉽게 표현할 수 있고 직원들이 반복해서 판단할 수 있는 특징이 있는데, 예를 들면 에버리트 익스프레스Averitt Express사는 "우리의 원동력은 사람이다our driving force is people"라는 슬로건을 통해 고객과 직원의 중요성을 강조하고 있다. 이 회사의 문화는 회사성공을 이룰 수 있는 핵심이 경영진이 아니고 운송을 담당하는 운전기사와 고객이라는 점을 명확히 하고 있다.

리더들은 또한 미션 선언문이나 핵심가치를 보여주는 문서화된 자료를 통해 회사가치를 표현하고 강화시키곤 한다. 1999년 엘리릴리Eli Lilly사의 CEO를 역임한 바 있는 시드니 토렐Sidney Taurel은 글로벌 환경이 요구하는 사항을 충족시키기 위해 다른 경영진들과 함께 공식문건을 작성하였다. 이 공식문서에는 이 회사가 강조하는 핵심가치, 즉 인간중시, 정직성과 도덕성, 탁월함의 추구 등을 어떻게 행동으로 옮길 수 있는지를 설명하고 있다.[44]

시드니 토렐

## 선발과 사회화

시간이 경과하면서 문화와 가치를 유지하기 위해서 리더들은 신입사원들을 신중하게 선발하고 그들의 사회화 과정을 중시한다. 지넨테크Genentech, 노드스트롬, 자포스와 같은 강하고 건전한 조직문화를 가진 기업들은 엄격한 신입사원 선발과정을 거친다. 예를 들면 지넨테크 제약회사는 회사가치에 적합한 인재right people를 선발하기 위해 경영진은 신입사원 후보들을 20회에 걸쳐 면접하여 회사 가치관과 적합한지를 검증한다. 면접과정에서 급여 혹은 직위 등을 중요시하는 후보들은 제외되기 쉽고, 생명과학과 회사미션 등에 관심을 보이는 후보들을 긍정적으로 평가한다.[45]

일단 조직문화에 적합한 인재를 선발하고 난 다음 단계는 이들을 조직문화에 동화할 수 있도록 사회화 과정을 거치게 한다. **사회화**socialization를 통해 회사 가치관과 규범, 관점, 그리고 예상되는 행동 등을 학습하게 하고 성공적으로 회사나 부서 활동에 참여할 수 있도록 한다.[46] 신입사원들이 성공적으로 사회화 과정을 거치게 되면 이들은 회사의 문화와 규범 등을 이해하기 때문에 회사에 안착할 수 있다. 이와 같은 사회화 과정은 문화를 이전시키는 중요한 리더십 수단이 되고 있으며, 리더들은 구성원들이 채택하고 싶은 문화가치를 솔선수범하여 보여주는 행동 모델이 되어야 한다.

신입사원들은 다른 사원들과 교류하거나 수행 업무를 통해서 회사의 문화를 습득하기도 한다. 이와 같이 공식적인 사회화 프로그램은 많은 기업들에서 신입사원들이 조직문화를 빠르게 익히는 데 도움을 주고 있다. 디즈니랜드Disneyland와 디즈니월드DisneyWorld로 유명한 월트디즈니Walt Disney의 신입직원들은 교육훈련을 통해 신규 캐스트 멤버cast member로 활동하면서 디즈니의 조직문화를 익히는데, 일련의 초기 교육이 끝나면 다른 구성원들과 짝을 이루어 역할 모델을 따라하면서 사회화 과정을 계속 익혀나간다.[47]

공식적인 사회화 프로그램의 효과성은 여러 가지로 증명되고 있다. 예를 들면 영국 군대의 8주간 신병 훈련은 새로 입대한 병사가 군대에 잘 적응할 수 있도록 하며 군대의 가치와 규범 등을 잘 익힐 수 있다.[48] 또 300명의 직원들을 대상으로 한 연구에 의하면 사회화 프로그램을 통해 신입사원으로서 스트레스를 얼마간 줄일 수 있고 향후 부여되는 역할이나 직무행동 등에 대한 모호성이 줄어들기도 하며, 직무만족이나 조직몰입 및 일체감이 생기게 된다.[49]

## 일상 행동

조직문화를 형성시키고 유지시키는 가장 중요한 방법 중 하나는 리더의 일상 행동을 통해 가능하다. 구성원들은 리더가 보여주는 태도와 행동을 관심 있게 지켜보며,

데이브 요스트

리더가 어떻게 조직 위기상황을 극복하는지, 리더의 행동이 조직의 표출된 가치관과 얼마나 일치하는지를 경험하면서 조직문화를 익히게 된다.[50] 아메리소스Amerisource사의 CEO인 데이브 요스트Dave Yost는 출장을 가더라도 비행기 일등석을 타지 않고 고급 복리후생 혜택을 갖지 않으며, 직원들과 차별화되지 않은 평범한 사무실에서 일한다. 리더의 이러한 실천적인 행동은 구성원들에게 회사의 가치관인 검약과 균등을 보여주고 있다.[51] 이와 같이 훌륭한 리더들은 항상 구성원들이 자신들의 행동을 주시하고 있다는 사실을 명심하고 잊지 않는다.

리더들은 행동을 통해 비적응적unadaptive 문화를 변화시키기도 한다. 예를 들면 메리어트Marriott 호텔 경영자들은 직원들에게 업무시간과 좋은 성과의 연관성이 높을 것이라는 생각을 변화시키기 위해 모범적으로 일상 업무행동 패턴을 바꾸어 보여주기도 한다. 회사는 일과 삶의 균형work-life balance 프로그램을 직원들이 선뜻 추진하지 못하는 관행을 변화시키기 위해 경영자들 먼저 일찍 업무시간을 마무리하여 부하직원들이 일찍 퇴근하게 해준다. 이는 최고경영자가 스스로 행동으로 새로운 가치를 보여줌으로써 기존의 비적응적 문화를 변화시킬 수 있다.[52]

종합하면 의례의식, 스토리, 심벌, 슬로건 및 문서, 선발과 사회화 관행, 리더의 일상 행동 등을 통해 리더는 조직의 문화를 만들어간다. 그리고 새로운 환경에 맞춰 문화를 변화시킬 필요가 있을 때 리더는 새로운 가치관을 주입시킬 책임이 있다.

## 조직문화의 경쟁가치 모델

최근 경제위기, 기업윤리 문제 및 사회적 책임의 붕괴 등 여러 가지 어려운 상황에서 조직은 바람직한 **조직가치**organizational value를 유지하고 있을 필요가 있다. 왜냐하면 비윤리적 문화가치는 회사를 어려움에 빠트리는 원인이 되며,[53] 업무 패러다임의 변화, 글로벌화, 인력다양성 증대, 사회적 역할의 변화 등에서 리더가 어떤 유형의 조직가치를 견지할 것인지에 따라 기업의 경쟁력이 결정되기 때문이다. 조직가치 유

**도표 14-4 ● 네 가지의 조직문화**

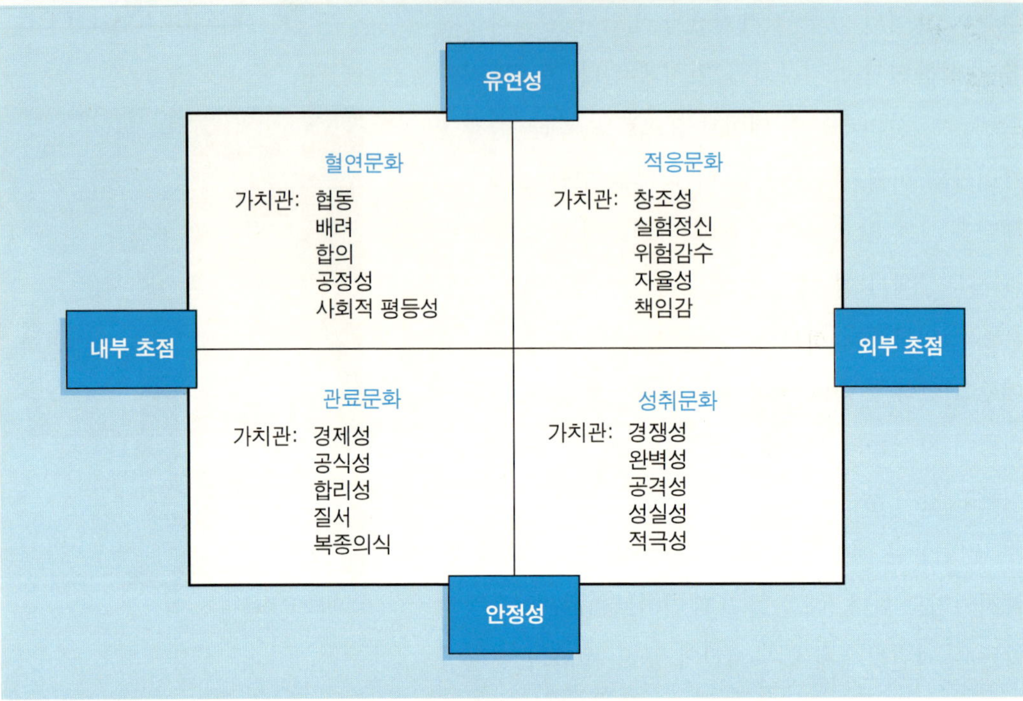


출처: Based on Paul McDonald and Jeffrey Gandz, "Getting Value from Shared Values," *Organizational Dynamics* 21, no. 3 (Winter 1992), pp. 64–76; Deanne N. Den Hartog, Jaap J. VanMuijen, and Paul L. Koopman, "Linking Transformational Leadership and Organizational Culture," *The Journal of Leadership Studies* 3, no. 4 (1996), pp. 68–83; Daniel R. Denison and Aneil K. Mishra, "Toward a Theory of Organizational Culture and Effectiveness," *Organizational Studies* 6, no. 2 (March–April 1995), pp. 204–223; Robert Hooijberg and Frank Petrock, "On Cultural Change: Using the Competing Values Framework to Help Leaders Execute a Transformational Strategy," *Human Resource Management* 32, no. 1 (1993), pp. 29–50; and R. E. Quinn, *Beyond Rational Management: Mastering the Paradoxes and Competing Demands of High Performance* (San Francisco: Jossey-Bass, 1998).

형은 여러 가지가 있으며, 경쟁력을 높이기 위해 조직에 맞는 문화적 가치는 어떤 것인지를 판단할 필요도 있다. 그리고 조직이 추구하는 가치가 전략이나 외부환경과 정합성을 이룰 수 있을 때 조직성과는 높아진다.

조직문화를 측정하는 척도는 다양하다. 예를 들면, 조직구성원이나 부서들의 통합 및 독립 여부, 목표의 장기성 혹은 단기성, 통제의 집중 정도 등은 조직문화를 구별하는 기준이 될 수 있다. 하지만 보편적으로 이용되는 조직문화의 구별 기준은 첫째, 경쟁적 환경이 유연성을 요구하는지 아니면 안정성을 요구하는지의 정도, 둘째, 조직전략의 초점과 강도strength가 내부인지 혹은 외부인지로 구별할 수 있다. 이와 같은 두 가지 차원을 조합하면 총 네 가지의 상이한 조직문화 형태로 구별할 수 있는데, 〈도표 14-4〉에서 볼 수 있듯이 혈연문화, 관료문화, 적응문화, 성취문화로 구별된다. 이와 같이 네 가지 유형의 조직문화로 구별되지만 특정 조직이 단순히 한 가지 문화로만 설명되지 않고 경우에 따라서는 네 가지 유형에 모두 포함되어 있을 수도 있다. 하지만 강한 조직문화의 색채가 강한 기업은 특정 조직문화 유형에 매몰된 경우를 말한다.

## 적응문화

**적응문화**adaptability culture를 가진 기업은 전략을 책임지는 경영진이 외부경영환경이 요구하는 현실 상황을 정확히 이해하고 대응할 수 있는 조직 능력ability을 만들고 있다는 점이다. 적응문화의 구성원들은 의사결정의 자율성이 보장되고 자유롭게 새로운 시대적 요구에 대응하면서 무엇보다 고객가치를 중요하게 생각한다. 경영자들도 창의성과 실험정신 및 위험감수를 추구하는 구성원들을 장려하고 보상한다. 가장 대표적인 적응문화의 기업으로 구글을 들 수 있는데, 이 회사는 적극성, 실험정신, 위험감수와 창업가정신의 조직문화 가치를 강화한다.

하지만 구글은 회사의 규모가 팽창하면서 독특한 구글의 조직문화가치를 관리할 필요성을 절실하게 인식하였다. 왜냐하면 본사의 직원들만 해도 수백 명에 달하고, 전 세계에 걸쳐 있는 2만 명 이상의 직원들을 창의적이고 유연하게 관리하기 위해서는 구글의 독특한 가치를 일관성 있게 모든 조직에 적용될 수 있도록 조직문화를 유지할 수 있어야만 한다. 뿐만 아니라 글로벌 경제위기가 지속되는 상황에서 강력한 본사 통제방식top-down의 경영, 리스크와 비용 통제를 위한 관리방식, 고객 요구에 효과적으로 대응할 수 있는 적응문화가 필요했다.

## 성취문화

**성취문화**achievement culture는 판매성장률, 수익성 혹은 시장점유율과 같은 구체적 목표와 조직목표에 대한 명확한 비전이 제시되는 문화적 특성을 보이며, 결과 지향적인 문화로서 경쟁의식, 공격성, 적극성, 장기적으로 어려운 목표 달성 등에 가치를 부여하고 있다. 또한 이 문화의 중심에는 경쟁에서의 승리가 구성원들을 하나로 뭉치게 하는 견인 역할을 한다는 점이 자리 잡고 있다.[54]

성취문화의 대표적인 사례로 넷플릭스Netflix를 들 수 있다. 이 회사의 창업자이자 CEO인 리드 해스팅스Reed Hastings는 가능한 한 최고의 인재를 채용하여 높은 봉급과 화려한 복리후생을 부여하고 결과달성을 위해서라면 얼마든지 자율성을 부여하고

**IN THE LEAD** Sergey Brin and Larry Page, Google

구글의 창업자들은 회사 직원들이 독특한 아이디어와 창의성을 발휘하게 하여 회사를 혁신적인 기업으로 만드는 데 중점을 두고 있다. 본사 건물 내부 이곳 저곳에 창의적인 아이디어와 관련된 전단지 메모가 붙어있고, 이 전단지에는 소프트웨어 엔지니어들의 창의적인 뇌를 활용할 수 있도록 하는 퀴즈 문제들이 제시되어 있다. 그래서 포춘은 구글을 '디자인 카오스(chaos of design)'라고 표현하였고, 워싱턴 포스트(Washington Post)는 '두려움 없는 문화(culture of fearlessness)'라고 언급하기도 했는데, 어떤 식으로 표현되든 간에 구글 문화는 작동하고 있음을 알 수 있다. 구글 내부 분위기는 마치 대학과 같은 느낌을 주는데, 이곳에는 명문대학원을 우수한 성적으로 졸업한 직원들이 중요한 아이디어 등에 대해 토론을 벌이고 즐겁게 열심히 일하기 때문이다. 직원들은 경우에 따라 자신의 애완견을 사무실에 가져오기도 하고 취미 활동으로 만다린 악기를 배운다거나 일본어나 스페인어 등 관심 있는 언어를 회사에서 학습하기도 하고, 체육관에 가서 헬스운동을 하거나 잘 꾸며진 카페테리아에서 무료 식사를 즐기기도 한다. 회사에는 직원 누구나 야심찬 아이디어를 적극적으로 제안하도록 장려되고, 사업화 가능성을 검토하기 위한 과제가 팀별로 주어지기도 한다. 신입사원 채용 프로세스는 후보자가 구글 문화인 'Googley'와 얼마나 잘 맞는지에 따라 결정된다.[55]

있다. 최고의 온라인 영화 배급업체로 거듭나기 위해 필요한 인재를 영입하는 데 많은 돈을 투자한다. 또한 높은 성과를 달성하는 직원에게는 상당한 급여 인상과 원하는 대로 휴가를 쓸 수 있는 특혜를 부여한다. 반면에 저조한 성과를 달성한 직원에게는 적절한 전별금과 함께 회사를 나가게 한다. 이러한 회사문화에 대해 직원들은 매우 거칠고 성취만 강조하는 '맹목적인 조직문화'로 표현하고 있다.[56]

### 혈연문화

**혈연문화**clan culture의 특징은 외부환경으로부터 변화하는 기대를 충족시키기 위해 구성원들을 적극적으로 관여시키고 참여시키는 데 초점을 둔다. 이러한 문화특성을

LEADER's BOOKSHELF 리더십 서재

## In-N-Out Burger: A Behind-the-Counter Look at the Fast-Food Chain That Breaks All the Rules

© photogl/Shutterstock.com

*by Stacy Perman*

출처: book123.net

인앤아웃버거(In-N-Out Burger)사는 1948년 해리 스나이더(Harry Snyder)와 에스더 스나이더(Esther Snyder)에 의해 창업되었으나 당시 그들이 강조했던 평등성, 서비스, 직원 배려 등의 가치들은 아직 그대로 유지되고 있다. 이 책은 이 햄버거 회사에 대한 심층 분석을 통해 독특한 기업문화 특성을 파악하고자 하는데 포커스를 두고 있다.

**직원 배려**

고객들은 이 회사의 햄버거를 매우 좋아한다. 약간의 컬트 스타일의 문화적 특성 때문인지 항상 고객들이 붐비고 있다. 이 회사의 창업자인 스나이더는 고객에게 만족을 주기 위해서는 우선 고객을 접하는 직원들을 배려하고 최선을 다해야 한다고 생각하고 있다. 저자는 이 책을 통해 이 회사가 얼마나 직원 위주의 경영을 하고 있는지를 보여주고 있고, 강한 직원 중심 문화를 창출하는 리더십 원칙들에 대해 설명하고 있다.

- 자부심의 주입: 동료(associate)로 불리는 직원 자신들이 기업의 핵심 부분 역할을 하고 있는 것처럼 생각하도록 만드는 기업문화를 가지고 있다. 직원들은 심도 있는 교육과 훈련을 제공받고 업무에 대한 피드백과 함께 승진기회를 부여하고 있다. 이 책의 저자인 퍼먼(Perman)은 이 회사 파트타임 근무자들이 이후에 풀타임으로 경력을 유지하는 경우가 많다는 점을 강조하고 있다. 또한 이 회사는 내부승진을 중시하는데 가장 밑바닥부터 시작하여 매장관리자로 남는 경우가 많다. 지역관리책임자들은 담당 매장을 마치 자신의 사업체로 생각할 정도로 매장에 애정과 책임을 갖고 있다. 관리자들이 단체로 '호두까기 인형' 공연을 관람하러 갈 때, 과거 이 회사 CEO였던 리치 스나이더(Rich Snyder)는 모두에게 턱시도를 입게 하였는데, 그 이유는 자사의 회사 관리자들이 다른 대기업 관리자들보다 뒤쳐질 이유가 없기 때문에 그들과 동등한 방식으로 대한 것이다.
- 충분한 금전적 보상 제공: 직원들에게 최소임금보다 2~3달러 정도씩 더 주고, 어떤 매장 관리자는 1년에 10만 달러까지 받기도 하였다. 몇 년 전 경영컨설턴트가 회사 경영자에게 임금 동결을 통한 재정이익 효과를 건의했다가 매우 질책을 들어야만 했다. 회사는 직원들에게 매우 우호적인 복리후생을 제공하고, 복지연금(401K) 혜택 수여, 파트타임 직원에게 유급휴가 제공, 정규직원들에게 치과보험을 포함한 건강보험을 지급하고, 안과관련 복지 프로그램을 제공해주었다.

**조직문화의 역할**

이 회사는 패스트푸드업체들 가운데 이직률이 가장 낮은 것으로 알려져 왔다. 또한 이 회사는 가족기업의 형태로 회사를 기업공개하거나 프랜차이징하는 것을 반대하는데, 그 이유는 회사가 너무 빨리 성장하여 회사의 독특한 가치를 상실할 우려가 있다고 생각하기 때문이다.

가진 기업들은 패밀리 의식을 강조하고 직원들이 일하기 좋은 직장이라는 이미지를 갖추고 있다. 또한 경영자들은 협동의식과 고객 및 직원들에 대한 배려, 위계로 인한 차별금지 등을 강조하고 공정성과 다른 사람들과의 일치성을 이루는 데 중점을

둔다. 혈연문화의 대표적인 기업으로서는 [리더십 서재]에서 설명하고 있는 패스트푸드 체인점인 인앤아웃버거In-N-Out Burger를 들 수 있다.

인앤아웃버거사는 미국 서부지역에 232개의 점포를 가지고 있으며, 해리 스나이더Harry Snyder와 에스더 스나이더Esther Snyder는 회사를 창업할 때 성공적인 햄버거 회사가 되기 위해서는 고객을 접하는 직원이 우선되는 기업문화의 특성을 갖추고 있어야 한다고 믿었다. 그래서 이 회사의 가장 중요한 가치 중 하나를 직원들에 대한 배려로 두었고, 이들을 만족스럽게 만들고 생산성을 높일 수 있는 일이라면 무엇이든지 해주었다.[57]

## 관료문화

**관료문화**bureaucratic culture는 관료주의 특성을 강조하는 문화로서, 안정된 환경에서 내부 지향적이고 일관성을 견지하는 문화이다. 이 문화는 체계성과 합리성, 그리고 위계의식을 강조하며, 규칙을 준수하고, 절제와 절약을 매우 중요하게 고려하고, 효율성과 통합성의 의미를 중시하는 특성을 가지고 있다.

관료문화의 사례로서 세이프코보험회사Safeco Insurance를 들 수 있는데, 이 회사 직원들은 특정시간에만 커피 브레이크 시간을 가지며, 복장은 하얀 와이셔츠에 정장 스타일이고, 신뢰를 중요하게 생각하며, 초과근무를 바람직하게 생각하지 않는다. 일반적으로 보험회사 업무는 서로 약정한 보험약관에 입각하여 모든 절차를 처리하면 되기 때문에 이러한 관료문화의 속성을 필요로 한다.[58] 하지만 오늘날은 안정적 환경에 놓여 있는 산업이 별로 없기 때문에 신속하게 변하는 환경에서 생존하고 적응하는데 기업들이 관료문화의 한계성과 함께 유연성을 필요로 하는 새로운 문화의 필요성을 느끼고 있다.

지금까지 네 가지 문화 유형을 설명했는데, 각각의 개별적 문화 특성만을 가지고서도 성공기업을 창출할 수 있다. **하지만 한 가지 조직문화의 특성만 보유한 기업은 흔치 않으며, 이들 네 가지 유형의 조직문화 특성을 어느 정도씩 가지고 있는데, 이러한 특성은 그 회사가 추구하는 전략방향 및 실행에 따라 결정된다.** 즉 앞서 설명한 바와 같이 특정한 조직문화 특성을 많이 가진 경우의 강한 조직문화도 있지만 항상 한 가지 문화만 있는 것은 아니기 때문에 여러 가지 조직문화 특성을 일정 정도씩 가지고 있을 수 있다. 다양한 조직문화를 어느 정도씩 가지고 있을 것인가는 회사의 전략 방향이 어떤지에 달려 있다. 또한 경영자들은 회사 가치관에 적합한 문화 특성이나 유형을 선호하지만, 조직의 필요성에 따라 적절하게 조절하기도 한다. 따라서 경영자들의 주된 책임 중 하나는 과거의 성공적인 문화 특성에 집착하지 말아야 하며, 새로운 환경과 전략이 요구하는 상황에 맞추어 조직문화를 변화시켜야 할 것이다.

## 윤리가치와 리더

엔론의 분식회계 파문이나 월스트리트 금융기관들의 도덕적 해이가 문제되면서부터 최근 윤리 가치관이 리더들에게 매우 중요하게 다루어지고 있다. **윤리**ethics를 쉽게 정의내리기 어렵지만, 옳고 그름을 판단하고 그에 걸맞는 행동을 유발시키는 기준이라 할 수 있으며 윤리는 의사결정이나 행동의 수행 시 무엇이 옳고 잘못된 것인지를 판단하는 기준을 보여준다.[59] 많은 사람들은 법을 위반하지만 않으면 윤리적으로 문제가 없다고 생각하곤 하는데 사실 윤리는 법의 기준을 훨씬 뛰어넘는 이상

### IN THE LEAD 하버드 경영대학원, 콜롬비아 경영대학원, 예일 경영대학원, 펜실베니아 주립대학교 와튼 스쿨

2009년 하버드 경영대학원 졸업생들 중 일부는 그동안 없었던 진풍경을 보여주었다. 그들은 졸업과 함께 위대한 경영자의 덕목에 대해, 경영자나 금융인은 위대한 선(great good)을 수행해야 하며 윤리적으로 책임지는 행동을 하고 다른 사람을 희생시켜 얻는 대가의 협의 차원의 성과에 급급하지 않을 것을 목표로 해야 할 것을 선언했다.

하버드 경영대학원뿐만 아니라 다른 유명 경영대학원 역시 기업경영의 중요한 목적이 경영성과를 이루고 탐욕적인 목표 달성이 중요한 것이 아니라 윤리적으로 사회에 책임지는 행동을 하는 것이 중요하다는 점을 학생이나 교수들 모두 공감하고 강조하고 있었다. 콜롬비아 대학원 학생은 모두 필수적으로 기업윤리의 과목을 이수해야 하며, '리더십과 윤리위원회'의 활동을 통해 강의와 기타 학교 행사 등을 윤리적인 관점에서 지원하고 있다. 예일 경영대학 역시 당시 발생한 윤리 사건의 위기를 다루는 윤리 교과목을 새롭게 학사교과목에 편재하였다.

펜실베니아 와튼 스쿨의 다이애나 로버트슨(Diana C. Robertson) 교수는 최근 신세대의 가치관을 강조하면서 이들은 과거와 달리 지역사회에 대한 기업의 역할이나 종업원의 복지, 자연환경 등에 관심을 가져야 한다는 생각이 강하다고 한다. 결국 기업윤리의 관점의 이제 경영자나 리더들에게 모두 핵심적인 이슈가 되고 비윤리적인 경영활동을 수행하게 됨으로서 발생되는 문제점은 과거보다 심각한 상황을 초래하게 될 것이다. 경영활동에서 윤리적 활동은 매우 의미 있는 요인이 된다.[60]

적인 기준을 의미하고 있다. 물론 요즈음 법령이 윤리 기준을 잘 반영하고 있다고 하지만 모든 법령이 윤리 관점을 포괄하지는 않고 최소한의 기준만을 제시하고 있다.[61] 예를 들면, 최근 월스트리트의 서브프라임 모기지 파동으로 인한 금융위기는 잘못된 모기지 대출이 원인이었다. 닌자 대출ninja loan이라고 알려져 왔는데, 대출자가 소득과 직업, 자산이 없음에도 실적에 급급한 대출이 이루어져 결국 금융기관의 파탄으로 이어지는 비윤리적 판단과 관행이 저질러졌던 것이다.[62] 그런데 문제는 법률적으로 이런 관행을 막을 수 있는 방안이 없었다는 점이다. 결국 법률적 문제보다 윤리 관점에서 문제를 차단하는 것이 더욱 바람직했었는데, 윤리적 리더라면 이러한 대출 관행이 비록 제도적으로 문제가 없다 하더라도 이를 방지하는 제어 장치를 만들었을 것이다.

장기간 성공기업으로 존속한 기업들은 윤리적 가치관을 주입하는 윤리적 리더가 있었기 때문에 가능했다. 최근 월스트리트의 부동산 모기지 금융기관들의 비도덕적인 경영의 문제점 역시 회사의 잘못된 정책과 관행을 문제삼는 진정성을 지닌 윤리적 리더의 부재로 인해 발생하게 된 것이다. 따라서 기업 경영에서도 단순히 산술적인 범위를 넘어선 도덕적인 관점을 고려해야 할 것이다. 그래서 최근 경제위기를 경험하면서 경영대학원들은 미래의 비즈니스 리더를 양성하는데 이와 같은 윤리경영 관점을 부각시키는 교육을 강화하고 있다.

미래의 리더를 양성하는 방향은 윤리적 측면에 있다. 메드트로닉Medtronic사의 은퇴한 CEO인 빌 조지Bill George는 "요즘 경영자들이 탐욕의 게임에 맹종하여, 기업의 주가와 기업 가치만을 지나치게 강조하는 잘못된 리더의 모습에 사로잡혀 있다"라고 언급한 바 있다.[63] 최근 조사결과에 의하면, 직장 내 비윤리적 행동에 대해 구성원의 절반 이상이 비윤리적 행동의 발생 원인으로서 비도덕적 리더십을 꼽았다.[64] 실질적으로 리더는 조직의 윤리적 분위기를 창출하고 유지하는 주요 역할을 하는데 이는 구성원들의 윤리적 행동에 영향을 미치기 때문이다.

## 가치기준 리더십

조직 내 윤리 가치는 주로 가치기준 리더십을 통해 형성되고 강화된다. **가치기준 리더십**value-based leadership을 추구하는 리더는 자신의 개인적 윤리와 영성spiritual 리더십을 통해 윤리적 가치관에 영향을 미친다. 다시 말해 윤리적 리더는 자신의 심오하며 내재화된 윤리적 가치를 조직목표에 연결시키고 구성원들에게 의미를 부여해줌으로써 가치기준의 리더십을 발휘하게 된다.

## 개인 윤리

구성원들은 리더들을 모델로 삼아 가치관을 습득하게 된다. 가치기준 리더들은 구성원들로부터 높은 신뢰와 존경을 받는데, 그 이유는 그들에게 용기, 결단력, 자기희생과 같은 본받을 가치관이 있었기 때문이다. 예를 들면, 스틸케이스Steelcase사의 CEO인 짐 해킷Jim Hackett은 도덕성과 정직성을 근간으로 하는 조직문화를 구축하고 싶었다. 스틸케이스사는 패쇄형 배전반cubicle과 천장내화재 패널 생산업체인데, 어느 날 사장은 천장내화재의 내화 요구기준이 배전반보다 더 엄격한 것을 발견하고 그동안 이 기준을 명확하게 따르지 못한 실수가 있었음을 알게 되었다. 조사 결과 미흡함을 확인한 사장은 시중에 판매되고 있는 모든 패널을 리콜하고 새로운 기준에 의한 패널로 교체하였다. 그런데 이 결정으로 인해 회사는 상당한 비용 손실을 보게 되었고 사장을 포함한 임원들에게 돌아가게 될 연말 성과 보너스는 무산될 수밖에 없었다. 그런데 이 회사의 패널 제품을 사용하고 있었던 미 국무성이 2001년 9월 11일 테러를 당했는데, 실제보다 그 피해가 적었던 이유가 바로 이 회사의 내화재 덕분이라고 알려졌다.[65] 즉, 사장의 개인 윤리성은 기업의 윤리적 문화를 만드는 기초가 되었던 것이다.

리더의 개인 윤리에 영향을 미치는 여러 요인이 있다. 예를 들면 직무와 관련한 개인 신념 및 가치관, 성격 특성 등을 들 수 있으며, 가족 배경이나 개인의 신념 등이 사업운영의 원칙이 되기도 한다. 또한 자아개념이나 자신감, 강한 독립심과 같은 성격 특성들은 리더에게 윤리적 의사결정을 하도록 영향을 미친다.

리더들은 자신만의 개인 윤리 가치관이 무엇인지 파악하고 나서 말이나 행동을 통해 다른 사람들에게 적극적으로 자신의 윤리 가치관을 전달해야 한다. 어려운 의사결정에 직면하게 될 때 가치기준 리더십은 짐 해킷 사장이 했던 것처럼 원칙에 근거한 행동을 할 수 있는 용기를 부여하게 된다. 게다가 자신이 믿고 있으면서 다른 사람들이 그렇게 행동했으면 하는 윤리적 기준을 적극적으로 의사소통시키고 모델링하여 이를 기준으로 구성원들이 행동할 수 있도록 권한위임시켜주어야 한다.

## 영성 가치

가장 성공적인 리더십이란 무엇일까? 전통적으로 강조해 온 리더의 유능한 리더십의 특성에 추가적으로 영성 가치spiritual values를 부여할 수 있다면 가장 바람직하고 성공한 리더라고 할 수 있다. 여기에서 영성 가치와 이상적 행동이란 정직성, 겸손함, 존경심, 타인 공헌에 대한 감사, 공정한 대우, 개인 배려 등을 포함한다.[66] 영성 가치의 리더십을 중요하게 생각하는 이유는 많은 사람들이 업무에 관련된 삶과 영성적인 삶의 조화를 이루는 데 어려움을 겪고 있기 때문이다. 그래서 어떤 회사에서는 조직구성원으로서 영성 가치를 구현해주는 사제나 목사를 채용하기도 한다.

설문조사에 의하면, 관리자들이나 구성원들은 업무적으로 충만감을 가지고 싶어 하며, 실제로 직장에서의 영성 프로그램spiritualty program은 사람들에게 좀 더 나은 정신적 · 신체적 건강과 자기존중 및 자기성장을 높여준다고 한다. 뿐만 아니라 이러한 프로그램을 통해 구성원들의 생산성이 높아지고 이직율과 결근율이 줄어드는 효과를 볼 수 있다고 한다.[67]

이러한 영성 프로그램을 조직에 제공하고 있지 않더라도 리더의 도덕성에 기초한 영성 가치를 토대로 조직의 가치를 인정받을 수 있다. 예를 들면, K포스K force사(인력채용회사)의 CEO는 자신의 회사가 새로운 소프트웨어 거래업체를 선정하는데 그들의 영성 가치 측면이 선정에 도움을 주었다고 한다. 즉, 2개의 입찰업체 가운데 한 회사는 상대적으로 열악한 조건을 제시했지만 그 회사 사장이 윤리성과 도덕성을 가지고 있기 때문에 보다 나은 조건을 제시한 회사를 이기고 낙찰될 수 있었다.

**영성 리더십**spritual leadership은 소명의식calling과 소속감을 통해 자신이나 다른 사람들을 내적으로 동기부여시키는데 필요한 가치, 태도, 행동 등을 표출시킨다.[68] 〈도표 14-5〉와 같이 영성 리더는 구성원들의 업무와 삶의 의미를 주는 소명의식을 높일 수 있는 역할을 한다. 영성 리더가 제시하는, 소명의식을 자극하는 비전은 많은 사람들에게 확산되고 높은 이상을 반영하고 탁월성의 기준을 설정케 한다. 이 단계를 거치게 되면, 영성 리더들은 이타적 사랑을 기초로 하는 기업문화를 구축하게 되는데, 여기서 이타적 사랑altruistic love은 용서, 진정한 배려, 친밀감, 정직성, 인내, 용기와 감사 등을 포함한다. 이러한 사랑을 느끼는 구성원들은 조직에 대한 소속감과 구성원의 일원으로서 소명의식을 느끼게 된다.

**도표 14-5 ● 영성 리더십 모델**

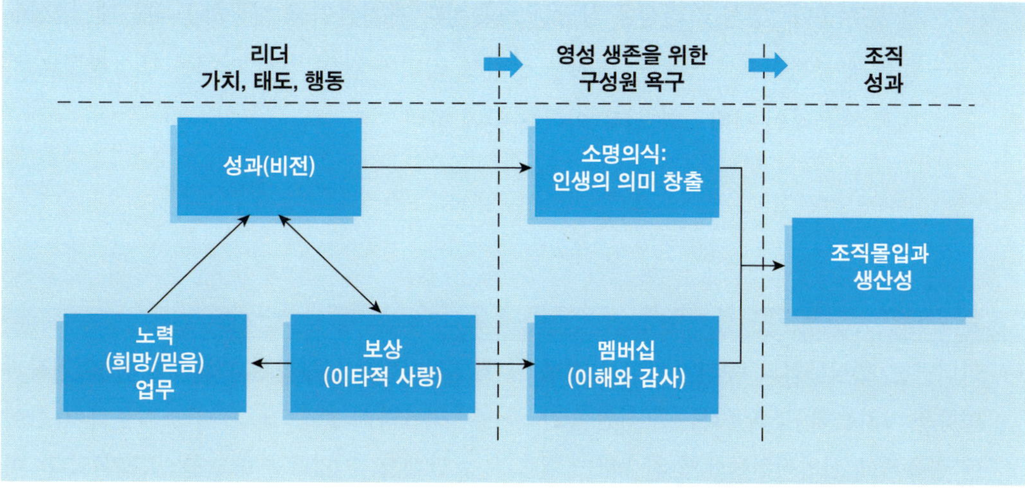


출처: Based on Louis W. Fry, Sean T. Hannah, Michael Noel, and Fred O. Walumbwa, "Impact of Spiritual Leadership on Unit Performance," *The Leadership Quarterly* 22 (2011), pp. 259-270; and Louis W. Fry, "Toward a Theory of Spiritual Leadership," *The Leadership Quarterly* 14 (2003), pp. 693-727. Used with permission.

영성 리더는 조직의 목표 달성을 강조하고 이를 달성하도록 희망과 믿음을 갖게 한다. 사람이 믿음을 가지게 되면 다음에는 행동으로 나타나게 되는데 이러한 행동은 탁월한 성과에 대한 믿음을 말하며 자기통제력 강화 등을 모색하게 한다. 이러한 결과로 구성원들이 조직에 몰입하며, 생산성이 향상되는 효과가 있다.

영성 리더십은 조직에서 간혹 발생되는 부정의식, 정서, 갈등 등을 극적으로 줄이는 역할을 한다. 파괴적인 정서의 네 가지 유형은 (1) 불안감과 걱정을 동반한 두려움, (2) 적대감과 시기심 등을 포함한 울화, (3) 낙담과 우울 모드를 포함한 실패감, (4) 편견, 이기심, 기만 등을 포함한 오만한 자부심을 들 수 있다. 이러한 파괴적 정서는 보편적으로 중요한 무엇인가를 잃는다거나 자신이 희구하는 어떤 일이 달성되기 어려운 경우에 발생하게 된다. 궁극적으로 배려와 관심을 바탕으로 하는 사랑스러운 마음은 사람의 부정적 정서를 줄이고 개인적 안락함을 견고하게 만드는 초석이 된다.[69]

영성 리더십은 8장의 동기부여 리더십과 6장의 도덕적 리더십과도 관련되는데, 이 리더십은 자아실현 및 소속감과 관련된 고차원의 욕구를 표방하고 있다. 이 영성 리더십은 내재적 동기부여가 이루어질 때 최고의 상태가 되는데, 그 이유는 일 그 자체에 관심과 즐거움을 줄 수 있기 때문이다. 사람들은 대부분 일이 의미 있고 즐겁고 흥미 있을 때 적극적으로 관여하고 몰두하게 된다. 내재적 동기부여가 이러한 내용을 담고 있는데, 보편적으로 보다 나은 학습, 고성과, 그리고 인간의 웰빙 의식을 높여준다. 영성 리더십은 상당한 자율성과 자기관리를 제공하곤 하는데, 구성원들에게 긍정적으로 영향을 미치는 서번트 리더와 같이 영성 리더는 구성원들로 하여금 적극적인 서비스와 업무 의미를 갖게 한다.

## 학습 핵심

- 리더들은 조직문화와 윤리가치의 형성에 영향을 미치는데, 조직문화는 구성원들 간에 공유되고 신입직원들에게 전수되는 핵심가치, 규범, 그리고 가정이라 할 수 있다. 조직문화는 구성원을 통합시키고 환경에 적합시키는 기능을 하게 된다.
- 강한 적응문화는 조직성과에 긍정적 영향을 준다. 환경에 적합한 문화 창출은 조직에 높은 성과를 가져오기 때문에 커다란 의미가 있으며, 리더들은 조직 성공의 원동력으로서 견고한 사업운영과 가치 모두를 강조함으로써 고성과문화를 구축할 수 있다.
- 조직문화가 외부환경이나 조직전략의 요구와 일관성을 이루지 못하게 되면 조직문화 격차가 발생한다. 그래서 리더들은 의례의식, 스토리, 심벌, 슬로건과 문서, 선발과 사회화를 통해 요구되는 조직문화 가치를 주입시키고 강화시켜 나간다. 또한 리더들은 매일 수행하는 업무나 행동을 통해 구성원들에게 영향을 미치고 조직의 문화와 가치를 형성하는데 직접적 영향을 미친다.
- 리더들은 외부환경과 회사 비전 및 전략과 연관하여 보통 네 가지 조직문화 유형이 발생할 수 있음을 고려할 필요가 있다. 이들 네 가지 유형은 적합문화, 성취문화, 혈연문화, 관료문화이며, 조직은 이들 네 가지 유형의 특성을 어느 정도씩 가지고 있을 수 있으며, 각 조직문화 유형은 각자 독특한 가치가 있다.
- 조직문화를 구성하는 가치들 중에 윤리 가치가 가장 중요하다. 윤리는 옳고 그름에 관해 개인이나 집단행동을 관장하는 도덕원칙이나 가치의 강령이 되며, 리더들은 가치기준 리더십을 통해 윤리 가치를 형성한다. 리더의 개인적 신념이나 도덕적 발전단계는 개인 도덕성에 영향을 미치며, 윤리적인 조직을 이루고자 하는 리더들은 일상행동에서 윤리 강령에 몰입할 수 있어야 한다. 또한 훌륭한 리더들은 영성 리더십을 수행하는데, 소명의식과 소속감을 통해 구성원을 동기부여시키는 가치, 태도 및 행동을 표출하는 것을 의미한다. 영성 리더십은 조직의 성과와 구성원 개인의 웰빙 모두를 증대시키는 점을 원칙으로 한다.

## 토론 주제

1. 자신에게 가장 친숙한 기업의 문화를 묘사해보라. 그리고 그 회사의 물리적 조형물을 생각해내고 이것들이 나타내는 가치와 기본전제가 무엇인지를 파악해보라.
2. 신문이나 매체를 통해 알려진 강한 문화를 가진 한두 개의 기업들을 제시해보고, 그 결과가 긍정적이었는지, 부정적이었는지를 살펴보라. 어떻게 강한 기업문화가 조직에 긍정적 또는 부정적인 영향을 미칠 수 있는가?
3. 리더는 문화 격차를 어떻게 인식하는가? 그리고 문화적 가치에 영향을 미치거나 변화시키는 방법이 있다면 무엇이라 생각하는가?
4. 혈연문화와 성취문화의 차이점과 유사점을 설명하라. 강한 혈연문화와 강한 성취문화의 단점은 무엇인가?
5. 영성 리더십과 관련하여 소명의식과 소속감의 의미를 토론하라. 조직이나 리더가 이런 개념을 사용하는 경우를 본 적 있는가? 이러한 개념이 자신의 업무에 어느 정도 작용하는가?
6. 만약 병원 경영자들이 관리자들에게 병원 수익에 연동한 보상을 제공한다면 이는 윤리적 리더로서 책임감 있다고 볼 수 있는가?
7. 두려움이나 애정이 구성원 업무수행의 동기부여 요인이 된다고 생각하는가? 대학생들이나 신제품 개발팀의 경우를 예로 든다면 이들에게 더욱 동기부여되는 방식은 무엇인가?
8. 일부 부동산 모기지 회사 경영자들은 서브프라임 모기지 프로그램을 가난한 사람들이 꿈에 그리는 집 장만 하는 데 도움을 주는 것이라는 고귀한 목표에 기준하여 제공하였다고 주장하는데, 이 점에 대해서 토론해보라.
9. 훌륭한 리더십은 본질적으로 영성의 의미를 가지고 있다는 견해가 있는 반면에 영성 가치는 업무적으로 적용이 되지 않는다는 견해도 있다. 이들 두 가지 상반되는 의견에 대한 생각을 토론해보라.
10. 러시아, 터키, 미국 등을 포함하여 16개 유럽 국가 직원들을 대상으로 설문한 결과 응답자의 55% 정도는 10년 전이나 지금이나 별반 차이가 없이 사업상 비도덕적 행동을 한다고 한다. 이 견해에 대해 어떻게 생각하는가?

## 분석 사례: 포레스트 인터내셔널사의 리사 벤바이데즈

리사 벤바이데즈(Lisa Benvaides)는 포레스트 인터내셔널(Forest International)사의 인사담당 부사장으로 채용되기 이전, 컨설팅회사에서 인사책임자와 복리후생 전문가 경력을 갖고 있었으며 과거에는 단순히 신입사원 모집 프로세싱과 휴가 및 병가 처리 관련 업무에 시간을 주로 보내 왔었다. 하지만 신임 CEO가 취임한 이후 회사 인사업무가 회사전략의 핵심이라고 강조하고 리사를 컨설팅회사로부터 전격 채용하여 회사의 인사담당 최고책임자로 임명하였다. 신임 CEO는 인력관리에서 권한위임(empowerment), 공유 리더십, 팀워크 등이 기업운영의 핵심이라고 생각하고 있었다.

포레스트 인터내셔널사는 회사업종상 직

원들에게 위험한 장비들이 비치되어 있고 사고 가능성이 높은 기업이다. 왜냐하면, 종이절단기나 톱 등이 공장내부에 상시 작동하고 종이에 바르는 화학물질이 항상 있고, 소음이 심한 상태에서 작업하기 때문이다. 그렇지만 이 회사가 위험성이 높은 산업체라는 점을 감안하더라도 이 회사의 안전도 기록은 특히 문제가 많음을 보여주고 있다. 구체적으로 지난 4년 간 29명의 직원이 조업 중 사망하였고 100명 당 평균 9명 정도는 매년 이런 사고를 입었다. 게다가 생산성은 최근 매우 악화되어 점차 경쟁업체들의 시장점유율이 높아져갔다. CEO는 취임 이후 핵심 프로젝트의 하나로 새로 임용한 인사부사장에게 안전도 제고와 생산성 제고 방안에 대한 과제를 요구하였다.

조지아주 애틀랜타 외곽지역에 소재한 포레스트 인터내셔널사는 매년 110억 달러의 매출을 내고 직원만 해도 45,000명에 달한다. 많은 직원들의 부모와 조부모들이 이 회사에서 일하는 경우가 많고 이들 직원들 가운데는 손가락이 한두 개 절단되는 경우도 여러 번 있고 경우에 따라서는 이런 부상을 산업재해 배지를 받는 것처럼 인식하기도 하였다. 점심시간이나 휴식시간에 직원들은 삼삼오오 모여 과거 자신의 부모나 조부모들이 얼마나 절단기계의 톱날에 가깝게 목재를 들이댈 수 있는지를 가지고서 영웅담처럼 이야기하는 풍경도 쉽게 볼 수 있다.

리사는 이러한 직원들의 태도를 문제점 중 하나로 확신했지만 회사 관리자들 역시 직원들과 유사한 생각과 태도를 가지고 있었다. 공장기계의 정지는 시간 및 돈과 밀접하게 연관되는 산업특성 때문에 생산담당 책임자는 지속적으로 공장라인이 작동되길 원했고 어떤 일이 일어나더라도 생산을 중단시키는 일을 하려 하지 않았다. 만약 생산라인을 중단시키고 싶으면 생산 감독관에게 라인 중단을 부탁하기보다 비록 약간의 부상이 생기더라도 차라리 손을 작동중인 기계 주변에 가깝게 다가가게 하는 편이 낫다고 할 정도이다. 리사 부사장이 직원들과 이야기해본 결과 회사는 자신들의 안전이나 복지에 대해서는 무관심하고 단지 생산성과 이익에만 신경 쓴다는 푸념을 들을 수 있었다.

그러는 가운데 2교대조에서 사건이 발생하였다. 직원들이 1톤의 압착 프레스 기계벨트를 교체하기 위해 라인을 중지시키고, 기계감속장치를 들어 올리려 했으나 공구가 안정적으로 움직이지 않았다. 작업반장인 잭은 프레스기계를 뒤로 하라고 외치고 공구를 안정적으로 움직이려고 하였다. 그런데 주변에 있는 작업감독관이 달려와 빨리 라인을 정상화시키라고 추궁하고 공정을 이번 저녁까지 마쳐야 한다는 점만을 강조하였다. 이에 작업반장은 감독관에게 다가와 공구의 불안정성에 대한 위험성을 이야기하고 압착 프레스기계를 다시 정비해야 할 필요가 있다고 역설했다. 그런데 작업감독관은 그럴 수 없다는 몸짓을 하며 별로 이 문제를 대수롭지 않게 이야기하였다. 그래서 작업일정의 압박에 사로잡힌 공장직원들은 불안정한 공구기계에 작업을 계속할 수밖에 없었다. 그리고 몇 분이 지나지 않아 프레스 압착기계는 중단되었고 공구는 2명의 직원에게 튕겨져 큰 사고가 발생하였다.

사고가 난 이후 2명의 직원은 헬리콥터를 이용하여 병원으로 이송되었고 작업반장은 수술실 옆에서 죄책감에 사로잡혀 있었다. 작업을 중단하지 않은 것에 대한 후회감과 함께 자칫 사람이 죽을 수 있었던 아찔한 상황을 회상하고 있었다.

다음날 리사 부사장은 어제 일어난 일에 대한 진상조사를 하기 위해 작업반장을 면담하였는데 아주 놀랄만한 이야기를 듣게 되었다. 작업라인에 근무하는 직원들이나 작업반장은 그 동안 수차례 사고가능성을 제기하고 안전도를 높이기 위한 제안을 해왔지만 관리층에서 번번이 묵살해 왔다는 것이다. 작업반장은 회사가 너무나 자신들 안전에 무관심하다고 불평하고 최종제품 생산을 선적하는 일에만 관심을 가진다고 말하고 있었다.

## 질문

1. 이 회사의 조직문화를 내적 통합과 외적 적응의 차원을 가지고서 구별하라면 어떤 문화로 표현할 수 있겠는가?
2. 신임 CEO는 이 회사의 조직문화를 어떻게 변화시킬 수 있을 것이라고 생각하는가?
3. 만약 자신이 리사 부사장이라면 신임 CEO에게 어떤 제안을 하겠는가?

## 미주


1. Max Chafkin, "Everybody Loves Zappos," *Inc.* (May 2009), pp. 66–73; Jeffrey M. O'Brien, "Zappos Knows How to Kick It," *Fortune* (February 2, 2009), pp. 54–60; and "Jena McGregor, "Zappos' Secret: It's an Open Book," *BusinessWeek* (March 23–30, 2009), p. 62.
2. Alex Taylor III, "The New GM: A Report Card," *Fortune* (September 5, 2011), pp. 38–46; Alan Murray, "Women in a Man's World: Dan Akerson of General Motors on Changing a Male-Dominated Culture," *The Wall Street Journal* (May 7, 2012), p. B11; Alex Taylor III, "Most Powerful Women: Big Wheel at GM," *Fortune* (December 24, 2012), p. 22; and Jeff Bennett, "CEO Akerson Sets Goals for a Revitalized GM" (Boss Talk), *The Wall Street Journal* (January 8, 2013), http://online.wsj.com/article/SB10001424127887323482504578229852571958928.html (accessed June 5, 2013).
3. Sanam Islam, "Execs See Link to Bottom Line; Gap Is Closing; More Firms Keen to Be Seen as Best Corporate Culture," *National Post* (November 19, 2008), p. FP.16; Jeremy Kahn, "What Makes a Company Great?" *Fortune* (October 26, 1998), p. 218; James C. Collins and Jerry I. Porras, *Built to Last: Successful Habits of Visionary Companies* (New York: HarperBusiness, 1994); and James C. Collins, "Change Is Good—But First Know What Should Never Change," *Fortune* (May 29, 1995), p. 141.
4. Islam, "Execs See Link to Bottom Line."
5. Andrew Klein, "Corporate Culture: Its Value as a Resource for Competitive Advantage," *Journal of Business Strategy* 32, no. 2 (2011), pp. 21–28; Yoash Wiener, "Forms of Value Systems: A Focus on Organizational Effectiveness and Culture Change and Maintenance," *Academy of Management Review* 13 (1988), pp. 534–545; V. Lynne Meek, "Organizational Culture: Origins and Weaknesses," *Organization Studies* 9 (1988), pp. 453–473; and John J. Sherwood, "Creating Work Cultures with Competitive Advantage," *Organizational Dynamics* (Winter 1988), pp. 5–27.
6. W. Jack Duncan, "Organizational Culture: Getting a 'Fix' on an Elusive Concept," *Academy of Management Executive* 3 (1989), pp. 229–236; Linda Smircich, "Concepts of Culture and Organizational Analysis," *Administrative Science Quarterly* 28 (1983), pp. 339–358; and Andrew D. Brown and Ken Starkey, "The Effect of Organizational Culture on Communication and Information," *Journal of Management Studies* 31, no. 6 (November 1994), pp. 807–828.
7. Edgar H. Schein, "Organizational Culture," *American Psychologist* 45, no. 2 (February 1990), pp. 109–119.
8. This discussion of the levels of culture is based on Edgar H. Schein, *Organizational Culture and Leadership*, 2nd ed. (San Francisco: Jossey-Bass, 1992), pp. 3–27.
9. Chris Blackhurst, "Sir Stuart Hampson," *Management Today* (July 2005), pp. 48–53.
10. John P. Kotter and James L. Heskett, *Corporate Culture and Performance* (New York: The Free Press, 1992), p. 6.
11. Peter B. Scott-Morgan, "Barriers to a High-Performance Business," *Management Review* (July 1993), pp. 37–41.
12. Arthur Ciancutti and Thomas Steding, "Trust Fund," *Business 2.0* (June 13, 2000), pp. 105–117.
13. Jim Kanir, "Culture Champions," *T +D* (January 2013), p. 80.
14. Robert Bruce Shaw and Mark Ronald, "Changing Culture—Patience Is Not a Virtue," *Leader to Leader* (Fall 2012), pp. 50–55.
15. Bernard Arogyaswamy and Charles M. Byles, "Organizational Culture: Internal and External Fits," *Journal of Management* 13 (1987), pp. 647–659.
16. William D. Cohan, *House of Cards: A Tale of Hubris and Wretched Excess on Wall Street* (New York: Doubleday 2009); Chuck Leddy, "When Wall Street Bet the House," *Boston Globe* (March 28, 2009), p. G8; and Robin Sidel and Kate Kelly, "Bear Stearns a Year Later: From Fabled to Forgotten—Bear's Name, and Culture, Fade Away after J.P. Morgan's Fire-Sale Deal," *The Wall Street Journal* (March 14, 2009), p. B1.
17. Kotter and Heskett, *Corporate Culture and Performance.*
18. Paul Ingrassia, "How GM Lost Its Way," *The Wall Street Journal* (June 2, 2009), p. A21; and Micheline Maynard, "Chrysler Is Set, and New Task Is Fixing G.M.; U.S. Takes On the Insular G.M. Culture," *The New York Times* (June 11, 2009), p. A1.

19. This discussion and the exhibit are based on Kotter and Heskett, *Corporate Culture and Performance*, p. 51

20. Ralph H. Kilmann, Mary J. Saxton, Roy Serpa, and Associates, *Gaining Control of the Corporate Culture* (San Francisco: Jossey-Bass, 1985).

21. Larry Mallak, "Understanding and Changing Your Organization's Culture," *Industrial Management* (March–April 2001), pp. 18–24.

22. Reported in Chip Jarnagan and John W. Slocum, Jr., "Creating Corporate Cultures Through Mythopoetic Leadership," *Organizational Dynamics* 36, no. 3 (2007), pp. 288–302.

23. Jennifer A. Chatman and Sandra Eunyoung Cha, "Leading by Leveraging Culture," *California Management Review* 45, no. 4 (Summer 2003), pp. 20–34; and Jeff Rosenthal and Mary Ann Masarech, "High-Performance Cultures: How Values Can Drive Business Results," *Journal of Organizational Excellence* (Spring 2003), pp. 3–18.

24. Abby Ghobadian and Nicholas O'Regan, "The Link Between Culture, Strategy and Performance in Manufacturing SMEs," *Journal of General Management* 28, no. 1 (Autumn, 2002), pp. 16–34; G. G. Gordon and N. DiTomaso, "Predicting Corporate Performance from Organisational Culture," *Journal of Management Studies* 29, no. 6 (1992), pp. 783–798; and G. A. Marcoulides and R. H. Heck, "Organizational Culture and Performance: Proposing and Testing a Model," *Organization Science* 4 (1993), pp. 209–225.

25. John P. Kotter and John Heskett, *Corporate Culture and Performance* (New York: The Free Press, 1992).

26. Micah R. Kee, "Corporate Culture Makes a Fiscal Difference," *Industrial Management* (November-December 2003), pp. 16–20.

27. Tressie Wright Muldrow, Timothy Buckley, and Brigitte W. Schay, "Creating High-Performance Organizations in the Public Sector," *Human Resource Management* 41, no. 3 (Fall 2002), pp. 341–354.

28. Nelson D. Schwartz, "One Brick at a Time," *Fortune* (June 12, 2006), pp. 45–46; and Nelson D. Schwartz, "Lego's Rebuilds Legacy," *International Herald Tribune* (September 5, 2009).

29. Evelyn M. Ruslie, "Zynga's Tough Culture Risks a Talent Drain," *The New York Times Online* (November 27, 2011), http://dealbook.nytimes.com/2011/11/27/zyngas-tough-culture-risks-a-talent-drain/ (accessed June 18, 2012).

30. Rosenthal and Masarech, "High-Performance Cultures."

31. Dave Ulrich, Steve Kerr, and Ron Ashkenas, *The GE Work-Out* (New York: McGraw-Hill, 2002), pp. 238–230.

32. Reggie Van Lee, Lisa Fabish, and Nancy McGaw, "The Value of Corporate Values: A Booz Allen Hamilton/Aspen Institute Survey," *strategy+ business* 39 (Summer 2005), pp. 52–65.

33. Reggie Van Lee, Lisa Fabish, and Nancy McGaw, "The Value of Corporate Values: A Booz Allen Hamilton/Aspen Institute Survey," *strategy+business* 39 (Summer 2005), pp. 52–65.

34. McGirt, "Revolution in San Jose."

35. "Core Value: Teamwork," segment in Leigh Buchanan, "2011 Top Small Company Workplaces: Core Values," *Inc.* (June 2011), pp. 60–74; and "Our Story," Menlo Innovations Web site, http://www.menloinnovations.com/our-story/history and http://www.menloinnovations.com/our-story/culture (accessed September 12, 2011).

36. Rosenthal and Masarech, "High-Performance Cultures"; Patrick M. Lencioni, "Make Your Values Mean Something," *Harvard Business Review* (July 2002), pp. 113–117; and Thomas J. Peters and Robert H. Waterman, Jr., *In Search of Excellence* (New York: Warner, 1988).

37. "About Canada's 10: Canada's 10 Most Admired Corporate Cultures, 2005–2012," Waterstone Human Capital Web site, http://www.waterstonehc.com/cmac/about-canadas-10/10-most-admired-corporate-cultures-2005-2011 (accessed June 6, 2013); Andrew Wahl, "Culture Shock," *Canadian Business* (October 10–23, 2005), pp. 115–116; Calvin Leung, Michelle Magnan, and Andrew Wahl, "People Power," *Canadian Business* (October 10–23, 2005), pp. 125–126; and John Izzo, "Step-Up Initiative: Create a Culture of Initiators," *Leadership Excellence* (June 2012), p. 13.

38. Harrison M. Trice and Janice M. Beyer, "Studying Organizational Culture through Rites and Ceremonials," *Academy of Management Review* 9 (1984), pp. 653–669.

39. Alan Farnham, "Mary Kay's Lessons in Leadership," *Fortune* (September 20, 1993), pp. 68–77.

40. John Marshall and Matthew Adamic, "The Story Is the Message: Shaping Corporate Culture," *Journal of Business Strategy* 31, no. 2 (2010), pp. 18–23.

41. Jarnagan and Slocum, "Creating Cultures Through Mythopoetic Leadership."

42. Sam Silverstein, "Sustainable Culture: Create One of Your Own," *Leadership Excellence* (December 2012), pp. 17–18; and Joan O'C. Hamilton, "Why Rivals Are Quaking as Nordstrom Heads East," *BusinessWeek* (June 15, 1987), pp. 99–100.

43. Joann S. Lublin, "Theory & Practice: Keeping Clients by Keeping Workers; Unique Efforts to Encourage Employee Loyalty Pay Off for U.K. Ad Shop Mother," *The Wall Street Journal* (November 20, 2006), p. B3.

44. Ian D. Colville and Anthony J. Murphy, "Leadership as the Enabler of Strategizing and Organizing," *Long Range Planning* 39 (2006), pp. 663–677.

45. Betsy Morris, "The Best Place to Work Now (100 Best Companies to Work For, 2006)," *Fortune* (January 23, 2006), pp. 79–86.

46. D. C. Feldman, "The Multiple Socialization of Organization Mem- bers," *Academy of Management Review* 6 (1981), pp. 309–318; J. Van Maanen, "Breaking In: Socialization to Work," in R. Dubin, ed., *Handbook of Work, Organization, and Society* (Chicago: Rand-McNally, 1976), p. 67; and Blake E. Ashforth and Alan M. Saks, "Socialization Tactics: Longitudinal Effects on Newcomer Adjustment," *Academy of Management Journal* 39, no. 1 (February 1996), pp. 149–178.

47. Debra L. Nelson and James Campbell Quick, *Organizational Behavior*, 5th ed. (Cincinnati, OH: South-Western, 2006), p. 544.

48. Helena D. C. Thomas and Neil Anderson, "Changes in Newcomers' Psychological Contracts During Organizational Socialization: A Study of Recruits Entering the British Army," *Journal of Organizational Behavior* 19, no. 1 (1998), pp. 745–767.

49. Ashforth and Saks, "Socialization Tactics."

50. Deanne N. Den Hartog, Jaap J. Van Muijen, and Paul L. Koopman, "Linking Transformational Leadership and Organizational Culture," *The Journal of Leadership Studies* 3, no. 4 (1996), pp. 68–83; and Schein, "Organizational Culture."

51. Aili McConnon, "Lessons from a Skinflint CEO," *BusinessWeek* (October 6, 2008), pp. 54–55.

52. Bill Munck, "Changing a Culture of Face Time," *Harvard Business Review* (November 2001), pp. 125–131.

53. Ram Charan and Jerry Useem, "Why Companies Fail," *Fortune* (May 27, 2002), pp. 50–62.

54. Robert Hooijberg and Frank Petrock, "On Cultural Change: Using the Competing Values Framework to Help Leaders Execute a Transformational Strategy," *Human Resource Management* 32, no. 1 (1993), pp. 29–50.

55. Sara Kehaulani Goo, "Building a 'Googley' Workforce; Corporate Culture Breeds Innovation," *The Washington Post* (October 21, 2006), p. D1; Adam Lashinsky, "Chaos by Design," *Fortune* (October 2, 2006), p. 86; and Adam Lashinsky, "Search and Enjoy," part of "The 100 Best Companies to Work For, 2007," *Fortune* (January 22, 2007), pp. 70–82.

56. Michelle Conlin, "Netflix: Flex to the Max," *BusinessWeek* (September 24, 2007), pp. 72–74.

57. Stacy Perman, "The Secret Sauce at In-N-Out Burger" (excerpt from In-N-Out Burger: A Behind-the-Counter Look at the Fast-Food Chain That Breaks All the Rules), *BusinessWeek* (April 20, 2009), pp. 68–69.

58. Carey Quan Jelernter, "Safeco: Success Depends Partly on Fitting the Mold," *Seattle Times* (June 5, 1986), p. D8.

59. Gordon F. Shea, *Practical Ethics* (New York: American Management Association, 1988); and Linda Klebe Treviño, "Ethical Decision Making in Organizations: A Person-Situation Interactionist Model," *Academy of Management Review* 11 (1986), pp. 601–617.

60. Leslie Wayne, "A Promise to Be Ethical in an Era of Temptation," *The New York Times* (May 30, 2009), p. B1; and Kelley Holland, "Is It Time to Retrain B-Schools?" *The New York Times* (March 15, 2009), p. BU1.

61. Dawn-Marie Driscoll, "Don't Confuse Legal and Ethical Standards," *Business Ethics* (July/August 1996), p. 44.

62. Brian Griffiths, "Markets Can't Be Improved by Rules, Only by Personal Example," *The Times* (April 9, 2009), p. 30.

63. Quoted in Steven P. Feldman, "Moral Business Cultures: The Keys to Creating and Maintaining Them," *Organizational Dynamics* 36, no. 2 (2007), pp. 156–170.

64. Alison Boyd, "Employee Traps — Corruption in the Workplace," *Management Review* (September 1997), p. 9.

65. Noel M. Tichy and Warren G. Bennis, "Managing the Tough Call; Great Leaders Know When Their Values Are on the Line," *Inc.* (November 2007), pp. 36–38.

66. Laura Reave, "Spiritual Values and Practices Related to Leadership Effectiveness," *The Leadership Quarterly* 16 (2005), pp. 655–687.

67. R. A. Giacalone and C. L. Jurkiewicz, "Toward a Science of Workplace Spirituality," in R. A. Giacalone and C. L. Jurkiewicz, eds., *Handbook of Workplace Spirituality and Organizational Performance* (New York: M. E. Sharp, 2003), pp. 3–28; K. Krahnke, R. A. Giacalone, and C. L. Jurkiewicz, "Point-Counterpoint: Measuring Workplace Spirituality," *Journal of Organizational Change Management* 16, no. 4 (2003), pp. 396–405; Louis W. Fry, "Toward a Theory of Ethical and Spiritual Well-Being, and Corporate Social Responsibility Through Spiritual Leadership," in R. A. Giacalone, ed., *Positive Psychology in Business Ethics and Corporate Responsibility* (Greenwich, CT: Information Age Publishing, 2005), pp. 47–83; and I. I. Mitroff and E. A. Denton, *A Spiritual Audit of Corporate America* (San Francisco: Jossey-Bass, 1999).

68. Louis W. Fry, "Toward a Theory of Spiritual Leadership," *The Leader- ship Quarterly* 14 (2003), pp. 693–727.

69. Fry, "Toward a Theory of Spiritual Leadership."

Chapter 15

# 변화관리 리더십

### 학습목표

이 장을 공부하면

- 조직변화를 요구하는 경제적 · 사회적 요구를 이해할 수 있다.
- 계획된 변화의 8단계 모델 실행 방안을 이해할 수 있다.
- 조직변화의 긍정혁명 이론을 이해할 수 있다.
- 개인과 조직의 창의성 확대와 조직혁신 방안을 이해할 수 있다.
- 변화 저항 극복을 위한 의사소통, 교육훈련, 참여 기법 활용을 이해할 수 있다.
- 변화의 긍적적 · 부정적인 측면을 이해할 수 있다.

최근 경영의 화두는 변화와 혁신이다. 지난 몇 년간 전 세계는 경기침체를 거듭하고 있으며 한 때 선두에 있던 기업들이 흥망의 성쇠를 반복하고 있다. 예를 들면 전통적으로 미국의 유통업계를 대표하던 J. C. 페니J. C. Penney를 들 수 있다. 한 때 미국 유통업계를 대표하였지만 새로운 유통 트렌드 변화에 적응하지 못하여 쇠락과 침체의 일로에 있었다. 그랬던 J. C. 페니가 최근 론 존슨Ron Johnson 신임 사장을 영입하면서 변화와 혁신을 통한 새로운 도약을 시도하고 있다. 존슨 사장은 애플Apple의 임원으로 재직하였으며 창의성이 높은 경영자로 알려져 왔다. 그는 애플에서 사직한 이후 페니에 와서 근본적인 혁신을 도모하기 시작했다. 취임을 축하하는 모임도 취소하고 새로운 변화 추구 메시지를 종업원들과 고객들에게 공식적으로 알리는데 주력하기도 했다. 그는 페니의 오랜 관행의 경영방식을 전면 개선하였고 유통매장을 재설계하였으며 여러 유통 브랜드를 폐기하기까지 했다. 하지만 그의 개혁과 혁신적인 시도는 많은 난관과 어려움을 가져오기도 했다. 어느 증권분석가는 그의 혁신과 변화가 너무나 순식간에 이루어져 오랫동안 기존 브랜드를 이용해 온 고객들조차도 혼란스럽게 할 정도였다. 그러는 가운데 변화와 혁신으로 인한 고통과 어려움을 감내했으며 이러한 혁신적인 변화로 인해 어떤 미래의 모습이 될 것인지에 대해서 많은 사람들은 인식하기 어려운 상황에 접하게 되었다. 결국 페니는 성공할 수 있을까? 브라이언트 대학교Bryant University의 마이클 로베르토Michael Roberto 경영학과 교수는 "페니가 성공하기 위해서는 혁신을 통해 작은 성공의 모습을 보여줄 수 있어야 한다고 조언하고 있으며 이를 통해 고객이나 종업원들은 변화에 동참 가능성이 생긴다"고 한다.[1]

J. C. 페니의 사례에서 알 수 있는 시사점은 혁신적인 변화는 생각만큼 성공이 쉽지 않다는 점이다. 유통업계는 리더에게 있어 변화를 성공시키기는 매우 어려우며 특히 혁신적인 전환을 이루는 변화는 더욱 성취가 어렵다. 연구에 의하면 혁신을 통해 수익률 상승을 가져온 경우는 30%가 넘지 않는다고도 한다. 혁신과 변화의 어려움을 말하는 단적인 증거이다. 하지만 혁신과 변화는 선택이 아니고 필수가 되는 현실적 상황에서 어떻게 리더가 변화와 혁신을 성취해낼 수 있는지는 리더로서 중요한 관건이 된다.

15장은 J. C. 페니와 같이 거대 기업의 리더들이 어떻게 변화와 혁신을 추진하는지에 대해 살펴보고자 한다. 첫째, 현대 조직의 변화 필요성에 대해 살펴보고, 변화 주도와 관련된 단계별 프레임워크를 검토하도록 하겠다. 둘째, 조직변화의 긍정혁명 기법을 고찰하고 어떻게 이런 기법이 지속적인 변화를 이룰 수 있게 하는지에 대해 살펴보도록 하겠다. 셋째, 어떻게 리더들이 창조적 인재들과 창조적 조직에 초점을 두고 혁신을 촉진시킬 수 있는지를 알아보겠다. 마지막으로 구성원들은 왜 변화에 저항하고 어떻게 리더들은 이러한 저항을 극복하면서 구성원들이 가지는 변화에 대한 부정적인 의식에 대응하는지를 살펴보도록 하겠다.

## 조직의 변화와 소멸

이 책 초반부에 리더십은 안정성보다는 변화에 무게를 둔 점을 먼저 상기할 필요가 있다. 그리고 최근 경영환경의 변화를 보면 변화의 물결이 더욱 심화되고 있고 이에 따라 리더들은 외부환경 변화에 보조를 맞추어야 하는 심각한 도전에 직면해 있다.

조직이 생존하기 위해서 변화는 필수적이며, 경제 침체는 리더들에게 사업 운영과 관련한 새로운 변화의 돌파구를 필요로 하고 있다. 최근 경제위기는 리더들에게 기업 운영의 새로운 시각을 갖추도록 압력을 가하고 사회적으로도 새로운 리더십 대응leadership response을 요구하고 있다. 즉 위기에 생존하기 위해서는 변화하지 않으면 안된다는 점이다. 거대한 우량기업으로 평가받던 시티그룹, GM, 미연방준비위원회(SPC), 미국 정보국(CIA), 그리고 중소기업 및 대학, 비영리조직 등 다양한 조직들에 새로운 변화와 변화관리의 필요성이 높아지고 있다. 따라서 많은 조직들은 변화에 대한 새로운 시각과 변화 관련 추진업무를 담당하는 변혁관리자transformational officer를 영입하는 추세도 두드러지고 있다.[2] 심지어 미 육군도 최근 신전투 개념에 대응하기 위해 엄청난 조직변화를 모색하여, 과거와 같이 전면전이나 총공격 개념보다는 반란군 대응을 위한 효과적 전투방법과 이에 걸맞는 전략을 추구하고 있다.[3]

〈도표 15-1〉에서 볼 수 있듯이 급격한 기술 변화, 글로벌 경제, 지역별 영향력 변화, 정부규제의 증대, 시장 변화, e-비즈니스 활성화, 인터넷 정보의 급격한 확산 등은 조직 리더들에게 위협이 되는 한편 기회요인이 되기도 한다. 오늘날 리더들에게 가장 심각한 문제는 세상의 변화에 효과적으로 대응하는 데 실패했다는 점이다. 이에 대처하기 위한 해결방안은 변화 지향 리더십에 있다. 그 이유는 리더들은 변화의 역할모델이 될 뿐만 아니라 변화 노력을 진작시키기 위해 의사소통시키고 동기

도표 15-1 ● 변화 리더십의 필요 요인

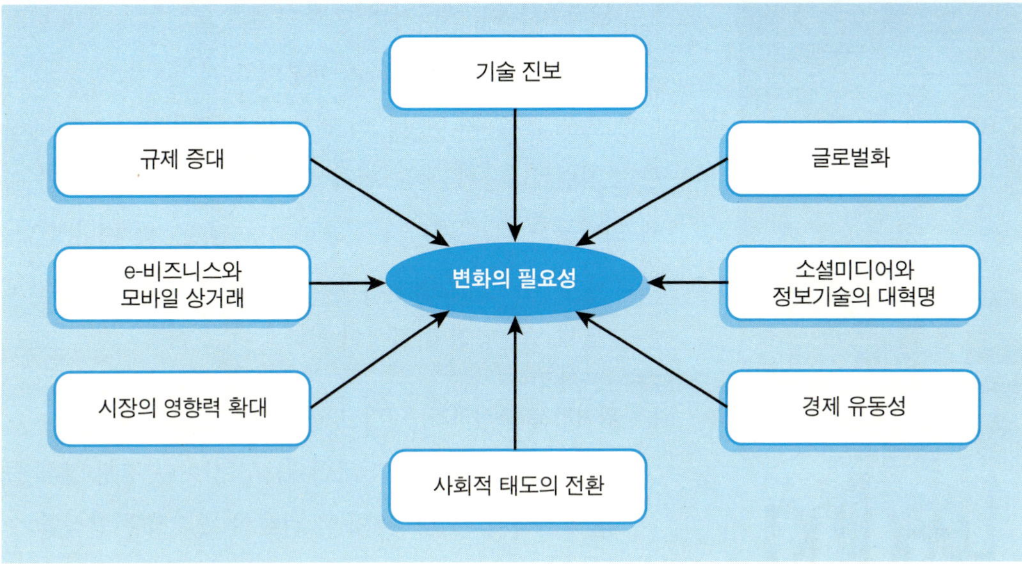


© Cengage Learning

부여시키는 주된 역할을 하기 때문이다. 따라서 강력한 변화 지향 리더십은 성공적 변화의 핵심이라 할 수 있다. 성공적 변화 프로젝트를 달성하는 리더의 특징을 조사한 연구 결과를 보면 다음과 같다.[4]

- 현상 유지가 아니고 스스로를 변화추진 리더로 생각한다.
- 용기를 보여준다.
- 직원들이 책임감을 맡을 능력이 있다고 믿는다.
- 변화 수용성을 촉진시키는 가치를 충분히 이해하고 규명할 수 있는 능력이 있다.
- 실수를 인지하고 실패로부터 학습한다.
- 복잡성, 불확실성과 모호성 관리 능력이 있다.
- 비전의 명확한 청사진 제시 능력이 있다.

## 조직변화의 프레임워크

변화는 쉽게 이루어지지 않지만 훌륭한 리더는 조직 전반에 걸쳐 변화를 촉진시키고, 조직을 외부환경의 기회와 위협으로부터 잘 적응할 수 있도록 하는데, 다음은 변화 주도 프레임워크와 변화저항 극복법과 관련된 내용을 설명하도록 하겠다. 중

존 코터

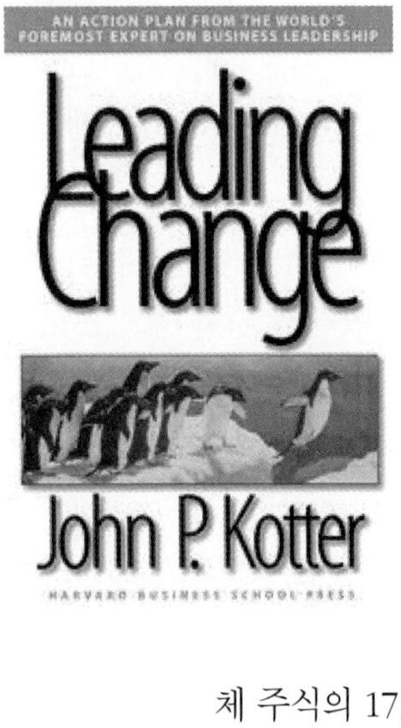


요한 변화를 주도할 때 리더들은 전 단계의 변화 프로세스를 고려해야 하는데, 왜냐하면 모든 단계가 모두 중요하며 변화에는 상당한 시간이 필요하기 때문이다.

〈도표 15-2〉는 변화관리 전문가 존 코터John Kotter가 제시한 조직변화 8단계로써,[5] 변화를 성공적으로 실행시키기 위해 리더들은 각 단계마다 신중하게 주의를 기울여야 한다. 특히 특정 단계를 건너뛰거나 실수하게 되면 조직변화의 모든 프로세스를 망칠 위험성이 있다.

1. **위기감을 조성하라.** 정말로 변화가 필요하다면 리더는 위기감을 조성하는데, 그 내면에는 시장이나 경쟁 상황 등을 조사하여 전 구성원들이 변화의 필요성을 인식할 수 있도록 해야 한다. 이 단계가 중요한 이유는 위기나 커다란 위협이 제기되면 변화에 대한 저항이 무색해지기 때문이다. 가령 GM과 미국자동차노조(UAW)의 관계에서, 그 동안 아무리 GM의 경영진이 노조와 타협의 기회를 가지려 해도 항상 변화의 저항에 막혀 무산되곤 했지만 회사가 파산위기에 직면하게 되자 노사 간에 위기의식을 느끼고 밀접한 관계가 형성되었다. UAW는 GM 전체 주식의 17.5%를 소유하고 있었으며, 위기의식이 팽배해지자 UAW는 2015년까지 비파업 각서를 쓰게 되었다.[6] 결국 이러한 위기의식이 GM의 생존을 돕는 요인이 되었다. 그리고 경영자는 위기감을 변화에 활용하기 위해서 적극적으로 경영 내부 및 외부 환경을 모니터링하고 경쟁업체 상황, 시장에서의 위치, 사회적, 기술적, 정치적 트렌드, 이익과 손실, 운영상태 등에 대해 면밀하게 검토하였다. 그리고 잠재 위기상황이 감지되면 전 직원을 대상으로 이러한 상황을 정직하게 알렸다.
2. **강력한 변화추진 구심체를 형성하라.** 변화를 성공적으로 지속시키기 위해서는 조직 핵심들이 참여하는 변화구심체를 형성하여 변화를 모색해야 하는데, 왜냐하면 성공적 변화를 위해선 조직변신 필요성에 공유된 몰입이 있어야만 하기 때문이다. 경영자들뿐만 아니라 중간관리자들과도 제휴관계를 이뤄 효과적으로 조직을 관리해야 하며 일선관리자들 역시 이러한 연합전선에 동참해야 하는 점

은 필수이다. 뿐만 아니라 변화를 추진하기 위해 사람들을 하나로 뭉치게 하고 문제점 인식과 해결방안에 대해 공유된 생각을 가질 필요가 있다. 예를 들면, 마스터브랜드MasterBrand Industries사는 변화를 추진하는 핵심간부 75명이 회합을 갖고 변화 필요성과 변화추진 방법 등을 논의하기도 하였다.[7]

3. **설득력 있는 비전과 전략을 창출하라.** 리더들은 변화 노력을 이끌 수 있는 납득할 만한 비전을 규명하고 제시할 책임이 있다. 비전을 마련하고 나면 이 비전 달성을 위한 전략을 개발해야 하는데, 미래 변화에 대한 가시적인 모습이 그려지면 구성원들이 왜 변화를 해야 하는지에 대해 동기부여될 수 있다. 쇼니즈Shoney's사는 패밀리 레스토랑으로 뷔페식all-you-can-eat 샐러드 바와 조식 뷔페를 최초로 운영하였는데, 이 회사의 오너이자 CEO인 데이비드 데이본드파우어David Davoundpour는 관리자들과 프랜차이즈 사장들에게 쇼니즈의 과거의 영광을 되찾기 위한 납득할만한 비전을 제시한 것으로 유명

**도표 15-2 ● 계획된 조직변화 8단계 모델**

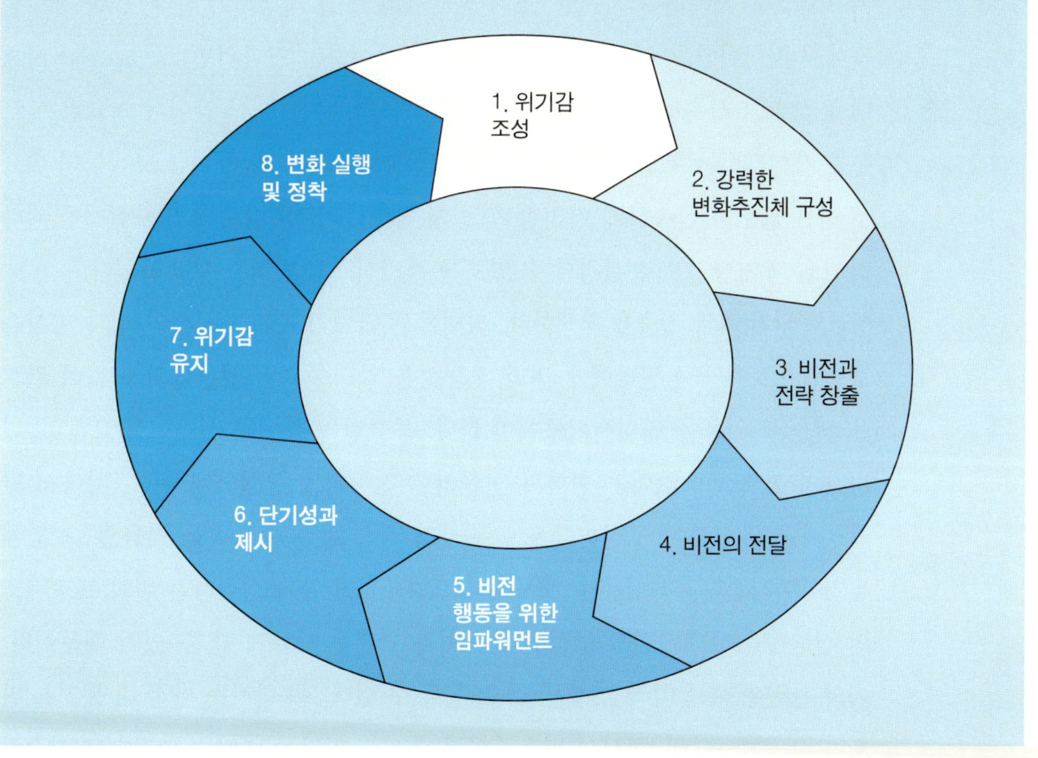


출처: Based on John P. Kotter, *Leading Change* (Boston: Harvard Business School Press, 1996), p. 21.

하다. 이 체인은 1940년대 창업되어 한 때 미국 내 1,200개 체인을 가질 정도였으나, 리더의 변화 적응 실패로 파산위기에 몰려 기업 규모가 축소되는 현실을 경험하였다. 하지만 CEO인 데이비드는 실내장식 개조, 신선하고 건강한 음식 제공, 현대식 메뉴 항목, 그리고 일관성과 품질을 유지하기 위한 명확한 본사 리더십 등에 기초를 둔 전략을 수행하였다.[8]

4. **변화 비전과 전략 전달을 위해 가능한 모든 커뮤니케이션 수단을 동원하라.** 이 단계에서는 구성원들에게 변화 비전과 전략을 효과적으로 전달함으로써 변화추진 구심체들이 솔선수범하고, 적극적으로 변화의 필요성을 반복해서 피력할 필요가 있다. 하지만 이 단계에서 구성원들의 참여, 지원과 희생이 없으면 변혁은 절대로 이루어지지 않는다. 옐로우 프라이트 시스템Yellow Freight System사의 CEO인 빌 졸라스Bill Zollars는 직원들에게 비전과 전략을 알리기 위해 전국 터미널을 방문하여 회사가 전통적인 트럭운송회사에서 새로운 물류회사로 변신하고 있음을 의사소통시켜 왔다. 졸라스는 비전의 성공적인 전달을 위해 반복적으로 피력하였고 새로운 행동을 창출하기 위해 노력해야 함을 강조하고 있다.[9]
5. **변화의 장애요인을 줄이고 구성원들에 대한 임파워먼트를 강화시켜라.** 저항을 일으키고 변화를 저해하는 시스템, 조직구조, 절차 등을 개정해야 한다. 또한 구성원들에게 지식이나 자원 등에 대한 자율권을 부여하는 임파워먼트empowerment 시스템을 갖추어 신속하게 변화를 추진하게 하는데, 예를 들면 앞에서 언급한 옐로우 프라이트사는 통합된 IT 시스템 투자를 통해 직원들로 하여금 고객들이 필요로 하는 업무를 신속하게 처리할 수 있게 하였다. 또한 상사의 의사결정을 기다리지 않고 자발적으로 결정할 수 있도록 관리시스템 변화도 모색하였다.
6. **성과의 단기 효과 창출을 모색하라.** 리더들은 단기적으로 가시적인 성과 향상을 보여줌으로써 구성원들에게 변화 가능성을 알려주고 구성원들의 노력이 결실을 맺을 수 있음을 인식시켜주어야 한다. 중요한 변화에는 시간이 필요하며, 단기간의 성취감이 없이는 변화와 전환의 추진동력을 상실하게 된다. 따라서 단기성과를 달성하여 구성원들을 고무시켜 계속 변화의 노력을 기울일 수 있게 동기부여시킨다. 그 이유는 가시화되고 성공적인 단기 성취감은 변화 프로세스의 신뢰성을 증대시키고 구성원의 몰입과 열정을 새롭게 할 수 있기 때문이다. 이와 관련된 예는 미국 조폐청U.S. Mint을 들 수 있다. 이 회사는 미국 내 동전을 만드는 국영회사인데, 회사의 관료주의적 속성을 열정이 넘치는 조직으로 신속하

UNITED STATES MINT

필립 디엘

게 변모시키기 위해 CEO인 필립 디엘Philip Diehl은 우선 단기 효과 창출을 모색하였다. 그는 향후 6주 이내에 주문량의 95%를 처리할 목표를 공개적으로 제시하였는데, 이와 같은 목표는 지금의 현실에서는 그렇게 대단한 목표가 아니지만 당시에는 상당한 향상을 도모할 수 있는 목표라고 할 수 있었다. 그리고 이러한 단기목표의 달성은 구성원들을 열정적으로 만들었으며 변혁을 이룰 수 있도록 하는 기초를 제공하는 효과가 있었다. 다시 말해서 가시적이고 성공적인 단기 성과 달성은 변화 프로세스의 신뢰성을 높이고 구성원들의 몰입과 열정을 새롭게 만들 수 있었다.

7. **위기감을 유지시키고 개선을 위한 지속적 행동을 추진하라.** 성공적인 리더들은 단순한 조그만 승리에 도취하지 않고, 좀 더 어려운 업무 달성을 위해 구성원들에게 에너지를 부여하고 권한을 준다. 그런데 이러한 일들은 시스템을 변화시키거나 조직구조나 정책을 새롭게 해야 하며, 변화의 비전을 실행할 수 있는 구성원들을 채용하고 승진시키고, 그들이 비전을 추구하는데 필요한 시간, 자원, 그리고 권한 등을 가질 수 있도록 한다.
8. **변화를 추진하고 정착시켜라.** 변화의 마지막 단계는 리더가 창출한 변화를 정착시키는 일인데[10] 변화와 변혁은 정착하기 전까지는 완료되었다고 보기 어렵다. 이 단계에서 리더들은 구성원들에게 새로운 태도와 가치관, 행동 등을 주입시켜 변화된 모습이 어색하지 않고 일상적 업무 활동으로 익숙해질 때까지 지속적인 변화를 추진해야 한다. 이는 14장에서 언급한 바 있는 조직문화를 변화시키는 일과 관련 있는데, 구성원들의 정서를 자극하거나 생생한 실천 사례 등에 관련된 스토리를 알려주거나 왜 이것이 성공했는지 성공 요인을 밝히고, 추구하는 문화에 적합한 구성원을 선발하고 사회화시키는 일 등이 모색되어야 한다. 뿐만 아니라 표출된 가치에 맞춰 행동하여 사람들로 하여금 리더가 무엇에 관심

가지고 있으며 무엇에 대해 보상하려고 하는지를 알게 해야 한다. 또한 리더들이 새로운 가치관에 맞는 행동을 하는 사람들을 승진시키고 대우하면 구성원들은 리더의 생각을 판단할 수 있게 된다.

이와 같은 일련의 변화 프로세스 단계는 경우에 따라 서로 중복되기도 하지만 각각의 단계들은 성공적 변화를 위해 중요하기 때문에 변화를 구상하는 리더들은 이러한 8단계의 변화 프로세스를 사용할 수 있다.

## 긍정혁명 이론의 활용

변화를 주도하는 방법 중 하나로 긍정혁명 이론이 있다. **긍정혁명(AI)**appreciative inquiry은 개인, 팀, 혹은 전체 조직에게 긍정적 메시지를 강화하고 성공으로부터의 학습에 초점을 맞춤으로써 변화를 이루는 방법이다.[11] 무엇이 잘못되고 누가 비난의 화살을 받아야 하는지의 관점보다 긍정혁명 이론은 긍정 형식의 질문을 이용하는 방법이다. "무엇이 가능한가?", "성취하고자 하는 것이 무엇인가?"와 같은 질문을 우선 던지는데, 매출감소와 같이 문제점을 지적하기보다는 무엇이 판매를 증대시키게 하는지를 찾아보는 데 더 중점을 둔다. **잘못된 점을 찾아 지적하기보다는 올바른 점을 어떻게 해야 할지를 모색하기 위해 주제의 적정한 프레임워크를 만드는 것**이 성공의 근간이 된다. 왜냐하면 이 이론은 사람들로 하여금 변화를 위한 긍정적인 틀을 제시하기 때문이다. 이 이론의 공동 창시자인 데이비드 쿠퍼라이더David Cooperrider는 긍정혁명 이론에 대해 "인간 유기체에 존재하는 긍정의 측면을 강조할수록 더욱 긍정적인 변혁을 이룰 수 있는 역량이 많아지게 된다"고 설명하고 있다.[12]

데이비드 쿠퍼라이더

긍정 혁명의 리더십이 말하는 리더의 역할은 구성원들의 창의적인 힘을 결집시켜서 긍정적인 에너지로 바꿀 수 있는 역량을 말하며 이를 통해 조직의 변화를 유도하는 리더십이다.

## 긍정혁명 리더십의 네 가지 요소

긍정혁명 리더십은 긍정심리학에 기초를 두고 있는데, 현재의 문제를 해결하는데 조직의 문제점을 나열하고 이를 지적한들 이를 변화시키고 새로운 에너지로 변환시키는 일이 힘들다는 점에 착안하고 있다. 대신 우리가 잘하는 긍정적인 면에 주안점을 두고 이에 집중하는 접근방법이 더욱 의미가 있다는 주장에 의미를 부여하고 있다. 〈도표 15-3〉은 이를 위한 단계를 설명하고 있다. [13]

1. **탐색하기:** 탐색discover 단계에서 사람들은 존재하는 것 중 최상의 것이 무엇이고, 조직의 핵심 강점과 최상의 관행best practices을 규명하는데, 주력한다. 즉, 우리가 가진 장점과 강점을 탐색하고 찾아내는 단계이다. 이를 위해 리더들은 대상자들 만남을 통해 조직생활 경험 중 최상의 것을 파악하게 하는 스토리에 대한 질문을 던진다. 또한 구성원들은 다른 사람의 이야기를 들으면서 자신이 미처 몰랐던 강점들을 도출해낼 수도 있다. 예를 들면 아메리칸 익스프레스American Express의 리더는 사람들에게 회사를 위해 가장 자부심을 느끼는 일에 대한 상황을 묘사하라고 질문했다. 이 스토리를 근거로 하여 사람들은 공통의 테마를 찾게 된다.

**도표 15-3 ● 긍정혁명 이론의 4단계**

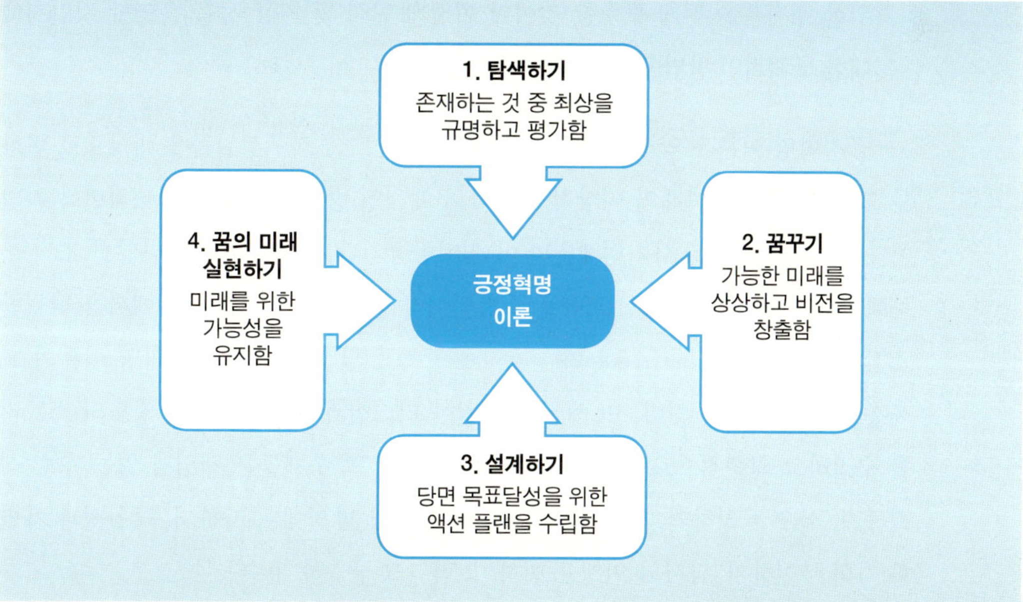


출처: Based on Gabriella Giglio, Silvia Michalcova, and Chris Yates, "Instilling a Culture of Winning at American Express," *Organization Development Journal* 25, no. 4 (Winter 2007), pp. 33–37.

2. **꿈꾸기:** 꿈을 꾸는dream 단계는 사람들이 탐색 단계 동안 학습한 것을 바탕으로 이러한 경험이 우리에게 일상적인 일이 된다면 어떨까 하는 상상을 하게 된다. 예를 들면 '아메리칸 익스프레스 직원들이 스스로 회사에 자부심을 느끼는 환경을 경험하게 된다면 어떨 것인가?', '이러한 꿈꾸기 단계는 어떻게 될 것인가?'와 관련된 상상력을 말하며, 현재의 삶에 기초하여 미래에 최상으로 가능한 상황의 공유 비전을 창출하는 단계이다. 결국 사람들은 이러한 미래의 꿈을 표현해봄으로써 변화에 대한 희망과 에너지를 북돋게 되며, 기존의 강점과 함께 미래의 이상적 모습을 위해 필요한 강점요소 등을 추가적으로 구현해 볼 수 있다.
3. **설계하기:** 설계design 과정에서는 꿈을 현실화하는 액션 플랜을 구상하게 된다. 이때 사람들은 조직이 원하는 것을 위해 무엇을 필요로 하는지에 대한 마인드 맵을 그린다. 예를 들면, 아메리칸 익스프레스 직원들은 그들이 원하는 문화유형을 후원하는 가치와 이러한 가치를 후원하고 주입하게 되는 리더십 행동, 그리고 새로운 문화가치가 유지되는 조직구조, 시스템, 프로세스 등을 설계하였다.
4. **꿈의 미래 실행하기:** 긍정혁명의 마지막 단계는 이전 단계에서 규명하고 설계한 아이디어를 견실한 행동 단계로 전환시켜 꿈의 미래가 실현destiny되는 시기이다. 이 단계는 현재 존재하는 최상의 것과 앞으로 꿈의 미래를 실현시키려면 어떻게 해야 하는지에 대한 내용이 포함된다. 즉 실행에 대한 방법론을 말하며, 실행을 위한 조직은 어떻게 구축할 것이며 어떻게 인력 및 자금 등을 운영할 것인지에 대한 구체적인 방법을 모색하게 된다.

긍정혁명 이론은 앞서 설명한 바와 같이 대규모 조직구성원들을 대상으로 변화를 모색하기 위해, 미래의 이상적 방안과 구체적인 방안을 모색하는 조직변화 기법이다. 또한 이 기법은 사기업체뿐만 아니라 공공기관, 대학, 군대 등 다양한 조직 모두에게 적용 가능한 리더십 교육훈련 방법이라 할 수 있다.[14] 미 해군에서는 탁월한 조직의 임파워된 문화empowered culture of excellence 목표 달성을 위해 긍정혁명 이론의 교육훈련을 시행한 바 있다. 미 해군은 탁월한 리더십과 관련된 300개 정도의 스토리를 수집하고 최종적으로 7개 주제로 압축하였다. 그 주제들은 책임감 있는 수병 신뢰하기, 실수 처리하기, 학습 촉진하기, 다른 사람 발전에 투자하기, 탁월성과 차별화 기회 부여하기, 감사와 인정 표현하기, 팀워크 구축하기이다.[15]

[IN THE LEAD] 사례는 중동 지역의 대형 정유회사의 팀이 긍정혁명 기법을 활용하여 회사를 최상의 근무하기 좋은 기업으로 만들기 위한 방안을 모색하였다.

**IN THE LEAD** The Red Team

대형 정유회사의 경영자는 젊은 엔지니어들로 구성된 레드팀 구성원들에게 우리 회사가 최고로 근무하기 좋은 직장을 상상해보는 실험을 하였다. 그리고 이 경영자는 조직성공의 가장 중요한 척도는 구성원의 행복에 있다고 언급하고, 구성원들의 행복은 안전과 생산성, 그리고 성과를 높일 것으로 확신하고 있었다. 레드팀의 구성원들은 즉각적으로 구성원들 간에 논의하였고 그리고 난 후 가능성 있는 제안점을 도출하고 이를 제시하였다.

이 팀원들이 제안한 내용은 매우 간단한 방법이다. 구성원들 간에 미소를 짓는 것만으로도 사기를 높이고 동기부여와 행복감을 가져올 수 있다고 하였다. 긍정혁명(AI) 기법을 활용하여 다른 구성원들에게 회사에서 근무하는 중 가장 최고의 경험을 상상하게 하고 다른 구성원들에게 이 경험을 공유하기를 요청하였다(탐색). 여기어 이러한 경험을 통해 열정적이고 즐거운 분위기를 창출할 수 있는 점을 말한다. 다음으로 이러한 경험을 통해 또한 이러한 상황이 회사의 규범이 된다면 어떻게 좋아질 것인가를 상상하는 비전을 창출할 수 있도록 하였다(꿈꾸기). 세 번째 설계의 단계로 들어가서 종업원과 상사와의 관계성 강화, 회사 카페테리아 메뉴 향상, 종업원 가족들을 위한 즐거운 이벤트 행사 등 다양한 즐거운 상황을 상상하고 난 이후, 이러한 제안된 상상 아이디어를 후속적으로 현실에 접목시키는 실행에 옮겼다. 이와 같은 조직개발의 방안으로서 시행된 방법은 구성원들에게 미래를 상상할 수 있는 기회를 부여해주었고 구성원들이 회사에 참여하는 기회를 제공함으로서 사기를 진작시킬 수 있었다. 보통 사람은 소속과 참여에 대해 많은 자부심을 갖게 하고 이 회사에서 추진한 교육의 일환인 '최고의 직장'의 모습 그리기를 통해 구성원들은 행복감을 느끼고 결국 조직이 발전할 수 있는 기회를 모색할 수 있게 되었다.

## 일상에 긍정혁명 이론의 적용

긍정혁명 기법은 리더들에게 개별적으로 적용시킬 수도 있다. 리더십의 본질은 현재 상태를 변화시키는 데 있기 때문에 일상적으로 변화를 모색해야 한다. 따라서 유능한 리더들은 추구하고자 하는 미래와 관련된 태도, 전제와 가정, 행동을 점차 전환시키기 위해 일상적으로 노력을 기울인다. 또한 일상적으로 변화노력에 리더가 적극 참여할 때 누적된 결과의 효과를 얻게 된다.[16]

리더들은 구성원 육성, 팀워크 강화, 업무상 이슈나 갈등 해결 등과 같은 다양한 분야의 일상적 변화를 이루기 위해 긍정혁명 기법을 활용할 수 있다.[17] 그런데 그 핵심은 긍정적인 방법으로 어떻게 구성원 생각의 틀을 만들 수 있고, 잘못된 측면보다 발전적 방향에 어떻게 초점을 둘 것인가이다. [IN THE LEAD]는 US 셀룰러US Cellular사

**IN THE LEAD** **Jim Gustafson, US Cellular**

짐 구스타프슨(Jim Guestafson)은 US 셀룰러(US Cellular)사의 전략 리더십 연구개발 부서장으로 그의 사무실 벽에는 마하트마 간디의 어록인 "미래 이 세상의 변화를 보고자 한다면 매일 매일 변화를 모색해라"가 붙여져 있다. 그는 오랜 세월동안 리더십이란 다른 사람에게 봉사하고, 구성원들을 코칭하여 잠재성 향상을 도와주고 최고의 공헌자가 될 수 있도록 긍정혁명을 활용하는 것이라고 믿어 왔다. 그가 이런 생각을 하게 된 데는 과거 대기업의 영업/마케팅 부서장 시절의 경험 때문이다. 그가 당시 하던 일은 주로 직원들 영업실적 결과를 리뷰하는 것이었는데, 유독 2명의 영업직원이 외향적 리더 밑에서 실적이 낮고 의욕이 없는 점을 볼 수 있었다. 그래서 그들에게 특별히 회사에서의 역할과 존재 의미성을 강조하고 탁월한 성과를 낼 수 있는 기회를 제공해주었다. 결국 그들은 높은 기대치와 함께 탁월한 성과를 낼 수 있었고 2명 모두 다른 부서의 리더로 승진해 갈 수 있었다.

이와 같은 행동 변화는 긍정혁명 이론의 활용에 의한 변화라 할 수 있다. 짐은 긍정혁명 이론을 활용하기 위해 우선 사람들에게 "지난 6개월 동안 가장 자신에게 자부심을 느끼게 한 일이 무엇이었나?", "직무만족의 가장 큰 원천은 무엇인가?", "무엇이 자신의 탁월성을 동기부여시키는가?" 라는 질문을 던지고, 이런 질문을 바탕으로 구성원들이 업무에 만족하고 성과를 내는지, 과거 최상의 경험을 바탕으로 어떻게 미래를 만들어 가는지 등에 대한 원인을 규명하려고 노력했다. 그는 또한 긍정혁명 이론을 활용하여 좀 더 개방적이고 정직한 의사소통을 이루고, 성과 향상, 신뢰와 협력적 환경을 창출하고, 학습과 변화를 자극시키고 함께 일하는 직장 커뮤니티 창출 방안으로서 긍정혁명을 이용하기도 하였다. 그는 "서로 합심하는 집단은 개별적인 경우보다 더 생산적이며, 이를 직원들이 잘 이해할 때 좀 더 큰 꿈을 꾸게 될 것이고 좀 더 높은 가능성을 위해 노력하게 될 것이다"라고 강조하고 있다.[19]

의 짐 구스타프슨Jim Gustafson이 어떻게 일상적으로 긍정혁명 기법을 활용하고 있는지를 설명해주는 사례이다.

## 변화를 위한 창의성

미국 경영학회는 500명의 CEO들에게 "21세기 생존을 위해 필수적으로 해야 하는 일이 무엇인가?"라는 질문 결과 우선순위로 '창조성'과 '혁신 실행'의 답을 얻었지만,[18] 경제 침체기에 접어들면서 비용감소의 문제를 더욱 중요하게 고려한다고 한다. 또한 비즈니스 위크Business Week와 보스턴 컨설팅 그룹Boston Consulting Group이 2009년 설문조사 결과는 2005년의 것과 비교하여 혁신의 중요성이 하락한 것으로 나타났다.[20]

그럼에도 불구하고 많은 기업의 리더들은 새로운 아이디어 창출과 실행을 위한 창조적인 방안을 모색하고 있다. 유능한 리더들은 창조성의 촉진과 후원 방법을 추구하는데, 예를 들면, 병원이나 공공기관, 비영리조직 등의 조직에서는 정책과 절차의 변화를 추진하며 경영자는 관리업무 담당자들의 창조성을 촉진시키는 데 주력한다. 그런가 하면 신제품에 의존하는 기업의 리더들은 각 부서들 간, 혹은 외부에서까지 아이디어를 창출하고 공유한다. 이와 같이 대부분 성공조직의 리더들은 모든 사람들이 조직 내 · 외부에서 문제 해결과 고객 필요성을 충족시키는 새로운 아이디어를 제공해주기를 원하고 있다.

**리더들에게 지속적인 변화를 촉진시키는 최상의 방안은 창조성 배양 환경을 만드는 일이다.** **창조성**creativity은 이상적이면서 조직 효과성과 효율성 증대에 유용한 아이디어를 제공한다.[21] 창조적 인재들은 필요하다고 생각되는 아이디어를 떠올리고 문제를 해결하며 새로운 도전기회에 효과적으로 대응하게 되는데 창조성 그 자체는 결과라기보다는 과정이라고 할 수 있고 종착점이라기보다 수행 과정이다. 결국 오늘날 리더에게 가장 중요한 과업은 혁신을 도입하기 위해 모든 구성원들의 창조적인 에너지를 활성화시키는 일이다.

## 창조 조직 만들기

리더들은 창조성을 진작하는 환경을 구축하고 조직을 더욱 혁신적으로 만들 수 있어야 하는데, 창조적이고 혁신적인 조직을 만들기 위한 다섯가지 구성요소를 구체적으로 설명하면 다음과 같다.[22] 그리고 여기에서 설명하는 다섯 가지 구성 요소들은 창조 조직에만 국한되는 것이 아니고 창조적 개인의 성공적인 특성과도 일치한다.

**구성원 행동과 조직 비전의 상통** 창조적인 아이디어가 조직에 도움이 되기 위해서는 모든 사람들의 관심과 행동이 조직목표와 비전, 목적 등과 일치하고 정렬되어 있어야 한다. 그렇기 때문에 리더는 조직이 표방하는 바를 뚜렷하게 해야 하고, 일관성 있게 비전을 촉진하고, 특정 목적을 명확히 해야 한다. 게다가 리더는 혁신을 이루는 구성원들에게 시간, 에너지, 그리고 자원 등을 몰입할 수 있도록 해주어야 한

다. 그래서 많은 조직들은 창조성을 진작시키기 위해 별도의 창의력 부서creative department를 운영하거나 벤처 팀venture team을 가동시키기도 한다. 가장 보편적인 방법은 **아이디어 인큐베이터**idea incubator를 운영하는 것인데, 이 제도는 새로운 아이디어가 기존 조직의 관료주의적 습성 때문에 사장될 수 있는 현실로부터 보호하기 위한 제도이다.[23] 야후Yahoo는 이러한 아이디어 인큐베이터를 통해 구글Google과 경쟁하기 위한 아이디어를 창출하고 있다. 이 팀은 매달 200개 정도의 아이디어를 제시하며 또 다른 아이디어 패널 팀은 최초의 인큐베이터 팀에서 창출한 아이디어를 검토하여 최종 5개 정도로 압축하여 의미 있는 아이디어를 계속 진행시키도록 하고 있다.

**창조적 가치의 배양** 대부분 어렸을 때와 나이가 든 이후 창조성은 차이를 보인다. 어린아이들은 대부분 탐구와 창조의 욕구가 많지만 이런 욕구는 학교에서 엄격한 규칙 준수를 요구하면서 점차 사라지거나 줄어들게 된다. 따라서 훌륭한 리더는 창조성과 혁신을 위해 깊이 있게 구성원 동기를 자극시킬 수 있는 방법을 모색할 수 있어야 한다. W.L 고어W.L. Gore사는 고어텍스 섬유 개발회사로 이 회사의 리더들은 가능한 한 직원들에게 규칙을 강조하지 않고 자유롭게 실험과 탐구를 할 수 있도록 배려하고 있다. "이 회사에는 상사가 따로 없으며 다만 아이디어만이 있을 뿐이다"라고 말할 정도인데, 부서의 방향과 잘 맞는 인력을 채용하고 새로운 아이디어를 통해 부서 업무를 진행한다. 이 점이 고어사로 하여금 다양한 사업 분야, 즉 글라이드 치실Glide dental floss, 라이드온 자전거 체인Ride-On bike cables, 엘릭서 기타줄Elixir guitar string 사업에 진입할 수 있는 원동력이 되었다.[24]

리더들은 호기심, 탐구, 위험감수와 같은 가치관을 주입시켜 구성원들의 창업기업가정신을 진작시킨다. **기업가정신**corporate entrepreneurship은 혁신을 강화시켜 아이디어 챔피언으로 만드는데, **아이디어 챔피언**idea champions은 새로운 아이디어를 신뢰하고 본질적인 혁신저항 요인을 배제하여 다른 사람들에게 이런 가치를 설득시키는 사람들이다. 또한 변화는 저절로 이루어지지 않기 때문에 에너지와 노력을 통해 새로운 아이디어를 성공적으로 촉진시킬 필요가 있다. 그리고 이들 아이디어 챔피언들은 새로운 아이디어 실행을 진전시킬 책임을 지게 된다.

**업무 일환으로서 비공식 활동** 창조성을 보다 발전시키기 위해 구성원들은 틀에 박힌 업무 범위를 벗어나 탐구하고 꿈을 꿀 수 있어야 한다. 그렇게 되려면 리더들이 이들에게 업무적 제약을 받지 않는 활동을 할 수 있도록 시간의 여력을 허용해주어야 한다. 창조성 연구 보고서에 의하면, 창조적 활동의 본질은 비공식 활동에서 비롯된다고 한다.[25] 창조성 활동은 이전의 실패 결과를 다시 돌이켜보게 하고 그 동안 전혀 예상치 않았던 새로운 방식으로 시도하게 한다. 대표적인 예가 3M의 포스트잇 노트Post-it Notes이다. 포스트잇의 개발은 한 엔지니어가 여가시간 동안 이전에 실패한 실험 결과를 가지고서 다른 각도에서 생각한 끝에 개발한 제품인데, 이전에 접착력이 너무 약해 강한 접착제로 사용하지 못한 특징을 살린 것이다. 결국 실패의 결과를 성공의 결과로 전환시킨 것이다. 이는 비공식 활동에서 얻은 아이디어가 기업의 성공을 가져온 대표적 사례로서 지금도 3M은 업무시간의 15%는 관리자의 허락 없이도 비공식 활동을 할 수 있도록 허용하고 있다.[26]

비공식 활동을 활용하는 또 다른 대표적 기업은 구글을 들 수 있다. 비즈니스 위크에서 가장 혁신적인 기업 리스트 2위에 랭크된 구글 엔지니어들은 자기 업무시간의 20%를 정규업무와 관계 없는 일에 사용할 수 있다.[27] 구글 창업자는 기업의 성공을 가져오고 있는 아이디어의 원천을 추적해보니 실제로 직원들이 비공식 활동을 통해 개발된 아이디어들의 성공 확률이 높은 것을 알 수 있었다.[28]

**열린 문화와 혁신의 확산** 극히 혁신적인 기업들은 열린 문화를 유지하고 새로운 아이디어를 다양한 곳으로부터 얻는다. 열린 문화를 통해 리더는 구성원들을 다양한 부서로 순환 근무시키고 자발적 활동에 참여할 수 있도록 허용하며, 또한 자신과 이질적인 사람들과 협력하는 활동을 할 수 있도록 하고 있다. 어느 항공우주산업체는 회사 밖의 넓은 세계에서 이상적인 아이디어를 모색하는 일에 대한 중요성을 언급하기 위해 '캔자스 벗어나기Get out of Kansas'라는 표현을 사용하고 있다.[29] 또한 어떤 조직은 구성원들에게 고객이나 공급업자 혹은 산업체 다른 사람들과 같이 일할 수 있는 기회를 허용하고 있는데, PCMProductos Cememtos Mexicanos사의 임원들은 고객의 욕구를 파악하기 위해 시멘트 배송 트럭에 동승하기도 한다. 오늘날 가장 성공적인 기업들은 열린 혁신open innovation,[30] 즉 혁신 과정에 고객, 전략적 파트너, 공급업체, 기타 외부인사들을 포함시키고 있다. 크래프트푸드Kraft Foods사, 제너럴밀즈General Mills사, 레고LEGO, 트레드리스Threadless사, 푸조Peugeor 등은 인터넷을 통해 아이디어를 제출하도록 외부 사람들에게 기회를 허용하고 있다. 애플은 아이폰iPhone의 어플리케이션을 창출하기 위해 제3자 소프트웨어 개발자 커뮤니티를 만들어 운영하며, P&G는 열린혁신과 문화를 통해 새로운 제품개발이 75% 이상 증대되는 효과를 보고 있다.

**연대의 촉진** 아무리 많은 개개인들이 창조적인 아이디어를 가지고 있어도 대부분 협업자들 간의 협력에 의해서 혁신이 만들어지는 경우가 많다. 따라서 유능한 리더라면 구성원들을 사무실에서 혼자 고민하게 하지 않고 서로 다른 생각을 가진 사람들끼리 아이디어를 공유하고 의사소통시켜 가면서 새로운 아이디어를 만들어내게 하는 것이 바람직하다. 어떤 리더는 "우리 회사 직원들은 모두 아이디어를 낼 충분한 능력이 있음에도 아이디어를 성공적으로 발전시키지 못하고 있다"라고 언급한 바 있다. 그런데 서로 다른 부서에 서로 다른 전문성을 가진 직원들끼리 한 자리에 만나게 하는 일종의 워크숍이나 컨퍼런스를 갖도록 함으로써 서로의 전문성과 기량을 보완할 수 있게 되어 아이디어를 성공적으로 발전시킬 수 있게 된다.

예를 들면 컨퍼런스에 모인 모든 직원들에게 전자이름 태그를 주고 이 태그 속에는 개인의 업무능력이나 관심사에 대한 정보를 담아 둔다. 그리고 누군가에 접근하면 이 태그 배지가 반짝거리고, "안녕하세요. 그럼 생명공학에 관해 논의할까요?"라는 음성 메시지가 나오게 된다.[31] 컨퍼런스를 이용한 팀 협력 이외에도 기업들은 부서들 간에 협력을 촉진시키기 위해서 내부 웹사이트를 운영하고 있다. 예를 들면 영국의 엔지니어링 서비스 회사인 아럽그룹Arup Group은 지식 맵knowledge map이라고 하는 온라인 시스템을 개발하여 회사 내 구성원들이 중요한 정보 흐름에 관해 서로 연결될 수 있도록 하고 있다.[32]

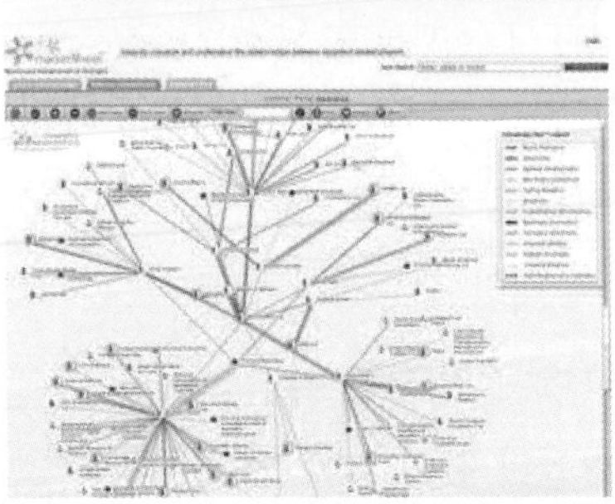

구글, 아럽그룹, P&G 등의 리더들이 혁신기업의

리더십 서재
LEADER'S BOOKSHELF

## The Game Changer: How You can Drive Revenue and Profit Growth with Innovation

© photogl/Shutterstock.com

*by A.G. Lafley & Ram Charan*

이 책의 저자인 A.G 라플리(A.G. Lafley)는 세계 15대 기업인 프록터앤갬블(Proctor & Gamble, P&G)의 회장이자 CEO이다. 그가 CEO로 영입된 2000년 당시 P&G는 경영위기에 직면해 있었지만, 그 이후 매출이 390억 달러에서 760억 달러로 거의 2배 증가하고, 매년 10억 달러 이상의 매출을 기록하는 등 엄청난 경영능력을 발휘하였다. 뿐만 아니라 시가 총액이 2천억 달러로 거의 2배 이상 증가하였다. 그렇다면 어떻게 이런 경영실적이 가능했을까? 이 책의 또 다른 저자인 램 차란(Ram Charan)은 하버드 경영대학원과 노스웨스턴 대학 교수를 거쳐 경영승계, 경영혁신 등의 경영컨설턴트로 유명하다. 이들이 공저한 이 책은 바로 기업의 위기에 처했을 때 어떻게 생존과 번영을 이룰 수 있는지에 대한 해법으로 게임 체인저를 꼽고 있다. 즉, 혁신을 후원하고 진작시키는 조직구조와 문화를 통한 게임 체인저를 해법으로 제시하고 있다.

어떻게 P&G는 게임 체인저가 될 수 있었나? 이 책이 제시하는 지침을 보면 다음과 같다.

첫째, '고객 = 보스'의 원칙을 지킨다. 아무리 디지털 환경으로 변화하고 있어도 혁신의 포커스는 고객이 되어야 한다. P&G는 고객을 좀 더 정확히 알기 위해 그들의 삶과 생활 속으로 실제 들어가('살아보기', living it로 표현함) 그들의 욕구를 파악하는 것을 우선으로 하고 있다. 예를 들면 멕시코 시장의 다수를 차지하고 있는 저소득층의 생활패턴을 '살아보기'를 통해 관찰한 결과 섬유유연제 신제품 다우니 싱글 린스(Downey Single Rinse)를 개발하여 시장을 점유할 수 있었다.

둘째, '혁신'을 삶의 일환으로 만들어라. P&G는 게임을 바꾸는 혁신은 소비자를 중심으로 하는 일련의 여덟 가지 요소, ① 목적과 가치 불어넣기, ② 드높은 목표, ③ 엄선된 전략, ④ 독특한 핵심능력, ⑤ 효과적인 구조, ⑥ 일관되고 믿을 만한 시스템, ⑦ 과감하면서 서로 연결된 문화, ⑧ 뛰어난 리더십 등이 서로 결합되어 기업의 일상 운영에 녹아들어가야 한다고 말한다. P&G에서 혁신은 그야말로 일상 활동이다. 그리고 P&G에서 혁신은 목표와 전략 결정, 자원 할당, 핵심 인재 선발과 승진, 보상 과정에 깊이 연결되어 있다.

이런 의미에서 혁신은 P&G의 진정한 '게임 체인저'다. 또한 지속적이고 유기적이고 장기적인 성장의 원동력이다. 우리가 잘 아는 자동 세탁기를 위한 최초의 합성세제 '타이드(Tide)'를 비롯해 최초의 일회용 기저귀 팸퍼스(Pampers), 최초의 불소함유 충치 예방치약인 크레스트(Crest) 등이 P&G의 혁신 프로세스를 통해 탄생했다.

출처: 이 내용은 대부분 http://www.tagstory.com/에서 인용했음.

특징 등을 강화하는 이유는 특정부서나 전사 조직의 창조성을 높이기 위함이다. 그리고 혁신을 조장하고 싶은 기업들은 창조적 개인의 특징을 가진 직원들을 채용하도록 적극적으로 노력해야 할 것이다.

## 창조인재관리

변화와 혁신을 촉진시키고자 하는 많은 조직들은 보다 창의적인 특성을 지닌 인력을 채용하려고 노력한다. 하지만 최근 연구에 따르면 누구나 창의성이 학습될 수 있고 훈련을 통해 창의성이 향상될 수 있다고 한다.[33] 이는 창의성은 특정인의 전유물은 아니며 누구나 창의적 인재가 될 수 있는 잠재성을 갖추고 있다는 점을 시사한다. 하지만 보통 사람들은 자신의 창조적 잠재력을 활용하려고 하지 않는다는 문제가 있다. 따라서 리더는 〈도표 15-4〉가 제시하고 있는 것처럼 브레인스토밍 활용, 수평적 사고의 촉진, 몰입 제고, 정신적 휴식 제공, 창조적 직관의 배양 등의 방법을 통하여 구성원들이 보다 창의성을 가질 수 있도록 지원해주어야 한다.

**브레인스토밍 활용** 구성원들의 창의력을 높이기 위한 일반적인 방법 중 하나는 브레인스토밍을 적절히 활용하는 일이다. 가령, 조직이 특정 문제에 직면해 있을 때 브레인스토밍 기법을 사용하여 그 방안을 모색해볼 수 있다. **브레인스토밍**brainstorming 기법이란 어떤 특정 사안에 대해 서로 대면하면서 문제 해결을 위한 창의적 아이디어를 구현하는 방법을 말하는데, 이 기법의 효과적 운영지침은 다음과 같다.[34]

1. **비난은 금지됨**: 참석 대상자들은 아이디어를 자발적으로 내는데 그 아이디어

**도표 15-4 ● 창의성 인재 양성을 위한 방안**

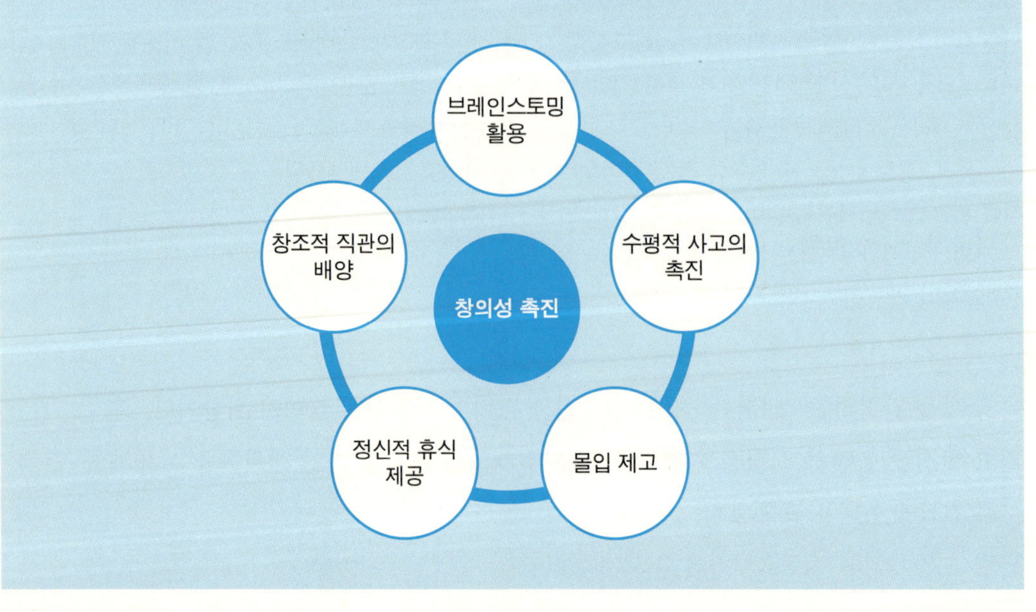

출처: blog.designdb.com

에 대한 비난과 비판은 허용되지 않는다. 제기된 모든 아이디어들은 모두 가치 있는 것으로 전제한다.

2. **피드백은 장려함:** 참석한 사람들은 자신의 견해가 엉뚱하다고 생각하더라도 격의 없이 의견을 제출할 수 있으며, 용기가 없어서 의견을 제시하지 않는 것은 바람직하지 않다. 인튜이트Intuit의 아이디어 개발자는 이와 관련하여, "의견 제시가 없는 것보다 비록 엉뚱하더라도 그 의견을 피력하는 것이 낫다" 라고 한다.[35]
3. **많을수록 바람직함:** 브레인스토밍의 목적은 가능한 한 많은 아이디어를 도출하는 것이기 때문에 관련된 어떤 의견이라도 많이 내는 것이 바람직하다. 왜냐 하면 많은 아이디어는 탁월한 해결안을 찾는 데 도움이 될 수 있기 때문이다. 아이디어 통합 역시 장려되며, 모든 아이디어는 필요하면 수정되기도 하고 확장되기도 한다.

어느 세션에서 개발된 브레인스토밍 아이디어는 또 다른 브레인스토밍 세션을 통해 다시 아이디어를 추출해볼 수 있다. 브레인스토밍 이전과 이후의 생각을 비교함으로써 창조적 생각을 증대시킬 수 있어[36] 브레인스토밍은 빠른 시간에 다양한 창조 대안을 창출하는데 매우 효과적인 것으로 알려져 왔었다.

**e-브레인스토밍**electronic brainstorming 방법도 새롭게 제기되고 있다. 이 방법은 다른 사람의 의견을 컴퓨터 네트워크를 통해 상호집단interactive group 방식으로 수집하는 것이다.[37] 각자 자신의 의견을 제출하고 또한 다른 사람의 의견을 읽고 그 방식으로 의견을 확장시켜나갈 수 있다. 텍사스 오스틴Austin에 소재한 GSD&M사는 e-브레인스토밍을 통해 직원뿐만 아니라 외부 인사들에게 광고 캠페인 아이디어를 신속하게 수렴하고 있다. 이러한 e-브레인스토밍 방법은 대면 브레인스토밍 기법보다 집단규모에 따라 25~200% 정도 많은 아이디어가 창출된다고 한다.[38]

**수평적 사고의 촉진** 대부분 의견수렴 과정은 한 사람 의견이 다른 사람 의견에 영향을 주기 때문에 아이디어가 선형적 패턴linear pattern을 가지기 쉽다. 이러한 선형적 사고는 간혹 창조적 생각을 가져오지 못하며, 사람들이 어떤 문제를 제기하고 그 문제를 순차적으로 해결하고자 할 때 적용된다. 하지만 보다 창조적인 접근법은 수평적 사고를 사용하는 방법이며,[39] 이러한 **수평적 사고**lateral thinking는 새로운 개념과 지각을 창출하고자 할 때 사용되는 기법이다. 수평적 사고 기법을 활용할 때 사람들은 현상에서 벗어나 다른 시각과 다른 관점에서 새로운 해결방안을 모색하게 된다. 수평적 사고는 언뜻 보면 논리적이지 않으며, 체계적 방식이 아닌 것처럼 보이지만, 서로 관계가 없거나 가능성이 없다고 생각하는 부분들의 연계성을 통해 새로운 사고와 생각을 만들게 된다.

보잉Boeing, 노키아Nokia, IBM, 네슬레Nestle 등 여러 기업들은 회사가 직면한 글로벌 환경의 요구를 충족시키는 데 도움을 주기 위해 수평적 사고 기법을 사용하여 훈련시키고 있다.[40] 리더들은 구성원들의 수평적 사고를 자극시키기 위하여 인간의 다른 쪽 뇌를 사용하는 기회를 제공하여 기발하고 창의적인 사고를 하게 한다. 구성원들은 어떤 특정 문제나 필요한 변화를 모색해야 한다고 생각하는 경우 잠시 하던 업무에서 휴식을 갖는 것도 다른 쪽 뇌를 활용할 수 있는 기회 제공이 된다. 현재의 문제 해결이 항상 사용하던 뇌에서 판단하지 못하면 아마도 경험을 달리하고 있는 다른 쪽 뇌에서 판단하게 되어 해결의 실마리를 찾을 수 있을 것이다. 예를 들면, 미항공우주국(NASA) 과학자들은 1990년 허블 우주망원경Hubble telescope의 부서진 렌즈를 고치려 했지만 어느 누구도 해결 방안을 찾지 못하고 있었다. 그러던 차에 호텔에서 샤워를 하던 엔지니어는 조절로드adjustable rod 위에 유럽 스타일의 샤워헤드를 문득 볼 수 있었다. 이를 보는 순간 이 엔지니어는 불현듯 현재 문제가 되고 있는 허블망원경의 렌즈를 고칠 수 있는 실마리를 찾았다. 여러 가지 관련 아이디어를 모색한 결과 문제 해결 방법을 찾게 되는데, 이것이 바로 수평적 사고를 작동하여 문제를 해결할 수 있게 하는 것이다.[41]

인간으로부터 창조적 영감을 촉진시키기 위해 일부 경영자들은 상이한 업무에 각기 다양성을 갖춘 사람들로 팀을 이루게 하거나 그렇지 않으면 다양한 경험을 가진 사람들을 채용하여 팀을 이루게 한다. 변화가 자주 이루어지게 되면 안정성이 줄어드는 반면에 사람들의 사고방식을 새롭게 하고 혁신적으로 만든다. 부동산에서 일해본 경험이 있는 사람이 은행을 운영하면 또 다른 관점에서 문제를 해결할 능력이 생기기도 한다. 그래서 다양한 업무 기술을 가진 사람들은 고객들에게 적절한 대응과 전략을 개발할 때 현재의 상태를 벗어나 창의적 아이디어와 문제를 해결해내기도 한다.[42]

새로운 각도에서 생각의 폭을 넓힘으로써 자신만의 문제 해결 방법을 모색할 수도 있다. 예를 들면 수면시간을 변화시킨다든지, 업무 방식을 바꾸어본다든지, 다른 유형의 잡지나 책을 읽거나 지금까지 듣지 않던 방송을 듣는 경우, 또는 항상 가던 음식점을 바꾸어보기도 하고, 휴가를 즐기는 방식을 변화시키는 등 다양한 방식의 변화를 통해 사용하지 않은 뇌를 작동시킬 필요가 있다. 예를 들면 유니레버 베스트 푸드Unilever Best Foods사는 1,500명의 관리자들에게 1년에 2번 각각 3일 간 업무에서 벗어나 고객들과 같이 하면서 이들이 무슨 생각을 하는지 생각해볼 시간을 요구하고 있다. 아메리칸 그리팅American Greetings사의 카드 디자이너들은 자신들 의향대로 업무 장소를 변경할 수 있고 도서관에서 수백 권의 잡지와 수천 권의 책을 편하게 볼 수 있도록 시간을 허용해주고 있다. 그런가하면 자신의 업무와 완전히 다른 산업, 예를 들면 자동차와 가전산업의 직원들과 상담을 통해 업무상 영감을 얻기도 한다.[43]

알렉스 오스번Alex Osborn은 브레인스토밍의 창시자로 알려졌는데 그는 다양한 창의성 개발 방법을 개발하고 제시하고 있다. 예를 들면 수평적 사고를 함양시키기 위한 방법 중 하나는 〈도표 15-5〉에 제시하고 있는 체크리스트 방법을 들 수 있다. 이 체크리스트 방법을 활용하여 현재의 제품이나 서비스 등을 개선시킬 수 있는 새로운 방안을 모색할 수 있을 것이다. 예를 들면 지금 우리 회사가 시판하고 있는 모바일 폰 디자인을 수정하고자 한다면 이와 같은 내용을 통해 새로운 생각과 지각을 가져올 수 있을 것이다.

**도표 15-5 ● 수평적 사고 체크리스트**

| 동사 | 내용 |
|---|---|
| 용도 변경 | 다른 용도로 사용할 수 있을까? |
| 적용 | 이와 유사한 다른 방안은 없을까? 다른 방안을 적용하면 어떨까? |
| 수정 | 의미나 색상, 모션이나 사운드, 향기, 형태 등의 변화시키면 어떨까? |
| 확대 | 다른 것을 추가하면 어떨까? 크게, 강하게, 더 확대해보면 어떨까? |
| 축소 | 빼거나 제거하면 어떨까? 작게 하면 어떨까? |
| 대체 | 다른 것, 다른 시간대로, 다른 장소 등으로 바꾸면 어떨까? |
| 재배치 | 설정을 달리하면 어떨까? |
| 반대 | 뒤바꾸어보면 어떨까? |
| 결합 | 합쳐보거나 혼합하면 어떨까? 목적이나 소구점 등을 통합시키면 어떨까? |

출처: Based on Alex Osborn, *Applied Imagination* (New York: Charles Scribner's Sons, 1963).

**몰입 제고** 수평적 사고는 다양한 사고를 고려하는 경우이며, 몰입immersion이란 창의성을 촉발시키기 위해 어느 특정 주제나 단일 영역에 중점적으로 깊게 몰두하는 경우를 말한다.[44] 몰입에 대한 한 가지 접근법은 특정 상황이나 문제의 내부 측면에 중점을 두는 것이다. 즉 특정 제품이나 상황, 혹은 절차 등에 대해 이를 각 부분들로 분리하여 생각하고, 이를 새롭게 조작해봄으로써 새로운 가치 있는 생각을 창출할 수 있을 것이다. 예를 들면 필립스전자는 기존의 DVD 플레이어를 손으로 작동할 수 있는 주요 기능을 전환하는 생각을 바탕으로 하여 제품 개선을 한 결과 얇고 저렴한 플레이어 생산이 가능해졌다.

또한 보편적인 생각의 패턴이나 본질적인 생각의 영역을 벗어나게 하는 방법으로서 몰입을 생각해 볼 수 있다. 예를 들어 은행의 관리자들에게 좀 더 새로운 시각을 가지게 하기 위해서 경쟁 은행을 방문하게 한다거나 전혀 관련성 없는 애플 컴퓨터 매장 등을 방문하여 우리 은행을 어떻게 새로운 각도에서 발전시킬 수 있는지를 생각해보게 하는 점을 들 수 있다. 다시 말해서 틀에 박힌 생각을 가진 경영자들은 단지 은행을 발전시키기 위해 배열이나 포장 등을 달리 하는 생각을 하게 될 것이고 이는 조직을 혁신시키고 새롭게 발전시키는 방안이 되기 어렵다. 따라서 지속적으로 빈번하게 새로운 생각과 방안을 모색하게 하는 기회를 제공하고 노력하는 몰입을 강화시킴으로써 조직을 변화시켜 나갈 수 있을 것이다.[45]

**정신적 휴식 제공** 변화를 이루고 새로운 각도를 생각해내는 방안 중 하나로서 지금의 현안의 관점에서 벗어나 잠시 정신적인 휴식 시간을 갖는 것이다. 생각을 멈춘다는 점은 한편으로는 뇌의 새로운 영역을 작동시키는 기회를 만든다는 점을 의미한다. 창의성에 관한 최근 연구에 따르면 아하의 순간aha movement을 위해서라면 현재의 문제 해결의 상황을 중단하고 생각을 자유롭게 할 수 있도록 할 수 있어야 한다.[46] 어떤 특정한 문제에 대해 지나치게 몰두하고 집중하다보면 새롭고 창의적인 다른 관점을 보지 못하게 된다 라고 시카고 대학의 심리학과 교수인 제니퍼 윌레이Jennifer Wiley 교수는 주장하고 있다.[47]

언제, 그리고 어디에서 최상의 아이디어를 얻을 수 있을까? 가장 보편적인 반응은 '샤워할 때'라고 한다. 어떤 사람은 샤워하는 동안 머리가 가장 맑고 가장 창조적인 아이디어가 떠오르고, 자신의 머리가 비워지는 순간에 코어덤프core dump를 20분간 경험한다고 한다. 코어 덤프는 보통 컴퓨터 프로그램이 비정상적으로 종료(충돌)되는 때와 같은 특정 시점에 컴퓨터 프로그램에 기록된 메몰리로 구성된다(위키백과 참조). 이와 같이 인간의 머리가 작동하지 않는 순간 자동적으로 뇌에서 이전에 인위적으로 생각해내지 못한 아이디어가 스냅사진처럼 떠오르게 된다. 그래서 샤워장에 자신의 직관적 생각을 메모할 수 있는 플라스틱 필기구를 준비해두고 언제든지 생각이 미치면 이를 기록해둔다고 한다. 창의력은 간혹 정신적인 활동이 중지된 상황, 즉 긴장과 안락함이 혼합되는 그러한 상황에서 적극적으로 발휘된다고 한다. 샤워를 하거나 운동, 운전, 걷기, 혹은 명상을 할 때 인간의 의식은 중립상태로 전환되는데, 이러한 상태는 그 동안 해결되지 않은 이슈나 주제의 반복이 이루어지는 비초점unfocused 상황을 말한다. 비교적 단순하고 의미가 없는 임시 활동은 깊은 무의식 상태로부터 번뜩이는 창조적인 생각을 창출해낸다. 만약 마인드 분석이 지배하게 되면 즉흥적 직관이 이루어지는 상황을 연출하지 못한다. 그래서 어느 정도 정신활동의 여유를 부여하는 분석적인 좌뇌 활동을 유보하고 무의식적인 사고 상태에서 해결방안을 찾기 위해 직관적인 우뇌를 활용하게 한다.[48] 브랜드 디자인 에이전트 LPK사의 CEO인 제리 캐트먼Jerry Kathman은 자신의 많은 아이디어를 아침 조깅하면서 얻는다고 한다.[49] 운동은 자신의 마인드가 자유롭게 작동할 수 있는 기회를 주는 좋은 방법이라고 생각된다. 어떤 연구에 의하면 단 한 번의 에어로빅 운동으로 뇌 활동을 촉진시킬 수 있다고 하는데, 샤워가 적절하게 안정된 상태를 유지하여 창조적 직감을 유발시킬 수 있는 것처럼 신체 운동도 뇌 활동에 매우 효과적이다.[50]

제리 캐트먼

**창조적 직관의 배양** 번뜩 떠오르는 창조적인 생각은 창조성의 2단계라고 할 수 있다. 첫째 단계는 자료 수집 단계로, 관련 자료 수집에 항상 마음 쓰면서 특정 문제를 해결하고자 할 때 지속적으로 그 문제에 대한 근원을 생각하게 된다. 그 이후 자신의 무의식 사고는 갑자기 직관적으로 아이디어를 떠오르게 한다. 하지만 이러한 직관적 생각은 신뢰의 어려움이 있는데 그 이유는 경영자들 생각에 그 생각은 정밀한 검토와 자료를 바탕으로 하고 있지 않다고 생각하기 때문이다. 하지만 이러한 무의식 사고는 의식적 사고가 잊고 있는 모든 경험을 기억하고 있다. 의식적 사고를 기초로 하는 분석 과정은 단지 눈앞에 있는 현안을 해결할 수 있지만 직관은 그보다

## 변화에 대한 지원

많은 리더들은 왜 변화가 어려운지를 명확하게 이해하지 못하는 경우가 많다. 그러나 새로운 것을 시작하고 과거의 방식을 끝내기 위해서는 많은 인내와 어려움을 감내해야 한다. 예를 들면 체중감량을 위해서는 내가 좋아하는 맛있는 음식을 먹지 말아야 하는 것과 관련 있다. 인간은 변화를 통해 새로운 미래의 변화된 모습보다도 현재의 상황과 내가 변화를 통해 잃게 되는 점에 몰두되는 경우가 많다.

행동의 변화는 상황에 대한 인간의 감성을 어떻게 변화시키는 가에 달려 있다. 심리적으로 새로운 사실과 변화를 받아들이기 전에 과거의 방식을 끊을 수 있어야 한다.[55] 〈도표 15-6〉은 전환을 이루기 위해 일정한 단계를 잘 거쳐야만 성공적인 변화를 이룰 수 있다는 점을 보여주고 있다. 변화를 이루기 위해서는 먼저 기존의 방식이나 상황이 종식되고 사라져야 한다. 그런데 마음과 정서가 이를 부정하거나 바꾸려고 하게 되면 오히려 성공적 변화를 달성하기 어렵게 된다. 이러한 단계를 거치고 난 후 사람들은 과거의 방식에서는 벗어나지만 아직 새로운 단계에 정착하지 못하는 중립지대를 경험하고 난 이후 새로운 시작을 위한 전환을 모색할 수 있다. 먼저 마무리를 명확하게 하지 않고 새로운 것을 수용하고 받아들이기는 어렵다.

변화의 실행을 도모하고자 하는 리더는 항상 "누가 어떤 것을 변화를 통해 잃게 되는가?"라는 질문을 지속적으로 할 수 있어야 한다. 조직의 직무설계, 기술 혹은 조직구조 등을 변화하게 됨으로써 어느 누군가는 기존에 자신이 누리던 권한과 명예 등을 잃을 수 있다는 점을 명심해야 한다. 그 동안 누려왔던 권위 등을 내려놓게 되면 관리자라고 하더라도 변화에 저항하는 경우가 많다. 특히 변화의 압력이 외부로

**도표 15-6 ● 성공적 변화를 위한 단계**

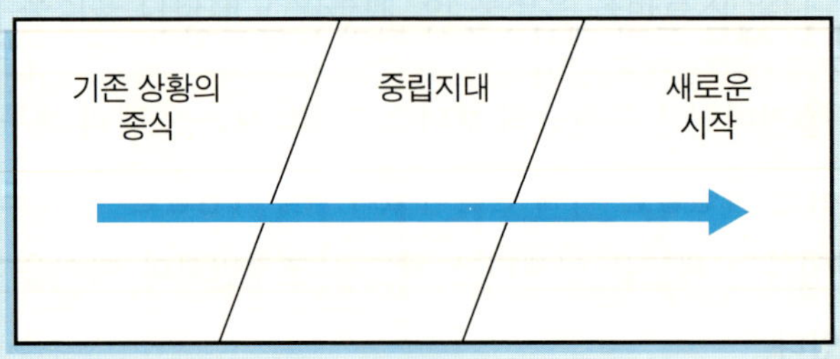


출처: Based on ideas in William Bridges, *Managing Transitions: Making the Most of Change* (Cambridge, MA: Da Capo Lifelong Books, 2009).

부터 비롯되는 경우 자신의 삶에 대한 통제 상실이 커져 상당한 정서적 저항과 반응을 보이게 된다.

## 변화의 실행 수단

리더들은 성공적 조직변화를 위해 앞서 설명한 8단계 변화모델이나 긍정혁명 기법을 활용할 수 있다. 그런가 하면 구성원들의 마음을 움직이기 위해 리더들은 따뜻한 정서로써 이들을 회유하기도 한다. 유능한 리더들은 구성원들을 변화시키기 위해 감성을 자극시키기도 하고, 유머와 은유적이며 상징적인 표현을 이용하기도 하고, 인간 대 인간으로서 다가가기도 한다. 보통 다른 사람들에게 영향을 주고 설득을 위해 필수적인 요소는 정서적 연계emotional connection를 이루는 일이다. 따라서 9장에서 설명한 바와 같이, 리더는 변화를 이루고 구성원들의 저항을 극복하기 위해서는 정서적인 측면을 간과해서는 안 된다.[56]

리더들이 변화 프로세스를 유연하게 만들기 위한 실행 기법을 강조하면 다음과 같다.

- **의사소통하고 교육시켜라.** 열린 마음과 진솔한 의사소통은 변화의 저항을 극복하는데 가장 효과적인 방법 중 하나이다. 왜냐하면 마음을 열고 진실된 의사소통을 하게 되면 사람들은 불확실성이 줄어들고 통제의식이 높아지고 변화의 효과를 판단하며 리더를 신뢰하게 되기 때문이다. 연구를 통해 알려진 사실은 변화에 실패하는 가장 보편적인 이유가 외부에서 변화를 인식하고 이를 구성원들에게 적용하려 하기 때문이라고 한다.[57] 유능한 최고경영자라면 일반 대중과 주주들과 함께 변화를 위한 통합된 의사소통을 모색할 것이다. 변화로부터 직접 영향을 받는 사람들, 즉 구성원들과 의사소통을 하려 했던 사례는 실패로 돌아간 경우가 많다. 직접적으로 의사소통하려면 뉴스레터, 메모, 혹은 컴퓨터 통신망을 통해 의사소통하기보다는 직접 대면하여 의사소통하는 것이 중요하다. 예를 들면, 어느 IT 회사 CEO는 조직변화를 성공적으로 이루기 위해 전 직원들을 만나 회사의 혁신전략을 설명하고 그들의 궁금증을 해결해주고 변화 모색이 해고를 의미하는 것만은 아니라는 점을 통해 그들을 안심시키고 변화를 추진하였다.[58]

  또한 변화를 이루는 과정에서 구성원들 역할에 적합한 기술 습득을 위한 교육을 제공해주어야 한다. 따라서 예를 들면, 캐나다 인터내셔널 항공Canada

International Airline은 새로운 변화를 수행하고 이에 익숙하도록 예약업무, 화물처리업무, 비행운항 업무, 재무처리 업무 등과 관련된 새로운 업무를 습득하도록 일 년 반 이상 교육훈련을 시켰다.[59]

- **참여와 몰입을 증대시켜라.** 참여는 구성원들에게 변화를 설계하는 데 도움을 준다. 아무리 시간이 걸리더라도 구성원들을 참여시키고 몰입시키게 되면 그들에게 변화 활동 그 자체를 넘어 통제의식을 가져다주기 때문이다. 또한 참여와 몰입을 통해 조직의 변화를 이해하고 성공적인 달성을 위해 몰입하게 될 것이다. 예를 들면, 새로운 컴퓨터 기술을 도입하여 실행하려던 회사는 이러한 참여 경영participatory approach을 통하여 구성원들이 보다 수월하게 변화를 수행하게 만들 수 있었다고 한다.[60]

**IN THE LEAD Raytheon Missile Systems**

Raytheon
Missile Systems

2000년대 초 RMS사의 경영자들은 그 동안 4개 회사가 합병하게 되어 서로 융화가 되지 못하는 뒤숭숭한 조직분위기를 감지할 수 있었다. 직원들은 각기 회사가 다른 관계로 일하는 방식도 다르고, 업무 절차, 심지어는 전문용어 표현도 각각 다른 경우를 경험하고 있었다.

통합조직의 최고경영자는 이러한 상황에서 통합조직의 명확한 비전 마련을 위한 핵심변화팀(core change team)을 구성하여 전사조직을 유연하게 운영할 수 있는 방안을 모색하고자 하였다. 또한 변화팀은 생산성 제고를 위한 계획과 공장에 대대적 변화를 모색하는 액션플랜을 작성하는 임무도 부여받았다. 하지만 이러한 상부위주의 변화 추진을 직원들이 강력하게 저항할 것으로 경영자들은 판단했다. 그래서 리더들은 교육이 필요하다고 판단하고 각 부서에서 직원들을 차출하여 3번에 걸쳐 회사 외부 워크숍을 갖고, 어떻게 제조업체로서 탁월한 생산성을 낼 수 있는 방안에 대한 미션을 각 분임조에 주었다. 이들 분임조는 워크숍 진행자의 주도하에 성과향상을 위한 액션플랜을 작성할 수 있었는데, 이 내용은 이전 본사의 핵심변화팀이 제시한 액션플랜과 크게 차이를 보이지 않았으며, 차라리 더 내용이 충실한 경우도 있었다.

이후, 경영자들은 각 공장 관리자들과 미팅을 통해 적극적 변화를 모색하기 위한 노력을 강조하고 그 성과향상 방안을 작성할 수 있도록 요구했다. 이에 대해 공장 관리자들은 서로 다른 공장 관리자들과 협의를 거쳐 전사 조직의 향상된 생산성을 가져올 수 있는 방안을 제시할 수 있었다. 즉 경영자들이 포괄적인 공장 혁신 프로그램을 제시했다면, 공장 관리자들은 5년을 목표로 매년 향상된 목표치를 달성할 수 있도록 하는 세부 계획안을 제시할 수 있었다. 결국 교육은 조직 변화를 이루기 위한 목표설정에 매우 고무적인 공헌을 한 것이다.

- **강제성도 필요하다.** 마지막으로 리더는 해고나 승진의 위협, 전보발령 등의 두려움 때문에 저항하는 구성원들에게 강제적 방법을 쓸 수도 있다. 강제성을 동원하는 경우는 신속한 변화가 필요하고 급한 위기상황의 경우이다. 예를 들어, 만성적자에 빠진 코카콜라를 위기에서 구하기 위해 영입된 최고경영자는 변화를 추진하면서 변화를 거부한 경영진 일부를 재배치시킨 사례를 들 수 있다.[61] 회사가 구조조정이나 다운사이징과 같은 톱다운top-down 방식의 관리적 접근법을 수행하기 위해선 이러한 강제성이 필요하기도 하지만, 보통 이러한 변화 접근법은 많은 사람들을 리더에게서 멀어지게 하고 변화가 지연되기 때문에 그다지 권장할 일은 아니다.

[IN THE LEAD] 사례로 나오는 RMSRaytheon Missile System사의 경영자들은 변화가 절박한 상황이었지만 현명하게 직원들을 참여시키고 의사소통하고 교육시킴으로써 변화를 강압적으로 하는 것보다 훨씬 좋은 결과를 얻을 수 있었다. 물론 이 과정이 순탄하지만은 않았지만 공장의 일선관리자들이 적극적으로 참여하고 리더의 추진 방향에 유연하게 따라와 줌으로써 전반적인 저항이 극복될 수 있었다. 2년이 지난 후 RMS사는 자신들의 회사가 얼마나 향상되었는지를 측정하기 위해 유타주립대학교에서 탁월한 제조업체에 수여하는 우수 제조업체 시상Shingo Prize for Excellence에 도전한 결과 1위에 랭크될 수 있었다.

## 학습 핵심

- 15장의 핵심은 조직변화를 관리하고 창조성과 혁신을 도모하는데 도움을 줄 수 있는 수단과 방법에 있다. 오늘날 변화는 필수적이며 또한 글로벌 환경의 급격한 변화에 리더는 효과적으로 적응해야 한다. 이러한 글로벌 환경에서 조직이 변화에 적응하지 못하는 실패 원인은 효과적인 변화 리더십이 부족하기 때문이다. 성공적으로 변화를 수행한 리더들은 보통 자신들을 변화 리더로 규정하고, 미래의 변화에 명백한 비전을 제시하고 변화와 적응성을 촉진시키는 가치를 명확하게 한다. 그리고 변화 리더들은 용기가 있으면서 복잡하고 불확실성한 일을 관리할 능력이 있으며, 구성원들이 변화의 책임을 감수할 수 있는 능력을 믿으며, 실수에서의 학습이 이루어질 수 있게 한다.
- 조직 변화는 실행의 어려움이 있을 수 있으나, 리더들은 계획된 변화 모델의 8단계를 통해 성공적 변화를 모색할 수 있다. 이

8단계 내용은 위기감 조성, 강력한 변화추진체 구성, 비전과 전략창출, 비전의 전달, 비전 행동을 위한 권한위임, 단기성과 제시, 위기감 유지, 변화 실행 및 정착을 말한다.

- 긍정혁명 기법으로 알려진 변화관리 방안은 구성원, 팀이나 전체 조직을 변화에 몰두시키고, 변화의 긍정적인 이미지를 강화시키며, 성공으로부터 학습에 초점을 둔다. 무엇이 잘못되고 누구에게 책임이 있는지를 가리기보다는, 긍정혁명 기법은 긍정적이며 발전적 미래를 확인하는 기법으로, 발견하기, 꿈꾸기, 설계하기, 실행하기의 단계를 거치게 된다. 이 기법은 또한 변화 규모에 관계없이 적용할 수 있다.
- 리더에게 혁신은 매우 중요한 도전과제이다. 한 가지 방법은 특정부서 혹은 회사 전체를 창조 조직으로 만드는 것이다. 혁신 조직의 다섯 가지 구성요소는 구성원 행동과 조직비전의 상통, 창조적 가치의 배양, 업무활동의 일환으로 비공식적 활동, 열린문화와 혁신의 확산, 연대의 촉진 등을 들 수 있는데, 이들 요소들은 창조적인 개인의 특성과도 부합된다. 창조적인 사람이 특별히 다르다는 견해도 있지만, 사람에게는 누구나 이러한 창조적 잠재성을 갖고 있다. 다만 관건은 이를 어떻게 얼마나 발휘할 수 있도록 자극할 수 있는가이다. 그래서 리더들은 브레인스토밍, 수평적 사고, 몰입 제고, 정신적 휴식 제공, 창조적 직관 등을 촉진시켜 창조적 사고를 강화시키는 역할을 해야 한다.
- 조직변화의 실행은 변화를 주도하는 데 가장 중요한 부분이다. 리더들은 구성원들이 왜 변화에 저항하는지 명확히 이해하고, 변화저항을 줄이기 위해 진솔한 의사소통과 참여 및 몰입, 그리고 경우에 따라서는 최소의 강제성을 동원할 수 있어야 한다. 리더에게 다운사이징과 해고를 추진해야 하는 상황이 가장 어렵다. 그래서 해고되어 떠나는 직원이나 잔류하는 직원 모두에게 해고 부작용을 최소화할 수 있는 방안을 제공할 수 있어야 한다. 그렇게 함으로써 직원들에게 신뢰감과 몰입의 극대화, 그리고 생산성 향상을 기대할 수 있다.

## 토론 주제

1. 코터의 계획된 변화모델 8단계와 긍정혁명 기법의 유사점과 차이점은 무엇인가?
2. 조직이나 학교 혹은 가정 등에서 직면하는 문제를 생각하고, 긍정혁명 기법을 이용하여 해결방안의 주제를 도출해보라. 주된 주제로 무엇이 도출되었는가?
3. 창조적 개인이나 창조 조직은 공통 특징이 있다고 생각하는가? 이 내용을 토론해보라.
4. 당면한 문제에 대해 어떻게 하면 기발하고 유용한 해결안이 나올 가능성이 높아지겠는가?
5. 부서를 혁신시키려는 부서장에게 어떤 조언을 할 수 있는가?
6. 해고 가능성이 있는 직원이 조직변화에 저항할 때 어떻게 리더로서 이러한 변화저항을 극복할 수 있겠는가?

7. 왜 혁신을 이루는 데 아이디어 챔피언이 중요한가?
8. 계획된 변화는 간혹 이상적 방안으로 간주된다. 그렇다면 계획되지 않은 변화가 효과적일 수 있는가? 예를 들어 설명하라.
9. 우리가 예상하는 것보다 세상은 신속하게 변화하고 있다고 생각하는가?
10. 최근 월스트리트 금융기관들의 붕괴 및 구조조정은 미국 금융서비스 기관의 영속적인 변화를 가져올 것이라고 생각하는가? 아니라면 다른 이상적인 영속적 변화 방안은 무엇인가? 금융기관이 아닌 다른 산업에서는 어떠한가?

## 분석사례: Riverside Pediatric Associates

알베로 산체스(Alvero Sanchez)와 조시 허드슨(Josh Hudson) 박사는 5년 전 캘리포니아 리버사이드 지역에서 소규모의 소아과 병원을 개업했다. 이들은 서로 오랜 동료로서 의료 부문의 유사 경력을 가지고 있었고, 지역사회에서 소아들에 대한 최고의 의료서비스를 제공할 비전을 가지고 있었다. 그리고 이들은 병원 개업을 통해 오랜 꿈을 실현시킬 수 있는 기회를 가진 것이다. 병원은 자신들을 포함하여 5명의 의사와 6명의 간호사, 그리고 1명의 회계업무 담당자로 구성되었는데, 짧은 시간 동안 지역사회에서 탁월한 의료능력과 양심적 병원으로 명성을 낼 수 있었다. 또한 이 병원은 지역의 비영리조직들과도 연계되어 의료혜택을 충분히 받지 못하는 취약계층에게 무료 건강검진과 독감주사 등을 제공해주었다. 이러한 모든 일들에서 산체스와 허드슨 박사는 자신들의 꿈이 실현되고 지역사회에서 존경받고 있다는 사실에 매우 고무되고 뿌듯함을 느낄 수 있었다.

하지만 그들의 꿈은 예기치 못한 상황 변화로 장벽에 부딪혔다. 그 이유는 주변 지역사회의 히스패닉 사람들 인구가 기하급수적으로 늘어나면서 주변 리버사이드 병원으로 몰려들기 시작한 것이다. 물론 병원은 많은 환자들을 통한 수익성 추구가 목표이기도 하지만, 아직은 급작스러운 성장에 적응할 정도의 병원 역량을 갖추고 있지 않은 상태였다. 병원은 갑자기 불어난 환자들로 북새통을 이루었고, 대기실은 항상 만원사례였으며, 전자 의료 기록 시스템 등의 내부통제 시스템은 과부하가 걸리는 경우가 많았고, 어떨 때는 환자의 병력 데이터가 사라져버리는 경우도 있었다. 이로 인해 환자 스케줄 관리는 엉망이 되었고, 그 때문에 많은 환자들이 오래 기다려야만 했고, 모든 병원의 절차나 시스템이 새로운 환경변화에 유연하게 적응하지 못하게 되었다.

이러한 현실과 맞물려 병원 창업자인 2명의 박사는 자신들이 마음먹어 온 꿈이 사라지는 것을 느낄 수 있었다. 애초 소수 환자들에게 꼼꼼한 의료 서비스를 제공하고 환자들과 밀도 있는 관계를 형성하고자 했던 꿈은 어려워져 가기 시작했고 결국 직무에 대한 불만족 정도가 높아져갔다. 또 병원환자가 급증하다보니 새로운 의료진 채용과 충원인터뷰를 해야 되는 경우도 많았으며, 또 신규 의료진 교육 등으로 시간을 보내기 십상이었고, 또 병원 증축 문제로 건설관계의 일까지 신경 써야 되는 경우도 많았다. 그러다보니 어느 순간에 그들이 실현하려고 했던 꿈은 사라져 가고 있었다.

병원 업무가 과중되면서 의료진들의 사기

도 저하되었다. 병원의 유능한 간호사 1명은 무기력증과 엄청난 스트레스를 견디다 못해 결국 병원을 그만두었으며 또 다른 간호사는 환자와 말다툼으로 해고되기도 했다. 병원 창업자 자신들도 언제부턴가 업무 의미를 상실하고 일에 대한 행복감을 느낄 수 없었으며, 스케줄에 밀려 잠깐 쉬는 시간에 점심을 때우는 경우가 허다했다. 이런 상황에서 허드슨 박사는 동료 산체스 박사에게 자신의 속내를 털어 놓았다. "과거 우리의 꿈을 달성해가는 그 때는 좋았지만, 지금은 새로운 변화에 어떻게 대응해야 할지 보조를 맞추기 어렵고, 우리가 오랫동안 소망해 온 '환자들에게 탁월한 의료 서비스 제공'이라는 꿈이 일장춘몽이 되지 않았는가?"

그러던 어느 날 점심을 때우려 하는데 갑자기 병원 경리업무 담당자가 원장실로 들어 와 전혀 예상하지 못했던 재무 문제점을 설명하고, 실제 장부상 현금흐름이 좋지 않고 수익성이 악화되고 있어 빠른 시일 내로 이를 해결해야 할 필요성을 강조하였다. 그 문제점은 1) 보험회사로부터의 변제상환이 잘 안 되고, 2) 환자들 가운데 병원비 연체금액이 증가하고 있으며, 3) 병원자재나 실험실 활동 등에 소요되는 비용이 증가하고 있는 것 등이다. 게다가 병원이 가지고 있는 결제청구서(billing system) 소프트웨어가 환자 수 증가로 인해 더 이상 작동하지 않는다는 문제점도 추가로 언급하였다.

산체스 박사는 자신의 처방전 종이를 찢어 뒷면에 다음의 내용을 갈겨쓰기 시작했다. 병원의 생존을 위해 1) 환자와 가족에게 최상의 서비스 제공, 2) 지역사회에서 존중받고 의료진들 간 협조체계 강화, 3) 비용 절약, 4) 적정 시점에 환자들로부터 의료비 환수, 5) 고착화된 병원업무의 개선과 혁신 강화 등이 필요하다. 그리고 허드슨 박사에게 이 방안의 타당성과 어떻게 이를 실행에 옮길 수 있는지에 대한 생각을 물었다.

### 질문

1. 산체스와 허드슨 박사가 이 병원 개혁안을 신속하게 실행하기 위해 먼저 시행해야 할 일이 있다면 무엇인가? 그리고 어떤 단계를 거쳐야 할 것인가?
2. 회계담당자가 산체스와 허드슨 박사에게 긍정혁명 기법을 이용하여 현실의 긍정적 변화를 모색하라고 조언했다고 가정하면, 긍정혁명 기법의 탐색하기와 꿈꾸기 단계 동안에 어떤 일이 발생할 것인가?
3. 산체스와 허드슨 박사는 전문의로서 그리고 병원경영자로서 두 가지 업무에 시달리고 있다. 이 딜레마 해결 방안을 모색해보라. 그리고 산체스와 허드슨 박사가 현실적으로 긍정적 변화를 주도하기 위해 보여주어야 할 리더십 품성이나 특질은 무엇이라고 생각하는가?

## 미주

1. Emily Glazer, Joann Lublin, and Dana Mattioli, "Penney Backfires on Ackman," *The Wall Street Journal* (April 10, 2013), http://online.wsj.com/article/SB10001424127887324504704578412440293890624.html (accessed June 11, 2013); Jena McGregor, "J.C. Penney's Ron Johnson Shows the Perils of a Star CEO," *Washington Post* (April 9, 2013), http://articles.washingtonpost.com/2013-04-09/national/38392404_1_ron-johnson-ceo-bob-nardelli (accessed June 11, 2013); Stephanie Clifford, "Chief's Silicon Valley Stardom Quickly Clashed at J. C. Penney," *The New York Times* (April 9, 2013), http://www.nytimes.com/2013/04/10/business/how-an-apple-star-lost-his-luster-at-penneys.html?pagewanted=all&_r=0 (accessed June 11, 2013); and James Surowiecki, "The Turnaround Trap," *The New Yorker* (March 25, 2013), p. 44.

2. Marlene Piturro, "The Transformation Officer," *Management Review* (February 2000), pp. 21–25.

3. Greg Jaffe, "Next Chapter; As Iraq War Rages, Army Re-Examines Lessons of Vietnam," *The Wall Street Journal* (March 20, 2006), p. A1.

4. Alain Vas, "Top Management Skills in a Context of Endemic Organizational Change: The Case of Belgacom," *Journal of General Management* 27, no. 1 (Autumn 2001), pp. 71–89.

5. The following discussion is based heavily on John P. Kotter, *Leading Change* (Boston: Harvard Business School Press, 1996), pp. 20–25; and "Leading Change: Why Transformation Efforts Fail," *Harvard Business Review* (March-April 1995), pp. 59–67.

6. Paul Ingrassia, "GM Gets a Second Chance," *The Wall Street Journal Europe* (July 10, 2009), p. 13; and "Ford to Seek Same No-Strike Vow from UAW as GM and Chrysler Obtained," *National Post* (June 18, 2009), p. FP3.

7. Patrick Flanagan, "The ABCs of Changing Corporate Culture," *Man- agement Review* (July 1995), pp. 57–61.

8. Richard Gibson, "A New Recipe," *The Wall Street Journal* (July 13, 2009), p. R5; Wendy Lee, "New Owner Wants to Restore Shoney's Chain to 'Glory Days,'" *The Tennessean online edition* (November 18, 2007), http://www.tennessean.com (accessed July 15, 2009); and Jack Hayes, "Industry Waits to See if Davoudpour Can Work His Turnaround Magic at Shoney's" *Nation's Restaurant News* (January 22, 2007), p. 38.

9. Chuck Salter, "On the Road Again," *Fast Company* (January 2002), pp. 50–58.

10. Ibid.

11. David L. Cooperrider and Shuresh Srivastva, "Appreciative Inquiry in Organizational Life," in R. Woodman and W. Pasmore, eds., *Research in Organizational Change and Development*, Vol. 1 (Greenwich, CT: JAI Press, 1987); and D. Cooperrider and D. Whitney, *Appreciative Inquiry: A Positive Revolution in Change* (San Francisco, CA: Berrett-Koehler, 2005).

12. Quoted in Dave Kovaleski, "Appreciating Appreciative Inquiry," *Corporate Meetings & Incentives* (August 2008), pp. 10–11.

13. This discussion draws from Sarah Lewis, Jonathan Passmore, and Stefan Cantore, "Using Appreciative Inquiry in Sales Team Development," *Industrial and Commercial Training* 40, no. 4 (2008), pp. 175–180; Steven J. Skinner and Scott W. Kelley, "Transforming Sales Through Appreciative Inquiry," *Psychology & Marketing* 23, no 2 (February 2006), pp. 77–93; and Gabriella Giglio, Silvia Michalcova, and Chris Yates, "Instilling a Culture of Winning at American Express," *Organization Development Journal* 25, no. 4 (Winter 2007), pp. 33–37.

14. See http://appreciativeinquiry.case.edu/practice/bibAiStories.cfm (accessed July 16, 2009) for examples of the uses of appreciative inquiry.

15. Frank Barrett, Dave Nystorm, Paul Tripp, and Mark Zipsie, "Highpoint Leadership Stories," *The Leadership Summit; Bold and Enlightened Naval Leaders at Every Level: Forging an Empowered Culture of Excellence*, http://appreciativeinquiry.case.edu/uploads/HighpointStories.pdf (accessed July 16, 2009).

16. Debra Meyerson, *Tempered Radicals: How People Use Difference to Inspire Change at Work* (Boston: Harvard Business School Press, 2001).

17. William B. Locander and David L. Luechauer, "Leader as Inquirer: Change Your Approach to Inquiry," *Marketing Management* (September–October 2007), pp. 46–49; Skinner and Kelley, "Transforming Sales Organizations through Appreciative Inquiry."

18. Stanley S. Gryskiewicz, "Cashing In on Creativity at Work," *Psychology Today* (September–October 2000), pp. 63–66.

19. Thomas J. Griffin, "In the Eye of the Beholder: Interview with Jim 'Gus' Gustafson," *Appreciative Leadership Interviews* (The Taos Institute), http://www.taosinstitute.com/resources/gustafson.html (accessed July 16, 2009); and "Getting to Know … Gus Gustafson, CCL Donor and Alumnus," *Making a Difference: A Report on Activities and Impact from the Center for Creative Leadership*, (Greensboro, NC: Center for Creative Leadership, January 2009), http://www.ccl.org/leadership/pdf/news/newsletters/mad0109.pdf (accessed July 16, 2009).

20. Reena Jana, "Do Ideas Cost Too Much?" part of the section, "Inside Innovation: The 25 Most Innovative Companies," *BusinessWeek* (April 20, 2009), pp. 45–48.

21. The elements of creative organizations come from Alan G. Robinson and Sam Stern, *Corporate Creativity: How Innovation and Improvement Actually Happen* (San Francisco: Berrett-Koehler, 1997).

22. Dorothy A. Leonard and Walter C. Swap, *When Sparks Fly: Igniting Creativity in Groups* (Boston: Harvard Business School Press, 1999), pp. 6–8.

23. Sherry Eng, "Hatching Schemes," *The Industry Standard* (November 27-December 4, 2000), pp. 174–175.

24. Alan Deutschman, "The Fabric of Creativity," *Fast Company* (December 2004), p. 54.

25. Alan Deutschman, "The Fabric of Creativity," *Fast Company* (December 2004), p. 54.

26. Gail Dutton, "Enhancing Creativity," *Management Review* (November 1996), pp. 44–46.

27. Robert D. Hof, "How Google Fuels Its Idea Factory," *BusinessWeek* (May 12, 2008), p. 54; and "Inside Innovation: The 25 Most Innovative Companies," *BusinessWeek* (April 20, 2009), pp. 45–48.

28. Reported in Teresa M. Amabile and Mukti Khaire, "Creativity and the Role of the Leader," *Harvard Business Review* (October 2008), pp. 100–109.

29. Robert D. Austin, Lee Devin, and Erin Sullivan, "Oops! Accidents Lead to Innovations. So, How Do You Create More Accidents?" *The Wall Street Journal* (July 7, 2008), p. R6.

30. Henry Chesbrough, "The Era of Open Innovation," *MIT Sloan Management Review* (Spring 2003), pp. 35–41; Amy Muller and Liisa Välikangas, "Extending the Boundary of Corporate Innovation," *Strategy & Leadership* 30, no. 3 (2002), pp. 4–9; Navi Radjou, "Networked Innovation Drives Profits," *Industrial Management* (January-February 2005), pp. 14–21; Darrell Rigby and Barbara Bilodeau, "The Bain 2005 Management Tool Survey," *Strategy & Leadership* 33, no. 4 (2005), pp. 4–12; Ian Mount, "The Return of the Lone Inventor," *FSB* (Fortune Small Business) (March 2005), p. 18; Jena McGregor, M. Arndt, R. Berner, I. Rowley, K. Hall, G. Edmondson, References S. Hamm, M. Ihlwan, and A.

Reinhardt, "The World's Most Innovative Companies," *BusinessWeek* (April 24, 2006), pp. 62ff; and Henry Chesbrough, "The Logic of Open Innovation: Managing Intellectual Property," *California Management Review* 45, no. 3 (Spring 2003), pp. 33–58.

31. Rob Cross, Andrew Hargadon, *Salvatore Parise*, and Robert J. Thomas, "Business Insight (A Special Report); Together We Innovate: How Can Companies Come Up with New Ideas? By Getting Employees Working with One Another," *The Wall Street Journal* (September 15, 2007), p. R6.

32. John Bessant, Kathrin MÖslein, and Bettina Von Stamm, "Business Insight (A Special Report): In Search of Innovation," *The Wall Street Journal* (June 22, 2009), p. R4.

33. Jonah Lehrer, "How to Be Creative," *The Wall Street Journal* (March 10, 2010), p. C1.

34. These tips are based on Leigh Thompson, "Improving the Creativity of Organizational Work Groups," *Academy of Management Executive* 17 (2003), pp. 96–109; Bruce Nussbaum, "The Power of Design," *BusinessWeek* (May 17, 2004), pp. 86–94; and the ideas of Alex Osborn as described in Anya Kamenetz, "Building a Better Brainstorm," *Fast Company* (February 2013), pp. 32–35.

35. David Kirkpatrick, "Throw It at the Wall and See if It Sticks," *Fortune* (December 12, 2005), pp. 142–150.

36. Anya Kamenetz, "Building a Better Brainstorm," *Fast Company* (February 2013), pp. 32–35; Kevin P. Coyne and Shawn T. Coyne, "Seven Steps to Better Brainstorming," *McKinsey Quarterly* (March 2011).

37. R. B. Gallupe, W. H. Cooper, M. L. Grise, and L. M. Bastianutti, "Blocking Electronic Brainstorms," *Journal of Applied Psychology* 79 (1994), pp. 77–86; R. B. Gallupe and W. H. Cooper, "Brainstorming Electronically," *Sloan Management Review* (Fall 1993), pp. 27–36; and Alison Stein Wellner, "A Perfect Brainstorm," *Inc.* (October 2003), pp. 31–35.

38. Wellner, "A Perfect Brainstorm"; Gallupe and Cooper, "Brainstorming Electronically."

39. Edward DeBono, *Serious Creativity: Using the Power of Lateral Thinking to Create New Ideas* (New York: HarperBusiness, 1992).

40. Dave Waller, "The Gospel According to Edward DeBono," *Management Today* (August 2007), http://www.managementtoday.co.uk (accessed July 27, 2009).

41. Francine Russo, "The Hidden Secrets of the Creative Mind," *Time* (January 16, 2006), pp. 89–90.

42. Ronald T. Kadish, "Mix People Up," *Harvard Business Review* (August 2002), pp. 39–49.

43. Carol Glover and Steve Smethurst, "Creative License," *People Man- agement* (March 20, 2003), pp. 31–34; Michael Michalko, *Thinkertoys*, 2nd ed., (Berkeley, CA: Ten Speed Press, 2006); and Joseph Weber, "Keeping the Whimsy Coming," *BusinessWeek* (December 5, 2005), pp. 54–55.

44. This discussion is based on Drew Boyd and Jacob Goldenberg, "Think Inside the Box," *The Wall Street Journal* (June 15–16, 2013), pp. C1, C2.

45. Ronald T. Kadish, "Mix People Up," *Harvard Business Review* (August 2002), pp. 39–49.

46. Shellenbarger, "Tactics to Spark Creativity"; David Rock, "Neuroscience Provides Fresh Insight into the 'Aha' Moment," *T +D* (February 2011), pp. 45–49; and Evangelina G. Chrysikou, "Your Creative Brain at Work," *Scientific American Mind* (July–August 2012), pp. 24–31.

47. Quoted in Shellenbarger, "Tactics to Spark Creativity."

48. R. Donald Gamache and Robert Lawrence Kuhn, *The Creativity Infusion: How Managers Can Start and Sustain Creativity and Innovation* (New York: Harper & Row, 1989); Alison Stein Wellner, "Cleaning Up," *Inc.* (October 2003), p. 35; and Roger von Oech, *A Kick in the Seat of the Pants* (New York: Harper & Row, 1986).

49. Alison Stein Wellner, "Creative Control; Even Bosses Need Time to Dream," *Inc.* (July 2007), pp. 40–42.

50. Richard A. Lovett, "Jog Your Brain," *Psychology Today* (May/June 2006), pp. 55–56; and Mary Carmichael, "Stronger, Faster, Smarter," *Newsweek* (March 26, 2007), pp. 38–46.

51. This word challenge and the answers given for it later in the chapter are from Will Shortz, "RD Challenge," *Readers Digest* (March 2004), p. 204; Lehrer, "How to Be Creative"; and Sarnoff A. Mednick, "The Associative Basis of the Creative Process," *Psychological Review* 69, no. 3 (1962), pp. 220–232.

52. This question and the answer given later are from Tahl Raz, "How Would You Design Bill Gates' Bathroom?" *Inc.* (May, 2003), p. 35.

53. These match puzzles are from Michael Michalko, *Thinkertoys*, 2nd ed. (Berkeley, CA: Ten Speed Press, 2006).

54. Based on Paul Stebel, "Why Do Employees Resist Change?" *Harvard Business Review* (May-June 1996), pp. 86–92.

55. William Bridges, *Transitions; Making Sense of Life's Changes* (Reading, MA: Addison-Wesley, 1980); and William Bridges, "Three Questions," *Leadership Excellence* (February 2010), p. 11.

56. Shaul Fox and Yair Amichai-Hamburger, "The Power of Emotional Appeals in Promoting Organizational Change Programs," *Academy of Management Executive* 15, no. 4 (2001), pp. 84–95.

57. Peter Richardson and D. Keith Denton, "Communicating Change," *Human Resource Management* 35, no. 2 (Summer 1996), pp. 203–216.

58. Dan S. Cohen, "Why Change Is an Affair of the Heart," *CIO* (December 1, 2005), pp. 48–52.

59. T. J. Larkin and Sandar Larkin, "Reaching and Changing Frontline Employees," *Harvard Business Review* (May-June 1996), pp. 95–104; and Rob Muller, "Training for Change," *Canadian Business Review* (Spring 1995), pp. 16–19.

60. Phillip H. Mirvis, Amy L. Sales, and Edward J. Hackett, "The Implemen- tation and Adoption of New Technology in Organizations: The Impact of Work, People, and Culture," *Human Resource Management* 30 (Spring 1991), pp. 113–139.

61. Dean Foust with Gerry Khermouch, "Repairing the Coke Machine," *BusinessWeek* (March 19, 2001), pp. 86–88.

# 찾아보기


## 가

가상팀 319
가치 123, 413
가치기준 리더십 448
갈등 319
갈등의 원인 321
갈등 해결의 유형 321
감성의 리더십 146
감정이입 167
강압적 권력 372, 373
강점 58
강화 252
강화이론 252
개별 협약 483
개별화 리더십 69
개인적 숙련 160
개인주의 347
개인화된 리더십 51
거래적 리더십 361
격동기 314
경로 292
경로-목표 리더십 이론 255
경로-목표 이론 92
경로 풍부성 292
경쟁가치 모델 441
경청 283
경험에 대한 열린 태도 119
고성과 조직문화 434
고성과 팀 관리 방법 311
공유목표 22
공정성이론 256
과업 갈등 319
과업 지향 리더 84
과업형 66
관계 갈등 319
관계 경영 168
관계이론 35
관료문화 446
관리 29
관습 단계 189
관습 이전 단계 189
관습 이후 단계 189
교차부서팀 308
구성원 열의 프로그램 242
구성원 중심적 리더 65
구조적 틀 376
구조주도 64
군주론 368
권력 372
권력 격차 346
권력 욕구 251
권위주의 122
귀인이론 130
근본적 귀인 오류 132
글로벌 팀 319
긍정적 강화 252
긍정혁명(AI) 466
긍정혁명 이론 466
기능팀 308
기대이론 254
기업가정신 472
기타 동기부여 프로그램 242

## 나

낙관주의 54
남성성 347
내부 고발 201
내재론자 121
내적 귀인 130
내적 보상 243

내적 통합 427
내집단 69

다

다양성 332
대체 요인 104
대화 284
도덕성 56
도덕적 리더십 188
독립적 사고 154
독립적인 비판적 사고 215
독특성 131
동기부여 242
동기 요인 249
두려움 경영 170
D형 두뇌 135

라

Level 5 리더십 29
로버트 E. 켈리 214
리더-부하 교환관계(LMX) 70
리더십 22
리더십 격자 66
리더십 격자이론 66
리더십 코칭 228
리더행동기술서(LBDQ) 64

마

마음놓음 156
마음챙김 156
마키아벨리 리더십 368
말랄라 유사프자이 179
매도프 55
맥클레랜드 251
맹점 114
모범형 217
몰입 375
무관심형 66
무력화 요인 104
무임승차 310
문화 425
문화 강도 429
문화 격차 430
문화 지능(CQ) 348
미션 406
민주적 리더십 61
민첩하게 대응하는 리더 36
밀튼 로키치 123

바

배려 64
배태성 278
배회관리 296
버나드 배스 157
버지니아 로메티 51
벌 253
변혁적 리더십 361
보상 권력 373
보상적 권력 372
부정적 강화 253
부하 관리 211
불확실성 회피 346
브레인스토밍 476
브룸-야고 상황적합 모형 97
비전 31, 397
B형 두뇌 134

사

사회적 나태 310
사회적 인지 167
사회화 440
상동적 태도 129, 336
상사 관리 211
상징적 틀 378
상호작용적 리더십 343
상황적합 리더십 접근법 82
상황적합 모형 88
상황적합이론 34, 211
생리적 욕구 248
서번트 리더십 193
성과기 315
성숙도 88
성실성 118
성장하는 일터 267
성취문화 443
성취 욕구 251
성취지향적 리더십 94
센스기버 278

센스기빙 278
소거 253
소셜 미디어 297
소속감 욕구 248
소외형 215
소통의 챔피언 277
소프트 권력 372
솔직한 소통 278
수단 가치 123
수동적 행동 215
수동형 217
수직쌍방연계 모델 69
수평적 사고 478
수평적 사고의 촉진 477
순응형 216
순종 374
스토그딜 52
스토리 278, 438
스튜어드십 192
시너지 413
시놉스키 113
시스템적 사고 158, 159
실무형 216
심리상태 261
심벌 438
C형 두뇌 135

**아**

아빌린 패러독스 199
아이디어 인큐베이터 472
아이디어 챔피언 472
안전 욕구 248
안전지대 167
압도형 321
A형 두뇌 134
X 이론 127, 150
MBTI 평가 138
여성성 347
연대의 역할 60
열린 경영 228
열린 마음 157
열린 의사소통 280
열린 의사소통 분위기 278
열의 245, 264, 377
영성 리더십 450
영향력 22
영향이론 35
온정 경영 169
Y 이론 127, 150
외적 귀인 130
외적 보상 244
외적 적응 428
외집단 69
외향성 117
욕구 단계 이론 247
용기 197
용기와 도덕의 리더십 179
운영의 역할 59
위생 요인 249
위인이론 34
위인접근법 52
위임 스타일 88
유능한 리더 56
유리천장 337
윤리 447
음지에 있는 시계 58
의례의식 437
의사소통 276
의사소통 역량 275
의사소통 챔피언 278
의존적인 무비판적 사고 215
e-브레인스토밍 477
2요인 이론 248
인과성 159
인력 다양성 332
인적 틀 377
인지적 특성 132
인지 차이 132
일관성 131
일보전진의 원칙 266
일상 행동 440
임원코칭 39, 228
임파워먼트 242, 257, 377

**자**

자각 114
자기 관리 167

자기 본위적 편향 132
자기 인지 166
자기효능감 55, 257
자문의 역할 60
자민족중심주의 335
자성 114
자신감 55
자아실현 욕구 248
자율경영팀 309
저항 375
적극적인 경청 278
적극적 행동 215
적응문화 430, 443
적응형 321
적합 80
전뇌 개념 134
전략 411
전략 경영 411
전략 수립 413
전략 실행 414
전략적 경청 283
전략적 대화 278, 279
전략적 리더십 393
전문적 권력 374
전인 146
전인의 리더 146
전제적 리더십 61
전체적 마인드세트 153
정서적 안정성 119
정서 전이 164
정서지능 162
정서지능(EQ) 162
정신모형 147
정신의 게으름 154
정직 56
정착기 315
정치 375
정치적 틀 377
제프리 스킬링 55
제프리 이멜트 56
제휴 리더십 365
조직가치 441
조직문화 리더 436
조직문화의 중요성 427
조직변화의 프레임워크 461
조하리의 창 288
존경 욕구 248
주변적 시야 159
준거의 틀 376
준거적 권력 374
중간형 66
지각 128
지각 방어 130
지각 왜곡 129
지시 스타일 88
지시적 리더십 93
지적 자극 157
직무설계 261
직무중심의 리더 65
직무충실화 262
직무특성화 이론 261
직원 인정 프로그램 255
직장 내 무례 288
직접 코칭 229
진솔한 소통 288
진솔함 288
질문 던지기 278
짐 콜린스 29
집단 사고 317
집단주의 347

## 차

차별 336
참여적 리더십 93
창업가 리더십 72
창조성 471
창조인재관리 476
최종 가치 123
추진력 56
친교 욕구 251
친화성 117

## 카

카리스마 리더십 363
칼리 피오리나 21
컨트리 클럽형 66
코칭 스타일 88

## 타

태도 126
통제 주도권 121
통합적 협상 323
투사 129
특성 52
특성이론 34
특성 접근법 52
특정목적 팀 308
틀(혹은 프레임) 376
팀 306
팀관리형 66
팀 발전 단계 314
팀 응집력 316

## 파

파열적 협상 323
파이크 증후군 157
팔로워십 210
팔로워의 권력 원천 223
패러다임 24
퍼스낼리티 114, 115
편견 335
프레데릭 허츠버그 248
프로젝트 팀 308
피드백 231
피들러의 상황적합 모형 83

## 하

하드 권력 372
합법적 권력 372, 373
합의성 132
합의에 의한 결정 62
해체기 316
핵심역량 412
핵심직무차원 261
행동 수정 252
행동이론 34
행동 접근법 61
허쉬와 블랜차드의 상황적합 이론 88, 90
현장 의견 청취 275
혈연문화 444
협조형 321
형성기 314
환경 맥락 지능 152
회피형 321
효과의 법칙 252
후광효과 129
후원 스타일 88
후원적 리더십 93
후원 코칭 229
후천적 욕구 이론 251

## A

Abilene Paradox 199
achievement culture 443
achievement leadership 94
acquired need theory 251
adaptability culture 443
adjourning 316
advisory role 60
agile leader 36
agreeableness 117
AI(appreciative inquiry) 466
alienated 215
attitude 126
attribution theory 130
authoritarianism 122
authority-compliance management 66
autocratic leadership 61

## B

behavior approach 61
behavior modification 252
behavior theories 34
belongings 248
Bernard Bass 157
Big 5-Personality dimensions 117
blind spots 114
brainstorming 476
bureaucratic culture 446

## C

candor 288
Carly Fiorina 21
causality 159
ceremonies 437

channel 292

channel richness 292

charismatic leadership 363

clan culture 444

coaching style 88

coalitional leadership 365

coercive power 373

cognitive difference 132

cognitive style 132

collaborative role 60

collectivism 347

commitment 375

communication 276

communicationj champion 277

compliance 374

comport zone 167

conflict 319

conformist 216

conscientiousness 118

consensus 132

consideration 64

consistency 131

contextual intelligence 152

contingency 80

contingency approaches 82

contingency theories 35

contingency theory 211

conventional level 189

core competence 412

core job dimensions 261

corporate entrepreneurship 472

country club management 66

courage 197

CQ(cultural intelligence) 348

creativity 471

critical psychological states 261

cross-functional team 308

cultural leader 436

culture 425

culture gap 430

culture strength 429


## D


democratic leadership 61

dependent uncritical thinking 215

dialogue 284

directing style 88

directive coaching 229

directive leadership 93

discrimination 336

disruptive negotiation 323

distinctiveness 131

diversity 332

drive 56


## E


effective 217

effect of law 252

electronic brainstorming 477

embeededness 278

emgagement 264

emotional stability 119

empathy 167

employee-centered leader 65

employee engagement program 242

employee recognition program 255

empowerment 242, 257

end value 123

engage 245

engagement 377

entrusting style 88

EQ(emotional intelligence) 162

equity theory 256

esteem 248

ethics 447

ethnocentrism 335

executive coaching 39, 228

expectancy theory 254

expert power 374

external attribution 130

extinction 253

extraversion 117

extrinsic rewards 244


## F


fear management 170

feedback 231

femininity 347

Fiedler's contingerncy model 83

forming 314

frame 376

frame of reference 376

Frederick Herzberg 248

free rider 310

functional team 308

fundamental attribution error 132


## G


glass ceiling 337

global mindsets 153

global team 319

Great Man approach 52

great man theories 34

groupthink 317


## H


halo effect 129

hard power 372

hierarchy of needs theory 247

high-performance culture 434

honesty 56

human resource frame 377

hygiene factor 249


## I


idea champions 472

idea incubator 472

impoverished management 66

incivility 288

independent critical thinking 215

independent thinking 154

individualism 347

individualized leadership 51, 69

influence 22

influence theories 35

in-group 69

initiating structure 64

instrumental value 123

integrative negotiation 323

integrity 56

intellectual stimulation 157

interactive leadership 343

internal 121

internal attribution 130

intrinsic rewards 243


## J


Jeff Immelt 56

Jeffrey Skilling 55

Jim Collins 29

job-centered leader 65

job characteristic model 261

job design 261

job enrichment 262

Johari Window 288


## L


lateral thinking 478

LBDQ(Leader behavior description questionnaire) 64

leadership 22

leadership coaching 228

Leadership Grid 66

legitimate power 373

listening 283

LMX(Leader-Member Exchange) 70

locus of control 121


## M


Madoff 55

making progress principle 266

Malala Yousafzai 179

management 29

management by wandering around 296

masculinity 347

MBTI(Myers-Briggs Type Indicator) 136

mental laziness 154

mental model 147

middle of the road management 66

Milton Rokeach 123

mindfulness 156

mindlessness 156

mission 406

moral leadership 188
motivation 242
motivator factor 249

N

need for achievement 251
need for affiliation 251
need for power 251
negative reinforcement 253
neutralizer 104
norming 315

O

open-book management 228
open communication 280
openness to experience 119
operational role 59
optimism 54
organizational value 441
out-group 69

P

paradigm 24
participative leadership 93
passive 217
path-goal theory 92
perception 128
perceptual defense 130
perceptual distortion 129
performing 315
personal compact 483
personality 115
personal mastery 160
Pike Syndrome 157
political frame 377
politics 375
positive reinforcement 252
postconventional level 189
power 372
power distance 346
pragmatic survivor 216
preconventional level 189
prejudice 335
Prince 368
projection 129
psychological 248
punishment 253

Q

quadrant A 134
quadrant B 134
quadrant C 135
quadrant D 135

R

reference power 374
reinforcement 252
reinforcement theory 252
relational theories 35
relationship conflict 319
relationship management 168
resistance 375
responsive cultures 430
reward power 373
Robert E. Kelley 214

S

safety 248
self-actualization 248
self-awareness 114, 166
self-confidence 55
self-directed team 309
self-efficacy 55, 257
self-management 167
self-reflection 114
self-serving bias 132
sensegiver 278
sensegiving 278
servant leadership 193
shared purpose 22
situational theory 88
skip level meeting 275
social awareness 167
socialization 440
social loafing 310
social media 297
soft power 372
special-purpose team 308

spritual leadership 450
stereotype 336
stereotyping 129
Steven Sinofsky 113
stewardship 192
Stogdill 52
storming 314
story 438
strategic conversation 279
strategic leadership 393
strategic listening 283
strategic management 411
strategy 411
strategy execution 414
strategy formulation 413
strenght 58
structural frame 376
substitute 104
sundials in the shade 58
supporting style 88
supportive coaching 229
supportive leadership 93
symbol 438
symbolic frame 378
synergy 413
system thinking 159

## T

task conflict 319
team 306
team cohesiveness 316
team management 66
theory X 127
theory Y 127
thriving workforce 267
traits 52
trait theories 34
transactional leadership 361
transformational leadership 361
two-factor theory 248

## U

uncertainty avoidance 346

## V

value 123, 413
value-based leadership 448
vertical dyad linkage model 69
Virginia Rometty 51
virtual team 319
vision 31, 397
Vroom-Jago contingency model 97

## W

whistle blowing 201
whole brain concept 134
whole leader 146
whole person 146
workforce diversity 332

## • • 역자소개 • •

**정진철** jjung@Chosun.ac.kr

정진철 교수는 현재 조선대학교 경영학부 교수로 재직하고 있다. 중앙대학교 경영학과를 졸업하고 미국 오하이오 켄트 주립대학(Kent State University)에서 인사조직분야(Micro Organizational Analysis)로 박사학위(Ph.D)를 취득하였다. 박사 학위를 취득한 이후 현대경제연구원에서 연구위원 및 전략컨설팅 실장을 역임하였고 그 기간 동안 경영전략, 인사시스템 설계, 조직구조 설계 등 다양한 분야의 경영컨설팅과 연구 리서치 업무를 수행하였다. 경제연구소를 마치고 부임한 조선대학교에서 조직행동론, 조직론, 리더십, 기업윤리 관련 과목을 강의하고, 인사조직연구 및 인사관리연구 등 다양한 학회지에 연구 논문들을 게재하고 있다. 경영학회 상임이사를 포함하여 인사조직학회 부회장, 한국산업경제학회 부회장, 그리고 인사조직학회 및 한국인사관리학회 편집위원, 한국컨설팅학회 편집위원 등을 역임하고 있다. 실무적인 활동으로서 인사혁신처의 자문교수 역할을 수행하고 있으며 지역에서 지역발전위원회 산하의 생활권협의회 위원활동 및 다양한 위원회 자문교수 활동을 하고 있다. 또한 교육부 파견 관선이사 활동을 하며, 봉직하고 있는 대학에서는 대학원 부원장 및 산학협력 LINC사업단 부단장 등을 역임하였다.

**최승준** choi@bu.ac.kr

현재 백석대학교 경상학부 교수로 재직하고 있다.

연세대학교 상경대학 경영학과 졸업 후, 연세대학교 대학원 경영학과에서 조직행동으로 경영학석사 학위를 취득하고 프랑스 파리대학교(Universite' de Paris X)에서 기업문화와 신경영에 관한 연구로 경영학박사 학위를 취득하였다. 이후 대우경제연구소와 현대경제연구원에서 수석연구위원, 경영컨설팅실장으로 활동하며 경영 컨설팅과 인사 조직 분야의 다양한 연구 업무를 수행하였다. 연세대학교 상경대학 경영학과, 연세대학교 경영대학원 경영학과, 백석대학교 경상학부에서 경영학원론, 조직행동론, 인적자원관리론, 노사관계론, 기업가정신 등 인사 조직 관련 과목의 강의를 맡아왔으며, 한국경영학회, 한국인사조직학회, 한국인사관리학회 등에 소속되어 있다.

**리더십** — 이론과 실무

역자 정진철, 최승준
발행일 2017년 3월 2일 1쇄
발행처 **한경사**
발행인 이계남
등록사항 제10-1951호 2000년 4월 14일
주소 서울시 마포구 신수로 59-1 3층
전화번호 02_717_7264/5
팩스번호 02_717_7226
홈페이지 hankyungsa.co.kr
전자우편 hankyungsa@hanmail.net
ISBN 978-89-6844-140-0 (93320)
가격 32,000원